谨将此书献给《股市操练大全》200万读者。祝愿你们通过本书深度练习,早日成为股市赢家,乃至股市大赢家。

特别提醒

本书深度练习的每一道题都来自股市实战第一线,每一道题都有悬念,每一道题都是前人成功经验与失败教训的总结。因此,认真做好每一道题,将使你以后的操作少走很多弯路。请记住:高水平的深度训练是投资者通向赢家之路的最可靠保证。

心语(代序)

　　图形识别技巧深度练习与一般的练习不同,它需要对图形进行仔细观察、认真思考、深入分析,才能透过现象看到问题的本质,解开其中的迷团,找到一个准确的答案。

　　图形识别技巧深度练习好比刑侦工作中大案、要案的侦破,它将使受训者练就一身过硬的本领。

　　经验证明,经过图形识别技巧深度练习训练的投资者,无论是看盘与解图的能力,还是实际操作水平都会有一个明显的提高,这将为赢取日后胜利打下一个坚实的基础。

　　据调查,图形识别技巧深度练习,目前在证券图书市场上还是一个空白。我们将带领《股市操练大全》广大读者开辟这片处女地,创造出一个美好的明天。

内容提要

　　识图、解图是炒股的基本功。为了帮助读者提高对图形的分析与判断能力，本书以沪深股市近20年来的大盘和个股走势为背景，从中筛选出许多具有代表性的典型图形，并结合《股市操练大全》的操作理论，精心设计了一批贴近市场、贴近实战，对投资者有深刻启发意义的试题，供读者学习、练习时使用。

　　本书深度练习具有全新创意，其特点是：图形更典型、技巧性更强、训练方法更新颖，买点、卖点及操作注意事项一目了然。它由"大阳线巨阳线图形识别技巧深度练习"、"常见图形识别技巧深度练习"、"大势分析图形识别技巧深度练习"三部分内容组成。读者翻阅本书一定会有耳目一新之感。

　　本书深度练习中所有的典型案例、难题解析，都来自股市实战第一线。本书资料翔实、图文并茂，集启发性、操作性、实用性于一体，它无论对新股民还是老股民的实际操作，都具有重要的参考价值。同时，本书也可作为证券公司、证券咨询机构对员工和投资者的培训教材。

编 写 说 明

一、迄今为止,《股市操练大全》一版再版,不断重印,累计已发行240多万册,这使我们感到十分欣慰,同时也感到责任重大。面对这样庞大的读者群体,我们必须以高度负责的精神向读者提供一个高水平的训练平台,以便这些读者通过这个平台的扎实训练,早日成为股市赢家,乃至大赢家。唯有如此,才能报答读者对我们的厚爱,不辜负读者对我们的期望。本书图形识别技巧深度练习就是在这种指导思想下诞生的。

二、图形识别技巧深度练习与一般的练习不同,它需要对图形进行仔细观察、认真思考、深入分析,才能透过现象看到问题的本质,解开其中的迷团,找到一个准确的答案。图形识别技巧深度练习好比刑侦工作中大案、要案的侦破,它将使受训者练就一身过硬的本领。

三、本书图形识别技巧深度练习的设计,贯彻了"**实战为先、实用至上、抓住重点、兼顾其他**"16字方针。所谓实战为先,即本书不是以介绍理论知识为主,而是以贴近实战,进行真刀实枪的演练为主,因此需要将实战中各种常见图形,以及投资者对其走势的判断充分展示出来,从而给大家一种身临实战第一线的感觉;所谓实用至上,即必须将股市中最有效、最简单、最实用的方法,首先推荐给读者,而一些繁琐的、时髦的,但实用性并不是很强的方法,就尽量不作介绍,或者介绍时也只是点到为止,不作详细阐述。

为了说明什么是"实战为先,实用至上",以便大家对正文内容有一个正确的理解,这里举两个例子。

实例一:用 X 线、Y 线锁定大势。

这个实例里有两张图。第一张图是 2005 年 5 月~2010 年 5 月的上证指数月 K 线图。大家知道 2005 年 12 月~2010 年 5 月,是沪深股市动荡最激烈的年份,在这几年中要踏准股市上涨与下跌节拍是很困难的,投资者屡买屡套的现象不断地发生。但据我们了解,当时确实有一些高手与众不同,踏准了股市的运行节拍,最终成为大赢家。其中,图 1 中箭头 A、C 所指处,就是一位高手买进股票的地方,箭头 B、D、E 所指处,就是他卖出股票的地方。事实证明,这些买点、卖点选择是相当正确的(见图 1)。

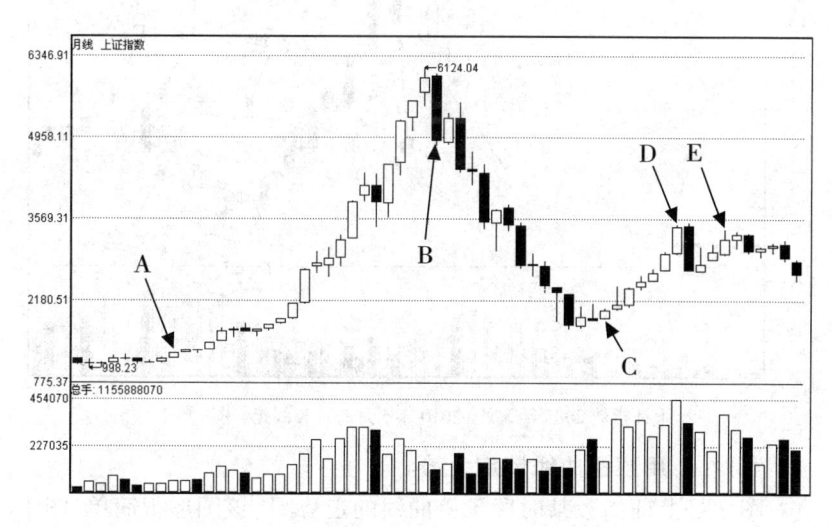

上证指数 2005 年 5 月~2010 年 5 月的月 K 线走势图 图 1

那么,为什么高手能如此精准地把握住大势呢?很多人感到百思不解。其实,高手之所以能正确地把握大势,就是用了一个非常简单,但非常实用的方法,大家看第二张图就知道了。高手在图 1 中加上了 X、Y 这两条曲线,他就是根据这两条线的指示进行操作的(见图 2)。这个方法说白了很简单:①每月的收盘指数高于 X 线就是买点,低于 X 线就是卖点;②2008 年 10 月,上证指数从 1664 点涨上来的这轮行情,碰到 Y 线时就会见顶回落,因此这里就是一个很好的卖点。该方法虽然十分简单,但效果却非常神奇,我们相信任何人知道了这个方法都会使用的,使用后股市的节拍也会像高手那样踏得很准。可见,**方法是股市中的第一财富,而方法不在于多而在于精。大道至简,有时最简单的方法却成了最正确、最神奇的方法**。高手使用的 X 线、Y 线就是这样的例子。有人问,X 线、Y 线究竟是什么线呢?它应该怎样设置呢? 这些请大家不要急,当你阅读本书深度练习后,书中自然会对你作详细解释的,这里先给你留下一个悬念。

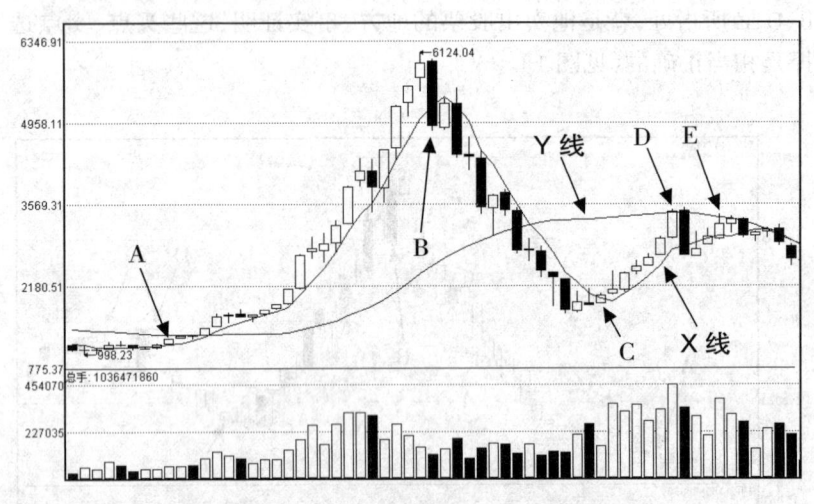

上证指数 2005 年 5 月~2010 年 5 月的月 K 线走势图 图 2

实例二:用预警曲线锁定大势。

图 3 是上证指数某时段预警曲线的走势图。该图形很简单,图中有两条曲线(请注意:这不是移动平均线,是一种未被市场关注的曲线),如果两条曲线出现向下交叉,即死亡交叉,说明大盘的做多能量衰竭了。此时尽管大盘指数仍在高位运行,没有下跌,但大盘的跳水迫在眉睫。投资者见到这个信号,就应该马上逢高出局(此时市场的人气还很旺盛,卖出是很容易的)。假如投资者真的按照这个信号做了,我们可以告诉你,你在股市中赢定了。据查,该卖出信号是在 2007 年 9 月、2009 年 12 月发出的,这样的话,2007 年 10 月的股市见顶与 2010 年 1 月的股市见顶都与你没有关系了,因为你在大盘见顶

前的一个月已经胜利出局。

有人问：这个信号有那么准吗？答案是肯定的，至少目前是如此。那么这个信号是什么信号呢？所谓预警曲线到底是一种什么形式的曲线呢？它的运作原理与设置方法是什么……有关这些问题，现在我们暂时保密，当你做了本书深度练习后，谜底会在书中向你公开的。

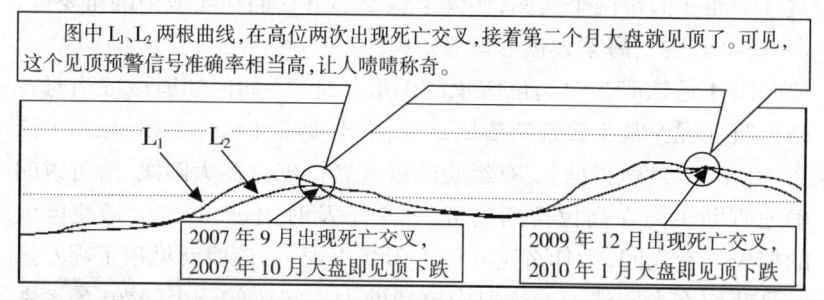

图中 L_1、L_2 两根曲线，在高位两次出现死亡交叉，接着第二个月大盘就见顶了。可见，这个见顶预警信号准确率相当高，让人啧啧称奇。

2007年9月出现死亡交叉，2007年10月大盘即见顶下跌

2009年12月出现死亡交叉，2010年1月大盘即见顶下跌

上证指数 2005 年 5 月~2010 年 5 月预警曲线运行走势图　图 3

通过上面介绍，大家明白了"实战为先，实用至上"是什么意思，下面再同大家说说什么是"抓住重点，兼顾其他"。这也是我们编写本书的一个指导方针。

细心的读者一定会发现，本书将大阳线、巨阳线的图形识别技巧放在非常重要的位置，其篇幅已达到本书总篇幅的 40%。那么，为什么要作出这样的安排呢？因为我们经过长期跟踪调查后发现，投资者在股市中近一半的输赢，都与大阳线、巨阳线有着密切关系。换句话说，投资者只要弄清楚什么时候的大阳线、巨阳线是看空、做空的信号；什么时候的大阳线、巨阳线是看多、做多的信号，这样股市中的一半胜局就锁定了。可见，了解大阳线、巨阳线何时扮演多头角色，何时扮演空头角色，并对它们进行正确的定位，有多么重要。

有鉴于此，我们将大阳线、巨阳线的图形识别技巧，列为本书最主要的重点，精心设计了各种与大阳线、巨阳线有关的深度练习题（编者按：据了解，至今有很多投资者对巨阳线仍非常陌生，操作屡屡出错，这就更需要加强这方面的学习与训练），本书附录中还向大家提供了《大阳线分类看涨或看跌典型图谱 150 例》、《关于主力（庄家）

利用巨阳线诱多出货常见图形的分类与对策》两份研究报告。我们这样做的目的,就是要通过对大阳线、巨阳线的层层剖析,帮助大家扫清股市上的最大拦路虎,为赢取日后胜利打下一个扎实的基础。

大阳线、巨阳线的重要性是不容置疑的。投资者早一天认识它,早一天弄清它背后隐藏的秘密,就能早一天为自己带来巨大的收益。下面我们举两个实例,让大家感受一下它们在实战中的重要性。

实例三:上海某大盘蓝筹股。

图 4 是该股当时高位筑顶的图形。那么,如何知道该股当时在高位筑顶呢?其主要判断依据是:图中出现了 4 根大阳线(见图中箭头 A、B、C、D 所指处)。有经验的投资者根据这些大阳线,就可以明确地判断主力在高位拉高出货,如果不及时出逃,必定会遭受巨大的损失。有人问,为什么这 4 根大阳线出现了,该股就见顶了呢? 这就是我们在大阳线深度练习中要帮助大家解决的一个问题(答案书中有,这里就不展开了)。

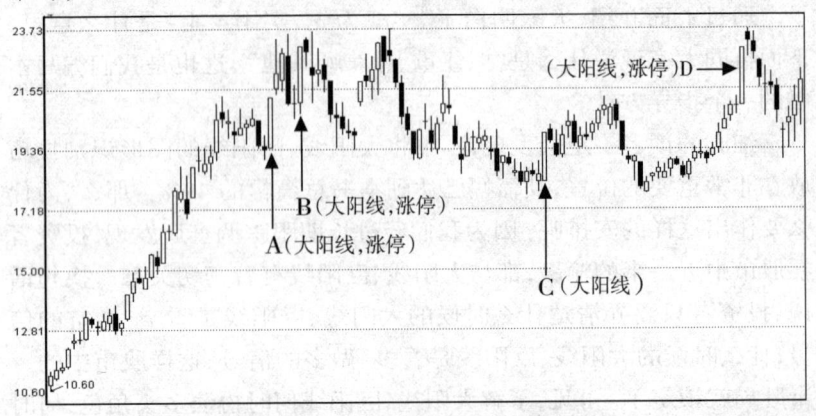

上海某大盘蓝筹股 2007~2008 年 1 月的日 K 线走势图 图 4

实例四:深圳股市某中小板个股。

图 5 是该股 2004 年 7 月上市以来至 2008 年 11 月的月 K 线走势图。这张图中出现了 5 根巨阳线(见图中箭头 A、B、C、D、E),它们的技术意义是不同的。有人把这 5 根巨阳线研究透了,掌握了主力的动向,踏准了该股上涨与下跌的节拍,几乎做到完胜出局,从而成为

一个名副其实的股市大赢家。

那么,这5根巨阳线到底代表了什么?如何从这5根巨阳线看清主力操盘的真实意图?此事能给投资者什么启发?这一切书中将会作详细的解释,到时大家就知道是怎么一回事了。

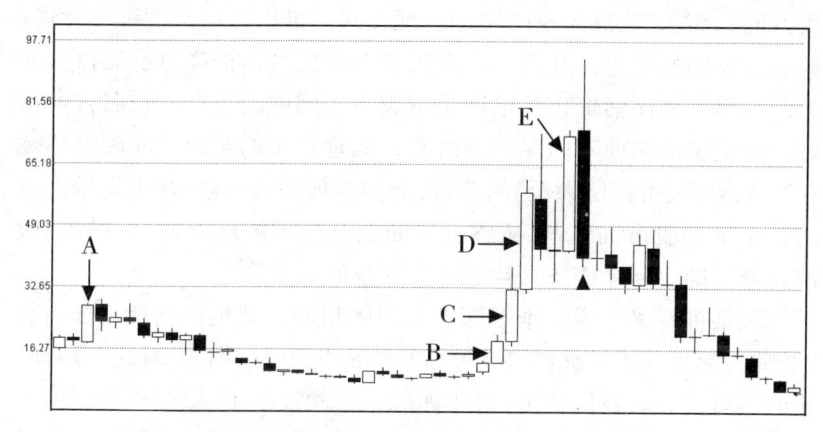

深圳某中小板个股2004年7月~2005年11月的月K线走势图　图5

"兼顾其他",是指本书除了对大阳线、巨阳线进行重点关注外,对其他技术图形的识别也给予了足够重视,因为股市中另一半的输赢都与它息息相关。本书的中篇,分成三个层面向大家充分展示了有关其他图形的识别技巧,请读者阅读与做练习题时多加留意。

四、随着《股市操练大全》的热销,读者中要求我们办股市培训班的呼声很高。说老实话,以我们一己之力,用办培训班的形式,对全国《股市操练大全》百万读者进行面对面的培训,这是不可能的。另外,我们发现目前市场上很多培训班,教育质量不高[注],随便拉上几个股评家,或"民间股神",讲上几个所谓的秘招,弄几根神秘的工作线,就要收取几千元,甚至上万元的学费。读者进这种培训班学习,付出了

【注】　办股市培训班是一件很严肃的事,举办者必须有高度负责的精神才能把它办好。但遗憾的是,现在很多股市培训班,一无教学大纲、培训计划;二无教材、讲义;三无教案(讲课人不认真备课,讲到哪里算哪里);四无必要的练习、作业。类似这样的股市培训,说轻点是教育质量不高,说重点就是在蒙人。投资者对此要提高警惕,避免上当受骗。

高昂学费,最后仍然学不到什么东西。这显然是花了冤枉钱。对这样的培训我们一直是持反对态度的。

这几年,《股市操练大全》编写组也经常思考如何通过一些其他切实可行的方法,让读者花最少的钱,用最少的时间得到一次股市操作方面的高水平、高质量的培训。现在我们推出这本深度练习专辑,就有这方面的意思。其实,一个投资者要想真正提高自己的投资能力,光靠一些浅尝辄止的培训是解决不了问题的。有一句名言说得好:"感觉了的东西不能深刻理解它,而理解了的东西才能深刻感觉它"。如果《股市操练大全》的读者,能像参加高考一样,在事先做大量的高水平的股市训练题,从感觉层面上升到理解层面,将来进入"股市高考"(即实际操作)时,就一定能取得好成绩。

从某种意义上说,本书深度练习的目的,就是让读者参加一次"老师与学生互不见面的高水平、高质量的股市培训"。对这个培训,我们很有信心。我们认为,只要你能认真阅读本书,做好本书深度练习每一道题,你在本书中受到的培训,其效果将远甚于市场上一些学费高昂、粗制滥造的股市培训。

为了达到本书深度练习的预期效果,我们希望读者在做本书练习题时不能浅尝辄止,要学会深入思考、深入分析,同时建议大家在做题时先不要看题目下面的参考答案,待自己做完题后,再拿它与书中的参考答案进行对照,这样印象就会更加深刻。

五、目前在证券图书市场上,有关股市实战深度练习的书还是一个空白,因此编写本书时,无成功的模式可以借鉴。好在我们《股市操练大全》丛书编写组这个团队里,既是老股民又是老教师的人很多,在编写本书时大家群策群力,并参考了高考复习深度练习中的一些做法,同时结合沪深股市的现状,经过一番艰苦的努力,终于撰写出了一套从个股到大势、从简单到复杂的股市实战图形识别技巧深度练习题。这本书是向期盼我们继续出好书的读者交出的一份答卷。这个答卷能否让大家满意,一切由广大读者说了算。最后,要向大家说明的是:由于这是我们首次尝试编写图形识别技巧的深度练习,难免存在一些错误与缺陷,如有什么不当之处,敬请读者见谅。

目 录

上篇　大阳线、巨阳线图形识别技巧深度练习

第一章　大阳线图形识别技巧深度练习 …………… 3
第二章　巨阳线图形识别技巧深度练习 …………… 72

中篇　常见图形识别技巧深度练习

第三章　一般图形识别技巧深度练习 …………… 213
第四章　疑难图形识别技巧深度练习 …………… 261
第五章　系列图形识别技巧深度练习 …………… 357

下篇　大势分析图形识别技巧深度练习

第六章　大势分析图形识别单项技巧深度练习 ………… 429
第七章　大势分析图形识别综合技巧深度练习 ………… 459

附　录

研究报告精选①
大阳线分类看涨或看跌典型图谱150例　……………… 534
研究报告精选②
关于主力利用巨阳线诱多出货图形的分类与对策 ……… 555
答读者问
图形识别技巧是否适用成熟市场　…………………… 567

上 篇

大阳线、巨阳线图形识别技巧深度练习

主讲人：周老师

导 语

  大阳线、巨阳线是股市中最常见的K线图形。大阳线、巨阳线有时会给投资者带来快乐，让当事人的资金拉出长红，有时会给投资者带来痛苦，让当事人的资金大量缩水，甚至输得惨不忍睹，真可谓成也萧何、败也萧何。据统计，投资者有40%左右的输赢都与大阳线、巨阳线有关。因此，有人说，弄懂大阳线、巨阳线，一只脚已经跨进了股市赢家的大门。

  但是，大阳线、巨阳线真真假假，迷惑性太大，很多人看了都是一头雾水。该看空、做空时，却看多、做多了；该看多、做多时，却看空、做空了，以致完全踏错了股市的节拍，吃套、输钱也就在所难免了。本篇的深度练习，将带领你揭开大阳线、巨阳线背后隐藏的秘密，了解主力是如何利用它们忽悠投资者，设下一个个陷阱的，知道在什么情况下应该对它们看多、做多，在什么情况下应该对它们看空、做空，从而真正把输赢的主动权掌握在自己的手中。

第一章 大阳线图形识别技巧深度练习

图形识别深度练习 1

某投资者十分看好图6中的个股,因为它是沪深股市著名的优质蓝筹股。但自从该股跳空高开拉出一根涨停的大阳线后,他就对该股未来的走势产生了担忧,特别是当看到图6中出现的最后一根高开低走放量中阴线后,其担忧就达到了顶点。于是,他下定决心,在第二天一开盘就将该股全部抛掉了。不料,这一抛竟抛得非常准确,不久该股就出现大跌,但他手中已经没有了这只股票,从而躲过了一劫。

后来,有人问他,为何图6中拉出一根涨停的大阳线,让你如此担忧呢?竟把自己最看好的个股全部卖了。这里面有什么奥秘吗?这位投资者如此这般地作了一番解释,大家听后恍然大悟,连声称"妙"。

请问:这位投资者作了怎样的解释,大家才恍然大悟呢?

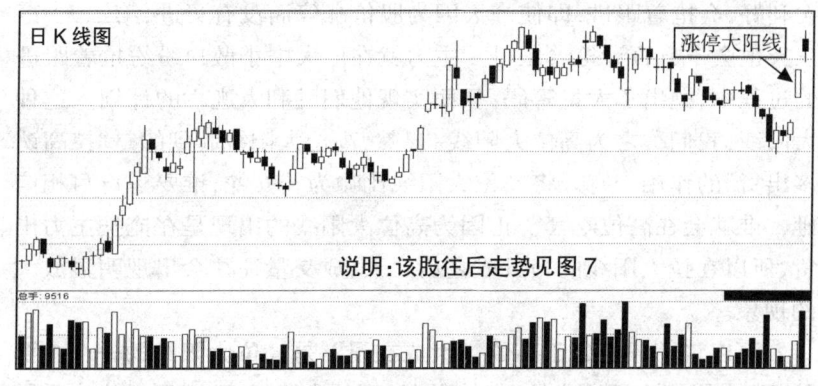

说明:该股往后走势见图7

图6

解答 据了解,这位投资者是这样向大家解释的:他本来是看好该股的,认为长期持有它问题不大,但在图6中,最后第二天拉出的是一根涨停大阳线,使他对该股的后市产生了担忧。他担忧的是,该股虽然是一个成长性很好的优质蓝筹股,但这轮行情上来绝对涨幅已经很大,股价在一两年内已上涨了五六倍。这样势必就会引起一个估值是否过高的问题。当然,如果主力继续看好该股,准备长期持有它,他仍然可以陪主力一起死守。但是,现在主力已经没有信心了,在抢着出货了。这就不能不引起他的高度警惕。有人问他,主力抢着出货具体表现在什么地方呢?他说,具体就表现在这根拉涨停的大阳线上。

他告诉我们,在股价有了一定涨幅后,盘中出现大阳线,无非起到两个作用。一是股价仍有上涨空间,但上涨遇到了一定的阻力,主力通过拉大阳线来聚集人气,鼓舞多方斗志,同时也可以清洗出盘中的一些不坚定分子,进一步夯实股价。这种大阳线我们称为中位大阳线。中位大阳线实际上起到了一种"空中加油"的作用。二是股价上涨已没有空间,主力考虑怎样出货。此时出现的大阳线就有问题了。主力惯用的一种手法就是在高位拉出一根或数根大阳线进行诱多出货。从统计资料来看,主力这一招很灵验,上当受骗者很多。一般来说,当盘中出现大阳线,尤其是涨停大阳线,很多人就以为有什么重大利好,会抢着跟进,即使当天因为股价涨停而没有买进,第二天、第三天也会千方百计抢着跟进。主力就在广大中小散户纷纷抢着跟进的过程中,抛出了大量筹码,从而实现他们胜利大逃亡的计划。这种大阳线,我们称之为高位大阳线。显然,高位大阳线起到的是"拉高诱多出货"的作用。有人将高位大阳线比喻为美女蛇,谁要是盲目相信她,谁就会在高位吃套。正因为高位大阳线的出现是在掩护主力出货,所以在拉大阳线的当日或之后几天,成交量往往会出现明显放大的现象。

可以说,"**股价处于高位 + 大成交量**"是高位大阳线的一个主要特征。在了解上涨途中这两种不同类型的大阳线后,再回过头来看图

6中的那根涨停大阳线,就会想到很多问题。这位投资者说,当时我想,该股这一轮行情已上涨了五六倍,主力如果看好该股,准备长期持有,那么股价走势应该相对平稳,没有必要拉什么涨停大阳线。主力突然在盘中拉涨停大阳线来吸引市场眼球,肯定有他们自己的打算。主力是想通过拉大阳线来达到什么目的呢?是想聚集人气,鼓舞多方斗志吗?看来不像,因为此时股价已处于很高的位置,拉一根聚集人气的中位大阳线,有这个必要吗?另外,主力为什么不在股价处于较低位置时来拉中位大阳线,而非要到股价处于很高的位置再拉中位大阳线呢?这不合常理,也不符合主力操作的思路。当时我左思右想,都觉得不对头,我怀疑这根大阳线绝对不是主力的善意之举。在这根大阳线之后的第二天,盘中又出现了一根高开低走,并带有上下影线的中阴线,这根中阴线是放大量的。至此,我断定主力在利用大阳线进行诱多出货了。于是,我决定不能再等了,隔天一早就将该股全部卖出。我卖出后不久,该股就出现了大跌(见图7)。

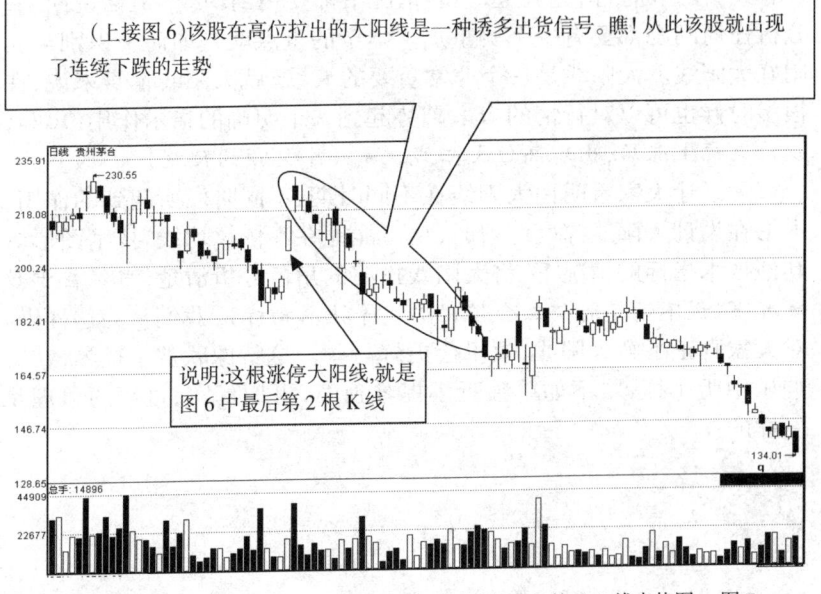

(上接图6)该股在高位拉出的大阳线是一种诱多出货信号。瞧!从此该股就出现了连续下跌的走势

说明:这根涨停大阳线,就是图6中最后第2根K线

贵州茅台(600519)　2008年1月7日~2008年6月24日的日K线走势图　图7

这位投资者的这次操作成功了。这个案例给我们提供了一条重要经验，即对上涨途中出现的大阳线一定要予以高度重视。投资者必须弄清楚大阳线的性质，要正确辨别它究竟是属于中位大阳线，还是属于高位大阳线，只有把这个问题弄清楚，接下来操作才有方向。如果判断下来是中位大阳线，就继续持股待涨；如果判断下来是高位大阳线，就坚决逢高出局。投资者如果按照这种方式操作，取胜的概率就很大。

又及：本书完稿后，向读者征求意见时，有人提出，分析大阳线时怎么不见你们提到均线，以往你们不是一再强调均线在判断行情趋势上有着非常重要的作用吗？

答：均线的重要作用是不言而喻的，在本书中篇、下篇中，大家可以看到，在判断行情趋势上，很多情况下都要用到均线。但话说回来，分析任何问题都要有一个侧重点。本章的重点就是如何来识别与运用好大阳线。大阳线是一个非常重要的K线，就大阳线本身来说，在很多时候也可以对行情的未来趋势起到一个明确的指示作用（比如，股价大幅上涨后，出现高位大阳线就是一个见顶的预兆）。

为了让大家看明白大阳线在不同时期、不同阶段所起到的作用，本书在设计大阳线深度练习时，尽可能地在不依靠均线、技术图形等其他技术指标的情况下，将大阳线扮演的角色分析清楚（当然在少数情况下，说不清楚时仍然会借用均线等技术指标）。我们认为这样做，对大家真正了解大阳线，效果会更好一些。这就像欣赏小提琴，在交响乐中听小提琴，不如单独听小提琴独奏，更加真实、过瘾的道理是一样的。

图形识别深度练习 2

周老师说:通过上道题练习,我们知道了大阳线并不都是看涨的信号,对高位大阳线,大家一定要予以高度警惕。比如,图8中箭头C所指处就是一根高位大阳线。由于这根高位大阳线的出现,导致该股一度快速下跌。不过,现在该股经过低位一段时间横盘后,出现了一波上升走势,今天图中又拉出了一根中阳线。

下面请你回答:①就该图现在的走势,谈谈下一步应该怎么操作?②请说明怎样认定某根大阳线是高位大阳线?③图8中的箭头A、B所指的大阳线属于什么性质?它们和箭头C所指的大阳线有什么区别?

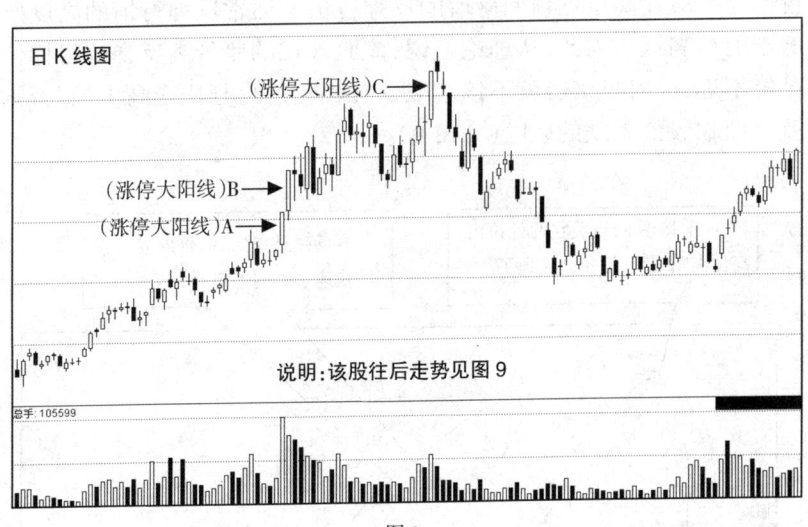

日K线图
(涨停大阳线)C
(涨停大阳线)B
(涨停大阳线)A
说明:该股往后走势见图9
总手:105599

图8

箭头A、B、C所指的3根大阳线,隐藏着主力操盘的一个秘密。你知道这个秘密是什么吗?

7

解答

我先来回答第一个问题,即怎么操作?我把它归结成一句话,持股者现在就应该减仓,逢高出局,持币者则应空仓观望。

我这样操作的理由是:①图8显示,前面出现了几根高位大阳线,主力已大量出逃,股价已经见顶;②现在的一波上升走势,是因为该股见顶后,短期跌幅过大,在技术上出现的一波超跌后的反弹走势。目前反弹已经到位,股价随时可能再次掉头向下。

这里我们不妨来作一个假设。假设图8中箭头C所指的大阳线是一根标准的高位大阳线。那么,这样就可以确定,最近的这轮上涨行情是一波在高位见顶回落后的反弹行情。通常反弹行情的高度要低于前一高点。因此,从理论上说,该股现在的股价离反弹的目标位已经不远,此时投资者就不该恋战,应认清形势,赶快逢高出局,否则就会面临股价大跌的风险(见图9)。

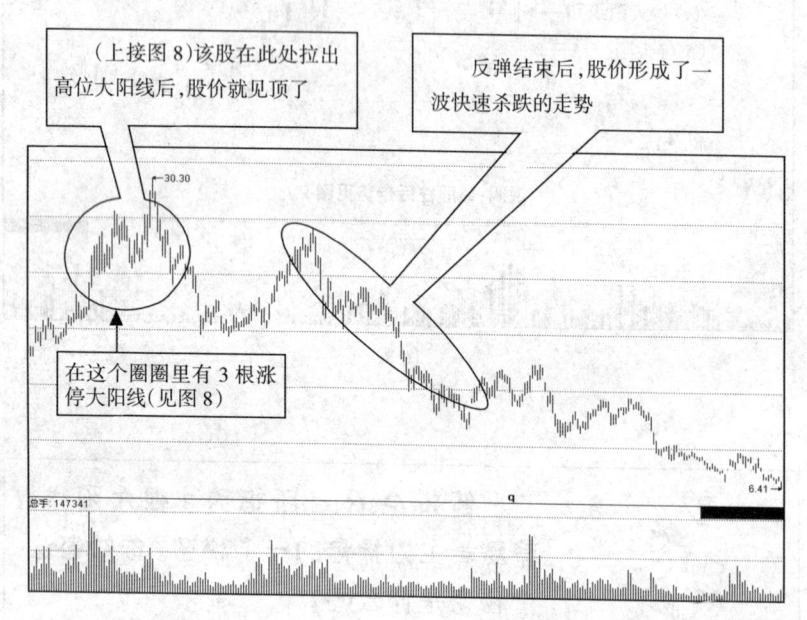

(上接图8)该股在此处拉出高位大阳线后,股价就见顶了

反弹结束后,股价形成了一波快速杀跌的走势

在这个圈圈里有3根涨停大阳线(见图8)

中化国际(600500)　2007年8月2日~2008年10月27日的日K线走势图　图9

接下来我回答第二个问题,即如何确定一根大阳线就是高位大阳线呢?这主要看这根大阳线在盘中起到了什么作用。比如,图8中箭头C所指的大阳线,它出现后不是在聚集做多的力量,推动股价上行,反而是快速地将股价打下来,第二天、第三天、第四天,连续3天收阴,股价很快就跌穿了大阳线的开盘价,之后更是一发不可收拾,不断向下寻底。图8显示,在股价跌掉40%后,该股才找到了一个阶段性低点,形成了现在的一轮反弹走势。所以,在股价有了较大涨幅后(编者按:据了解,该股在拉出箭头C这根大阳线时,短短两年时间,股价就涨了7倍多),盘中突然出现涨停大阳线,投资者就要予以高度警惕,提防主力以大阳线为掩护,进行诱多出货。

有人说:图8中出现箭头C这根大阳线时,成交量并不大,在这根大阳线后面,股价跌下来的时候,成交量也不大,这怎么看得出主力是在大量出货呢?确实,光看这几天的K线、成交量是看不清楚的。但是,如果我们把目光转向图8中箭头A、B所指的两根大阳线下面的成交量,与箭头C所指的这根大阳线下面的成交量,并把它们连在一起来进行考量,就会得出一个结论:在这一阶段中,总的成交量是很大的。盘中出现如此大的成交量,说明跟进的人很多,这足以让主力将大把筹码甩给这些跟进者,自己则可以趁机溜之大吉。

其实,了解主力操作行为的投资者知道,通常主力出货是在一个区域里进行的(这个区域可大可小),而一般不会靠一、二天的拉高就能把货出干净的[注]。

最后,我来回答第三个问题,图8中箭头A、B所指的大阳线,是什么性质的大阳线呢?我认为它们也应该是高位大阳线,它们和后面箭头C所指的高位大阳线,在性质上并没有什么不同,其目的都是为了诱多,掩护主力高位出货的。如果说两者有什么区别,也只不过在分工上和表现形式上有所不同罢了。

【注】 当然,极端的情况也有,如某股题材特别吸引市场眼球,主力拉高时跟风人特别多,就会出现单日换手率特别高的现象(高的时候单日换手率可以达到百分之三四十),这样主力在几日内就能完成其出货任务。但在股市中,出现这样的情况比较少见。

从分工上来说,箭头 A、B 所指的高位大阳线扮演的是"鼓舞"人气的角色,主力用它们把市场人气吊起来,诱使普通投资者追涨,然后在普通投资者追涨的过程中,主力将筹码抛给他们;而箭头 C 所指的大阳线扮演的是这场拉高出货骗局的收尾角色,因为此时主力手中剩余的筹码已经不多,所以在最后出货的收尾阶段,成交量相对就小了一些。

从表现形式上说,箭头 A、B 所指的大阳线,尽管也是高位大阳线,但它们此时的主要任务是,使用诱骗术,把不明真相的投资者拉进来,在高位接主力抛出的货。通常,为了让更多的人上当受骗,主力在高位出货时,就必须先在盘中努力制造一种强烈的"做多气氛",诱骗一些投资者高位追涨,这样就要想办法让股价暂时涨上去。所以,我们看到这两根高位大阳线出现后,股价短时期内是往上走的。而箭头 C 所指的高位大阳线,其主要任务是清理打扫战场,此时主力也顾不得伪装了,所以这根大阳线出现后,股价很快就跌了下来。

可见,对上涨途中出现的大阳线,它们究竟是什么性质,起什么作用,作出正确的分析是十分必要的。分析清楚了,后面操作就胸中有数了。这个案例给我们提供的主要经验,值得投资者认真吸取。

> 过去,我看到大阳线以为都是上涨的信号,但追进去往往就被套在高位。为什么会出现这种现象,我百思不得其解。现在我明白了,高位大阳线是主力蒙骗中小散户的诱饵,盲目看多、做多就要吃大亏。

图形识别深度练习 3

高位大阳线是主力用来诱多出货的信号,很多人记住了。这不,有人看了图10后,认为主力又在故技重演了。这些人分析说,图10的走势和前面图8的走势相同,主力都是在高位拉了3根涨停大阳线,实现其诱多出货的目的。而且图10、图8中的3根大阳线所处的位置与各自扮演的角色也差不多。这些人还断言,现在不逃的投资者,将来都会后悔莫及。

请问:你同意这种分析吗(请说出理由)?并具体说说对图10应该怎么操作。

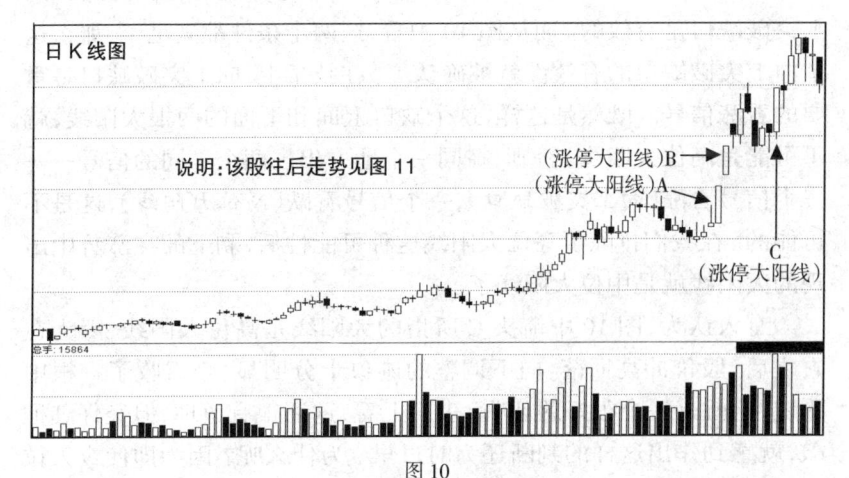

日K线图

说明:该股往后走势见图11

(涨停大阳线)B
(涨停大阳线)A
C
(涨停大阳线)

换手:15864

图10

解答

我不同意这种分析。我认为本题图10中的3根大阳线与前面图8中的3根大阳线,性质上是完全不同的。其区别是:本题图10中的3根大阳线很可能是中位大阳线(当然,究竟是不是中位大阳线,最后还要靠后面的K线走势来验证);而前面图8中的3根大阳线已被事实证明是高位大阳线。我们知道,中位大阳线的出现为股价上涨打开了新的空间,是继续看涨的信号;高位大阳线的出现则表示行情已经见顶或即将见顶,是看跌的信号。因此,这两种大阳线的性质是完全不同的。

那么,有什么证据可以证明,本题图10中的3根大阳线是中位大阳线,而不是高位大阳线呢?

我们来看图10,当图10中出现箭头A这根大阳线后,第二天该股跳空高开,又拉出一根涨停大阳线(见图10中箭头B所指的K线)。这样图10中这两根大阳线之间就留下了一个缺口,这个缺口在技术上称为向上突破缺口。这个向上突破缺口出现后,股价重心是向上的。根据K线理论,向上突破缺口出现后,3天之后K线仍站在缺口上方,且股价距离缺口上涨幅度超过3%,此时就可以认为这个向上突破缺口是有效的。而从图10中看,这两个条件都满足了,那么这个向上突破缺口的有效性就被确认了。在技术上,向上突破缺口是重要的看涨信号。既然是这样,这个缺口上面和下面的两根大阳线,就不可能是高位大阳线。否则,在同一个地方出现两个不同的信号——一个信号看涨(向上突破缺口),一个信号看跌(高位大阳线),这是不可能的。在我们排除了高位大阳线这种可能性后,剩下的在涨势中出现的大阳线就是中位大阳线了。

有人认为,图10中箭头C所指的大阳线是高位大阳线,因为在它之后,股价冲高回落,向下调整的迹象十分明显,今天收了一根中阴线,这就是一个很好的证明。表面上看,这话很有道理,但经仔细推敲,就感到作出这样的判断还为时过早。为什么呢?因为即使今天拉了一根中阴线,股价仍然收在箭头C这根大阳线的收盘价上方。通常,只有大阳线的开盘价被击穿,我们才能确定它是高位诱多出货的大阳线。现在股价收在大阳线的收盘价上方,怎么可以推断图10中箭头C所指的大阳线就是高位大阳线呢?

其实,中位大阳线与高位大阳线出现后,股价往往都会有冲高回落的现象发生。但前者的冲高回落,是一种假的回落,说白了就是主力在洗盘,洗盘后,股价仍会向上攀升。而后者的冲高回落,是一种真的回落,说白了就是主力在出货,出货后,股价会出现大跌的走势。一般来说,中位大阳线出现后股价冲高回落,大阳线的开盘价是不会被击破的,而高位大阳线出现后股价冲高回落,大阳线的开盘价很快就会被击穿。所以,大阳线的开盘价是不是被击破,是检验它究竟是中位大阳线还是高位大阳线的最重要标准。

如果我们确定图10中的几根大阳线是中位大阳线,那就应该耐心地持股待涨,也许此时耐心地中线持股,要比短线跑进跑出,将来获益要大得多(见图11)。

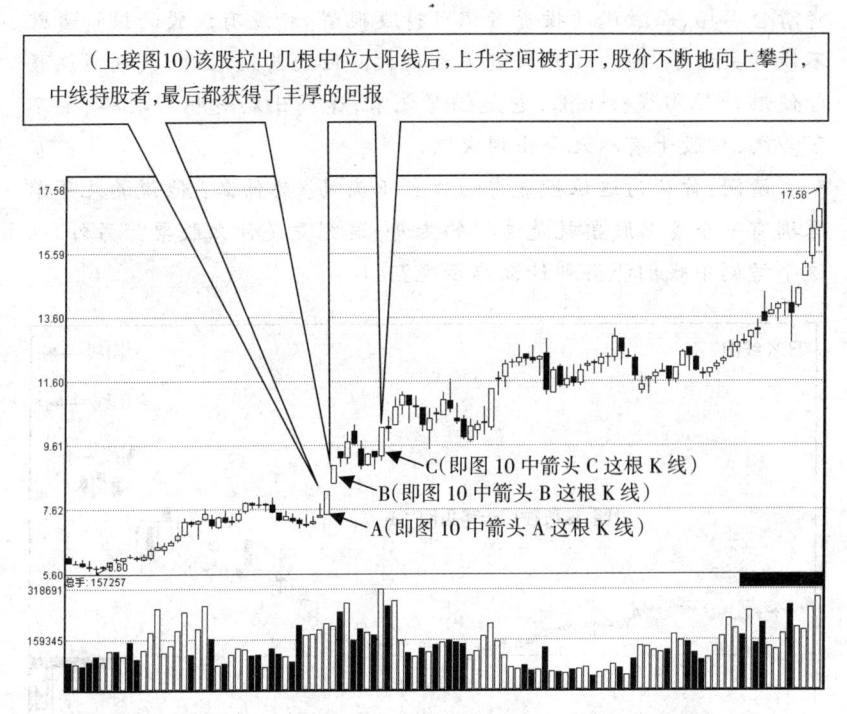

(上接图10)该股拉出几根中位大阳线后,上升空间被打开,股价不断地向上攀升,中线持股者,最后都获得了丰厚的回报

C(即图10中箭头C这根K线)
B(即图10中箭头B这根K线)
A(即图10中箭头A这根K线)

国投电力(600886) 2006年11月8日~2007年4月25日的日K线走势图　图11

图形识别深度练习 4

一天收盘后,某投资者指着图12说,该股这种走势我见过,几年前深圳有一个著名股票就是这样的走势。我认为,明天该股只要不是高开高走,或平开高走,该股的行情也就走到头了,此时就应全部抛空离场。有人问:如果明天继续收阳,那该怎么办呢?这位投资者回答说,稳健型投资者可以逢高减仓,或者清仓离场,而激进的投资者仍可持股观望。但没有该股的投资者就不能再买进了,因为此时买进风险极大。他还肯定地说,我判断该股即使继续拉阳线往上涨,也是强弩之末,逢高出局是明智之举,要不了多久,该股十有八九会出现大跌。

请问:你认为这位投资者的观点正确吗?为什么?他说的几年前深圳有一个著名股票就是这样的走势,这究竟是什么股票?另外,从这个案例中我们能得到什么启示呢?

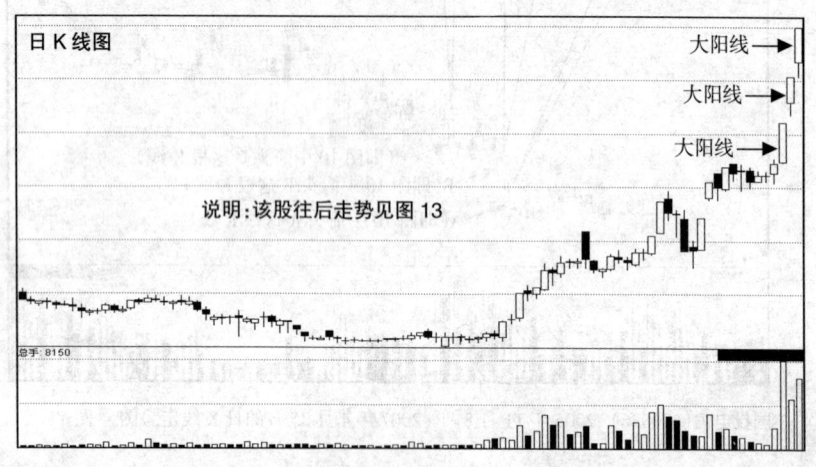

日K线图　　　　　　　　　　　　　　　　大阳线→
　　　　　　　　　　　　　　　　　　　　大阳线→
　　　　　　　　　　　　　　　　　　　　大阳线→
说明:该股往后走势见图13

总手:8150

图 12

解答

我认为这位投资者的观点是完全正确的。为什么呢?因为从技术上说,该股确实在构筑一个头部。我们在做前面的练习题时已经详细分析过,在上涨途中出现高位大阳线,说明主力要拉高出货了,更何况该股一下子出现3根高开的高位涨停大阳线,此时成交量也出现了急剧放大的现象,那就更加说明,主力在高位疯狂地进行抛售。另外,股价有了一定涨幅后,连续出现3根高开的大阳线,在K线理论上称为"连续跳空三阳线"[注],连续跳空三阳线是一种滞涨的信号,出现这种信号后,股价见顶回落的可能性很大(见图13)。

(上接图12)果然不出这位投资者所料,该股自拉出了这3根高开的涨停大阳线后,股价就走到头了,当时冲顶时30元的股价就成了该股历史最高价(编者按:这是指除权价,而不是指复权价)

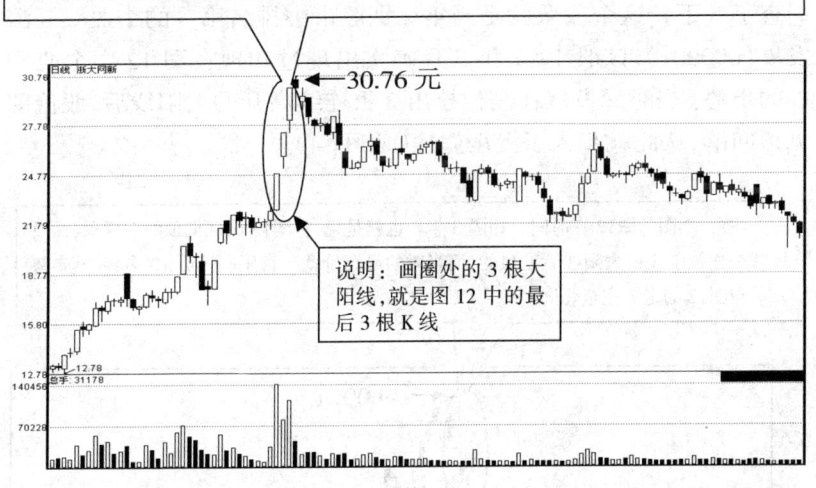

说明:画圈处的3根大阳线,就是图12中的最后3根K线

浙大网新(600797)1999年12月29日~2000年7月10日的日K线走势图　图13

有人问:既然图12中的个股见顶了,那么赶快卖出就是了,为什么这位投资者要说,明天如果继续收阳,激进型投资者仍可持股观望呢?因为,这位投资者说图12中的个股见顶,仅仅是预判,在事情未发生前,再准确的预判也只是一种可能。有鉴于此,这位投资者作出了假设,假设该股在连续跳空三阳线出现后,明天仍然是平开高走或高开高走,说明主力还想借势疯狂一把,既然主力还在推高股价,此

【注】　有关"连续跳空三阳线"的特征、技术意义,详见《股市操练大全》第一册第126页~第127页。

时,喜欢冒进的投资者也可以继续陪主力玩一玩,这样获利可以更丰厚一些。但这位投资者同时强调,即使该股再拉阳线,也是强弩之末了,他建议稳健型投资者应该逢高减仓,或者就干脆抛空出局。他还告诫投资者无论如何不能再买进了。

这位投资者针对不同类型的投资人提出了不同的操作建议,这说明他考虑问题是比较全面的。但他的观点总的意思很明确,认为图12中个股的危险已迫在眉睫。

这位投资者说,几年前深圳有一个著名股票就是这样的走势。我们查了一下,这个股票就是当年深圳股市中排名第一的个股——深发展(000001),该股1997年5月确实出现过和现在图12中个股同样的走势。当时深发展在高位拉出3根连续高开的大阳线后,股价即见顶回落,从此就步入了漫漫熊途(见图14)。

注意:本图与图12在时间上相隔3年。也就是说,在图12出现见顶的3年前,深发展就是连拉了3根大阳线后见顶的,而当时的最高价竟一直压制该股10多年,其走势几乎与图12的走势完全相同

深发展(000001)　1997年2月28日~1997年8月13日的日K线走势图　图14

另外，我们从上面这个案例中能得到什么启示呢？最大的启示是：历史有惊人的相似之处，过去发生的事以后还会再次发生。对于有些典型图形，我们只要把它记住了，当它再次出现时，我们就可以从容应对了，不会再让主力牵着鼻子走。这样，这个案例也许能让我们从中学到一条相当重要的操作经验。

> 哈哈！我知道了，股价大幅上涨后，再连拉3根跳空大阳线，这十有八九是在赶顶。以后大家可要当心，千万别让主力骗了。

图形识别深度练习 5

上道练习题做完后,周老师又拿出一张图(见图 15)给大家看,问大家从这张图中能看到什么?现在应该怎么操作?

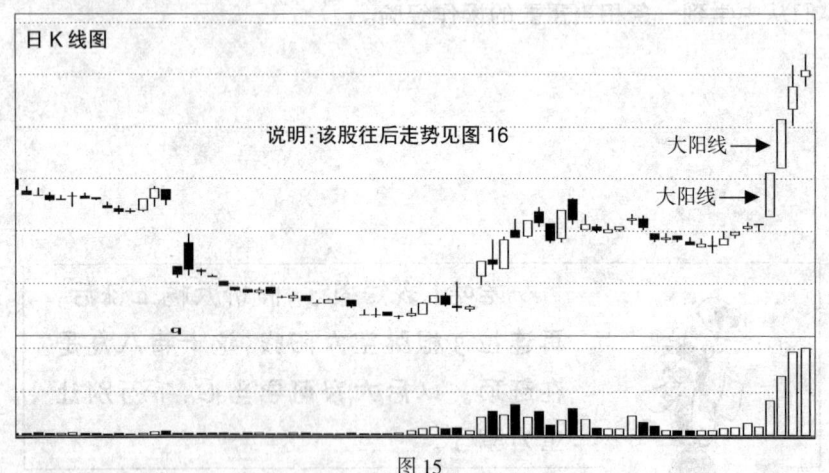

日K线图

说明:该股往后走势见图 16

大阳线 →

大阳线 →

图 15

解答

我从上面这张图中看到了与上道题图 12 一样的走势。这张图中的最后 4 根 K 线与图 12 中的最后 3 根 K 线的组合都属于同一个类型,即同为"连续跳空三阳线"。另外,再将这两张图中的大阳线进行比较,性质也完全一样,都是高位大阳线。

有人可能不同意这个看法,原因是图 15 中有 4 根 K 线,而上道题图 12 中只有 3 根 K 线,两者显然是有明显差别的。如果说图 15 中右边倒数第三根、第四根 K 线,与图 12 中右边倒数第二根、第三根 K 线都是高位大阳线,大家不会有什么疑问,因为它们之间的 K 线所处位置、形状都差不多。问题是怎样对本题图 15 中最后两根 K 线(一根是中阳线,一根是小阳线)进行定性,说它们是高位大阳线,根据是什么呢?

当然,用传统思维是无法确认这两根阳线就是高位大阳线的,但

18

我们只要换一个角度,将两天的K线走势当成一天的K线走势来看待,也就是说,将两根K线合二为一,此时呈现在你面前的,不就是一根高位大阳线吗?有经验的投资者知道,股市中的图形不可能都是标准图形,大量的是非标准图形,即变化图形[注]。因此,我们在对股市图形识别与辨认中,破除头脑里的思维定势,转换一下视角,就能把一些原来看似迷雾重重的图形,透视得一清二楚。

图形的性质搞清楚了,下面的操作就好办了。其方法是:如果图15中的个股,明后天继续拉阳线上冲,就跟在主力后面享受坐轿的快乐,但是,一旦发现股价高开低走、平开低走或低开低走,就立马将手中的股票卖出(见图16)。(编者按:卖出时需要注意两点:①假如当天收阴,投资者应在收盘前夕果断地抛空出局;②如果第一天未卖出,第二天必须坚决清仓离场)。

(上接图15))图中出现了非标准的连续跳空三阳线,这同样是一个加速赶顶的信号。主力用大阳线为掩护,不断地在高位诱多出货。瞧!主力出货结束后,该股就陷入了漫漫的熊途

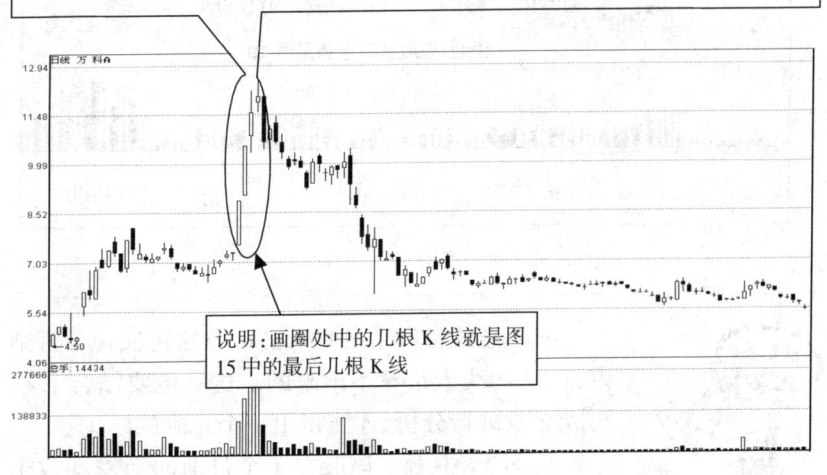

说明:画圈处中的几根K线就是图15中的最后几根K线

万科A(000002)　1994年7月25日~1995年1月16日的日K线走势图　图16

【注】　关于如何看待变化图形,这里面涉及到一些什么技巧,《股市操练大全》第七册第63页~第64页中有详细介绍,有兴趣者可自行参阅。

图形识别深度练习 6

图 17 中的个股从 30 多元一路下跌,股价跌掉九成后,才出现一波见底回升的走势。现在股价冲到 11 元上方后出现了一波小幅的调整。小李认为,该股今天收出中阳线,似有结束调整的好兆头。但一位高手却说,该股这轮反弹基本结束,接下来股价还要出现较大的调整。很多人不相信,认为高手不是信口开河,不负责任地随便说说,就是在故意忽悠大家。因为从均线上看,该股不仅受到 30 日均线支撑,今天股价又放量收到 10 日均线之上,形势很好,怎么说它还有较大的调整空间呢?

请问:你同意谁的观点?为什么?

日K线图

10 日均线   30 日均线

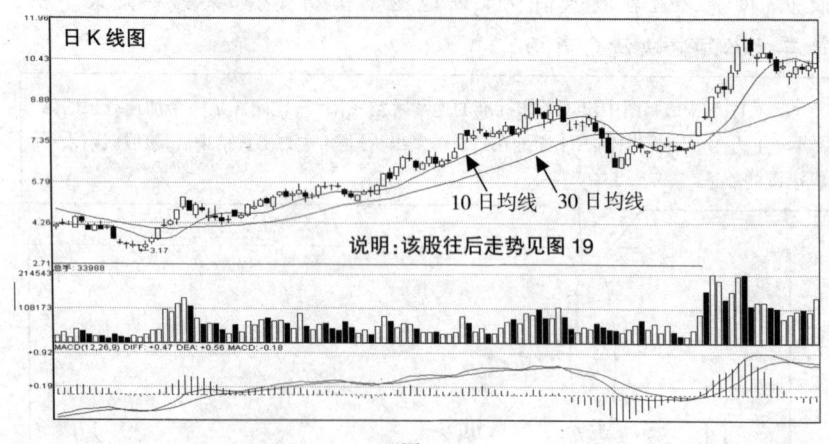

说明:该股往后走势见图 19

图 17

解答

我同意这位高手的观点。该股这轮反弹是否结束,仅从均线上是看不出来的。这一定要结合 K 线与成交量进行分析,才能得出一个正确的结论。

从图 17 中看,该股在 1 个月前向上发动攻击时,拉出了第一根涨停大阳线(见图 18 中箭头 A 所指处),之后又间隔着出现了两根涨停大阳线(见图 18 中箭头 B、C 所指处)。这 3 根大阳线所起的作用都是"吊人气"、掩护主力出货的。

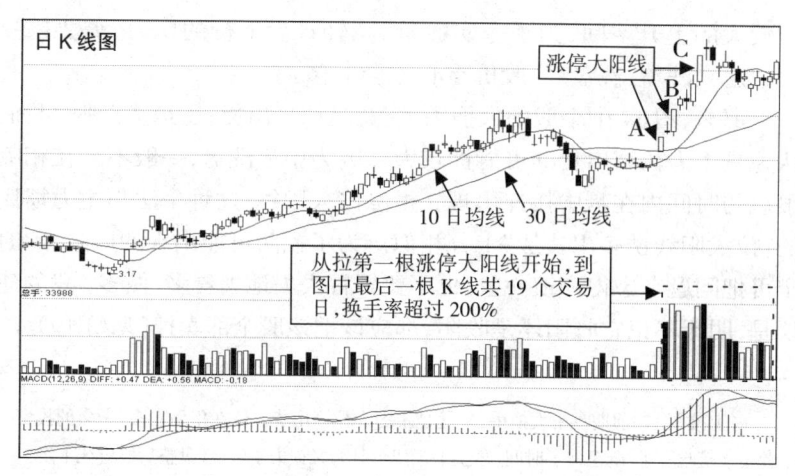

图 18

那么,这样分析有什么根据呢?我们只要看看下面的成交量就会知道。当该股拉出第一根涨停大阳线时,换手率仅为 7.14%,第二天换手率就上升到 12.92%。显然因为有了第一根涨停大阳线,人气被吊了起来,所以第二天收一根小阴线时,成交量才会急速放大。第三天主力又高举高打,拉出了一根涨停大阳线,当日的换手率达到了 17.32%。由于有了两根大阳线托底,该股人气被彻底吊了起来,随后 3 天该股出现了两阳夹一阴的走势,股价升幅不大,但这 3 天的换手率却达到了 39.23%。在这之后该股又拉出了一根涨停大阳线,当日的换手率为 16.7%,接着它后面就出现了一根十字线,当日的换手率达到了 17.38%。至此,股价在 11.50 元开始回落。回落后,成交量开始减少,但每天的换手率也达到了 9%左右。据统计,从该股出现第一根涨停大阳线算起,到图 17 中最后一根 K 线为止,一共 19 个交易日,总换手率已超过 200%(细算下来,前 8 个交易日,即股价上涨时,换手率达到 110.69%,后 11 个交易日,即股价从高峰回落时,换手率达到 96.08%)。这是一个很惊人的数字。

在上涨途中出现如此高的换手率,只有两种解释:一是主力在这样高的换手率中已不知不觉地把大量筹码派发了出去,实现了高位胜利大逃亡;二是主力感到该股还有重大利好可以期待,后面股价将有较大的上升空间,为了夯实股价,减轻日后上行的压力,需要来一次中途大洗盘,洗盘后,股价重心才会上移。

那么,图17中个股的大换手,究竟是拉高出货,还是洗盘呢?我们认为是主力拉高出货的可能性较大。因为中途洗盘,一般不会在相隔很短的时间内在盘中接连出现3根涨停大阳线,这种手法与主力惯用的"拉大阳线诱多出货法"十分相似。为了预防可能出现的风险,此时宁可把问题考虑得谨慎一些,也不要冒冒失失地去看多、做多。我的建议是,明天不论它收阳还是收阴,都应该把该股全部卖掉(见图19)。

(上接图17)前期盘中大换手,果然是主力在拉高出货。留在里面看多、做多的投资者明显是吃亏了,既浪费了时间(盘整了三四个月),又损失了资金(盘整后股价往下走)

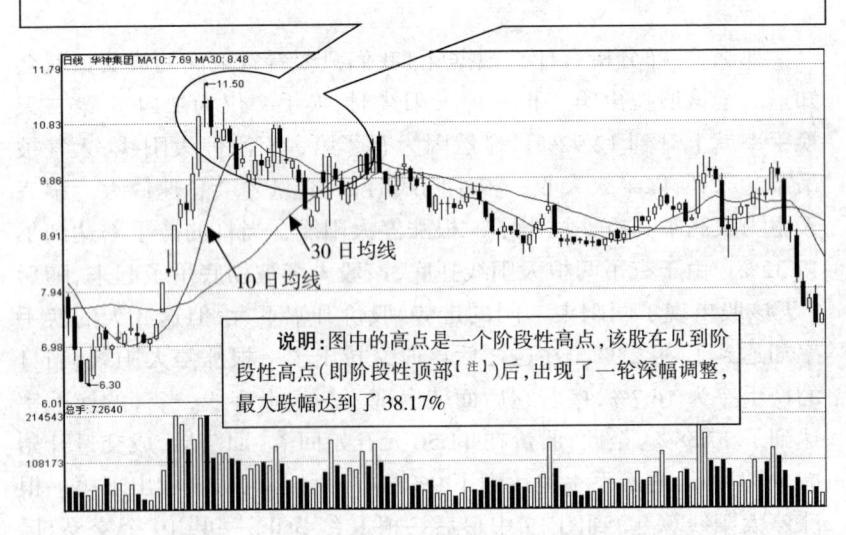

说明:图中的高点是一个阶段性高点,该股在见到阶段性高点(即阶段性顶部[注])后,出现了一轮深幅调整,最大跌幅达到了38.17%

华神集团(000790)　2009年2月25日~2009年8月20日的日K线走势图　　图19

【注】　股价见顶,有长期见顶与阶段性见顶两种形式。图19中个股的顶部是一个阶段性顶部(因为该股往后的走势是,经过深幅调整后,又展开了一轮升势,并创了新高)。对阶段性顶部,投资者应先看空、做空,因为它的调整幅度一般也是很厉害的,卖出后可在股价跌至低位时,再将筹码补回来。关于这方面的操作技巧,本书后面会提到,这里就不展开了。

图形识别深度练习 7

忻女士是个稳健型投资者,她很看好图 20 中的个股,认为该股现在已经见底,可以对它积极看好。而其看好的最主要理由是:她找到了一根足以改变股价趋势的大阳线。很多人对她的理由表示怀疑,原因是:在图 20 中,前面也出现过两根涨幅超过 9% 的大阳线(见图 20 中箭头 A、B 所指处),但这两根大阳线的出现并没有改变股价下行的趋势。那么,凭什么理由说图 20 中最后一根大阳线(见图中箭头 C 所指处)能改变股价下行的趋势呢?

请问:你是否同意忻女士的观点?为什么?

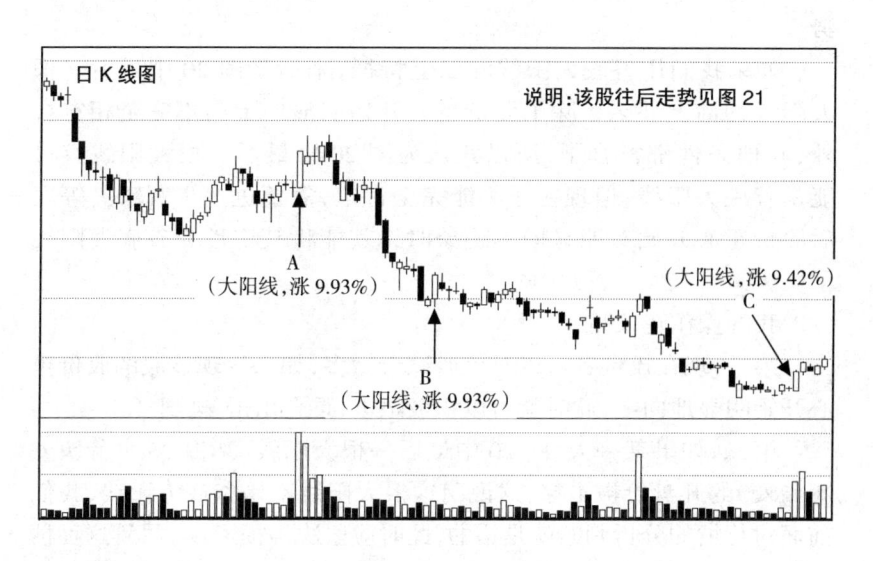

日 K 线图   说明:该股往后走势见图 21

A (大阳线,涨 9.93%)
B (大阳线,涨 9.93%)
C (大阳线,涨 9.42%)

图 20

解答

我基本同意忻女士的观点。虽然图 20 中有 3 根大阳线,而且都是在下行趋势中出现,但这 3 根大阳线的性质有所不同。图 20 中箭头 A、B 所指的大阳线,其性质可以定性为反弹大阳线[注],是看跌信号;而图20中箭头C所指的大阳线很有可能是谷底大阳线,则是看涨信号。

为什么说图20中最后一根大阳线可能是谷底大阳线,而不能肯定它就是呢(这也许是我和忻女士的观点尚有一点分歧的地方)?我认为,若要正确判断图20中个股未来的趋势,就需要从谷底大阳线的特征说起。

据了解,谷底大阳线有如下特征:①在股价跌幅巨大时出现;②出现的当天或以后几天,成交量有明显放大的迹象;③股价重心开始明显向上;④即使大阳线出现后,股价被空方打压,出现短暂回调,但大阳线的开盘价是不会被跌破的,而且回调后股价很快就会重拾升势。

如果我们用谷底大阳线的以上特征,来衡量图20中最后一根大阳线的话,那么,除了股价重心开始明显向上尚不完全相符合外,其他条件都符合了,所以我认为图20中最后一根大阳线有可能是谷底大阳线,但现在还不能完全肯定,需要进一步观察。等之后股价重心开始有明显向上迹象时,就能将其定性为谷底大阳线了。

我的操作建议是:

第一,现在投资者可以对该股试着做多,如果发现该股的股价重心开始明显地向上,此时就可以积极跟进,重仓出击(见图21)。

第二,如果某一天,图20中最后一根大阳线(见图20中箭头C所指处)的开盘价被击穿,这说明这根大阳线不是谷底大阳线,我们前面对行情的分析判断就是错的,此时应坚决停损离场。尽管这种情况发生的可能很小,但作为一个成熟的投资者,一定要预先想好对策

【注】 在下跌趋势中出现的大阳线,有很多是反弹大阳线,它的出现只是主力上演的又一次拉高出货行情,盲目追进去的投资者往往都会被套在半山腰。反弹大阳线,有的出现在一轮反弹行情的末端,有的就是一日游行情(第一天涨,第二天就跌回去了)。总之,无论以什么形式出现的反弹大阳线,投资者都不能看好它,而必须保持高度警惕。

(如万一自己判断错了,应该采取什么补救措施),这要作为一个铁的纪律来执行。

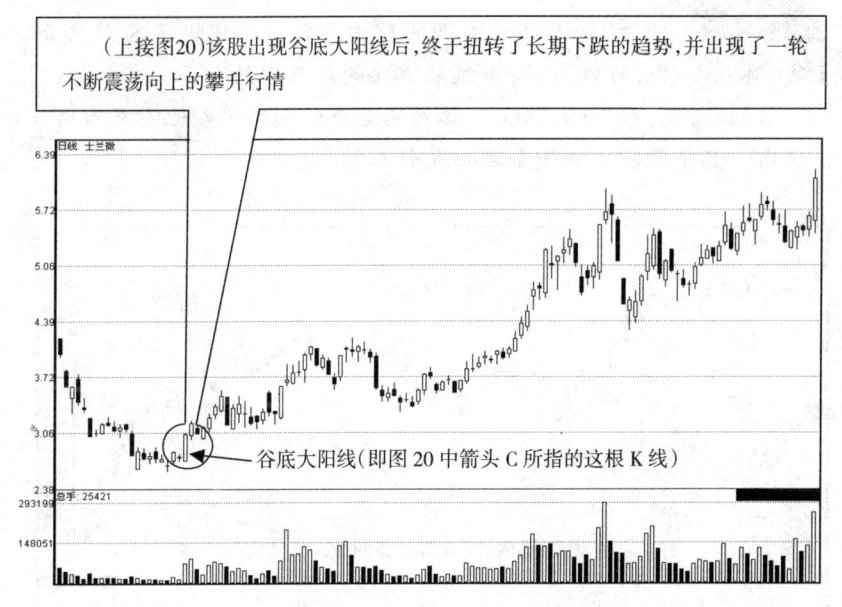

(上接图20)该股出现谷底大阳线后,终于扭转了长期下跌的趋势,并出现了一轮不断震荡向上的攀升行情

谷底大阳线(即图20中箭头C所指的这根K线)

士兰微(600460)　2008年10月9日~2009年4月15日的日K线走势图　图21

谷底大阳线是市场送给投资者的大礼包。这么好的大礼包,难得一见,千万不要拒收啊!

图形识别深度练习 8

一位姓赵的老股民研究了图22的走势后很兴奋,他对同室的股友说,他判断该股很可能已经见底,在此买进胜算很大。大家问他看多的理由是什么,他说就K线图形而言,有4条理由可以看多,当然最重要的是其中的一条。

请问:老赵为何如此兴奋?你同意老赵的判断吗?他看多有哪4条理由?其中最重要的一条理由是什么?

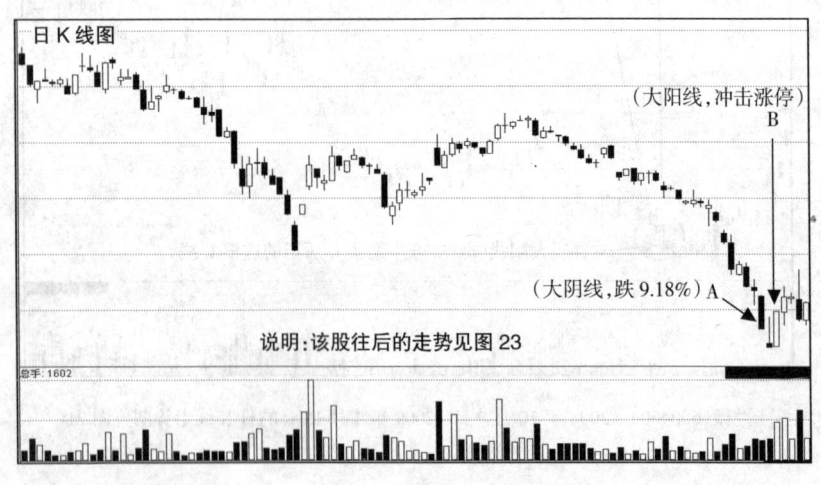

日K线图

(大阳线,冲击涨停) B

(大阴线,跌9.18%) A

说明:该股往后的走势见图23

总手:1602

图22

解答

我赞同老赵的判断。他看多的4条理由是:①该股在加速下跌后拉出一根大阴线[注1]。这根大阴线是空方能量的最后渲泄,在技术上是一种赶底信号;②大阴线之后,出现了一根倒锤头线[注2]。股价大幅下跌后出现的倒锤头线,是见底信号;③倒锤头线旁边的一根涨停大阳线,很可能是谷底大阳线(究竟是不是谷底大阳线,

---

【注1】 关于大阴线的特征与技术意义,详见《股市操练大全》第一册第23页~第27页。
【注2】 关于倒锤头线的特征与技术意义,详见《股市操练大全》第一册第23页~第27页。

最终要靠后面的 K 线来验证)；④倒锤头线的最低价与大阳线的最低价几乎处在同一水平位置上,这样,这两根 K 线就构成了一个平底[注],平底也是一个重要的见底信号。

据了解,老赵最看重的是谷底大阳线这个信号。老赵认为,**谷底大阳线是一根定海神针,有扭转"乾坤",即扭转股价趋势的重要作用**。老赵相信,只要图 22 中的大阳线是真的谷底大阳线,而不只是徒有虚名,就可以毫无顾忌地对该股的未来趋势看好。

正因为图 22 中出现了谷底大阳线,所以老赵感到异常兴奋。当然,图 22 中那根大阳线是不是谷底大阳线,还要有一个验证、确认过程。从图 22 看,大阳线后面一共出现了 4 根 K 线,其中第 3 根 K 线是一根中阴线,并且上面拉出了一根较长的上影线,成交量也有所放大。这根阴线的出现,让老赵心里有点担忧。不过,老赵认为,这根中阴线仍停留在大阳线头上的 1/3 处,形势没有变化。

老赵分析,因为股价刚从底部上来,市场心态还很不稳定,很多人会选择在此位置"逢高出局",此时主力也可能再借机来一次洗盘。如果这样,那么这根中阴线就可以看成是谷底大阳线后出现的一次回调。而且这次回调的幅度不是很深,这说明它很有可能是谷底大阳线出现后的一次短线回调。老赵希望,这样的回调最好到此为止,不能再继续跌下去,否则就会动摇这根谷底大阳线的根基,老赵所担心的也就是这一点。从图 22 看,今天出现的中阳线,把老赵的顾虑打消了。因为这根中阳线紧贴着前面的这根中阴线,它给多方带来了很大的希望。虽然这根中阳线没有将前面的中阴线全部覆盖,但股价已再一次站在大阳线收盘价的上方。这也就是说,经过 4 天的盘整,这根谷底大阳线的有效性已被市场初步认可。

老赵认为,如果谷底大阳线被市场初步认可后,该股继续收阳,或 K 线图上以阳多阴少、股价重心上移的方式向前推进,并且将前面这根中阴线头上的上影线全部吞吃（所谓全部吞吃是指股价已在这根上影线的上方）,那么到这个时候就可以宣布,这根谷底大阳线的

【注】 关于平底线的特征与技术意义,详见《股市操练大全》第一册第23页~第27页。

有效性被市场真正认可了。

老赵告诉我们,从操作策略上来说,图22现在的走势仅仅是初步确认了谷底大阳线,此时,激进型投资者可以试着做多,但稳健型投资者现在不要急于买进,还需要再看一看。那么,稳健型投资者什么时候可以买进呢?老赵认为,到谷底大阳线的有效性被市场真正认可后,稳健型投资者就可以大胆地看多、做多了,甚至可以重仓出击,然后就持股不动,等待日后该股大涨后再卖出,这样必能获大利(见图23)。

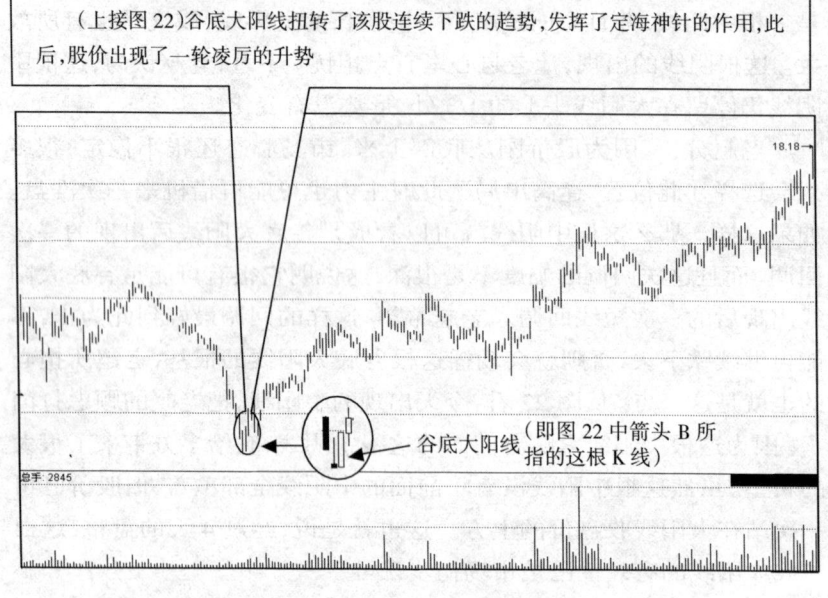

(上接图22)谷底大阳线扭转了该股连续下跌的趋势,发挥了定海神针的作用,此后,股价出现了一轮凌厉的升势

谷底大阳线(即图22中箭头B所指的这根K线)

界龙实业(600836) 2001年10月10日~2002年11月5日的日K线走势图 图23

图形识别深度练习 9

图24显示,该股在低位上来时,拉出了一根涨停大阳线,随后跳空高开,但好景不长,股价呈现逐步回落的走势,把上升跳空缺口封闭了,并先后跌破了5日、10日、30日均线,日线MACD也出现了死亡交叉。目前,该股在低位反弹后,出现了5阳夹2阴的走势,但图24中最后一根阳线明显地在30日均线下方受阻。很多人认为该股已没有什么希望,逢高出局是一个明智的选择。但经过《股市操练大全》培训的小秦却持有不同的看法,他认为现在对该股不宜看空、做空,可以试着做多。事后证明,这位学员的观点是对的。那么,这位学员凭什么看好该股呢?据说有三条理由。正是这三条理由使他能大胆对该股看多、做多,从而获得了丰厚的投资回报。

请问:小秦有哪三条理由支持他对该股看多、做多的?

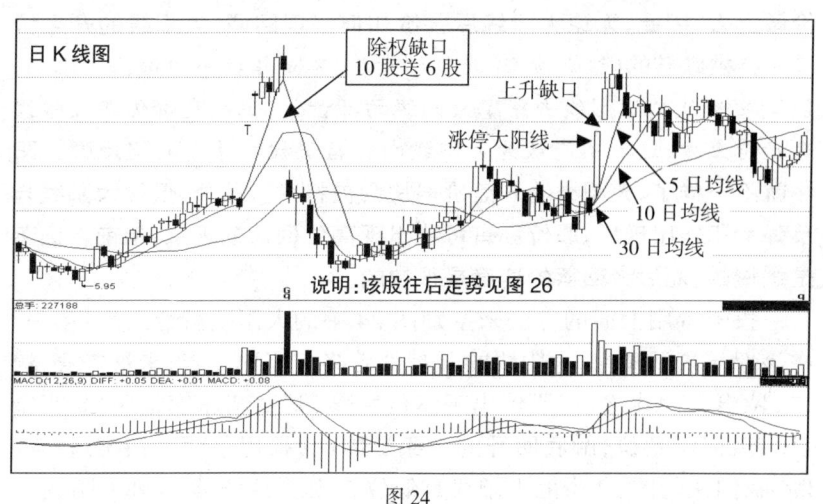

日K线图
除权缺口 10股送6股
上升缺口
涨停大阳线
5日均线
10日均线
30日均线
说明:该股往后走势见图26
总手:227188
MACD(12,26,9) DIFF:+0.05 DEA:+0.01 MACD:+0.08

图24

解答

理由一:低位大阳线。小秦认为图24中的那根涨停大阳线的性质属于低位大阳线。通常,股价在筑底过程中出现低位大阳线,为日后的股价上涨会打下一个坚实的基础。因此,投资者只要正确地判断出某根

29

大阳线是低位大阳线,就可以放心地看多、做多了。

但低位大阳线很容易与反弹大阳线相混淆。从表现形式上来看,有一些反弹大阳线也是在股价跌至低位时出现的。它与低位大阳线的主要区别是:反弹大阳线出现时,整个股价下跌的运行趋势并没有改变,反弹结束后,股价仍会继续下行;而低位大阳线出现时,整个股价下跌运行趋势已接近尾声,或者股价的趋势正在悄悄地发生变化。低位大阳线的出现,对股价在低位企稳有着至关重要的作用。

因此,投资者对股价在处于较低位置出现的大阳线,要严格进行鉴别。如果鉴别后,判断它确实是反弹大阳线,就应该及时逢高出局,如果鉴别后,判断它确实是低位大阳线,就应该看多、做多。

那么,投资者在操作时,具体怎么来鉴别低位大阳线与反弹大阳线呢?小秦告诉我们:**一般来说,主力拉出低位大阳线,目的是要将股价做上去,因此,无论大阳线后股价如何出现回调,大阳线的开盘价是不会被跌破的**(编者按:这是指收盘价,不是指盘中的价格。比如,某天某K线的下影线击穿了大阳线的开盘价,但收盘价仍在大阳线开盘价上方,这就不能认为大阳线的开盘价被打穿了),**但反弹大阳线就不一样了,大阳线的开盘价很快会被打穿。另外,低位大阳线与反弹大阳线出现后,股价都有可能出现高位回落的现象,但前者回落是缓慢的,而后者回落的速度是很快的。**

投资者用上面的方法来鉴别图24中的大阳线就会发现:第一,在该股出现回调时,大阳线的开盘价始终牢牢地守着,未被击穿;第二,拉出大阳线之后,股价出现高位回落,其回调速度很缓慢,目前已出现回调到位,触底回升的现象。因此,根据这两种情况进行判断,我们认为图24中的大阳线是低位大阳线,而不是反弹大阳线。

理由二:小秦认为,判断股价中期趋势,应该看60日、120日均线。一般来说,5日、10日、30日均线管的是短期趋势,用它来衡量股价的中期趋势是不恰当的,容易看走眼。现在我们把5日、10日、30日均线删除,换上60日、120日均线(见图25),此时就会发现,60日均线与120日均线在前面已形成黄金交叉,且都在朝上移动。现在股价已站

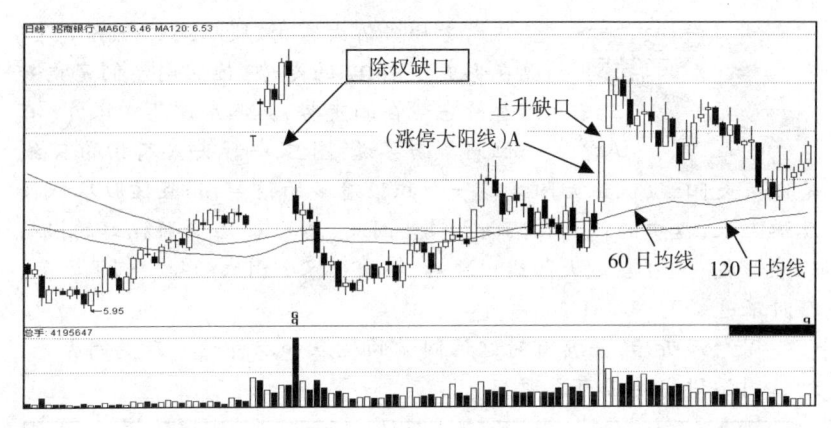

图25

在60日、120日均线上方,显然,该股中期趋势向上的意味是很浓的。

理由三:小秦说,图24中最后3根K线,形成的是红三兵的K线组合。根据K线理论,红三兵是一种看涨的信号。

总之,综合上述三方面理由,特别是第一个理由,小秦认为,对图24中的个股,投资者应积极看好,此时买进,日后赢利的机会是很大的(见图26)。

(上接图24)图中画圈处的K线组合是红三兵(即图24中最后3根K线)。打这之后,该股就沿着60日、120日均线出现了震荡盘升的走势

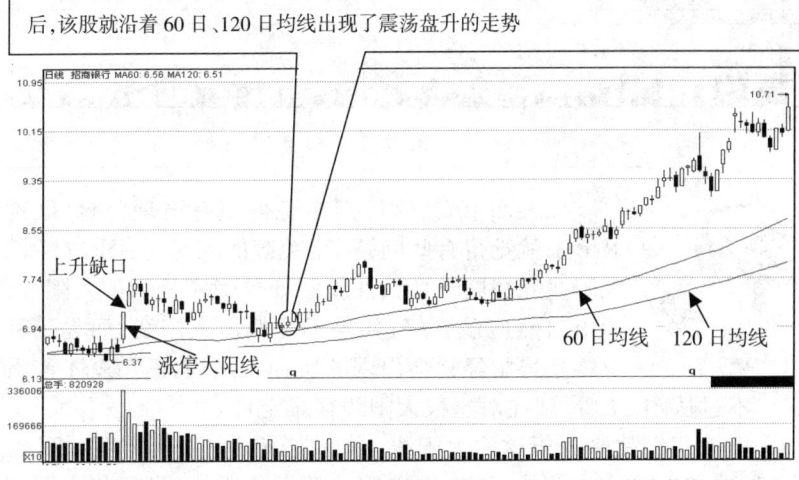

招商银行(600036) 2006年4月10日~2006年10月20日的日K线走势图 图26

31

图形识别深度练习 10

周老师告诉大家,该股从高位一路下跌,现在形成了图27的走势。他问同学们究竟如何看待它现在的走势,具体应该怎样操作。有一位同学回答说:图27中箭头A所指的K线是低位大阳线,低位大阳线是一个积极看多的信号,而且该股从低位反弹上来,盘中的低点在不断抬高。因此,总的来说,该股向好的格局已经形成。现在应趁大阳线出现后,拉出2根小阴线的短线回调之际,及时跟进。

周老师听后,并没有对这位同学的观点加以评论。只是问大家,这位同学讲得是否有道理?

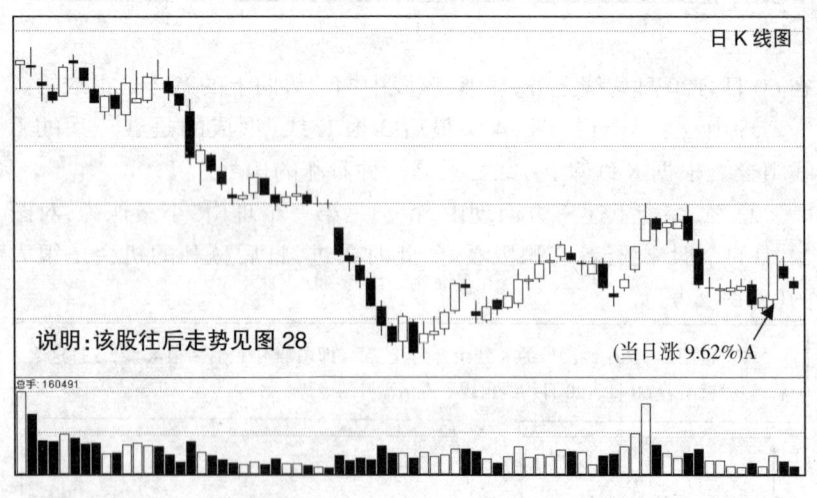

日K线图

说明:该股往后走势见图28

(当日涨9.62%)A

总手:160491

图27

解答

从表面上看,这位同学说得很有道理,但仔细推敲下来就觉得有些问题了。关键的问题是:图27中的大阳线究竟属于什么性质?如果确实是低位大阳线,后市自然应该看好,如果不是低位大阳线,而是一种下跌趋势中经常会出现的反弹大阳线,后市就不能看好。不过从图27看,现在对这根大阳线很难定性。

下面我们就来分析这根大阳线,看看应该对它如何定性。图27中显示,该股拉出大阳线后,接连出现的两根小阴线,已经将大阳线实体的2/3吃掉了,这是一个不妙的信号。当然,这也可能是主力有意用它来震仓洗盘,吓唬大家。另外,该股拉大阳线时成交量很小,这也给人带来一丝疑虑,成交量放不出,至少说明没有新的增量资金加入,以此来确定这根大阳线为低位大阳线也是有问题的。总而言之,这根大阳线属于什么性质,目前还不能加以确定,盲目将它定性为低位大阳线,积极看多、做多是有很大风险的。

现在的最佳办法是,先不要给图27中的大阳线定性,继续观察几天再说,如果几日之内股价重心在不断上移,且成交量有明显增加时,我们再回过头来把这根大阳线定性为低位大阳线(编者按:其实,每一种K线形态出来,究竟属于什么性质都需要后面的K线走势来验证,确定低位大阳线也是如此);反之,如果几日之内股价重心仍在下移,特别是这根大阳线的开盘价被后面的K线所击穿,就要当心这根大阳线扮演的是反弹大阳线的角色。反弹大阳线的出现,说明该股新一轮跌势即将开始。此时,如果投资者积极看空、做空,就可以规避掉该股继续下跌的风险(见图28)。

(上接图27)该股拉出大阳线后,接连出现4根小阴线,股价重心在不断下移。第四根小阴线的收盘价已低于大阳线的开盘价,这说明大阳线已经被后面的阴线全部吞没。显然,这根大阳线属于下跌趋势中的"一日游"反弹大阳线。见到反弹大阳线,投资者应及时出逃,规避后面下跌的风险

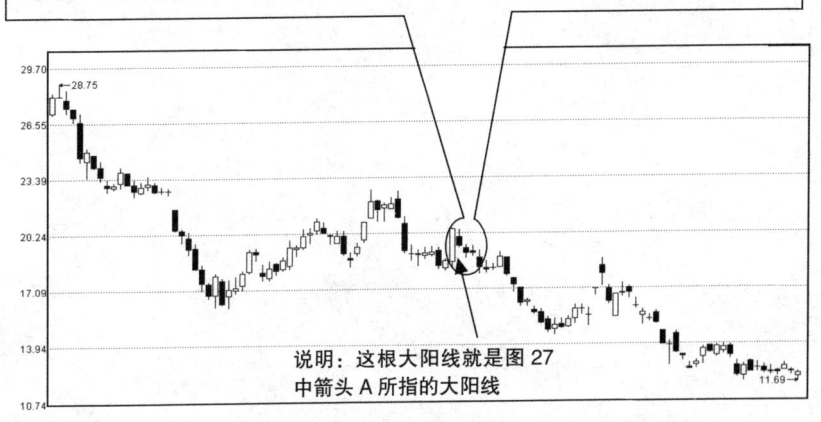

说明:这根大阳线就是图27中箭头A所指的大阳线

五粮液(000858) 2008年5月14日~2008年11月7日的日K线走势图 图28

另外,我们在此顺便说一声,这位同学所说的图 27 中显示"该股盘中低点在不断抬高"是不正确的。事实上,图 27 中反弹上来出现过 4 个低点。虽然第四个低点高于第一、第二个低点,但却低于第三个低点。有鉴于此,我们建议大家日后在观察股票走势图时,一定要仔细辨别,这样就可以避免对图形的误认、误判。

> 低位大阳线与反弹大阳线很容易搞错,搞错了是要吃大亏的。
>
> 投资者可要仔细地辨认,不能马虎了事!

图形识别深度练习 11

最近该股走势让人摸不着头脑,当其拉出涨停大阳线,很多人看好它时,突然行情峰回路转,大阳线后的第二、第三天接连出现两个跌停板,而当大家失望时,大阳线后的第四天,该股又突然从跌停板拉起,当天收了一根中阳线,之后又一连收了两根阳线,成交量也出现了明显放大的现象。对这种怪异的走势,大家心里都犯嘀咕,不知道主力在搞什么鬼。

此时,一位人称"小诸葛"的投资者,对该股走势作了解释。他说:该股拉涨停大阳线,很多人看好它,主力就突然反手做空,连拉跌停,逼着追进去的投资者割肉出局,等到大家争着要割肉时,主力又反手做多,连拉阳线。你们知道这是什么走势吗?这叫主力拉升前的洗盘。现在洗盘已经结束,形成了三阳开泰价升量增的走势,一轮上升行情正呼之欲出。他建议大家对该股要积极看多、做多。

请问:你对图29的走势是怎么看的?你同意"小诸葛"的分析吗?为什么?

日K线图

涨停大阳线

说明:该股往后走势见图30

总手: 25930

图29

解答

我对图 29 走势不看好,当然我也不会同意"小诸葛"的分析。

其实,要看清图 29 的走势并不难,我们只要仔细看看《股市操练大全》第七册中关于"主力拉大阳线诱多出货法"的阐述[注],就能知道图 29 中那根涨停大阳线是主力利用反弹机会,以它为诱饵进行诱多出货的。

由于拉涨停大阳线的当日成交量并不是很大,主力压在手里的大量存货卖不出去,于是就施了一个阴招,在拉涨停大阳线后的第二、第三天,接连把股价打成两个跌停板。正当人们突然被行情 180 度的大转弯弄得晕头转向时,主力在涨停大阳线后的第四天,又施用了一个小计谋,先是让该股以跌停板开盘,然后在盘中突然发力,当日就让该股以中阳线报收。

主力这样做的目的,是想以此造成一个错觉,让大家以为涨停大阳线后面的跌停是主力在洗盘,现在洗盘结束,三阳开泰,一轮升势即将呼之欲出。这样很多人就会看好该股的走势,从而积极跟进做多,而一些类似"小诸葛"那样自以为是的投资者,也会在该股连拉阳线的时候纷纷追进。主力通过这样一打一拉,就能将手中积压的大量筹码顺利派发出去。事实也正是这样,这 3 天拉阳线时成交量异常放大,就说明主力这次出逃非常成功。

我预计主力大量出逃后,该股很可能会出现连续下跌的走势。而那些相信主力在洗盘,坚守手中的筹码不卖,甚至抢着买进,积极看多、做多的投资者,一定会被自己的误听、误信付出惨重的代价(见图 30)。

主力是很狡猾的,但就图 29 的走势而言,我们只要认清图中大阳线的性质,就知道如何来正确操作了。**大家一定要记住:在下跌趋势未得到根本改变之前,每一次反弹中拉出的大阳线,绝大多数是用**

【注】 有关"主力拉大阳线诱多出货法"的具体内容,详见《股市操练大全》第七册第 279 页~第 288 页。

来掩护主力出货的。如果我们记住这个原则,在分析图29走势时,就会把图29中的涨停大阳线和之后连续5天的K线走势联系起来看,这样就会发现主力利用大阳线诱多出货的阴谋。

要知道,我们的对手——主力是很难对付的。他们在使用拉大阳线诱多出货时,会弄出各种障眼法来迷惑大家,其手段已经到了登峰造极的程度。投资者若不炼就一双火眼金睛,是很难看清主力阴谋的,这样就难免要上当受骗。而那个自以为是的"小诸葛",他犯的错误,主要就是对下跌趋势中大阳线的性质认识不清,错误地把主力利用"拉大阳线诱多出货"的行情,当作上升前的洗盘行情来看待,从而犯了一个方向性的重大投资失误,这个教训我们千万不能忘记。

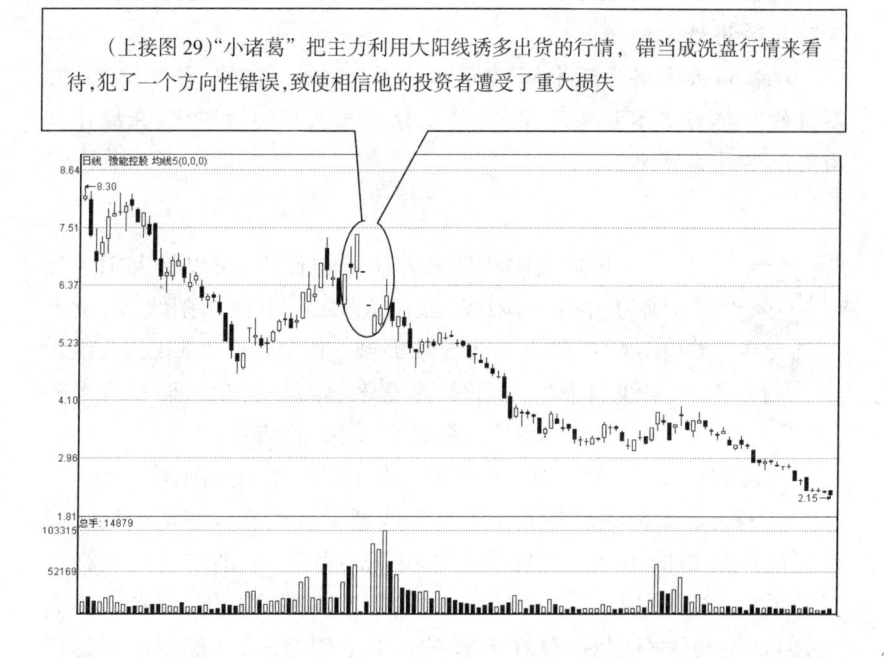

(上接图29)"小诸葛"把主力利用大阳线诱多出货的行情,错当成洗盘行情来看待,犯了一个方向性错误,致使相信他的投资者遭受了重大损失

豫能控股(001896)　2008年3月14日~2008年11月4日的日K线走势图　图30

图形识别深度练习 12

周老师说:通过前面的深度练习,我们知道了大阳线有光明与黑暗的两个方面。当她作为一个天使出现时,投资者跟着它,就能达到幸福的彼岸;但是,当她作为一个美女蛇出现时,投资者被她粘住后,身上的血汗(资金)就会被她吸干。那么,在什么情况下,大阳线是天使;在什么情况下,大阳线又是美女蛇呢?这是投资者必须认真思索与研究的问题。天使与美女蛇之间的区别,我们必须要弄清楚,弄错了就会成为输家,甚至会被股市淘汰出局。

为了弄清楚不同类型大阳线之间的区别,我们前面已经做了不少专题练习,这是非常必要的。但这还不够,我们对大阳线还要做一些理论上的概括与总结,做到知其然,并知其所以然,这样才能真正理解与运用好大阳线。

现在请大家思考两个问题:①大阳线可以分成哪几种类型?它们各自的特征与技术意义是什么?②区分不同类型的大阳线,在操作上需要注意什么问题?

解答 根据大阳线所处的位置与作用,可以将大阳线分成为:谷底大阳线、低位大阳线、中位大阳线、高位大阳线、反弹大阳线5种类型。其中谷底大阳线、低位大阳线与中位大阳线,是看多、做多的信号,而高位大阳线与反弹大阳线,是看空、做空的信号。

下面我们就分别对5种不同类型的大阳线作一些阐述。

(一)谷底大阳线。谷底深谷大阳线通常发生在大盘或个股阶段性见底或熊市的末期。谷底大阳线出现的背景,一般都是市场极度恐慌的时候。可以说,当时的市场情绪已悲观至极,投资者一片看空,但是谁也没有想到,就在大家对后市绝望之时,突然冒出了这样一根大阳线。谷底大阳线出现,对趋势的改变往往起到了立竿见影的作用,有人形容它就像一根股市中的定海神针。因此,它是一个非常重要的看多、做多的信号。

历史经验证明,谷底大阳线出现时,如果当时的成交量也显著放大,那么极有可能使行情得到逆转。当然,逆转有两种情况:一种是阶段性见底后行情暂时得到逆转,也就是人们通常说的一轮强劲的反弹出现了;另一种是熊市末期见底后行情出现了逆转,也就是人们通常说的熊市谷底到了,行情出现了反转[注]。

谷底大阳出现后,股价(股指)的走势通常会出现两种情况:一种是股价(股指)马上就返身向上;另一种是股价(股指)稍作停留后再向上攀升。虽然这两种走势总体都是向上的,但第一种走势显然比第二种走势要强。因此,我们在选择个股看多、做多时,应该优先选择第一种走势的个股,这样获胜的概率就更大一些。

(二)低位大阳线。这种大阳线一般出现在筑底阶段或涨势初期,因为此时股价(股指)处于相对的低位,故称其为低位大阳线。**低位大阳线出现,表明盘中做多的能量进一步得到增强,若此时成交量也同步放大,其升势多半会延续下去,甚至会产生一段飚升的走势。**

低位大阳线与谷底大阳线的不同之处是:谷底大阳线一般出现在股价(股指)下跌的末端,其所处位置很低,但低位大阳线往往是股价(股指)止跌后再出现的,其所处的位置比谷底大阳线的位置要高。另外,谷底大阳线一般只有一根,而低位大阳线可以有几根。比如,在股价(股指)进入较长时间筑底阶段时,隔一段时间就会出现一根低位大阳线。

【注】 反弹与反转的最大区别是:反弹是指股价(股指)见底后出现的回升走势,是一种暂时现象,之后会继续下跌,并会创出新低的一种技术形态;反转是指股价(股指)见底后出现的回升走势,有持续性(虽然这样的上升走势并不会一帆风顺,曲曲折折,但总的是进二退一,震荡上行)。反弹给投资者提供的是短线做多机会,这个短线机会可长可短,时间难以确定,而且反弹一旦见顶,股价(股指)很快就会跌下来,反弹不会改变大盘或个股的长期下跌趋势;反转则不同,反转出现后,股价(股指)就由熊转牛了,它提供的是长期做多机会,不管行情如何反复,但总的趋势是向上的。

值得注意的是,低位大阳线出现后,有时股价(股指)不一定会马上涨上去,此时股价(股指)会进入一个震荡筑底阶段。但不管怎么说,低位大阳线的出现,改变了行情下跌的趋势,这个时候投资者不宜再盲目看淡后市行情了,而要原则上对行情采取一种看多、做多的策略[注]。另外要注意的是,低位大阳线与谷底大阳线一样,低位大阳线既可以出现在熊市谷底区域,也可以出现在熊市或牛市阶段性底部区域。

(三)**中位大阳线**。所谓中位大阳线,当然是指行情在上升途中出现的大阳线。一般来说,当大盘(或个股)上涨时,多方在推动股价向上攀升过程中,需要不断地进行空中加油,这样才有足够的能量使上涨趋势得到延续。而空中加油最常见的形式,就是拉大阳线。因此,我们发现无论是大盘或个股,一轮完整的牛市上涨过程,中途会出现许多大阳线,也就是我们现在所说的中位大阳线,它们是推动行情不断向上的加油站。投资者看到中位大阳线出现,应继续采取看多、做多的投资策略。

(四)**高位大阳线**。这是指大盘或个股有了很大涨幅后出现的大阳线。通常,股价(股指)行至高位时拉出大阳线(可能是1根,也可能是几根大阳线),此时行情虽然还在走好,短期尚未有走弱迹象,但到了这个节骨眼上,投资者就需要高度警惕了。因为经验告诉我们,高位大阳线出现,多半是在掩护主力(庄家)出货。稳健型投资者见此情形,可采取主动止盈的策略;激进型投资者虽可继续持股,但已不宜追涨,并且要密切观察盘面变化,一旦发现大阳线之后股价重心有向下的迹象,就应及时卖出股票,止损离场。

需要指出的是,**高位大阳线既可以出现在上升阶段中的相对高位区域,也可以出现在行情见顶的绝对高位区域**。

【注】 行情进入筑底阶段后,这个筑底时间有多长,事先很难知晓。因此,此时投资者虽然对后市行情不应该再看淡,但是从操作层面上说,为了获得最佳投资收益,做多时机应该选择在筑底尾声阶段或向上突破时。这就是原则上采取看多、做多的意思。关于这个问题,本书后面的练习会向大家作详细解释。

（五）反弹大阳线。这里有两种情况。一种情况是指：股价连续下跌后突然出现一根大阳线，但之后股价没有延续升势，稍作上涨后即告回落，或者是第二天就出现了回落。这种形式的大阳线，人们戏称它为"x日游大阳线"、"一日游大阳线"，可见其行情寿命非常短促。另一种情况是指：反弹行情上升到一定高度时拉出的大阳线。因为反弹之后仍将回落，它并不会改变整个下跌趋势，所以，在反弹到一定高度时出现的大阳线，多半是掩护主力（庄家）出货的信号，对于这样的大阳线，投资者应该采取主动止盈的策略。

说到这里，我们不妨对不同背景下出现的几种大阳线作一个小结。对"谷底大阳线"，投资者应积极看好，因为它的出现，常常意味着盘中做空力量已经耗尽或暂时得到了充分的释放，这样大盘（或个股）极有可能迎来一轮可观的升势；对"低位大阳线"[注]，投资者应重点关注，因为它的出现，常常表示股价（股指）的升势将进一步向上展开；对"中位大阳线"，投资者仍可保持一份谨慎乐观的态度，因为它的出现，往往表示股价（股指）还有一定的上升空间；对"高位大阳线"，投资者则要高度警惕，当心主力（庄家）会借大阳线拉高出货；对"反弹大阳线"，投资者应该保持一个清醒头脑，因为它的出现不会改变行情的下跌趋势，只是给主力（庄家）提供了又一次出逃机会，若盲目买进做多就会被套在半山腰。

为了让大家更清楚这5种类型大阳线之间的区别，我在下面制作了《不同类型大阳线分布示意图》（见图31）与《大阳线分类说明一览表》（见表1），请大家过目。

【注】 股价见底回升，形成新一轮上升趋势时，盘中可能先出现谷底大阳线，尔后再出现低位大阳线；也可能不出现谷底大阳线，就直接拉出了低位大阳线。这两种情况都是股市中常见的现象，投资者在鉴别低位大阳线时需加注意。

不同类型大阳线分布示意图

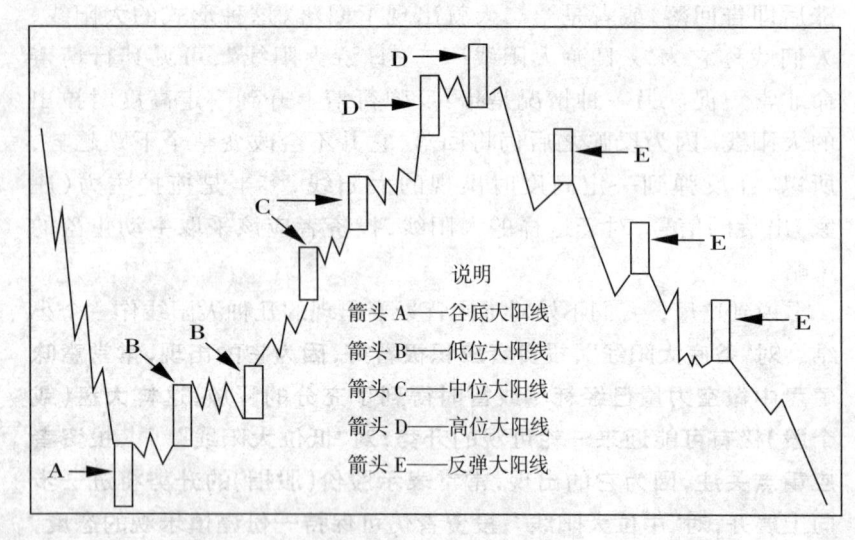

说明
箭头 A——谷底大阳线
箭头 B——低位大阳线
箭头 C——中位大阳线
箭头 D——高位大阳线
箭头 E——反弹大阳线

图 31

大阳线分类说明一览表

名称	特征与作用	投资策略
谷底大阳线	①在股价大幅下跌后出现； ②出现前市场往往处于非常悲观状态； ③出现后股价下跌趋势得到扭转； ④出现时成交量有所放大，但总量不是很大； ⑤具有定海神针的作用，股价往往就此触底回升。	①见到谷底大阳线，应积极看多做多； ②不做或少做短线差价，中线以捂股为主； ③一般情况下，在谷底大阳线出现后，采取守株待兔的策略，比短线跑进跑出，日后赢利更大。
低位大阳线	①出现在股价触底回升的初期阶段； ②出现前市场对行情止跌能否持续，往往处于一种怀疑状态； ③出现后，股价重心开始向上移动，有时股价会出现短暂回调，但一般不会跌破大阳线的开盘价，并在大阳线开盘价上方拾升势； ④成交量比谷底大阳线的成交量有所放大； ⑤起到进一步锁定低位筹码，夯实股价的作用。	策略同上

(接上页)

名称	特征与作用	投资策略
中位大阳线	①出现在涨势中； ②之后，股价重心继续向上，即使股价出现短暂回调，但一般不会跌破大阳线的开盘价(跌破就暂时止损离场)； ③成交量可能放大，也可能不放大，但不会出现暴量； ④起到空中加油作用，进一步拓展股价上升空间。	①继续持股； ②中位大阳线与高位大阳线有时很难区别，为了防止将高位大阳线误认为中位大阳线，投资时必须坚持一个原则，一旦发现大阳线的开盘价被击穿，就要及时止损离场。
高位大阳线	①在股价大幅上涨后出现； ②当日或往后几日成交量出现明显激增态势，甚至出现历史或近期天量； ③第二天或过后几天就会出现股价重心向下移动的现象； ④一般一周之内，大阳线的开盘价就会被击穿； ⑤一旦大阳线的开盘价被击穿，股价就会出现快速下跌的态势； ⑥高位大阳线的作用就是诱多，掩护主力高位出货，因而是一个典型的赶顶信号。	①坚决逢高减仓； ②一旦发现大阳线的开盘价被打穿，就应无条件地抛空离场。
反弹大阳线	①在下跌反弹中出现； ②成交量激增，甚至出现天量； ③第二天或过后几天就会出现股价重心明显向下移动的现象； ④大阳线的开盘价很快就会被击穿，且股价会出现快速下跌的现象； ⑤反弹大阳线就是诱多，主力会将在高位来不及抛售的筹码，通过反弹大阳线作掩护，进行抛售； ⑥反弹大阳线出现，标志反弹行情结束，股价将展开新一轮跌势。	策略同上

表1

上面我向大家介绍了不同类型大阳线的各自特征与技术意义，下面我再与大家说说，投资者区分这不同类型大阳线时，要重点注意的几个问题。

第一，对大阳线图形的识别，首先要学会从战略层面上进行思考。盘中出现大阳线，尤其是拉涨停的大阳线,绝对不是普通投资者的交易所为，它一定是主力为了达到某种目的而使用的一种不寻常的手段。因此，我们要真正了解在某个阶段，某个时候出现的大阳线，到底属于什么性质，就一定要站在更高的层面去想问题,这样才能透过现象看到最本质的东西是什么。

那么,投资者如何站在更高的层面去思考问题呢？下面我通过对一个典型案例的解剖,向大家说明其中的一些思考问题的方法。现在请大家看一个实例。

图32、图33是某银行股某阶段的日K线走势图。图32选取的时间段较短,其中的K线大家看得很清楚,在这张图中一共有4根大阳线(见图中箭头A、B、C、D所指处,其中3根为涨停大阳线)。而图33选取的时间段较长,图形受到了压缩,K线已看不清楚,但整个走势的轮廓可以看得很清楚(图中画框处即为图32的所在位置)。

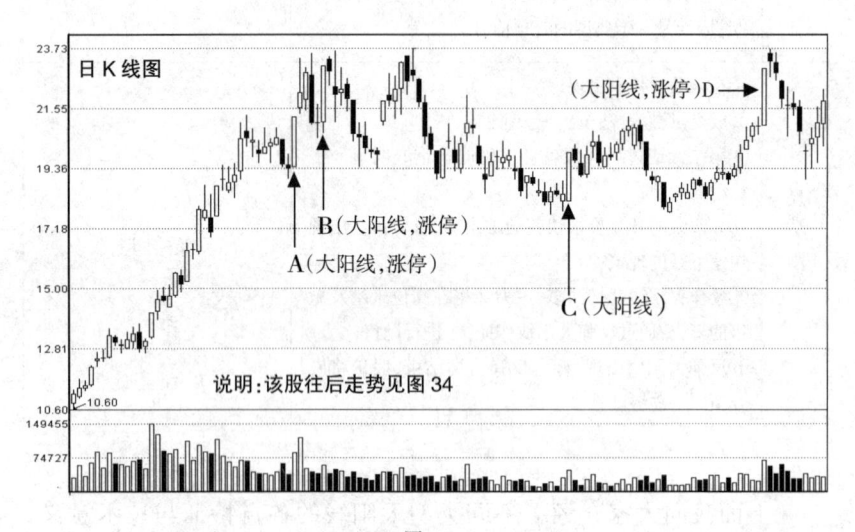

图 32

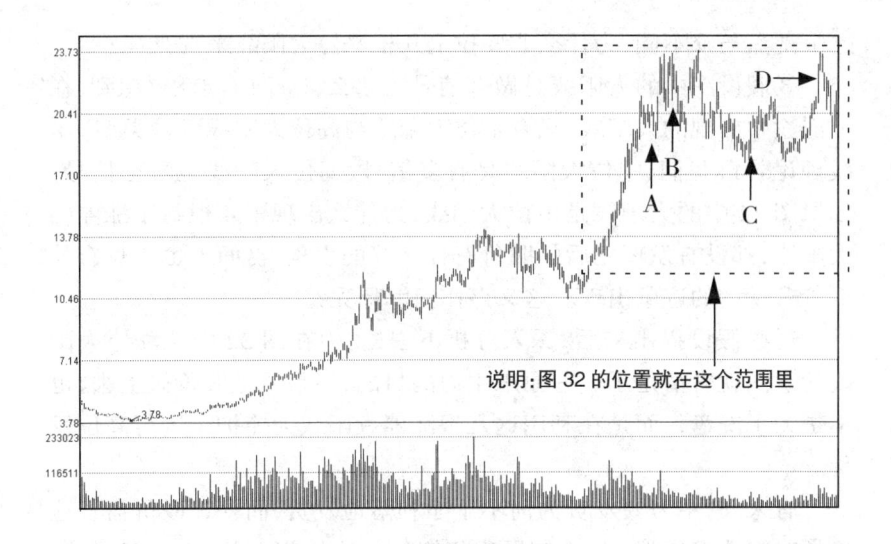

图 33

大家看了这两张图,发现了什么现象呢?首先,可以发现,图32是该股有了较大涨幅后出现的一段横向整理图形(这个可以从图33这张压缩图中看得很清楚);其次,可以发现,这个横向整理,已有5个月时间,在这5个月中间,股价就在17.63~23.73元这个"箱子"里进行上下盘整,其中一共出现了4根涨停的大阳线。

现象看到了,该怎么去分析呢?就事论事肯定不行,当事人必须钻进去分析,才能透过现象看到问题的本质。这里不妨作几个假设,来一下自问自答,寻根究底。

①假设主力在图32中拉涨停大阳线,目的是要聚焦市场人气,鼓舞多方斗志。那么为什么要在股价有了较大涨幅,进入高位盘整时来拉涨停大阳线呢?而且在这期间,一拉就拉出几根涨停大阳线,这不是违反常理吗?主力这样做,肯定有他们不可告人的目的。

②假设当时该股有重大利好可以期待,日后股价仍然有较大的上涨空间,因此,在该股进一步上涨前,主力需要对盘面进行一次震荡洗盘。但为什么该股的震荡洗盘,与一般的震荡洗盘不同,时间特别长,盘子洗了5个月,仍未见主力有什么向上拉升的动作呢?而且

这个洗盘与众不同,为什么非要拉上几根涨停大阳线来洗盘呢?

③假设图中的大阳线是做多信号。那么,这个时候就要想到,在上涨途中出现的大阳线,只有中位大阳线与高位大阳线两种类型。K线理论告诉我们,中位大阳线是看多信号,高位大阳线是看空信号。如果图32中的大阳线是中位大阳线,为什么出现了4根封于涨停的大阳线,都没有发现之后的股价有什么好的表现,盘面上也未见有什么价升量增的迹象出现。这又该作何解释呢?

这些假设提出来后,深入分析下去,主力在图32中拉涨停大阳线的意图就看清楚了——原来主力的目的,不是要把股价做上去,也不是为了洗盘,而是在利用这几根涨停大阳线为掩护,进行高位发货。

有人问,主力要发货为何不干净利落地发货,而要让股价盘整这么长时间才发货呢?这个问题很好解释。因为该股是一个大盘股,股价大涨后,愿意接盘的人不多,日换手率很低就是一个证明。因此,主力要将大量的货发出去,只能拉长时间,在盘整中,把筹码一点点地卖出。

又有人问,在盘整中,主力为什么要拉出4根涨停大阳线呢?这也很好解释。主力要在高位发货,但不能让普通投资者察觉到,否则,谁来买单呢?主力心中明白,诱骗中小散户最有效的手段,就是拉涨停大阳线。当前面一根涨停大阳线出现时,吊了一下人气,但时间一长,人气就会散去,这样就要重新拉一根涨停大阳线,再来激发一下人气。也正因为这样,所以,图32中出现了4根涨停大阳线。但是,这种涨停大阳线不会一直出现下去。一旦主力出货出了差不多后,该股肯定会出现破位大跌(见图34)。这种结局,在事先完全可以预料到。

其实,分析主力的行为,分析盘中为什么会出现这么多涨停大阳线,这件事并不难。只要当事人能学会从战略层面上进行思考,进行合理的逻辑推理,就能透过现象看到事物的本质,得出一个正确的结论。投资者做这件事,就好比警察破案,站在一个大的层面,多作几个假设,多问几个为什么?就能把问题搞清楚,而如果就事论事,就会被一些表面现象蒙住眼睛,高位吃套的风险就很难避免了。

(上接图32)果然不出所料,图32中的4根大阳线,就是高位大阳线,是主力用来诱多出货的。当主力高位出货任务完成后,股价很快就向下破位,出现了大跌

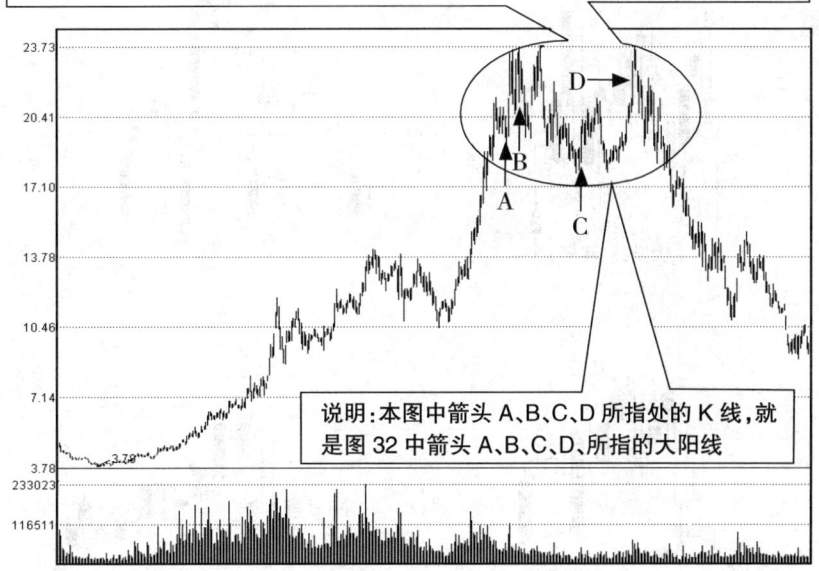

说明:本图中箭头A、B、C、D所指处的K线,就是图32中箭头A、B、C、D、所指的大阳线

华夏银行(600015) 2006年7月4日~2008年7月1日的日K线走势图　　图34

第二,对惯于利用拉大阳线掩护出货的主力,要予以高度警惕。我们调查中发现,有些个股,无论是在构筑中长期顶部,还是阶段性顶部时,都会出现"先拉大阳线再下跌"的见顶模式。换句话说,操作这些个股的主力,一到出货时,必定会拉大阳线来诱骗投资者,这已经成了他们的惯用手段。

下面我请大家看一些实例,图35~图40,都是见顶图形。这些见顶图形,有的是中长期见顶图形,有的是阶段性见顶图形。在这些见顶图形中,无一例外地都出现了一根或几根大阳线。从图中看,这些大阳线都不是推动股价上涨的看多信号,而是用来掩护主力出货的看空信号。因为大阳线出现后,股价很快就见顶了,然后出现了大跌。

以大阳线为掩护进行出货的一组见顶图例

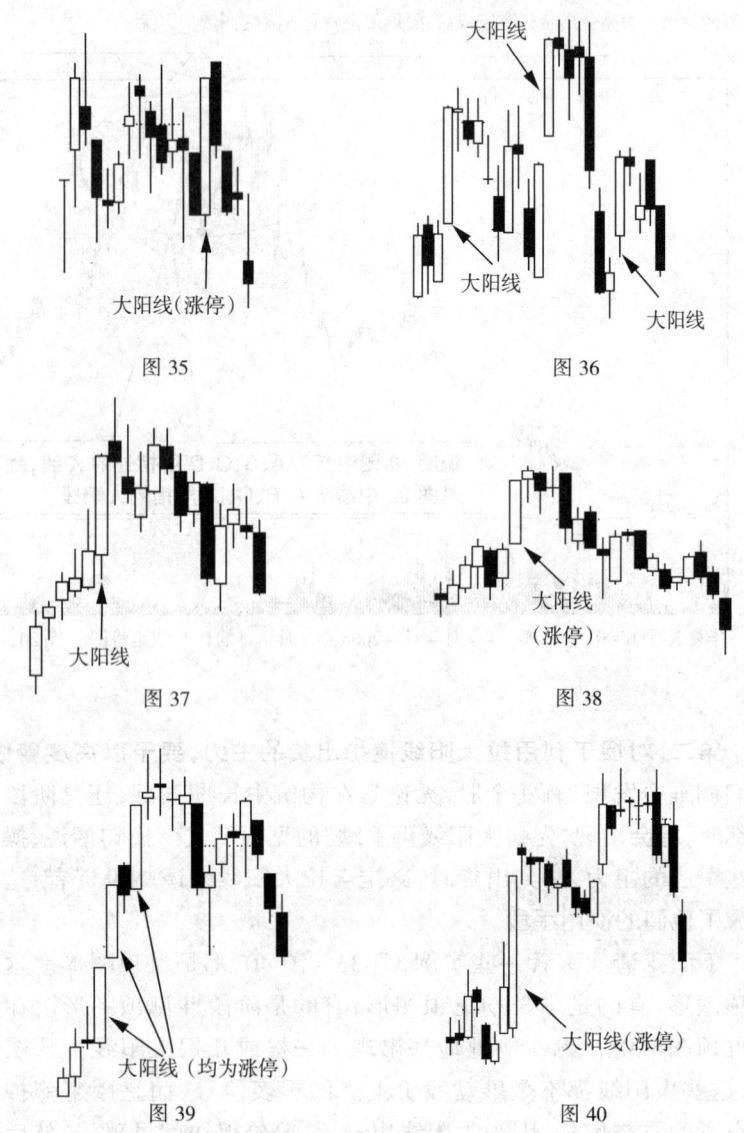

图 35　大阳线(涨停)

图 36　大阳线　大阳线　大阳线

图 37　大阳线

图 38　大阳线(涨停)

图 39　大阳线(均为涨停)

图 40　大阳线(涨停)

说明：上面 6 张图中的大阳线，大多数是封于涨停的大阳线，其余的当日涨幅也都超过了 9%。

说来令人难以相信,这些以大阳线为掩护的出货图形,都出自同一个股票(见图41)。这说明该股主力已经到了"出货就一定要用大阳线,不用大阳线就骗不了人,出不了货"的状况。对这样惯于用大阳线行骗的主力,投资者要格外当心。

其实,对付这些主力的骗术,普通投资者也能找到一个"杀手锏",即只要查查这些个股以前的日K线走势图,看看每一次见顶时,大阳线都派了什么用处,查完后心中就有底了。今后只要发现在上涨过程中拉出大阳线,尔后股价在大阳线附近徘徊,就知道主力又要故技重演,利用大阳线为掩护进行出货了。此时可马上赶在主力出逃前,三十六计,走为上计,趁早溜之大吉。

说明:图中画圈处,即为前面图35~图40的所在位置。从这张图中可以清楚地看出,该股主力在出货时,不论是大顶、中顶、小顶,无一例外地都用了大阳线为掩护,进行拉高出货,这已经成了该股见顶的一种规律性现象

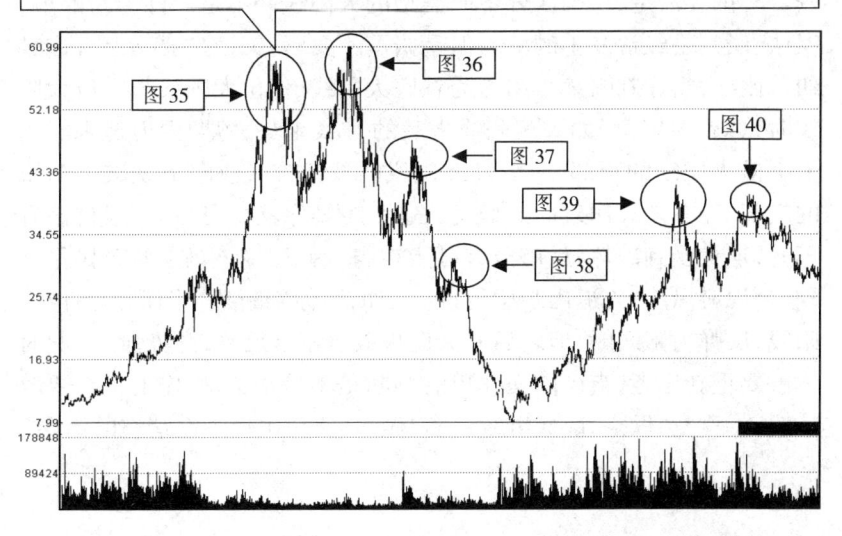

恒源煤电(600971) 2006年11月2日~2010年3月15日的日K线走势图 图41

第三，平时要多看一些实例，要学会从实践中区分不同类型的大阳线。我们知道，不同类型的大阳线存在着质的区别。比如，低位大阳线与反弹大阳线很相似，但它们之间有本质区别，当事人如果没有弄清它们之间的区别，很容易把反弹大阳线误认为低位大阳线，此时看多、做多，肯定是做反了。又如，高位大阳线与中位大阳线也很容易混淆，如果不严格鉴别，就会出现将高位大阳线误认为中位大阳线的现象，也会出现将中位大阳线误认为高位大阳线的现象。投资者若按照这样的认识进行操作，势必会出现投资失误。

　　但投资者知道了不同类型的大阳线存在着质的区别是一回事，在实践中能不能正确区分它们又是另一回事。我们不能只是纸上谈兵，而必须将学到的知识用于实践。这就要求当事人能坐下来，多看一些实例，多作一些比较与研究。经验告诉我们，实例看多了，比较多了，就能悟出门道来，进而可以熟能生巧，真正到了操作时就不会犯糊涂，这样，出击的成功率自然会得到显著的提高。

　　第四，在发现自己的判断出现错误时，要有知错必改的勇气。投资者心里要清楚，正确区分不同类型的大阳线并不是一件容易的事，误认、误判是经常发生的事。但是错了不要紧，关键是要马上有错必纠。比如，当你判断某个图形为谷底大阳线、低位大阳线与中位大阳线时，你就要留意，如果大阳线之后的 K 线走势，短期内迟迟未能向上突破大阳线的顶部（即当日大阳线的最高价），或向下跌破大阳线的底部（即当日大阳线的最低价），这个时候你就要当心了。股价该升不升，走势受到破坏，后市极有可能转弱。因此，应该马上修改操作计划，为规避风险，先退出观望再说。又如，当你判断某个图形为高位大阳线、反弹大阳线时，但之后几天发现股价不跌反涨，升势强劲。此时你就要重新思考，自己前面作出的判断是不是错了，操作上是否要改一改，将看空、做空，改成继续看多、做多，避免出现中途踏空的错误。

图形识别深度练习 13

周老师说:我们在调查中发现,有一些投资者碰到大阳线,操作屡屡失误,其原因竟然是不能正确界定什么是大阳线引起的。比如,有人听信传言,把涨幅超过2%的阳线,都看成是大阳线,结果把小阳线、中阳线统统都当成了大阳线,弄得盘中大阳线满天飞,最后都不知道该怎么操作了。又如,有人认为只有拉涨停的,涨幅达到10%的阳线,才能称它为大阳线,这样就把一些本来应该称之为大阳线的K线都排斥在外,从而在操作中失去了方向。

种种事实表明,投资者如果想要正确地认识与使用大阳线,就首先要将什么样的K线才能称之为大阳线的问题弄明白,接下来才有资格去学好、用好大阳线。否则,一切都是白说。

请问:什么样的K线才能称为大阳线?大阳线究竟是怎么界定的?界定大阳线要注意哪些问题?

解答

虽然从理论上说,实体很长的阳线就是大阳线。但"很长"是个模糊概念,必须进行量化,否则就会使大家对大阳线造成辨认上的困难。从目前了解到的情况看,要辨认大阳线就必须对阳线实体进行量化,这一点已经得到业内人士的共识。但分歧在于量化的尺度究竟怎么去定?有人把当日涨幅达到5%以上的阳线,定为大阳线;也有人把当日涨幅达到4%以上,或6%、7%以上的阳线,定为大阳线。反正说多说少的都有,可谓众说纷纭。

那么,究竟应该如何对大阳线进行量化呢?根据我国股市实际情况,我们在经过大量实证统计与研究后认为,**认定大阳线应该因股而异,不能一概而论,换句话说,不同的个股,大阳线的量化标准是不一样的**。对一般中小盘股而言,大阳线的标准是:阳线的实体一般要达到当日涨幅的8%以上;对大盘股而言,大阳线的标准是:阳线的实体一般要达到当日涨幅的7%以上;对超级大盘股来说,大阳线的标准是:阳线的实体一般要达到当日涨幅6%以上;对整个大盘,也即指数来说,大阳线的标准是:阳线的实体要达到当日涨幅的4%以上。

有人问:对大阳线这样进行量化是不是符合实际呢?我们认为是比较符合实际的。首先,我们不能把所有个股的大阳线都定在一个标准上,这样"一刀切"肯定是错误的。试想,一个流通盘几十亿,甚至上百亿的超级大盘股(编者按:将来股市实施全流通后,一些超级大盘股的流通盘可达到几百亿,甚至千亿以上)拉大阳线所需要的资金,与一个流通盘在2亿以下,甚至只有几千万的中小盘股[注]拉大阳线所需要的资金会一样吗?答案是否定的。大家仔细观察盘面就可以发现,中小盘股,特别是几千万的小盘股,多方向上发动攻击时,有时连续打上几十万股,就能促使股价上涨几个百分点(编者按:个别情况下,一笔几十万股的大买单,就可以让小盘股的股价飞起来)。但在超级大盘股里,几十万股的买单,只能看作是小买单,打进去后股价会纹丝不动,多方要想使股价涨上去,就要动用更多的资金,多方只有用几百万股甚至上千万股的大买单实施连续有效的攻击,才能把股价打上去。因此,我们把量化中小盘股大阳线的标准套用在超级大盘股上,或者把量化超级大盘股大阳线的标准套用在中小盘股上,都会出现认识上与操作上的错误。

其次,**确定一根K线是不是大阳线,必须遵循一个原则:即少数原则。所谓少数原则,就是说任何股票(包括整个大盘)在平常走势中,大阳线出现的次数,要远远少于中阳线、小阳线**。这正像个子特别高的人,在人群中永远处于少数的道理是一样的。大家只要仔细观察就可以发现,行情好时在中小盘股中,阳线实体达到当日涨幅的5%

【注】 一般认为,流通盘在2亿以下的股票可定为中小盘股,流通盘在3000万以下,可定为袖珍股。股市中所谓的题材股多半就是指中小盘股。因为流通盘小,主力(庄家)控盘相对容易,借题(题材)发挥机会较多,所以,中小盘股的题材特别多。这类股票的特点是:行情好时,只要题材得到市场认可,可以一路疯涨,但待主力(庄家)在高位出货后,题材就会消失得无影无踪,此时股价就会出现狂跌(编者按:关于怎样认识题材股,参于题材股炒作有哪些方法,《股市操练大全》第三册,在介绍选股问题时,已向大家作过详细论述,这里就不展开了)。

以上是很容易做到的。所以必须规定，在中小盘股中，只有阳线的实体超过当日涨幅的8%以上，才能称它为大阳线。如果我们把中小盘股中大阳线的标准定得太低，那么，图中的大阳线就太多了。要知道，把本来不属于大阳线的普通阳线误认为大阳线，就会在操作上出现严重错误。相反，对超级大盘股，或对整个股市大盘来说，大阳线的标准就不能定得太高。目前，考虑到超级大盘股多数还没有实行全流通，千亿级流通股的盘子还没有出现，所以我们先将阳线实体达到当日涨幅的6%以上定为大阳线（当然，对流通盘特别大的超级大盘股，可将大阳线的标准降低到5%以上），而对整个股市大盘来说，它就相当于几个特大型超级大盘股，其大阳线的标准就可以定得更低一些，只要其阳线的实体达到当日涨幅的4%以上，就可以定为大阳线。

在界定大阳线时，还有两个问题需要投资者弄清楚。这里我向大家作一个交代。

第一，在一般情况下，日K线中的大阳线实体，最多也就是10%。但是，在特殊情况下，大阳线的实体可以超过10%，最大的可以达到20%（比如，以跌停板开盘，涨停板收盘，这样大阳线的实体就可以达到20%）。在市场中，人们把超过10%以上的大阳线，称之为超级大阳线。通常在行情低迷时，突然出现一根超级大阳线，多半是一种看多、做多的信号，它反映了主力向上做的愿望。所以在行情低迷时，突然出现一根有力度的超级大阳线（成交量必须同时跟着放大），投资者应该给予高度关注。从中往往可以觅到一些不错的投资机会。

第二，从形式上来说，大阳线有4种表现形式：

①光头光脚的大阳线。这种形式的大阳线，只有阳线的实体，没有上影线，也没有下影线。它的出现，表示股价开盘后一路走高，当日以最高价收盘。这是大阳线中力度最强的一种大阳线。

②略带下影线的大阳线。这种形式的大阳线，阳线实体的下面拖有一根"小尾巴"。它的出现，表示股价开盘后曾遭遇到空方一次打压，但打压的程度较浅，股价只是略为低于开盘价就止跌了，然后在多方的发力下，股价一路走高，当日以最高价收盘。这是大阳线中力度较强的一种大阳线。

③略带上影线的大阳线。这种形式的大阳线,阳线实体的上面长着一根"小辫子"。它的出现,表示股价开盘后一路走高,但股价冲高时遭到了空方的打压,当日以次高价收盘。这是大阳线中力度较弱的一种大阳线。

④略带上、下影线的大阳线。这种形式的大阳线,阳线实体的上面长有一根"小辫子",阳线实体的下面拖有一根"小尾巴"。它的出现,表示股价开盘后曾遭到空方的打压,股价曾经一度跌破开盘价,后来在多方反击下,股价一路走高,但冲高时又遭到了空方的打压,多方知难而退,最后以次高价收盘。这是大阳线中力度最小的一种大阳线。

上面我向大家讲了如何来界定大阳线,以及大阳线的一些表现形式。最后再向大家说一说界定大阳线需要注意的两个问题:

第一个问题是,界定大阳线时要贯彻相对原则。所谓相对原则,是说投资者在判断一根阳线是不是大阳线时,不要认死理,只要大致上符合大阳线的标准,就要认定它是大阳线,而不要因为在量化时,数据上差那么一点,就把本来应该认定为大阳线的K线错误地排斥在外。 比如,中小盘股中,根据所定的量化标准,只有达到8%涨幅的阳线,才有资格称为大阳线(编者按:设立这个门槛是必须的,否则究竟达到多少才算大阳线就没有谱了,那肯定乱了套)。但是在实际操作中,辨认大阳线时就要灵活一些,不能像科学实验一样,差一点都不行。如对一些涨幅接近8%,当日涨幅在7.9%、7.8%的阳线,一般也应该认定它是大阳线。又如,在超级大盘股中,达到6%涨幅的才能称为大阳线。但这个标准只是对一般性的超级大盘股说的,而对一些股性呆滞的超级大盘股来说,它们平时几乎看不到有什么涨幅超过5%以上的大阳线出现,因此,对这种非同寻常的超级大盘股,一旦盘中出现一根阳线,涨幅达到5%,就要认定它是大阳线,而此时投资者不能扣死理,非要涨幅达到6%,才能认定它为大阳线。

第二个问题是,界定大阳线要贯彻与量同步的原则。所谓与量同步,就是投资者在判断大阳线时,除了看阳线的实体有多长,够不够资格外,还要看阳线下面的成交量有什么变化。

一般来说,谷底大阳线、低位大阳线,以及高位大阳线出现时,下面的成交量都会出现明显放大的现象。比如,谷底大阳线出现时,成交量马上就开始显著增加,而且随后几天,成交量都会保持一种放大的态势。盘中出现这种情况,这样的谷底大阳线才可以让人信赖。反之,谷底大阳线出现时,下面的成交量与往日相比,并没有显著增加,或者是谷底大阳线出现的当日是放量的,而随后几天的成交量还是与以前一样,没有什么增加,这说明盘中并没有新的增量资金入场。这样的谷底大阳线就值得怀疑,说不定它就是下跌趋势中出现的一根反弹大阳线,而并非是什么谷底大阳线。

又如,高位大阳线是主力以大阳线为掩护在诱多出货。既然是主力在诱多出货,那盘中必然会出现成交量放大的现象。我们在观察时,就要注意高位大阳线出现的当日或随后几天的成交量到底发生了什么变化。如果成交量确实是放大了,那就说明主力是在大量抛售往外出逃了。因此,有经验的投资者看到"**高位大阳线 + 高换手率(即大成交量)**"的情况出现,就会及时选择卖出。反之,如果我们判断某根大阳线是高位大阳线,而观察下来,在它前后的一段时期,成交量却没有出现放大的现象,而且大阳线的开盘价始终未被击破过。遇到这种情况,投资者就要想到主力并没有出货,这样的大阳线有可能是中位大阳线[注],而不是什么高位大阳线。此时投资者就应该及时调整自己的投资策略,避免对行情出现误判。

又及一:本书完稿后,在向读者征求意见时,有的读者提出,大阳线可以量化,那么,小阳线、中阳线是不是也可以进行量化,定一个标准呢?收到读者这个意见后,我们进行了研究,现答复如下:

1. 大家一定要明白,对大阳线进行量化,是因为大阳线在技术上

【注】 通常,盘中出现中位大阳线,成交量不会出现显著增加的现象。这是因为中位大阳线的作用是空中加油。主力拉中位大阳线的目的是要鼓舞做多士气,而不是在诱多出货,所以成交量一般不会放得很大。

有重要参考意义,所以,才会有人积极地做这样的量化工作。但对小阳线、中阳线来说就不一样。经验证明,单根小阳线、中阳线在技术上并没有什么特殊意义,因而很少听说有股市高手会对小阳线、中阳线进行量化,即使有人对它们进行了正确量化,定出一个所谓的标准,实际作用也不大。

2. 目前对小阳线、中阳线的认定,主要是凭直觉,如阳线实体是很短的,就称为小阳线,如阳线实体看上去比较长一点的就称为中阳线。当然,也有人凭经验来辨认小阳线、中阳线的。比如,阳线实体小于当日涨幅 2% 的 K 线,就称为小阳线;阳线实体大于当日涨幅的 2%,但还没有资格充当大阳线的 K 线,就称为中阳线。

3. 因为单根小阳线、中阳线的出现,在技术上并没有什么重要的参考价值,所以,我们建议投资者对小阳线、中阳线的辨认不必过于认真。比如,甲将中小盘股的小阳线"标准",定在当日涨幅的 2% 以下,乙将中小盘股的小阳线"标准",定在当日涨幅的 3% 以下,这在理论上都是可以接受的,因为两者区别不大。但有人却固执地认为阳线的实体达到当日涨幅的 3% 就应该叫中阳线而不应该叫小阳线,并为了它的"名",而与别人争论不休,其实,这种争论是没有必要的。说得不客气一点,这种争论是在浪费时间。退一步说就是争清楚了也没有什么意义,它不会对判断行情的趋势带来任何帮助。

4. 虽然一般的单根小阳线、中阳线出现在技术上并没有什么特别意义,但如出现下列情况,投资者应该对它进行关注。

①在一段时期内,小阳线、中阳线的数量大于小阴线、中阴线的数量,并有扩大化的迹象。此时说明多方的力量在增强,这在技术上有一定的参考价值,值得大家留意。

②股价处于低位时,连续出现几根小阳线或中阳线,此时应该加以关注。比如,在低位连续出现 3 根向上的小阳线,这在 K 线理论中称之为"红三兵"[注]。红三兵是一个做多信号,在技术上有参考价值,投资者对此应该重视。

【注】关于红三兵的特征与技术意义,详见《股市操练大全》第一册第 84 页~第 85 页。

③K线图上出现一根实体较长的中阳线，虽然这根中阳线没有达到大阳线的标准，但离开大阳线的标准也相差不远了，且此时成交量出现了明显的放大现象。如遇到这种情况，投资者应该加以重视。这样的中阳线，我们先不妨把它当作"准大阳线"看待，并要密切注意后面K线走势的变化，这样做有利于投资者对行情趋势作出正确判断（编者按：关于这个问题，现在只是提出来让大家思考，有关这方面的技巧，我们往后会陆续向大家进行介绍）。

又及二：本书完稿后，向读者征求意见。有人提出，本书在指导读者进行大阳线深度练习时，关于阶段性高位大阳线、阶段性中位大阳线、阶段性谷底大阳线、阶段性低位大阳线的问题表述得不够清楚，希望我们就这个问题再向读者作一次详细解释。

收到读者这条意见后，我们作了认真研究，现答复如下：

这个问题比较复杂，原来我们担心自己对这个问题讲不到位，会误导读者，所以只是在正文中简单地提了一下。现在既然大家有这个要求，我们也尽可能地在此把这个问题讲清楚。

一、什么是阶段性高位大阳线，什么是高位大阳线

简单地说，阶段性高位大阳线是指股价上涨过程中，中期见顶前夕所出现的大阳线（编者按：股价中期见顶，经过充分调整，过了一段时间，仍然重拾升势，创出新高。因此，从大的层面看，中期见顶仅仅是牛市上升途中的一个阶段性顶部），而高位大阳线是指一轮大的行情结束，也即股价长期见顶前夕所出现的大阳线（编者按：股价长期见顶，即进入了熊市，之后股价将越跌越低，直至熊市结束）。

二、阶段性高位大阳线与高位大阳线之间有什么区别

这两种类型的大阳线都被主力用之于诱多出货的重要手段，因而是一个看跌的信号。一般来说，盘中无论是出现阶段性高位大阳线，还是高位大阳线，投资者都必须对它看空、做空。两者的区别是，阶段性高位大阳线，是中期的看跌信号，而高位大阳线，则是长期看跌的信号。那么,阶段性高位大阳线是怎么形成的呢？因为股价的上涨不是以直线方式进行的,它是以曲线方式,即以一波一波的方式往上涨的,这样在整个大的上涨过程中,就存在着若干个阶段性高点。在这个阶段性高点中出现的大阳线,就称之为阶段性高位大阳线。

下面我来解剖一个典型案例,看看在实战中,究竟应该如何来区分阶段性高位大阳线与高位大阳线。

实例一:动力源(600405)。图42是该股2005年7月~2006年3月这一阶段的日K线走势图。该股是从4元涨上来的,到图中高点处,股价涨了一倍。在涨了一倍后,股价就见顶回落了。这一回落,股价从8.05元最低跌到5.80元,这轮跌幅达到了27.95%。从图中看,当时该股见顶时连拉了3根涨停大阳线,这3根涨停大阳线出现后,股价就开始见顶,一路下滑。显然,这3根大阳线是加速赶顶的信号,也是主力用来诱多出货的信号,这从下面的成交量中也可以看得很清

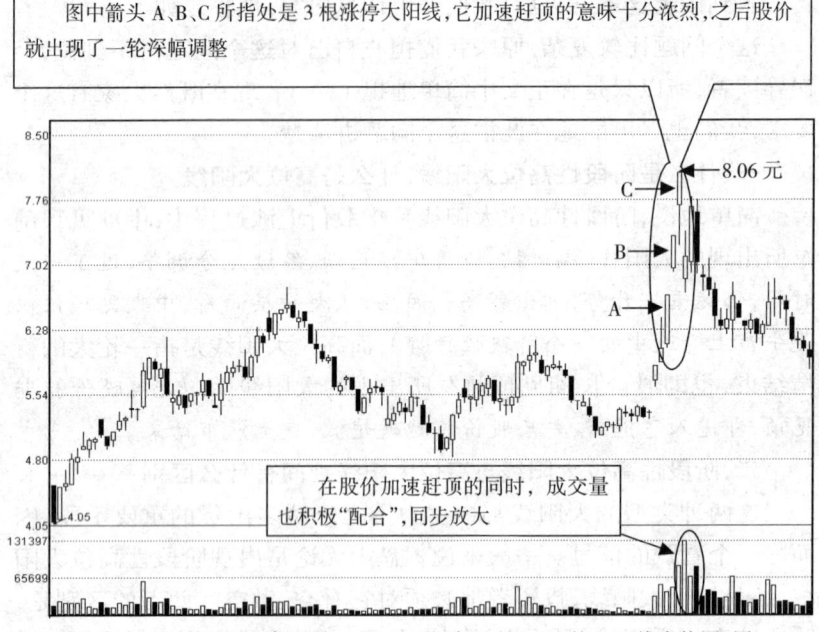

图中箭头A、B、C所指处是3根涨停大阳线,它加速赶顶的意味十分浓烈,之后股价就出现了一轮深幅调整

在股价加速赶顶的同时,成交量也积极"配合",同步放大

动力源(600405)　2005年7月21日~2006年3月10日的日K线走势图　图42

楚(当时该股见顶时,换手率已超过20%)。如果是这样,我们将这3根大阳线定性为高位大阳线,是完全正确的。

但是,从长期来看,这3根"高位大阳线"中的"高位",只能说是上涨途中阶段性的高位,而不是一轮大的涨势结束的"高位"。那么,这又是为什么呢?大家看了该股后续走势图(见图43),心里就明白了。

图中画圈处,就是图42中箭头A、B、C所指的3根涨停大阳线所在位置。从这张图中看,当初这个顶部所处的位置很低,只能说是该股上涨途中的一个阶段性的小顶部。在这阶段性的小顶部中出现的高位大阳线,自然就是阶段性的高位大阳线了

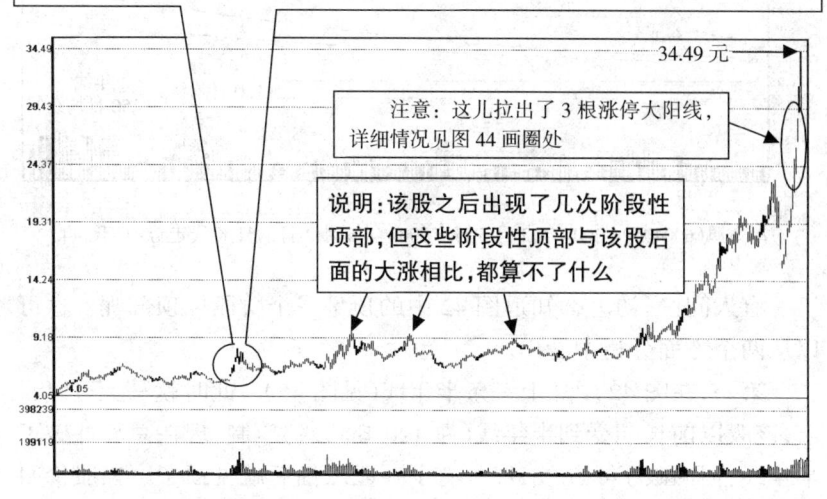

注意:这儿拉出了3根涨停大阳线,详细情况见图44画圈处

说明:该股之后出现了几次阶段性顶部,但这些阶段性顶部与该股后面的大涨相比,都算不了什么

动力源(600405) 2005年7月21日~2007年6月20日的日K线走势图 图43

从图43看,当时该股在图42中出现的"阶段性高位"确实不算什么。因为从图43看,当时所谓的阶段性高位,实际上在这张图中是处于很低的位置,因为该股后面又出现了一波非常凌厉的升势。而该股真正的高位大阳线是出现在中长期赶顶的过程中。该股在这轮大的升势结束前,也拉出了3根涨停大阳线(见图44中箭头A、B、C所指处)。这3根大阳线就不是什么阶段性高位大阳线了,而是名副其实的高位大阳线。

> 从图中看,箭头 A、B、C 这 3 根涨停大阳线,诱多出货的迹象十分明显。因此,将它们定性为高位大阳线,并对该股中线看空、做空是很有把握的

动力源(600405) 2007 年 2 月 5 日～2007 年 6 月 2 日的日 K 线走势图　图 44

有人问:当初怎么知道图 42 中的顶是一个阶段性顶部呢？这可以从两个方面分析中看出。

第一,在图 42 中加上一条半年线(见图 45)。此时就马上可以看出,该股以前长期受到半年线(即 120 日均线)压制,现在总算冲破了半年线,但冲破了半年线,股价有了一段涨幅后就见顶了。当股价回落,触及半年线时又出现了止跌现象(见图 45 中画圈处)。因此,从理论上说,只要股价不再继续下跌,半年线守住了,就可以确定图 42 中的顶就是上升趋势中的一个中期顶部。

第二,打开该股上市以来全部日 K 线走势。此时就可以发现,该股上市后就一直呈现不断下跌的态势。从最高价 20.98 元,最低跌到 4.05 元,股价最大跌幅达到 80.70%。图 42 中股价见顶的价格为 8.06 元,尚不及其当初上市价格的一半。这样的价格不可能是长期见顶的价格,最有可能是上涨途中阶段性见顶的价格。

> 从图中看,该股前面长期受到半年线压制,股价始终抬不起头来。这次冲破了半年线的压制,股价开始有了起色。现在冲高后回落,股价跌倒半年线处获得支撑,再度起强。这种现象在股价上升初期经常会出现,也可以说,这种现象是股价阶段性见顶的一个显著特征

动力源(600405) 2005年7月21日~2006年4月4日的日K线走势图 图45

又有人问:当初怎么知道图44中的顶是一个长期顶部呢?老实说,要一开始就确定某一个见顶图形就是长期见顶图形,这是很难的。因为一轮大的上涨趋势形成,股价涨了一段时间后,会回调一下,再涨一段时间后,再回调一下,只有到了最后一次回调,才是股价长期见顶的回调。至此,股价就步入了下跌通道,往后,股价会越跌越低。可见,除了最后一次的回调,其余的回调都是上涨途中阶段性回调。因为每一次回调后,股价不久又重返升势,再创新高。因此,当时只有排除了图44是上涨途中的中期顶部的可能性后,才能确定它是该股这轮升势的长期顶部。那么,当时是如何看出图44的顶部是长期顶部的呢?这也可以从两方面的分析中得出结论。

第一,可以将该股的股价、绝对涨幅与同类股票相比,看看是不是出现了严重的超涨现象。另外,可以从该股基本面入手,对其估值

进行综合评定,从而确定其合理股价大概应该是多少。之后,再拿这个价格与图 44 中的见顶价格进行对照,看看是不是涨到头了。

第二,根据图 44 的盘面走势,分析其见顶会不会是长期见顶的图形。比如,当时该股出现见顶时股价最高冲到 34.49 元,而与其相对应的半年线(120 日均线)的价格是 14.11 元、年线(250 日均线)的价格是 10.78 元。显然,当时该股的股价,在技术上已属于一种严重的超涨状态。此外,加上该股除权前的半个月,出现了疯狂的抢权现象(短短的 10 几天,股价就快速上涨了一倍有余)。像这样的图形,除权前疯狂抢权,除权后就会大幅贴权,从而导致股价出现大跌。因此,只要股价除权后出现大幅贴权,就可以反过来论证该股前面的顶部很有可能就是一个长期顶部(见图 46)。

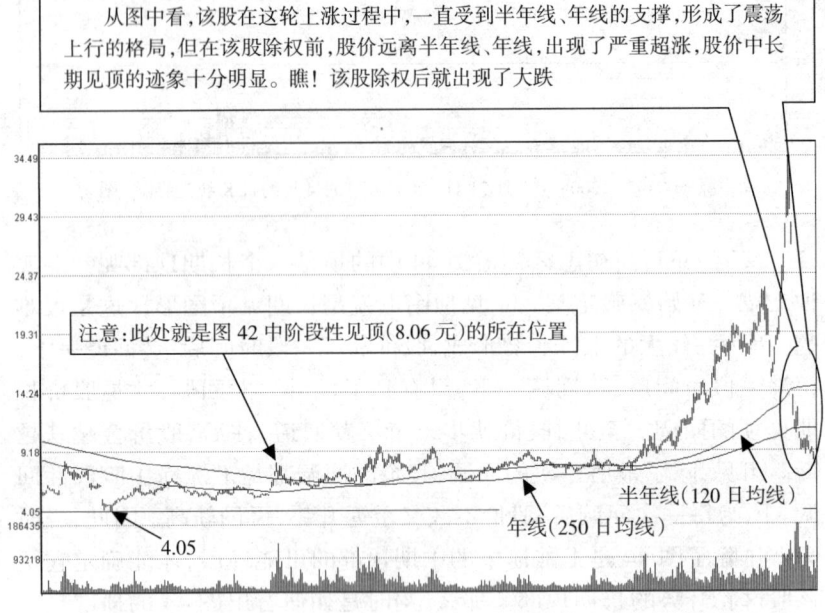

从图中看,该股在这轮上涨过程中,一直受到半年线、年线的支撑,形成了震荡上行的格局,但在该股除权前,股价远离半年线、年线,出现了严重超涨,股价中长期见顶的迹象十分明显。瞧!该股除权后就出现了大跌

注意:此处就是图 42 中阶段性见顶(8.06 元)的所在位置

半年线(120 日均线)
年线(250 日均线)

4.05

动力源(600405) 2005 年 5 月 23 日~2007 年 7 月 16 日的日 K 线走势图 图 46

三、对阶段性高位大阳线与高位大阳线,应该采取不同的对策

对上涨途中出现的阶段性高位大阳线,其对策是:原则上可短期

看空、做空，但从长期来看，对其股价未来趋势仍然可以看好。为什么短期要看空、做空呢？因为股价在一轮大的升势中，即使中期见顶，往往也有30%左右的调整空间。此时如能在相对的高点卖出，在相对的低点买进，短期收益是很大的。但投资者在短期看空、做空时一定要注意，相对高位卖出的筹码，一定要在相对的低位补回来。比如，图45中的个股，从图45中箭头A所指处下跌，跌到图45中箭头B所指处，就应该及时把它补回来，因为此处股价受到了半年线的支撑，出现了明显的止跌迹象，股价调整可能已经到位。这时就不能再盲目看空、做空了，及时回补是必须的。否则，很容易将低位筹码丢失。

而对上涨途中出现的高位大阳线，其对策就不一样。原则上短期与长期都要看空、做空。股票卖出后，在很长一段时期内要对它持币观望。因为在一轮大的升势中，股价一旦真的长期见顶，下跌的空间是很大的，从哪里涨上来又重新跌回到哪里的现象，可谓屡见不鲜，有的更加厉害，不但跌回到原来上涨的起始点，还要再下一城，跌到一个更低的价位。所以，投资者在操作时，对高位大阳线要保持一种敬畏感。一旦发现主力利用高位大阳线进行诱多出货，就马上卖出，并要做到卖出后，不轻易补仓，不去干那些"逢低吸纳"的傻事。

三、什么是阶段性谷底大阳线与阶段性低位大阳线？阶段性谷底大阳线与阶段性低位大阳线出现后，投资者应该怎么操作

所谓阶段性谷底大阳线与阶段性低位大阳线，是指在下跌趋势中某一段谷底或低位出现的大阳线。这些大阳线，从短期来看是一个看涨信号，但从长期来看，并不具有看多、做多的意义。因为这些大阳线出现后，股价短期内会有一个小的涨幅，但时间不长，股价就会跌下来，而且会将前面的阶段性谷底与阶段性低位打穿，出现越跌越深的现象。

有鉴于此，阶段性谷底大阳线与阶段性低位大阳线出现后，投资者在短期内，可以对它们看多、做多，但长期必须对它们看空、做空。具体操作时可以这样做，阶段性谷底大阳线与阶段性低位大阳线出现后，股价有了一定的涨幅，就应该见好就收。一旦发现股价回落，跌到大阳线的收盘价下方，就应该减仓，跌破大阳线的开盘价，就必须全部卖出。

下面我请大家看一个实例。

实例二:安泰集团(600408)。图47显示,该股经过大幅下跌后,在谷底拉出了一根大阳线。这根大阳线出现后,股价开始向上攀升,但好景不长,之后股价又重现疲态,再次下跌。这次下跌不仅将前面谷底大阳线所带来的上涨部分全部抹去,而且还击破了谷底大阳线的开盘价,朝更低的价格跌去。显然,前面的谷底大阳线,还不是下跌趋势末端的谷底大阳线,仅仅是下跌途中出现的一个阶段性谷底大阳线。像这种阶段性谷底大阳线,投资者只能对它短期看多、做多,长期看多、做多,捂着股票不放,必然要吃大亏。

图中画圈处有一根涨停的大阳线。从图中看,当时大阳线出现的地方,股价已经跌得很深,将它称为谷底大阳线,并没有什么错,但这个谷底仅仅是一轮大的下跌趋势的中间谷底,而不是下跌趋势末端的谷底,所以这根谷底大阳线,只能称之为阶段性谷底大阳线

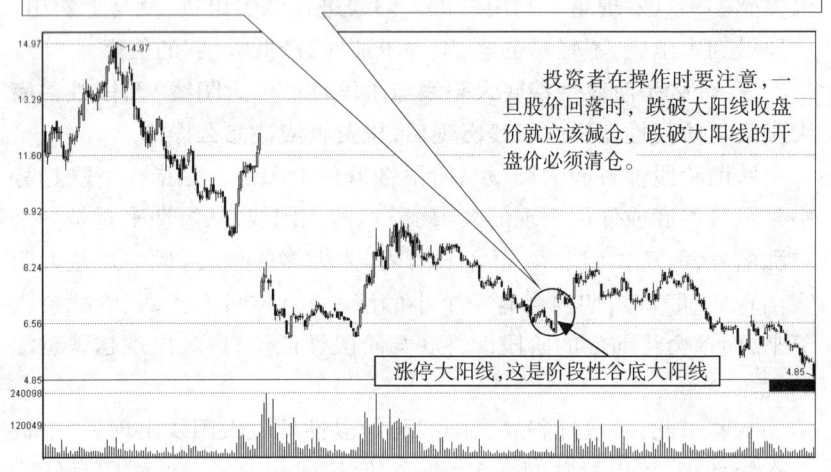

投资者在操作时要注意,一旦股价回落时,跌破大阳线收盘价就应该减仓,跌破大阳线的开盘价必须清仓。

涨停大阳线,这是阶段性谷底大阳线

安泰集团(600408) 2004年2月25日~2005年7月19日的日K线走势图　图47

编者按：本书完稿后，《股市操练大全》培训部金老师写了一份研究报告，黎航老师看后，觉得内容很好，对实战有一定的参考价值，现作为本章的"补遗"登录如下，以飨读者。

【补遗】

简论大阳线中的一种特殊形态——
震荡型大阳线的特征与应对策略

撰稿人：金 鹰

大阳线有时是看涨信号，有时是看跌信号，很多投资者对此并不了解，所以操作时屡屡犯惑。我们看到，一些投资者在高位追涨大阳线，结果被套得结结实实的；在低位见到大阳线，由于股价前期连续下跌，以为是反弹，匆忙出局，结果又被轧空。几次操作下来，很多投资者对大阳线产生了既爱又怕的矛盾心理，以致看到大阳线后不知道应该怎么操作了。

对大阳线既是看涨信号，又是看跌信号的现象，过去我们也曾经作过阐述与提醒，比如在《股市操练大全》第一册中，就告诫大家，"在股价连续下跌的情况下出现大阳线，反映了盘中的做多力量占了上风，股价有可能见底回升，""但是，在股价连续上扬的情况下拉出大阳线，则要当心多方能量耗尽，股价见顶回落，"不过，由于当时没有展开，只是简单地提了一下，投资者很难进行正确的把握。

现在，在编写本书深度练习的过程中，《股市操练大全》编写组全体成员，经过长期调查研究，反复查证，提出了一整套大阳线的分类方法，将大阳线分成谷底大阳线、低位大阳线、中位大阳线、高位大阳线、反弹大阳线，并通过大量实例，对这种全新的分类方法进行了充分论证,这对投资者的操作将会带来很大的帮助。这样今后在实践中,大家就能清楚地知道,在什么情况下,大阳线扮演着空头角色,投资者应该对它提高警惕了,在什么情况下,大阳线扮演着多头角色,投资者可以对它积极看好了。

我个人认为,本书对大阳线分类的方法是很科学、很客观的,其中的应对策略也很具体,其实用价值是不言而喻的。出版社与黎航老师为了帮助大家用好大阳线,可谓倾心倾力。他们还特地关照资料室的同志为《股市操练大全》的读者,精心准备了一份"大阳线分类看涨或看跌典型图谱100例"(见本书附录三)。这对大家识别与运用好大阳线,将会带来很多方便。

不过,我觉得对大阳线的研究不能到此为止,还必须继续深入下去,因为还有很多东西需要我们进一步去分析、探讨。比如,对大阳线的分类,我个人觉得本书的阐述就有不完善之处。虽然,从总体上说,将大阳线分为谷底大阳线等5种不同类型是科学的、很有必要的,但同时,我认为这种分类方式疏忽了对大阳线的一种特殊形态的认定。尽管这种特殊形态的大阳线,在整个大阳线中占的比例很小(大概在10%左右),但它在实战中却具有很重要的意义。投资者如果不把这些特殊类型大阳线的特征与技术意义弄清楚,势必会对操作带来不利的影响。

下面我就这种特殊类型的大阳线,谈谈自己的一些肤浅认识。

我在调查中发现,谷底大阳线、低位大阳线、中位大阳线、高位大阳线、反弹大阳线,这5种类型的大阳线的特征与技术意义都很明显。投资者只要用心去辨别它们,一般都能弄清楚,这并不是一件困难的事。但是,有一种大阳线却很诡异,如果不仔细分析、研究,就无法猜透主力拉这种大阳线的用意是什么。因为这种大阳线多数在股价进行震荡时出现,因而有人给它起了一个名字,称之为"震荡型大阳线"。

震荡型大阳线的特征是:一般出现在股价进行震荡的过程中,大阳线的收盘价很快被跌破,但股价小跌之后,不久又涨了上来,不过此时股价涨也涨不高,呈现一种窄幅波动的状态。

震荡型大阳线出现后,主力究竟是用它来洗盘,还是用它来出货呢?投资者仅仅依靠大阳线是很难弄清楚内中秘密的(这也许是大阳线研究中的一个盲点)。因此,投资者要想真正查明主力拉震荡型大阳线的目的,就必须借助均线、技术图形(比如,矩形图形、三角形图形)等其他技术手段。否则,就很难弄清楚主力拉大阳线的企图究竟是什么。

下面我们来看两个实例(见图48、图49)。两张图中都出现了震荡型大阳线。

图中个股在上升途中进入了一段时期的震荡盘整,其间出现了很多根涨停大阳线,而且大阳线的开盘价大多都被打穿了。但是,大阳线的开盘价被打穿后,股价下跌的幅度并不大,且很快又涨了上来,尔后涨到了前面一根大阳线的附近,股价又出现了掉头向下的迹象。那么,主力拉这么多大阳线的目的是什么?是掩护出货还是用于洗盘,确实一时很难捉摸。

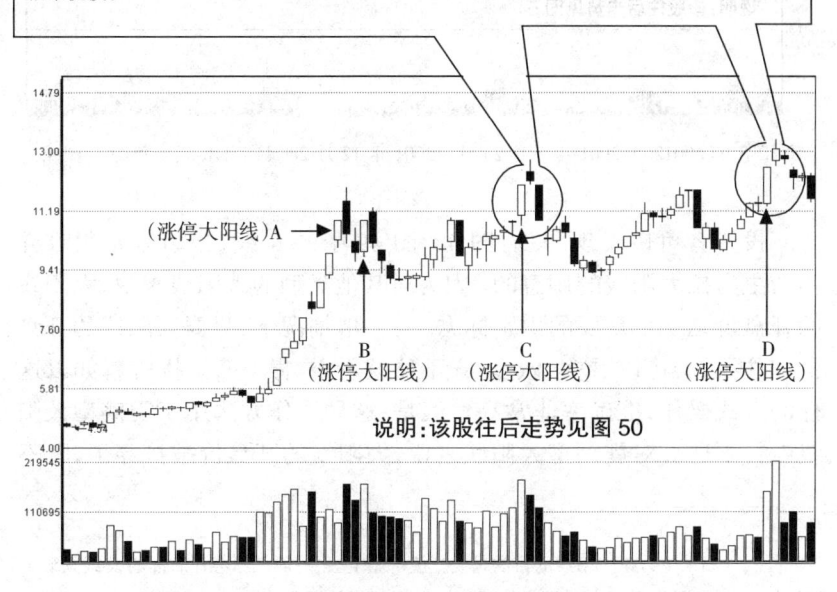

普洛股份(000739) 2006年11月7日~2007年3月16日的日K线走势图　图48

该股在横向盘整中拉出一根涨幅超过 9%的大阳线(见图中画圈处),且下面的成交量也明显放大,但大阳线随后就被一根阴线吞没,按理说,股价应该就此向下走了,但不料,该股股价继续出现了横盘,最后,又出现了放量走高的迹象。那么,主力当初拉这根大阳线的意图是什么?是掩护出货,还是用于洗盘,这在当时让人看了一头雾水

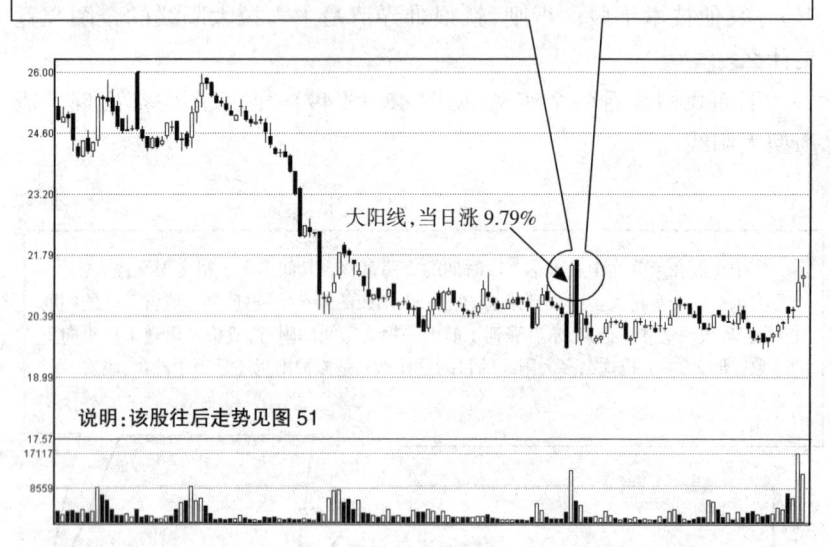

大阳线,当日涨 9.79%

说明:该股往后走势见图 51

浙江东方(600120) 2001 年 5 月 23 日~2001 年 12 月 28 日的日 K 线走势图　　图 49

投资者可以发现,只看图 48、图 49 中的 K 线,当事人是很难弄明白主力拉大阳线的用意的。因为对其他类型的大阳线来说,大阳线的开盘价是一个重要的识别标志。在一般情况下,只要大阳线的开盘价守住了,就可以看多、做多,守不住就看空、做空[注]。投资者如以这样的方式操作,准确率非常高。但是,这种操作方法用于震荡型大阳线就行不通。对震荡型大阳线来说,大阳线的开盘价被打穿了,既不

【注】　如果主力拉大阳线的目的是要把股价做上去,一般就不会让后面的 K 线跌破大阳线的开盘价,因此,大阳线的开盘价不被跌破,就可以持股看多;反之,如果主力拉大阳线的目的是诱多出货,一般大阳线的开盘价,用不了多久就会被打穿。因此,大阳线的开盘价被打穿,就应该止损离场。

能说明往后股价就此震荡向下走了,也不能说明往后股价就此往上走了。两种可能都存在,当事人一时确实难以作出抉择。那么,这该怎么办呢?办法就是借助技术图形、均线等其他技术手段,来协助查明主力拉大阳线的真正用意。

现在,我们仍以图48、图49为例,大家只要在图中的高点与低点之间画两根直线,看股价往哪个方向突破,就可以锁定主力的行踪了。如果震荡型大阳线是用于洗盘的,那么,最后股价一定会向上突破;如果震荡型大阳线是用于掩护出货的,那么,最后股价一定会向下突破。投资者在操作时,只要看到股价往上突破,就跟着看多、做多,股价往下突破,就看空、做空,方向不明时就保持观望状态,这样操作就能踏准股价上涨或下跌的节拍,不会出现方向性错误了(见图50、图51)。

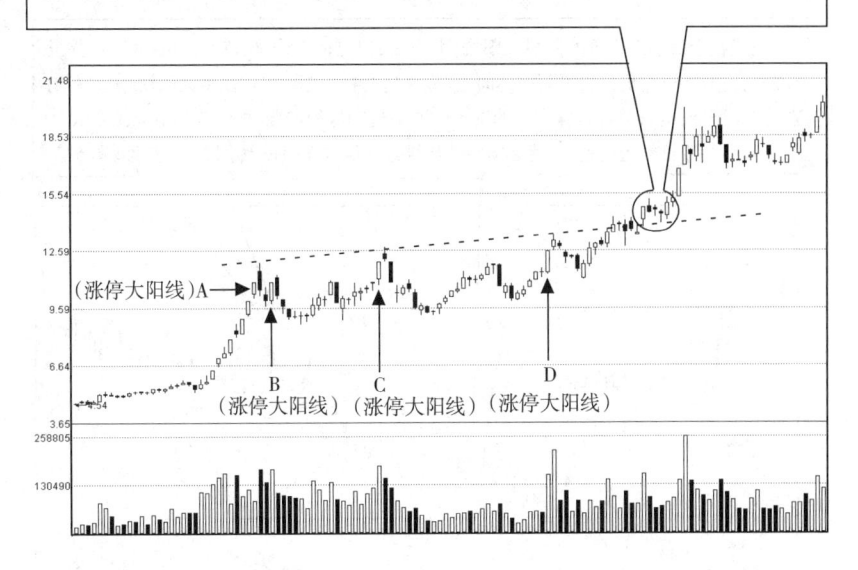

(上接图48)该股盘中出现震荡型大阳线后,股价最终选择向上突破,投资者可在它向上突破时积极跟进,取胜的把握是很大的

普洛股份(000739) 2006年11月8日~2007年5月25日的日K线走势图　图50

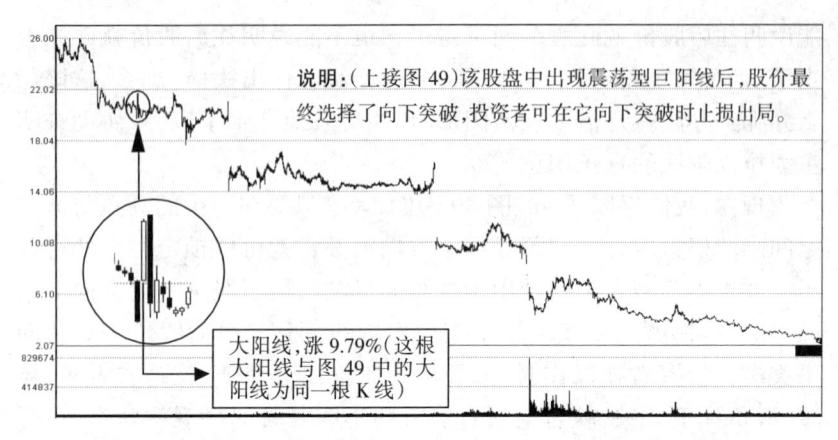

说明:(上接图49)该股盘中出现震荡型巨阳线后,股价最终选择了向下突破,投资者可在它向下突破时止损出局。

大阳线,涨9.79%(这根大阳线与图49中的大阳线为同一根K线)

浙江东方(600120) 2001年5月24日~2005年7月15日的日K线走势图　图51

震荡型大阳线在股价上涨初期也经常会出现,此时大阳线的开盘价被跌破,并不是看空、做空的信号,即使是,也只是一个短期的看空、做空信号。此时投资者可依据均线来操作(见图52、图53)。

该股在上涨初期出现的两根大阳线,大阳线的开盘价都被跌破了,但后来股价并没有因此就掉头下行,仍然是不断震荡向上。原来这两根大阳线是震荡型大阳线,主力在用震荡型大阳线,进行一种特殊方式的洗盘。所以碰到这种情况,投资者就不能光看K线了,要看清楚股价的运行趋势,就必须借助均线等其他方面的技术手段(请继续看图53)

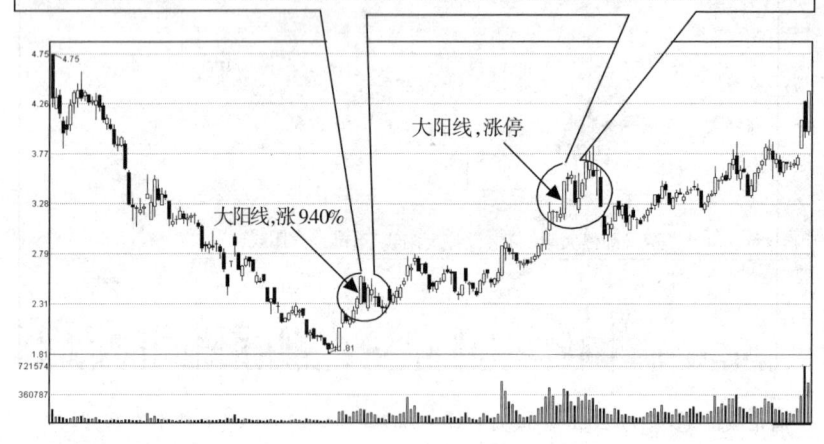

大阳线,涨停

大阳线,涨9.40%

*ST金杯(600609) 2008年7月11日~2009年5月22日的日K线走势图　图52

在图 52 中加上 30 日均线与 60 日均线,就能看明白该股的走势了。比如,图中拉出箭头 A 所指的大阳线,是因为股价第一次触及 60 日均线(通常股价见底回升时,第一次遇到 60 日均线都会暂时地向下跌一跌)。虽然后来该股跌破了大阳线的开盘价,但股价在 30 日均线处止跌。又如,箭头 B 所指的大阳线出现后,虽然股价跌破了大阳线的开盘价,但跌到 60 日均线处就止跌了。原来主力两次都是在利用震荡型大阳线进行洗盘。可见,主力的洗盘也是有规律可寻的。投资者只要熟悉均线,就知道如何来判断该股的运行趋势

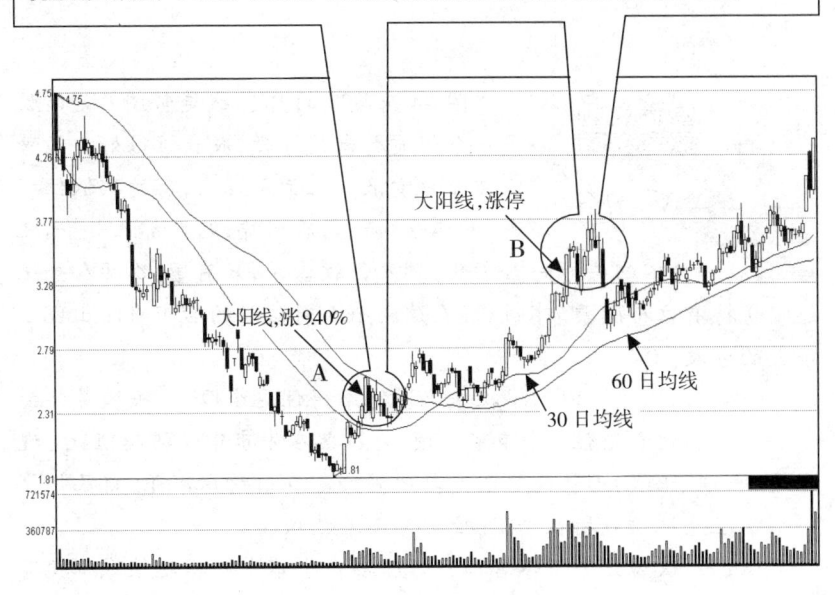

*ST 金杯(600609) 2008 年 7 月 11 日~2009 年 5 月 22 日的日 K 线走势图　图 53

第二章 巨阳线识别技巧深度练习

图54是某股的月K线走势图[注]。该股是一个优质大盘蓝筹股,成长性很好。某营业部大户室很多人都看好它,有的从低位买进,看其涨幅太高后抛掉,结果都上当了。之后,该股一路不回头地向上攀升。到本月收盘时,只有甲、乙两人手里还重仓持有这个股票。不过,现在这两个人对该股的后市看法出现了很大的分歧。

甲认为,他之所以到现在手里还能拿得住这个股票,关键是学会了好股票要把它捂住。牛市不言顶,好股票在牛市中越捂越值钱。现在该股连收阳线,形势向好已无毋庸置疑。在这种情况下,自己仍要一如既往地把该股捂在手里,咬定青山不放松。

但乙却认为,牛市不言顶,好股票在牛市中越捂越值钱都没有错,自己也是这样想与做的,所以直到今天他手里还拿着这个股票。但是需要注意的是,即使是牛市,即使是成长性非常好的股票,当其趋势发生改变时,投资者一定要顺势而为,不能再把股票死捂在手里,否则就要犯严重的错误。乙认为,这个月该股收出了一根很大的阳线,因为这根阳线的出现,表明该股的趋势将发生重大改变,所以

【注】 个股月K线走势图的查阅方法是:第一步:输入要查找的个股代码(如600×××),按"回车";第二步:按"F5",查到其日K线走势图;第三步:按"F8",将日K线图转换成月K线图。"F8"里有分时K线图、周K线图、月K线图等,寻找时可以连续按"F8",直到找到月K线图时为止。

他不再看好该股的后市。他表示,只要下个月该股的股价跌破本月阳线的收盘价,他就卖出其中50%的筹码,如果股价下跌吃掉这根阳线上端的1/3,他就把余下的股票全部卖掉。

请问:你认为甲乙两个人的观点,谁的观点正确?图54中最后一根阳线,它的真实名称叫什么?为什么乙看到这根阳线就忧心忡忡,认为该股往后趋势将要出现重大的改变?乙当时的态度与其制定的操作策略有什么问题吗?

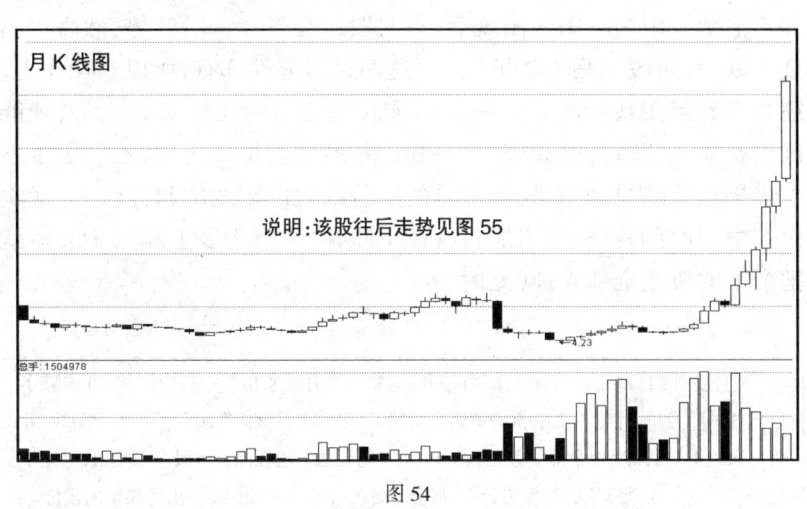

月K线图

说明:该股往后走势见图55

图54

解答 我认为甲的观点是错的,乙的观点是对的。为什么乙的观点是对的呢?因为乙看到了图54中最后的一根阳线,是一种很可怕的K线。在股市中,因为出现了这种K线,尔后出现大跌的情况,可谓比比皆是。所以,乙看到出现了这种K线就开始忧心忡忡了。

那么,这种K线究竟是一种什么样的K线呢?为什么人们会害怕它呢?这种K线,在K线理论中称之为巨阳线。**所谓巨阳线,是指看上去K线实体特别长的阳线。一般而言,巨阳线的当月涨幅可达50%以上,有的当月涨幅可能会超过100%**。从技术上来说,巨阳线出现,表示行情有可能被透支了。因此,它在K线形态中被列为一种见顶信号。另外，巨阳线所显示的见顶信号，一般都是中长期大顶信号，而并非是上升途中阶段性见顶信号。一旦它的见顶信号被市场确认了，股价就会出现一轮惨烈的大跌。所以，有经验的投资者，在股市大涨之后，突然见到冒出一根巨阳线，心里就有一种不祥预感。也正因为如此，乙看到图54中股价大涨之后出现了这根巨阳线，不再看好该股的后市。

当然，该股出现巨阳线后，股价会不会马上就见顶回落，乙心里并不清楚。因为巨阳线出现后，有时股价会延续一段升势，然后再出现下跌，有时股价马上就下跌了。这两种可能性都有，所以在操作上，还是要看巨阳线后的第二根K线或在这之后的几根K线走势，才能确定是应该暂时持股观望，还是立即把股票卖掉。为此，乙制定了下一步操作策略，只要发现下个月的股价跌破巨阳线的收盘价，他就卖出其中50%的筹码，如果股价继续下跌，吃掉巨阳线上端的1/3，他就把余下的股票全部卖掉（见图55）。

（上接图54））果然，该股在出现巨阳线的第二个月就收出了一根中阴线，并击破了巨阳线的收盘价，此时乙卖出50%筹码是卖对了。第三个月该股继续收了一根中阴线，并将巨阳线上端的1/3处全部覆盖，这表明该股大势已去。乙在此将该股全部卖出，避开了之后的暴跌。而继续捂股的投资者甲，却会为自己盲目看多、做多，付出了惨重的代价

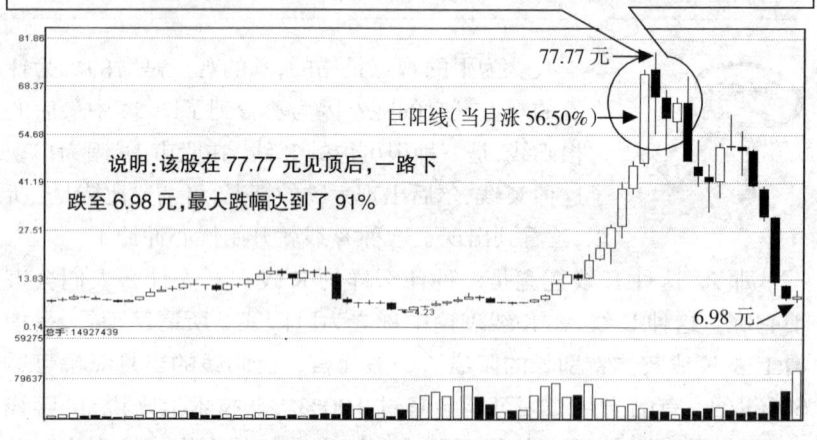

说明：该股在77.77元见顶后，一路下跌至6.98元，最大跌幅达到了91%

77.77元

巨阳线(当月涨56.50%)

6.98元

西山煤电(000983)　2003年3月~2008年11月的月K线走势图　图55

我认为，乙这种投资策略是比较实事求是的，它符合见到巨阳线，"看空不必马上做空，一切要等尔后的K线走势出来后再定"这个操作原则（编者按：关于这个操作原则，本书后面有详细解释，这里就不展开了）。

不过，这里要对乙的操作策略做一个小小的修正，即乙将整个策略的实施都押在巨阳线后的第二个月上，这个观点有点偏了。正确的提法应该是，第二个月或这之后的几个月（因为巨阳线后的第二个月，有时股价是继续涨的，但第三个月或第四个月，却出现了股价跌破巨阳线收盘价，甚至吃掉巨阳线上端 1/3 的现象），如发生了上述情况，就应该采取相应的措施。这样的措施就严密了，策略的制定与实施，也就不会有什么漏洞出现。

> 说真的，我过去还不知道什么叫巨阳线，想不到巨阳线里有如此多的名堂，我得好好地学上几招。

图形识别深度练习 15

老高和老赵都是有一定实战经验的老股民,他们对图56的走势都不看好。不过,尽管两人都不看好图56的后市,但在投资策略上存在着较大的分歧。老高认为,现在该股的走势还没有明显变坏,因为它当月毕竟是以阳线收盘的,所以要等下个月走势出来了,形势才会明朗。他建议投资者可以继续持股观望,一切等下个月结束后再作出决断。老赵的态度要比老高激进。老赵认为,现在该股的走势已经明显变坏,投资者做空不要有什么犹豫。他建议持股的投资者,在下个月开盘后,只要发现股价不是平开高走,或高开高走,就应该马上卖出,卖出越早,损失越小。

请问:为什么老高和老赵都不看好图56的后市呢?你认为老高与老赵的投资策略,哪一个更符合市场实际?

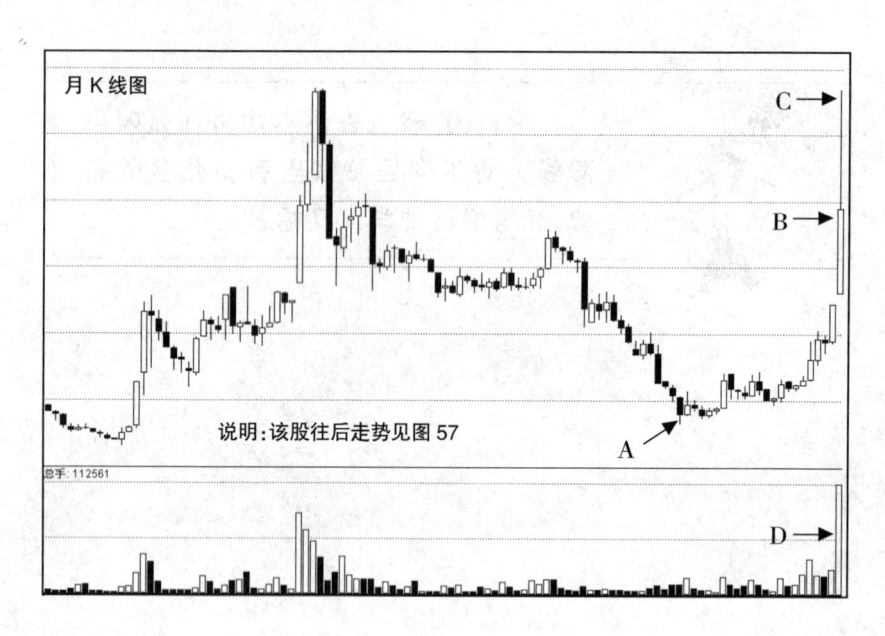

说明:该股往后走势见图57

图56

解答

为什么老高和老赵都不看好图56的后市呢？因为他们都看到图56中的个股这个月拉出了一根巨阳线，而且这根巨阳线是在股价有了较大涨幅之后，并以跳空高开形式出现的。显然，这样的巨阳线有一种加速赶顶的意味，所以，作为有实战经验的老股民，自然不会看好该股的后市。

既然两个人都不看好图56的后市，那么为什么他们在投资策略上会存在较大的分歧呢？这是因为两个人对该股的短期走势看法是不一样的。老高认为"现在该股走势还没有明显变坏，因为它毕竟当月是以阳线收盘的"，所以，他对该股的短期走势还寄于一定的希望，"一切要等下个月结束，形势明朗后再作出决断"。而老赵的观点与老高相反，他认为"现在该股的走势明显变坏"，这个变坏不仅是指它的中长期走势，连它的短期走势也变坏了，所以，他主张投资者对该股"做空不要有什么犹豫"。

那么，老高与老赵对该股短期走势的看法，谁对谁错呢？之后的事实作出了结论，老高的观点错了，老赵的观点是正确的。为什么老赵不仅对该股中长期走势作出了正确的判断，连该股的短期走势也看得很准呢？据了解，老赵是从两个方面来分析、把握该股短期走势的。

第一，该股主力出货的最终目标已经实现，且主力在股价到达这个目标位时实现了胜利大逃亡。老赵由此得出结论，该股主力已经不会再将股价做上去。接下来的最大可能是，主力会将手中的剩余筹码继续往外抛出，这样的话，即使短期来看，股价重心也会向下。所以，老赵对该股短期走势也不看好。

有人问，当时老赵是如何看出该股主力出货目标位已经达到，且主力在达到这个目标位时实现了胜利大逃亡呢？老赵指着图56说，该股从图中箭头A所指处涨起，至图56中箭头B所指处，股价足足涨了5倍多，其最高价已刷新了上一轮牛市的最高价（见图56中箭头C所指处）。根据经验，当股价大涨之后，冲到历史最高价附近，如果没有什么特别实质性的利好可以继续期待，这个地方很可能就是

77

主力的最终出货目标位。正因为如此,当该股价格接近历史最高位时,马上就出现了冲高回落的走势。这种情况表明,主力确实把图中箭头 B 所指处,作为这轮行情的最终出货目标位了。

那么,我们怎么可以看出主力在这个地方大量出货的呢?老赵说,这个可以从成交量的变化中看得清清楚楚,图 56 中最后一个月的成交量创出了历史的天量。从图 56 中看,该月成交量的柱状线特别长(见图 56 中箭头 D 所指处)。盘中出现如此大的成交量,这说明主力确确实实在高位实现了胜利大逃亡。

第二,图 56 中最后一根月 K 线是巨阳线,当月涨幅超过了 50%,更可怕的是,它的上影线特别长,其长度超过了巨阳线实体的长度。这种情况说明,当时盘中做空力量非常强大,否则不可能出现如此长的上影线。一般来说,第一个月出现这么长的上影线,第二个月下跌的概率会超过 80%。所以,老赵推断下个月该股收出阴线的可能性非常大。所以他建议大家对该股短期走势也不应该看好,现在做空不要有什么犹豫。当然,老赵是一个很细心的人,在操作上他提出,下个月开盘后,只要该股不出现平开高走、高开高走的现象,就应该马上卖出,卖出越早,损失越少。

有人问,老赵这个操作建议是什么意思呢?它的意思非常清楚,虽然,老赵认为该股下个月收阴是大概率的事情,但是在月初时,多方会不会组织一次反击呢?这在事先是很难确定的。所以,老赵在提出具体操作建议时,留了一个伏笔。其意思是说,当月初多方组织反击,股价出现平开高走,或高开高走现象时,短线还可以持股看一看,等其掉头向下时再抛出。但是,如果月初不是平开高走、或高开高走,就应该立马走人。比如,出现了平开低走、高开低走或低开低走的现象,说明多方已彻底失去信心,不可能组织什么有效反击了,此时自然是卖出越早,损失越少(见图 57)。

（上接图56）老赵对该股走势的判断是完全正确的。巨阳线出现后的第二个月，该股略微高开后就一路走低，当月收了一根大阴线。之后，该股重心就不断向下，最大跌幅超过了8成。其走势完全应验了老赵的观点，"卖出越早,损失越少"

巨阳线 →

上电B股(900901)　2002年7月~2008年月10月的月K线走势图　图57

主力想骗我,没门。"巨阳线上长着一根长辫子,这几乎是一个必跌图形",看到这个图形,我就溜了。

79

图形识别深度练习 16

小苗是一个善于思考的投资者,这个月他看好一个股票(见图58),进了不少货。理由是:该股基本面很好,前期上涨过猛,股价出现了调整。现在该股调整已经结束,这个月收出了一根大阳线,月线 MACD 走势坚挺,整个大盘走势也非常好。种种迹象显示,该股继续上涨的可能性非常大。因此,他对该股做多信心十足。

说来也巧,这天有一位高手到他所在的营业部讲课。小苗考虑到自己重仓该股,心里有点不太踏实,于是他就请教了高手。高手看了该股的月K线走势图,沉思片刻后说道:"坚决看空,马上卖出。"小苗听了大吃一惊,反问高手:"该股这个月的月K线收了一根大阳线(见图58中箭头B所指处),且大阳线的下面出现了一根很长的下影线,这表示下方的低点已经探明,下档支撑力度很强。现在大势向好,该股走势也出现了止跌回升的态势,为什么在这种情况下,要对该股坚决看空呢?"高手听了小苗的反问后,只说了一句话,"别太幼稚了",就不再说下去。小苗回家后想来想去,觉得高手这话像是在忽悠自己。于是,他决定不理睬高手的话,继续对该股看多、做多。

请问:高手是不是在忽悠小苗?小苗对该股继续看多、做多有没有风险?为什么?

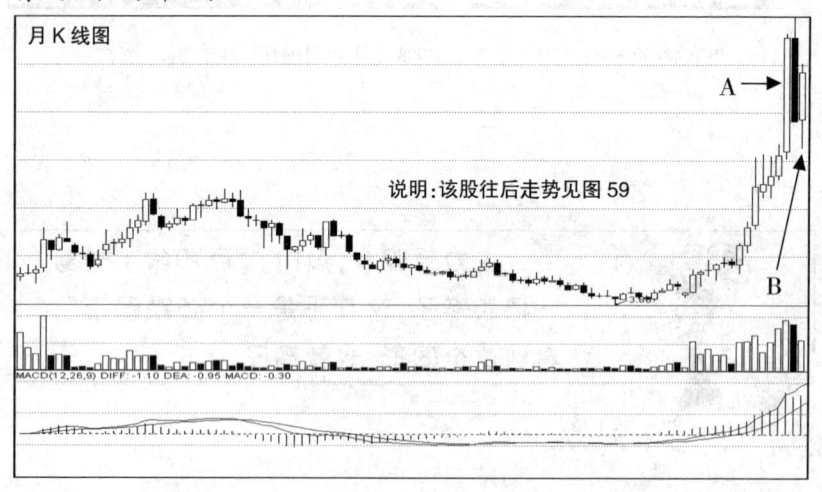

月K线图

说明:该股往后走势见图59

图58

解答

我认为高手并没有忽悠小苗,高手的观点是正确的,而小苗的看法是错的。虽然高手的话只有8个字:"坚决看空,马上卖出。"但意思十分明确,可谓言简意赅。那么,高手为什么要对图58中的个股坚决看空呢?

首先是该股在前面拉出了一根巨阳线(见图58中箭头A的所指处,当月该股上涨了59.97%),在巨阳线之后的第二个月又出现一根大阴线,一下子就把巨阳线2/3以上的部分覆盖掉了。这样该股的形势就变得非常严峻。因为从理论上说,在高位出现的巨阳线是见顶信号,而且这个见顶信号已被后面的大阴线所验证,从此该股下跌趋势已经形成。如此一来,该股未来的局势就岌岌可危了。

其次,下面的成交量明确告诉我们,该股主力已经大量出逃。据了解,该股拉出巨阳线的这个月,换手率为149.56%,出现大阴线的这个月,换手率为137.55%,两个月的换手率就接近300%。一般来说,在高位区域,短时期内出现如此大的成交量,且股价重心又是下移的。其原因,除了主力在高位大量卖出筹码外,不可能是由其他因素造成的。

有人问:高手为什么对小苗的问话没有正面回答,只说了一句"别太幼稚了"呢?因为在高手看来,小苗缺乏实战经验,对影响全局的主力高位出货问题,知之甚少,不懂得它的厉害,看盘时只会抓芝麻,对一些无关紧要的问题纠缠不清。所以高手认为很难与他深入讨论下去,才说了"别太幼稚了"这句话。

那么,小苗对该股看多、做多有没有风险呢?答案不仅是有,而且是风险很大。因为股票大幅上涨后,一旦主力在高位出逃了,用不了多久,股价就会跌得惨不忍睹。现在我们分析问题,主要不是看小苗这样看多、做多,风险有多大,而是要分析小苗的看法究竟错在哪里,以便让后来者从中获得一些经验教训。我们认为,小苗的错误表现在以下3个方面:

第一,正如高手所说,小苗做股票尚未脱离幼稚状态,因为他对图58中两个非常重要的见顶信号,即高位出现巨阳线、高位出现高换手率的情况视而不见。而他所关心的都是对全局影响不大的小问题。

第二，小苗对图 58 中最后一根大阳线性质的判断，可谓是想当然，自说自话。小苗认为这根大阳线下面出现了一根长下影线，就表明下档支撑很强，出现了这根大阳线就表明该股出现了止跌回升的走势。由此他得出一个结论："该股继续上涨的可能性非常大"。其实，小苗对这根大阳线性质的判断，与之后的结论都是错误的。因为这根大阳线的性质，属于下跌抵抗型大阳线。也就是说，由于短时期内股价下跌过猛，引发了一些游资、短线客进来抢反弹，再加上盘中一些存量的做多力量，不甘心就此束手就擒，出来向空方进行反击，图中就会出现这种下跌抵抗型阳线。但是下跌抵抗型阳线的出现，并不会改变股价下跌的趋势，在它之后，股价会继续照跌不误。下跌抵抗型阳线的最大特点是：上涨时成交量放不出来（说明主力高位出逃后已经不作为，这样成交量就不可能放大），股价上涨缺乏连续性（说明外面已很少有人再愿意跟风做多）。我们查了图 58 中出现的这根大阳线，当月的换手率已跌到了 90.67%，相比前面 3 个月，每个月百分之一百多的换手率，明显地减少了许多。有经验的投资者知道，下跌抵抗型阳线的出现，是给投资者一次逃命机会，而绝不是看多、做多的机会。

事实证明，小苗在对图 58 中最后一根阳线的判断上，是不懂装懂，所找的看多、做多的理由，都是一厢情愿，经不起推敲。更可怕的是，小苗这种想当然，已在头脑中扎了根，所以他对别人的意见根本听不进去。

第三，小苗错误地认为股市大势向好，主力就会把股价做上去，而不了解，或者根本不知道，主力的操作思路与中小散户操作思路是相反的，有很多主力就是趁着大势向好时进行拉高出货（这样主力发货，才有人"愿意"接盘）。可见，大盘形势越好，越要当心主力把股价炒高后溜之大吉。从图 58 中看，该股见顶的时间是 2007 年 6 月，比大盘见顶的时间（编者按：2007 年 10 月 16 日，上证指数摸高 6124 点后，才见顶回落），足足提前了 4 个月。在这 4 个月中，上证指数涨了 2000 多点，可谓牛气冲天。大盘形势向好，市场中看多、做多的情绪浓厚,这为该股主力出逃提供了一个极佳的机会。也正因为如此,当时该股主力出逃时,才能出现两个月换手率达到接近300%这样高的数字。

小苗对该股走势完全看走了眼。他所说的看多、做多理由被该股后面的连续暴跌砸得粉碎。小苗也为自己的盲目看多、做多,付出了沉重的代价(见图59)。这个教训是十分深刻的,让人难以忘怀。

(上接图58)从图中可以清楚地看出,箭头 B 所指的阳线,的确是一根下跌抵抗型的阳线,它的出现并没有改变股价下跌的趋势。之后,股价就出现了不断回落的走势。在这轮跌势中,该股最大跌幅达到了78%,盲目看多、做多的投资者损失十分惨重

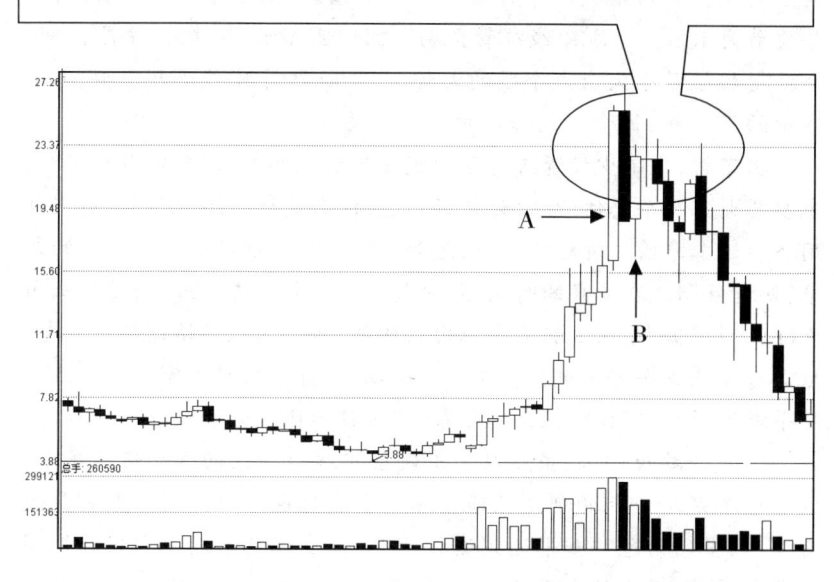

中国国贸(600007) 2003年3月~2008年11月的月K线走势图 图59

图形识别深度练习 17

周老师说:本章前面3道练习题,都与巨阳线有关。巨阳线是大阳线的一种特殊形式。日K线中没有巨阳线,只有大阳线。但周K线、月K线、季K线、年K线中都有巨阳线。由于本书篇幅有限,我们只能选择月K线中的巨阳线与大家一起讨论。大家只要把月K线中巨阳线的特征与技术意义弄清楚了,其他领域中的巨阳线问题也可以做到迎刃而解。

有人问,为什么要选择月K线中的巨阳线与大家讨论呢?因为要正确判断大盘或个股的大趋势,首先要看月K线。月K线上面连着季K线、年K线,下面管着周K线、日K线,它是所有K线中,最适宜对大势进行研判的一种K线图形。因此,股市中历来就有"看大势要看月K线"、"月K线统管全局"之说。经验证明,把握住月K线,也就把握了整个大盘或个股的大势[注]。既然月K线如此重要,月K线中的巨阳线,投资者就必须对它高度关注了。

据了解,有不少投资者对巨阳线还不太熟悉,所以我们做练习时,先要给大家一个总体印象,让大家知道,什么是巨阳线?它到底有何作用。通过本章前3道题的练习,想必大家对巨阳线有了一个初步的印象,知道巨阳线在多数的时间,是对股价的一种透支,扮演的是空头角色(编者按:据悉,在上涨途中拉出巨阳线,市场上做多情绪特别亢奋,很多人因此失去警惕被套在高位。所以,一开始就让大家对巨阳线有一个敬畏感,留下风险很大的印象,这对日后操作会带来很大帮助)。

但是话要说回来,虽然盘中出现巨阳线后见顶回落的情况居多,但它也不是清一色的都是见顶信号,它有时也可以扮演一个重要的看多、做多的角色。如果遇到这种情况,投资者就不能把它当作见顶信号来看待,否则就会看错行情,造成重大的投资失误。

今天这堂课,我们要对月K线中的巨阳线作一次全面梳理,看看它在什么时候会成为一个空头角色,在什么时候会成为多头,或准

【注】 关于看大势为何要看月K线,月K线有何优点,以及如何通过看月K线来把握大势等有关知识,详见《股市操练大全》第五册第2页~第29页。

多头的角色。如果把这个问题搞清楚了,我们对月K线中的巨阳线,在认识上就能更加深入一步,操作上成功概率就会有很大的提高。

下面就进行分组讨论,请大家对巨阳线的特征、作用,特别是巨阳线的分类,作一个归纳总结。

现在我代表第一小组,向大家汇报一下,我们小组对巨阳线的认识,与对巨阳线的一些归纳总结。

首先,我们先要弄清楚巨阳线的特征是什么?巨阳线就是指阳线实体特别长的一种阳线。那么特别长到底是多少长呢?这里可以给大家一个具体数字。特别长,是指月涨幅至少在50%以上的阳线。也就是说,**月涨幅达到50%以上的阳线,才能称为巨阳线**。此外,巨阳线从其涨幅大小上进行区别,又可以分为普通巨阳线与超级巨阳线两个类型。**通常,一根月涨幅在50%~100%之间的巨阳线,被认为是普通巨阳线;而一根月涨幅超过100%的巨阳线,则被称之为超级巨阳线**。

其次,我们要搞清楚巨阳线的技术意义是什么?巨阳线的主要技术意义是表示对未来行情、股价的一种透支,因而它是一种见顶信号。但是在一些特殊情况下,比如,在股价处于很低位置时出现的巨阳线,并不代表股价被透支了,而是股价暴跌后的一种恢复性上涨,因而此时的巨阳线是一种看多、做多的信号。

有人问:巨阳线的主要技术意义是表示对未来行情、股价的一种透支,那么,这种透支与巨阳线的大小有关系吗?有关系,而且关系非常大。一般来说,巨阳线的实体越长(也即当月涨幅越大),行情被透支的程度就越严重,其后的风险就越大。除此之外,巨阳线是否真的对行情、股价透支了,以及透支的程度如何,这些都与巨阳线出现时所处的位置有着直接关系。通常涨势中出现的巨阳线,它所处的位置越高,对行情、股价透支的情况就越严重,反之,一些在下跌趋势末端,股价大幅下跌之后出现的巨阳线,就谈不上是什么对行情、股价的透支,而是属于一种正常的恢复性上涨,是一轮新行情启动的标志。

接下来，我们重点讨论如何对巨阳线进行分类。这个分类很重要，如果分清楚了，巨阳线在什么时候、什么情况下，是表示对行情、股价的透支，扮演的是空头角色；巨阳线在什么时候、什么情况下，是表示一种恢复性上涨，扮演的是多头角色，就一目了然了。

下面我就对巨阳线进行分类：

一、空头型巨阳线。何谓空头型巨阳线呢？其意是指：巨阳线的出现导致股价上涨幅度大大超过了其内在价值，股价被透支的现象非常严重，此时的股价已经面临见顶，或者即将见顶的风险。这种形式的巨阳线，就是一种看跌的信号，故而称之为空头型巨阳线。

空头型巨阳线，有以下几种表现形式：

（一）在加速上涨态势中出现的巨阳线，投资者要当心其趋势出现逆转。

实例一：深深宝A（000019）。该股在2007年出现了一轮加速上涨走势（见图60）。后因故停牌了半年，复牌上市后拉出了一根巨阳线，形成了加速赶顶之势。果然，当月股价就见顶了，从此就狂跌不止。

一根加速赶顶的巨阳线，注定了其后市只能不断地回落，走向熊途。在其回落过程中，虽然也出现了几根力度较大的阳线，但大势已去，多方再努力也是白费力气，最后该股仍然逃不掉深跌的命运

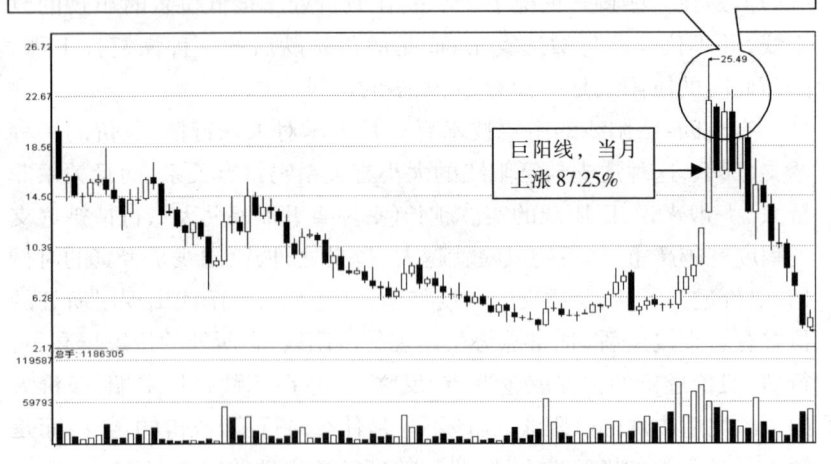

深深宝A（000019） 2000年6月~2008年11月的月K线走势图 图60

实例二:新城 B 股(900950)。该股主力操盘十分凶悍,在股价连续上扬的过程中,拉出了一根巨阳线(见图 61)。这根巨阳线出现后,第二个月股价就出现了大跌,最后股价从哪里涨上来又跌回到哪里,高位追涨者可谓输得惨不忍睹。

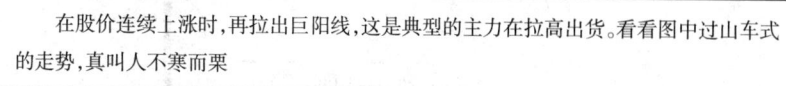

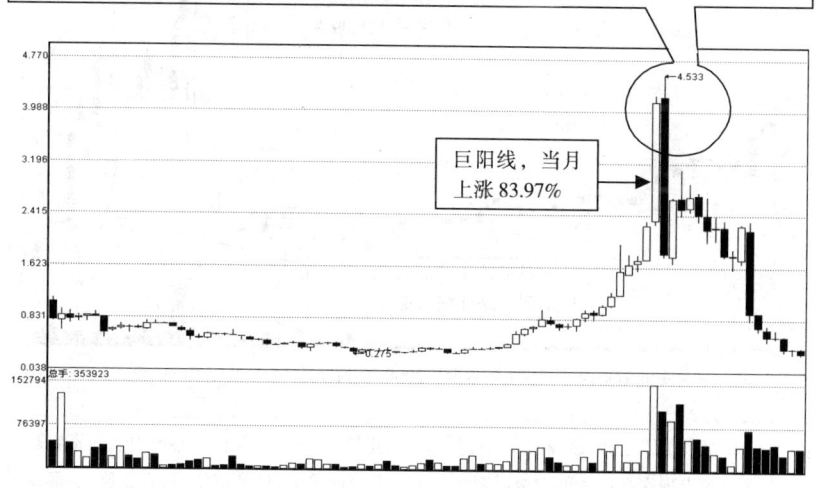

> 在股价连续上涨时,再拉出巨阳线,这是典型的主力在拉高出货。看看图中过山车式的走势,真叫人不寒而栗

巨阳线,当月上涨 83.97%

新城 B 股(900950)　2001 年 7 月~2008 年 10 月的月 K 线走势图　图 61

(二)在股价上涨过程中,出现了超级巨阳线,它表示股价被严重透支了,之后见顶的可能性很大。

实例三:华资实业(600191)。该股在上升途中拉出超级巨阳线后,行情就走到头了。尽管后来大盘指数继续在上涨,但它仍然呈现一路不回头的下跌走势(见图 62)。

实例四:中鲁 B(200992)。9 年前,该股在上涨途中拉出了月涨幅超过 200%的超级巨阳线(见图 63)。这根巨阳线就像一把涂满鲜血的长剑竖在那里,追进去的投资者都被砍得浑身是血,真可谓超级巨阳线就是超级的吃人恶魔。投资者要对它特别特别当心,千万别让这个恶魔骗了,否则,真的会输得血本无归。

请注意,该股见顶时(比大盘提前5个月见顶),大盘指数正是牛气冲天的时候,在大盘指数上涨50%的情况下,该股股价却跌掉50%。有人问,这是为什么?答案很明确,这一切都是超级巨阳线惹的祸

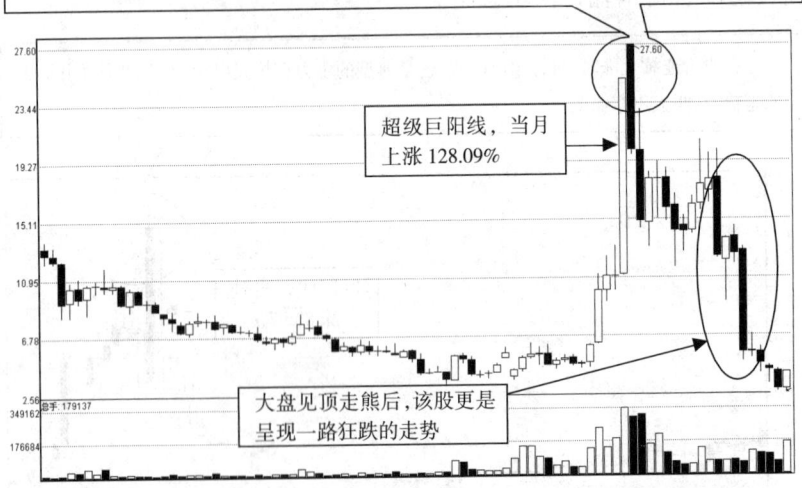

超级巨阳线,当月上涨128.09%

大盘见顶走熊后,该股更是呈现一路狂跌的走势

华资实业(600191) 2001年8月~2008年11月的月K线走势图 图62

超级巨阳线之后,该股出现兵败如山倒的走势,让人看了触目惊心。因此,投资者对上涨途中出现涨幅巨大的超级巨阳线要十二万分地警惕,稍有疏忽,被它忽悠了,那就要付出惨重的代价

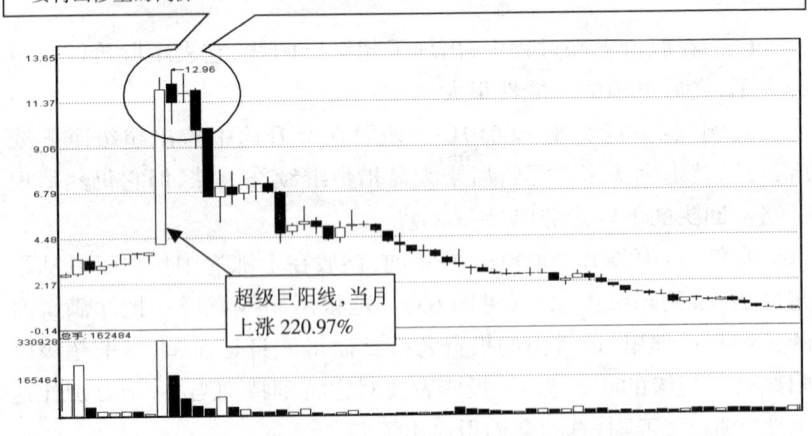

超级巨阳线,当月上涨220.97%

中鲁B(200992) 2000年7月~2005年8月的月K线走势图 图63

（三）在涨势中，盘中出现巨阳线叠加状态，表示股价透支已到了一种极为严重的状态，过后股价必然是一轮大暴跌。

实例五：湘邮科技（600476）。图 64 显示，该股在行情启动后不久，就接连拉出了两根巨阳线，致使股价严重超涨，这样行情很快就划上了句号，一轮暴跌就此展开了。

> 两根叠加在一起的巨阳线，像一个扫帚星，把股价打回了起点，这中间又不知套住了多少无辜的投资者

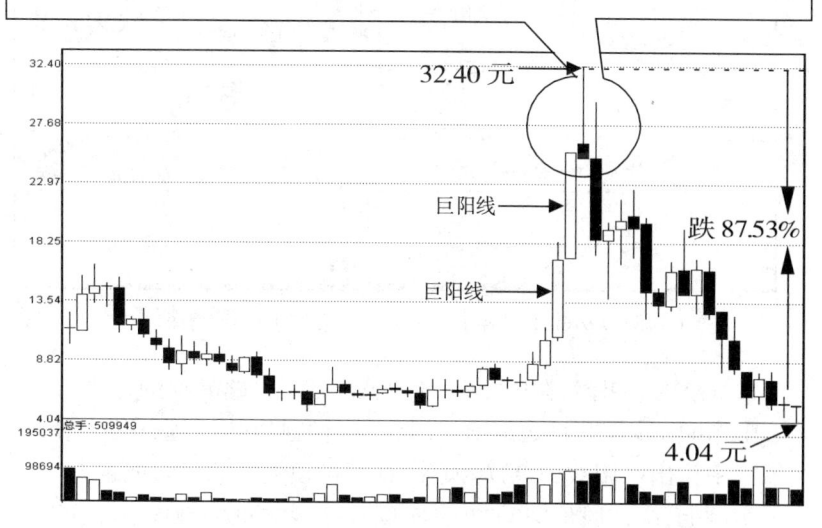

湘邮科技（600476） 2003 年 12 月 ~2008 年 10 月的月 K 线走势图　　图 64

实例六：金山 B 股（900916）。图 65 是该股 1996 年 1 月 ~2005 年 8 月的月 K 线走势图。从图中可以清楚地看到有 3 根很长的阳线，其中两根为巨阳线[注]。巨阳线以这种形式叠加在一起，股市里并不多见。这种现象表明，当时有很多投资者的情绪已经到了极端的亢奋状态，这

【注】　该股上涨途中最后一根阳线的实际涨幅为 48.02%，但我们仍然把它看成是巨阳线。这是为什么呢？这里向大家作一个解释，虽然巨阳线的入围标准，一般确定为月涨幅超过 50% 的阳线。但投资者在操作时，既要有原则性又要有灵活性，对那些接近 50% 涨幅的阳线，也应该视为巨阳线。否则就会对行情作出误判。

> 两根巨阳线,加一根大阳线叠加在一起,是很罕见的一种现象,这说明市场已到了非常疯狂的程度。股市规律告诉我们,任何一次疯涨之后都会出现一次狂泻。该股之后的暴跌也完全在意料之中

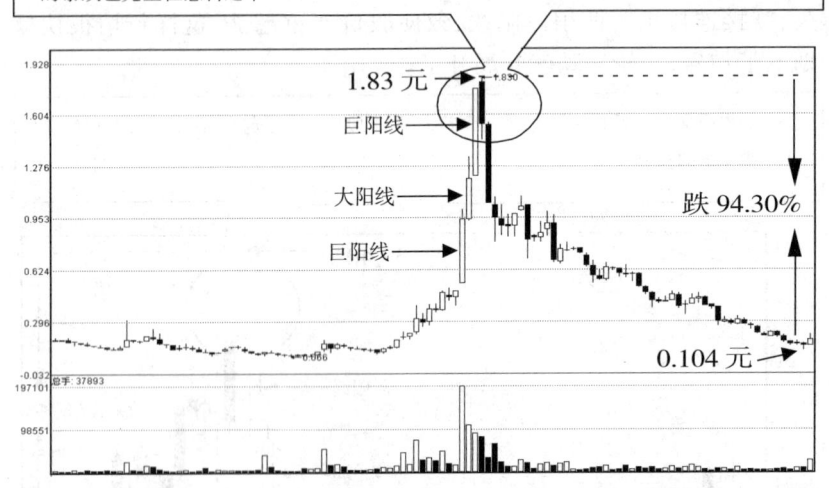

1.83元
巨阳线
大阳线
巨阳线
跌94.30%
0.104元

金山B股(900916) 1996年1月~2005年8月的月K线走势图　图65

是非常危险的。果然,在这之后,该股就出现了一路暴跌的走势。

(四)市场炒作题材之风盛行时,一些被冠以热门题材的个股,在上涨途中拉出巨阳线,其势越疯狂,日后见顶大跌的风险就越大。

实例七:综艺股价(600770);实例八:海虹控股(000503)。这两个股票都是10多年前市场炒作网络题材时的"明星股"。当时它们凭借网络题材一夜走红,盘面上连拉巨阳线,股价透支现象十分严重。这为其以后的股价走势埋下了祸根。谁也没有想到,这两个股票当年见顶后一个连跌了10年,一个也大跌了七八年,至今这两个股票的价格仍远在当年见顶的价格之下(见图66、图67)。

(五)下跌趋势中出现的巨阳线,仅仅是一次技术上的反弹,它并不能改变下跌趋势,过后股价跌势依旧。

实例九:宏源证券(000562)。从图68中看,该股在下跌过程中,拉出了一根巨阳线,且成交量也呈明显放大态势。但这段升势仅仅维持了3个月,在巨阳线出现后的第3个月,股价就重归跌势,一连又

该股原本业绩很差,但当时因其业务与网络有一定的联系,被市场当作网络领头羊大炒特炒。10个月内出现3根月涨幅超过50%的巨阳线,但是,当第3根巨阳线出现后,股价就见顶了。从这之后股价就长期走弱,跌跌不休

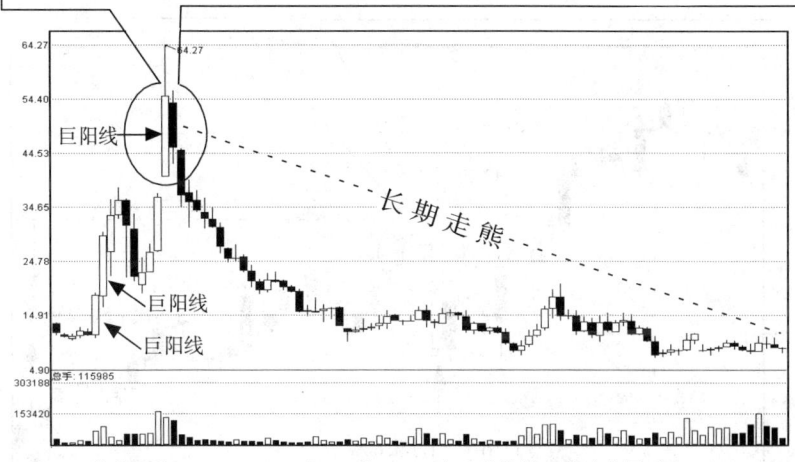

巨阳线

长期走熊

巨阳线

巨阳线

综艺股价(600770) 1998年12月~2006年8月的月K线走势图　图66

这是10年前沪深股市中最红的网络明星股,市场炒作它的时候已没有市盈率的概念,而用"市梦率"代之,所以炒作特别疯狂。图中的两根巨阳线非常醒目,但疯狂上涨之后就是疯狂下跌。该股在第2根巨阳线出现后,即见顶回落,从此就踏上了漫长的熊途,甚至在2007年一轮超级大牛市中都没有什么好的表现,真不知当年在高位追进去的投资者何时才能解套

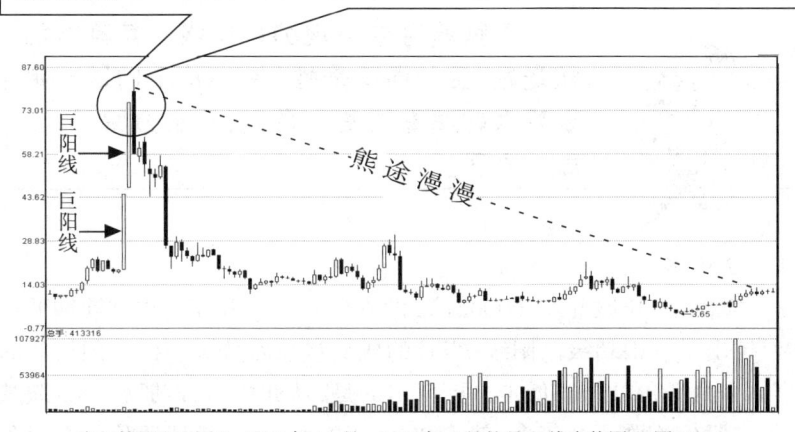

巨阳线

巨阳线

熊途漫漫

海虹控股(000503) 1998年11月~2010年4月的月K线走势图　图67

瞧！图中的巨阳线给主力又提供了一次出逃的机会。巨阳线出现的当月放出巨量，就是主力中途出逃的一个有力证据。该股自这根巨阳线后，股价又下跌了七成。可见，下跌途中出现的巨阳线，杀伤力也是非常厉害的

12.19 元

再次下跌 74.98%

巨阳线，当月涨 60%

3.05 元

当月换手率达到 120.85%

宏源证券(000562) 2000 年 5 月~2005 年 3 月的月 K 线走势图 图 68

> 下跌趋势中出现的巨阳线，其身份仍然是姓"空"，而不是姓"多"。这个问题一定要睁大眼睛看清楚。否则，让主力骗了，亏就吃大了。

跌了 2 年多。

实例十：长城开发（000021）。图 69 显示，该股在下跌到前期低点时，拉出了一根超级巨阳线，当月的成交量急剧放大。但巨阳线后的第二个月股价就低开低走。更可怕的是，从此之后，该股就一直跌跌不休，股价连跌了 9 年多，就连 2007 年的大牛市，该股股价仍在巨阳

图中标注文字：
- 下跌趋势中出现的巨阳线，股价上涨往往是昙花一现。图中的巨阳线，是名副其实的"一月游巨阳线"，它给投资者的信心打击非常严重
- 42.81元
- 再次下跌91.33%
- 超级巨阳线，当月涨109.35%
- 当月换手率达到123.85%

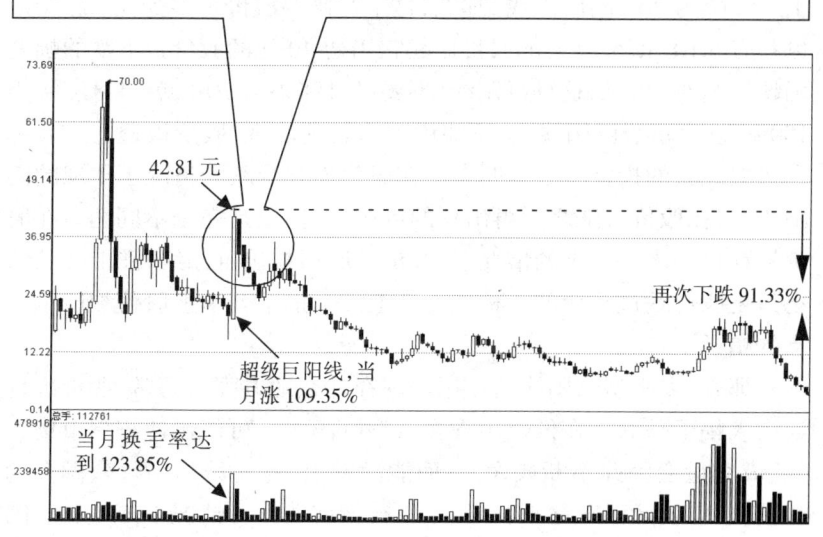

长城开发（000021） 1996年7月~2008年10月的月K线走势图　图69

线收盘价之下徘徊。

二、多头型巨阳线。所谓多头型巨阳线，是指这种巨阳线的技术意义与空头型巨阳线的技术意义完全相反。它所表示的意义，是股价超跌后的一种恢复性上涨。换一句话说，多头型巨阳线的出现，不但显示股价没有被透支，而且成了新行情启动的一种标志。多头型巨阳线，在整个巨阳线中占的比例很低，所以一直被人们所忽视与误解。其实，它的作用是很大的。在我们进行深度练习时，千万不能轻视这种巨阳线，否则就会犯下严重错误。

一般来说，多头型巨阳线主要出现在股价下跌趋势的末端，或行情筑底向上突破的一个阶段，它具有进一步催化行情向上拓展的作用，是一种积极看多、做多的信号。

有人问，巨阳线是指涨幅巨大的阳线，在一般情况下都被看成是行情透支的标志，而为什么多头型巨阳线却变成了新行情启动的标

志呢?这里我向大家作一个解释,或许大家听了就会明白的。比如,一个40元的股票,见顶后一路下跌,最低跌到3元,此时触底回升拉出了月涨幅为70%的巨阳线。那么,这个时候的股价是多少呢?涨70%,也只有5.10元,5.10元的股价比起它当初40元的股价,下跌的幅度仍超过80%。可见,这种巨阳线,不要说月涨幅为70%,就是月涨幅为100%,成为超级巨阳线,也不能说因为它的出现,股价被透支了。稍有实战经验的投资者心里明白,在股价连续暴跌的情况下出现的巨阳线,与在股价大涨之后再出现的巨阳线,性质是完全不同的。在股价暴跌百分之八九十的情况下,股价见底后拉出巨阳线,涨上一二倍也只是股价跌过头后的一种恢复性上涨,根本套不上股价被严重透支的帽子。

那么,多头型巨阳线的作用表现在什么地方呢?通常,股价出现连续大幅下跌后,在低位出现多头型巨阳线,可以迅速积聚市场人气,成交量会因此不断放大,从而能激发出一些投资者看多、做多的激情,市场就此活跃起来,一轮多头行情就在这种情况下诞生了。因此,从这个意义上说,它是新行情启动的标志,这话一点不为过。

多头型巨阳线有以下几种形式:

(一)在股价连续暴跌后出现的巨阳线,是股价重见光明的希望之星。投资者千万不要错过这个最佳的投资机会。

这种形式的巨阳线,类似日K线中的谷底大阳线。它就像一根定海神针一样,一下子将底部锁定,股价由此会展开一轮凌厉的升势。因此,在这种巨阳线出现时,投资者应该及时转变观念,不能再对行情看空、做空了,而应该马上想到股价的走势可能逆转了,这将是一个千载难逢的投资良机,错过了,将后悔一辈子。

实例十一:华孚色纺(002042)。这是深市中小板中的一个股票,图70为该股上市以来的月K线走势图。从图中看,该股在股价连续暴跌后,突然拉出了一根巨阳线,这根巨阳线的出现,不但锁定了底部,而且催发了一轮比2007年大牛市更大的多头行情。

实例十二:许继电器(000400)。图71显示,该股上市已有13年时间,在前10年中几乎没有什么好的表现,2007年的大牛市,让它说来也真有意思,该股在 2007 年中的一轮牛市行情,就是在上涨途中拉出巨阳线后(见图中箭头 A 所指处)画上句号的。而 2008 年末~2009 年的一轮牛市行情又是在暴跌后出现巨阳线而诞生的(见图中箭头 B 所指处)。巨阳线在什么时候扮演空头角色,什么时候扮演多头角色,在这个股票上表现得可谓淋漓尽致

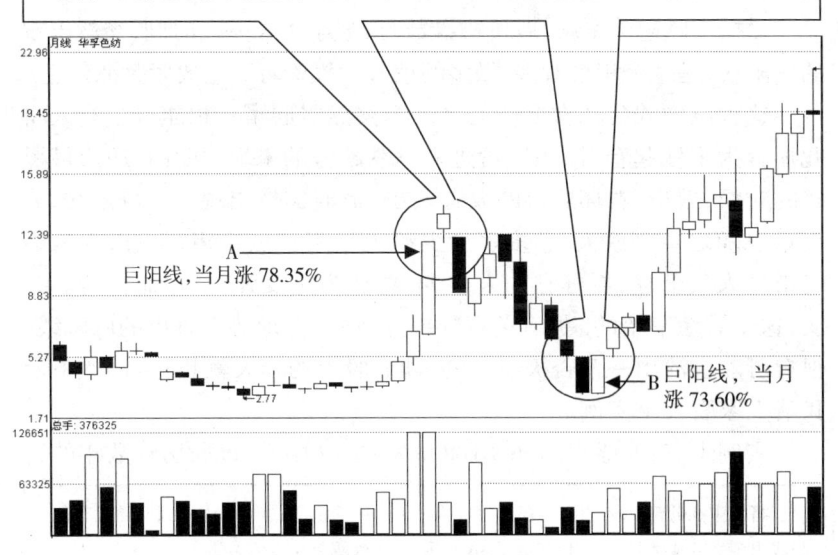

巨阳线,当月涨 78.35%

B 巨阳线,当月涨 73.60%

华孚色纺(002042) 2005 年 4 月~2010 年 1 月的月 K 线走势图 图 70

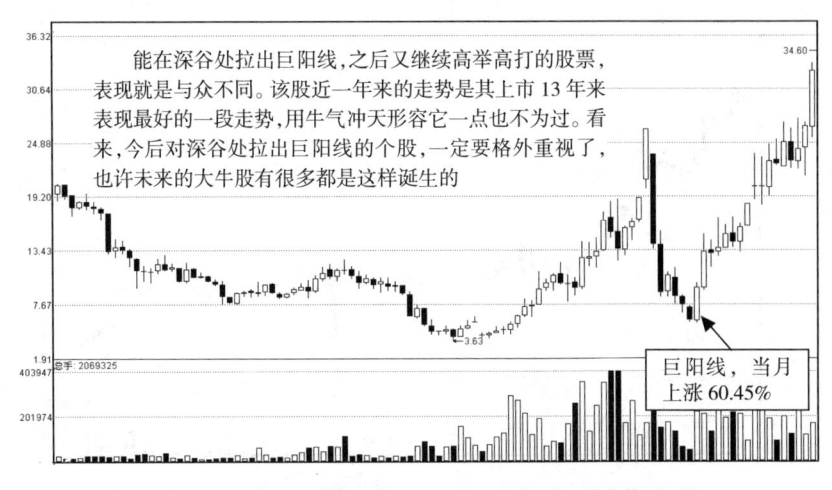

能在深谷处拉出巨阳线,之后又继续高举高打的股票,表现就是与众不同。该股近一年来的走势是其上市 13 年来表现最好的一段走势,用牛气冲天形容它一点也不为过。看来,今后对深谷处拉出巨阳线的个股,一定要格外重视了,也许未来的大牛股有很多都是这样诞生的

巨阳线,当月上涨 60.45%

许继电器(000400) 2000 年 12 月~2010 年 3 月的月 K 线走势图 图 71

风光了一番,但随后的暴跌,又使股价一路狂泻,让人不敢正视。但近一年多来,股价的出色表现的确让人刮目相看。该股为何近来能牛气冲天呢?原因有很多,但"峡谷"深处出现的巨阳线起到了关键的作用,这个事实是不可否认的。

(二)下跌趋势末端,股价横盘数月,甚至很长一段时间,突然出现的巨阳线,是一个积极看多、做多的信号。投资者一定要紧紧抓住它。

这种巨阳线犹如在广阔的平地上突然竖起了一根旗杆,有人将此形容为平地起春雷。当股价进入下跌趋势的末端,往往是股市最黑暗的时候,看空、看坏后市的大有人在。此时突然出现一根巨阳线,成交量也随之急剧放大,它多多少少给人带来一点希望,不过,因为当时市场人气低迷,看好它的人很少,总认为是反弹、是短命行情。其实,这个看法是错的。据有关资料统计,在这种形势下冒出的巨阳线,很有可能会演出一幕否极泰来的喜剧,股市的春天就此开始了。下面我请大家看几个实例。

实例十三:亚盛集团(600108)。从图72中看,该股历经数年的连

将图中在低位出现的巨阳线,形容成为平地一声惊雷,一点也不为过。瞧!该股在巨阳线出现后的4个月,竟一口气涨了300%多,这个涨幅是相当惊人的

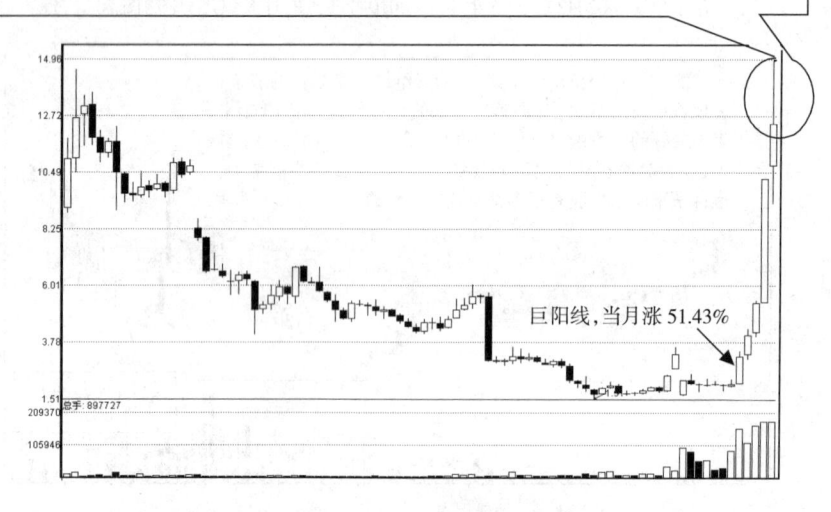

亚盛集团(600108) 2000年2月~2007年5月的月K线走势图 图72

续下跌，在低位构筑了一个平台，之后拉出了一根巨阳线。据核查，该巨阳线出现前的6个月，股价几乎在一条水平线上盘整（编者按：6个月前的收盘价与6个月后的收盘价，只差2分钱），此后盘中就拉出了一根月涨幅达到51.43%的巨阳线。大家从图中也看到了，巨阳线后面就是一轮飚升行情。

实例十四：长春高新（000661）。图73显示，该股在连续大跌后，在低位构筑了一个平台。这个平台构筑时间已近一年。之后拉出了一根巨阳线，但巨阳线出现后，股价又进入了横盘。半年之后，主力才开

> 该股走势比较诡异，先是长达一年的低位横盘，之后突然拉出一根巨阳线，当投资者跟进去后，股价又在巨阳线收盘价上方进行了半年的横盘，之后再拉出一轮急速上涨的行情。对这种诡异走势，投资者只要认清图中巨阳线的身份，就知道该怎么操作了。

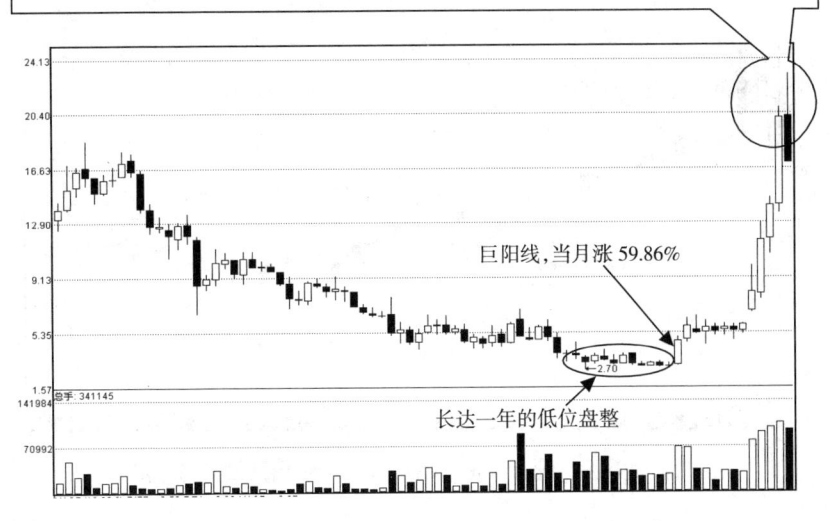

长春高新(000661)　2000年10月~2007年5月的月K线走势图　图73

始发力，将股价连续推了上去。

(三)股价筑底后向上突破时出现的巨阳线，对行情的启动起到十分关键的作用。投资者见到这种巨阳线，应意识到大行情来了，这种机会千万不要放过。

实例十五：阳晨B股（900935）。图74显示，该股在低位构筑了一

个头肩底,股价在向上突破时,拉出了一根巨阳线,从而确立了该股由弱转强的趋势,之后股价就不断地向上攀升。很明显,图74中的巨阳线扮演的是一个多头的角色,它对股价的启动起到了一个十分关键的作用。

> 该股在头肩底向上突破时,出现了一根巨阳线,且成交量呈明显放大的态势,这说明多方向上攻击是动了真格的。投资者见到这种图形,应意识到赚大钱的机会来了,此时马上跟进,不可错失良机

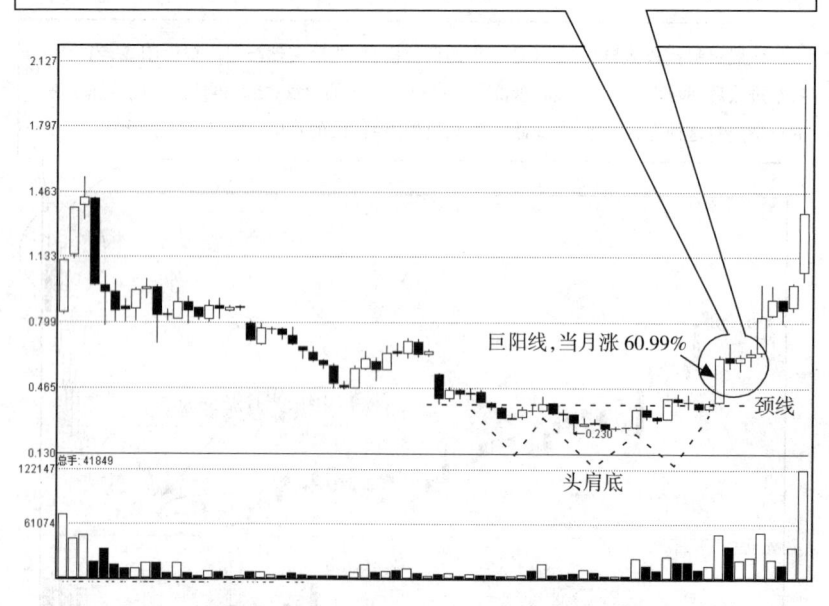

阳晨B股(900935) 2001年4月~2007年5月的月K线走势图 图74

实例十六:红太阳(000525)。该股在上一轮熊市末端,构筑了一个圆底(见图75中画虚线处)。在股价向上突破时,拉出了一根巨阳线。虽然巨阳线后,股价又经过了几个月的盘整,然后再形成了一波牛市行情。但有一点必须肯定,当初打开该股牛市大门的首席功臣就是图中箭头所指的这根巨阳线。由此我们可以清楚地认识到,巨阳线在低位时,一定是多方的主力军,看好它是有充分理由的。

"圆底+跳空高开+巨阳线",该股的牛市行情就这样开始了。所以,对股价筑底后向上突破起到关键作用的巨阳线,一定要予以高度重视,这样才不会踏空后面的牛市行情。

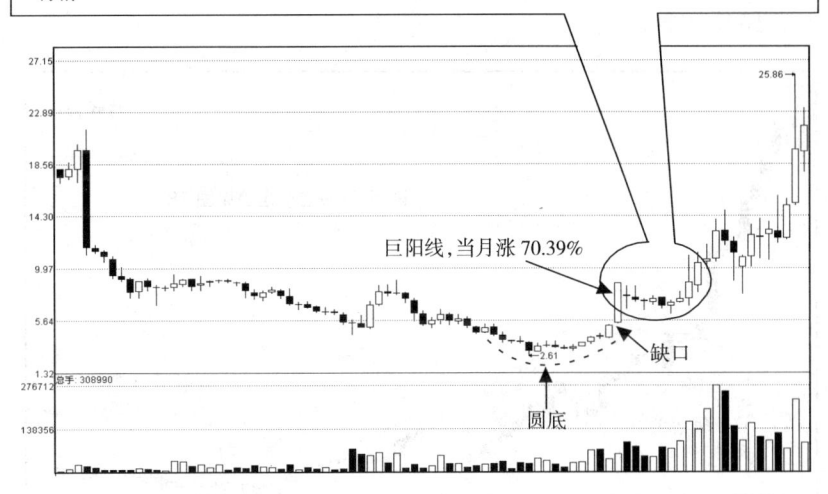

红太阳(000525) 2001年2月~2008年2月的月K线走势图　图75

三、观望型巨阳线。何谓观望型巨阳线呢?顾名思义,这种巨阳线身份不明,它到底是偏向空方,还是偏向多方,一时很难搞清楚,需要进一步观察,故名观望型巨阳线。观望型巨阳线,是介于多头型巨阳线与空头型巨阳线之间的一种巨阳线。从理论上说,投资者在没有弄清巨阳线身份之前,最佳的投资策略就是观望,即既不要盲目地看多、做多,也不宜盲目地看空、做空。一切都要看巨阳线后的几根K线,特别是巨阳线后的第二根、第三根K线怎么走,然后才能作出决定。

观望型巨阳线的特征是:虽然股价有了一定涨幅,但与同期的其他股票,尤其是与同类型股票相比,涨幅并不是很大,而且巨阳线也只是一根普通的巨阳线,不是什么超级巨阳线。根据有关资料统计,观望型巨阳线出现后,股价继续上涨,或者就此见顶都有可能,所以投资者要冷静观望后再作出决策。

下面我们来看两个实例(见图76、图77)。实例十七:沪市某股;

实例十八:深市某股(编者按:为了增加悬念,这里先不妨把个股的具体名称隐去,之后再告诉大家)。巧合的是,这两个实例中的巨阳线,出现于同年同月,而且都是在股价小幅上涨后形成的,故图形走势看上去都差不多。

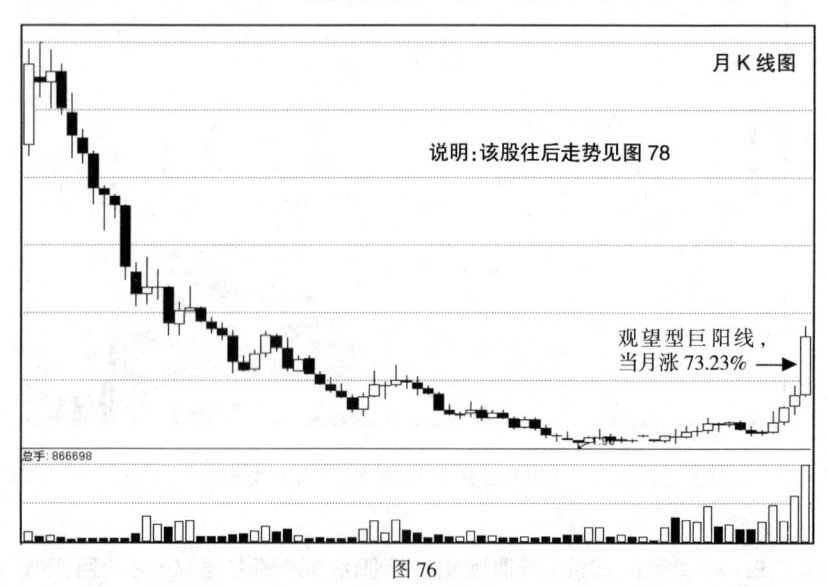

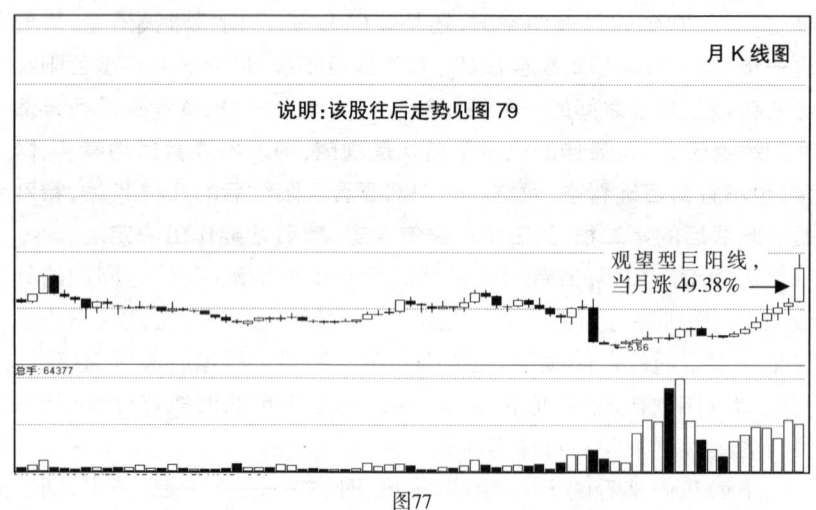

月K线图

说明:该股往后走势见图78

观望型巨阳线,
当月涨 73.23%

图 76

月K线图

说明:该股往后走势见图79

观望型巨阳线,
当月涨 49.38%

图77

但在这之后,两个股票的走势就出现了严重分化,一个先是在巨阳线的收盘价与开盘价之间,进行宽幅振荡,然后选择了向下突破(见图78);另一个则是往上走,且升势强劲(见图79)。

(上接图76)该股盘中拉出了观望型巨阳线,在其后的2个月,已清楚地显示该股这根巨阳线不具有看多的性质,而是主力以它为掩护,进行诱多出货。瞧!巨阳线后的第2个月拉出了一根长十字线,这就是一个明确的见顶信号

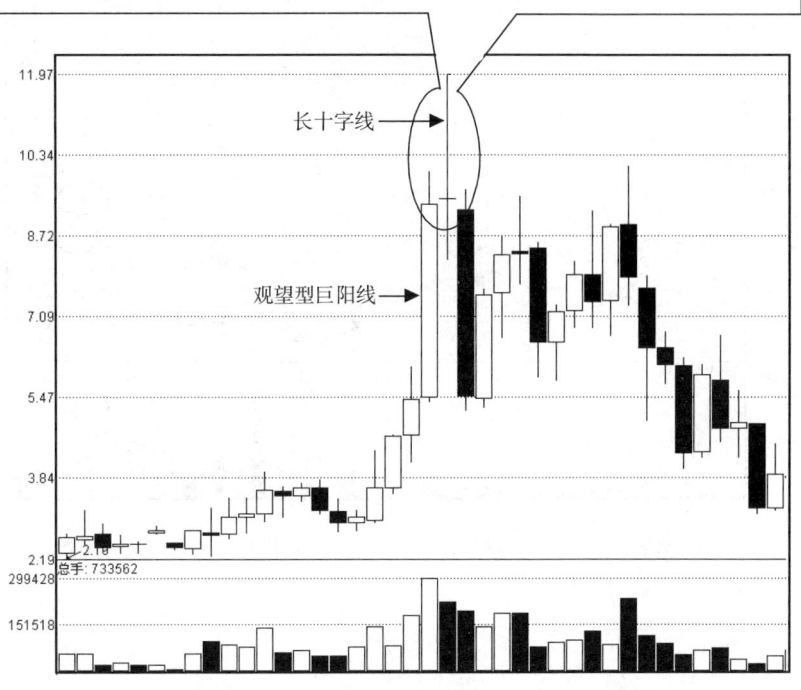

长十字线

观望型巨阳线

宁夏恒力(600165) 2005年8月~2008年11月的月K线走势图 图78

当图中出现观望型巨阳线时,就要做好两手准备。如果巨阳线后,股价重心向上,则看多、做多;股价重心向下,则看空、做空。

(上接图 77)该股盘中拉出了一根观望型巨阳线,在其后的 2 个月,股价重心明显向上,据此,可以判断这根巨阳线是行情继续向上拓展的一个信号。投资者在弄清楚这根巨阳线性质后,就可以大胆地看多,做多了

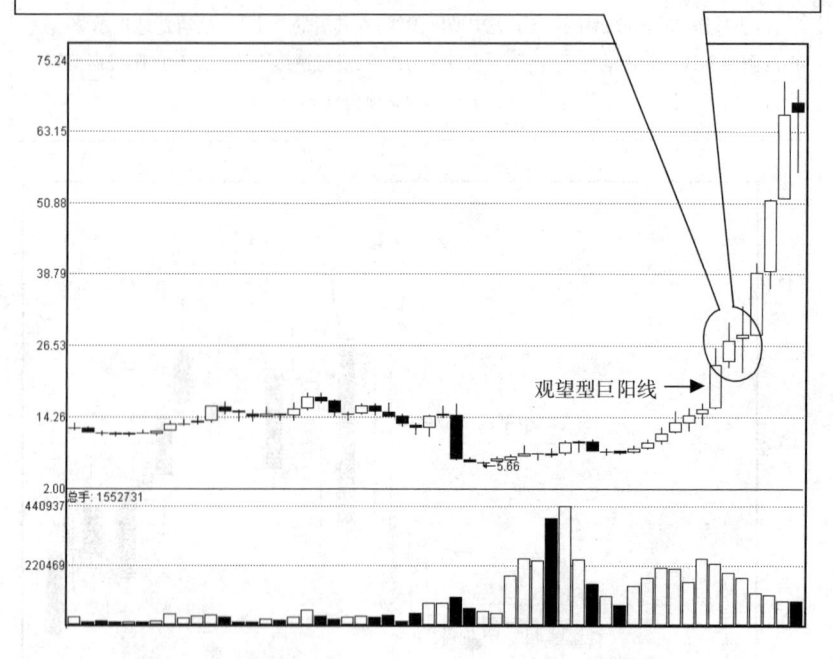

观望型巨阳线

神火股份(000933)　2003 年 5 月~2007 年 10 月的月 K 线走势图　图 79

图形识别深度练习 18

某投资公司以高薪招聘职业操盘手,报名者甚多,通过紧张的初试、复试,留下了30人。为了优中选优,老总决定亲自出题,再面试一次这些考生。题目是:图80、图81中各有两根大阳线,请问:①这是什么类型的大阳线?②它的出现表示了什么?③下一步如何操作这两个股票,并请说明理由?

据了解,最后通过面试的只有1个人。他有幸成为该公司第一位以公开招聘方式录取的职业操盘手,而其他的考生主要在第三个问题上出现了错误,所以被淘汰出局。

现在我们做深度练习,不妨也拿这个题目来考考自己。答对了,说明自己的水平确实提高了;答错了,那也不要紧,抓紧补习,日后操作水平自然会大有长进。

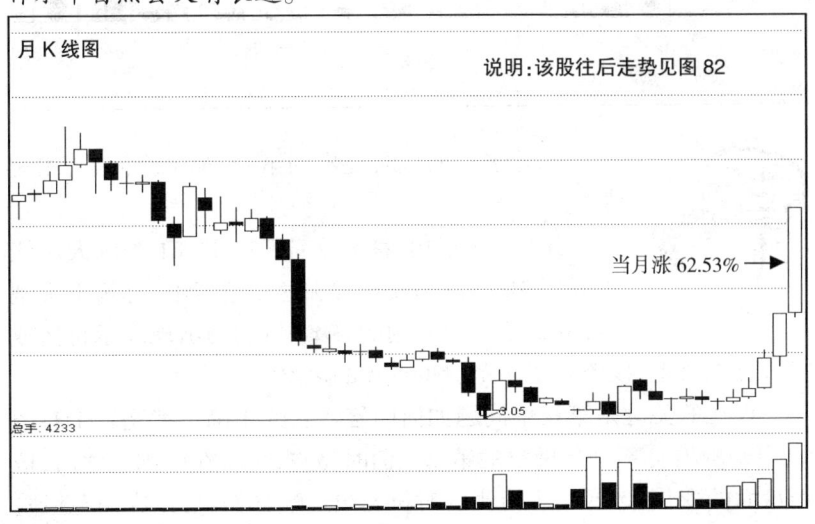

月K线图　　　　　　说明:该股往后走势见图82

当月涨62.53%

总手:4233

图80

这道题把众人都考倒了,真的有这么难吗?我也来考一下,看看自己的水平如何。

月K线图

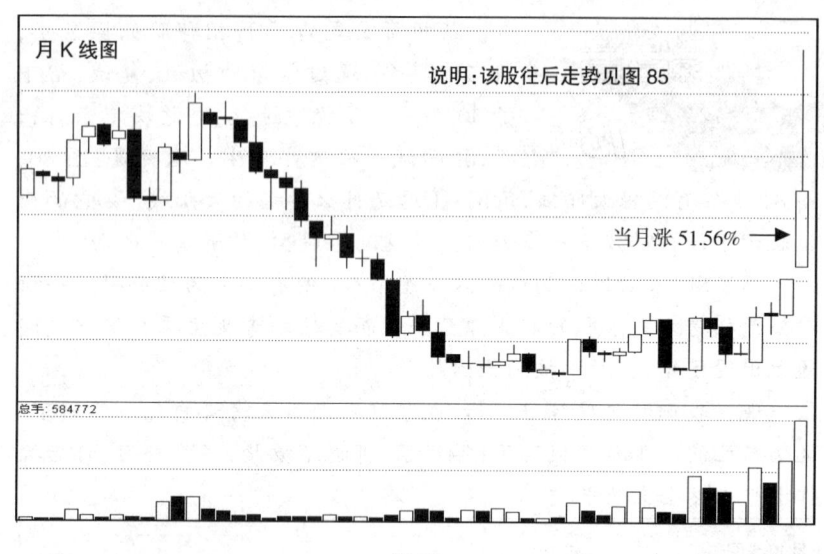

说明:该股往后走势见图85

当月涨 51.56%

总手:584772

图 81

回答老总面试时提出的第一、第二个问题,相对是比较容易的。

第一个问题的答案是:图80、图81中的大阳线都是巨阳线,巨阳线出现在这个位置上,称为空头型巨阳线;第二个问题的答案是:它的出现表示行情或股价已被透支,投资者要防范股价见顶的风险。

现在的关键是第三个问题如何回答。它的正确答案是:①对图80要采取看空不马上做空的策略。何时做空,可以在巨阳线之后,依据盘面的变化,选择一个恰当的时机卖出。这样做,可以在防范风险的前提下,获取较高的投资收益。

②对图81要采取看空即做空的策略。在巨阳线出现的当月就应该卖出,最迟在巨阳线之后的第二个月,开盘之初就卖出。这样做,可以最大限度地规避巨阳线带来的风险。

有人问,同样是巨阳线,为何对图80、图81要采取不同的操作策略呢?

这就要从巨阳线的整个操作策略说起。**通常，投资者在见到空头型巨阳线后，首先要想到的一个操作策略就是看空不马上做空**。换一句话说，巨阳线出现后，在一般情况下，基本上都可以采取看空不马上做空的策略。何时做空，当事人要善于从盘面变化中选择一个较佳的时机卖出。这样操作，就既能做到规避巨阳线带来的风险，同时又可以获得较高的投资收益。这是投资者处理空头型巨阳线所要用到的一个最重要的投资策略。

那么，什么是看空不马上做空呢？其意思是，在高位出现巨阳线，或者拉出超级巨阳线后，此时你心里要有数，行情已被过度透支，后市是不应该看好的，价值回归迟早要发生，这就是看空的意思。而不马上做空呢？因为盘面上还没有出现直接导致股价下跌的信号，更主要的是，盘中出现巨阳线，说明市场中很多投资者对该股的追捧，已经到了一个亢奋的状态，这样在巨阳线后就往往会有一个惯性上冲的过程。这个惯性上冲，涨幅小的在巨阳线之后，可再涨上百分之二三十（这是最常见的一种现象）；涨幅大的，在巨阳线后，再涨上百分之七八十，甚至出现翻番，这都不足为奇。有鉴于此，投资者在见到空头型巨阳线后，一般情况下，不要急于卖出，可以等待一个恰当的时机卖出，这样就可以在控制好风险的前提下，获得更多的投资收益，又何乐而不为呢？

明白了在见到空头型巨阳线时，在一般情况下，为何要采取看空不马上做空的道理后，我们再回过头来看图80，看看当时采取看空不马上做空的策略究竟对不对。图82是图80后来走势的延续，从图中我们可以清楚地看到，巨阳线后，第二个月股价跳空高开，继续惯性上冲，其最高价比巨阳线的收盘价，又上涨了65.22%，第二个月的收盘价与巨阳线的收盘价相比，上涨了26.90%。可见，在该股出现巨阳线后，采取看空不马上做空的策略，选择一个恰当的时机卖出，做得好的可以再多赚50%，甚至更多，做得不好的，在第二个月收盘时卖出，也可以多增加26%的收益。从这个实例中，我们就可以体会到，对空头型巨阳线采用看空不马上做空的策略，优越性究竟在什么地方。

（上接图80）该股出现空头型巨阳线后，不马上做空，而改在巨阳线后的第二个月卖出，其收益要比见到巨阳线的当月卖出，可以增加很多，像这样好的赚线机会，聪明的投资者是不应该放弃的

耀皮玻璃（600819） 2005年8月~2008年12月的月K线走势图 图82

为了说明看到空头型巨阳线，一般情况下为什么要采取看空不马上做空的问题，我们不妨再来看一个实例（见图83）。图中箭头A、箭头B所指处都是标准的巨阳线，箭头A所指处，股价涨了51.05%，前头B所指处股价涨了60.42%。我们知道，在高位连续出现两根巨阳线，俗称叠罗汉型巨阳线[注]，这是一个重要的见顶信号。按理说，图中出现这样重要的见顶信号，应该马上看空、做空了。但是，从操作层面上分析，看空是必须的，马上做空则不是必须的。

为什么这样说呢？因为股市中上涨过头的现象是经常发生的。当该股在高位连续出现两根巨阳线后。下一步走势可能会出现两种情况：一种情况是，股价马上就掉头向下；另一种情况是股价沿着上涨的惯性，再继续往上涨一涨。这两种情况究竟会出现哪一种呢？事先很难确定，要等它走出来才能看清楚。这就需要投资者进行密切的观

【注】 什么是叠罗汉的巨阳线，详见《股市操练大全》第七册第122页。

察了。如果下个月开盘后股价平开低走或低开低走,那就没有什么话说,直接把股票卖出。但是如果下个月开盘后,股价平开高走或高开高走,那就可以继续持股,等待图中出现明显的卖出信号时,再将手中的股票处理掉,这样就可以做到收益最大化。比如,图83中的个股,在它拉出第二根巨阳线后,接连4个月都出现了冲高回落的K线走势,投资者无论选择哪一个月冲高时卖出,都比看到第二根巨阳线时马上卖出,收益要大得多。

> 该股在高位连拉两根巨阳线,对股价的透支是很严重的。这自然应该看空,但做空可以慢一步,可在巨阳线后,等到股价出现惯性上冲时发牌,其收益肯定要比看到巨阳线时马上发牌的收益高许多

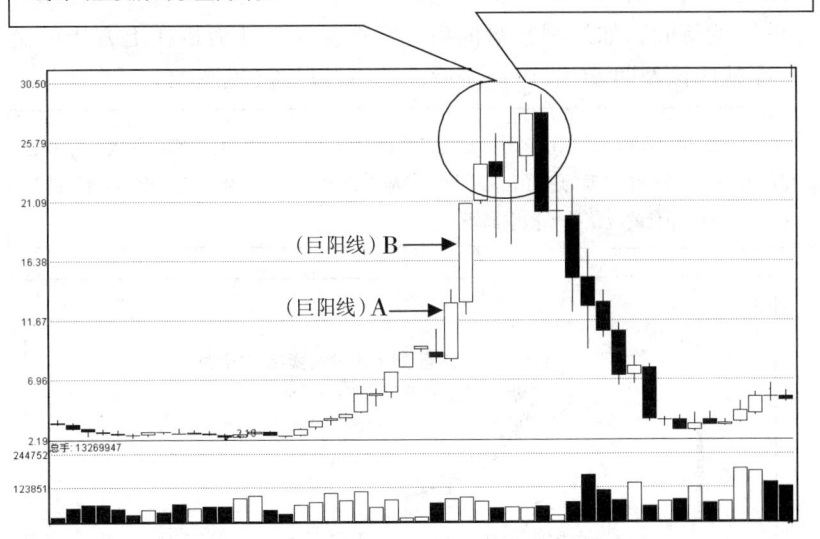

南方航空(600029) 2005年5月~2009年5月的月K线走势图　图83

有人问:明明知道高位巨阳线出现,股价存在见顶的嫌疑,此时不马上做空,是不是太贪心呢？这种贪心会不会导致偷鸡不成蚀把米,把风险扩大呢？我们的回答是,一般不会。因为你已经意识到了这是空头型巨阳线,是对股价的严重透支,应该看空了,思想上有了这

个准备,只不过是在选择一个好的卖出时机而已,这怎么会导致偷鸡不成蚀把米,把风险扩大呢?再说,股市里在控制好风险的前提下,多获得一点收益,也是无可厚非的,这与贪心是风马年不相及的两回事。因此,投资者操作时不要有什么顾虑,关键是卖出的时机一定要选择好,否则,一切努力都会白费的。

这里需要向大家说明的是:**巨阳线出现后,采取看空不马上做空的策略**,并不是等看到股价出现明显的掉头向下现象时再卖出(这样的话,收益就会抹去一大部分)。**采取这个策略的最主要意图,是想通过它来告诉大家,巨阳线出现后,往往会有一股惯性上冲的力量,投资者可借助这个惯性上冲力量来扩大投资收益**。既然如此,投资者在选择卖出时机时,就应该依据这个惯性上冲力量的强弱,决定是继续持股还是马上卖出。如果观察盘面后,发现惯性上冲力量是很强的,那就继续持股,如果观察盘面后,发现惯性上冲力量在上方严重受阻,那就应该及时卖出,以规避后面的下跌风险(见图84)。

该股拉出巨阳线后的第二个月,出现了惯性上升,但上冲时明显受阻,形成了射击之星的K线,这是一个典型的见顶信号。投资者应在拉出射击之星当月就卖出,如当月没有卖出,隔月一开盘就应该挂单抛空离场

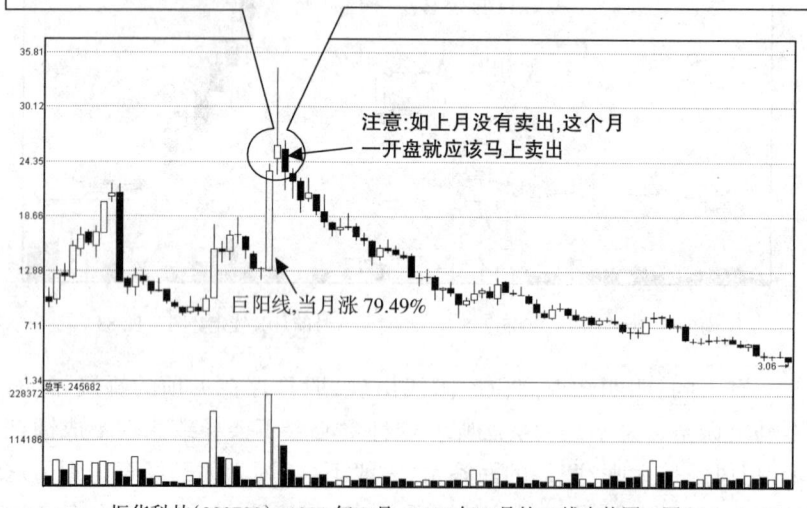

振华科技(000733) 1997年9月~2005年7月的K线走势图 图84

关于为什么要对图80采取看空不马上做空的策略,以及如何来运用这个策略,上面我向大家作了详细解说。

接下来,我再来分析为何要对图81采取看空即做空的策略。

在解析这个策略前,我在这儿先要向大家澄清一个问题。因为有人向我提出,前面刚刚说过见到空头型巨阳线后,一般要采取看空不马上做空的策略,现在又很快改口说,见到空头型巨阳线后,要马上采取看空即做空的策略,这不是自相矛盾吗?表面上看,好象有点自相矛盾,但是,只要大家冷静下来,进行深入分析后,就不会感到有什么自相矛盾了。因为这两种策略针对的对象是完全不同的。

我在前面已经说了,在一般的情况下,巨阳线出现后都有一个惯性上冲的力量,所以要采取看空不马上做空的策略。但在另外一些场合下(尽管这种场合是少数),一些个股在拉出巨阳线后,就失去了惯性上冲的力量,并已经显现出下跌的风险。此时投资者就必须采取看空即做空的策略。换一句话说,**看空不马上做空的策略针对的对象是,拉出巨阳线后尚有惯性上冲力量的个股;反之,看空即做空的策略针对的对象是,拉出巨阳线后已经失去惯性上冲力量的个股。**这两种对象是非常明确的,对象不同,应对的策略就不同,正所谓兵来将挡,水来土掩。这就谈不上自相矛盾了。

现在我们再来讨论,为什么看到图81一定要采用看空即做空的策略,就不会犯糊涂了。

我们仔细观察图81后就会发现,图中巨阳线的上方有一根很长的上影线,这根上影线的长度已经大大超过了巨阳线的长度。本来巨阳线的涨幅就很惊人了,但没有想到巨阳线头上的上影线,比巨阳线的实体还要长,这就更加惊人了。大家知道,上影线表示上档存在抛压,上影线越长抛压就越沉重。如果上影线的长度超过了巨阳线的长度,说明盘中做空的力量已经大大超过了做多的力量,这样就完全失去了惯性上冲的力量。再加上该股拉出巨阳线的当月,成交量放出了历史天量,天量见天价,主力以拉巨阳线为掩护,进行诱多出货的痕迹十分明显。种种迹象表明,该股下跌已迫在眉捷。所以,聪明的投资者看到盘中这些现象后,在拉巨阳线的当月就应该马上做空,全线撤退,如果这个时候没有卖出,在巨阳后的第二个月,开盘第一天,集合竞价时就必须全部卖出,抛空后,在很长一段时间内,不要再碰这个股票。

有人怀疑,采用以上策略会不会有问题呢?事实给了我们最好的回答。图81之后的走势表明,当时能在该股拉出巨阳线时采取看空即做空的投资者,都逃过了该股在巨阳线之后的连续暴跌(见图85)。可见,对拉出巨阳线后,失去了惯性上冲力量的个股,采取看空即做空的策略是完全正确的。

(上接图81)该股巨阳线头上的长上影线,大大超过了巨阳线本身的长度,显示盘中做空力量非常厉害,此时投资者就不能指望巨阳线后,会出现什么惯性上冲了,及时卖出才能规避风险

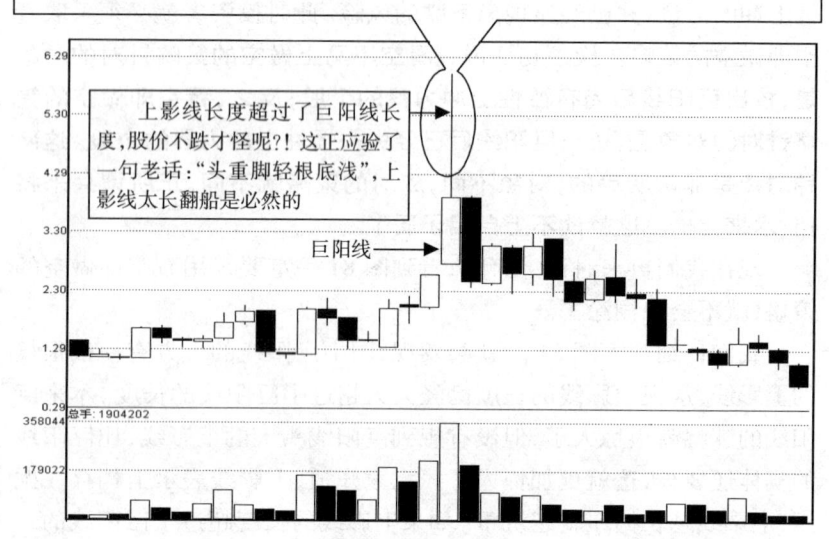

上影线长度超过了巨阳线长度,股价不跌才怪呢?! 这正应验了一句老话:"头重脚轻根底浅",上影线太长翻船是必然的

巨阳线

ST 大路 B(200160) 2005年10月~2008年10月的月K线走势图 图85

值得注意的是,还有一种情况,巨阳线出现后,也应该马上看空、做空。那么,这是一种什么情况呢?它是指巨阳线出现后的第二个月,股价没有出现预期的平开、高开,而是出现了低开低走。盘中出现这

个现象,说明巨阳线后面的惯性上冲力量已经消失,而看淡它后市的做空力量却占了上风。股市里有一句行话,"该涨不涨,理应看跌"。如果在高位拉出巨阳线后,股价失去了继续上冲的惯性,股价马上就会下跌,而且一旦跌起来,很可能就是一场大跌。大凡在这种走势下,继续看多、做多的,或者看空没有马上做空的,都要吃大亏。所以,**投资者见到空头型巨阳线出现后,第二个月股价出现低开,特别是大幅低开的情况,就应该马上卖出,迅速离场**(见图86、图87)。

> 盘中拉出巨阳线后,第二个月大幅低开,这说明股价惯性上冲的力量已经完全消失,此时应该马上将股票卖出,越捂,损失就越大

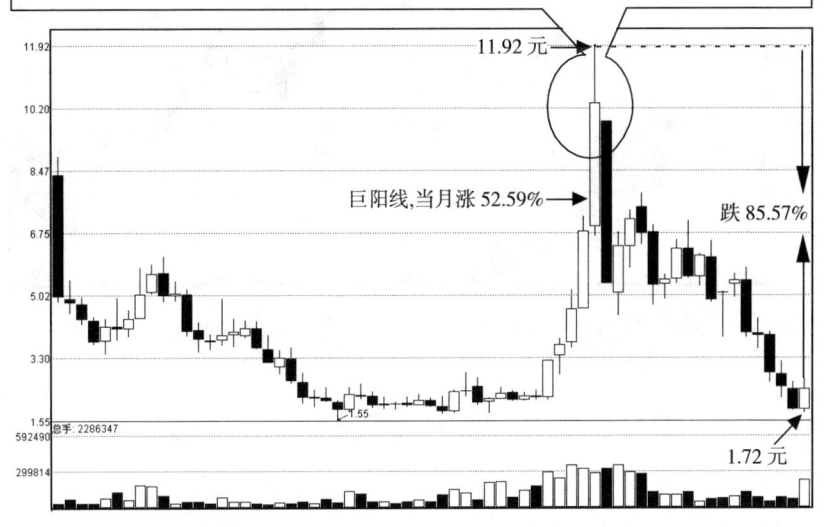

*ST罗顿(600209) 2003年7月~2008年11月的月K线走势图　图86

> 想不到对空头型巨阳线看空、做空,里面竟有如此多的技巧,真让人开了眼界。我得好好地琢磨琢磨。

111

其实,要规避该股巨阳线的风险是很容易的。只要发现巨阳线之后的第二个月,开盘价是低开的,就立即全线抛空(编者按:如果在这个地方卖出,卖出的价格还是比较高的,而且当初在这个地方卖出是很容易的),之后该股的大跌风险就与己无关了

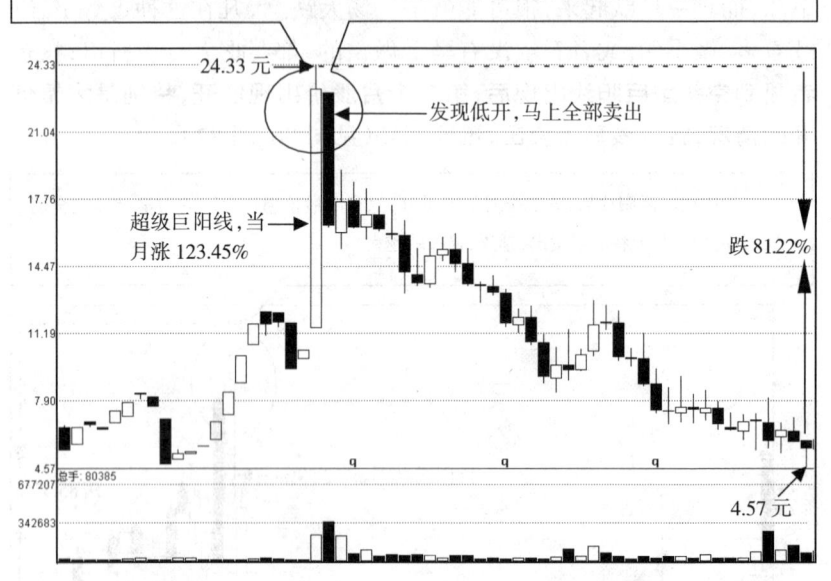

24.33元

发现低开,马上全部卖出

超级巨阳线,当月涨123.45%

跌81.22%

4.57元

*ST白猫(600633) 2000年6月~2005年7月的月K线走势图　　图87

又及:本书完搞后,向读者征求意见时,有一位读者向我们提出,他当时也在高位买了*ST白猫这个股票,被套得很惨。为什么当时要买这股票呢？一是因为当时听说这个股票有重大资产重组题材可以期待;二是因为当时的日K线图走势并没有变坏,看上去是在蓄势盘整。为此,他还把当时该股日K线图寄给了我们,并在图上标明了他当时两次买进该股的位置(见图88)。他不知道为什么他买了这个股票后会出现深套,他问我们,难道就是因为没有看清楚当时该股在月

112

K线中拉出巨阳线而造成的吗?另外,他还问我们,操作股票时,应该如何将月K线图与日K线图结合起来分析。

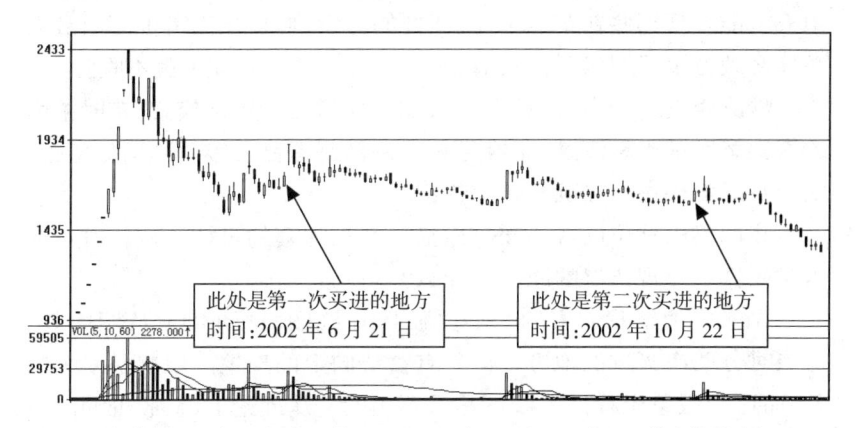

此处是第一次买进的地方
时间:2002年6月21日

此处是第二次买进的地方
时间:2002年10月22日

*ST白猫(600633) 2002年1月25日~2002年11月26日的日K线走势图 图88

收到这位读者的信息后,我们进行了研究,感到这个问题在一些投资者身上会经常出现,因此,有必要对大家作一些解释,这对日后操作会有一定的帮助。

现将我们的意见告知如下:

做股票首先要做好功课。做功课的重要内容之一,就是要学会查看月K线图。这是为什么呢?因为炒股好比打仗,普通投资者的对手就是主力(庄家)。从某种意义上说,主力(庄家)就是我们的"敌人",而这个敌人很狡猾,很难对付。比如,他们要在高位出逃时,就会通过各种渠道散发一些如资产重组、资产注入等"重大利好"消息,来诱骗投资者高位跟进。这位投资者当年在高位买进*ST白猫,就是因为听了这些不实传闻,盲目相信,钻进了主力设下的圈套。但是话说回来,我们的敌人再狡猾,他们在行动上总会留下其蜘丝马迹。因此,不管他们发出的消息是真是假,只要学会查看个股的月K线图,就能看出其中的奥秘。

有人问,为什么看日K线图不行,非要看月K线图呢?这里我们打一个比方吧,股市如同战场,打仗之前先要侦察,看看敌人在哪里

113

设了埋伏。但侦察大有讲究,如果只是在平地上侦察,敌人在草丛中、在深凹处设下埋伏,有时就很难发现,而派一些人登高侦察,从高处望去就能发现那些在草丛中、沉凹处的异常迹象,从而可推测出敌人在什么地方设了埋伏。侦察清楚了,一旦真的打起仗来就不吃亏。

炒股也是这个道理,看日K线图就如同在平地上侦察,有时主力的真实意图很难看清楚,而看月K线图就是登高侦察。从高处望去,就能及时发现主力在玩弄什么花招。

我们仍以这位读者买 *ST 白猫股票被深套的事情为例,看看他当时操作上出现错误的原因是什么?

先来看他给我们看的 *ST 白猫日K线图(见图88),从图中看,他当时分两次买进的地方,似乎有蓄势向上的现象。但这是一个假象,而这个假象光看日K线图是看不出的。从理论上说,股价冲高后回落,在半空中出现横向盘整,盘整的最后有可能是向上突破,也有可能是向下突破。如果它最后选择向上突破,那么在向上突破之前的盘整,就可以称为蓄势向上了。这位投资者也正是冲着这一点在此买进,看多、做多的。说老实话,这种盘整最容易让人犯惑,因为一般人是很难从这张日K线图上看出端倪的,因为你不知道这样盘整的最后结果,究竟会选择向上突破,还是选择向下突破,当时最好的办法就是观望(即持股的暂时不卖出,持币的暂时不买进),一切要等待向上突破或向下突破的趋势明朗时,才可以作出决断。因此,碰到这种情况,光看日K线就很难判断这位投资者当时在其盘整时买进,看多、做多到底是对的还是错的,最多只能说这位投资者在操作策略上欠谨慎(比如,即使想买进,也应该等到盘整后选择向上突破时再买进,现在买进是买得早了一些),其他就很难作出明确的判断了。

但是,此时如果看了该股的月K线图,我们就可以肯定地说,在这个阶段,对该股任何看多、做多的行为都是错的,盲目买进,必将为此付出惨重的代价。而且它不需要等到日K线图中,股价盘整到最后有了明确的突破方向后,再下这个结论,在这之前就可以作一个明确的看空、做空的判断。

那么,这是为什么呢?因为该股月K线图中的巨阳线给了我们明确提示,该股在 2002 年 4 月拉出一根超级巨阳线(当月涨幅达到 123.45%)之后,股价就见顶了,从此该股进入了长期的下跌周期,在其下跌周期中买进该股,看多、做多,深套就在所难免了。

为了说明这个问题,我们将同一时期该股的日 K 线与月 K 线走势进行一番对照,大家心里就清楚了(见图 89、图 90),知道该怎么操作了。

下面左边是该股月 K 线部分走势图,右边则是该股同一时段的日 K 线走势图。从日 K 线图看,该股当时的横向盘整最后是选择向上还是向下还看不明白,也看不清楚主力当时这样做的意图是什么,但看了左边的月 K 线图,一切就清楚了。当时该股拉出了一根超级巨阳线,超级巨阳线后的第二个月收了一根大阴线,这根大阴线已经将巨阳线的 1/2 吞吃,这样该股长期走熊的格局已经确定。所以此时任何盘整都是一个逃命机会,看多、做多必输无疑

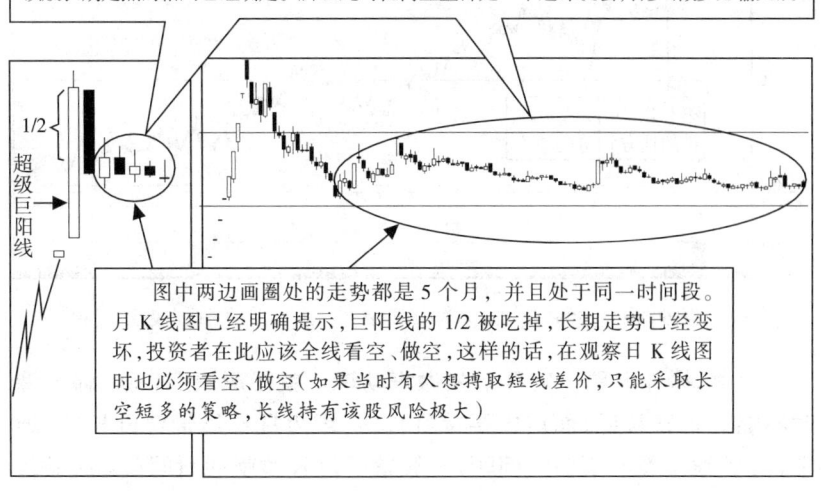

图中两边画圈处的走势都是 5 个月,并且处于同一时间段。月 K 线图已经明确提示,巨阳线的 1/2 被吃掉,长期走势已经变坏,投资者在此应该全线看空、做空,这样的话,在观察日 K 线图时也必须看空、做空(如果当时有人想搏取短线差价,只能采取长空短多的策略,长线持有该股风险极大)

*ST 白猫
02 年 2 月~02 年 10 月
月 K 线图 图 89

*ST 白猫(600633)
2002 年 2 月 1 日~2002 年 10 月 31 日的日 K 线图 图 90

有人问我们,上面两张图放在一起比较,读者能看懂吗?我们认为应该看得懂的。不过,这里也有一个前提:看图人一定要对巨阳线的知识有所了解,要明白在大幅上涨过程中拉出一根超级巨阳线,是股价被严重透支的一个信号。当巨阳线被后面的阴线吃掉一半,说明

该股的价值回归,长期走弱已成定局。只有了解这个情况,才知道下一步应该怎么操作。从图89、图90对照来看,既然当时该股的月K线走势已经给出了长期走熊的明确答案,那么这位投资者在该股高位盘整时看多、做多该股,出现重大亏损就不可避免了(见图91)。

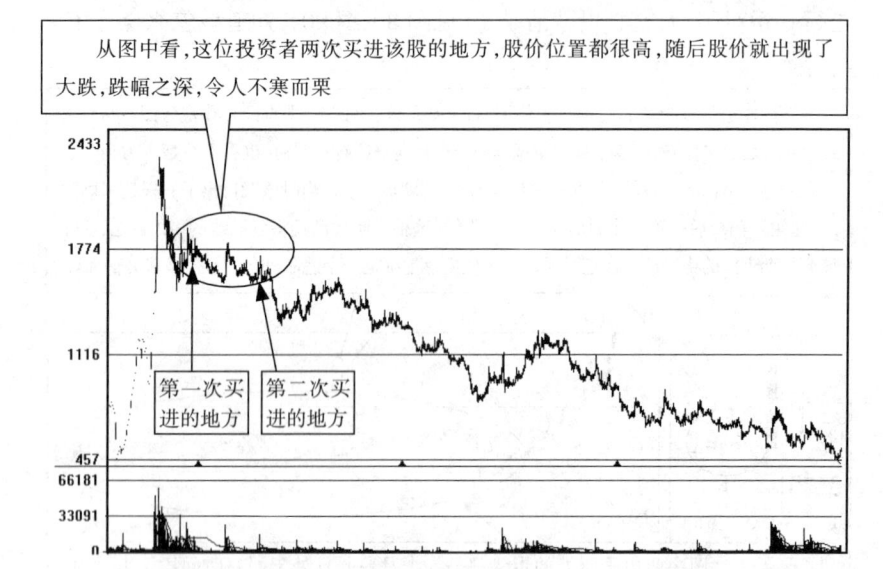

> 从图中看,这位投资者两次买进该股的地方,股价位置都很高,随后股价就出现了大跌,跌幅之深,令人不寒而栗

*ST白猫(600633)　2000年12月15日~2005年7月26日的日线走势图　图91

总之,操作股票一定要事先做好功课。就图形识别来说,做功课时不能光看日K线,而首先要看月K线,因为月K线管着日K线。通常,日K线中看不明白的问题,一般看了月K线就能看明白。经验告诉我们,投资者把月K线图与日K线图结合起来研究,操作的成功率就会大大提高。

说明:*ST白猫于2010年5月15日发布公告。公告说"因公司2007年、2008年、2009年连续三年亏损,根据有关规定,上海证券交易所决定自2010年5月25日起暂停公司股票上市。公司于2009年9月进行资产重组,目前正在等待证券监管部门批复。"

图形识别深度练习 19

周老师说：上节课我们讨论了针对空头型巨阳线的两个策略。下面我再向大家介绍对付空头型巨阳线的另外两个策略，这两个策略也十分重要，特别是其中第一个策略，它对锁定空头型巨阳线的风险有着非常关键的作用，同学们一定要认真地学习、掌握它。

这两个策略是：

一、跌破巨阳线的＿＿＿＿价要减仓，至少减仓1/3；跌破巨阳线＿＿＿＿，要坚决止损离场。

二、跌破巨阳线＿＿＿＿后，如果股价重新拉出阳线，甚至创出新高，先都要把它当作＿＿＿＿来处理，坚持退出观望。

现在请你先将上面空白处填充，然后对这两个策略的内容进行合理的解释（请举例说明）。

解答

填充：一、收盘、1/3；二、1/3、反弹。

下面先说说，我对本题中第一个策略的认识：

为什么巨阳线的收盘价被跌破就要减仓，跌破巨阳线的1/3就要清仓离场呢？因为空头型巨阳线是对股价的严重透支。既然是严重透支，那后面就一定要归还的。根据有关资料统计，无论是沪深股市的A股，还是B股，在涨势中拉出巨阳线，对股价进行透支，在半年至2年间，几乎都作了偿还。换一句话说，这巨阳线上涨部分，在半年至2年间都会被抹掉，而且在多数情况下，抹掉了这透支的股价后，仍有一个较大的下跌空间。这也就是为什么对空头型巨阳线一定要看空的理由。当然，空头型巨阳线出现后，在短期内，往往有一个惯性上冲的动作，所以看空不必马上做空。但这种不马上做空的交易性机会，仅仅是对短期操作说的。从中长期角度看，当投资者发现盘中拉出了空头型巨阳线后，就要作好与它"拜拜"的准备，并要意识到对这种股票绝对不能长期持有，长期持有必输无疑，而且在很多情况下，连中线持有（指半年之内)都很危险,因为它一旦开跌,跌幅就很大,说不定马上就把透支的部分偿还了,而且还会引起股价进一步下跌。

有鉴于此,我们在见到空头型巨阳线图形后,进行实战操作时,一定要注意巨阳线后什么时候开跌了。**根据经验,巨阳线的收盘价被跌破就是巨阳线开跌的第一个重要信号,所以,在巨阳线收盘价被打穿后,就要坚决减仓,至少要减掉 1/3 仓位**(保险的话,先减掉一半)。如果股价继续下跌将巨阳线上端的 1/3 都吃掉了,说明巨阳线开跌的龙头已完全打开,此时就应该全线抛空离场,即使当时对它还有什么留恋,那也必须抛掉 2/3 以上的筹码,只能留少量筹码在手里玩玩。我作出这个结论是有根据的。依据有关资料,并经反复核实,**空头型巨阳线被吃掉 1/3 后,往后股价继续下跌,甚至大跌的比例超过 80%**。如此大的下跌比例,迫使我们在巨阳线被吃掉 1/3 后,一定要作出全线撤退的处理。下面我请大家来看两个实例:

实例一:锡业股价(000960)。图 92 中箭头所指处是一根巨阳线,

该股拉出空头型巨阳线后,投资者应将巨阳线收盘价被跌破的地方设为第一卖点,将跌破巨阳线 1/3 的地方设为第二卖点。第一卖点出现后进行减仓,第二卖点出现后进行清仓,全部卖出。如此操作,就能逃在高位,保住胜利成果

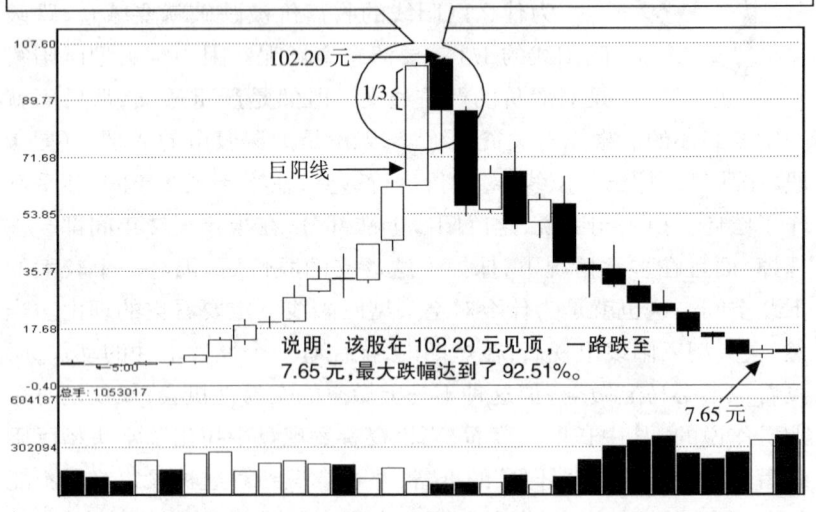

说明:该股在 102.20 元见顶,一路跌至 7.65 元,最大跌幅达到了 92.51%。

锡业股份(000960)　2006 年 7 月~2008 年 12 月的月 K 线走势图　　图 92

118

当月上涨61.81%。这根巨阳线是在加速上涨中形成的,是一根典型的空头型巨阳线。该股拉出巨阳线后的第二个月,股价稍作高开后就掉头向下,当月收了一根带有长下影线的阴线。有人认为,巨阳线第二个月收阴属于正常回调。而且这根阴线有很长的下影线,说明下档支撑力度非常强,再说这根阴线仅仅覆盖了巨阳线1/3多一点,巨阳线的大部分都保留着。因此他们感到问题不大,可以继续看多、做多。但这种看法是错的。因为巨阳线不同于一般的大阳线,股价一旦跌破巨阳线的收盘价就说明出问题了,跌破巨阳线的1/3处,说明出大问题了。如果此时再不卖出,仍然看多、做多,那就要套在高位,输得很惨了。

实例二:株冶集团(600961)。该股连续上涨后拉出了一根巨阳线(见图93),在第二个月,股价出现了惯性上冲,但到第三个月就出现

> 巨阳线出现后,投资者可在巨阳线出现后的第二个月、第三个月,股价出现惯性上冲时卖出。如没有卖出,或继续看好其后市,此时就一定要记住一个原则:巨阳线的收盘价是不能被跌破的,跌破就必须减仓,跌破巨阳线的1/3就必须全部撤退。否则,就会被之后的连续暴跌砸得鼻青脸肿

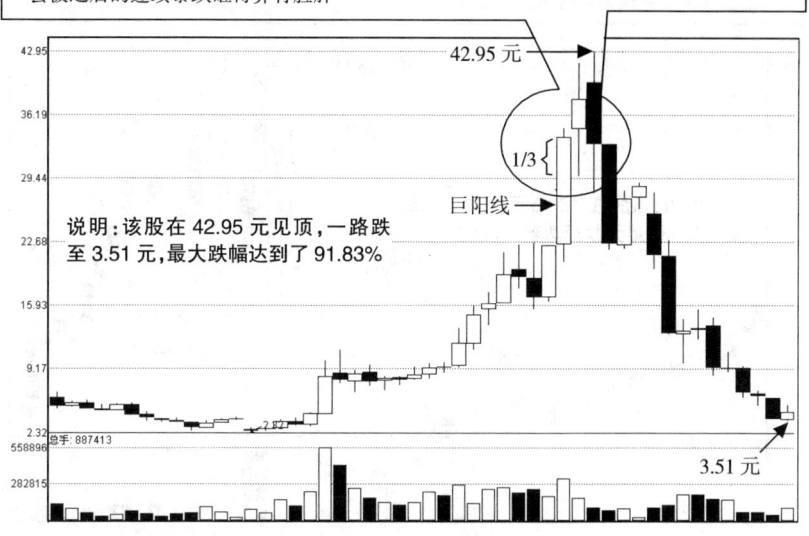

株冶集团(600961) 2004年10月~2008年11月的月K线走势图　图93

了一根阴线,这根阴线的收盘价已击穿了巨阳线的收盘价,紧接着,又拉出一根大阴线,这根大阴线将巨阳线全部吞吃了,至此,该股就形成了连续不断的下跌走势。可见,巨阳线的收盘价是不能跌破的,跌破了就是一个危险信号,不减仓就要吃大亏。

接着,我再来谈谈对本题中第二个策略的认识:一般来说,股价下跌吃掉巨阳线上端的 1/3,表明该股已失去了继续往上冲的原始动力。后来股价即使再次拉出阳线,甚至创出新高,因为支持股价上升的原始动力已经不存在了,所以这种上涨只能是短命的。有鉴于此,**投资者一定要把巨阳线被吃掉 1/3 后,再度出现的上涨视作反弹,坚决逢高派发,决不能盲目看多、做多,否则就很容易套在高位,成为输家。**

下面请大家看两个实例:

实例三:东方创业(600278)。从图 94 中看,该股在拉出一根巨阳

类似本图的走势,在股市里并不少见。该股的走势有一定的代表性。大家一定要记住,巨阳线被吃掉 1/3,后市就不妙了,吃掉 1/2,下跌已基本成定局。之后,投资者若看到盘中拉什么阳线,就要意识到,这是反弹,是逃命的机会,千万不可盲目看多、做多。看反了,就要为此付出惨重的代价

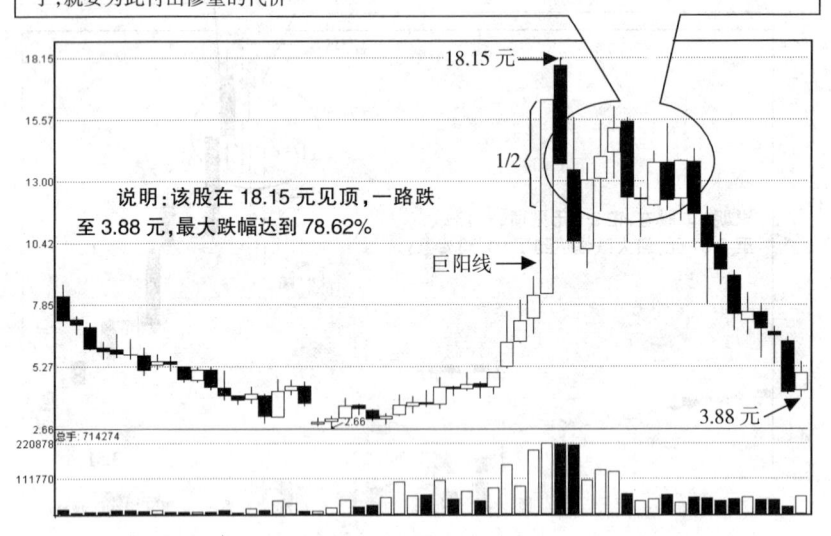

说明:该股在 18.15 元见顶,一路跌至 3.88 元,最大跌幅达到 78.62%

东方创业(600278) 2004 年 4 月~2008 年 11 月的月 K 线走势图　图 94

线后,连收了两根阴线,阴线已深入到巨阳线 1/2 以下处,之后股价出现止跌回升,连拉了 3 根阳线,但当股价快要触及巨阳线收盘价时,又开始掉头向下。显然,这是一次反弹。可见,巨阳线一旦被吃掉 1/3,尤其是被吞吃 1/2 后,多方的大势已去。投资者若对这个问题认识不清,见到盘中拉出阳线,继续看多、做多,就会被套在高位,该股的走势就是一个很好的例证。

实例四:天伦置业(000711)。该股走势有相当的迷惑性(见图 95),原因是:巨阳线之后只收了一根阴线,随后股价接连收出 3 根阳线,且股价已连续 2 个月高于巨阳线的收盘价。有很多人看好其走势。其实,了解巨阳线走势操作规则的投资者心里明白,巨阳线被吃掉 1/3,已为后面的大跌埋下了祸根。即使股价创新高,也多半是下跌后的一次反抽,不能盲目看好它。否则,就很容易成为"高位站岗"的放哨人。

该股走势与图 94 走势不同,巨阳线只被后面的阴线吃掉 1/3,连一半都没有到。而且股价回升时曾一度站在巨阳线收盘价的上方。但可惜的是,好景不长,之后就出现了凶猛的跌势。这个案例说明,空头型巨阳线,即使被吃掉 1/3,再度上升的持续动力也已经消失,创新高是多头陷阱,是主力为中小散户在下套。投资者一定要看明白,不要轻易上当受骗

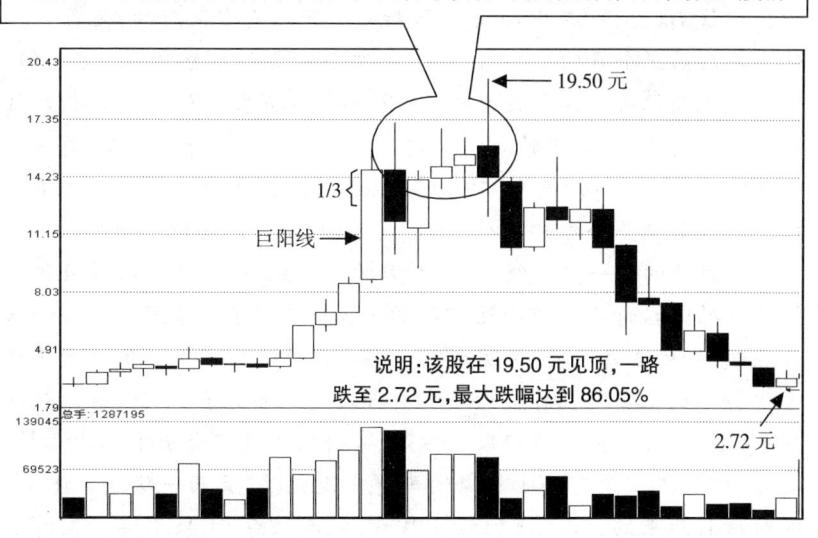

天伦置业(000711) 2006 年 4 月~2008 年 11 月的月 K 线走势图 图 95

图形识别深度练习 20

下课后，甲、乙两位同学各拿了一张走势图问周老师（见图96、图97）。

甲告诉周老师，图96中的个股是他的重仓股，高位买进一直套牢着。前一阵子，他发现该股拉出了一根巨阳线（见图96中箭头A所指处），这引起了他高度关注。巨阳线出现后的第二个月，盘中收了一根阴线，阴线虽小，但当月是低开低走的，并且已明显收在巨阳线收盘价的下方。当时他认为，根据巨阳线操作规则，如果巨阳线后的第二个月是低开低走的，并且月K线收在巨阳线的收盘价之下，这就说明形势不妙了，必须减仓，最好减掉一半仓位。于是，他当时将持有该股的1/2筹码卖掉了。但不料在他卖出后，该股隔月却收了一根小阳线，之后股价就一路涨了上去。显然，他当时是卖错了，从而造成了很大的损失。后来该股涨上去的时候，他又不敢再跟进去，只能眼睁睁地看着它，踏空了。此事让他感到很沮丧。他问周老师，为什么按照巨阳线的规则操作，竟会出现如此严重的错误，他对这个问题百思不得其解。

乙拿着图97对周老师说，他输得更冤。他是在图97中的个股拉出巨阳线后（见图97中箭头A所指处），开始看空该股的，他在巨阳线出现后第三个月的临收盘前夕，将这个股票全部卖掉了。据了解，他也是在高位买进这个股票的，与甲一样，都是重仓。在他卖出后，该股就不断震荡向上，此时他才发觉自己犯了一个严重的错误，将该股全部贱卖了。真所谓割肉都割在"地板"上，损失比甲还要大。周老师问他为什么要全部卖掉呢？他告诉周老师，因为他发现巨阳线出现后第二个月收的是一根阴线，第三个月收的仍然是一根阴线，并且第二根阴线的收盘价已将前面巨阳线的1/3都吃掉了。按照巨阳线的操作原理，发生这种情况，说明形势变得非常严峻。不久股价就会出现大跌。所以，他要赶在股票大跌之前将该股全部卖了。尔后，等该股跌到更低价格时再把它买回来。但是，事情的发展完全出乎他的意料，之后，该股不但没有如他想像的那样出现大跌，反而一路涨了上去。面对该股后来的上涨，他已经不敢看，也不敢想了，只觉得心里特别郁闷。

周老师听了甲、乙两人的申诉,非常同情他们的遭遇。同时,周老师认为甲、乙两人的情况很有代表性,很多投资者也有类似的情况发生。于是,周老师决定将甲、乙两人的材料发给全班同学进行讨论,希望大家通过讨论,从中找出一些经验与教训,以利以后的操作。

请问:听了甲、乙两人的申诉,你能说出他们的观点与操作错在什么地方吗?这里有什么经验与教训值得我们汲取?

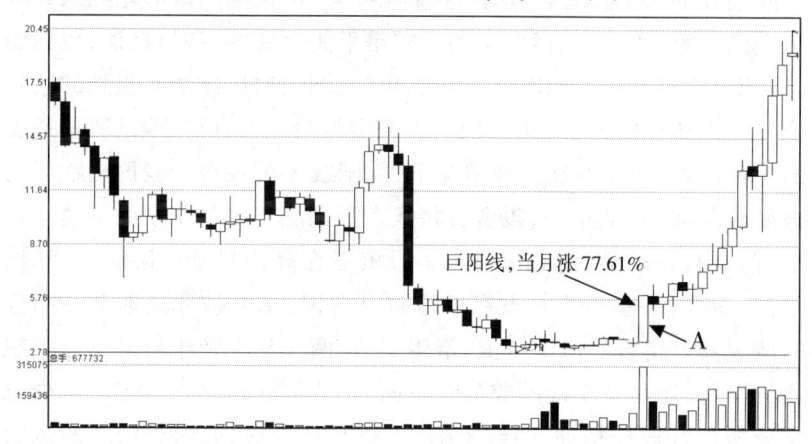

海泰发展(600082) 2001年6月~2007年9月的月K线走势图　图96

东风科技(600081) 2004年4月~2007年5月的月K线走势图　图97

123

解答 我认为甲、乙两人尽管是做错了,但他们对巨阳线风险的认识与操作仍有它积极的一面。如果图96、图97中的巨阳线不是在股价大跌后出现的,而是在涨势中,特别是在股价大涨之后出现的,当巨阳线的收盘价被跌穿后进行减仓,股价下跌时吃掉了巨阳线的1/3就抛空离场,这就做对了,此时他们很可能就从失败者变成赢家。当然,已经发生的事实是不能改变的。我这样说,也只能是对甲、乙两人的安慰而已。不过,甲、乙两人对巨阳线有强烈的风险防范意识还是应该肯定的。因为在大多数情况下,巨阳线是股价透支的一种标志,而只有在少数情况下,巨阳线才可被视为股价超跌后的报复性上涨。在股市中,投资者将大多数情况下容易出现的事情记住了,这是有好处的,这总比有很多投资者在高位见到巨阳线,一味地看多、做多,头脑里完全没有风险防范意识,结果被死死地套在高位的情况要好得多。从这点上,希望甲、乙两人从失败中看到自己的想法与操作,还是有正确的成分在里面,不要彻底地将它否定。这样总结分析也好振作精神,不致于陷入不断的"自责、后悔、沮丧"的负面情绪中。

其实,甲、乙两人的错误主要不是在具体操作上,而是在对巨阳线的性质判断上出现了差错,他们把图96、图97中的巨阳线,看成是对未来股价的一种透支,从而确定它们的身份姓"空",不是姓"多",之后在操作上才会采取急于停损离场的举动。

问题的症结找到了,接下来我们具体分析一下图96、图97中的巨阳线究竟是怎么回事,投资者在见到巨阳线的收盘价被跌破,以及股价下跌到巨阳线1/3以下处时,应该采取什么样的措施。

图96、图97中的巨阳线是怎么形成的呢?它们是在股价长期下跌后形成的。在巨阳线出现之前,股价已经见底,并已横盘一段时期。图97中的个股是在低位横盘半年后拉出巨阳线的,图96中的个股是在低位横盘了一年后拉出巨阳线的。显然,在这种背景下出现的巨

阳线,最有可能是多头型巨阳线[注]。

一般来说,多头型巨阳线出现后,第二个月,或以后连续几个月,股价在巨阳线上方或巨阳线下方不远处进行横向盘整是很正常的。原因是:股价在长期大跌后突然出现大涨,会引来很多抛盘。比如,短线抄底者的获利盘、高位套牢者趁反弹出局的割肉盘、浅套者趁拉高减仓的止损盘,都会在巨阳线后纷纷出现。如果这批抛盘的数量较大,或者是做多的主力,认为需要在此就地消化这些抛盘,就不会再出现什么拉升动作,此时巨阳线后很可能会出现一段盘整走势。至于这个盘整行情需要多少时间才能结束,这就要看当时盘中的抛盘数量有多少,以及主力打算让股价在巨阳线附近停留多长时间而定。

据了解,盘中抛盘的数量相对较少,或者是做多的主力不想在这个地方停留,那么,在巨阳线附近盘整上一两个月,主力就会将股价拉上去(如图96);反之,盘中抛盘的数量相对较多,或者主力想在这个地方多停留一些时间来消化这些抛盘,盘整的时间就相对要长一些(如图97)。

但是,不管怎么盘整,有一点是肯定的,当股价大幅下跌,在低位拉出巨阳线之后,股价在巨阳线收盘价的附近(无论是在巨阳线的收盘价之上或之下)进行的盘整,70%以上属于技术性的回档整理,整理之后股价仍会继续向上攀升(编者按:这是通过对沪深股市的A股、B股,以及部分境外股市的股票,进行了详细调查后得出来的结论。因此,它有较高的参考价值)。

当然,股市中任何事情都存在一个变数。春天来了,万物重现生机,但突然出现的倒春寒,又给很多生物带来危机。在低位拉出多头

【注】 为什么说最有可能是多头型巨阳线呢?因为只有当股价涨上去了,回过头来看,才能对这根巨阳线的多头性质作完全肯定。但是,在股价还没有涨上去之前,只能讲"最有可能是多头型巨阳线"。此事要让时间来验证。另外,还要防止一种情况出现,即当时股价的下跌趋势并没有结束,巨阳线出现的地方,仍属于下跌趋势的中间段。这样巨阳线的身份就变了,它仍然是一种空头型的巨阳线,而不是多头型的巨阳线。所以在行情未走出之前,任何判断都应该加上"可能"两字,这是一种实事求是的态度。

巨阳线之后,投资者看到了希望,但多头型巨阳线突然变成了空头型巨阳线(编者按:关于这个问题,这里先提一提,下面再与大家一起讨论),又会给看多、做多的投资者带来沉重的打击。因此,我们认为,即使大跌之后在低位拉出的巨阳线,投资者在对它看多、做多时,也要保持一份警惕。尔后,股价出现回调,一旦回调过深,或者出现了久盘不上的现象,此时,为了保证资金的安全,投资者就要作一些停损离场的处理。

根据高手操作的成功经验,对多头型巨阳线出现后的停损离场处理,与对空头型巨阳线出现后的停损离场处理,在处理的方法上有很大的不同。

下面我们不妨来作一个比较:

一、幅度上的区别:

对高位出现的巨阳线进行停损离场处理时,发现股价跌破巨阳线的收盘价,先卖出50%(最少不少于30%);发现股价跌破巨阳线的1/3,全部卖出(最少不少于70%,剩余部分,在股价跌破巨阳线1/2时,应无条件地全部卖出)。

对低位出现巨阳线进行停损离场处理时,发现股价跌破巨阳线的收盘价,停止买进,但也不卖出,进行观望;发现股价跌破巨阳线的1/3,进行少量减仓,或先卖出30%;发现股价跌破巨阳线的1/2,卖出50%~70%;发现股价跌破巨阳线的2/3,全部卖出。

二、操作手法上的区别:

对高位出现的巨阳线进行停损离场处理时,要贯彻"快"、"严"、"重"原则。

快,就是卖出时动作要快。因为是空头型巨阳线,一旦趋势出现逆转,下跌的速度有时非常快,稍微卖出晚了一步,就会造成很大的损失。

严,就是执行的标准要严。对空头型巨阳线,将跌破巨阳线的收盘价作为第一卖点,跌破巨阳线的1/3作为第二卖点。投资者操作时要严格执行,违反了往往就会吃大亏。

重,就是卖出的股票份量要重,宁可多卖,不可少卖。因为空头型巨阳线出现后,一般股价透支的现象都比较严重,一旦趋势发生逆转(比如将巨阳线的1/3打穿了),往后大跌的可能性就非常大。所以投资者对破位后的巨阳线,不要寄予幻想。在高位,或者在股价尚未大跌之前,争取多卖出一些股票,这样就可以有效地躲开后面大跌的风险。

而对低位出现的巨阳线进行停损离场的处理时,则要贯彻"慢"、"宽"、"轻"的原则。

慢:就是卖出时动作可以慢一点。这是为什么呢?因为在低位拉出多头型巨阳线后,股价出现的回调,往往是一种技术性回调。一般来说,它不会改变股价上升的趋势。所以,有时图形走坏,可能是假象,不妨多观察两天,等看明白再动手不迟。投资者如果一看到图形"变坏",马上卖出,说不定就卖错了,中了主力洗盘的奸计。

有人问,万一图形走坏是真的,股价哗啦啦地快速下跌,慢一步不是吃亏了吗?我们认为,这种情况不太可能发生。原因是:在低位拉出巨阳线后,即使趋势真的发生了逆转,其表现形式也多半是缓跌,而不是急跌。因此看明白再出逃,在时间上是有充分保证的。

宽,就是执行时标准不要定得太严,要适当给予放宽。这是什么意思呢?比如,卖点到了,不要马上卖出,可以将卖点再后移几个价位。那么,为什么要这样做呢?因为统计发现,投资者对空头型巨阳线作停损处理时,只要严格按规定办事,在股价跌到第一卖点(跌破巨阳线收盘价)、第二卖点(跌破巨阳线的1/3)时卖出,准确率非常高。但是,投资者对多头型巨阳线作停损处理时,严格按规定办事,在股价跌到卖点时马上卖出,差错率就比较高。比如,股价跌破巨阳线的1/2,这是一个卖点,有时卖出后,股价不再继续跌下去,反而是逐渐涨了上来。这样的话,严格按照卖点作止损处理的投资者就吃亏了。所以,在这种情况下,即使股价跌到了卖点的价位,也不要马上卖出,不妨将止损的价位再稍微放宽零点几个百分点。经验证明,这样操作,误杀、误卖的现象就会有明显的减少。

轻,就是卖出的份量开始不要太重,以适当减仓为好。为何要这样做呢?因为在低位拉出巨阳线,大多数情况下应该是向上的。根据有关统计资料,股价跌至低位,由熊转牛时,主力会使用各种骗术来骗取投资者手中的低位筹码,上当受骗者甚多。

有鉴于此,在低位卖出筹码一定要慎重。为了避免卖错,出手一定要轻,开始可以先少卖一点,卖出后仔细观察,看看自己到底是卖对了还是卖错了,然后再决定下一步怎么行动。这种出手要轻的操作方式,实际上是一种留有余地的操作方式。在把握不大的情况下,采用这种操作方式,可以避免犯很多错误。

现在我们回过头来看甲、乙两人的操作。如果甲、乙两人当时能对图96、图97中出现的巨阳线作出正确的判断,能看明白它们是多头型巨阳线,而不是空头型巨阳线,操作时心里就有底了。比如,在看到盘中拉出巨阳线,股价跌破了巨阳线的收盘价后就不会慌张,知道这多数是属于一个正常的技术性调整。假如他们进一步知道,对多头型巨阳线作停损处理与对空头型巨阳线作停损处理,在处理方式上是完全不一样的,操作时充分考虑"慢"、"宽"、"轻"的原则,就不会作出盲目卖出股票的举动,这样在低位割肉、低位踏空,从而给投资带来重大损失的事情就可以避免掉。

图形识别深度练习 21

周老师说：上一道练习题刚做完，马上就有人提出：只要见到股价大幅下跌后，在低位拉出巨阳线，不管它后面如何盘整，闭着眼睛做多就是了，什么停损处理、卖出都不需要了，反正这种盘整属于正常的技术性回档整理，整理后股价总归是要往上攀升的。

请问：这个观点对不对？为什么？（请举例说明）

解答

这个观点是错的。为了说明这个观点是错的，下面先请大家看两个实例（见图98、图99）。这两个股票中的巨阳线都是在股价大幅下跌之后形成的。巨阳线之后，股价在它收盘价附近出现了横盘，但最后

该股大幅下跌后，在低位拉出了一根巨阳线。巨阳线出现后，第二个月股价往上冲了一冲，就在巨阳线收盘价附近进入了长期的盘整状态。这一盘整盘了18个月，时间够长的，最后选择了向下突破。其实，投资者发现其久盘不上，尤其是盘整超过10个月仍无向上的动静，此时就应该坚决卖出了，这样可以躲开后面大跌的风险

到这儿盘整时间已有10个月了，应该卖出了

巨阳线

北京城乡（600861） 1999年9月~2005年5月的月K线走势图　图98

图中箭头所指处的巨阳线,是在股价大幅下跌后出现的,但这根巨阳线并不是真正的多头型巨阳线,其实质仍然是空头型巨阳线。那么,如何才能鉴别其真实身份呢?投资者可以在巨阳线的 1/2 处划一条警戒线,看到股价跌穿这根警戒线,就知道它是姓"空",而不是姓"多",此时就应该与它"拜拜"了。

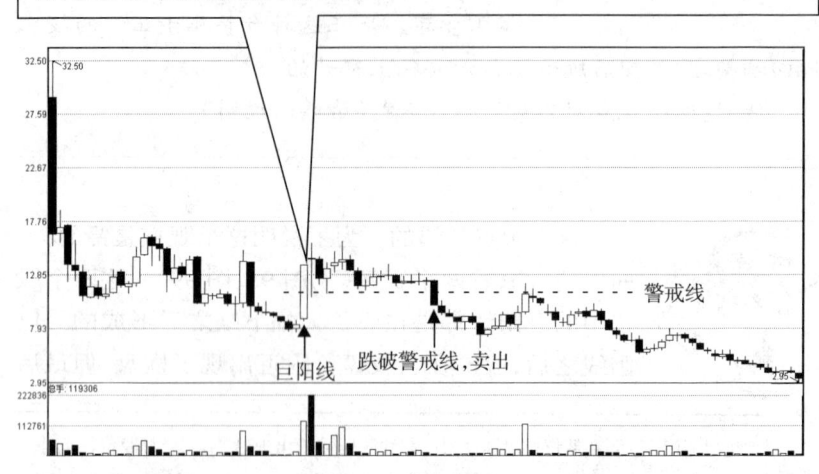

通化东宝(600867) 1997 年 5 月~2005 年 7 月的月 K 线走势图　图 99

都选择了向下,并且出现了大跌。可见,即使对股价大幅下跌之后出现的巨阳线,在倾向看多的同时,仍然要保持一份警惕,一旦发现股价跌破了巨阳线的 1/2,就应该采取止损行动了,跌破巨阳线的 2/3,就必须把股票全线抛空,坚决清仓离场。这样就可以躲过后面大跌的风险。

有人问,既然在低位拉出的巨阳线,仍然有继续向上与再次向下的两种可能,为什么要对这种巨阳线"倾向看多",还要称它为"多头型巨阳线"呢?这是因为,在股价出现大幅下跌后拉出的巨阳线,大多数情况下,盘整之后股价是向上走的(编者按:根据有关资料统计,盘整后向上的比例可达到七成)。基于这点,我们认为对大幅下跌后出的巨阳线,要求"基本上倾向看多"。另外,要求大家对这种巨阳线予以高度关注,还有一个更重要的原因,即做股票不仅要懂得如何规避风险,还要懂得如何抓住机会。股价大跌之后出现的巨阳线,往往是一个极佳的投资机会。这个机会平时很少能碰到的,碰到了就应该紧紧抓住它,轻易放弃是非常可惜的。为了引起大家对这种巨阳线的高度重视,有人特地给这种巨阳线加了一个美名,称它为"多头型巨阳线"。多头型巨阳线的名称就是由此而来的。

现在言归正传,我们继续对本题作深入讨论。我们要求大家对大幅下跌后出现的巨阳线,予以高度关注,并对它寄予了很多期望。但是,其中毕竟还有三成个股是在拉出巨阳线后,经过一番盘整最后选择了向下。所以,绝对不能像有些人所说"在低位拉出巨阳线,不管它后面如何盘整,闭着眼睛做多就是了"。如果真是这样,遇到图98、图99,也闭着眼睛做多,那肯定输惨了。

投资者在操作低位出现的巨阳线时,即要防止出现误卖的情况(如上题中甲乙两人所犯的错误),又要防止风险出现了,仍一味看多、做多,结果出现了被深套的情况。这就要求大家能把握一个看多、做多的尺度。比如股价盘整时,不能跌到巨阳线的1/2以下处,跌破了就要开始止损,跌破了巨阳线的2/3,就坚决抛空离场[注]。在这个问题上,投资者不能犹豫不决,否则就要犯大错误。

另外,大家要注意的是,多头型巨阳线出现后,在其第二个月,或以后几个月,股价在巨阳线收盘价附近进行盘整,盘整之后,股价再往上运行,这是一种很常见的一种现象。但是,如果股价在巨阳线收盘价附近盘整时间拉得很长,这就要当心了。根据经验,盘整时间过长,最后选择向下突破的居多。这也就是平时说的"久盘必跌"的道理

【注】 上题中,我们提到对多头型巨阳线止损时,执行标准不要规定太死,要适当放宽。这是因为现在的主力,操盘时手法很狡猾,有时股价就跌到巨阳线1/2以下一点点的地方止跌了,如果投资者看到股价跌到巨阳线1/2处就马上卖出,很可能就会上当。所以投资者在执行止损纪律时,适当放宽一些标准,就能避免这种情况发生。比如,巨阳线的1/2处是4.50元,我们就把止损的价格放在4.40元。但是,需要注意的是,适当放宽不是无限制的放宽,股价跌到4.40元就必须卖出。因为主力搞小动作也是有限度的,搞过头图形彻底走坏,对主力继续把股价做上去是不利的。一般来说,如果主力真的想把股价做上去,他们是会守住巨阳线1/2底线的,最多也只是偶尔多跌一点点,并且很快地就会把股价拉到巨阳线的1/2上方。

吧。所以，为了安全起见，对低位巨阳线出现后，盘整超过 10 个月仍不选择向上突破的个股，以暂时退出观望为好。

  最后，我再给大家说说，为什么在股价大幅下跌后出现的巨阳线，有的是真的姓"多"，是名副其实的多头型巨阳线，有的是假的姓"多"，表面上看像多头型巨阳线，实际上还是一个空头型巨阳线呢？这是因为下跌趋势一旦形成，在股价大幅下跌后出现的巨阳线，有两种情况：一种是在下跌趋势中间段出现的；一种是在下跌趋势末端出现的。在下跌趋势中间段出现的巨阳线，就是假的多头型巨阳线；而在下跌趋势末端出现的巨阳线，就是真的多头型巨阳线。假的多头型巨阳线，实质就是下跌趋势中的一个反弹，反弹结束了，股价将继续下跌；而真的多头型巨阳线，实质是下跌趋势结束的一个标志，此时股价向上，不是反弹，而是反转。

  但是在实际操作中，假的多头型巨阳线与真的多头型巨阳线，在表面上有很多相似之处，要一下子查明它的真实身份并不是一件容易的事。虽然，少数高手可以提前查明这些巨阳线的真实身份，知道它们究竟是姓"多"，还是姓"空"（比如，一些有丰富实战经验的投资者，可根据当时宏观面、大盘与个股的走势、上市公司的基本面等，进行综合分析后来验证其身份），从而可以预先就能做好积极应对的准备。但对大多数投资者来说，要办好这件事是很困难的。**比较可靠的方法是，给在低位出现的巨阳线拉几条警戒线。即将巨阳线1/2 的上方划为安全区，将巨阳线 1/2 的下方划为危险区，将巨阳线 2/3 的下方划为极端危险区。** 操作时，如果发现股价跌到了危险区就开始做空，跌到了极端危险区就抛空离场，这样做就能把风险锁定了。换一句话说，巨阳线后，股价跌到了极端危险区，此时巨阳线的真实身份也已经查明。投资者知道这是冒牌的多头巨阳线，对它看空、做空就不会出现什么错误了。

图形识别深度练习 22

周老师说：通过前面两堂课的讨论与练习，大家知道了，低位拉出的巨阳线，往往是一个很好的看多、做多的机会。但是如何把握好这个机会呢？关键就要看当事人怎么操作了。

请问：如果是你，看到在低位拉出多头型巨阳线后，你认为什么时候可以买进，怎么选择买点呢？（请举例说明）

解答

盘中拉出多头型巨阳线后，怎样选择买点呢？方法是：

一、一般来说，多头型巨阳线出现后的第二个月，股价只要高开高走、平开高走都可以在第一时间买进，特别是跳空高开更应及时跟进。

有人担心，即使是在低位出现的巨阳线，但其短期涨幅已经很大，技术上出现了超卖，第二个月，甚至以后几个月股价都有可能出现回调。其实，这样想是错误的。虽然这种情况是有的，但总的比例并不是很大。如果要等股价回调之后再买进，万一这种情况等不到，那又该怎么办呢？再说，假如过了1个月、2个月，股价涨得更高，那岂不是更不敢买了。这样，就是在低位选对了股票，一切也是枉然，大牛股、大黑马照样会在这些投资者的眼前飞走。

正因为如此，我们建议，当你对低位出现的大阳线进行反复比较，选中了满意的股票后，接下来就要敢于买。只要巨阳线出现后的第二个月是平开高走、高开高走的，就要争取在第一时间买进[注]。根据有关资料统计，多头型巨阳线出现后的第二个月，股价若是平开高走、高开高走的，往后股价继续上升的情况要占到七成，所以权衡得失，在

【注】 第一时间买进，意思是，买进信号一出现马上就要买进。一般来说，第二个月的股价在巨阳线收盘价上方开盘，并出现高走，就是一个明显的买进信号。另外，大家要注意的是，操作时仍要遵循分批买进的原则。不要一下子就满仓、重仓。如果是这样，万一情况起了变化，就很被动了。

第一时间买进,利大于弊(见图100、图101)。

> 该股在低位拉出多头型巨阳线后第二个月跳空,高开高走。当时,投资者如果能在第一时间买进,日后获利是很大的

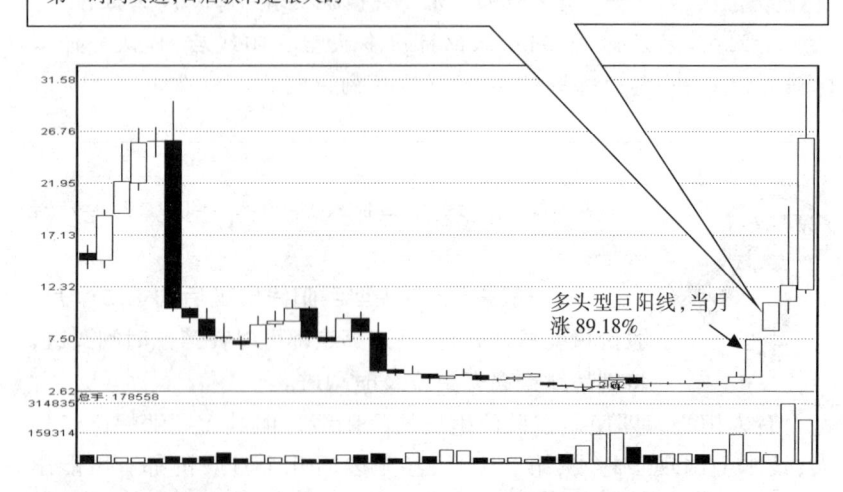

多头型巨阳线,当月涨89.18%

杭萧钢构(600477) 2003年11月~2007年5月的月K线走势图　图100

> 从图中看,该股在"峡谷"深处拉出了一根多头型巨阳线,第二个月股价略微高开后就一路向上。投资者若在第二个月开盘之初就买进,然后一路持有,投资回报是非常丰厚的

多头型巨阳线,当月涨48.85%

长春高新(000661) 2003年2月~2010年3月的月K线走势图　图101

二、多头型巨阳线出现后的第二个月,或者是第三个月、第四个月,在巨阳线收盘价的上方,拉出了小阴线或小阳线,股价呈现大涨之后暂时"歇歇脚"的现象。投资者对这种现象应高度关注,如发现隔月股价站在这根小阴线、小阳线之上,应马上跟进(见图102、图103)。

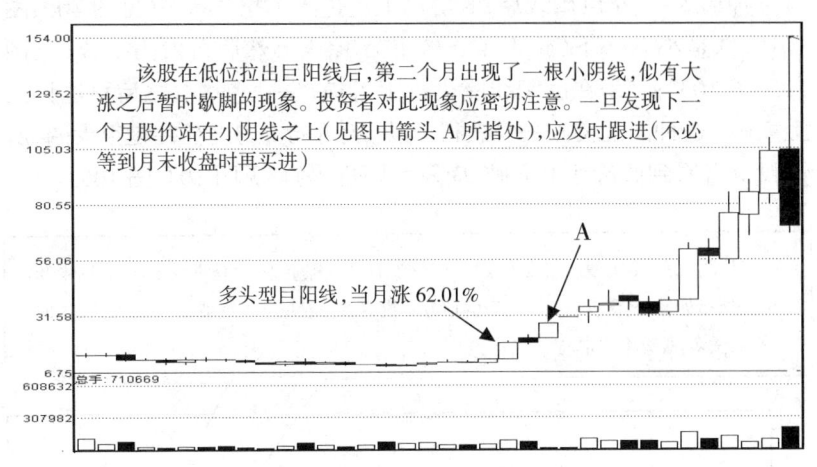

该股在低位拉出巨阳线后,第二个月出现了一根小阴线,似有大涨之后暂时歇脚的现象。投资者对此现象应密切注意。一旦发现下一个月股价站在小阴线之上(见图中箭头A所指处),应及时跟进(不必等到月末收盘时再买进)

多头型巨阳线,当月涨62.01%

驰宏锌锗(600497) 2004年4月~2007年4月的月K线走势图 图102

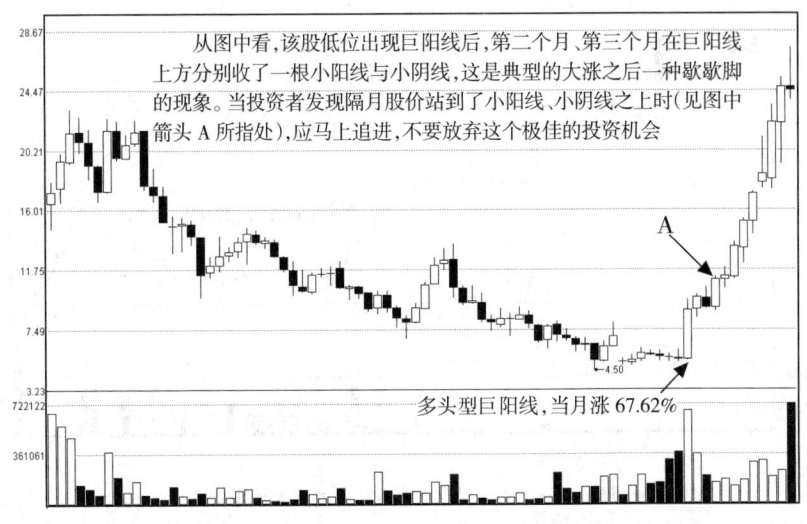

从图中看,该股低位出现巨阳线后,第二个月、第三个月在巨阳线上方分别收了一根小阳线与小阴线,这是典型的大涨之后一种歇歇脚的现象。当投资者发现隔月股价站到了小阳线、小阴线之上时(见图中箭头A所指处),应马上追进,不要放弃这个极佳的投资机会

多头型巨阳线,当月涨67.62%

新中基(000972) 2000年9月~2007年4月的月K线走势图 图103

三、多头型巨阳线出现后,股价并没有上涨,而是进入了一个横盘状态,但当股价向上突破站在巨阳线收盘价上方,并向上运行时,这是一个较佳的买入机会,投资者可及时跟进。

一般来说,股价大幅下跌后,在低位拉出巨阳线,股价上涨常见的有三种形式:一是巨阳线后,股价马上就进入了拉升状态(见图100、图101);二是小歇一下(拉上1、2根小的K线),然后再发力上攻(见图102、图103);三是在巨阳线收盘价附近横盘一段时期,之后再选择向上突破。这种向上突破一旦获得成功,股价向上力度往往是很大的,所以投资者看到股价往上突破,应及时跟进为宜(见图104、图105)。

从图中看,多头型巨阳线出现后,股价没有马上涨上去,而是进入了横盘,图中箭头A所指处,就是横盘后向上突破的地方。投资者一看见向上突破,应立即跟进,这时看多、做多,胜算率非常高

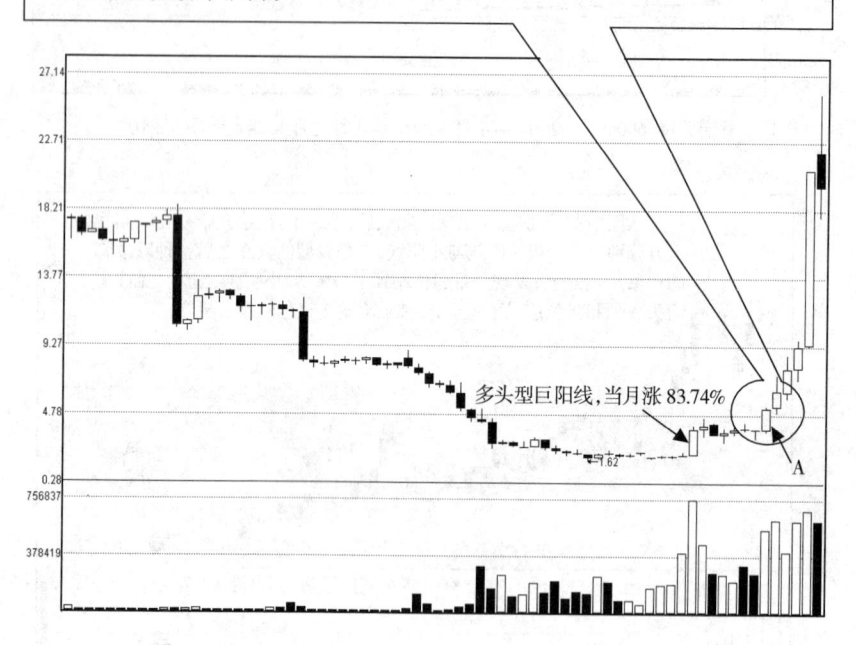

华茂股份(000850) 2001年6月~2007年5月的月K线走势图 图104

该股在低位拉出巨阳线后,股价就在巨阳线收盘价附近进入了长达半年之上的盘整,然后以跳空方式向上突破,这是一个非常好的买点(见图中箭头 A 所指处),应及时抓住,不可犹豫不决

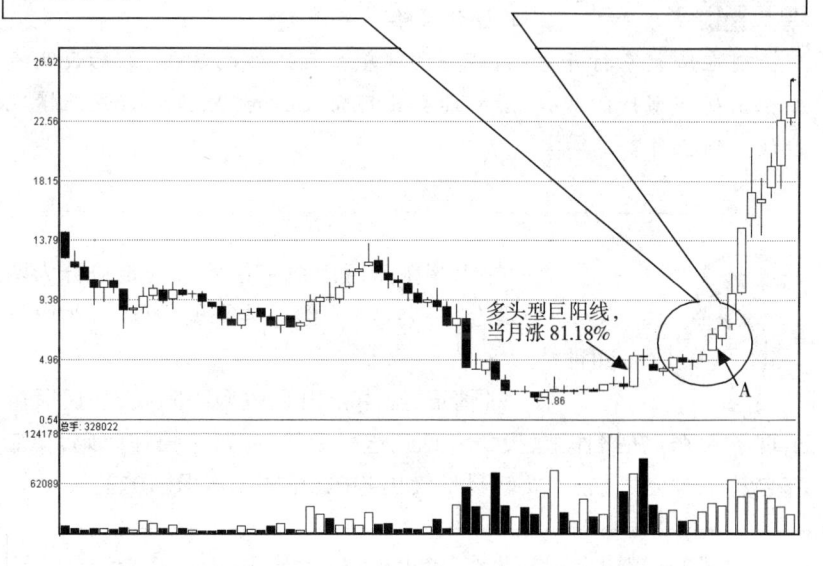

多头型巨阳线,当月涨 81.18%

河北宣工(000923) 2001 年 7 月~2007 年 9 月的月 K 线走势图　图 105

图形识别深度练习 23

周老师说：前面几堂课，我们重点讨论了空头型巨阳线与多头型巨阳线的操作策略。今天这堂课要讨论的是，观望型巨阳线的操作策略。

现在请大家打开电脑，找一些观望型巨阳线的实例，然后说明盘中拉出观望型巨阳线，往后可能会出现哪几种走势，投资者见此情况应该如何操作？

解答

盘中拉出观望型巨阳线，往后总的走势分为两类：一类是上，一类是下。但具体来说，可以分为以下四种情形。

第一种情形：盘中拉出观望型巨阳线，往后股价出现了大涨。在操作上，投资者见到这种走势，应紧紧捂住筹码，在上涨趋势未改变之前，不要轻易地卖出筹码（见图106、图107）。

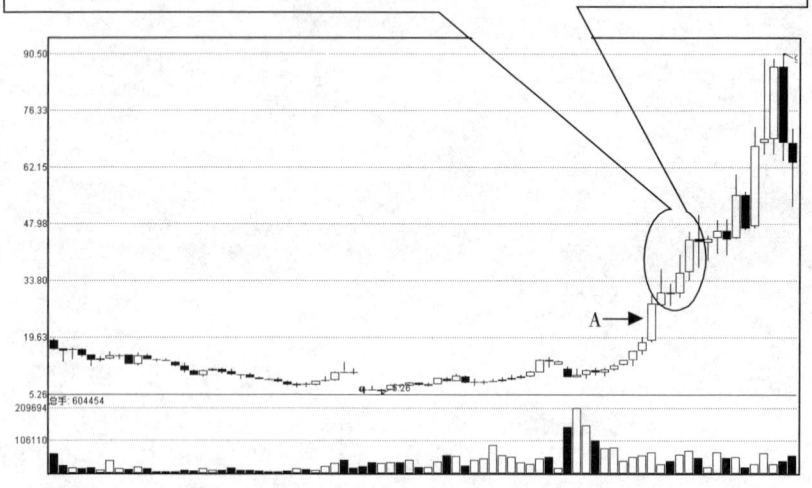

该股在盘中拉出观望型巨阳线（见图中箭头 A 所指处）后，股价一路大涨。投资者如能紧紧拿住筹码，到上涨趋势向下拐头时卖出，获利就非常丰厚

新安股份（600596） 2001年9月~2008年4月的月K线走势图　图106

138

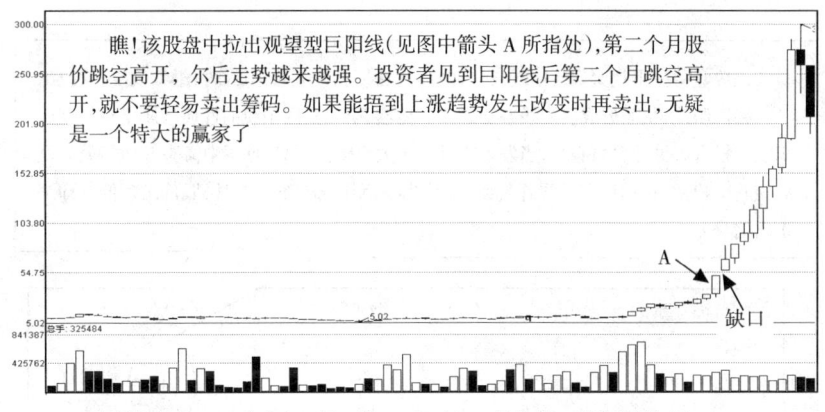

瞧！该股盘中拉出观望型巨阳线（见图中箭头 A 所指处），第二个月股价跳空高开，尔后走势越来越强。投资者见到巨阳线后第二个月跳空高开，就不要轻易卖出筹码。如果能捂到上涨趋势发生改变时再卖出，无疑是一个特大的赢家了

中国船舶（600150） 2001 年 2 月 ~2007 年 11 月的月 K 线走势图　图 107

第二种情形：盘中拉出观望型巨阳线，尔后股价继续往上涨，但总的涨幅不大。投资者见到巨阳线后，股价继续往上涨，就应该积极看多、做多，不过，一旦发现前面出现了明显的见顶信号，即应马上退出（见图 108、图 109）。

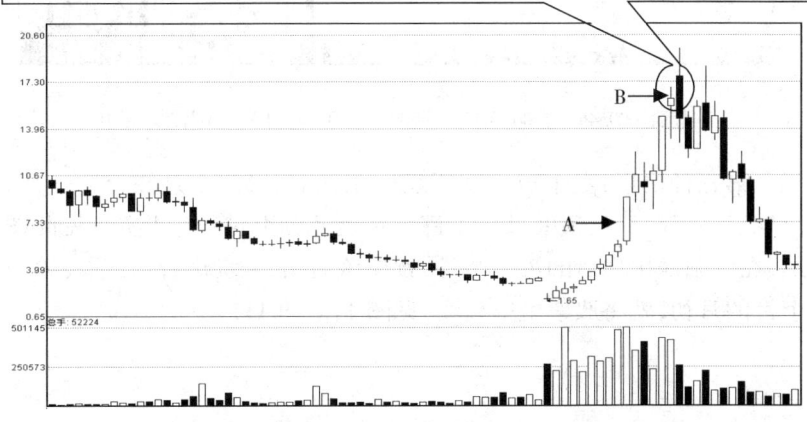

该股盘中拉出观望型巨阳线（见图中箭头 A 所指处），尔后股价继续向上走。不过，在走到图中箭头 B 所指处，出现了一根吊颈线（这是一个见顶信号），第二个月收出了一根大阴线，将这根吊颈线全部吞吃，形成了一个顶部穿头破脚的图形。至此，该股升势结束，投资者应马上卖出

平庄能源（000780） 2001 年 8 月 ~2008 年 11 月的月 K 线走势图　图 108

139

该股盘中拉出观望型巨阳线(见盘中箭头 A 所指处)后,第二个月继续大涨,又拉出了一根巨阳线,从而形成巨阳线叠加态势。显然,第二根巨阳线的性质已属于空头型巨阳线。投资者见此要当心了,当发现隔月股价大幅跳低开盘(见图中箭头 B 所指处),就应该马上出逃(根据巨阳线操作规则,高位出现巨阳线的第二个月,股价出现低开即为卖出信号)

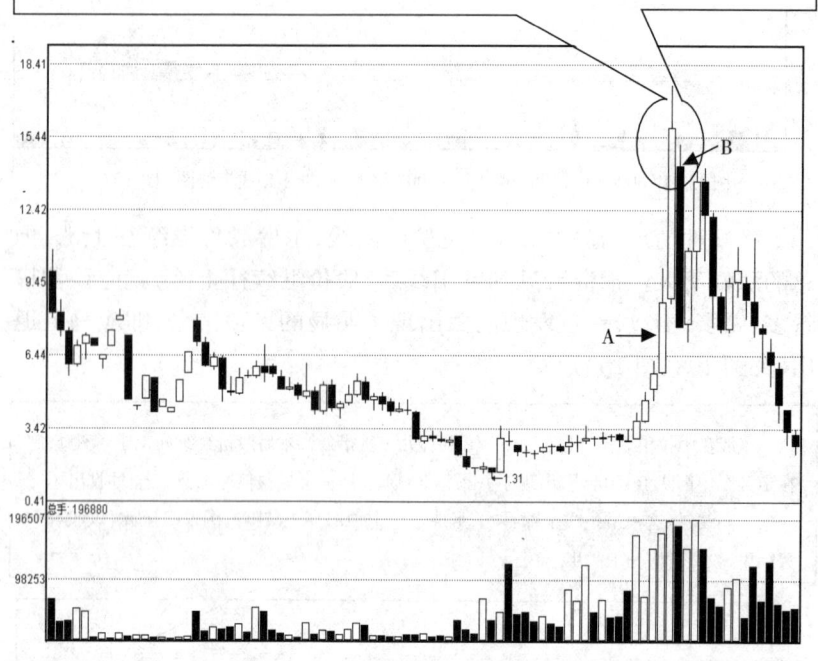

光华控股(000546) 2000 年 12 月~2008 年 10 月的月 K 线走势图　图 109

第三种情形:盘中拉出观望型巨阳线后,第二个月往上冲一冲,出现了一根明显见顶 K 线,上涨行情就此画上句号。投资者见此图形,在巨阳线出现后的第二个月,就应该卖出,未卖出者,必须在第三个月的月初,就将股票抛空离场(见图 110、图 111)。

该股盘中拉出观望型巨阳线(见图中箭头 A 所指处),第二个月出现了一根上档倒 T 字线(见图中箭头 B 所指处),行情就此结束。投资者应在出现上档倒 T 字线的当月清仓离场

华西村(000936) 2002 年 5 月~2008 年 11 月的月 K 线走势图　图 110

该股盘中拉出观望型巨阳线(见图中箭头 A 所指处),第二个月出现了一根射击之星(见图中箭头 B 所指处)。有经验的投资者看到射击之星的那根很长的上影线,就知道多方大势已去,当月就会离开这是非之地

*ST 传媒(000504)　2002 年 5 月~2008 年 10 月的月 K 线走势图　图 111

第四种情形：这是最糟糕的一种走势。盘中拉出观望型巨阳线，第二个月股价很快就跌到了巨阳线收盘价之下，或者直接低开，马上就开在巨阳线收盘价之下。这样股价向下就成了定局。投资者见到这种走势图形，应该三十六计，走为上计，早早离开，规避这危险境地（见图112、图113）。

该股盘中拉出观望型巨阳线（见图中箭头 A 所指处），第二个月开盘不久就跌到巨阳线的收盘价之下，当月收了一根中阴线，吃掉了巨阳线的1/2。其实，投资者发现巨阳线收盘价被跌破，就应该卖出，跌破巨阳线的1/3 就应该全线抛空。这样后面的风险就与己无关了

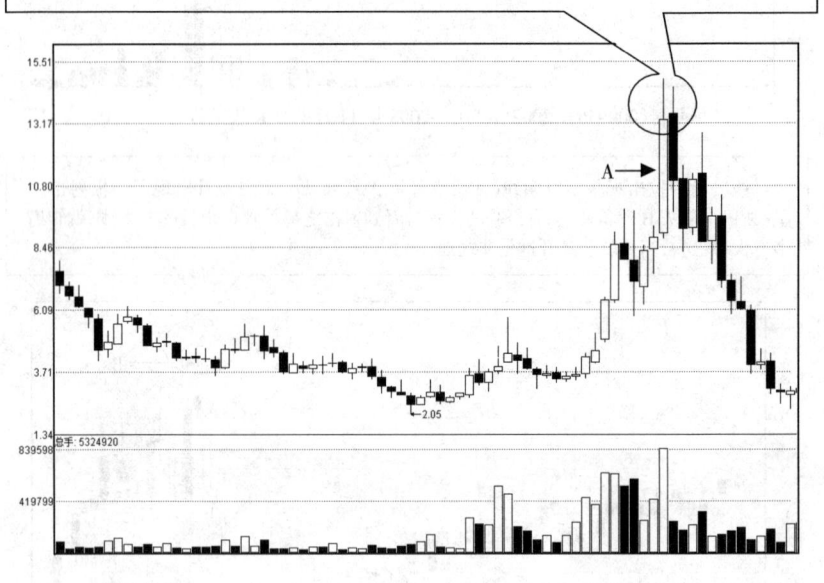

国恒铁路(000594) 2002年7月~2008年10月的月K线走势图 图112

> 按理说,该股这根观望型巨阳线(见图中箭头 A 所指处)是股价经过长期盘整,跳空高开后形成的。一般来说,这样形式的巨阳线,似乎向上的可能性很大。但事实是,这根巨阳线头上出现了一根较长的上影线,第二个月股价又是低开低走,这就充分暴露了主力借拉巨阳线诱多出货的意图。投资者见此情况应马上出局,多留一分钟,就会多增加一份危险

湖南投资(000548)　1997 年 12 月 ~2005 年 7 月的月 K 线走势图　图 113

上面向大家介绍了观望型巨阳线出现后的四种基本走势，及投资者应该采取的对策。观望型巨阳线所处的位置，不像空头型巨阳线高高在上，也不像多头型巨阳线出现在"山脚"下，它是处在一个不上不下的中间位置，投资者很难辨别它的真实身份，不知道它到底是姓"多"，还是姓"空"。也不知道主力推出这根巨阳线的真实意图是什么。所以要观望后才能采取行动。这里用得上过去高考时流行的一句话——"一颗红心,两种准备"。投资者如果见到我们上面所说的第一种、第二种情形的走势图形，就积极看多、做多，如果见到第三种、第四种情形的走势图形，就及时看空、做空。

有人说,一颗红心,两种准备,说是好说,做起来挺难啊! 其实,依我们长期的实战经验来看,做起来并不难,关键是当事人对观望型巨阳线的本质要认识清楚，同时在巨阳线之后的第二个月或第三个月

的 K 线走势出来后，要学会顺势而为，这样就真正能做到一颗红心，两种准备了。

为了说明这个问题，我们不妨再来看一个实例（见图 114）。该实例中有两根观望型巨阳线，出现的时间相隔七年。第一根观望型巨阳线（见图中箭头 A 所指处）出现时，主力是用它来诱多出货的。这从该巨阳线出现后，第二个月的 K 线走势中就能看得很清楚。投资者见到第二个月拉阴线，就知道主力在出货了，此时就应该对该股看空、做空。第二根观望型巨阳线（见图中箭头 B 所指处）出现时，主力是用它来激发市场人气，推高股价的。这同样可以从这根巨阳线出现后，第二个月的 K 线走势中得到验证。第二个月股价是跳空高开的，收了一根中阳线，虽然这根中阳线头上长着一根"长辫子"，但主力的操作意图已能看出一些端倪，特别是，之后在巨阳线上方形成了两阳夹一阴的走势，主力利用巨阳线进行逼空做多的意图已十分明显。此时投资者也应该顺势而为，积极看多、做多。可见，投资者只要仔细观察，按规矩操作，一般就不会出现什么投资失误，取胜的把握是很大的。

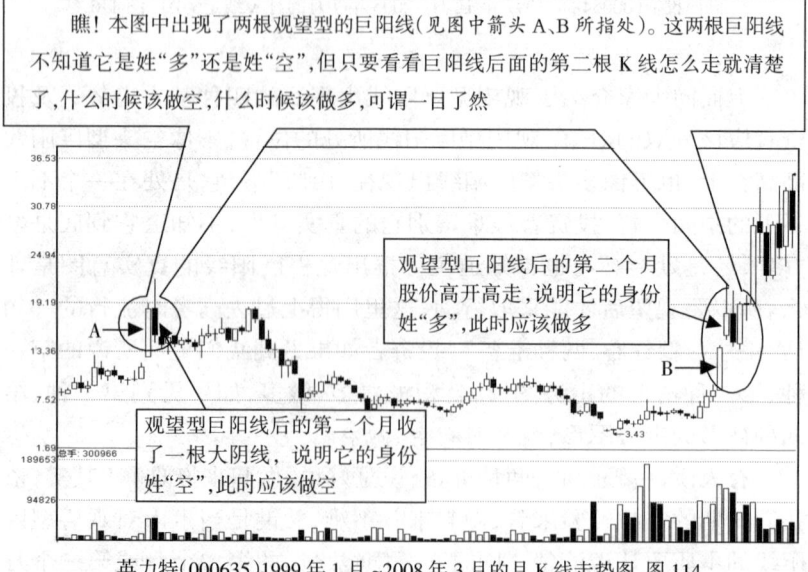

瞧！本图中出现了两根观望型的巨阳线（见图中箭头 A、B 所指处）。这两根巨阳线不知道它是姓"多"还是姓"空"，但只要看看巨阳线后面的第二根 K 线怎么走就清楚了，什么时候该做空，什么时候该做多，可谓一目了然

观望型巨阳线后的第二个月股价高开高走，说明它的身份姓"多"，此时应该做多

观望型巨阳线后的第二个月收了一根大阴线，说明它的身份姓"空"，此时应该做空

英力特(000635)1999 年 1 月~2008 年 3 月的月 K 线走势图　图 114

图形识别深度练习 24

周老师说:经过前面几堂课的讨论与练习,我们知道了在股市大幅下跌后,低位出现的巨阳线,大多数是姓"多",而不是姓"空",所以,我们基本上是看好它们的。当然,对一些冒牌的多头型巨阳线也要提高警惕,这个问题已经向大家作了交代。

下面我们要重点讨论的是,如何在出现多头型巨阳线的个股中,进行优中选优,精选出一些最具有爆发力,能为投资者带来丰厚投资回报的潜力股(即未来的大牛股)。这个工作非常重要。有人问我,这里面有什么奥秘呢?现在我可以明确地告诉大家,奥秘就藏在下面几张图中。大家只要把这几张图看明白,练习做好了,那么,选股中的一些关键技巧就掌握了。

请看题:下面4张图中(见图115~图118)都有一根巨阳线(都是普通巨阳线,涨幅均没有超过70%)。如果现在让你选两个股票,一个作为你的重仓股,另一个作为你投资组合中的一个品种。

请问:你选哪两个股票?其中哪一个股票可以作为你的重仓股?选它们的理由是什么?另外,操作时要注意一些什么问题?

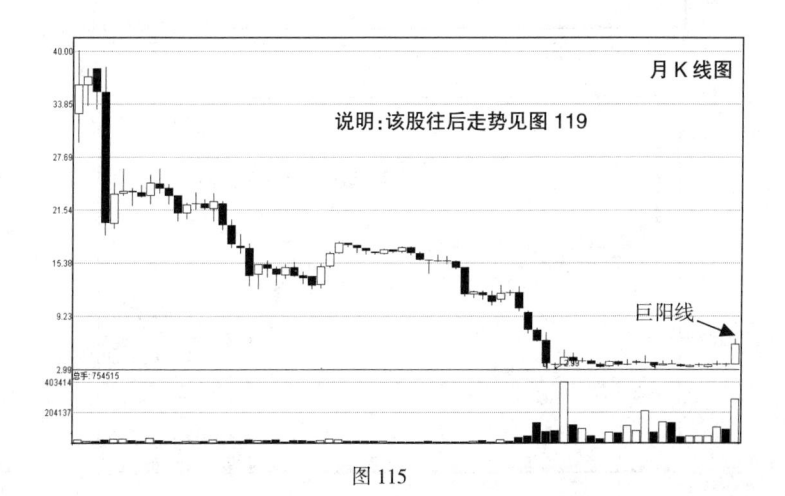

图115

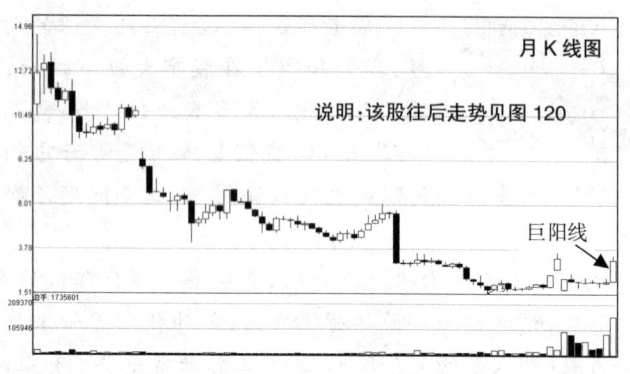

图 116

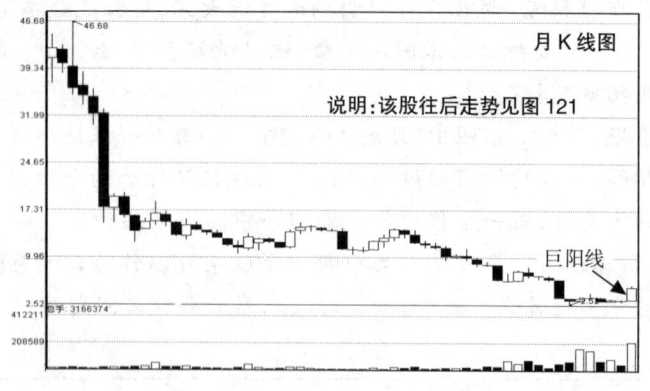

图 117

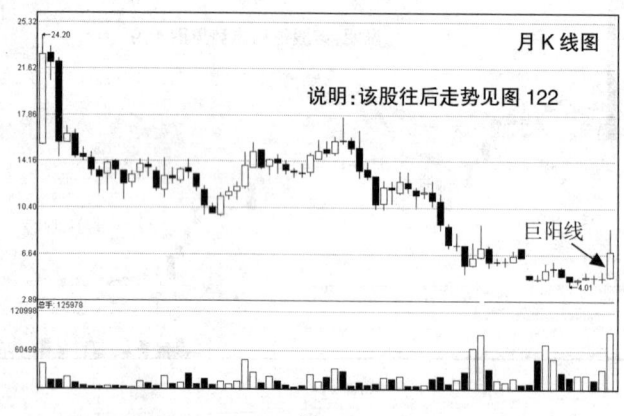

图 118

146

解答

我选图115、图116这两个股票，其中图115是我的重点建仓对象，我把它作为重仓股。

为什么我特别看好图115这个股票呢？理由是：

第一，该股跌幅巨大。2000年3月见顶时，它的股价是40元，然后一路下跌，2004年8月，股价最低跌到2.99元，最大跌幅达到了92.52%（说明：为了计算方便，不使问题复杂化。本题在计算图107~图110的个股跌幅时，未考虑股价的除权因素，请读者谅解）。

第二。该股在低位构筑了一个大平台，时间长达20个月，股价在3、4元之间不断地进行上下震荡。在巨阳线出现前的一个月，当月的收盘价为3.47元，而在这之前的20个月，该股刚进入这个平台进行盘整时，当月的收盘价为3.34元。历经20个月，股价只微涨0.13元。换一句话说，该股在这20个月中几乎是沿着一条水平线进行盘整的，如此走势一定是有相当实力的主力资金控盘所为。其目的是压低股价，进行吸筹，为未来的拉升打下一个扎实的基础。

第三，从图115中可以看出，该股下跌时成交量很少，真正放量之处，是在低位构筑平台这一阶段。该股构筑平台时，股价几乎不涨，但下面成交量的柱状线，比起前面下跌时间成交量柱状线，出现了显著放大的现象。盘中出现这种状况，说明该股主力在这20个月中，在低位"捡到"了大量便宜筹码。巨阳线的出现，表示该股主力建仓已经完成，接下来就要向上拉升了。此时，对普通投资者而言，是最佳的买入时机。

我认为，从上面4张图看，**最具有潜力的股票，有一个公式可以表示。这个公式是："长期大幅下跌（跌幅越深越好）+ 低位大平台（平台的时间跨度越长越好）+ 平台下方的成交量显著放大"+"巨阳线出现（当月要放量）"**的个股。这种类型的股票要么不涨，一涨起来就前途无量。我看到图115中的个股完全符合这几个条件，现在它在低位拉出了巨阳线，成交量也同步放大，说明行情开始启动了，所以我特别看好它。

【场外连接】有人问：上面选股公式中缺掉巨阳线行不行？既然该股有潜力，不等巨阳线出现，早一点买进，价位更低，这样操作不是更好吗？

答：这个观点是错误的。因为巨阳线不出现，你不知道这个低位盘整要多长时间，也不知道盘整后是否真的一定会向上突破，万一向下突破，那又怎么办呢？所以，这个选股公式中，一定要加上"巨阳线出现"这个条件。

接下来，我再谈谈选择图116的理由。虽然该股我没有把它列为重点建仓的对象，但也是我比较看好的一个股票。看好它的理由是：

①该股跌幅也非常大。从最高价17元跌至最低价1.51元，跌幅高达91.11%。

②该股在低位也构筑了一个平台。虽然这个平台当中被断开过（见图116中3根呈"品"字样的小阳线），但在被断开的两边，平台构筑已有16个月的时间了。虽然这个平台起伏比较大，不像图115的平台几乎在一条水平线上运行，这说明该股主力在低位盘整能力比图115中的主力控盘能力要差（编者按：跟主力就要跟在低位吸筹时有超强控盘能力、志存高远的主力，将来这样的个股涨起来，才会具有惊人的爆发力）。但相比另外两张图，该股平台构筑得还是比较结实的。

③该股在构筑平台的前一阶段成交量没有明显放出，而在构筑平台的后一阶段（即出现"品"字形小阳线之后，到巨阳线之前的几个月），成交量开始明显放大，这说明主力在这一阶段捡到了不少便宜筹码。

综合分析下来，虽然图116中的个股比起图115中的个股，潜力要相对差一些，但总的情况还是可以的。所以，我也将它列为我投资组合中的一个选择对象。

下面我再来说说为何不选图117、图118的理由。

不选图117的理由是：虽然该股跌幅很深，但构筑平台时间较短，低位整理不充分。再则，前面下跌时没有什么成交量，构筑平台时成交量虽略有增加，但因为时间太短，总的量增加并不大，这说明该股在低位换手是不充分的，这样日后该股上行势必会出现较大的压力。

不选图 118 的理由是：该股从最高价 24.20 元跌到最低价 4.01 元，总跌幅为 83.43%，跌幅比其他 3 个股票要浅；股价在低位整理的时间不长。这样的话，就算出现了巨阳线，因为低位筹码换手不充分，上行压力就会加重。更让人担心的是，巨阳线上方有一根很长的上影线（其他 3 张图中的巨阳线头上的上影线都很短），这说明该股上涨时遭到了沉重的抛压，之后的上涨会很不流畅，阻力重重。

【话外音】时间过去了两年，大家再回过头来看看当时这样选股对不对呢？

事实证明，按照当时的选股方法，选择图 115 作为重仓股、选择图 116 作为投资组合的一个品种，效果是非常明显的。这再一次证明，投资者只要根据盘面情况，深入分析，找到一个合适的选股方法，对所观察的对象，进行优中选优，就能选好股，获取丰厚的投资回报（详见图 119~图 122。图 115 的往后走势见图 119，图 116 的往后走势见图 120、图 117 往后的走势见图 121、图 118 的往后走势见图 122）。

（上接图 115），果然，该股在低位出现第一根巨阳线后（见图中箭头 A 所指处），股价就一路往上飚升，在这轮行情中，该股最大涨幅达到了 2163%，其涨幅实在是大得惊人

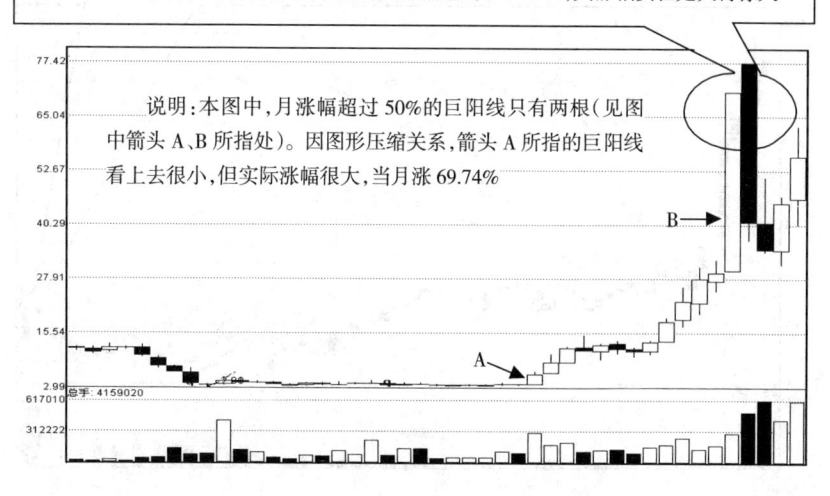

说明：本图中，月涨幅超过 50% 的巨阳线只有两根（见图中箭头 A、B 所指处）。因图形压缩关系，箭头 A 所指的巨阳线看上去很小，但实际涨幅很大，当月涨 69.74%

辽宁成大（600739） 2003 年 12 月~2007 年 8 月的月 K 线走势图　图 119

（上接图116）该股这轮行情也有不俗的表现。在低位拉出巨阳线后，仅仅5个月，股价就涨了6倍。因此，初期选股时精挑细拣，将来就一定有好的投资回报

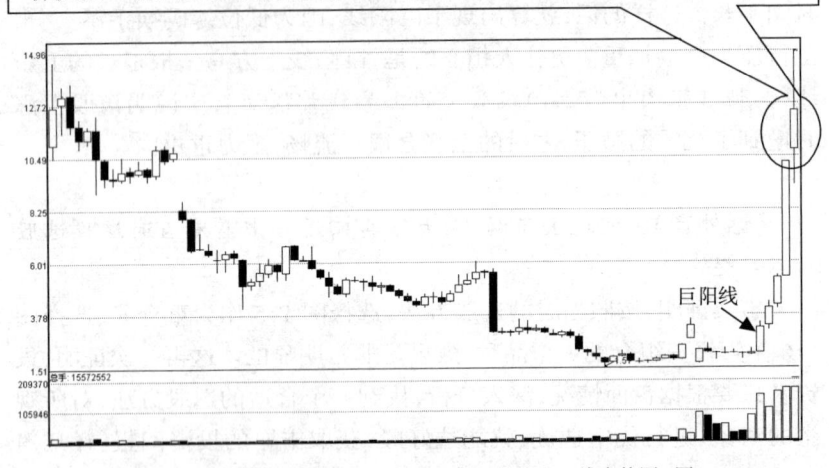

巨阳线

亚盛集团（600108） 2000年3月~2007年5月的月K线走势图　图120

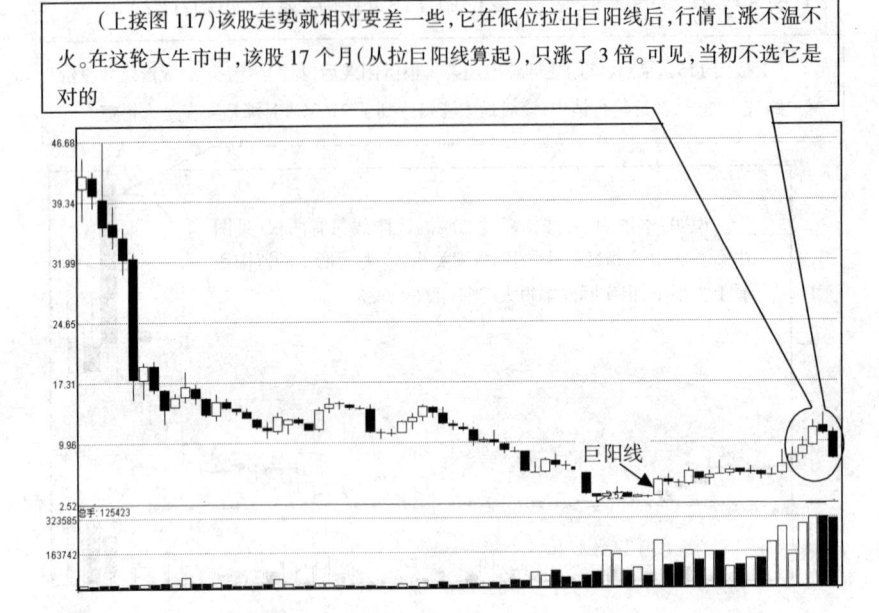

（上接图117）该股走势就相对要差一些，它在低位拉出巨阳线后，行情上涨不温不火。在这轮大牛市中，该股17个月（从拉巨阳线算起），只涨了3倍。可见，当初不选它是对的

巨阳线

天通股份（600330） 2001年5月~2007年6月的月K线走势图　图121

(上接图118)该股是4张图中走势最差的一个股票,在2007年这轮大牛市中,连2倍都没有涨到,远远落后于大盘的同期涨幅。瞧!该股在低位拉出巨阳线后,只涨了3个月就掉头向下了。所以,当初选股时把它排除在外,绝对是正确的

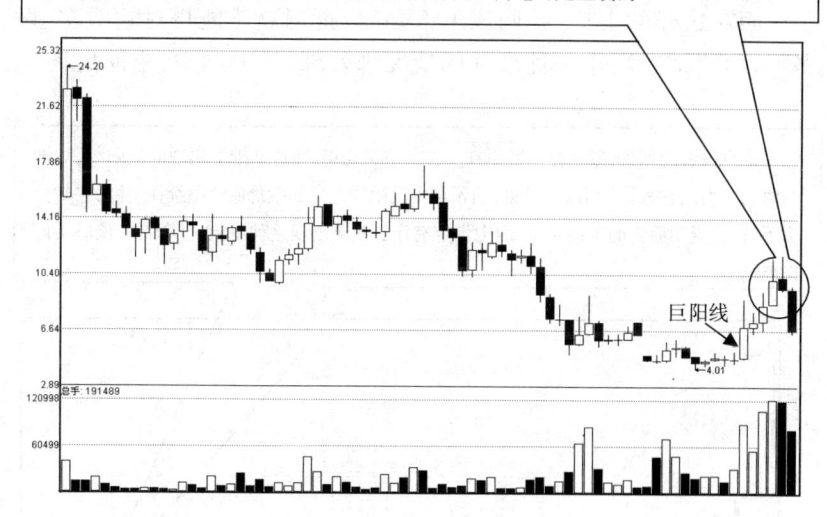

深南电A(000037) 2001年3月~2007年6月的月K线走势图 图122

有人问,这样说来,本题阐述的选股思路与方法就绝对正确,没有问题了?答案应该是否定的。因为在股市里从来没有什么绝对正确的事,只能说清晰的投资思路与有针对性的选股方法,实施后成功概率比较高而已。这里需要提醒大家的是,如果碰到意外的情况,选股选得再好,但是,当事人对意外情况处理不及时,就可能功亏一篑,甚至会造成亏损。

下面我们再来看两个实例:

实例一:大冶特钢(000708)。从图123中看,该股从26元一路下跌,最低跌至4.30元,然后就在4.30元~7.40元,进行震荡盘整,这一盘整竟盘整了5年多时间。可见,这个平台构筑的时间算得上超长了。同时,在构筑这个平台时,下面的成交量也一直很活跃,特别是最后拉出巨阳线时,成交量急剧放大,呈现价升量增态势。当时从图形上,可以将这根巨阳线看成主力在低位吸足筹码后往上拉升的一个

动作,因此看好该股的理由是很充足的。但没有想到的是,在巨阳线之后的第二个月,该股收了一根十字线,第三个月干脆收了一根大阴线,并且阴线的收盘价已深入到巨阳线 2/3 以下处。

面对这样的走势,我们该怎么办呢?此时就不能再对它看多、做多了,而要把它当作一种意外的情况来处理,马上抛空,止损离场。

谁也没有想到,该股一路下跌后在低位盘整了几年,在这基础上出现的巨阳线,竟被当时的主力用它来掩护出货。可见,当预期中巨阳线之后的股价应该继续往上涨,它却掉头下行,这说明原先的预期错了,内中肯定有诈。如果出现这种现象,投资者应该坚决停损离场

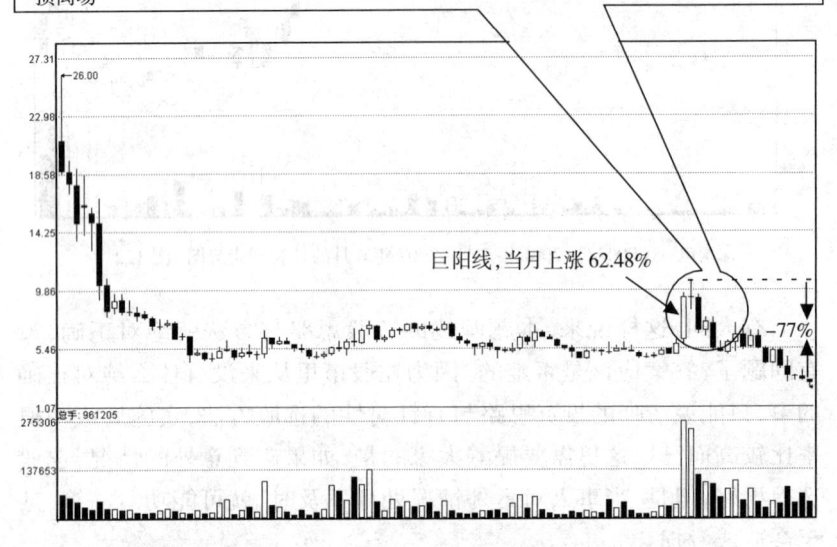

大冶特钢(000708) 1997 年 3 月~2005 年 7 月的月 K 线走势图　图 123

实例二:金鹰股份(600232)。图 124 显示,该股在低位构筑一个平台后拉出了一根巨阳线。在巨阳线之后,股价呈一度向上攀升的态势,但好景不长,随后出现的两根阴线,不但将巨阳线后的一段升势全部抹去,而且还将巨阳线的 1/3 吃掉了。

面对这样的走势,投资者就不能再看好它了。虽然该股的巨阳线只被抹掉 1/3,还没有到理论上所规定的:低位出现的巨阳线,必须跌

到巨阳线的 1/2 以下处,方可全部清仓的价位。但是,现在的情况不同,巨阳线被吃掉 1/3,是该股在巨阳线之后冲高失败所出现的一种现象,它与一般盘整时出现的吃掉巨阳线的 1/3 现象,性质是不一样的。因为后者的盘整,可能是在消化盘中的浮筹,属于股价涨高后的一种技术性的整理,因此吃掉巨阳线的 1/3,仍有看好它的理由,投资者还可以看一看,不要匆忙止损离场。但是,巨阳线冲高失败后跌到巨阳线的 1/3 以下处,就不可能是在消化盘中的浮筹,很可能是趋势逆转的一种表现。因此,投资者见到这种情况,应该马上止损出局。

退一万步说,即使该股以后再涨上去,它一般也不会有什么出色的表现。此时,聪明人应该换一种思路,股市里好股票有的是,强势上涨的个股并不鲜见,我们选股就是要选强势上涨的股票,这样的个股才会给投资者带来好的投资回报。所以,无论从哪个方面去考虑,把图 124 中现在的走势,作为巨阳线之后不能继续上涨的意外情况来处理,马上卖出,是完全正确的。

> 该股在低位拉出巨阳线,主力并不想将股价推上去,而只是想利用巨阳线诱多,骗一些投资者进来接筹。当该股主力将手中的存货出的差不多的时候,股价又重新选择向下,并创了历史新低

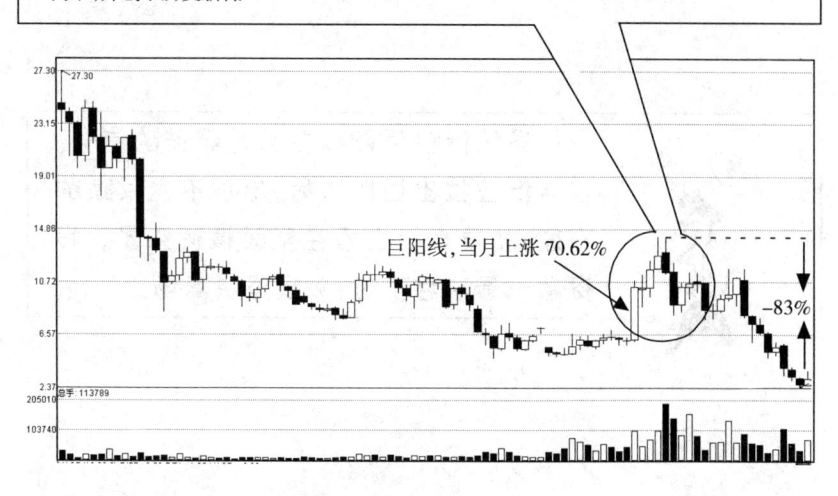

金鹰股份(600232) 2000 年 12~2008 年 11 月的月 K 线走势图 图 124

为什么我在这里要举图123、图124这两个例子,这并不是说我不看好股价大幅下跌后,在低位出现的巨阳线的投资机会了。这样的机会,我一直强调是难得的,要高度重视。正因为要高度重视,才有了对它们优中选优的话题。但是,股市是一个高风险市场。做股票任何时候都不能忘记风险,即使形势再好,都要想到不利的一面。这是成熟的投资者应有的态度。

总之,我们在对低位出现巨阳线的个股进行优中选优时,一方面要作好积极看多、做多的准备;另一方面,也要作好万一情况有变,该涨不涨,出现了类似图123、图124中的情况,这时候就要及时地启动应急机制,处理好这个意外发生的事情。这个道理很简单:既然形势已经逆转,就不要再一厢情愿地看多、做多了,免得给自己的投资造成一些不必要的损失,甚至是重大亏损。

虽然低位巨阳线多数是看涨的信号。但当低位拉出巨阳线后,出现不涨反跌的现象,就要当心主力在里面搞花头了。投资者一看形势不对,必须坚决离场。

图形识别深度练习 25

【开场白】上课前,教务处的同志对大家说,周老师是个责任心很强的培训师。他和《股市操练大全》编写组的同事,为了讲好大阳线,特别是巨阳线,事先都进行了精心准备,许多内容属于独创,在外面是看不到,也听不到的。说句笑话,这可以称得上"独门秘籍"。周老师认为,很多投资者在股市里赚不到钱,甚至造成重大亏损,其中一个非常重要的原因,就是对大阳线,特别是对巨阳线性质的认识与操作出现了问题,所以,才会导致在股市里踏错节拍的现象不断发生。

同学们对周老师讲课的评价是:独到、精辟、实用。他讲课时教室里都挤满了人,连一些高手都赶来听讲。可见他讲课是相当受欢迎的。周老师说,我教同学们做深度练习,反过来同学们提出的问题也促使我作进一步深入思考。这是一个互相学习、互相促进的过程。今天周老师讲的内容,原来教学计划上都没有安排,是他根据同学们提出的问题,归纳总结后临时增加的一节课。他要我对大家打一个招呼。因为这些讲课内容,是根据同学们的要求临时准备的,可能有些东西讲不到点子上,甚至讲错了,希望大家能予以谅解。

教务处同志讲完后,周老师走进了教室。

周老师说:一些同学很热情,向我提出了不少问题。现在我挑了两个题目,与大家一起讨论。这两个题目是:①新股、次新股拉出巨阳线,我们应该怎样去认识与操作?②如何利用主力操作的习惯动作,来提高我们对巨阳线出击的成功率?

周老师将这两个题目写在了黑板上。他说:我认为这两个问题很有实际意义,弄清楚了,对实战操作将大有帮助。现在希望大家认真思考后再来回答。

请问:你能回答这两个问题吗?如果行的话,请你将正确的答案说出来(请举例说明)。

解答

现在我来回答第一个问题,即"新股、次新股拉出巨阳线,我们应该怎样去认识与操作"。经过深入调查与研究,我认为有如下规律,可提供给大家参考:

第一,巨阳线出现的时间,离开新股、次新股上市的时间越短,股价见顶回落的概率越大。这是什么意思呢?其意思是说,上市第一个月,或之后几个月就拉出巨阳线的新股,比上市半年后再拉出巨阳线的次新股,马上见顶的可能性更大。

下面我们来看几个实例:

实例一:隆平高科(000998)。该股是 2000 年 12 月上市的,上市当月拉出了一根巨阳线[注],股价一步到位,之后股价一路下跌,连跌 6 年(见图 125)。

> 上市开门红,拉出巨阳线,很多人以为是好事。其实,一上市就出现过度透支股价的现象,对看多、做多的投资者来说是一场灾难,该股的走势就是一个很好的证明

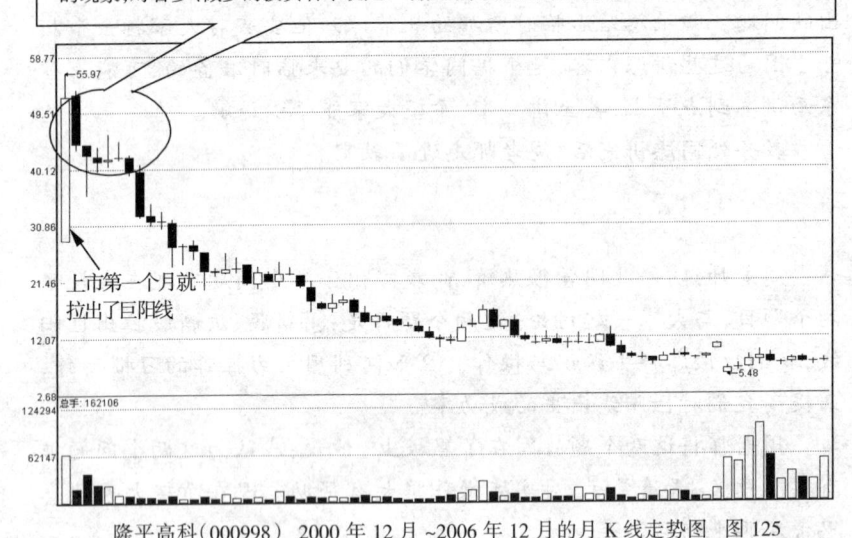

上市第一个月就拉出了巨阳线

隆平高科(000998) 2000 年 12 月~2006 年 12 月的月 K 线走势图 图 125

【注】 在电脑里,新股上市第一个月,月K线是不显示涨跌幅的。此时判断一根阳线是不是巨阳线,可计算当月阳线的开盘价与收盘价之间的一段距离。比如,该股当月开盘价为 27.98元,收盘价为52.01元,涨幅已接近一倍,这已经是一根名副其实的巨阳线了。

实例二:四川圣达(000835)。该股是1999年6月上市的。上市当月拉出了一根带有长上影线的巨阳线(见图126)。该股拉出巨阳线后,股价没有马上大幅跌下来,而是出现了一段横向震荡的走势,但股价见顶已是确凿无疑的了(当月它的最高价就是其历史最高价)。

上市第一个月出现"巨阳线+长上影线",这几乎是一个必跌图形。看懂这个图形的投资者一定会对它长期看空,而一些不知道这个必跌图形巨大杀伤力的投资者,不断进去,不断被套,最后都输得分不清东南西北

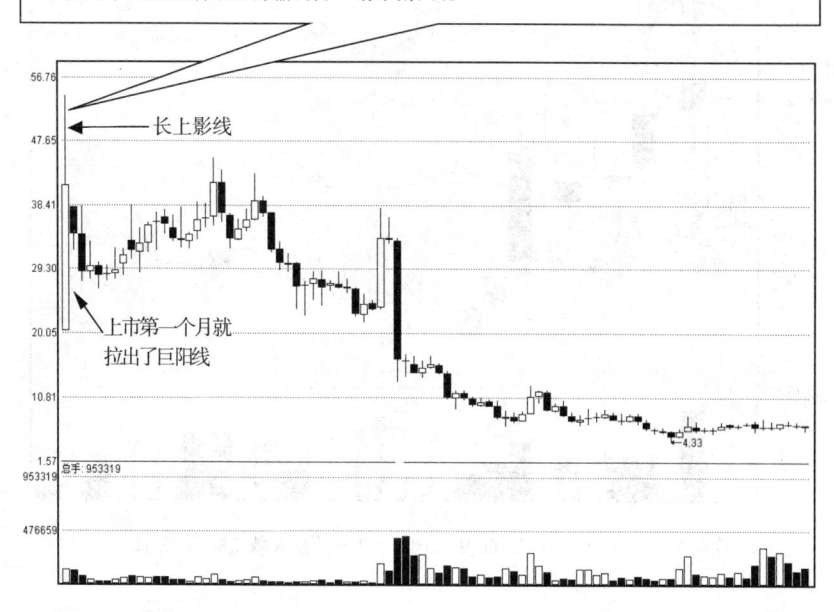

四川圣达(000835) 1999年6月~2006年11月的月K线走势图 图126

实例三:全聚德(002186)。该股是2007年11月上市的,上市第二个月拉出一根巨阳线,隔月股价往上冲一冲就一路下跌,不到一年的时间股价最大跌幅达到80.61%,可谓跌幅惊人(见图127)。显然,该股上市后的第二个月拉出的巨阳线,是一根典型的空头型巨阳线,它是促使股价见顶的一个关键因素。

> 该股上市第二个月拉出一根巨阳线,第三个月股价继续冲高,一些缺少实战经验的投资者被其"强劲走势"所迷惑,纷纷追了进去。其实,新股上市第二个月就拉出巨阳线,是主力精心为中小散户设下的陷阱。钻进去,就很难出来了,越是挣扎,套得就越深

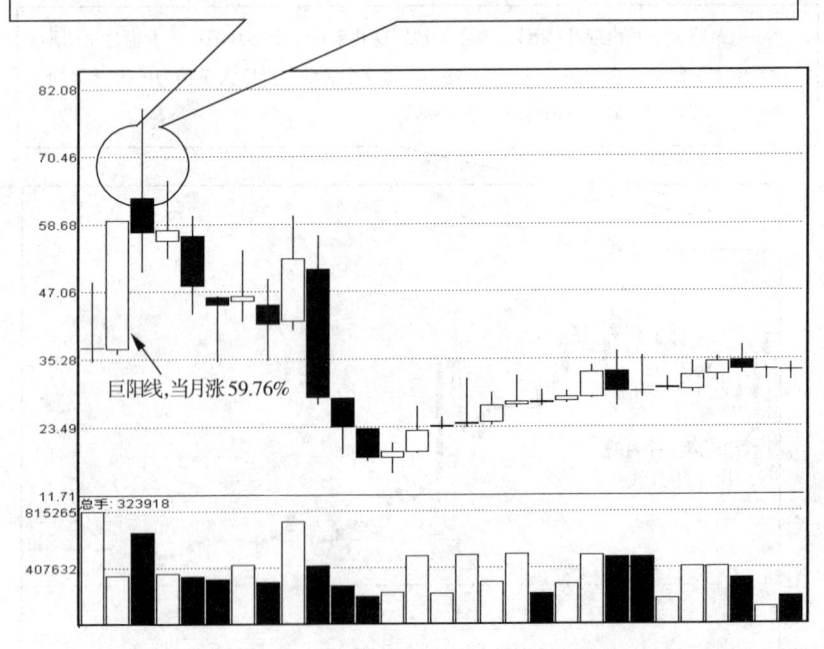

巨阳线,当月涨59.76%

全聚德(002186) 2007年11月~2010年3月的月K线走势图 图127

实例四:*ST珠江(000505)。该股是1992年12月上市的,上市第三个月拉出了一根巨阳线,随即股价见顶回落,谁也没有想到,这个顶竟是其股价近20年来的历史大顶(见图128)。可见,这根巨阳线对股价的杀伤力有多么厉害。

> 真是做梦都没有想到,该股上市第三个月,拉出一根巨阳线,竟透支了 10 多年的股价,造成了股价长期大跌。看来,对新股上市后不久就出现巨阳线的现象,投资者确实要保持高度警惕,千万不能盲目看多、做多

巨阳线,当月涨 61.44%

*ST 珠江(000505) 1992 年 12 月~1996 年 3 月的月 K 线走势图 图 128

实例五:中国铝业(601600)。该股是 2007 年 4 月上市的,上市后的第五个月拉出了一根巨阳线,股价马上见顶。之后股价就出现了雪崩走势,仅仅 14 个月的时间,股价从 60 元狂泻到 6 元,跌幅高达 90%。看了它的走势,真让人毛骨悚然(见图 129)。

159

> 上市仅 5 个月,股价就涨了 200%的情况并不多见,一根涨幅超过 100%的超级巨阳线,让市场感到震惊。当时,其"超强"的走势吸引了很多人跟风。但随之而来,更加超强的暴跌走势,更让市场感到无比震惊!所以,对上市不久就拉出巨阳线的新股、次新股,一定不能盲目看多、做多,否则,将要为此付出惨重的代价

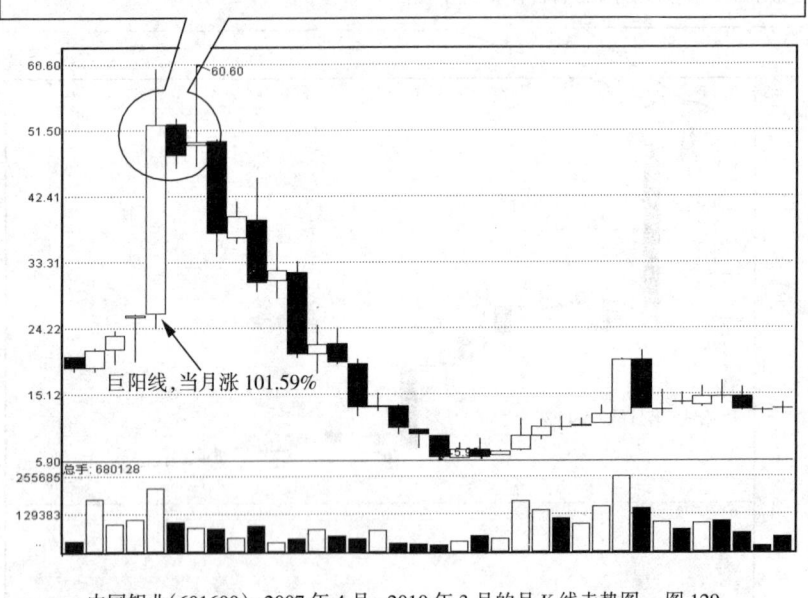

巨阳线,当月涨 101.59%

中国铝业(601600) 2007 年 4 月~2010 年 3 月的月 K 线走势图 图 129

第二,新股上市后就出现了横盘走势,股价未有明显的上涨,此时突然出现一根巨阳线,其未来的趋势向上或向下都有可能,如果是向上,之后几个月的 K 线走势(特别是第二个月)必须在巨阳线的收盘价上方运行。

实例六:科学城(000975)。该股是 2000 年 6 月上市的,上市后的一年时间都呈现横盘走势,2001 年 6 月突然拉出一根巨阳线,随即股价就见顶了。之后,连收 3 阴,很快就将前面的巨阳线吞没,更可怕的是,其股价竟连跌 5 年,最低时股价已不足 2 元,这与当初该股拉巨阳线时 26 元多的股价相比,已是天壤之别(见图 130)。

"平地"中突然竖起一根"红色旗杆",让很多人心动不已,以为大行情来了,急忙追进,但事后发现都被结结实实地套在旗杆顶上。其实,这根"红色旗杆"是否真的姓"多",不是看它拉出的巨阳线时场面有多么壮观(成交量柱状线很长,说明当时高位跟风追进者甚多),关键是看它第二个月的K线怎么走。图中显示巨阳线出现后的第二个月收了一根中阴线,其阴线几乎将巨阳线的1/3吞吃,这就明确地告诉我们,这根红色旗杆是主力设下的陷阱,此时再不出逃,将悔之晚矣

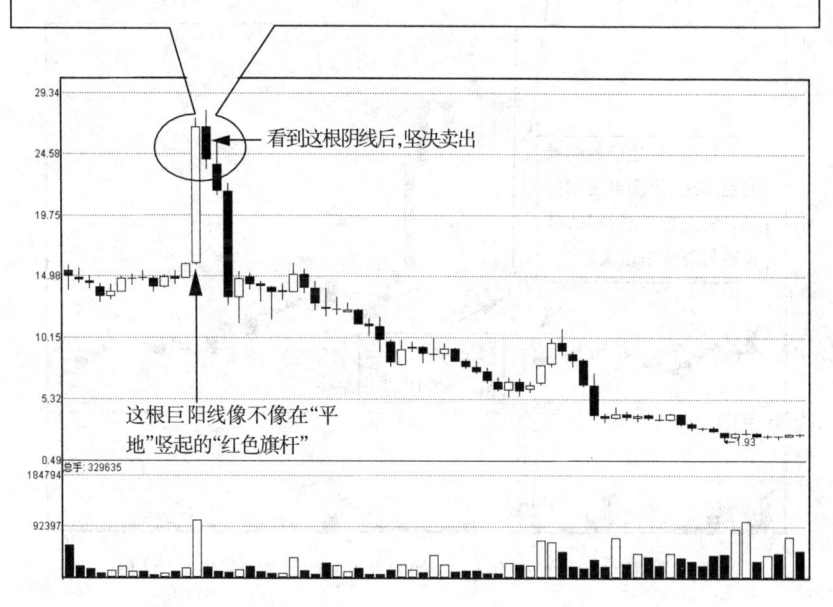

看到这根阴线后,坚决卖出

这根巨阳线像不像在"平地"竖起的"红色旗杆"

科学城(000975) 2000年6月~2006年2月的月K线走势图 图130

实例七:华联股份(000882)。该股是1998年6月上市的,上市后股价横向震荡盘整了一年有余,此时突然拉出一根巨阳线。这根巨阳线的性质究竟姓"多"还是姓"空",当时很难判断,但其后的向上跳空与高开高走的走势,明确地告诉我们,前面的巨阳线姓"多",是行情启动的信号(见图131)

此图与上图一样,也几乎是在"平地"上竖起了一根"红色旗杆"。这根红色旗杆是属于多方,还是属于空方呢?投资者别先下结论,看它第二个月的 K 线怎么走。图中显示,巨阳线出现后的第二个月股价向上跳空,且高开高走。投资者看到这样的走势,应该明白:前面的"红色旗杆"(即巨阳线)是属于多方的,是行情启动的信号,此时应及时跟进为宜

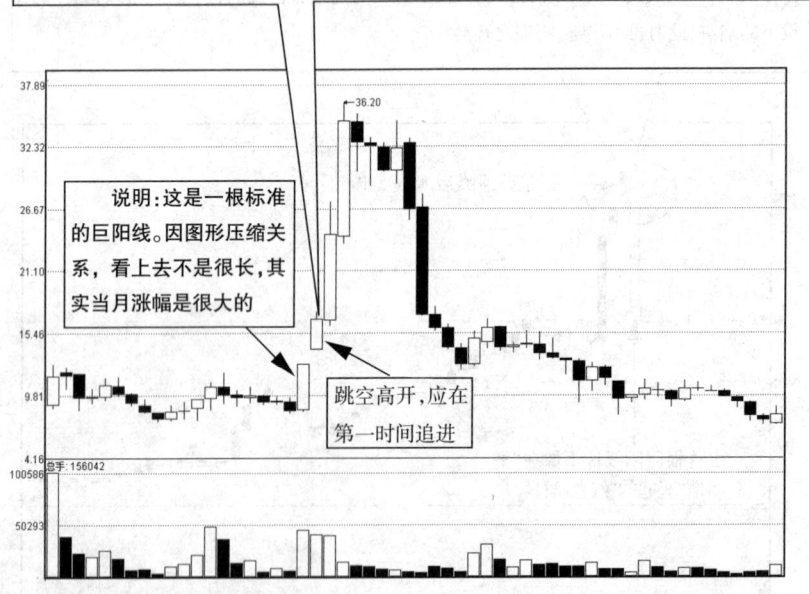

说明:这是一根标准的巨阳线。因图形压缩关系,看上去不是很长,其实当月涨幅是很大的

跳空高开,应在第一时间追进

华联股份(000882) 1998 年 6 月~2000 年 8 月的月 K 线走势图　图 131

第三,新股上市后呈一路下跌的走势,在出现巨大跌幅后拉出的巨阳线,是一个看多、做多的信号,它将酝酿着重大的投资机会。

实例八:江南化工(002226)。该股是 2008 年 5 月上市的。上市后连跌半年,股价从 31.28 元,最低跌到 7.11 元,6 个月的跌幅达到 77.26%。新股上市半年之内,股价被砍掉 2/3,这个跌幅是相当大的。第 7 个月该股突然拉出一根巨阳线,这根巨阳线是看涨信号,之后一年都在走上升通道,形成了大涨走势(见图 132)。

新股上市后一路下跌,在"深谷"处出现的巨阳线,是上天赐给投资者的一个投资机会,这样的机会不抓住,实在是太可惜了

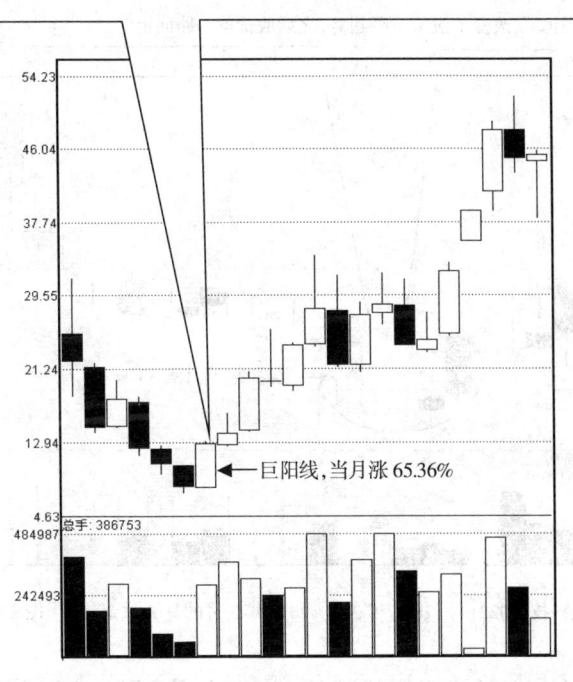

巨阳线,当月涨65.36%

江南化工(002226) 2008年5月~2010年2月的月K线走势图 图132

实例九:大立科技(002214)。该股是2008年2月上市的。除上市当月是涨的,之后的8个月都呈下降趋势。股价从最高处33.94元跌到7.16元,8个月的时间股价跌掉78.90%。该股在低位拉出了一根巨阳线,股价就形成了一路向上的走势(见图133)。

163

图中画圈处,是一个早晨之星[注]的变化图形。早晨之星是重要的见底信号,而构成早晨之星右侧的一根阳线,是一根巨阳线,也是一个重要的见底信号。"早晨之星 + 低位出现的巨阳线",改变了股价下降趋势,之后股价就一路向上

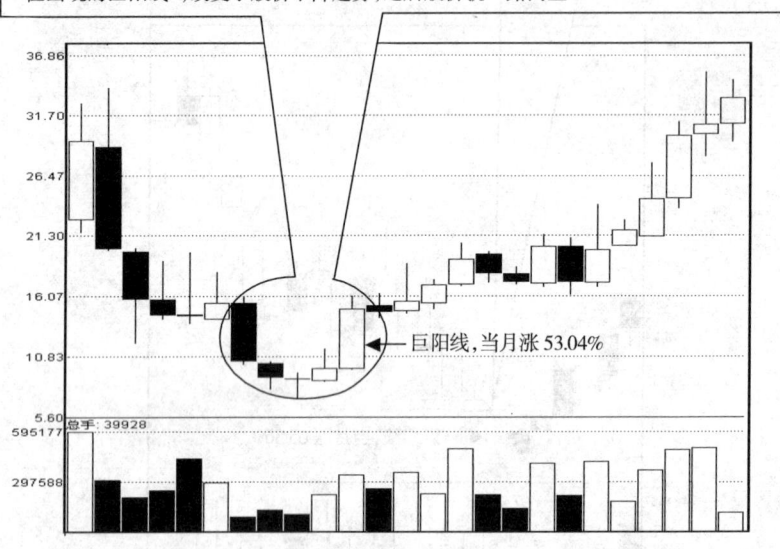

巨阳线,当月涨53.04%

大立科技(002214) 2008年2月~2010年2月的月K线走势图 图133

新股、次新股拉出巨阳线后的走势规律找到了,接下来我们就可以根据其规律,制定一些有针对性的策略。

策略一:对上市后在半年之内拉出巨阳线的新股,要保持高度警惕,看空,甚至马上做空将是最佳投资策略。

新股主力与老股主力操作手法不同,只要他们认为有机会,比如新股上市有什么题材可以吸引眼球,就会采取快速建仓、快速拉升、快速出货的操作手法。快到什么程度呢?快到少则一二个月,多则半年,或者半年多一点的时间。那么,这些主力为什么要这样做呢,因为这些主力都是炒作新股的专业户,他们炒完一个新股就要抽出资金,

---

【注】 关于早晨之星的特征、技术意义,详见《股市操练大全》第一册第62页~第64页。

去炒下一个新股,所以"快"就是他们炒作新股的主要特点。在这种情况下,巨阳线一出现,股价往往就一步到位,接下来主力就要出货了,少数情况下,巨阳线之后股价往上冲一冲,但也会马上见顶[注]。

有鉴于此,投资者见到新股上市很快就拉出巨阳线的现象,就要马上采取看空、做空的策略。

现在向大家提一些具体的操作建议:

①持股的投资者,在拉出巨阳线的当月,在月末收盘前卖掉一些筹码,锁定利润,剩下的筹码,等第二个月股价往上冲的时候,择机派发(如走势强劲就留着,等下个月走势出来再说,如股价上冲时阻力很大,出现快速回落的现象就马上卖掉)。

这里要注意一点:作为新股、次新股,巨阳线的收盘价是不能跌破的,一跌破必须马上撤退。如巨阳线出现后的第二个月出现低开(开盘就开在巨阳线的收盘价之下),则应无条件地抛空离场。

有人问:对老股拉巨阳线,不是要等跌到巨阳线 1/3 以下再清仓出局吗?为何对新股就不采取这种做法?这是因为新股主力一旦决定出货,就很少用震荡出货的方式,他们要快速出货,并等着去炒下一个新股。而跌破巨阳线的收盘价,就像水库里的闸门被打开一样,股价会出现快速下沉。投资者如不在第一出货时间卖出,损失会很大。而且从经验来看,对新股来说,第一卖点、第二卖点都集中在巨阳线收盘价上(不像老股,巨阳线的收盘价被跌破作为第一卖点,巨阳线的 1/3 被击穿作为第二卖点),巨阳线的 1/3,甚至 1/2 处都是没有什么支撑的,所以只要巨阳线的收盘价被打穿,就应该全线抛空离场。

②持币的投资者,在巨阳线拉出之前,可以在控制好风险的前提下,顺势买进,在巨阳线拉出的当月月初,大涨尚不明显时可以适量跟进,但到了巨阳线出现后,就不能再买了,并随时要做好逢高出局

【注】 一般来说,只有新股的题材特别亮眼、市场情绪特别亢奋,主力才会顺势在巨阳线后再继续推高股价,以求获得更大的利益。但这种情况很少见,而且这些股票一旦见顶,主力出货后,它们跌起来会更凶。

的准备。我们发现,有些投资者在股价跌破巨阳线收盘价之后,看看股价一下子跌深了,出现反弹,拉出了一二根月阳线,就认为该股可能跌到位,要重新向上了,就盲目地买进。其实,这种做法是错误的。大家只要看看本题中几个实例就会明白,新股拉出巨阳线对股价的严重透支,不是这样简单地跌掉几个月就能把透支的部分偿还的,有时这个透支的债要偿还几年,甚至10几年。想到这一点,对上市之初就拉出巨阳线的新股、次新股,一旦跌势出现,就不能轻易看多、做多了。比如,有时看看它跌得时间已很长了,跌得也够深了,但买进后再一看,却发现仍买在半山腰,这个教训要牢牢记住。

策略二:**对上市后就进入横盘状态,然后拉出巨阳线的新股、次新股,要采取区别对待的策略。如果巨阳线之后,股价是站在巨阳线的收盘价之上运行的,可以对它看多、做多;如果巨阳线之后,股价是在巨阳线的收盘价之下运行的,就要对它看空、做空。**

有人问过我,对这样类型的巨阳线性质应该怎么判断?我告诉他,光看这根巨阳线很难判断,如果它当时出现的是超级巨阳线,基本上还可以对它作出看空的判断。但是盘中出现超级巨阳线的情况很少,多数出现的都是普通巨阳线,总体涨幅不是很大,再加上它前面已经横盘了一段时间,在巨阳线之前,股价又没有怎么涨过。巨阳线的出现,可谓平地竖起了一根旗杆。但这根旗杆到底是指向空方,还是指向多方呢?一时很难辨别,这就需要对它进一步观察。如果主力是想把股价继续推上去,就会让股价在巨阳线的上方运行;反之,如果主力想借这根巨阳线来迷惑大家,进行诱多出货,股价就会回落到巨阳线的收盘价下方运行。因此,巨阳线出现后的第二个月、第三个月最为关键,投资者对这两个月的月K线图形必须密切关注,一旦方向明确了,该做空时就果断做空,该做多时就果断做多。

现在向大家提出一些具体操作建议:

①新股上市后进入横盘状态,一般不要参与。在拉出巨阳线的当月,在月初上涨幅度不是很大的时候,可适量加入,但到了月末,涨幅已经很大,巨阳线的形态构造已基本成形时,就不宜买入了。

②要采取什么行动,关键看巨阳线后的第二个月K线走势。这里

分两种情况:

第一,如果巨阳线后第二个月出现高开低走、平开低走、低开低走的现象就要当心了,特别是出现低开低走的现象,更要万分小心。一般来说,新股、次新股在平地拉出巨阳线后的第二个月 K 线走势,应保持强势,才能表示主力做多的诚意。因此,根据这个原则,只要发现股价下跌已经跌到了巨阳线的收盘价之下,就应该马上减仓(至少要减掉 1/3 以上的筹码),如果股价继续下跌,一旦触及巨阳线的 1/3 警戒线,应该马上抛空离场。有时股价下跌虽未触及巨阳线的 1/3 警戒线,但收出的是一根中阴线(如图 130 中巨阳线后面的第二根 K 线),这明显说明主力已无向上做的意愿,此时投资者应该作大规模减仓处理(至少卖掉 2/3 以上的筹码)。当然,如果第二个月只是收了一根小阴线,且股价收在巨阳线收盘价下方不远处,在这种情况下,可少量减仓,保持一定的仓位,并密切关注第三个月的 K 线走势[注]。但是要注意的是,假如第三个月 K 线继续收阴,即使是小阴线也不能再一厢情愿地看多了,此时应该全部卖出,观望为上;假如第三个月收的是小阳线,则可继续持股观望。不过对于盘整时间过长,迟迟不能突破巨阳线收盘价的现象,还是应该先将股票卖掉,退出观望为宜。

第二,如果巨阳线后的第二个月出现平开高走、高开高走的现象,就应该看好它,特别是盘中出现大幅跳空高开的现象(如图 131 中巨阳线后面的第二根 K 线),则更应该积极看好它。投资者见到这种现象应在第一时间先买进一些筹码(有此股票的投资者应该捂紧筹码),到月中或月末,发现股价走势仍然十分强劲,则可再继续加仓。

策略三:新股上市后出现快速下跌,特别是在跌幅超过 50% 的情况下(当然跌幅越大越好),突然拉出一根巨阳线,是一个重大的投资机会,投资者必须高度关注,积极加入。

为什么有人在投资新股、次新股时赚得盆满钵满,有人在投资新股、次新股时却输得惨不忍睹呢?其原因主要不是新股本身质地存在

【注】 根据有关资料统计,平地巨阳线出现后,第二个月在巨阳线收盘价附近出现一根小阴线,日后股价仍有上涨的可能,故建议大家此时可适当持股观望。

什么差别。有人认为新股质地优良，成长性好，就可以积极参与，而新股质地一般，缺乏成长性，就不能参与。但是，从实际情况来看，这点并不是主要的，因为新股质地优良、成长性好，上市时股价就会开得很高，新股质地一般，缺乏成长性，上市时股价就会开得低。试想，质地再优良的股票，股价开得很高，或者上市后股价马上出现飚升，使其价值被严重高估，此时，到底是风险大呢？还是机会大呢？答案不言而喻。而很多投资者并不明白这个道理，他们看到新股上市后股价高开高走，就看多、做多，特别是盘中拉出巨阳线后，仍然一味看高追涨，结果都被套在山顶上。所以，就新股上市后的投资机会而言，选时的重要性要大大超过选股[注]。

投资者了解这点后，就知道了新股、次新股的重大投资机会，不在新股上市之初（当然这种机会也有，但是很少碰到）。新股、次新股的重大的投资机会，是在股价快速下跌，甚至跌幅过半，突然出现巨阳线的时候。此时的巨阳线，对行情逆转起到了十分关键的作用。据有关资料统计，在这种情况下出现的巨阳线，往后股价继续向上的概率可以达到八成。特别要注意的是，新股、次新股下跌，在深谷处出现的巨阳线极具爆发力。它往后股价要么不涨，一旦涨起来，就是大涨，沪深股市中一些大牛股就是在这种情况下诞生的。因此，聪明的投资者在投资新股、次新股时，切不可放过这个千载难逢的重大投资机会。

下面，我再向大家提一些具体操作建议：

①新股上市后出现快速下跌，投资者可密切关注，但不要轻易加入（因为你不知道股价会跌得多深，跌到什么时候行情才会起来）。

②新股、次新股快速下跌后，在低位出现巨阳线，这是一个重要

【注】 关于选股与选时的重要性，谁比谁更重要，市场上众说纷纭。客观地说，从长期来看，选股的重要性肯定要大于选时，巴菲特就是其中的一个杰出代表。但是，从短期、中期来看，选时的重要性要优于选股。因为股市行情好时，质地优良的股票股价很容易被高估，买进风险很大，而只有到股市行情陷入低谷，质地优良的股票也跌得面目全非时，选股的重要性才凸现出来。

的买进信号。投资者可在出现巨阳线当月的月中,巨阳线的雏形已形成时,买入第一批筹码。巨阳线出现后,观察第二个月、第三个月的走势,只要确认股价在巨阳线收盘价上方运行,就可以大胆加入,买入第二批筹码(俗称加仓)。

③买进后要设好止损点,尤其是重仓买进更要严格执行止损纪律。虽然,从操作层面上来说,新股上市后连续下跌,在此情况下出现的巨阳线是一个重要的看多、做多信号,股价继续上涨的概率非常大。但是在少数情况下,巨阳线的出现,并没有起到对行情趋势的逆转作用,只是暂时起到了一个止跌的作用。投资者如果碰到这种情况,应该当机立断,坚决止损离场。

那么,止损点应该设在何处比较合适呢?我认为,设在巨阳线的1/2处比较合适。因为这是在大跌后出现的巨阳线,与在大涨后出现的巨阳线不同。大涨后出现的巨阳线属于空头性质,为了预防股价出现回调的风险,最后的止损点应设在巨阳线的1/3处,而大跌之后出现的巨阳线多数属于多头性质,为了防止将股价的正常回调误认为主力出逃,可将最后的止损点,适当放宽至巨阳线的1/2处。一般来说,如果连巨阳线的1/2都守不住,那就说明主力根本没有打算将股价做上去,只不过是利用巨阳线作掩护,来派发他们手中的一些剩货。既然如此,投资者也只能顺势而为,赶快止损出局。

实例十:佛山照明(000541)。该股是1993年11月上市的(见图134)。上市后,股价呈一路下跌的走势,在连跌9个月后,拉出了一根巨阳线,但在巨阳线后的第三个月,股价收了一根大阴线,将巨阳线的收盘价击穿,第四个月股价上冲巨阳线的收盘价失败,收了一根倒T字线(编者按:根据K线理论,在上涨途中出现倒T字线[注],是一个重要的见顶信号。投资者见到这个信号,就应该撤离了),第五个月收出了一根小阴线(见图中箭头A所指处),已将巨阳线的1/2处击穿。至此,投资者就不能对前面的巨阳线寄于希望了,只能止损出局。

【注】 关于倒T字线的特征与技术意义,详见《股市操练大全》第一册第40页~第43页。

从图中看，箭头 A 所指的 K 线，收盘价已明显地收在巨阳线的 1/2 以下处（据计算：巨阳线的 1/2 处价格是 10.49 元，而箭头 A 所指的 K 线收盘价是 10.12 元），投资者在当月就应该斩仓出局。如果这个时候继续持股，一年后股价最低跌到 5.90 元，股价又跌去 40% 以上。可见，在巨阳线被跌掉 1/2 后，不马上止损出局，会造成巨大的亏损

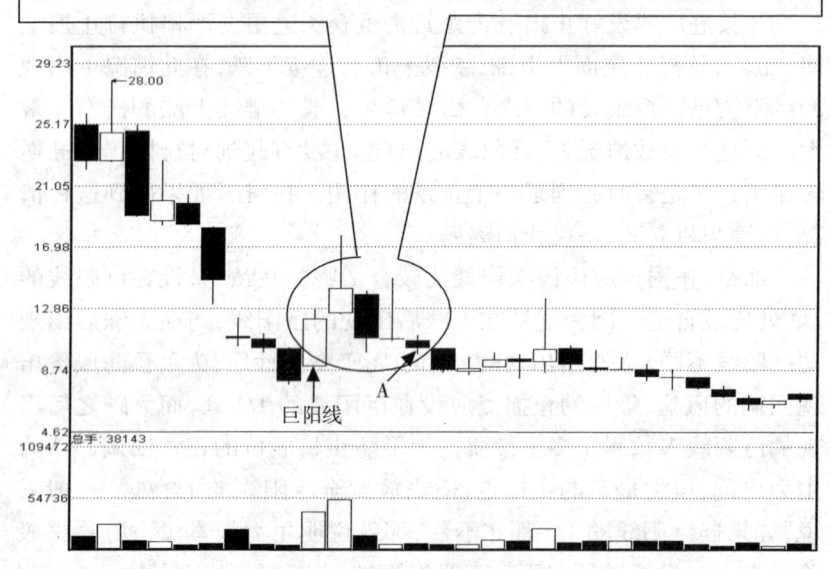

佛山照明（000541） 1993 年 11 月~1996 年 3 月的月 K 线走势图　图 134

现在我再来回答第二个问题，即"如何利用主力操作的习惯动作，来提高我们对巨阳线出击的成功率"。

俗话说，习惯成自然。每个人都有自己的习惯动作，主力操盘也有他们的习惯动作，投资者只要仔细地进行观察，就可以找到一些规律，从而可以大大提高自己的操作成功率。

一、一些主力在股价大涨之后，喜欢使用空头型巨阳线进行出货。

这些主力有个习惯动作，每次要拉高出货时都会使用巨阳线为掩护，设立骗局。因此，投资者只要发现在上涨途中拉出了巨阳线，就说明主力要出货了，此时，顺势做空就能成功逃顶。

实例十一：锡业股份（000960）。图 135 中有两根巨阳线（见图中箭头 A、B 所指处）。这两根巨阳线都是在涨势中形成的。第一根巨阳线（当月上涨 61.81%）是在股价加速上涨中形成的，股价在 2 年多一点时间里涨了 20 倍。把它确定为空头型巨阳线，那是肯定的。第二根巨阳线（当月上涨 55.11%）是在股价跌至低位后反弹中形成的，到拉出这根巨阳线时股价也涨了将近 4 倍，这个涨幅不算小，对这种巨阳线性质的判断：只要巨阳线出现后，股价重心是向下的，就可以确定它是空头型巨阳线。

根据巨阳线的操作规则，无论是在什么情况下出现的空头型巨阳线，只要是跌破巨阳线的收盘价就应该减仓，跌破巨阳线的 1/3 就应该清仓，如果当事人按照这个方法做了，两次都可以逃在高位，绝对是一个大赢家。

对付涨势中出现的巨阳线，特别是大涨后出现的巨阳线，要防范它们的风险，投资者就一定要记住，跌破巨阳线的收盘价即为第一卖点，跌破巨阳线的 1/3 即为第二卖点。第二卖点出现后必须全线抛空。如此操作，就能逃在高位，避开巨阳线带来的大跌风险

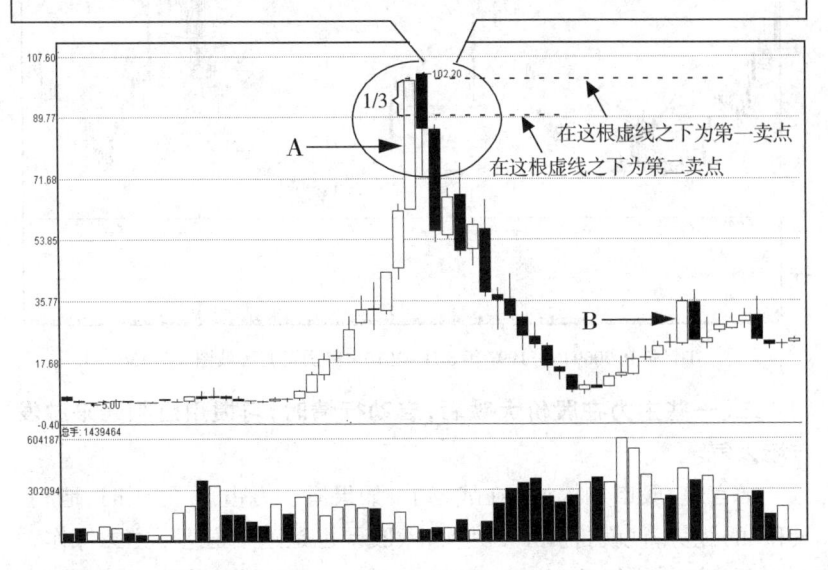

锡业股份（000960） 2005 年 5 月 ~2010 年 4 月的月 K 线走势图　图 135

实例十二:ST轻骑B(900946)。这是沪市B股市场的一个股票,它从1997年6月上市,至今已有13年了。图136就是它13年的月K线走势图。在这张图中,月涨幅超过50%的巨阳线只出现过3次。这3根巨阳线都派了什么用场呢?它们都被主力用来高位出货了。如果投资者知道主力有这个操作习惯,就能有的放矢地采取一些对策,操作成功率自然会有显著提高。

图中箭头A、B、C所指处,都是月涨超过50%的巨阳线(除此之外,图中就没有涨幅超过50%的阳线了),嘿!"巧的是",每次拉出巨阳线,主力就开始出货。如果知道主力有这个习惯动作,每次行情来了,上涨时不见到巨阳线就持股不动,见到巨阳线,第二个月一开盘就卖出,那么,几次逃顶都可以逃在高位,这样操作绝对是个大赢家

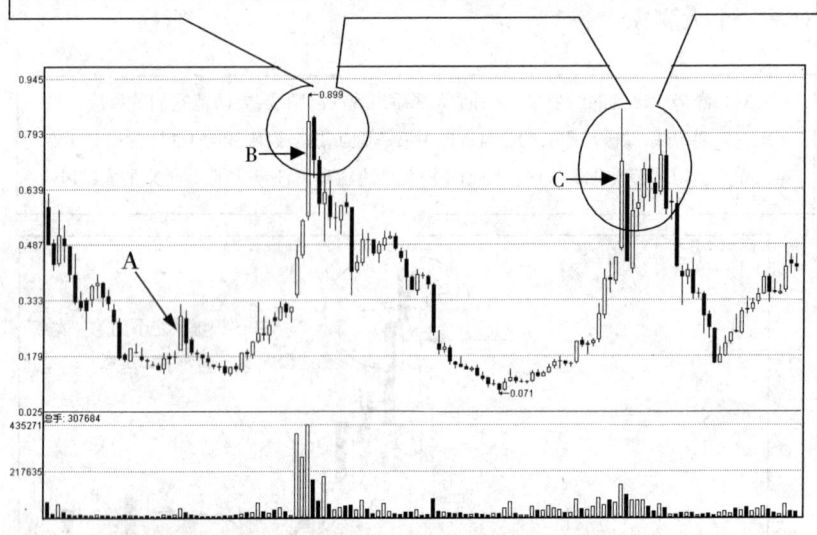

ST轻骑B(900946)　1997年6月~2010年1月的月K线图　图136

二、一些主力在股价大跌后,启动行情时,习惯用巨阳线来激发市场人气。

常言道,股市如战场。在战场上,如果有一方占据了"天时、地利、人和"的优势,仗就打赢了。其实,做股票也是这个道理。主力操作一个股票,在启动行情时,既要看"天时",又要看"地利",更要看"人

和"。所谓天时,即大盘走势逐渐向好,这是发动个股行情的先决条件;所谓地利,即炒作的股票质地不能太差,有故事可以讲,有题材可以挖掘;所谓人和,炒作时能吸引市场的眼球,有人出来捧场,大家会争相跟风,否则,主力自拉自唱,最后就成了"死庄"[注1],这是主力最担心的事。

那么,如何才能吸引市场的眼球,造成众星捧月之势呢?在低位拉出一根具有标志性的巨阳线,就是一些主力的惯用手法。他们在上一轮行情使用了这种手段来启动行情,在下一轮行情中往往又会故技重演。投资者如果熟悉主力启动行情的这个习惯动作,就可以知道,一旦在股价连续下跌后出现巨阳线,说明主力要看多、做多了,这个时候及时跟进,赢面是相当大的。

下面我们来看两个实例:

实例十三:深万科A(000002)。该股是深市的一个老牌地产股。它在1991年与1996年的两波牛市行情中,其股价跌至低位时,主力都是通过拉巨阳线来启动行情的(见图137)。这也可以说,是当时该股主力炒作的一个习惯动作。早期,一些善于观察的投资者发现了这个秘密,在主力第二次使用巨阳线启动行情时,及时跟了进去,后来获得了很好的收益[注2]。

【注1】 主力炒作一个股票,也面临成功与失败的两种可能。一般来说,主力炒作一个股票是否成功,一定要有人积极参与交易。比如,拉升时有人跟风,震荡时有人进出,发货时有人接盘。股票交易要保持一定的活跃度。换一句话说,股票的流动性是非常重要的。否则,筹码都在主力自己的手里,股价拉得再高也没有用,无人接盘,主力在高位只能自己举杠铃,撑不住了,就会出现高台跳水,最后以做庄失败而告终。这就是"死庄"的意思。

【注2】 2006年该股又出现了一轮牛市行情。在行情上涨初期,需要向上突破的关键时刻,主力再次利用巨阳线来激发市场人气(详见该股2006年11月的这根K线)。可见,主力利用巨阳线来吸引市场眼球,调动市场人气的操作习惯很难改变。投资者洞悉主力这个操作习惯,对判断该股走势很有帮助。

图中箭头 A、B 所指处都是巨阳线。这两根巨阳线都处于两波行情的低谷,是行情向上发动的一个主要标志,这成了该股主力操作的一个习惯动作。了解主力的这个习惯动作,就可以及时抓住该股重大的投资机会

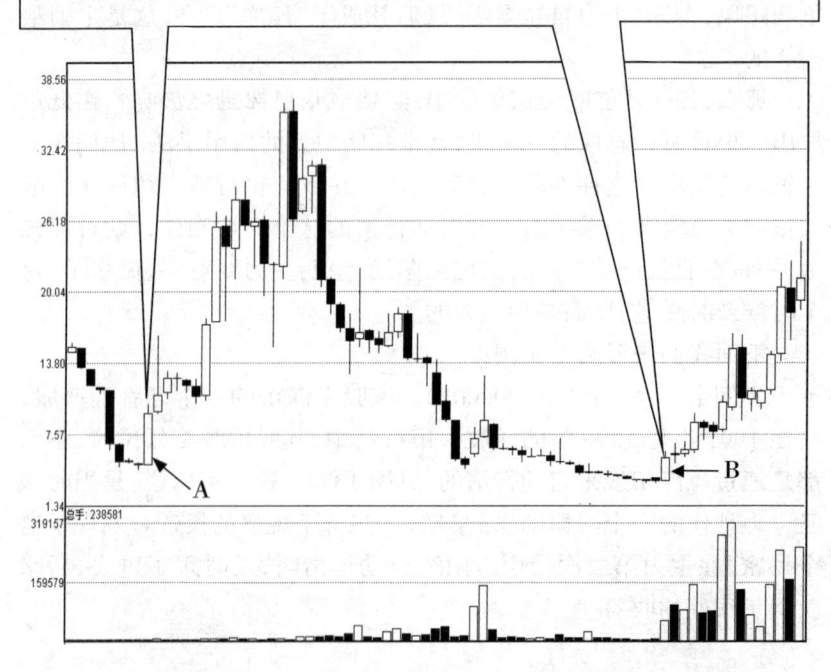

万科 A(000002) 1991 年 2 月~1997 年 6 月的月 K 线走势图 图 137

俗话说:习惯成自然,主力操盘也有他们的习惯动作。了解主力的习惯动作,就会给操作带来很大方便。

实例十四:贵航股份(600523)。该股是 2001 年 12 月上市的,至今已有 12 年历史。在两次大的牛市行情中,主力都用了同一种手法——通过拉巨阳线来吸引市场眼球,奠定牛市上涨的基础。在巨阳线之后,该股两次都出现了一波强劲的升势(见图 138)。

图中箭头 A、B 所指处都是巨阳线。该股主力发动行情的一个习惯动作,就是在低位拉一根巨阳线,以此来调动市场人气。如果我们了解主力这个操作习惯,要踏准该股的上涨节拍就成了一桩非常容易的事

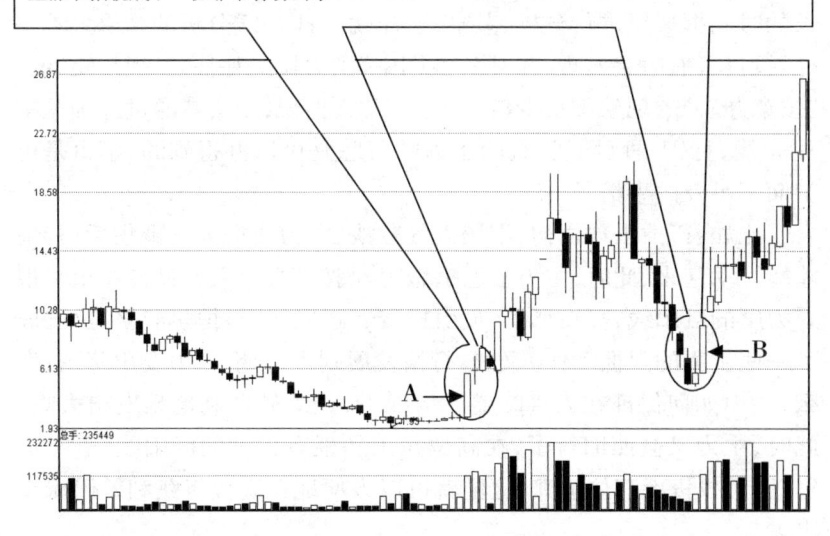

贵航股份(600523) 2001 年 2 月~2010 年 12 月的月 K 线走势图　图 138

三、一些主力操作时喜欢"按章办事"。比如,启动行情时,拉一根多头型巨阳线;高位出货时,拉一根空头型巨阳线。

俗话说:"知己知彼,百战不殆",很多人都懂得这个道理。于是,研究主力行踪的投资者也越来越多,但遗憾的是效果并不理想,其中有不少人打了退堂鼓。比如,有人对日 K 线研究了很长时间,最后得出结论,主力不按常理出牌,其行踪是无法跟踪的。

那么,这个结论对不对呢?当然是错的。如果说主力的行踪是无法跟踪的,那也就是说,普通投资者在与自己的对手"作战"时,始终处于"睁眼瞎",任人宰割的状态,这样输钱也就是必然的了。显然,这不符合实际情况。虽然主力很狡猾,不好对付,但他们的行踪是有蛛丝马迹可寻的。市场上有相当一部分投资者,通过跟踪主力的行踪成了赢家,这已是不可争辨的事实。

其实,跟踪主力的行踪,不能光看日 K 线,因为日 K 线时间短,

波动大，容易做手脚，有一些主力在日 K 线中，不按常理出牌，故意把大家的视线搞乱，他们好趁机混水摸鱼。此时，投资者不要被主力牵着鼻子走，不妨换一种思路，重点研究月 K 线，把主力的行踪放在更长的时间框架里进行分析、考察，这样就与日 K 线分析的结果大不一样。投资者有时会发现，在月 K 线图中，主力操盘往往是"很规矩"的，"按章办事"的现象不在少数。从这个意义上说，投资者通过仔细观察月 K 线，特别是巨阳线，查明主力的行踪是可以办得到的，不再是可望而不可及的事情了。

比如，行情出现之初，市场人气散淡，主力要把人气聚集后，行情才能发动起来，此时，主力会怎么做呢？"按章办事"，在低位拉出一根有力度的巨阳线，竖在那里，吸引投资者跟风，让行情热起来，这已成了一些主力的习惯动作。又如，行情发展到了后期，主力要出货了，那么，主力如何保证在人气旺盛的情况下，让筹码顺利地派发出去呢？此时，主力又会照旧行事，在高位拉出一根有力度的巨阳线，竖在那里，引诱投资者高位追涨，这样就可以方便地在高位将获利筹码派发出去。

有人不信，以为我上面说的都是在编故事。他们不相信主力会这样循规蹈矩，按章办事。那么，下面我就请大家看几个实例，看看主力是不是这样做的。

实例十五：万家乐（000533）。图 139 显示，该股是 1999 年 10 月上市的，上市后不久，股价就逐波回落，越走越熊。后来大盘走势已经向好，但该股走势仍旧疲弱不堪。上证指数在 2005 年 6 月~2006 年 4 月这 8 个月中，指数涨了 4 成多。但该股的股价却蛰伏着，纹丝不动。显然，该股长期下跌，其人气已经散尽。此时，主力要对该股发动行情，就一定要有一个大手笔的动作，才能让该股吸引市场眼球，把人气重新聚集起来。于是，主力就按章办事，采用一个最容易激发人气的手段——在 2006 年 5 月，拉出了一根涨幅接近 100% 的巨阳线。巨阳线竖起来后，盘中交易开始活跃。主力此时还没有完全做好拉升的准备，就让股价在巨阳线上方盘了几个月，并做了一些震荡洗盘的动作。该股正式向上拉升是从 2006 年 12 月开始的，仅仅 5 个月的时间,股价就上升到主力出货的目标价位。那么,主力是怎么出货的呢?主力仍旧是按章办事,在高位拉出一根巨阳线,以此来框住市场上对该股看多、做多的热情,并暗中开始悄悄地出货了,这个出货过程用了整整10个月的时间,才把货出完。等货出完了,股价就形成了破位下行的走势(见图中画虚线处),7个月后,股价又跌到了2006年5月当初拉巨阳线的起步价位。至此,该股这一轮炒作过程才算结束。

很明显,主力当时在炒作该股的过程中,是非常循规蹈矩的,一切都在"按章办事",巨阳线的设置与使用都非常"规范",不存在任何"越位"的情况。

该股主力操作十分"规范",图中仅有的两根巨阳线(见箭头A、B所指处),都被安排在"恰当"的位置上。这等于设了一个路标,把主力的行踪大白于天下。聪明的投资者就可以根据这个路标,决定下一步的行动,这样操作,胜券笃定在握

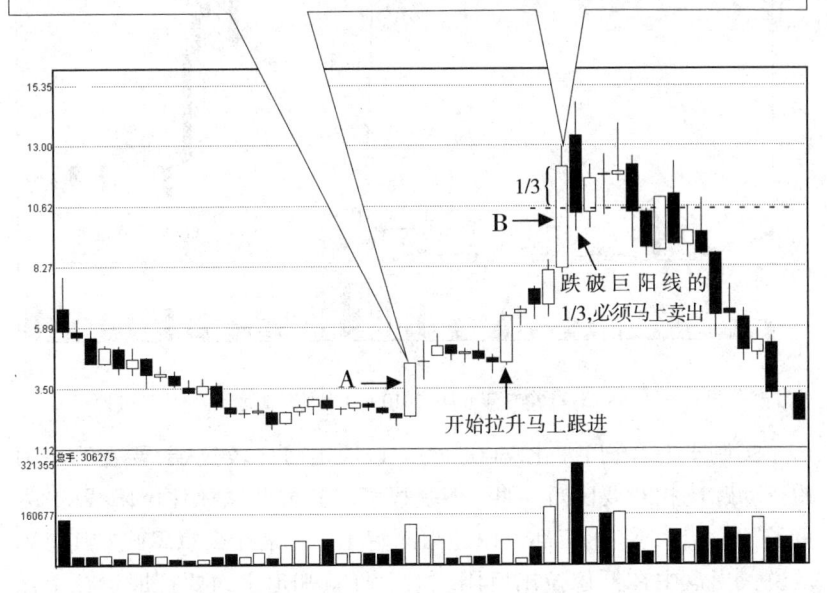

万家乐(000533)　2004年4月~2008年10月的月K线走势图　图139

实例十六:冠农股份(600251)。图140是该股上市以来月K线走势全景图。图中月涨幅超过50%的巨阳线只有2根。主力"恰到好处"地使用了它们,在低位顺利地利用巨阳线,发动了行情,在高位顺利地利用了巨阳线诱多出货。这一切都是按既定方针办的,并无什么出格之处。

> 图中两根巨阳线,各有各的用处,这都是主力按业内的行规设置的。这两根巨阳线像两个路标竖在那里。懂巨阳线的投资者,在其路标树立后,就知道主力下一步要干什么了。可见,主力的行踪,一般是可以弄清楚的。关键的问题是,当事人对巨阳线的知识究竟了解多少,如果投资者对巨阳线知识一无所知,或一知半解,主力的行踪也就看不明白了

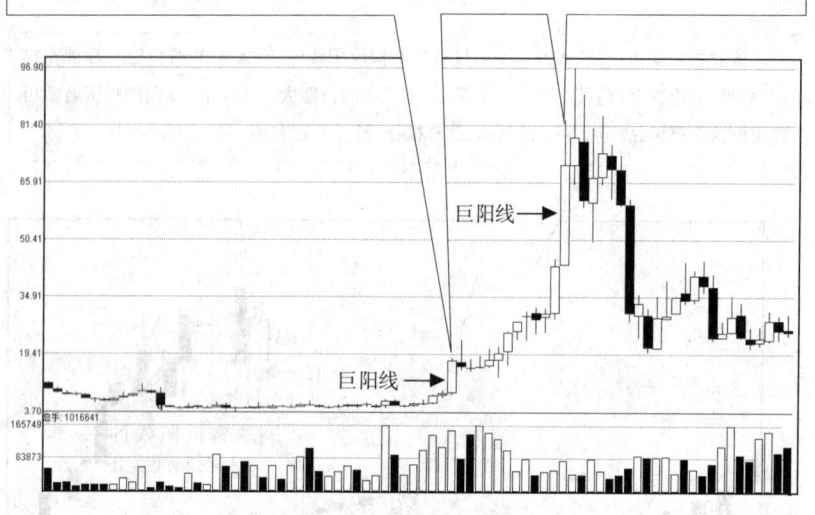

冠农股份(600251) 2003年6月~2010年1月的月K线走势图 图140

实例十七:沧州大化(600230)。该股走势比较复杂,要查明主力的行动踪迹相对要困难一些。但是投资者只要紧紧抓住巨阳线的"牛鼻子",一切困惑、迷茫都可以迎刃而解了。这是什么意思呢?其意思是说:当盘中在低位拉出巨阳线后,你就知道主力要把股价往上做了,此时你就跟着主力的足迹看多、做多,持股待涨;当盘中有了较大涨幅后拉出巨阳线,你知道主力要开始出货了,此时你就跟着主力

一起卖出(见图141)。这样操作,绝对不会犯方向的错误,既简单、实用,效果又出奇得好。可见,通过巨阳线查明主力的行踪,意义有多么重要。

该图走势反反复复,让人看了眼花缭乱,不知主力究竟在搞什么名堂,投资者操作时往往会因此而举棋不定。但是,投资者只要看到第一根巨阳线出现后,第二个月开盘就买进(只要往后股价在巨阳线上方运行,买进后就可以不管它了);看到第二根巨阳线出现后,第二个月股价低于巨阳线的收盘价,开盘就卖出。以此方式操作,这轮战役就打胜了。事实再一次说明,当主力在按章办事时,投资者跟在后面也同样地按章办事,这样不仅能及时地享受到股价大涨带来的快乐,而且能及时地规避掉股价大跌带来的风险

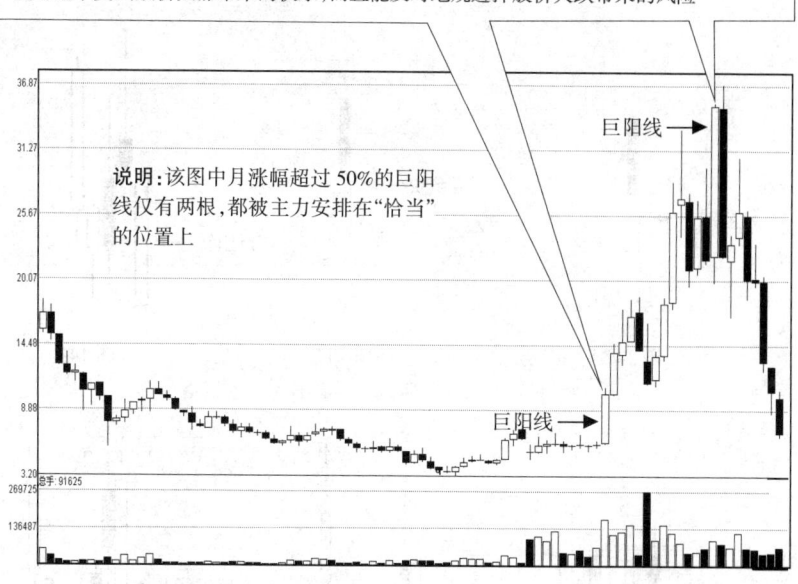

说明:该图中月涨幅超过50%的巨阳线仅有两根,都被主力安排在"恰当"的位置上

巨阳线

巨阳线

沧州大化(600230) 2001年5月~2008年10月的K线走势图 图141

图形识别深度练习 26

周老师说：上堂课大家讨论得非常活跃,效果很好。今天早上,又有一些同学向我提出了一些问题。其中有一个问题,我感到很有意思,因为我发现在这个问题上犯糊涂的人特别多。如果把它搞清楚了,在日后操作时,会给大家带来很大的帮助。因此,我想把这个问题拿出来让大家一起探讨,看看是不是可以捉摸出一些规律来。

这个题目是这样的。有两位同学从电脑里下载了6幅图（见图142~图147）。这6幅图中都有一根巨阳线,尔后的股价都跌到了巨阳线的1/3以下处,再后来股价又重新站到了巨阳线的收盘价之上。但它们中间,有的重新站到巨阳线收盘价上方后,股价很快就跌了下来,

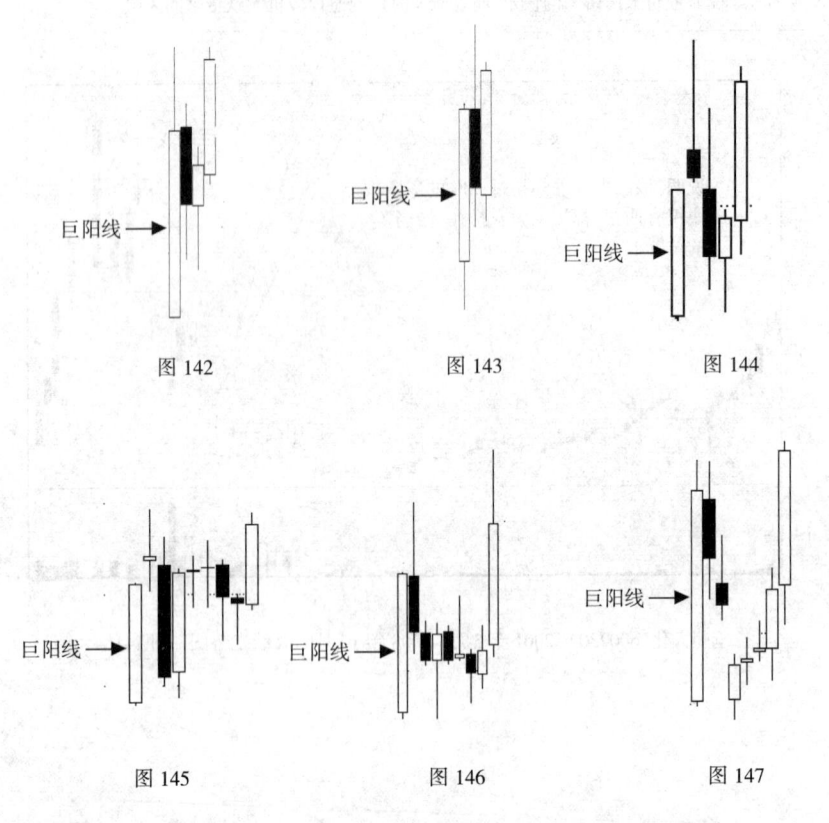

图142   图143   图144

图145   图146   图147

而有的站到了巨阳线的收盘价上方后，股价继续往上攀升，甚至出现了大涨。

现在请你仔细观察这6张图，然后指出哪几张图重新站在巨阳线之上，可以看多、做多的，哪几张图重新站在巨阳线之上，应该作反弹处理，要及时卖出的。另外，请你说明作出这样判断的理由。如果观察下来，无法判断这些个股重新站在巨阳线之上，往后走势究竟会向什么方向发展，因而无法作出做多还是做空的决策，哪也请你说明为何不能作出判断的理由。另外，通过对这几张图的分析，能不能找到一些规律性的现象。如果找到了，请具体说说这是一种什么规律，投资者应该如何按规律去操作？

解答 坦率地说，光看这几张图，是无法判断这些个股重新站在巨阳线收盘价之上，尔后股价的趋势究竟会向什么方向发展，因而也不能对他们做出正确的买卖决策。

其实，要正确判断这些个股重新站在巨阳线之上，股价是向上走还是向下走，是对它们看多、做多还是看空、做空，最有效的方法就是先弄清楚它们巨阳线的性质。如果图中出现的巨阳线是空头型巨阳线，或观望型巨阳线，股价跌下来后重新站在巨阳线之上，只能作反弹处理，操作时也只能看空、做空。反之，如果图中出现的巨阳线是多头型巨阳线，股价跌下来后重新站在巨阳线收盘价之上，就可以看好其后市，操作时就能看多、做多。

现在要做的工作是，如果想弄清楚图142~图147中巨阳线的性质，首先就必须查看它们在其走势中所处的位置，即走势复原图（见图148~图153）。走势复原图一出来，就容易鉴别了。根据盘面情况分析，我们可以基本上分析出图142、图143中的巨阳线是空头型巨阳线，图144、图145中的巨阳线是观望型巨阳线，图146、图147中的巨阳线是多头型巨阳线。由此可以推断出，图142~图145中的股价重新站在巨阳线收盘价位上，是反弹，预计股价不久就会形成大跌走势,因此对它要保持高度警惕,看空、做空是最佳选择;而图146、图147中的股价重新站在巨阳线收盘价之上,是反转,预计股价有一个较大的上升空间,因此,可对它积极看好,看多、做多是最佳选择。

图 142 的走势复原图

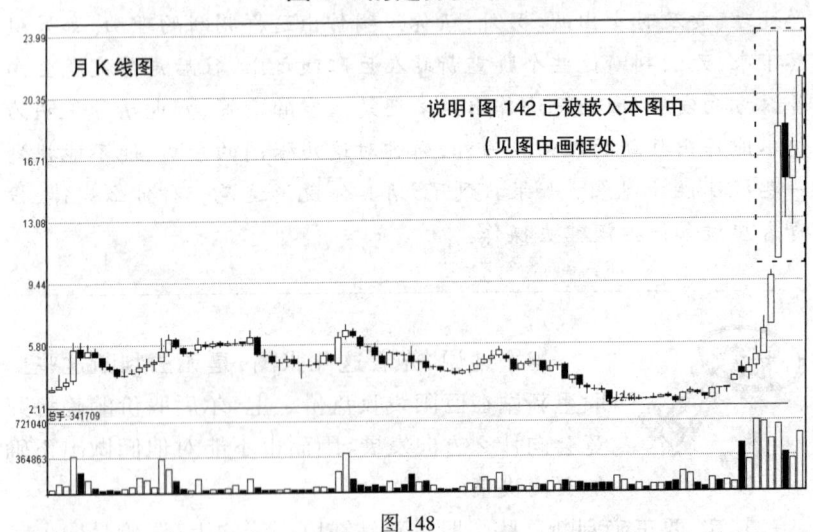

图 148

图 143 的走势复原图

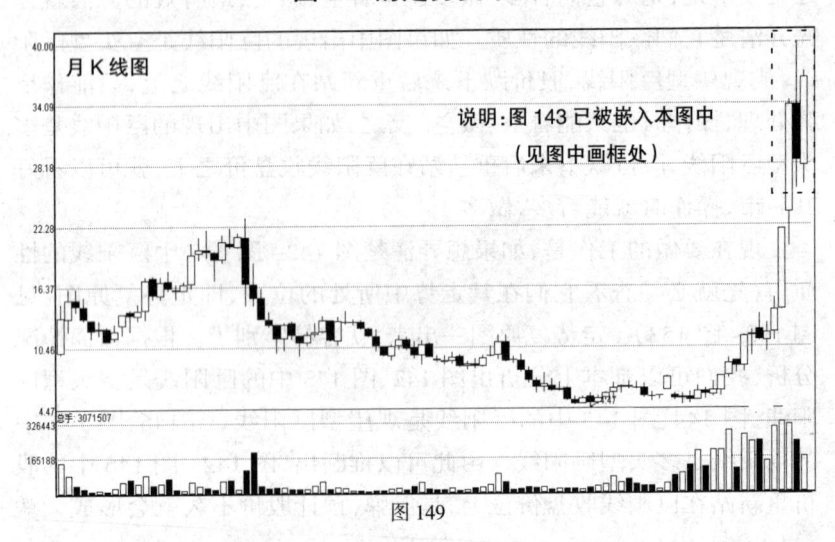

图 149

图 144 的走势复原图

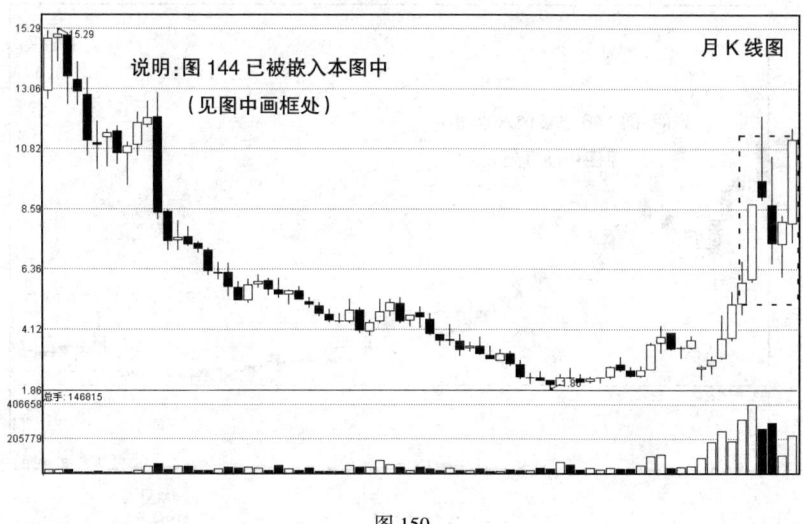

说明：图 144 已被嵌入本图中
（见图中画框处）

月 K 线图

图 150

图 145 的走势复原图

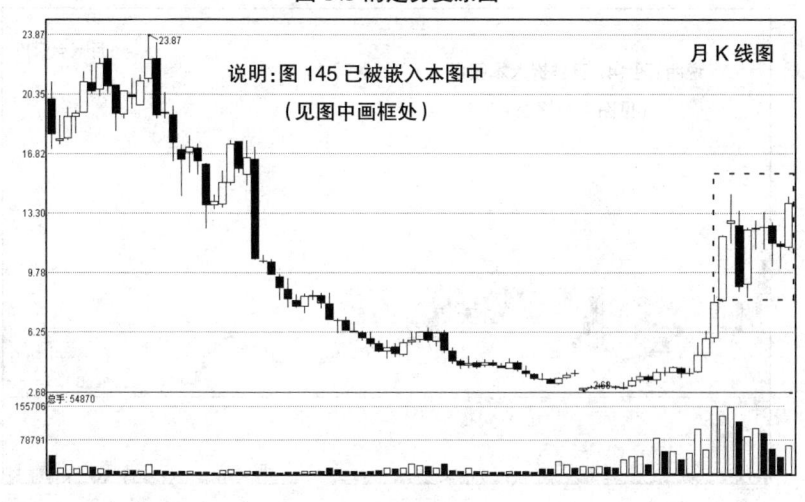

说明：图 145 已被嵌入本图中
（见图中画框处）

月 K 线图

图 151

图 146 的走势复原图

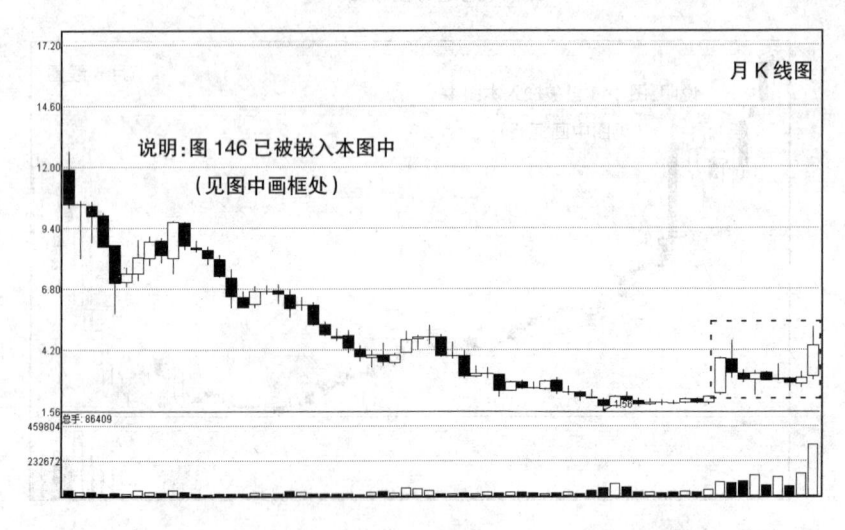

图 152

图 147 的走势复原图

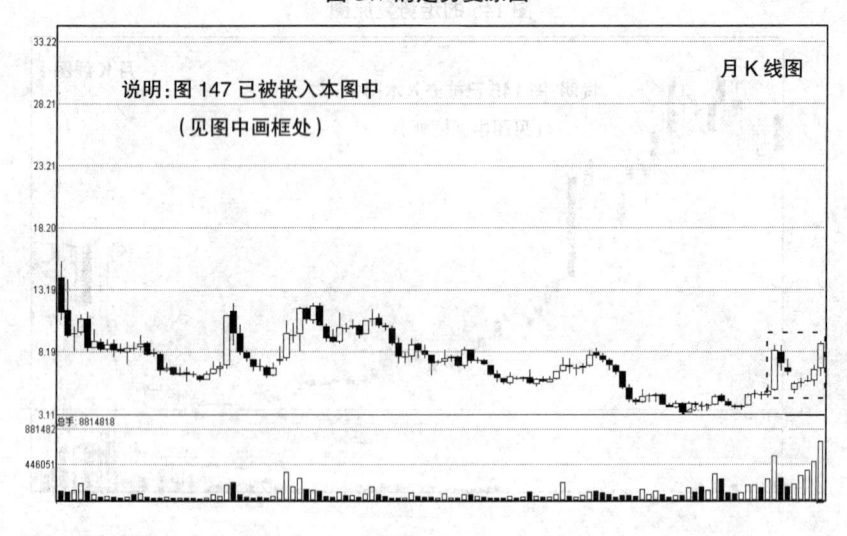

图 153

184

那么，这样的判断到底对不对呢？这里面究竟隐藏着什么秘密呢？

前面我们已经向大家强调过，**巨阳线在大多数情况下，其身份是姓"空"，而不是姓"多"，是对未来行情、股价的一种严重透支**。这一点大家一定要牢牢记住。投资者一定要明白，当股价有了一定涨幅，特别是有了较大涨幅后，主力拼命地推高股价，致使当月K线拉出巨阳线，其真正目的就是将股价拉高后，可以使自己手中的筹码卖出一个好价钱。对主力来说，巨阳线就是诱饵，是用来钓大鱼的，当一些缺少经验的投资者在高位追涨跟进时，主力就会把筹码卖给他们。

因此，对高位出现的巨阳线，原则上一定要看空、做空。当然，从操作层面上说，因为在一般情况下，巨阳线出现后，市场人气亢奋，股价仍有向上冲的惯性，所以策略上可以看空不马上做空。但不马上做空，并不是说就看好它的后市了。我们调查了沪深股市中所有在大涨之后拉出巨阳线的个股，在一二年之内，几乎百分之一百都跌到了巨阳线的开盘价之下，这说明什么呢？说明巨阳线对股价的严重透支，迟早都要还给市场的。正因为如此，投资者对大涨之后拉出巨阳线的个股，原则上一定要对它看空、做空。通常，对空头型巨阳线、观望型巨阳线，只要巨阳线的1/3被吃掉了，就说明主力在下狠心大量出货了，之后，股价再从低位涨上来，哪怕是重新站在巨阳线收盘价之上，创了新高，十有八九是主力在"请君入瓮"，投资者千万不要轻易上当受骗。根据这个道理，所以我判断图142~图145，现在股价重新站在巨阳线之上，是反弹，是一个逃命的机会，在此必须马上看空、做空。后来的事实证明，这样的判断是完全正确的（见图154~图157）。

说明：下面4张图（见图154~图157），就是图148~图151的往后走势图。其中，图里箭头A所指处，就是图142~图145中的巨阳线，箭头B所指处，就是图142~图145中的最后一根K线，即股价重新站在巨阳线收盘价上的那根阳线。我们从这4张图中可以看得很清楚，在出现箭头B这根阳线后，股价很快就再次跌到了巨阳线收盘价的下方。事实证明，当时对图142~图145，看空、做空是对的，而看到股价重新站在巨阳线收盘价之上,认为形势向好,从而跟风追进的投资者都吃了大亏。

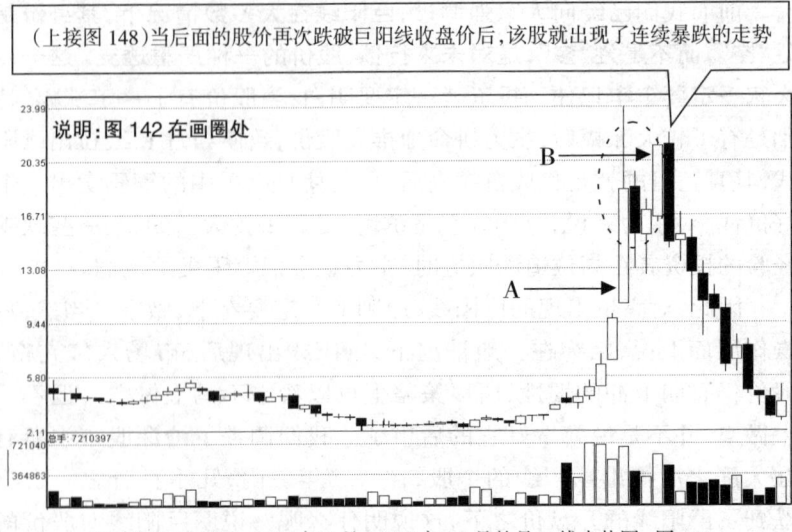

(上接图148)当后面的股价再次跌破巨阳线收盘价后,该股就出现了连续暴跌的走势

说明:图142在画圈处

ST 东航(600115) 2003年4月~2008年11月的月K线走势图 图154

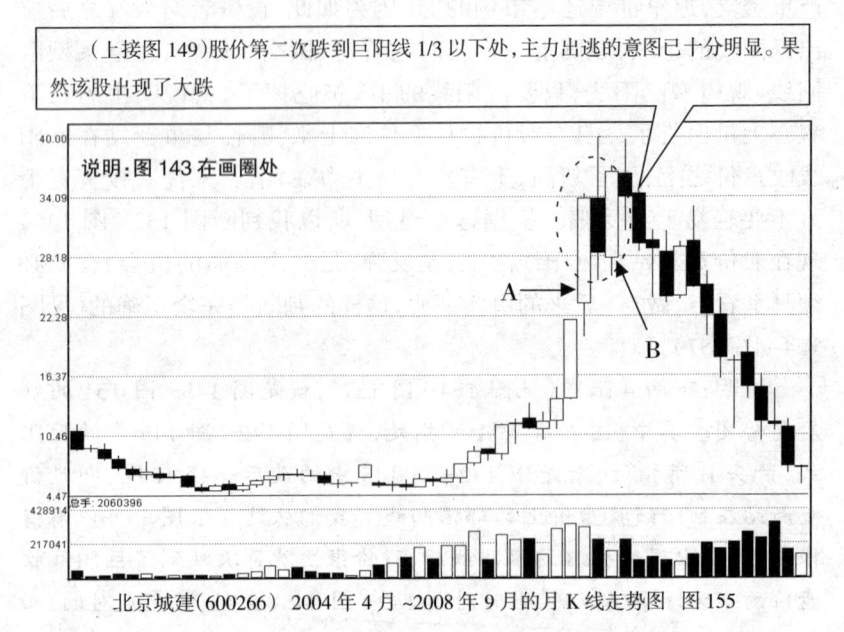

(上接图149)股价第二次跌到巨阳线1/3以下处,主力出逃的意图已十分明显。果然该股出现了大跌

说明:图143在画圈处

北京城建(600266) 2004年4月~2008年9月的月K线走势图 图155

(上接图150)该股重新站在巨阳线收盘价之上,纯粹是一个骗局。瞧!股价很快又跌了回去

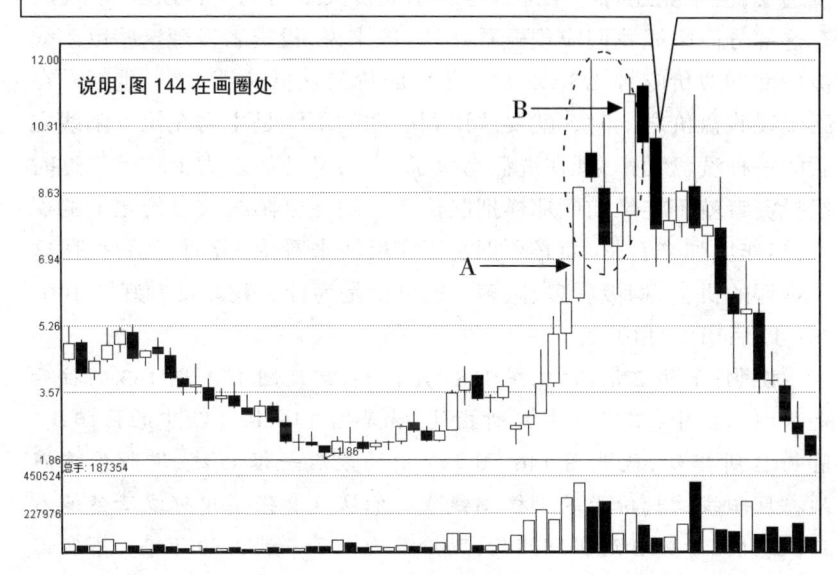

说明:**图 144 在画圈处**

*ST 四维(600145)　2003 年 11 月 ~2008 年 10 月的月 K 张走势图　图 156

(上接图151)巨阳线的大半部分都被第二根阴线所覆盖。这样股价即使重新走强,也仅是反弹而已,这点如看不清楚,盲目追高,跟进去就输惨了

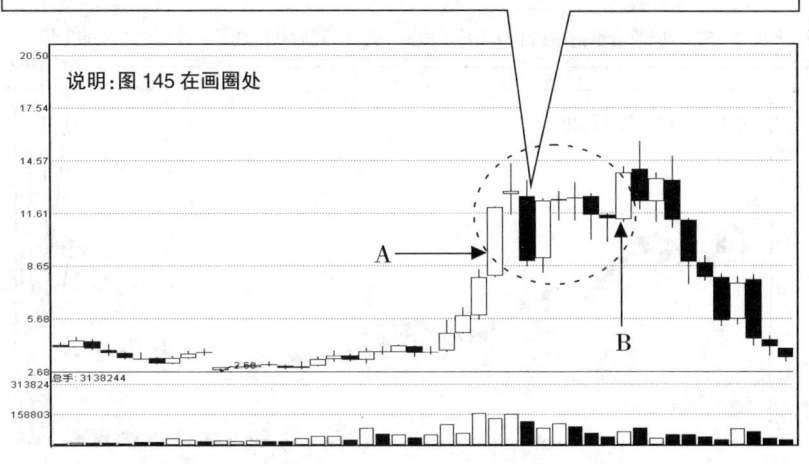

说明:**图 145 在画圈处**

大杨创世(600233)　2005 年 1 月 ~2008 年 10 月的月 K 线走势图　图 157

但是话要说回来，虽然巨阳线中的大多数都是表示对股价的严重透支，但毕竟还有一小部分是表示股价大跌后的一种恢复性上涨，对这部分巨阳线我们应积极看好。一般来说，投资者发现这些巨阳线被后面的股价吃掉 1/3 或 1/2。尔后股价又从低位涨上来，重新站在巨阳线收盘价之上时，就要认识到前期的下跌是主力在拉巨阳线之后的一种洗盘动作，现在洗盘结束了，主力又开始发力上攻了。这时候投资者就不能像前面那样把股价重新站在巨阳线收盘价之上的现象，当作反弹来看待，而必须把它当作反转来看待。此时，就要抓住这个难得的机会，积极看多、做多。这也就是为什么我非常看好图 146、图 147 后市的理由。

说明： 下面 2 张图（见图 158、图 159），就是图 152、图 153 的往后走势图。其中，图里箭头 A 所指处，就是图 146、图 147 中的巨阳线，箭头 B 所指处，就是图 146、图 147 中的最后一根 K 线，即股价重新站在巨阳线收盘价上的那根阳线。我们从这 2 张图中可以清楚地看到，在出现箭头 B 这根阳线后，股价就迎来了一波大的升势。事实证明，当时对图 146、图 147，看多、做多是对的，而把它当作反弹，"逢高卖出"的投资者，将便宜的筹码拱手让给了主力，最后成为牛市行情的踏空者，这是很可惜的。

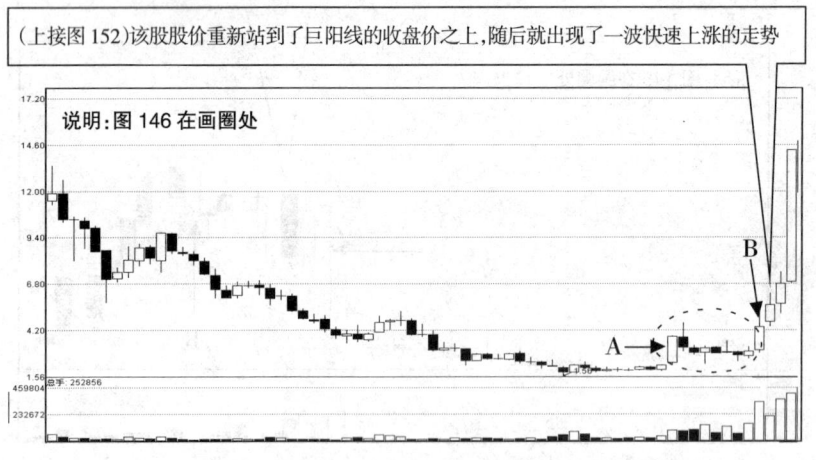

（上接图152）该股股价重新站到了巨阳线的收盘价之上，随后就出现了一波快速上涨的走势

说明：图 146 在画圈处

华升股份（600156） 2001 年 8 月~2007 年 4 月的月 K 线走势图　图 158

(上接图153)图中箭头所指的K线,其收盘价不仅已经站在巨阳线的收盘价上方,而且创了新高,这是强烈的看涨信号,及时跟进,后面的收益大得惊人。

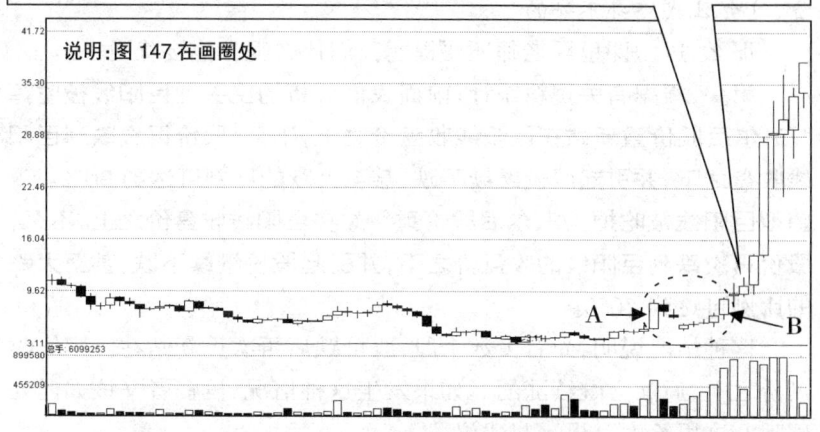

说明:图147在画圈处

东方集团(600811) 2001年4月~2007年8月的月K线走势图 图159

〔话外音〕周老师是个很仔细的人,他讲课一定会把正反两方面的因素都考虑进去。下面他又要给大家说另外一种可能了。有人问他,把大概率的事情讲清楚就可以了,为什么一定要向大家交待一些小概率的事情?周老师回答:投资者在操作时确实要以大概率事情为准绳,这样操作才能获得成功,但分析问题时,就必须把各种情况都要弄清楚,这样到时候就不会犯糊涂了。周老师还强调,我是《股市操练大全》编写组的一个成员,我不能违背《股市操练大全》编写组制定的写书、讲课的原则——"客观、科学、简便、实用"[注]。更主要的是,

【注】"客观、科学、简便、实用",是出版社与黎航老师共同制定的编写《股市操练大全》丛书的基本准则。所谓客观,是指分析问题时,一定要以事实为基础,不能想当然,选用的材料要全面、公正,不能说好时就绝对好,说坏时就绝对坏,要把正反两种情况、两种可能都向读者交代清楚;所谓科学,是指分析问题由浅入深,由表及里,要有严密的逻辑推理,要学会辩证地看问题;所谓简便,是指告诉读者的所有方法,都不能含糊其词,不能只有少数人听得懂,而要让大多数人看后就能明白是怎么回事,操作起来非常方便;所谓实用,是指所介绍的方法在实战中能产生积极的效果,成功概率低于70%的都不向读者推荐,要把最有效、最能产生积极效果的方法,重点推荐给读者。

189

我要对百万《股市操练大全》读者负责,不能因为我把问题讲漏了、讲错了,给读者操作时带来误导,造成损失,这样我的良心就要受到谴责,这会让我终身不安的。

那么,这堂课里周老师还要提醒我们什么呢?他接着说:

第一,根据有关资料统计,前面我们分析的空头型巨阳线被吃掉1/3,尔后股价重新站在巨阳线收盘价之上,不久,股价再次跌到巨阳线收盘之下,并引起股价继续下跌,甚至大跌的比例可达到90%。观望型巨阳线被吃掉1/3,尔后股价重新站在巨阳线收盘价之上,不久,股价再次跌到巨阳线的收盘价之下,并引起股价继续下跌,甚至大跌的比例可达到70%。

这种情况说明,尚有少数个股,股价跌后再次重新站在巨阳线收盘价之上,后面会继续涨的。如果发生这种情况,投资者又该如何处理呢?这里给大家提一些建议:

①假如分析下来,觉得只有一成希望的东西[注],因其成功概率太低,应该彻底放弃。即使涨上去,当事人不应该眼馋,因为这不是自己应该赚的钱。此时,应该另觅其他投资良机,把这个事情彻底忘了。

②假如分析下来,觉得有三成希望的东西,因其成功概率相对高一些,对有这方面经验,或者是熟悉该股主力操作手法的投资者,可在控制好风险的前提下(比如先卖掉一些筹码),谨慎地看多、做多。但一定要记住一个原则,如发现股价冲高回落,回落时股价再一次跌到巨阳线的收盘价之下,就不能再与主力玩了,此时就要下决心离开这个是非之地。

第二,根据有关资料统计,多头型巨阳线被吃掉1/3~1/2,尔后股价重新站在巨阳线收盘价之上,之后股价继续上涨,甚至大涨的比例可达80%。

这种情况说明,尚有两成左右的个股,出现这种现象时,后市是

【注】 所谓一成希望与三成希望,很难用文字进行描述,作出这样的判断,主要凭当事人的投资经验。比如,天量天价,股价大涨后暴出天量,继续上涨的可能性很小,此时看多、做多,赢的希望只有一成。有经验的投资者,对这种成功希望极小的事情,就会选择主动放弃。

下跌的。面对这种情况,投资者应该怎么办呢？这里也给大家提一些建议：

①当股价重新站在巨阳线收盘价之上时,一定要积极看多、做多,因为在这种情况下,股价向上是大概率,而且这样的机会并不多见,放弃是非常可惜的。

②要注意股价冲高回落时不能再跌到巨阳线的收盘价下方（见图160）。如出现这种现象,说明操作该股的主力资金实力不强,抗不住上面的抛压,或者就是该股基本面突然出现了什么问题,被市场主力获知,致使他们改变了主意,放弃了继续把股价做上去的打算。总

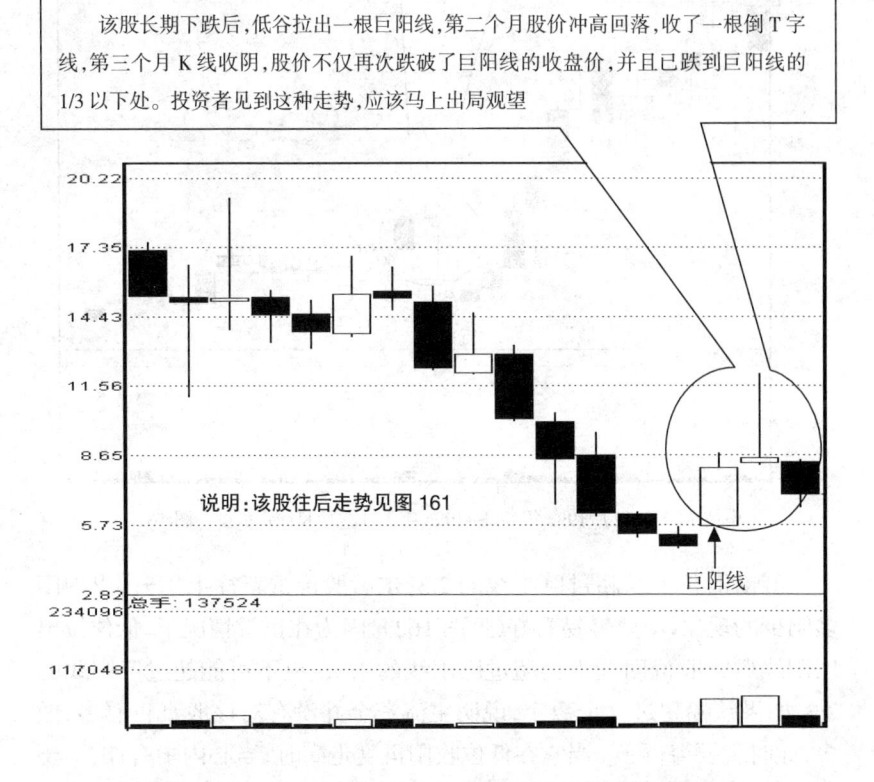

该股长期下跌后,低谷拉出一根巨阳线,第二个月股价冲高回落,收了一根倒T字线,第三个月K线收阴,股价不仅再次跌破了巨阳线的收盘价,并且已跌到巨阳线的1/3以下处。投资者见到这种走势,应该马上出局观望

南坡A(000012) 1993年6月~1994年10月的月K线图　图160

之,不管发生了什么情况(其实,普通投资者是很难知道当时到底发生了什么),只要我们在盘面上发现股价又出现跌破巨阳线收盘价的现象,此时就不能再盲目对它看多、做多了,而必须马上止损离场,要防止后面下跌的风险(见图161)。

(上接图160)当时投资者见到股价冲高回落,重新跌回巨阳线收盘价之下,特别是巨阳线1/3被吃掉后,马上出局是绝对正确的。在这之后,该股又连跌了1年多时间,股价又再次遭到腰斩

南坡A(000012) 1993年6月~1996年1月的月K线走势图　图161

③对股价下跌超过巨阳线的2/3,尔后股价重新往上攀升,出现阳多阴少的现象,不要轻易看好(见图162)。因为在正常情况下,低位拉出巨阳线后,股价回调不会超过巨阳线的1/2,更不可能超过巨阳线的2/3,如果跌幅超过这个数字,说明主流资金并没有对该股真正看多、做多,此时就要警惕了。当它在低位收阳再度走高时,当心内中有诈,不要盲目跟进(见图163)

该股长期下跌后拉出了巨阳线,按理说应该看好了,但巨阳线后股价回调时,巨阳线的2/3处已被阴线所覆盖,故而股价再次在低位收阳向上攀升时,就不能盲目看好。否则,就要吃大亏

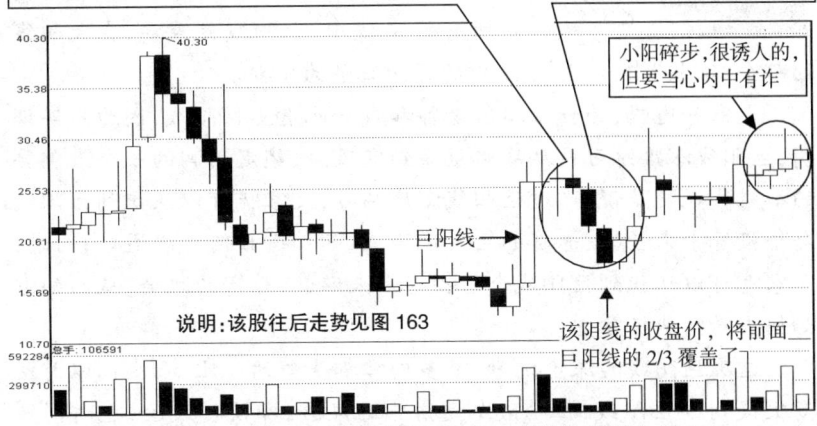

小阳碎步,很诱人的,但要当心内中有诈

巨阳线

说明:该股往后走势见图163

该阴线的收盘价,将前面巨阳线的2/3覆盖了

东方通信(600776) 1996年11月~2000年12月的月K线图 图162

(上接图162)瞧!即使是在低位出现的巨阳线,一旦巨阳线被吃掉2/3,之后股价再重新走高,出现阳多阴少的格局,呈现一派"欣欣向荣"的景象,投资者都不要轻易相信(除非在巨阳线收盘价上连续放量走高,且有大阳线或中阳线出现,才可以试着看好,用少量资金试着做多)。如果投资者盲目看好跟进,很有可能为此付出惨重的代价。该股走势就是一个证明

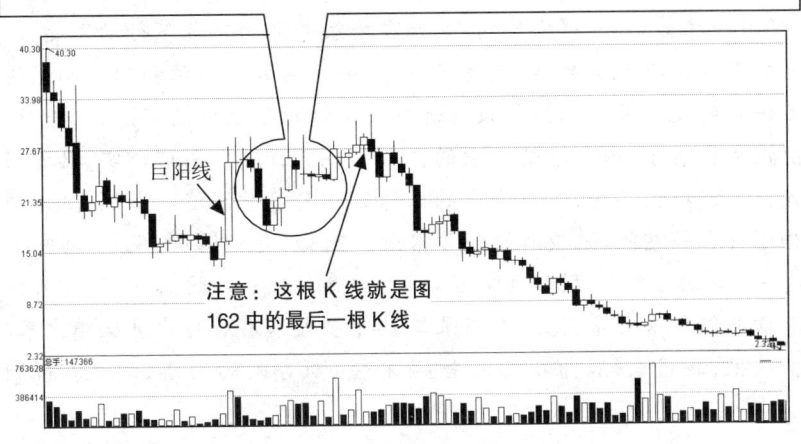

巨阳线

注意:这根K线就是图162中的最后一根K线

东方通信(600776) 1997年6月~2005年7月的月K线走势图 图163

193

图形识别深度练习 27

周老师说：今天是巨阳线深度练习的最后一堂课，之后我就要和大家再见了。我是研究K线的，10多年研究下来，我深深感到在所有的K线中，大阳线最重要，在大阳线的整个"家族"中，以月K线中的巨阳线最为重要。

大家知道吗，为什么黎航老师和我如此看重巨阳线，因为事实证明，巨阳线深度练习是从战略层面锁定风险、锁定利润的一个最重要的举措。也就是说，通过巨阳线深度练习，大家既可以认识到巨阳线会给投资带来暴跌、赤贫的巨大风险，从而知道如何去规避它；同时，大家也可以认识到巨阳线会给投资带来飚升、暴富的机会，从而知道如何去紧紧地抓住它。

这次巨阳线的深度练习，很多内容都是新的。比如，我们以前也多次提到过巨阳线，但一般都是讲它的风险，即使讲风险，也讲得很浅，没有深入展开讨论，应对措施、应对策略都存在较大的缺陷。而现在我们讲巨阳线，内容就要深刻得多。对巨阳线既讲到了它的风险（当然，这是最主要的，因为绝大多数的巨阳线都是在大涨后出现的，它是对股价、行情的一种透支），同时也讲到了它的机会。这样就比较全面、客观，可以帮助大家真正认识、使用好巨阳线。

我这里告诉大家一个好消息，为了配合巨阳线的深度练习，连《股市操练大全》资料室的同志，都在黎航老师的动员下行动了起来，他们在查证有关资料后，撰写了一份《关于主力在高位利用巨阳线诱多出货的几种常见图形与投资者应该采取的相应对策》研究报告。这份报告我看了，内容很好。它的特点是，观点鲜明、举证翔实、贴近实战、方法简便、实用，对投资者的操作有一定参考价值。当然，这份报告还存在一些问题，要作进一步修改。例如，有些提法、观点，还需要进一步推敲，文字、措辞还略显粗糙，等等。教务处同志建议，作为征求意见稿发给大家（见本书附录二）。希望大家看后将意见反馈上来。在这里，我代表《股市操练大全》资料室、教务处的同志，向大家拜谢了。

现在回到正题上来,今天是最后一堂课,总要讲一点能给大家留下深刻印象的内容。我思考再三,决定举几个实例,重点说说投资者如何通过巨阳线,从战略层面来锁定风险、锁定机会,早日圆上股市大赢家的梦想。

现在先请大家看几张图。这几张图中都有一根巨阳线,它们的各自技术含义与作用是不同的。通过实验可以证明,如果投资者看懂了这几根巨阳线,并在看懂后将理论付诸于实践,这样就很有可能从一个散户做到大户;同样的,如果投资者看不懂这几根巨阳线,盲目行动,这样也很有可能会输得很厉害,甚至有可能从一个大户输成为散户。

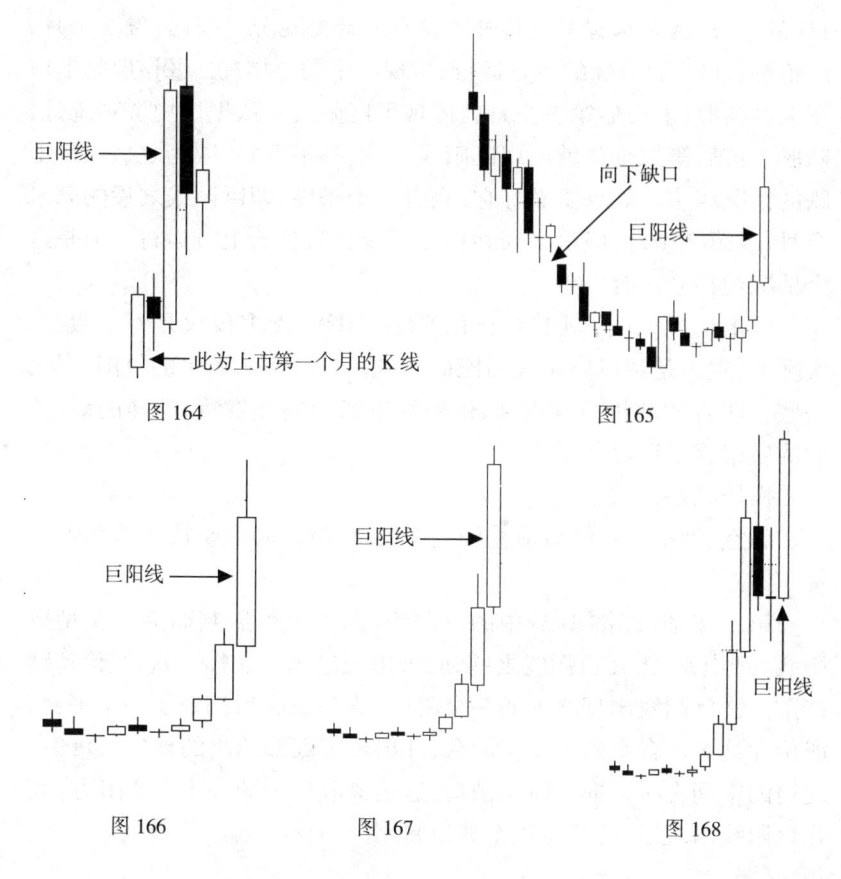

图 164　　　　　　　　　　图 165

图 166　　　　图 167　　　　图 168

请问:①上面这几张图中的巨阳线究竟属于什么性质?②见到这样的图形,如果是你,准备下一步怎么操作(请具体说明每一张图的操作理由与操作策略)?

解答

第一张图(即图164)中的巨阳线,其性质基本上可以判断为空头型巨阳线。理由是:①巨阳线出现后的第二个月就收了一根阴线,并且这根阴线已将巨阳线 1/3 以上部分覆盖。②巨阳线出现后的第 3 个月收了一根小阳线,但小阳线的收盘价仍处在巨阳线 1/3 的下方(这是根据其股价计算得出来的结论)。这样连续 2 个月,股价都在巨阳线 1/3 的下方运行,呈现一个弱势格局。③该股是上市不久的新股,上市后第三个月就出现了巨阳线。依据历史资料统计,新股上市后第三个月就出现巨阳线,一般都不看好,因为之后股价下跌的情况居多。如果要看好它,只有一个条件,即巨阳线之后的第二个月,或第三个月,股价必须站在巨阳线收盘价的上方运行。但是这个情况现在并没有发生。

以上情况表明,图 164 中出现的巨阳线,做多仅仅是一个假象。实际上,主力是想以巨阳线为掩护,营造一种看多、做多的氛围,引诱一些不明真相的投资者进来,他们好不断地向外发货,这样的话,该股的后市就岌岌可危了。

操作策略:

看空、做空。持股者应立即卖出股票,持币者应坚持持币观望。

第二张图(即图 165)中的巨阳线,基本上可以判断为多头型巨阳线。理由是:①在巨阳线之前,股价出现过长期大幅下跌,股价超跌严重。②巨阳线出现之前的一个阶段,该股见底后构筑了一个平台,股价在这个平台盘整了半年之久,并出现了底部抬高的现象。③图中左边的中间有一个向下跳空缺口,这是该股上升的一个主要阻力。现在巨阳线出现后,已经将这个缺口封闭。

综合以上理由,可以发现,这根巨阳线是建立在"超跌＋长期平台盘整＋力克重要阻力位"的基础上,这根巨阳线很可能就是在低位出现的多头型巨阳线。这种形式的巨阳线往往蕴藏着重大的投资机会,必须紧紧抓住。

操作策略：

①巨阳线后第二个月,只要股价出现平开高走、高开高走,或低开高走,就可以对该股的后市积极看好(编者按：可参看第二个月第一周的周K线收盘情况,若该周K线以红盘报收,就可以大胆买进)。

②若巨阳线后的第二个月,一开盘就呈现非常强的上涨势头,如大幅跳空高开高走,宜马上跟进。

③巨阳线后的第二个月出现以下情况,暂不跟进,需观望：A、如股价低开低走,月末以小阴收盘(但收盘价仍收在巨阳线的1/3以上处)；B、如股价高开低走,月末以小阴收盘(但收盘价收在巨阳线的收盘价附近)。

④第一止损点设在巨阳线的1/3处,股价跌破此处,卖出30%；第二止损点设在巨阳线的1/2处,股价跌破此处,卖出70%；第三止损点设在巨阳线的2/3处,股价跌破此处,全部卖出。

第三张图(即图166)中的巨阳线,属于观望型巨阳线。理由是：依据该股当时的涨幅,及与其性质类似的个股相比,其股价处于可上可下的位置。因此,对它既不能盲目看多、做多,也不能盲目看空、做空。

操作策略：

①如果巨阳线之后的第二个月,股价继续保持上涨势头,就继续对它看多、做多。

②如果巨阳线之后的第二个月、第三个月,收出小阴、小阳,股价在巨阳线上方进行盘整,可暂时持股不动,保持观望。

③如果巨阳线之后的第二个月,股价出现急速冲高回落之势(如当月拉出射击之星、倒T字线),就先卖出部分股票。

④如果巨阳线之后的第二个月,股价收在巨阳线收盘价下方,但尚未跌破巨阳线的1/3,可先减掉一些仓位；若跌破巨阳线的1/3这

个警戒线,就全部卖出。

第四张图(即图167)中的巨阳线,基本上可以判断它的身份姓"空",是一种空头型巨阳线。理由是:①该股已经连续大涨,此时再拉出巨阳线,对未来的股价造成了严重的透支。②主力利用该股10送4的利好,拉出巨阳线,有诱多的嫌疑。③从历史资料统计来看,在连续大涨的情况下,再拉出巨阳线,往后股价下跌的概率极大。

综合上面几条理由,投资者对该股后市不能再看好,要随时做好退出的准备。

操作策略:

①看空,但不马上做空(可在该股除权后出现填权时,逢高卖出)。

②巨阳线之后的第二个月,股价出现平开高走,高开高走,可继续持股,但要做好随时卖出的准备(比如,股价上升出现疲软时,即应将股票卖出,或分批卖出)。

③巨阳线之后,一旦发现股价跌破巨阳线收盘价,出现低开低走的现象,就应该进行减仓。特别要注意的是,巨阳线的1/3底线不能被击穿,击穿就应该坚决退出。

第五张图(即图168)中的巨阳线,可以肯定为空头型巨阳线。理由是:①该股在短短的半年多时间,股价就一下子猛涨10多倍,这个涨幅是相当惊人的。②事隔3个月,上市公司再次推出10送10的利好。主力则利用前期除权(10送4)后填权的"赚钱效应",再次拉出巨阳线,引诱投资者高位跟风。

综合以上的两条理由,基本上可以断定主力在用这根巨阳线为掩护,进行最后一波的疯狂炒作,以便在炒作中向外大量发货,高位套牢那些梦想该股除权后再次产生填权效应的投资者。

操作策略:

参见第四张图(即图167)中的操作策略。

上面我们详细地分析了图164~图168中的巨阳线究竟是什么

性质,以及投资者应该怎么操作的问题。

一位伟人说过,感觉了的东西不能深刻理解它,而理解了的东西才能深刻感觉它。我们要深刻理解巨阳线,不能光站在普通投资者的立场上看问题,而必须同时站在普通投资者的对立面,即主力的立场上看问题,这样才能真正理解巨阳线,做到知己知彼,操作时取胜的把握就更大了。

下面我就试着站在主力的立场上,看看当时主力为什么要拉出这样的巨阳线,他们到底想干什么?

首先,我要向大家说明的是,其实图 164~图 168 都是从同一个股票走势图上截下来的[注]。现在我把 5 张图都复位,还原成一张完整的个股月 K 线图(见图 169)。

现在请大家仔细观察图 169 中的巨阳线。仔细观察有两个目的:其一,大家观察后可以检查一下,当时在分开看 5 张图时,最后的操作究竟对不对?如果操作错了,主要错在哪里?其二,大家可以依据图中的巨阳线来分析、解剖主力的操作意图,弄清他们拉巨阳线的真正意图是什么。

这里先把我的检查结果告诉大家,经过检查、核对,我在上面讲的,对这 5 根巨阳线性质的判断与操作策略,基本上都是正确的。如果有谁按照上面操作策略中的建议进行操作,我相信在这个股票上的赢面是非常大的,如果做得好的话,至少有 10 倍以上的收益(不信,大家可以自己去检查、核对)。

接下来,我就站在主力的立场上,分析主力为什么要拉出这 5 根巨阳线,当时他们这样做的目的是什么?

现在请大家看图 169。图中显示,该股上市后的第一个月、第二个月波澜不惊,走势很平稳,但到了第三个月,突然冒出了一根巨阳线(见图 169 中箭头 A 所指处),奇怪的是,这根巨阳线出现后,股价并没有继续上涨,而是出现了一路下跌的走势。

【注】 当时把它们分成 5 张图,目的是给大家做题时留一个悬念,以利于练习。如果不分成 5 张图,而把整张图展示出来,那么悬念全无,练习效果必然要大打折扣。

本图中有5根巨阳线。其中,箭头A所指的巨阳线就是图164中的巨阳线,箭头B所指的巨阳线就是图165中的巨阳线,箭头C所指的巨阳线就是图166中的巨阳线,箭头D所指的巨阳线就是图167中的巨阳线,箭头E所指的巨阳线就是图168中的巨阳线。投资者只要了解这5根巨阳线的各自身份,就知道下一步该如何操作了

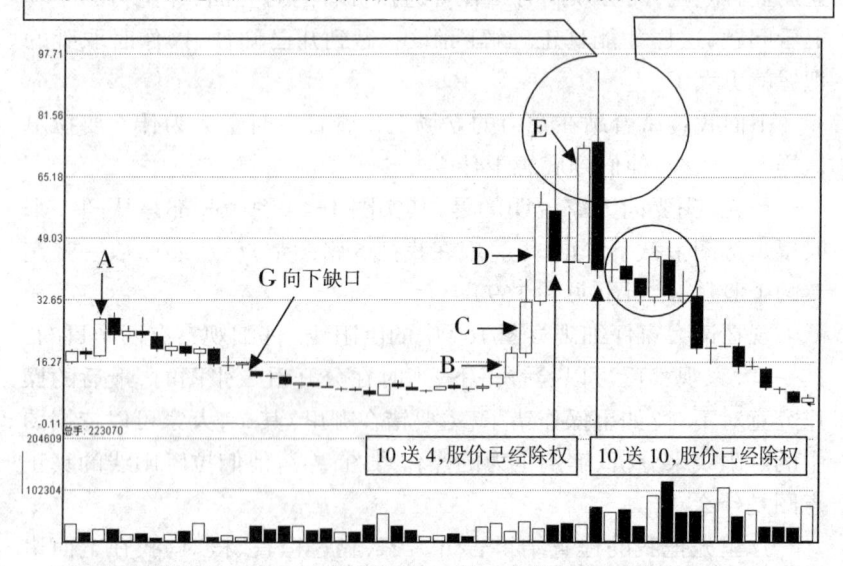

鑫富药业(002019)　2004年7月~2008年11月的月K线走势图　图169

说明: 因为该股途中出现过除权,巨阳线出现后,第二个月、第三个月的股价究竟是否出现跌破巨阳线收盘价,形成低开低走的现象,光看月K线除权后的走势图会出现误差,此时应该查看月K线除权后的复权图,这样视角上就不会出现误差。该股月K线的复权图,即图170,放在本题正文最后,请查阅。

有人问,既然该股后面是一路下跌的,那么图中为什么会出现一根巨阳线,然后再一路下跌呢?造成这种现象的原因与主力的战略意图有关。

一般来说,主力看中一个股票后,第一步先要做的工作,就是建仓。主力建仓,可以分为高位建仓、低位建仓这两种基本形式。股市形势好的时候,主力看中一个股票后,只能高举高打,完成其建仓任务。股市形势不好的时候,主力看中一个股票后,会在股价跌到低位时再

慢慢建仓。当时股市正处于弱市,主力建仓就会采取低位吸筹的方式。但是低位吸筹也不是这么容易可以成功的。虽然当时大盘走势较弱,但该股作为小盘新股,上市第一个月股价并没有跌,反而上涨了40%。在这种情况下,主力要想拿到大批筹码,实现建仓的目的,就只能高举高打,不过在弱市中进行高举高打,风险巨大[注]。

当然,主力不会用此下策。那该怎么办呢?低位吸筹一下子难以实施,高位建仓又不能做,在这两难当中,主力采用了一个折衷的策略,即先用少量资金高举高打,拿到一部分筹码,然后逐步放空,用钝刀子割肉的方式,将股价慢慢地打下来,最终实现其低位吸筹的目的。

现在我们来看主力,究竟是怎样一步步地实现他们低位吸筹计划的。该股上市的前两个月走势比较平稳,主力在此是捡不到多少筹码的。该股上市后的第三个月,正巧遇到大盘反弹,主力趁势高举高打,拉了一根巨阳线,这根巨阳线的出现,使主力手中掌握了一定的筹码,同时也吸引了不少短线客进来抢筹。主力心里明白,巨阳线后,只要股价不再继续向上,这些高位追进的短线客,马上就会拍拍屁股跑路。短线客的出逃,也会动摇原来持有该股投资者的信心,逼使他们也抛股出局。这正是主力希望看到的场面。于是,巨阳线出现后的第二个月,主力就开始将手中的筹码逐步放空,此时一些短线客、新股中签的投资者,见股价在下跌,也开始陆续出局,这样就使股价处于温水煮青蛙的状态,呈现一种阴跌走势。主力这一招是很灵的。他们就是要用这种温水煮青蛙的方式来折磨持股人,迫使他们在低位缴械投降。

有人会想,主力不断地放空,哪里来这么多筹码呢?这个不用大家担心。据知情人透露,主力很会掌握做空的节奏,平时他们不用多

【注】 弱市中,主力高举高打进行建仓,将遇到两大风险:第一,高位缺少跟风盘。股价炒高了,筹码都换到主力自己手中,整个盘子就炒死了,最后就变成了死庄;第二,股价炒高了,主力只能自拉自唱,时间短还可以,时间一长,必然会出现资金链断裂的现象,这样高位举杠铃也举不动了,股价只能频频跳水。

动手,到了关键的技术点位,卖出一些筹码,来个落井下石,就能把股价轻松地打下去。因为在弱市中,关键的技术位一破,股价就非跌不可。当股价跌低了,主力就会逢低再捡上一些筹码,时不时来个小反弹,拉出一二根小阳线,吸引一些短线客进来抄底,然后再故技重演,进行温水煮青蛙式的绞杀,让这些短线客再割肉出局,从而形成一种多杀多的局面,股价就会再下一个台阶。总而言之,主力真的要实施打压建仓,会采取四两拨千斤的办法,这样他们用不了多少筹码,经过一定的时间(当然这个时间是比较长的),就能将股价打到很低的位置。

有人问,主力要将股价打压到什么程度,才会收手呢?请放心,主力会"审时度势"的。主力收手,一是看股票本身的质地(有些股票质地较好,打压到某一个价位后,盘中已无人再肯割肉出局);二是看大盘走势(大盘走势回暖,股价也很难再打压下去)。

该股主力利用巨阳线诱多,然后一路打压,股价从最高 27.77 元,最低跌到 6.69 元,最大跌幅达到了 75.90%。这个跌幅是很厉害的,其最低价,只及其发行价的一半。当然,主力不可能在最低价处买进大量筹码。据知情人介绍,在最低价上再增加 30% 左右的价格,大概就是主力建仓的平均价格。这样就可以推断出当时该股的主力已经拿到了比该股发行价还要低得多的大量廉价股票。

主力低位建仓后,并没有马上将股价做上去。之后,他们又在低位搭了一个平台,让股价在这个平台上进行了半年多的盘整。从技术上说,这就是人们常说的股价进入了一个波幅狭窄的震荡筑底阶段。这个筑底也够折磨人的,当时整个股市形势已经回暖(据了解,该股在平台盘整的 7 个月中,上证指数从 998 点涨到了 2600 多点,大盘指数上涨了 160%),但该股股价似乎在原地踏步。那么,主力为何要在这个时候压着股价不让它涨呢?其目的,就是要折磨那些没有耐心的投资者。主力深知,这些没有耐心的投资者,都是未来股价上涨的不稳定因素,必须在低位就把他们清洗出局,这样的底部构造基础才会扎实。将来主力在拉升股价时,就会减少许多麻烦(编者按:我们在调查中发现,不仅该股主力,其他主力在操作很多股票时,也都采用了这种手法。因此,大家对大势向上,而股价在平台上长期盘整,未出现明显上涨的股票,要予以密切关注。因为这些股票要么不涨,一涨起来往往就是一飞冲天)。

我个人感觉,该股主力操盘是很有"章法"的。在该股平台盘整结束,向上拉升时,前面有一条"深沟"(即图169中箭头G所指的向下跳空缺口)拦着,挡住多方的去路。这条沟如能成功地跨过去,市场对该股就会看多、做多,人气马上就会聚集起来。主力深知,股价向上启动时,最忌孤军作战,众人拾柴火焰高才是最重要的。此时,小打小闹无法激发市场人气,主力只有施展大手笔,拉一根巨阳线才能将市场对该股看多、做多的热情推向高潮。主力这样做可以一举两得,一方面可以用巨阳线压阵,保证这次向上突破在技术上取得完全成功;另一方面巨阳线不同于一般的阳线,它对市场有很大的号召力。正是基于这样的考虑,该股向上突破时,主力在这个地方拉出了一根巨阳线(见图169中箭头B所指处)。

该股主力操盘的一个主要特点是:凶悍、果断。上涨时采用了连续逼空的手法,不给"逢高出局"者任何低位回补的机会,迫使这些投资者以更高的价格捡回卖出的筹码。我们看到该股拉出巨阳线后,在股价向上突破取得成功后,市场看多、做多的人气一下子被激发出来。此时,主力再接再厉,在这之后的2个月,又接连拉出了两根巨阳线(见图169中箭头C、箭头D所指处),一口气将股价推到了一个很高的价位。有人问,主力推高股价为何如此凶悍呢?原来主力手中有一张王牌,即该股有送股的利好可以期待。牛市中,送股是一个重大利好,因此主力不怕股价推高了,没有人跟风,所以他们才会有持无恐地把股价不断地向上拉。

该股主力操盘的另一个特点是:欲擒故纵[注]。他们先施以小惠,引诱中小散户进来,然后再将对手一网打尽。主力这一招是很阴险很恶毒的。图169显示,该股拉出盘中箭头D所指的巨阳线后,第二个

【注】 为了让大家看明白,主力是如何使用欲擒故纵之计,通过除权、拉阳线进行出货的,我在后面另外复制了两张图。一张是该股月K线的复权图(见图161),一张是该股日K线的压缩图(见图162)。这两张图看了,大家对主力的行为就完全清楚了。

月股价进行了除权,股价一下子降了很多。按理说,主力在这个地方该出货了。但是,该股主力"志存高远",他们当时并没有这样做。主力动了"善心",他们要让这些与主力并肩作战,参与这次除权行情炒作的投资者,享受一下填权的快乐,进而可以"动员"更多的投资者进来参与这场游戏。

我们看到,该股第一次送股除权后不仅填满了权,而且填权后的股价又创了新高(编者按:如正文图169看后不清楚的话,可将本题正文结束后的图170、图171与图169对照起来看,情况就清楚了),在这种赚钱效应下,市场上看好该股的投资者越来越多,这个时候,主力又不失时机地拉出了上涨途中的最后一根巨阳线(见图169中箭头E所指处),这根巨阳线一下子把该股人气推向了顶峰。主力知道,欲擒故纵这出戏唱到这儿该收场了。于是,在这根巨阳线出现后的第二个月,在该股第二次除权前将股价推到92元的高位(编者按:该股前面已经10送4,此时实际股价已达到128元),然后,等这次除权下来,主力就开始大规模出货了。

从图169中看,主力主要的出货地方集中在图中画小圈处(从它下面成交量柱状线急剧放大中,可以看出主力在大量出货)。在这个小圈处一共有6根月K线,主力让这6根月K线构筑了一个箱形整理形状。这个箱形整理迷惑了很多人。许多缺乏实战经验的投资者,以为这次箱形整理后,股价会再次向上,实现第二次填权[注]。但这次他们想错了,主力不是慈善家,他们在该股第一次除权后,让股价涨上去了,填满权,是给投资者的一颗糖衣炮弹,目的是为了该股在第二次除权后,把更多的投资者骗进来。这一次主力凶相毕露,他们不是送糖衣炮弹,而是送深水炸弹了,主力要将筹码发给那些等候第二次送糖衣炮弹的投资者,然后再把这些投资者一网打尽,统统地套在高位,而他们则正好趁机溜之大吉。

【注】一个股票在短期内两次除权,第一次除权后很快填满权,第二次除权后贴权,即股价大幅下跌的概率极大。关于这方面的原因,详见《股市操练大全》第七册第320页~第323页)。

了解主力操盘特点的人知道，主力一旦出货完毕，股价就会大跌，该股的命运就是如此。果然，在主力发货后，该股箱形整理后就选择了向下突破。该股进行箱形盘整的最后一个月，收盘价是 33.42 元，9 个月后，股价最低跌到了 4.78 元，最大跌幅达到了 85.70%。可见，主力一旦出货后，股价会跌得多么厉害。

　　上面我们对主力整个操盘行为作了详细解剖。从中大家可以清楚地看出，该股主力做盘就是沿着"少量资金拉高——打压吸筹——震荡筑底——向上突破——急速拉升——第一次除权后快速填权——再度急速拉升——第二次除权后，利用箱形整理大量出货——出货后，股价快速下跌——等待第二次除权再填权的投资者被一网打尽"的路线进行的。而主力在推行这条路线时，每到一个关键时刻都会拉出一根巨阳线。可以说，盘中的每一根巨阳线都刻上了主力做盘的烙印。

　　投资者要想在这个股票中赚到钱，不犯方向性的错误，就必须对盘中的每根巨阳线的性质与作用，有个正确的判断与清晰的认识。现在我在这里归纳总结一下，图 169 中的 5 根巨阳线就是 5 块路标，每一块路标上面都刻着两个字。第一根、第四根、第五根巨阳线的路标上刻着"诱多"两个字，投资者看到这两个字就不能对该股看多、做多了，否则，盲目地看多、做多，就会被主力骗进去，成为高位接盘的深套者。而第二根、第三根巨阳线（特别是第二根巨阳线）的路标上刻着"做多"两个字，投资者看到这两个字就应该顺势而为，大胆地看多、做多，否则，一犹豫就会错过这样的重大投资机会（赚大钱、骑牛股都在这个重大的机会中，错过了是非常可惜的）。另外，持股者在此"逢高"减仓，或是做短线高抛低吸，一旦将筹码丢失，就会成为牛市行情的踏空人。这就更不应该了。

　　总之，投资者了解这 5 根巨阳线的含义，根据巨阳线路标上面刻着的字进行操作，就能踏准行情的节拍，满载而归。从某种意义上说，看到图 169 这张图，投资者别的什么都不用问，只要锁定图中的 5 根巨阳线，就锁定了主力的行踪，锁定了胜局。由此可见，认识、了解巨阳线，其意义是十分重大的。我真诚地希望，无论是什么样的个股,一旦盘中拉出了巨阳线,大家一定要予以高度重视!重视!!再重视!!!

说明:下面是该股月K线的复权走势图与该股的日K线走势图。

从该股复权走势图上可以清楚地看出,本图中箭头D所指的巨阳线(与图169中箭头D所指的巨阳线为同一根K线)出现后,股价是在巨阳线上方运行的,因此仍可持股做多。该股在拉出箭头E所指的巨阳线(即第5根巨阳线)后,股价才出现冲高回落的走势。其冲高之处就是最佳的卖出地方。另外,从复权走势图中可以看出,主力并没有在低位出逃,而是在很高价位出逃的。这在月K线复权走势图中可以看得很清楚

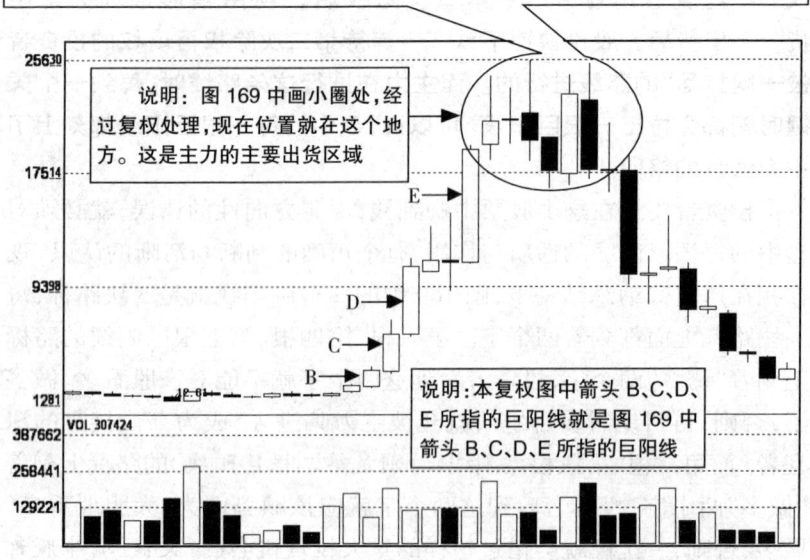

说明:图169中画小圈处,经过复权处理,现在位置就在这个地方。这是主力的主要出货区域

说明:本复权图中箭头B、C、D、E所指的巨阳线就是图169中箭头B、C、D、E所指的巨阳线

鑫富药业(002019) 2005年11月~2008年11月的月K线复权走势图 图170

股价除权后,图形会有失真的现象。如将原图复权后,真实的情况就会再现。因此,操作时可将除权图与复权图对照起来分析,这样就可以避免判断失误,提高出击的成功率。

日线图显示,该股第一次除权后,股价不仅填满权,而且创了新高。但这是主力放出的诱饵。当该股第二次除权后,很多人追进去,期待再次出现填权时,股价却出现了大跌。这时候人们发觉上当了。原来主力使用的是欲擒故纵的计策。投资者对主力这个阴谋诡计必须高度警惕

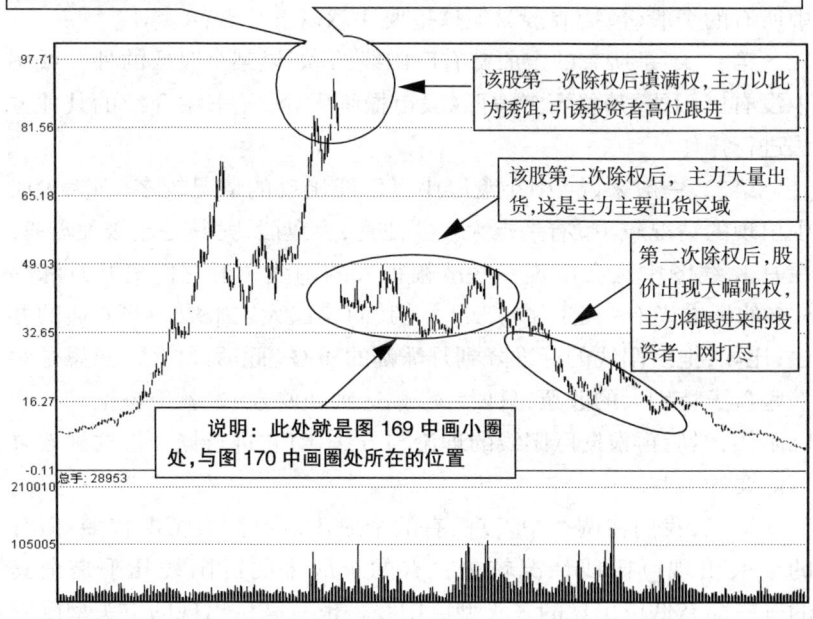

该股第一次除权后填满权,主力以此为诱饵,引诱投资者高位跟进

该股第二次除权后,主力大量出货,这是主力主要出货区域

第二次除权后,股价出现大幅贴权,主力将跟进来的投资者一网打尽

说明:此处就是图169中画小圈处,与图170中画圈处所在的位置

鑫富药业(002019) 2006年9月5日~2008年11月12日的日线走势图 图171

又及:本书完稿后,向读者征求意见时,很多人反映,巨阳线的深度练习非常过瘾,内容新,好记又很实用。有些读者说,我们过去也查看过月K线图,看到了盘中一根根巨阳线,但不知道这是什么意思,想不到里面有这么多名堂,真是大开了眼界。不过,很多读者在肯定巨阳线深度练习的同时,也向我们提出了一些问题:①巨阳线的理论与操作方法是否适用于沪深股市中所有的个股?②将来沪深股市要与国际接轨的,接轨后变成了成熟市场,到时候巨阳线的理论与操作

方法是否还有用处？③为什么很多中小散户看到巨阳线出现时，往往会作出反方向的判断，以致在股市中屡屡踏错节拍呢？

现在就这三个问题，谈谈我们的看法。

第一个问题，巨阳线的理论与操作方法，原则上适用于沪深股市中所有的个股(包括 B 股)，但这里要注意以下几点：

第一，不是所有的个股都有巨阳线的。如果某个股票的月 K 线图中没有巨阳线，请投资者按照《股市操练大全》丛书中介绍的其他方法进行操作。

第二，一般来说，中小盘股中巨阳线出现的情况较多，而大盘股中出现的情况较少。有一点大家要注意，大盘股，尤其是超级大盘股，在月 K 线图中也会出现一些涨幅很大的阳线，但它们离开月涨幅50%的标准尚有一定距离。此时，我们建议大家采取一些变通的办法，比如，把巨阳线的标准降到月涨幅的 40%。此话说白了，意思是对一些盘子特别大的股票，只要月涨幅达到 40%左右，就应该把它视为巨阳线，然后再根据巨阳线的理论与方法，对它进行操作。这样效果可能要好一些。

第三，我们在调查中发现，有的个股出现巨阳线情况较多，但有的个股出现巨阳线情况较少；有的个股中的巨阳线几乎是全套的——即有低位出现的多头型巨阳线，也有高位出现的空头型巨阳线，中间还有观望型巨阳线；但有的个股中的巨阳线却很单一，有了空头型巨阳线，没有多头型巨阳线，或者有了多头型巨阳线，没有空头型巨阳线。总之，不同的个股，主力操作方式有所变化，这也是正常的。大家要实事求是地根据图形中的真实情况，对巨阳线的性质作出正确的判断，这里切忌想当然。一切从实际出发，才能保证我们操作获得成功。

第二个问题，经过调查，我们发现几乎所有股票市场，都有主力利用巨阳线进行做盘的现象，沪深股市中有，其他成熟市场中也有，这里面没有什么本质区别。经过反复核对，我们认为本书中关于巨阳线的深度练习，基本上也适用于成熟市场，大家只要记住巨阳线的一些基本理论与操作方法，即使将来沪深股市与国际市场完全接轨了，到时候仍然有它的用武之地。为了让大家对这个问题有一个感性认识，本书附录三中，将举成熟市场中巨阳线的一些实例，以飨读者，有兴趣的读者，可以参阅。

第三个问题，为什么有很多中小散户对巨阳线往往会作出反方向的判断，以致在股市中屡屡踏错节拍呢？关于这个问题，我们是这样认识的，其实，做股票就是主力与中小散户在玩一场心理游戏。主力对中小散户的心理是摸得很透的。中小散户如果没有受过类似我们现在深度练习的训练就很容易上当受骗。大家可以想一想，为什么在低位出现巨阳线，应该看多、做多时，很多人却选择了看空、做空；而高位出现巨阳线，应该看空、做空时，很多人却选择了看多、做多。这样操作的节奏完全做反了。做反了的根本原因，就是在很多人的内心深处存在着一种短视心态与心理定势。所谓短视心态，就是看问题，不从大的全局方面去看，而只看到短期的、眼前的一些事情。这种心态很容易被主力利用，上当受骗就在所难免。

比如，在股价大幅下跌，低位拉出巨阳线后，稍有风吹草动，散户就会惊慌失措地卖出。因为股价长期下跌，让他们跌怕了，而且下跌趋势形成后，股价每次上涨都只是反弹而已，涨高之后就很快跌了下来。这样久而久之，散户就会形成一种心理定势：在下跌途中，股价涨高了卖出总是对的。因此，当低位拉出巨阳线，股价在巨阳线之后，先下跌再重新站在巨阳线收盘价上方时，绝大多数散户都会选择卖出，道理也就在这里。而此时主力趁机将低位筹码一网打尽，然后很快就将股价拉了上去。股价涨上去了，具有短视心态的散户根本不敢再追，这样低位割肉、低位踏空的现象就发生了。

又如，在股价大幅上涨，高位拉出巨阳线后，散户们的心理又走向了另一个极端。这个时候，大多数散户心情都很亢奋，因为在涨势中，特别是拉出巨阳线时，股价涨得很厉害，卖出早的人都踏空了，看多、做多的人都赚钱了。这样时间一长，散户就会形成另一种心理定势，追高不怕，认为套住也是暂时的，更高的股价在后面。因此，当巨阳线出现后，跌下去又涨上来，特别是出现股价重新站在巨阳线收盘价之上的现象时，散户中看好其后市，敢于追涨的人就很多。而主力就是利用散户这种心理,趁机把筹码派发出去,一些胆子大,敢于追涨的散户就会被套在高位站岗放哨。

　　散户的短视心态与心理定势是造成散户亏钱的主要原因。普通投资者要克服这种短视心态与心理定势,一是要多看一些哲学、心理学方面的著作,学会从大处看问题,不人云亦云,有独立见解,纠正自己思想上的偏差。二是在操作中,首先要学会看月K线(据了解,很多中小散户做股票,只看日K线,不看月K线,这是绝对错误的),特别是要学会看月K线中的巨阳线,这是一种比较有效的操作方法。比如,当你知道看大势不能光看日K线,要重点观察月K线的道理后,你就会特别注重月K线的走势了。又如,当你知道月K线中的巨阳线在什么位置上是代表空方的,是属于空头型巨阳线;在什么位置上是代表多方的,是属于多头型巨阳线,那么你就知道在什么情况下应该看空、做空,什么情况下应该看多、做多了。再如,当你知道空头型巨阳线出现后,股价跌到巨阳线1/3处,后来股价又涨上来重新站到巨阳线收盘价之上,这多半是主力利用反弹在拉高出货,此时你就不会去追涨,也不会出现高位被套的结果了;当你知道多头型巨阳线出现后,即使股价跌到1/3的地方,然后股价又重新涨上来,冲到巨阳线收盘价之上,这多半是主力洗盘后发力上攻的一种举动,此时你就不会再"逢高卖出"了,相反是要紧紧捂住筹码,没有筹码要及时追进,这样就不会出现低位割肉、低位踏空的错误了。

中篇

常见图形识别技巧深度练习

主讲人:程老师

导 语

本章内容主要是根据一些高手操作时的经验与教训设计的。读者通过本章的深度练习,将深切感受到高手观察图形的一些基本思路与基本方法,比如面对一些复杂的走势图形时,他们是如何辨别其真伪,排除外来的干扰,准确地把握看多、做多或看空、做空时机的。当然,高手也偶有失误的时候。那么,高手的操作失误主要表现在什么地方,我们也将通过深度练习,向大家作充分的展示。

总之,不论是高手的成功经验还是失败教训,都是股市中宝贵的精神财富,值得我们去认真总结与学习、借鉴。这对提高投资者自身的操作水平一定会带来很大的帮助。

第三章　一般图形识别技巧深度练习

图形识别深度练习 28

2009年7月28日收盘后,一位高手指着图172说,该股是沪深股市中一个非常重要的权重股。从走势图看,该股目前见顶的概率很大,如果它见顶下跌,对大盘将产生重要影响,希望大家引起高度警惕。不过,也有人不同意这位高手的看法,因为虽然今天该股下跌,收了一根小阴线,但股价仍然收在5日均线之上。那么,凭什么高手说它见顶概率很大呢?

高手见大家有疑虑,于是对盘面走势作了详细的解释,讲了4条看跌该股的理由,由于高手分析得合情合理,大家听了心服口服,一些相信高手投资建议的股民,第二天一早开盘就将手中的股票全抛了。果然不出高手所料,第二天不仅该股大跌,整个大盘也出现了暴跌。那些相信高手建议的投资者,在高位成功逃顶,躲过了一劫。

请问:当时高手讲了哪4条理由,说明该股见顶概率很大呢?

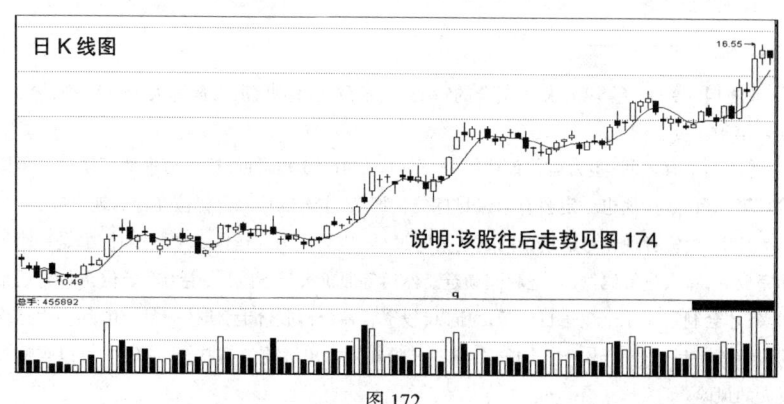

图172

理由一：图172中倒数第二、第三根K线合起来是一个"尽头线"[注1]的K线组合。尽头线是见顶信号，这个见顶信号出现后，接着出现了一根小阴线（即图172中最后一根K线），对前面的尽头线见顶信号作了初步确认。

理由二：从该股周K线图上（见图173）可以清楚地看出，该股从低位见底回升后，上升的第一道强大阻力位就是在16.60元上方。因为在16.60元上方，前面有一个向下跳空缺口（该缺口是在2008年6月10日留下的）。技术理论告诉我们，股价上行时，以前的向下跳空缺口就像一道长江天堑阻拦着股价上行，若多方不具备强大的反攻实力，行情往往就会在前期向下跳空缺口处受阻。另外，从周K线图中可以看出，该缺口上方是个密集成交区，堆积了大量的套牢筹码，若主力没有十分把握，是不敢碰这个"马蜂窝"的。综合这两点因素考虑，主力对该股运作时，第一目标位很可能就定在16.60元附近，只要达到这个目标位，主力就会主动撤退[注2]。

理由三：无论从周K线走势图，还是从日K线走势图看，该股在接近主力第一目标位时，成交量都出现明显放大的现象，这说明市场主力和一些先知先觉者在这个位置上大量卖出股票，拉高出货的迹象十分明显。

理由四：图172中的个股上市后高开低走，一路走熊，虽然该股

【注1】　关于"尽头线"K线组合的特征、技术意义，详见《股市操练大全》第一册第152页~第154页。

【注2】　有人问：主力运作该股第一目标位在16.60元附近，这个道理他们懂了。但既然有第一目标位，那也一定会有第二目标位。那么，主力的第二目标位在什么地方呢？

其实，投资者现在考虑这个问题还为时过早。因为主力在运作一个股票时，都是一个目标完成后，将大量筹码抛出，把利润锁定。然后等股价大幅下跌后，主力在低位再将筹码拾回来，才会制定下一个攻击目标位。所以，投资者在分析股价走势时，一旦了解到主力运作的股票第一目标位大致在什么地方，就应该抢在主力出逃前逢高减仓，这样才可以规避掉很大的风险。

在跌到发行价(编者按:该股的发行价是 16.70 元)附近时,曾作过短暂停留,但最后还是破了发行价,当时在发行价处抄底的投资者就被套在了半山腰。这些人想解套的欲望十分强烈,所以,该股从谷底上来,它的发行价就变成了一个重要阻力位。

综合上面 4 条理由,高手认为图 172 的走势表明,该股可能已经见顶。因为该股是沪深股市中的第一权重股,它一旦见顶回落,对大盘走势必然会带来拖累。所以他建议大家看淡后市行情。结果相信他建议的投资者,在高位胜利出逃,都成了赢家(见图 174)。

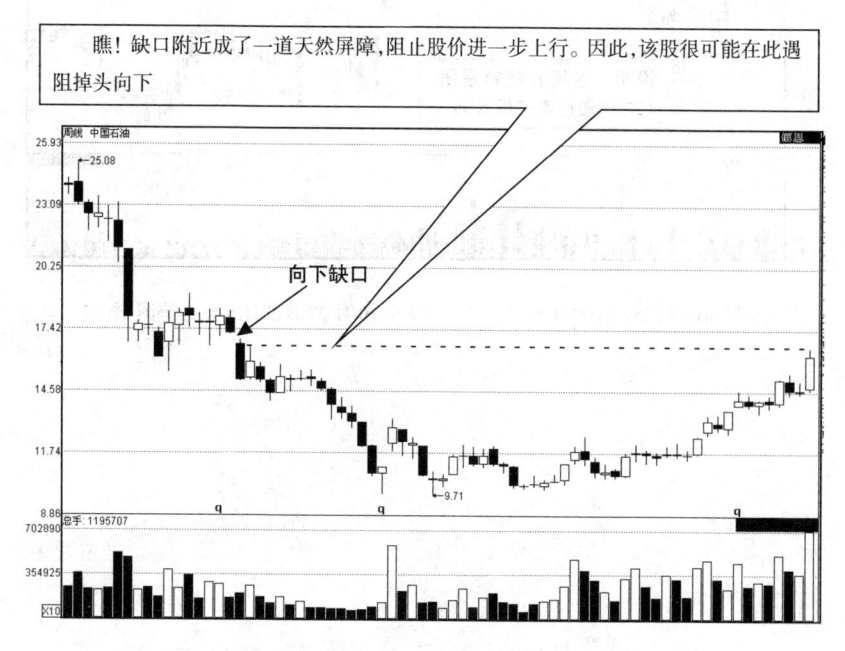

瞧!缺口附近成了一道天然屏障,阻止股价进一步上行。因此,该股很可能在此遇阻掉头向下

中国石油(601857)2008 年 2 月 15 日~2009 年 7 月 24 日的周 K 线走势图 图 173

(上接图172)高手的判断完全正确,该股果然在缺口附近见顶,之后,股价就出现了一轮深幅回调

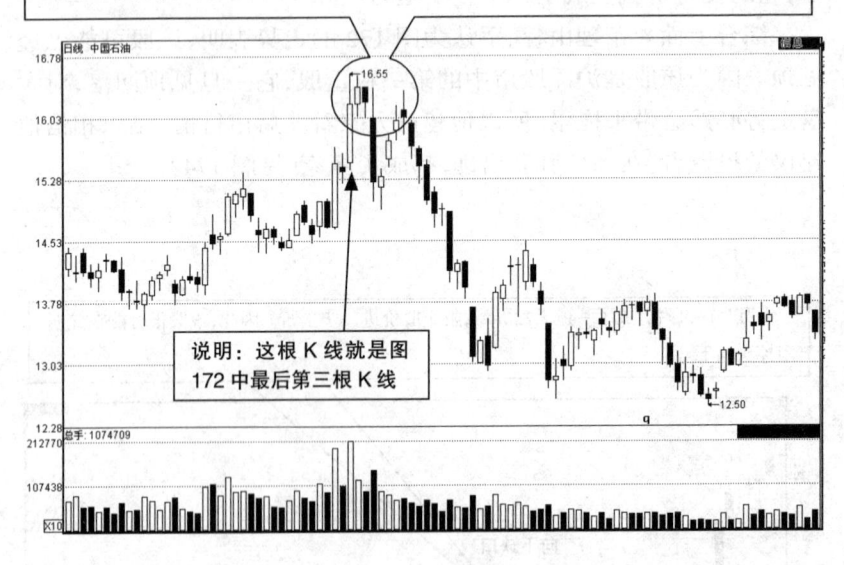

说明:这根K线就是图172中最后第三根K线

中国石油(601857)2009年6月3日~2009年10月27日的日K线走势图 图174

图形识别深度练习 29

一位高手仔细研究了图175的走势后，向他的工作室人员提出了如下操作意见：如果该股明天不拉出中阳线，就坚决对它看空、做空，并建议将该股全部卖出。但有些人对他的建议持不同意见，认为目前该股走势强劲，继续沿着5日均线向上攀升，且最近3天收的都是阳线，技术形态很好，凭什么要对它看空、做空呢？这些人怀疑高手是不是心血来潮，才提出了这个不恰当的操作建议。但最后的结果是：高手胜利了，反对他意见的人失败了。

请问：你知道高手的意见对在哪里？反对他的意见的人又错在哪里？

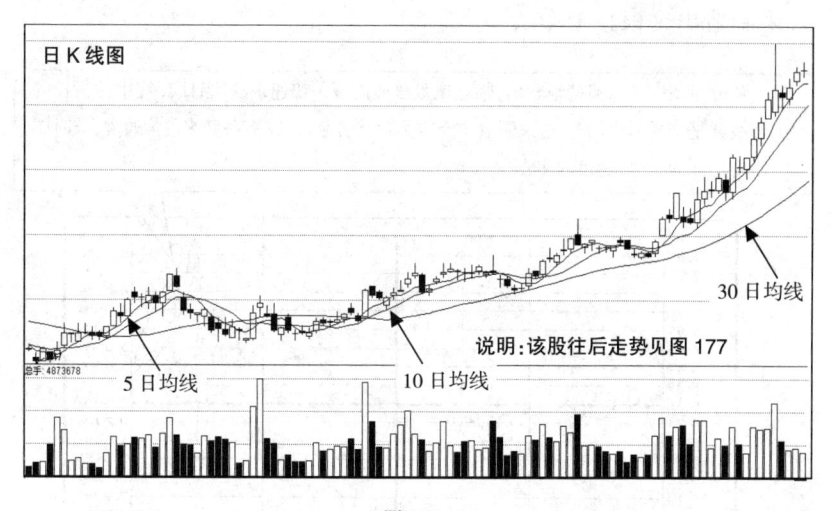

日K线图

总手:4873678
5日均线
10日均线
说明：该股往后走势见图177
30日均线

图175

解答

了解K线知识的人知道，当走势图上出现特别夸张的K线（编者按：关于什么是特别夸张的K线？特别夸张的K线有何特征与技术意义？详见《股市操练大全》第七册第87页～第92页））时，往往意味着股市要变盘。

图175中就有一根特别夸张的K线（见图175中右边倒数第五根K线）。这根K线的上影线特别长，像一把钢刀插在那里，让人看了心里有一阵阵寒意。据了解，**在股价有了一定涨幅后，出现这种特别夸张的K线，后市都很不妙**，此次恐怕也不会例外。其实，就从这根长上影线分析，也会得出对多方极为不利的结论。我们知道，K线实体上出现上影线，表示股价上行时遇到了阻力，上影线越长，上档的阻力就越大，而这根上影线的长度已超过了其实体的两倍。我们查了它当日的分时走势图，发现其当日走势一直很平稳，只是临近尾盘时出现了一轮快速下跌的走势（见图176），这就更加引起了一些人的警惕。显然，该股上行一定是遇到了人们尚不知晓的原因，否则，盘中做空力量的发泄不会如此突然、如此凶狠——竟会以高台跳水的方式来制造出这根长上影线。

> 从分时图中可以清楚地看出，临近尾盘该股出现了快速杀跌(当日K线中的很长的上影线就是这样形成的)。这说明盘中空方力量十分强大，是有备而来的。通常，分时图中出现这样的走势，后市凶多吉少

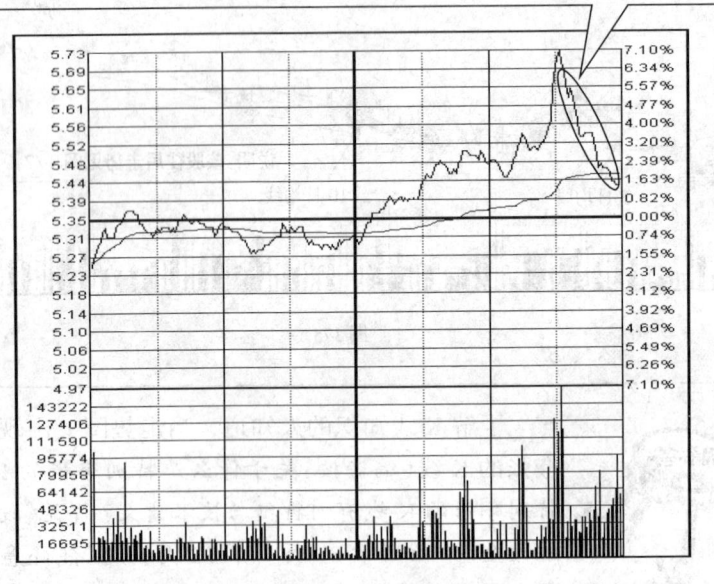

特别夸张K线的当日分时走势图(时间:2009年6月23日)　图176

不过,该股在出现这根特别夸张的K线后,股价并没有下跌,反而出现了逐步盘升的走势。从图175中看,现在股价已升至上影线的1/2处,而且K线排列上是阳多阴少。按理说,这样的走势并不错,前面那根长上影线的风险,也会因股价逐步盘升而被部分化解。但是,既然这样,为什么高手还要对该股未来的走势如此担忧呢?并发出警告:明天该股不拉出一根中阳线,就要坚决对它看空、做空。

据了解,高手作出这一判断的主要依据还是在这根特别夸张的K线上。根据经验,在股价上涨过程中,一旦出现这种类型的夸张K线,股价往后走势,十有八九是以下跌告终的。所以在这根特别夸张的K线出现后,高手就预计该股即将要变盘,此时的投资策略应该把预防风险放在首位。虽然这根特别夸张的K线出现后股价没有马上下跌,并形成了小幅盘升的走势,但这并不等于说这根特别夸张的K线所带来的市场风险已被化解。如果真要化解它的风险,那就必须让股价重新站在它的上影线的上方。但这个时间不能太长,一般来说,若多方真的有力量,一周之内就应该将这根长上影线攻克,如果一周之内还没有攻克,以后多方再想要攻克它就难了。正因为如此,高手认为,明天已是一周的最后一天,只有拉出中阳线才能完全覆盖这根长上影线。所以,他特别强调:第二天看不到中阳线出现就将该股全部出售。可见,高手对该股看空的观点,并不是什么心血来潮,而是有它的根据的。尔后,该股的走势完全验证了高手的判断(见图177)。

那么反对高手意见的人,他们又错在哪里呢?从表面上看,这些人的观点并没有什么错,确实,图175中显示,该股5日、10日、30日均线处于多头排列之中,这几天K线走势呈盘升走势。但是这些人忘了,在分析股价走势时,我们必须学会抓主要矛盾。因为只有主要矛盾才能决定未来股价的走势究竟朝什么方向发展。从图175中观察,当时该股走势的主要矛盾就集中在这根特别夸张的K线身上,而其他的,如均线多头排列、股价的小幅盘升等都属于次要矛盾。投资者若忘了抓主要矛盾,只盯着次要矛盾做文章,就会迷失方向。这也是那些反对高手意见的的投资者，对该股趋势判断出现重大失误的一个根本原因。

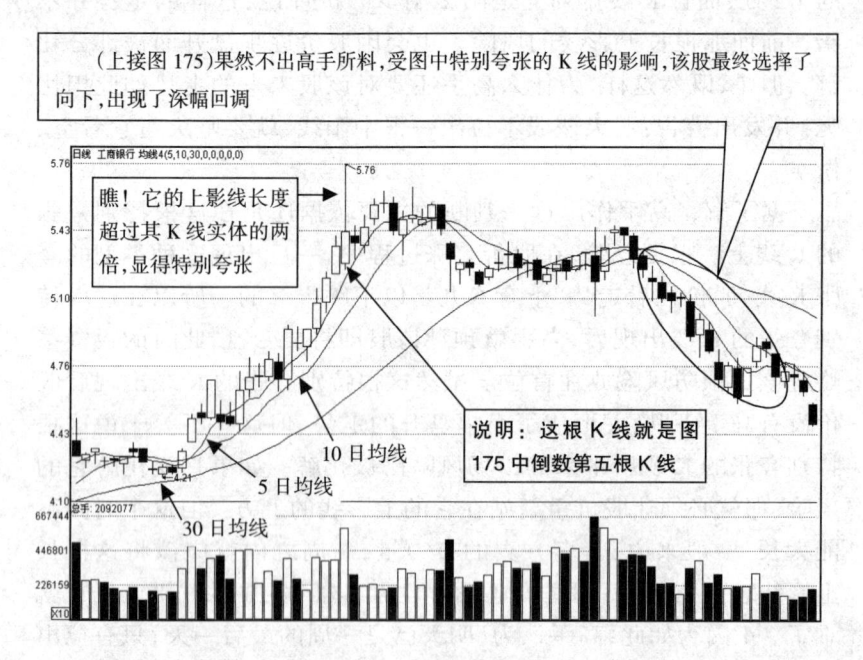

(上接图175)果然不出高手所料，受图中特别夸张的K线的影响，该股最终选择了向下，出现了深幅回调

瞧！它的上影线长度超过其K线实体的两倍，显得特别夸张

说明：这根K线就是图175中倒数第五根K线

10日均线

5日均线

30日均线

工商银行(601398)　2009年5月11日~2009年8月31日的日K线走势图　图177

图形识别深度练习 30

某高手指着图178说:"现在该股出现了'双剑并列'的走势,我估计这轮反弹行情已经结束,除非明天再收出一根平开高走的大阳线或中阳线,否则,我建议大家及时卖出为宜,规避股价进一步下跌的风险。"

请问:这位高手的观点对吗?另外,请你解释一下什么叫'双剑并列'的走势?为何高手说该股出现这样的走势,反弹行情就告结束了?

说明:该股往后走势见图179

图178

解答

高手的观点是对的。那么他的观点对在哪里呢?这就要从"双剑并列"说起。其实,"双剑并列",是一种比方。高手打这个比方是有他的道理的。所谓双剑,是指图178中右边倒数第一根、第四根K线上都出现了很长的上影线。其中,倒数第四根K线是螺旋桨K线、倒数第一根是长十字线K线,两根K线都是见顶信号。这两根K线有一个共同特征,就是上影线都很长,如果把它们放在一起,这两根长上影线就像两把利剑竖在那里,双剑并列的名称

221

就由此而来。

高手为什么说该股出现双剑并列的走势，反弹行情就有可能结束了呢？下面我们就来仔细分析一下。从图178中来看，该股的反弹走势还算是比较强的，它在出现第一根螺旋桨K线后没有马上一路跌下去，只是在第二天收了一根阴线，但第三天就拉出一根大阳线，直到今天，也就是第四天又拉出了一根长十字线。有人希望，这根长十字线出现后的走势，可能与前面螺旋桨K线出现后的走势一样，说不定什么时候再拉出一根大阳线。这样多方经过不断蓄势，就能推动股价继续上行。

其实，这种希望实现的可能性非常小，而最大的可能性是反弹已经结束，股价正面临着大跌的风险。为什么这样说呢？反弹行情说到底就是一次主力拉高出货，同时给一些醒悟的投资者提供一次逃命机会的行情。这种行情比正规的上升行情要弱，一旦反弹在上升的途中遇阻，很快就会受到夭折。虽然图178中的这轮反弹行情相对较强，在出现第一根螺旋桨见顶K线后没有马上下跌，但反弹行情终究是反弹行情，再强也强不到哪里去。所以，在第二根长十字线见顶信号出现后，多方很可能就扛不住了。一旦多方阵营中有谁主动撤出，多杀多的现象马上就会发生。可见，在第二根长十线见顶信号出现后，聪明的投资者就会主动选择卖出，绝不会傻呼呼地呆在里面，等别人给他下套。

另外，该股反弹行情可能要结束还有一个重要标志，就是这轮反弹行情的目标基本上已经实现。**通常，股价在高位见顶回落后，在跌到低位形成一轮反弹走势时，其反弹的高度一般不会超过上一轮高点的 –5%**，而从图178中看，该股的反弹目标位已经达到。这也是高手看淡该股后市的一个重要原因。

综合上面两个因素，高手判断该股反弹行情可能已经结束，后来的事实也证实了高手的观点是完全正确的（见图179）。

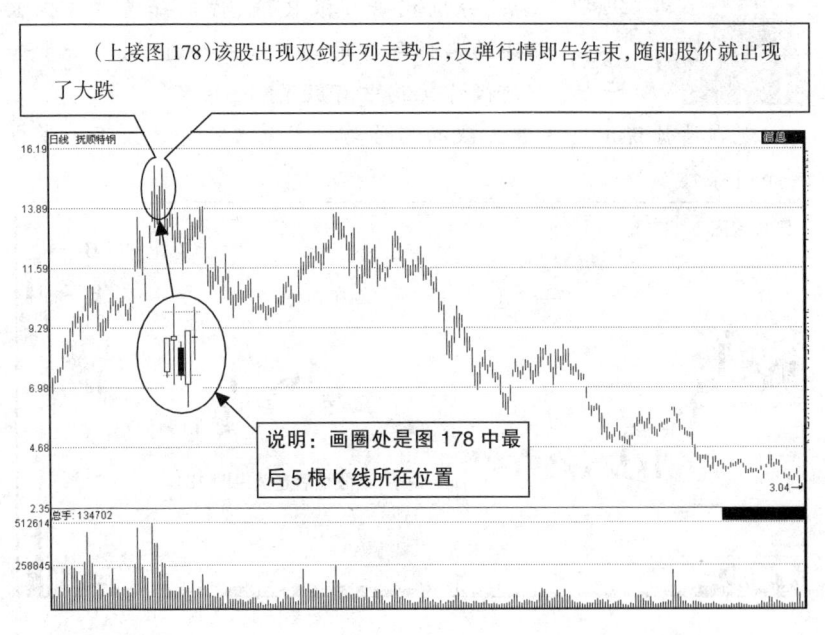

（上接图178）该股出现双剑并列走势后,反弹行情即告结束,随即股价就出现了大跌

说明：画圈处是图178中最后5根K线所在位置

抚顺特钢(600399) 2007年7月17日~2008年10月16日的日线走势图 图179

哈哈,我现在懂了,双剑并列是一个危险信号。今后在高位碰到什么双剑并列、三剑并列,就必须马上出逃。

图形识别深度练习 31

汪老师指着图180说,该图中有3个箭头,分别指着3根K线,你们知道这3根K线的名称和作用吗?如果知道了,下一步如何操作就胸中有数了。

现在请你说出这3根K线的名称与技术意义?并谈谈下一步应该如何操作?

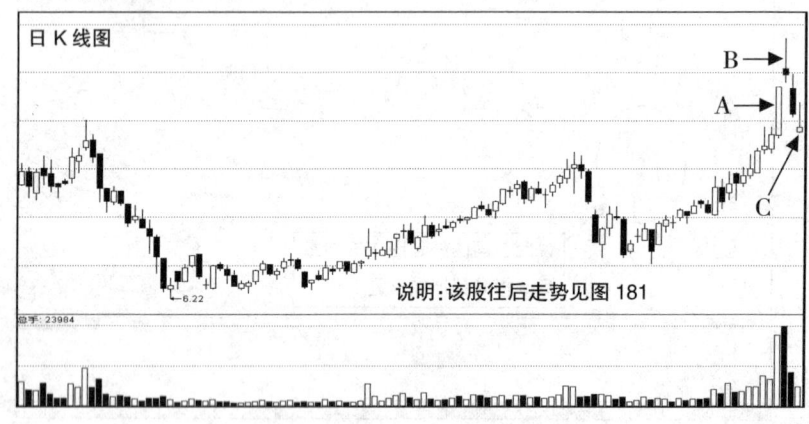

日K线图

说明:该股往后走势见图181

图180

解答

在这3根K线中,箭头A所指的是高位大阳线;箭头B、C所指的是射击之星。

高位大阳线与射击之星都是见顶信号。从图180中看,箭头A、B所指的两个见顶信号,已被后面的K线所验证,现在就剩下箭头C所指的见顶信号,还需要后面的K线来验证。

另外,从图180中看,该股在出现前两个见顶信号时,成交量都放出了巨量(据查,拉出高位大阳线的当日换手率为22.27%,拉出第一根射击之星的当日,换手率为25.36%),主力出逃痕迹十分明显。

现在最后一根K线的见顶信号,虽然还没有得到验证,但成交量已大幅减少(据查,当日换手率为5.99%),这说明主力出货已近尾声。按此情况估计,日后成交量还会继续保持一种萎缩状态。

224

我的看法是,该股在高位连续出现了3个见顶信号,成交量放出巨量,然后成交量又急速萎缩。通常,盘中出现这样的走势,反映主力出逃后股价已处于空心化状态(即盘中已没有主力在护盘,只有一些中小机构和中小散户在里面捣弄着股价),后市下跌势在必然。投资者见此图形,应尽早卖出,卖出越早,损失就越小(见图181)。

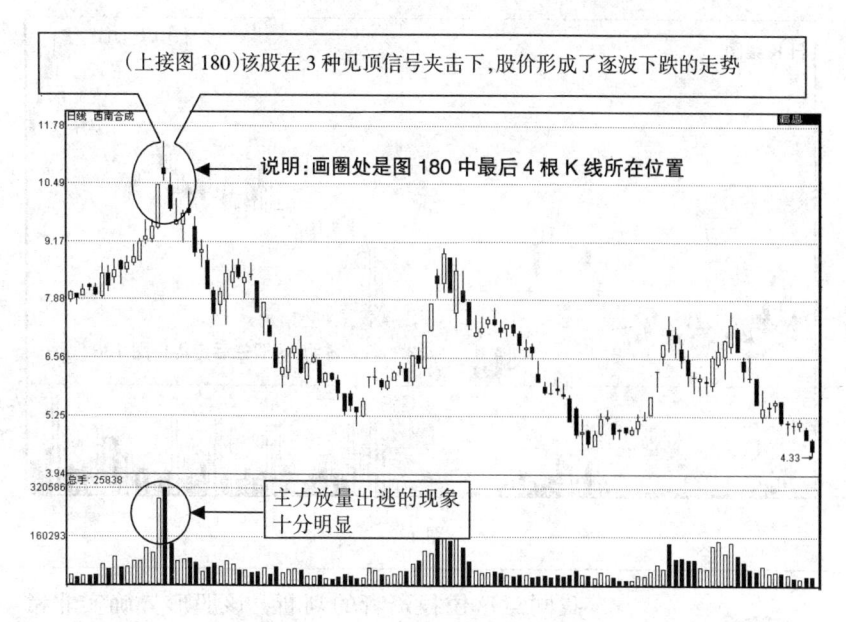

(上接图180)该股在3种见顶信号夹击下,股价形成了逐波下跌的走势

说明:画圈处是图180中最后4根K线所在位置

主力放量出逃的现象十分明显

西南合成(000788) 2008年2月14日~2008年9月8日的日K线走势图 图181

图形识别深度练习 32

一位投资者指着图182说,从这张图看,现在该股至少有3个重要的见顶信号已经出现。他判断该股下跌已成定局。

请问:你同意这位投资者的判断吗?他说的3个见顶信号究竟是什么信号?

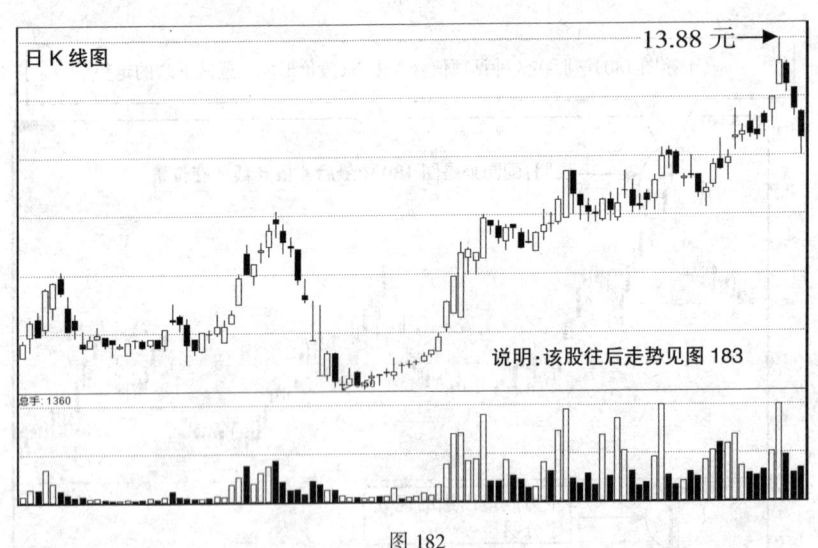

日K线图　　　　　　　　　　　　　　　13.88元

说明:该股往后走势见图183

总手:1360

图182

解答

我同意这位投资者的判断,该股形势确实非常严峻。为了规避可能出现的大跌风险,大家应尽早将该股卖出。从图182看,该股3个见顶信号是:

①该股冲高回落,走势图上出现了明显的下跌三连阴[注]走势(见图182中最后3根K线)。下跌三连阴是一个重要的见顶信号,它预示该股继续下跌的可能性很大。

②下跌三连阴中的第二根阴线已经将前面的一个向上跳空缺口封闭。从图182看,这个向上跳空缺口应该是一个上升竭尽缺口,技

[注]　关于"下跌三连阴"的特征、技术意义,详见《股市操练大全》第一册第138页~第140页。

术分析理论告诉我们,一旦上升竭尽缺口被封闭,股价下行趋势就会形成。此时看多、做多风险极大。

③特定的数字往往会透露出主力(庄家)的操盘意图。该股在13.88元处掉头向下,有其特殊意义。"88"的谐音是"发发"。据了解,沪深股市中,有不少主力(庄家)在股价做头时,常常会以"88"自耀,这方面例子很多[注]。所以,**在上涨趋势中,特别是股价有了较大涨幅后,投资者对最高价的尾数出现"88"这个数字,之后股价重心就开始下移的股票,要予以高度警惕**(见图183)。

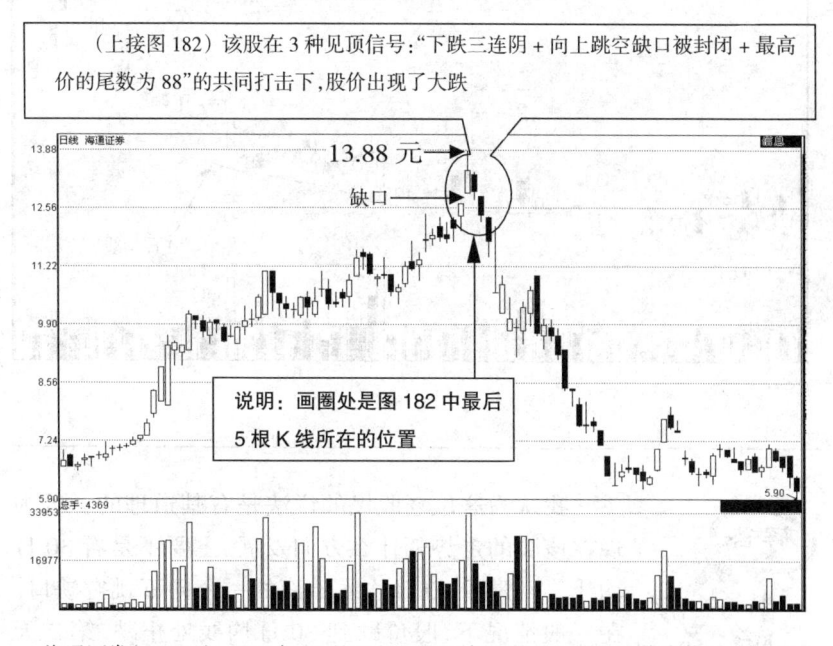

(上接图182)该股在3种见顶信号:"下跌三连阴+向上跳空缺口被封闭+最高价的尾数为88"的共同打击下,股价出现了大跌

海通证券(600837) 1996年12月23日~1997年7月3日的日K线走势图 图183

【注】 关于这方面的情况,《股市操练大全》第七册第461页~第465页有详细介绍,请参阅。

图形识别深度练习 33

今天,图 184 中的个股在连续下跌数日后,终于在 30 日均线处获得了支撑,并拉出了一根中阳线,手里持有该股的投资者总算松一口气。但有一位老股民说,该股走势有进一步变坏的可能,他认为明天如果该股不拉出一根放量的大阳线,就必须当机立断,抛空离场。

请问:这位老股民的观点对吗?难道现在该股的形势真的有如此严重?请说出你的理由。

日K线图　　　　　说明:该股往后走势见图 185

30 日均线

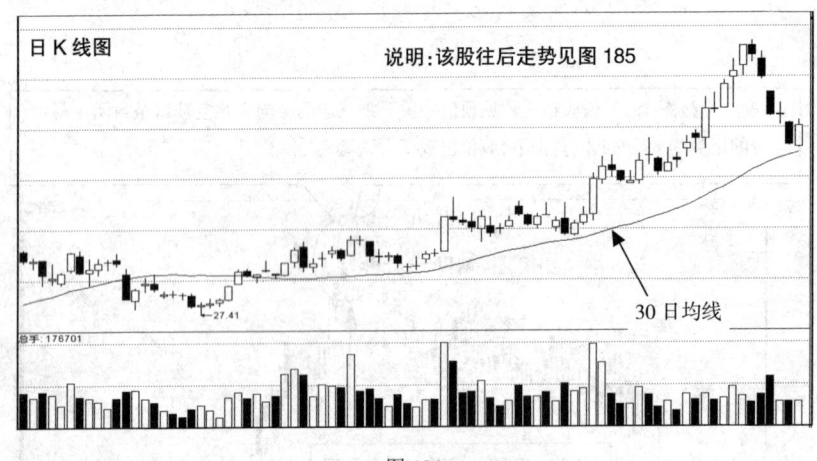

图 184

解答

我认为这位老股民的说法是有其道理的。因为现在该股的走势朝什么方向发展,主要不是看 30 日均线,而是看 30 日均线上面的一个向下跳空缺口。在一般情况下,股价跌到 30 日均线处止跌,第二天又收了一根中阳线,这至少说明盘中存在着积极的做多力量,否则股价就不可能在 30 日均线处受到强力支撑。这样,持有该股的投资者自然可以松口气。但必须注意的是,图 184 右边的上方出现了一个向下跳空缺口,这时候情况就发生了变化。此时,投资者关注 30 日均线就失去了意义。

这是为什么呢？因为这个缺口不是普通缺口，它是一个向下突破缺口[注]。向下突破缺口是一个非常重要的见顶信号。如果这个向下突破缺口的有效性被市场确认，股价势必会出现一轮大的跌势，此时短期均线，如 20 日、30 日均线对股价的支撑就显得很脆弱。换句话说，无论 20 日、30 日均线如何强有力地支撑着股价，但最后都会无济于事，跌破它们是迟早的事。

其实，当图 184 中这个向下跳空缺口出现时，聪明的投资者就会主动撤退，不再恋战。虽然今天该股在 30 日均线上方收了一根中阳线，但现在的股价离开这个缺口已有 4 天时间了。从理论上来说，只要超过了 3 天，该缺口的有效性就初步被市场认可了。根据以往的实战经验，向下突破缺口一旦被市场认可，盘中做空的力量就会越积越多，股价向下就会变得势不可挡。从图 184 中看，虽然昨天股价在 30 日均线处止跌，今天股价又在 30 日均线处收了一根中阳线，这多少给人带来一点希望，但这个希望能不能化解前面这个向下突破缺口带来的威胁呢？关键就要看明后两天走势了。如果明后两天能拉出一根或两根放量的大阳线，这个向下跳空缺口就有可能被多方封闭，此时的威胁才会得到初步化解。但是，如果明后两天 K 线不能收出大阳线，而是收出小阳线，甚至是阴线，那么这个向下跳空缺口的威胁就会变得越来越大。投资者再继续对它看多、做多就要吃大亏了（见图 185）。

这个案例给我们什么启示呢？最大的启示就是告诉**投资者在分析图形走势时，要学会抓主要矛盾，千万不能用次要矛盾来掩盖主要矛盾**。图 184 中的向下跳空缺口就是直接影响股价未来走势的主要矛盾，而 30 日均线则是间接影响股价走势的次要矛盾。**主要矛盾是"纲"，次要矛盾是"目"，纲举才能目张。**

【注】 关于什么是"向下突破缺口"，其特征与技术意义是什么？详见《股市操练大全》第一册第277页~279页。

229

（上接图184）果然这个向下突破缺口被市场认同后，股价随即出现了一轮大的跌势，即使中间多方有过一次反击，但在向下突破缺口的压制下，无功而返。30日均线对股价的支撑也变成了纸糊的防线，不堪一击

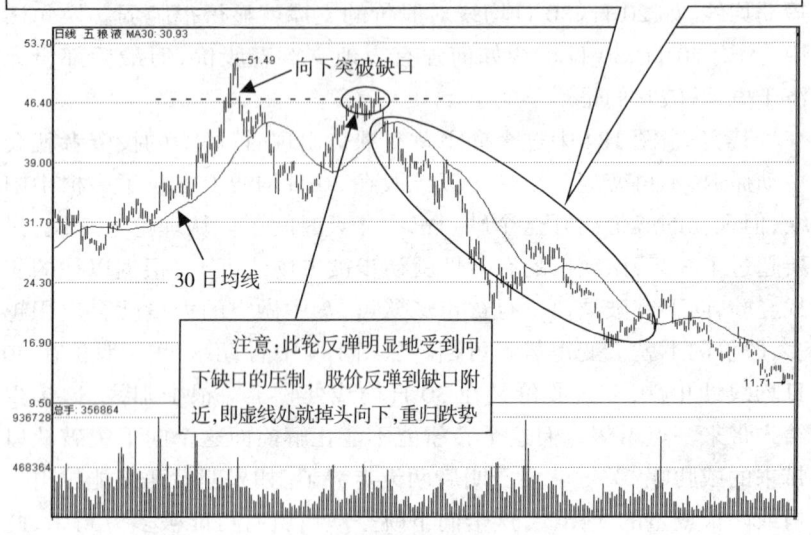

图中标注：
- 向下突破缺口
- 30日均线
- 注意：此轮反弹明显地受到向下缺口的压制，股价反弹到缺口附近，即虚线处就掉头向下，重归跌势

五粮液（000858）　2007年6月20日~2008年10月31日的日K线走势图　图185

噢，几道题做下来，我总算明白了：炒股要学点哲学，分析图形要学会抓主要矛盾，主要矛盾分析清楚了，其他矛盾就可迎刃而解，股价走势也就看懂了。

230

图形识别深度练习 34

今天收盘后,甲乙两人一起讨论图186的走势。甲认为该股近期在横盘筑底,昨天和今天收了两根阴线,放了大量,这是上攻前主力进行一次有力度的洗盘,现在投资者要坚守低位筹码,不要让主力把筹码骗走。但乙并不同意甲的看法,认为昨天与今天放出如此大的成交量,而且连收两阴,这十有八九是主力在出货,现在投资者应该赶快出逃。

请问:你认为甲、乙两人谁的观点正确?你对图186的走势是怎么看的?

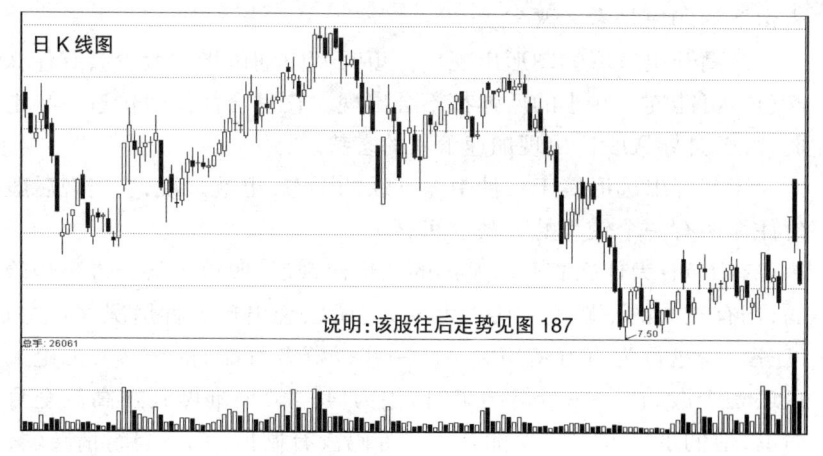

日K线图

说明:该股往后走势见图187

图 186

解答

我认为甲的观点是错的,乙的观点是对的。

要判断甲、乙两人的观点谁对谁错并不难,关键是要对图186中最后两根K线的特征、技术含义有所了解,这样下一步就知道应该如何操作了。

图186中最后两根K线的组合,叫"高开出逃形",其特征是:突然高开,然后就高开低走,当天收一根大阴线,同时成交量放得很大,第二天一般就会出现一根低开低走或平开低走的小阴线。

231

高开出逃形是一个非常凶险的图形,大家对它一定要高度警惕。我对该图形作了长期跟踪与研究,认为它有以下几个鲜明的特点:

①该图形一般出现在下跌行情中,盘中主力会借突然出现的利好或某个能吸引市场眼球的概念,早上开盘时就跳空高开(常常会以涨停价开盘),以此来诱惑短线客,引起市场跟风。通常,当日成交量会放得特别大(甚至会放出近期的天量),并以高开低走的格局,结束全天的交易。

②在走势图上,这根突如其来的大阴线非常醒目,孤零零地立在那里,活像一块墓碑。因此,有人戏称它为"墓碑线"。可见,它给投资人留下的印象是多么恶劣。

③高开出逃形的图形出现后,短时期内别再指望股价会有什么起色,可能连一些小的反弹都不会出现,它只会促使股价进一步走弱,甚至会导致股价出现加速下跌的态势。

④高开出逃形属于一种中途下跌的形态,也就是说,它出现后股价往往还有一个较大的下跌空间。

有人问:为什么高开出逃形的图形出现后,股价走势会进一步趋弱,仍有较大的下跌空间呢?其实,之所以会出现这种情况,与主力(庄家)操盘行为有着密切关系。一些投资者可能有所不知,无论大盘还是个股,在一轮行情结束时,主力(庄家)很难做到在高位全身而退,他们手里或多或少都有一些筹码没有抛掉。而一旦行情转弱,下跌趋势明朗后,盘中接盘就会大幅减少。如此一来,主力(庄家)要把手里的存货抛出去就成了问题。于是,主力(庄家)就会煞费苦心,设计各种陷阱,引诱一些不明真相的投资者进来接盘,好让他们顺利出逃。在这些陷阱中,高开出逃形就是其中的一个。

高开出逃形出现时,主力(庄家)出货非常坚决,成交量往往会创出近期天量。试想,出现了这样凶煞的走势,自然会吓退不少投资者。此时再加上主力(庄家)继续打压出货,这样盘中愿意买进的人就会越来越少,行情只能进一步趋弱,甚至会出现加速下跌的态势。至于高开出逃形图形出现后,表明"股价仍有较大的下跌空间",这也很好解释,因为主力(庄家)坚决出货的地方不可能选择在"山脚"下,而一定会选择在"山腰"出货[注]。所以,无论大盘,还是个股,在下跌行情中出现高开出逃形图形后,我们就可以断定,后市仍有较大的下跌空间,投资者如不及时出逃,损失将会很大(见图187)。

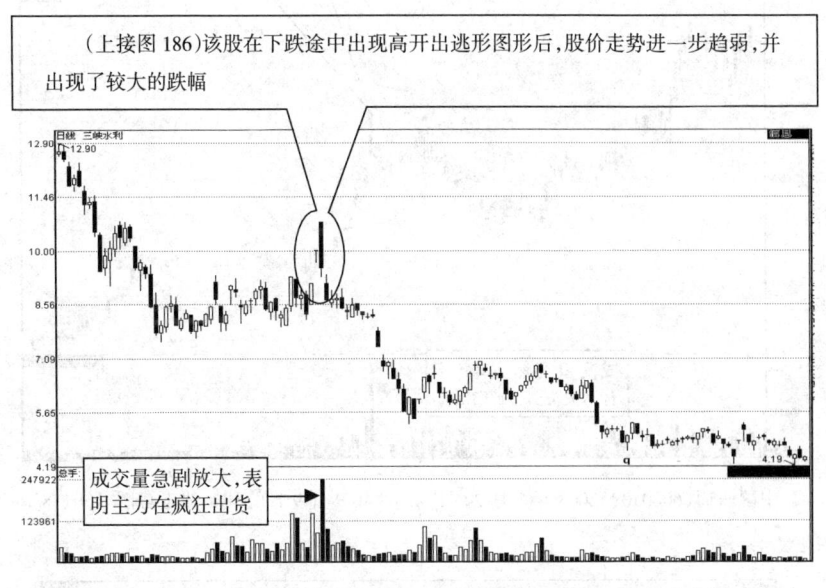

(上接图186)该股在下跌途中出现高开出逃形图形后,股价走势进一步趋弱,并出现了较大的跌幅

成交量急剧放大,表明主力在疯狂出货

三峡水利(600116) 2008年3月6日~2008年10月15日的日K线走势图 图187

补遗: 本书完稿后,在对外征求意见时,有人提出高开出逃形的图形,他们还不熟悉,希望多举一些案例,这样可以加深印象,以后再碰到这样的图形就容易对付了。

为了满足读者的要求,我们又特地找了两张图,让大家瞧瞧!

【注】当然,有时也可能会出现另外一种情况:比如,主力、庄家发生了资金断裂的现象,此时他们就会被迫在"山脚"附近卖出(即低位出货),但这种现象在股市中很少发生,它只是一种个别现象。该现象形成的原因比较复杂,这里就不作讨论了。如果投资者要了解这方面的情况,可参见《股市操练大全》第四册第267页~第272页,第六册第362页~367页。

233

实例一：

图中出现这样一根高高在上的大阴棒，几乎可以百分之百地断定主力在拉高出货，尔后股价必然会出现大跌

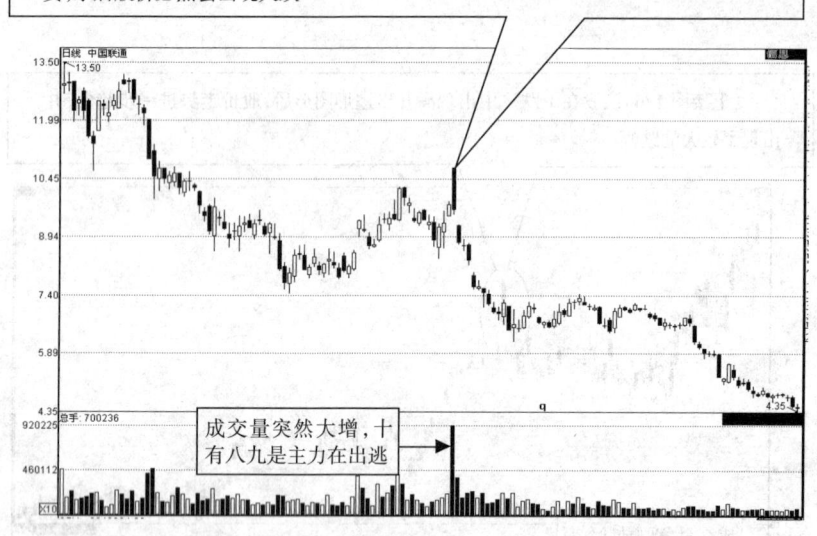

成交量突然大增，十有八九是主力在出逃

中国联通（600050） 2008年1月24日~2008年9月9日的日K线走势图　图188

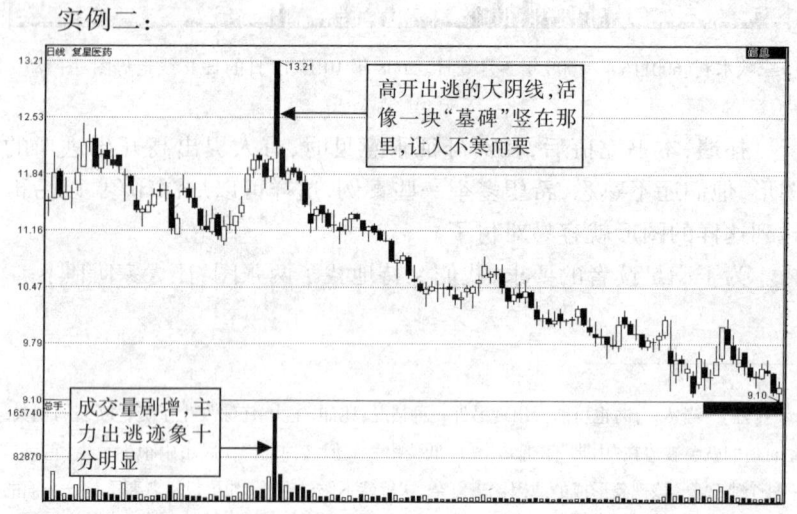

实例二：

高开出逃的大阴线，活像一块"墓碑"竖在那里，让人不寒而栗

成交量剧增，主力出逃迹象十分明显

复星医药（600196） 2003年5月16日~2003年11月19日的日K线走势图　图189

234

图形识别深度练习 35

有一位投资者拿着图190,向某高手请教,询问高手看到这样的走势应该如何操作。高手以肯定的口气说,这是一个必跌图形。这位投资者反问高手,虽然该股最后收了一根阴线,但它在下探5日均线时得到明显的支撑。凭什么说它是一个必跌图形呢?高手回答他,观察这张图,判断其趋势,主要是看K线,均线则是次要的。这位投资者听了犯糊涂,他不明白高手为何这样说。但后来的事实证明,高手的判断是正确的,该股之后确实出现了连续下跌。

请问:你能对高手的观点作一番正确的解释吗?不妨说出来给大家听听。

日K线图　　　　　　　说明:该股往后走势见图191

涨停大阳线→

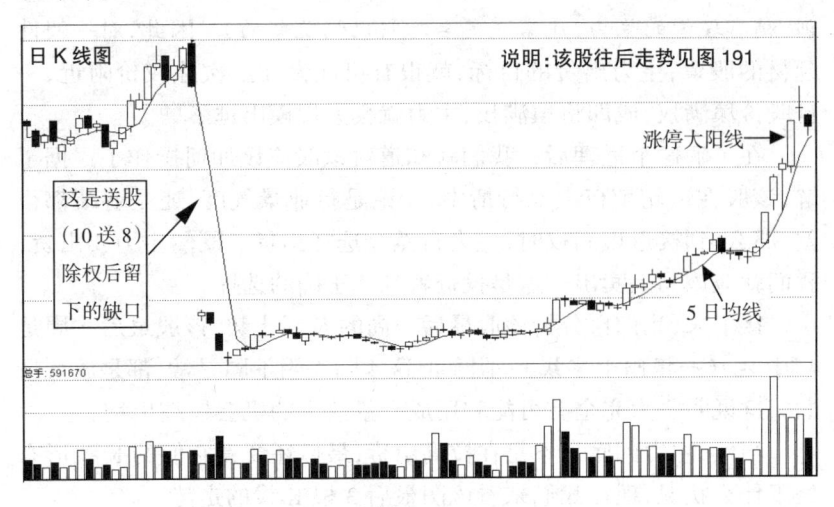

这是送股(10送8)除权后留下的缺口

5日均线

成交手:591670

图190

解答

我理解高手的观点,实际上高手看这张图,主要看两个方面:第一看除权后整个K线的走势;第二,看最后一周的K线走势。

我们先来分析该股除权之后的整个走势。从图190中看,该股除权后出现了一波向上运行的填权走势。此时投资者要考虑一个问题:即该股填权后是继续向上走,还是就此告一段落,开始向下运行呢?一般来说,一个股票填权后再继续向上运行,必定有重大利好在等着(比如,业绩高速增长、行业前景变得非常光明、有重大资产重组题材,等等)。如果缺乏"重大利好",通常在填权后或接近填权时,行情就会画上句号。因为主力心中明白,一般性题材,股价是炒不高的,即使炒高了,如填权后继续往上走,跟风的人就会大大减少,主力如果想要把它炒上去就要承担很大的风险。比如,到时候股价炒高了,但由于无人跟风,最后主力只能自拉自唱,在高位"举杠铃"(编者按:历史上就有很多在高位举杠铃的主力、庄家,因为资金在举杠铃过程中被耗尽,打爆了仓位,股价在高位出现连续跳水,最后这些主力、庄家输得"一干二净"。像这样的历史教训,稍有理智的主力、庄家一定会对它记忆犹新的)。因此,对一般性题材的股票,主力出货的目标,就很有可能设在上次除权价附近,一旦股价填满权,或即将填满权,主力就会大规模出逃了[注]。

在了解这个道理后,我们就知道对该股应该如何操作了。据了解,该股在这轮填权上涨行情中,无论是行业景气度,还是业绩都很差,那么,到接近填满权时,主力自然会选择出货。既然主力要出货,我们就应该马上卖出。这是投资者唯一正确的选择。

接下来,我们再分析该股最后一周的K线走势,该股最后一周是4阳(包括一根阳十字线)一阴。但这4阳一阴不同寻常,都是放大量的。这说明主力完全有可能利用成交量放大的机会拉高出货。

当然,主力到底是不是在拉高出货,最后还要看它们的K线形态处于什么状况,现在我们来看该图最后3根K线的走势。

图190中倒数第3根K线是拉涨停的大阳线。在这个即将填满权的当口,突然出现一根涨停大阳线,反映了主力急于拉高出货的欲望,由此,我们可以判断它是一根高位大阳线。K线理论告诉我们,高

【注】 这是主力惯用的一种出货手法,技术上称之为"除权诱多出货法"。有关这方面的详细情况,可参见《股市操练大全》第七册第313页~第327页。

位大阳线是见顶看跌的信号，主力正是利用高位大阳线进行诱多出货的（编者按：图190中高位大阳线不止这一根，比如图中倒数第五根K线，虽然形态上是根中阳线，但实际上也充当了高位大阳线的角色，因为它当日涨幅达到9.31%，成交放出巨量，主力拉高出货的痕迹非常明显）。

图190中倒数第二根K线是什么K线呢？认识它的人知道它是一根长十字线。在股价大幅上涨后，长十字线的出现是一个不祥之兆。有人问，如何确定这根长十字线是见顶信号呢？投资者可以用后面的K线来验证，如果后面的K线是阴线，并且处在长十字线下端部分，那么就可以验证前面的一根长十字线基本上是见顶信号了。此时，从均线上看形态还没有变坏，可能连5日均线都没有跌破，但根据经验，在这种情况下，跌破5日均线是迟早的事。因此，投资者心里应该明白，见此图形晚跑不如早跑，早一点开溜，损失就会小一些（见图191）。

（上接图190)该股长十字线见顶信号被后面一根K线验证后，就出现了连续下跌的走势。看得懂图190的投资者若及时抛空离场，就能避开后面一轮大的跌势

济南钢铁（600022） 2009年5月22日~2009年9月30日的日K线走势图 图191

图形识别深度练习 36

甲、乙两位投资者围绕图192的走势进行辩论，甲认为该股今天收了一根中阳线，表明该股短期调整已经结束，接下来应积极看多、做多，并建议大家明天一开盘就买进；乙却认为该股今天收了一根中阳线，是给投资者一次逃命的机会，接下来应积极看空、做空，并建议大家明天一开盘就卖出。

请问：你认为谁的观点正确？为什么？

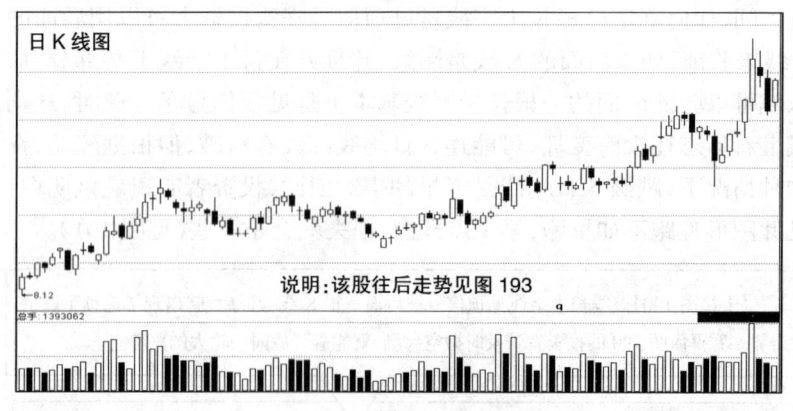

日K线图

说明：该股往后走势见图193

图192

解答

我认为乙的观点正确。理由是：该股前面冲顶时，曾经拉出一根比今天更大的中阳线（见图192中倒数第四根K线），这根中阳线头上有一根很长的上影线。这说明该股在冲顶时遇到了较强的阻力，第二天该股低开，收了一根螺旋桨[注1]K线，它和前面的冲顶中阳线合起来构成了身怀六甲[注2]的K线组合。K线理论告诉我们，在上涨时出现身怀六甲是一种见顶信号。那么这个见顶信号能不

【注1】 关于"螺旋桨"K线的特征、技术意义，详见《股市操练大全》第一册第48页~第51页。

【注2】 关于"身怀六甲"K线组合的特征、技术意义，详见《股市操练大全》第一册第67页~第70页。

能成立呢?这要看后面的 K 线走势如何发展了。大家从图 192 中可以清楚地看到,身怀六甲后,图中马上出现了一根大阴线,这根大阴线已经将那根冲顶中阳线的开盘价击穿,这说明身怀六甲的见顶信号已经被这根大阴线确认,今后该股向下已成定局。在这种情况下,谁要是继续对该股看多、做多,那肯定要吃大亏的。

有人问,今天收了一根中阳线是怎么回事?很多人就是因为这根中阳线犯糊涂了。有的人甚至认为,这根中阳线的出现,表明该股短期调整已经结束,后面的行情可能要向上走了。其实,这种想法是很幼稚的。

那么,这种幼稚表现在什么地方呢? 主要表现在对市场主力(庄家)操盘行为缺乏了解,甚至可以说是一无所知。因为从历史上看,主力在高位出逃(也即股价见顶)后,一定会把股价打出一个下跌的空间(通常不会小于 -15%),有了一定的差价后,主力才会进行低位回补。从时间上看,任何一次股价见顶回调(这里不包括洗盘),不可能在几天之内就结束,更何况图 192 中的个股,其身怀六甲的见顶信号昨天刚被一根大阴线确认。在这种情况下,它又怎么可能在第二天拉了一根中阳线后,股价就回调到位,将这个见顶风险化解了,并重新确认一轮新的升势呢? 稍有实践经验的投资者都会认识到,今天这根中阳线,实际上就是下跌初期经常出现的一种下跌抵抗性阳线。也就是说,盘中做多力量还不甘心就此认输,他们还要使出浑身解数,进行一次挣扎。尽管这种挣扎是无效的,但从行为学上说,当事人总算努力过了,这多少也会给做多的投资者一次心理安慰吧。一般来说,下跌初期抵抗性阳线出现后,接下来继续出现阴线的可能性非常大,因此,《股市操练大全》一再告诫大家,在股价见顶初期,如果出现下跌抵抗性阳线,一定要紧紧抓住它,赶紧逢高出局,因为这是一个稍纵即逝的逃命机会。

炒股七字经中有这样一句话:"**涨高之后放大量,无论收阴或收阳,下跌概率非常大。**"[注]我们再来看图 192,该股冲顶时拉出的是一

【注】 "炒股七字经"是股市高手的经验总结,言简意赅,内容丰富,有较大的实战参考价值。全文详见《股市操练大全》习题集第 1 页~第 7 页。

根中阳线,当日的成交量是近几年来最大的日成交量。在如此大的成交量(也可以说是该股几年来的天量吧)中,主力拉高出货的迹象十分明显。可见,该股见顶从成交量里也能找到充分证据。

根据以上分析,我们认为,现在尚未出逃的投资者,明天一开盘就应该将它全部卖出,卖出越早,损失越少(见图193)。

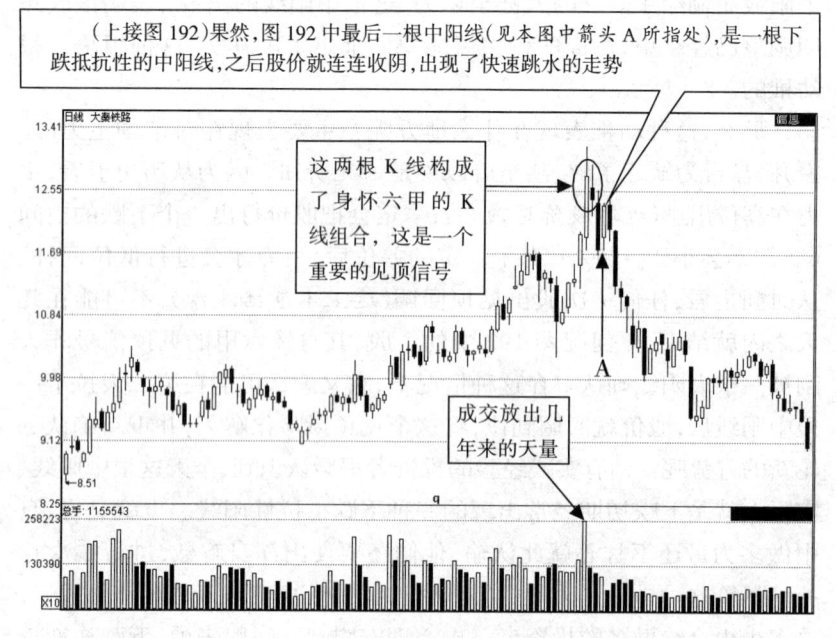

(上接图192)果然,图192中最后一根中阳线(见本图中箭头A所指处),是一根下跌抵抗性的中阳线,之后股价就连连收阴,出现了快速跳水的走势

这两根K线构成了身怀六甲的K线组合,这是一个重要的见顶信号

成交放出几年来的天量

大秦铁路(601006)　2009年3月26日~2009年9月28日K线走势图　图193

图形识别深度练习 37

一位高手指着图194说,我仔细研究了该图的走势,认为该股向上的可能性很小,长期留在里面风险很大,现在应以及早卖出为宜。当时很多人听了后不以为然,没有采取什么行动,但后来股价大跌,留在里面的人吃了苦头,这才想起了高手的忠告。

不过,这些人到现在都想不明白,当时该股的技术图形、均线系统都没有走坏,其他地方也没有什么明显的卖出信号。那么,这位高手是根据什么作出对该股后市看淡的判断呢?

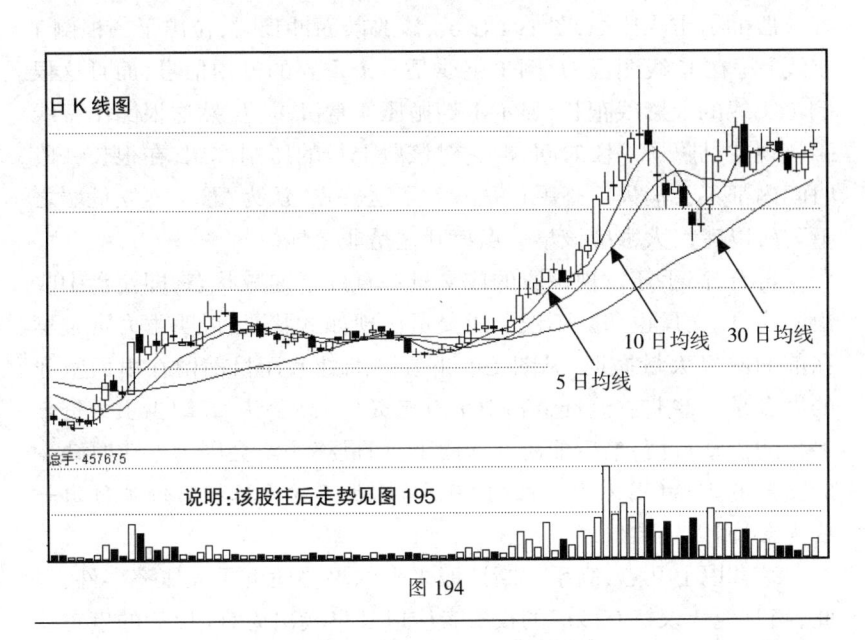

日K线图

10日均线 30日均线

5日均线

总手:457675

说明:该股往后走势见图195

图194

解答

高手作出"长期留在里面风险很大,现在应该及时卖出"的判断,一是凭他长期的实战经验,二是他确实看到了大家不易察觉的技术细节,而这些细节将对该股未来的走势产生重要影响。

241

据了解,高手在股市里摸爬滚打已有10几年历史。高手说,股市里有一句谚语,叫"久盘必跌"。根据他的实战经验,他认为一个股票大涨之后,冲高回落,然后进入盘整状态,盘整结束后既可选择向上突破,也可以选择向下突破,似乎这两种可能性都有,但比较下来,在多数情况下都会选择向下突破。久盘必跌的另一个意思是,前面股价涨幅越大,或盘整时间越长,盘整后选择向下的可能就越大。而正是基于他的长期实战经验,高手才判断该股后市不妙,应以及早撤退为宜。

除此之外,高手还从技术细节上发现了一些问题,所以他不看好该股的后市。比如,图194显示,该股前面冲顶时,拉出了一根倒T字线[注]。在K线图形中,倒T字线是一个重要的见顶信号,而且这根倒T字线的上影线很长,显示上档抛压非常沉重。虽然这根倒T字线距离现在已隔了一段时间,但它对该股上行的压制作用,在很长一段时间内都不会消失。高手正是看到了这一点,认为"君子不立危墙之下",所以建议大家应该早一点离开这是非之地。

再有,高手还发现该股的成交量一直处于递减状态,即使盘中收出阳线,成交量也照减不误。成交量出现如此状况,说明主力资金早在前面已经大量撤退(见图195下方画圈处),而目前留在里面坚守的大多是一些非主流资金和中小散户资金。高手认为,缺少主力资金参与的盘整行情,最后即使选择向上,但最终一定会因为上攻时缺少成交量的支持(因为中小机构、散户,谁也不肯为拉抬股价多付出一些资金)而以失败告终。

综合以上几点,高手判断该股未来的趋势向下是大概率事件,因此,当时他建议持有该股的投资者应以及早卖出为宜。以后的事态发展,证明高手的这个判断完全正确,当初继续留守在里面的投资者都吃了大亏(见图195)。

【注】 关于倒T字线的特征、技术意义,详见《股市操练大全》第一册第41页~第43页。

(上接图194)高手的判断是对的,该股盘整后最终选择了向下突破。如果早一点听从高手的建议,卖出该股,就可以躲开日后大跌的风险

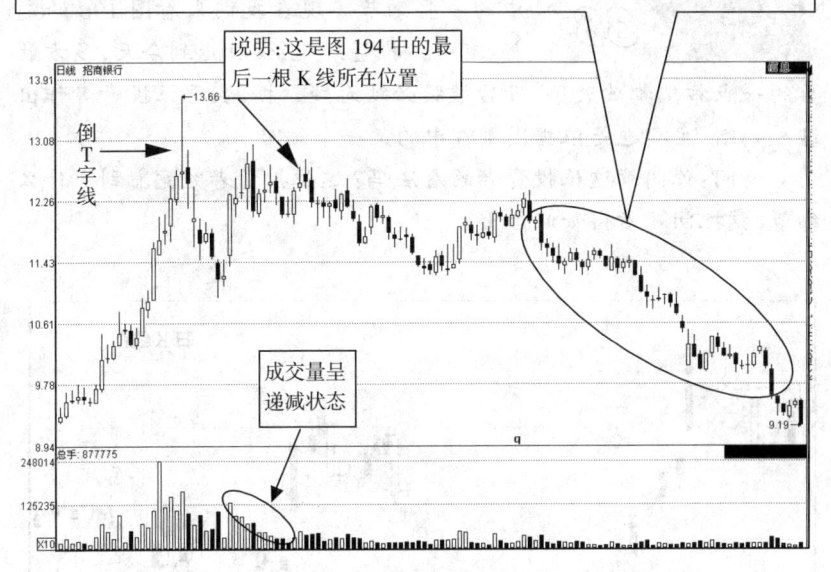

说明:这是图194中的最后一根K线所在位置

倒T字线

成交量呈递减状态

招商银行(600036)2003年3月18日~2003年9月22日的日K线走势图 图195

确实,高手看盘与众不同,他看到了别人没有看到的东西,所以他才能对该股的后市作出正确判断。高手这一看盘的门道,我要好好地研究研究。

图形识别深度练习 38

有一句名言叫做"细节决定成败",上一道题目说到高手观察盘面走势时,很注意图中的一些细节。现在我们来看图196的走势,有一位投资者说,该股走到今天,多方最后的一点希望都破灭了,日后该股必跌无疑。据说,这位投资者作出这一判断,主要也是依据图196中的某一个细节。

请问:你同意这位投资者的看法吗?这位投资者究竟看到了什么细节,竟把问题看得如此严重?

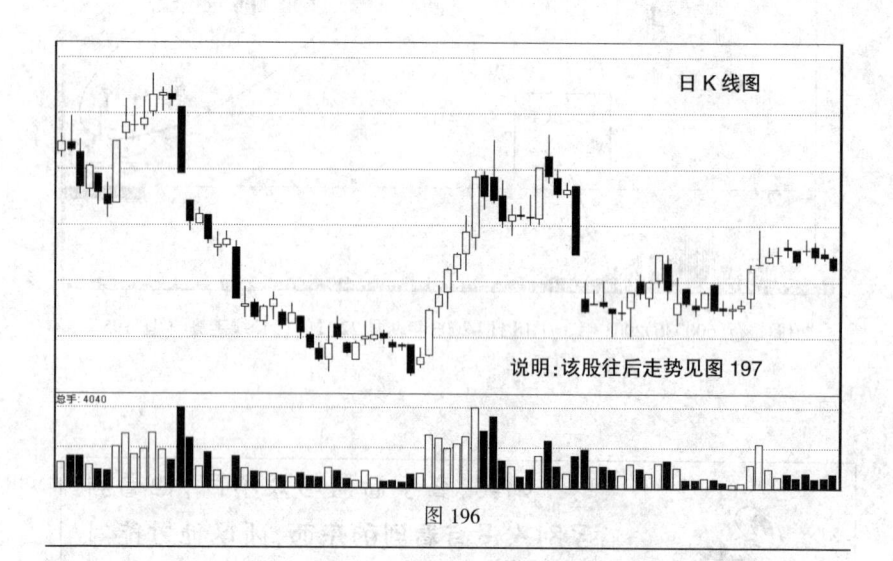

日K线图

说明:该股往后走势见图197

图196

解答

我同意这位投资者的看法。其实,该股早就显示出它的颓势(如高点逐渐下移,呈现逐浪下跌态势),有经验的投资者或许早在前面就对该股看空、做空了。只不过,该股是上市不到半年的次新股,其行业独特,成长性突出,看好它的投资者不在少数,所以有的人还在坚守着。但是,股价走到今天,出现如此走势,可以说留给多方的最后一点希望都破灭了。

此话怎么讲呢?请大家仔细观察图196,右边倒数第9根K线是一根倒T字线。这根倒T字线仍然可以视为一个见顶信号[注]，如果在它之后出现的K线，在T字线的上影线处运行。此时，投资者还可以勉强地持股看一看，但今天这根小阴线的收盘价已经收在倒T字线开盘价的下方，也就是说倒T字线的开盘价被跌破了。这样一来，这根倒T字线的见顶信号就完全被市场验证了。如果联系到该股前面逐浪下跌的走势，那势必可以得出一个结论：在该股做多的最后一点希望——因倒T字线的见顶信号被市场验证，而遭到彻底毁灭后，股价除了向下不断寻底就别无选择（见图197）。

可见，我们在观察图196时，看该股究竟还有没有希望走出困境，重返升势，对倒T字线后面的几根K线要特别留意，一旦发现某日K线的收盘价收在倒T字线下方，就应该当机立断，马上止损离场。这虽然是一个很小的技术细节，但它对判断该股的未来趋势，却有着至关重要的作用。

（上接图196）这是一个不易被人察觉的细节。虽然图中画圈处的几根K线仍在倒T字线的上影线处运行，但重心向下的迹象已经显现。可以预见，一旦倒T字线的开盘价被击穿，其后市就非常危险了

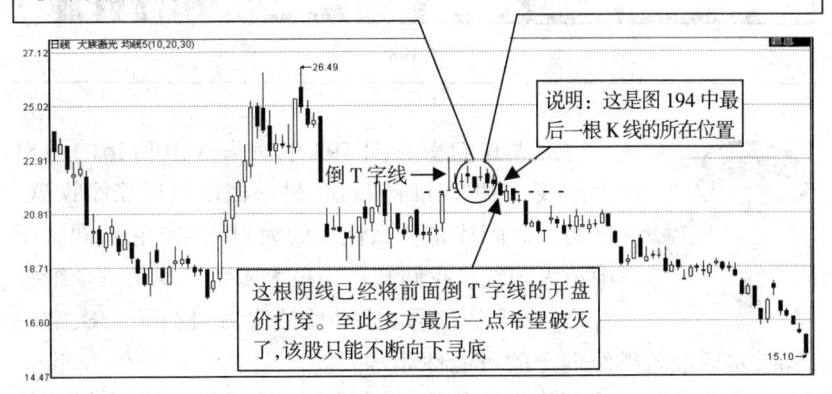

大族激光（002008） 2004年8月9日~2005年1月31日的日K线走势科　图197

【注】　这根倒T字线与上一道题图中的倒T字线不同，它出现在股价的下跌途中，而不是出现在股价的高位处。那么，这样的倒T字线是不是看跌的信号呢？答案是肯定的。在下跌途中，股价反弹时出现倒T字线，这时候的倒T字线可视为反弹遇阻的见顶信号。

图形识别深度练习 39

一位高手指着下面这张走势图说,图中箭头 A、B 所指的两根 K 线告诉我们,只要不出意外,这是一个必涨图形。投资者看到这样的图形,应积极看多、做多。后来的事实,果然验证了这位高手的判断。

现在请你沿着高手的思路,分析一下为何只要不出意外,这就是一个必涨图形。

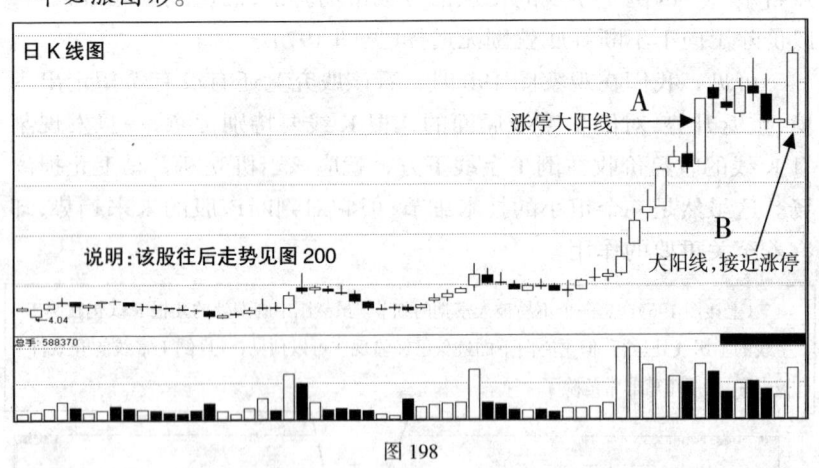

日K线图

涨停大阳线 → A

说明:该股往后走势见图200

B
大阳线,接近涨停

图 198

解答

首先我们来看图 198 中箭头 A、B 所指的两根大阳线,一根以涨停收盘,另一根以接近涨停收盘,这两根大阳线是什么性质的大阳线呢? 它们同属于中位大阳线。我们知道中位大阳线出现是一个继续看多、做多的信号,这好比给多方进行了一次空中加油,尔后股价继续向上的可能性非常大。

有人问,虽然中位大阳线出现可对后市继续看好,但股市风险是存在的,为何高手敢说它是必涨图形呢? 主要有以下两个理由:

第一,箭头 A 所指的中位大阳线出现后,股价出现了短期调整,但这个调整十分"规范":①整个调整只有 6 天,没有超过两星期,说明它是一个上升途中的强势调整,反映盘中的做多力量很强;②调整

246

时价量配合非常好,上涨放量,下跌缩量;③调整下探的位置,连大阳线的 1/2 都不到(指收盘价);④我们为图 198 配置上 5 日、10 日、20 日 3 根均线后就会发现(见图 199),该股主力的操作是很有章法的。该股在拉出箭头 A 这根大阳线后,主力对盘中的跟风盘进行了一次清洗,但主力这次洗盘只洗到 10 日均线为止。图 199 中箭头 B 所指的 K 线是该股短期调整的最后一根 K 线,它下影线虽然很长,但离开 20 日均线还有很大的距离,且收盘收在 10 日均线之上,第二天就出现了一根低开高走的放量大阳线(见图 199 中箭头 C 所指处)。至此,该股这次短期调整宣告结束,这为股价打开新的上升空间奠定了扎实的基础。

第二,我们从该股 K 线形状来看,图 199 中的箭头 A 至箭头 C,一共是 8 根 K 线,这 8 根 K 线所组合的图形是一个"上升三部曲"[注]

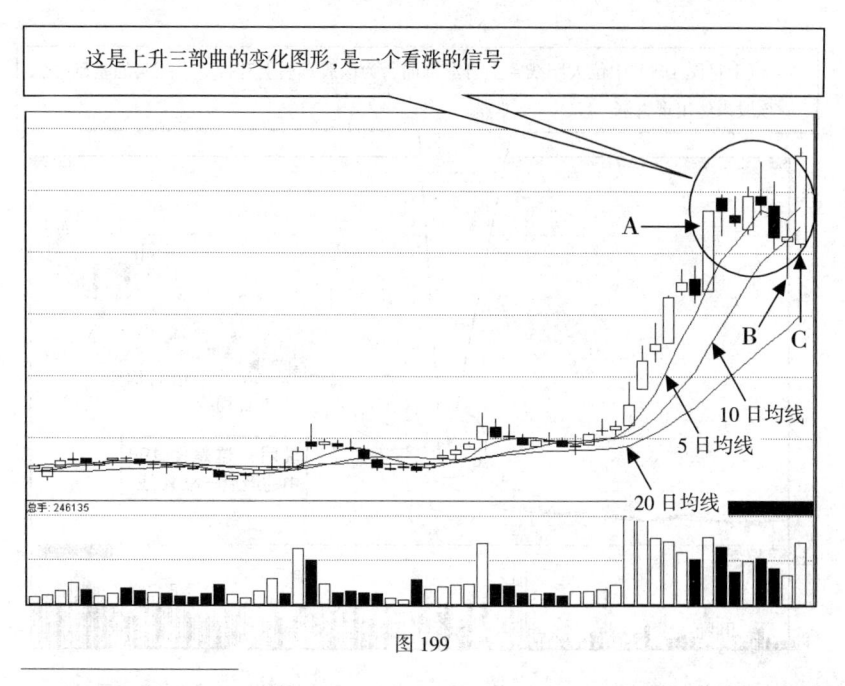

图 199

【注】 关于"上升三部曲"的特征、技术意义,详见《股市操练大全》第一册第111页~第112页。

的变化图形。我们知道上升三部曲是一个积极看涨的信号,且这个上升三部曲是在该股行情启动后不久出现的,从总体上来说,尚属于中低位,这反映主力继续向上做的欲望十分强烈。

正是根据这两个理由,高手才判断该图形就是一个必涨图形。当然,股市里绝对的事是没有的,所以高手说,只要不出意外,该股就会继续涨上去(见图200)。

有人问:如果日后意外真的发生了怎么办呢?那也很简单,暂时先卖出再说,止损位可以设在图199箭头A所指的大阳线开盘价处。换句话说,只要图199这根箭头A所指的大阳线的开盘价未被跌破,最佳投资策略就是持股不动。当然,如果日后真的发生了这根大阳线的开盘价被打穿的现象,那也应该先止损退出来再说,但估计这种情况发生的概率非常小。

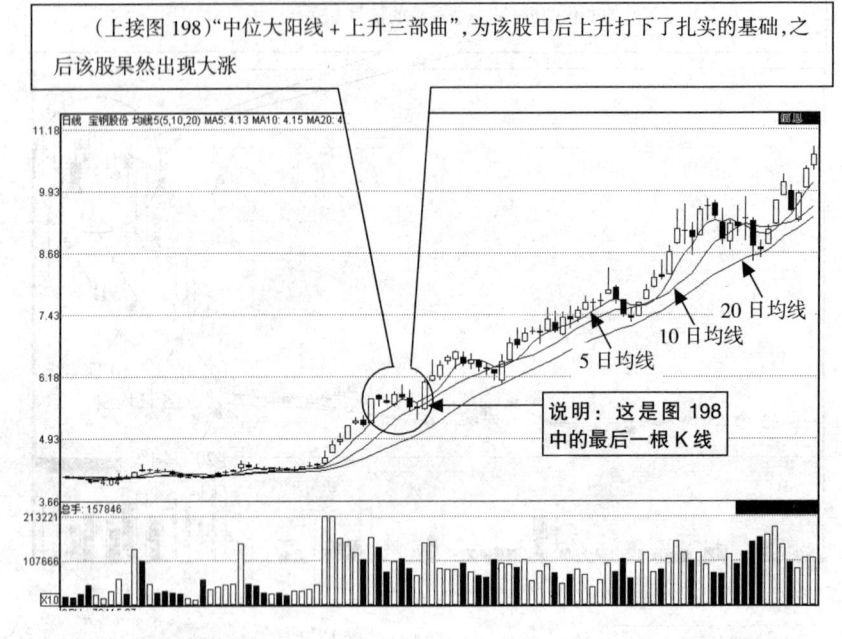

(上接图198)"中位大阳线+上升三部曲",为该股日后上升打下了扎实的基础,之后该股果然出现大涨

说明:这是图198中的最后一根K线

宝钢股份(600019) 2006年9月4日~2007年1月30日的日K线走势图 图200

图形识别深度练习 40

老张在观察图201后,认为该股回调已基本结束,现在正是投资者逢低吸纳的时候。其看多的理由是:

①该股自从冲高回落以来跌幅已较大,且时间也比较短,这正符合在一轮大的上涨行情中出现快速调整的特征。

②在最近几天的快速下跌中,成交量并没有出现快速萎缩,而是有所放大,表明多方承接力量很强。

③倒数第三个交易日拉出了一根螺旋桨K线,这是见底信号,后市看涨。

请问:你对老张的观点认同吗?现在投资者究竟应该如何操作?

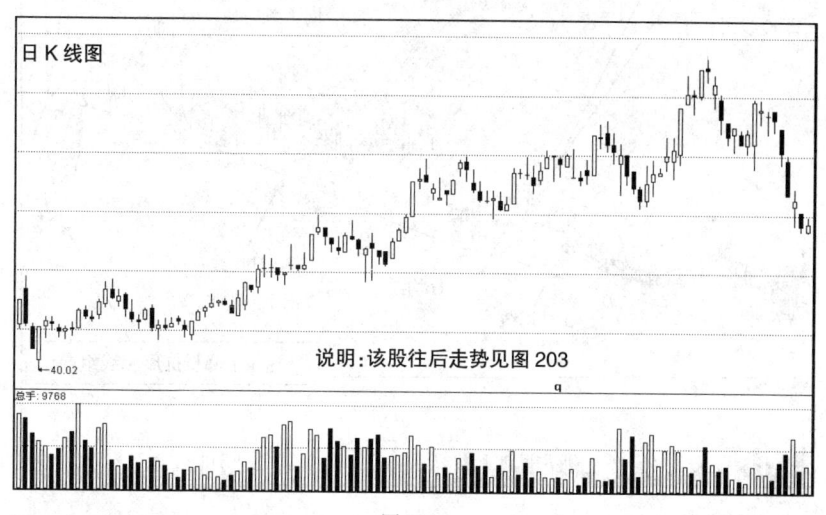

日K线图

说明:该股往后走势见图203

图201

解答

我不赞同老张看多该股的观点。其中主要理由如下:

①我们在图201中加上5日、10日和50日均线后发现,该股在前一段时期的上涨过程中,5日、10日、50日均线形成了逐浪上升形的走势,而现在5

日、10日、50日均线已出现首次交叉向下发散的状况[注1]（见图202）。一般来说，出现这种情况说明一轮上涨行情已结束，大的调整即将开始。

②该股在上涨过程中留下的最后一个向上跳空缺口早已被完全封闭，从而使之成为向上竭尽缺口，其意是行情已走到尽头。

③该股最近几天连续下跌，形成了"下降抵抗形"[注2]的K线组合（见图202中画圈处），这是后市看跌的信号。

图中标注：
- 瞧！该股以50日均线为底线，呈现逐浪上升态势
- 此处逐浪上升形已遭破坏，5日、10日、50日均线出现了向下发散的状况
- 日K线图
- 向上跳空缺口
- 10日均线
- 5日均线
- 50日均线（逐浪上升形底线）
- 这是下降抵抗形K线组合
- 总手：17347

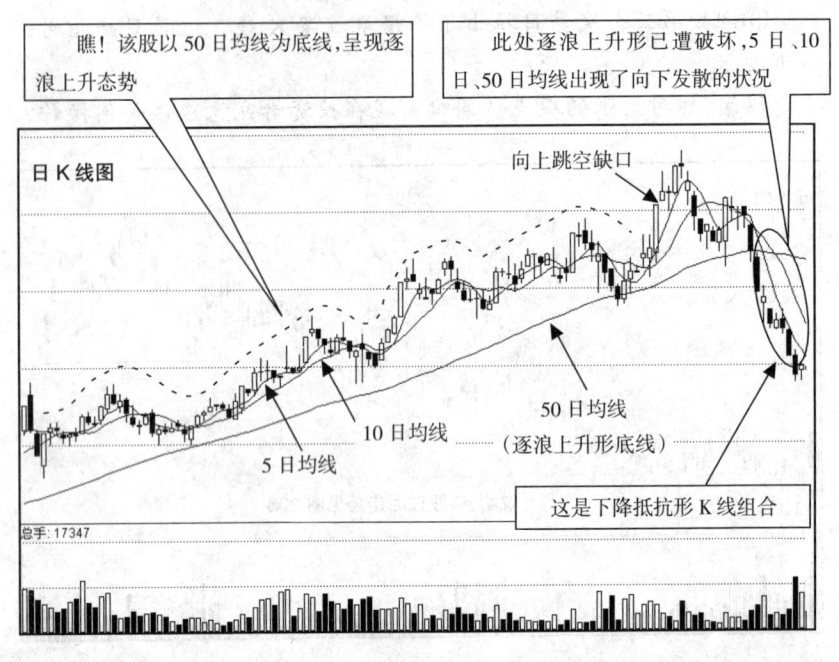

图202

【注1】 关于均线首次交叉向下发散形的特征、技术意义，详见《股市操练大全》第二册第46页~第49页。

【注2】 关于"下降抵抗形"K线组合的特征、技术意义，详见《股市操练大全》第一册第99页~第100页。

④**历史经验告诉我们:涨幅巨大的股票,一旦见顶回落,后面调整的幅度就非常大**。据了解,该股在最近2年半时间里,上涨了15倍,其涨幅十分巨大,而现在调整的幅度与之相比实在是太小了,可以忽略不计。

综合上述理由,我认为该股往下调整才刚刚开始,所以投资者现在应赶紧抛空出局,离场观望,以便保住胜利成果(见图203)。

(上接图201)该股在跌破逐浪上升形的底线,即50日均线后,股价出现大幅调整,最大跌幅近九成,致使急于逢低吸纳的投资者遭受重大损失。这个惨痛教训,值得广大投资者引以为戒

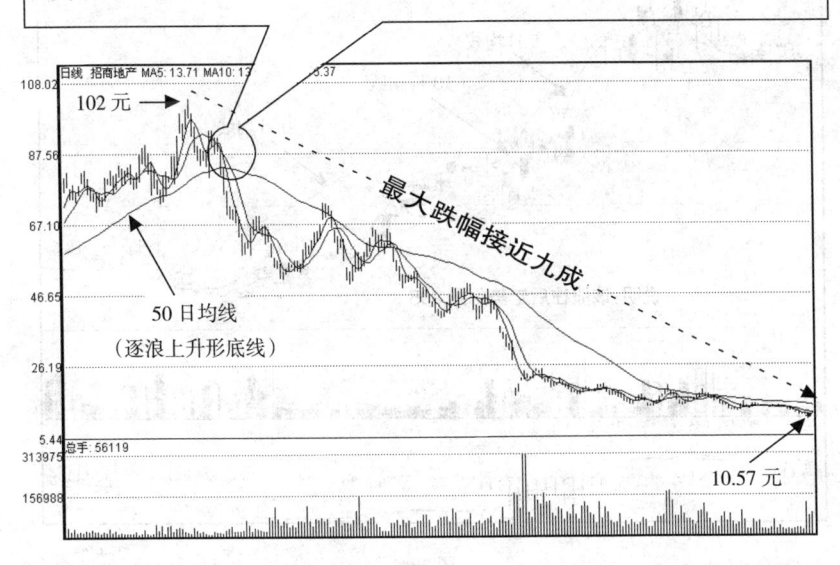

招商地产(000024) 2007年8月24日~2008年9月18日的日K线走势图 图203

图形识别深度练习 41

老王在观察图204后,认为该股反弹即将结束,现在正是投资者撤退离场的时机。其看空的理由是:

①该股上升已遇到了重大阻力,连续收出了两根十字线,十字线为见顶信号,现在该股见顶的可能性很大;

②在其股价上方有一个顶部岛形反转的图形压着(见图204中画圈处),估计要突破它很困难,股价若上不去,只能往下寻底。

请问:你是否赞同老王的观点?另外,请你说说现在投资者究竟应该如何操作?

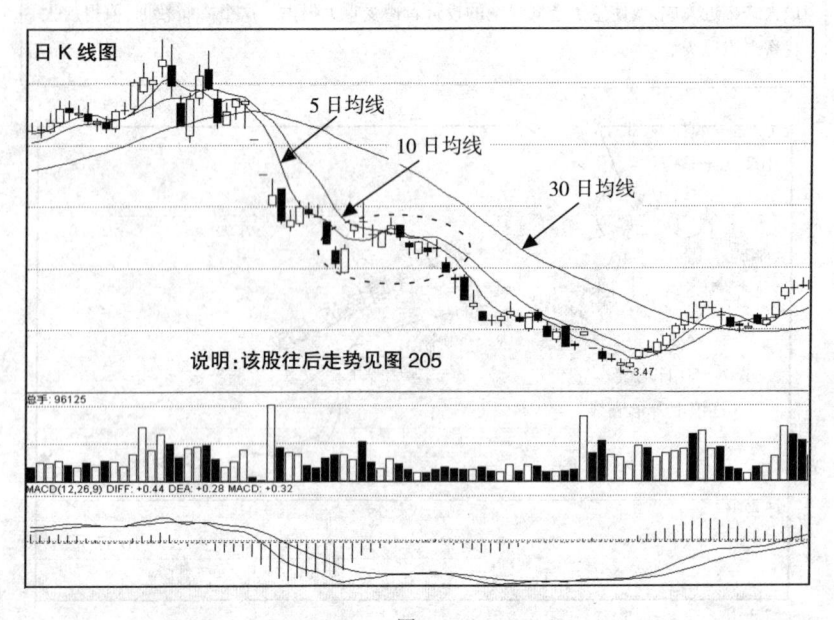

日K线图
5日均线
10日均线
30日均线
说明:该股往后走势见图205

图204

解答

我不赞同老王看空该股的观点。其理由如下:

第一,十字线与长十字线不同,一般情况下,在涨势初期或中期出现一些小十字线,并不表示股价见顶了,多数表示为多空双方争斗的一个暂时平衡,之后股价向什么方向发展,要看其内在做多或做空的力量谁占上风。而只有到了高位,连续出现小十字线才有见顶的嫌疑。从图204中看,该股目前的两根小十字线,并不是在股价到了高位时出现的,因此,把它作为反弹结束的信号是很勉强的。

第二,该股仍有继续上涨的潜力。原因是该股这一轮反弹出现了4个好的征兆：

①该股上涨时,K线图上出现了阳线远远多于阴线的现象,尤其是见底回升这几天,一连出现了6、7根阳线,这说明盘中的做多力量占着绝对优势。②成交量在低位呈现明显放大态势,说明有增量资金入场。而且在股价上涨过程中出现了价升量增,价跌量减的现象。这反映了该股的内在向上动力要远远大于向下的动力。③5日、10日、30日均线已经形成了多头排列的走势。④MACD走到了0轴上方。

总之,我认为在图204中多种积极做多信号的合力作用下,该股继续上涨的可能性很大,现在投资者应该顺势做多,说不定就此能抱上一个金娃娃(见图205)。

(上接图204)该股在多种做多信号的合力作用下,股价稳步往上攀升,形成一轮相当可观的上涨行情,令人叹为观止。这让坚定看多、做多的投资者获得了丰厚的投资回报

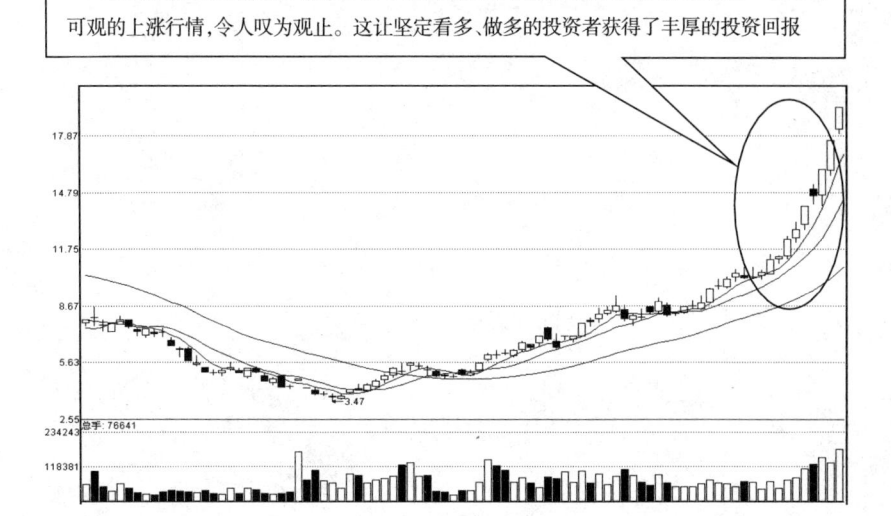

鲁信高新(600783)2008年9月19日~2009年2月9日的日K线走势图 图205

至于老王说的在其股价上方，有一个前期下跌途中出现的顶部岛形反转的图形压着，这对股价上涨将是一个重大的阻力，这个看法我也表示同意。但是股价向上有压力，并不表示股价就此一定会掉头向下。届时到底股价能否冲过这道阻力，一切都要看盘中做多力量是如何作为的。如果到时候盘中的做多力量不作为，那么投资者只好先顺势退出再说，但是，如果到时候盘中的做多力量继续在积极作为，那么投资者仍然应该持股待涨。现在时候未到，考虑这个问题为时过早。而此时老王就将它作为一个看空的理由，我觉得是很不恰当。

图形识别深度练习 42

一位投资者仔细地研究了图206的走势,他认为现在抄底把握较大,至少有七成以上的胜算。据说,他看好该股的理由有5条,而且条条都是有板有眼的。

请问:你同意这位投资者的观点吗?如果你同意,请简要说明支持他看好该股有哪5条理由?

日K线图

涨停大阳线

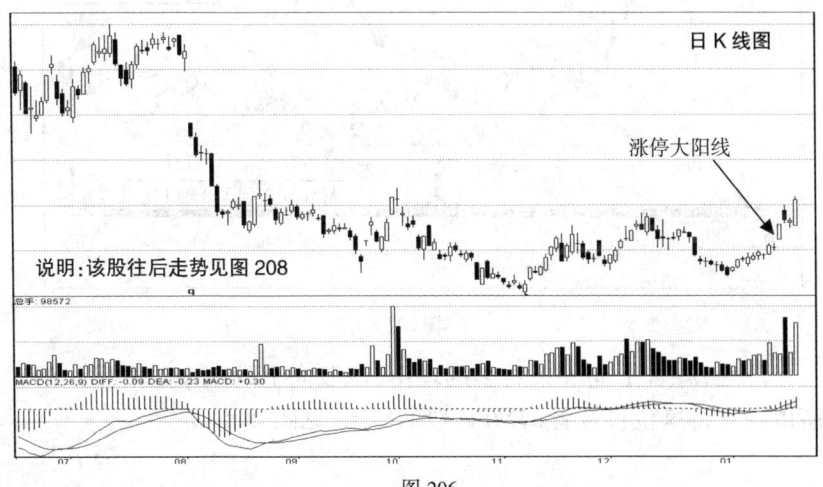

说明:该股往后走势见图208

图 206

解答

我同意这位投资者的观点。我认为他看好该股的理由有以下几条:

①该股的头肩底[注]已向上突破(见图207)。

②该股右边的缺口,是向上突破缺口(见图207箭头A所指处)。目前这个缺口出现已有4日,股价升幅也远远超过了3%,其缺口的有效性已被市场确认。

③图206中的涨停大阳线,可以视为低位大阳线。低位大阳线是一个重要的看涨信号,目前股价已在大阳线收盘价上方运行,该低位大阳线已被市场认同。

【注】 关于"头肩底"的特征、技术意义,详见《股市操练大全》第一册第236页~第238页。

④该股最近上涨时,价量关系配合较理想,这也是支持股价能继续往上攀升的一个重要理由。

⑤日线的 MACD 已开始在 0 轴上方运行(见图 207 画圈处)。

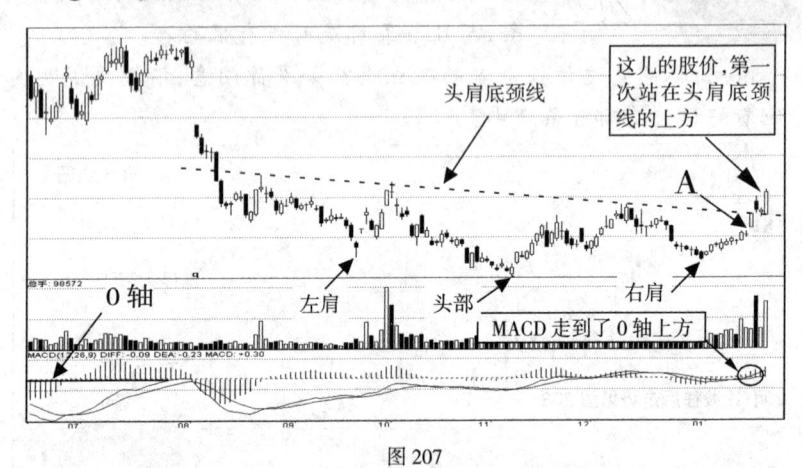

[图表:头肩底颈线、左肩、头部、右肩、0 轴、A、这儿的股价,第一次站在头肩底颈线的上方、MACD 走到了 0 轴上方]

图 207

总之,综合上面 5 条看多的理由,该股向上的概率是非常大的,所以我支持这位投资者,看好该股的后市(见图 208)。

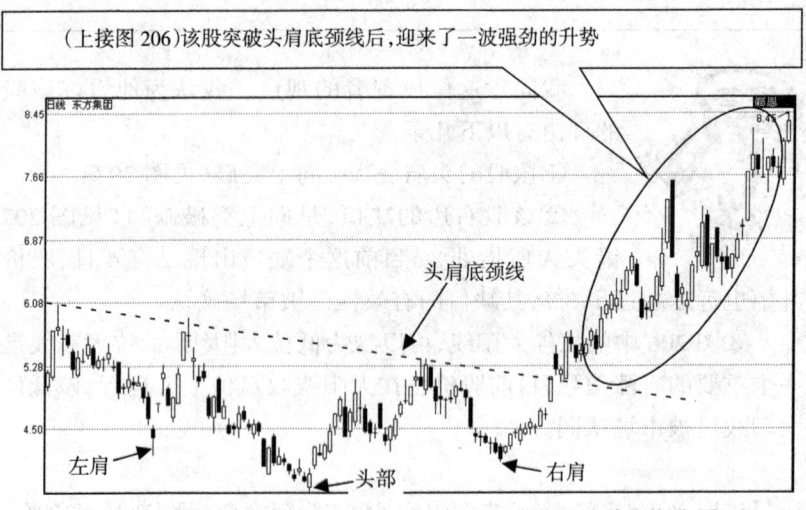

[图表:(上接图 206)该股突破头肩底颈线后,迎来了一波强劲的升势、头肩底颈线、左肩、头部、右肩]

东方集团(600811)　2008 年 8 月 19 日~2009 年 4 月 1 日的日 K 线走势图　图 208

图形识别深度练习 43

下面是某股的一张周K线图。一位老股民认为该股反弹已经结束,现在是投资者赶紧出逃的时候。其看空该股的理由是:①从K线看,该股最近的4根K线构成了黄昏之星(见图209中画圈处),这是见顶信号,后市看跌;②成交量越来越小,表示多方信心越来越弱。

请问:①你赞同这位老股民看空该股的观点吗?②现在投资者究竟应该如何操作?

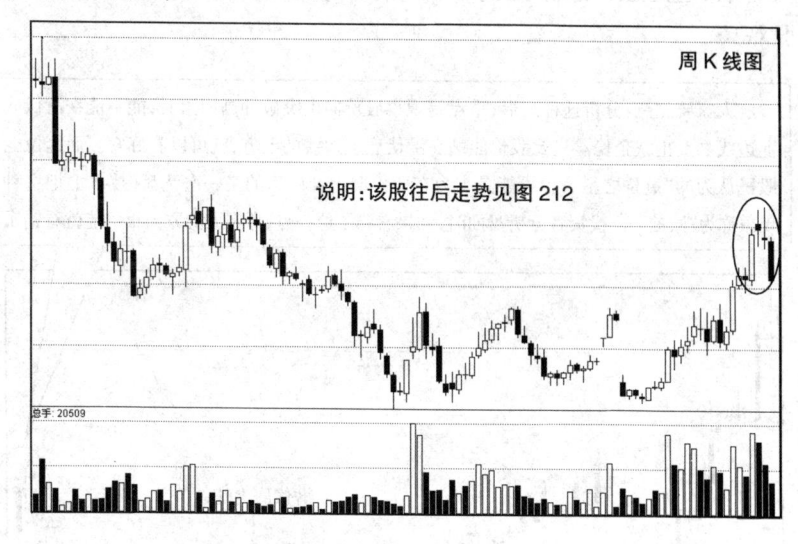

周K线图

说明:该股往后走势见图212

图 209

解答

我不赞成这位老股民看空该股的观点。因为该股这一段以来在构筑一个大型底部,目前这个底部基本上已经构筑完毕,股价开始向上突破,现在的股价下跌,只不过是对底部向上突破是否成功的一次考验。我认为,这个考验在最终结果没有出来之前,对它盲目看空、做空是不可取的。

有人问,你怎么看出该股在构筑一个大型底部呢?这个很简单,大家只要在图209上加两条平行直线(见图210),此时就可以发现,

257

该股股价近期来一直沿着这两条直线进行上下波动。盘中出现这种现象,人们习惯地把它称之为股价跌到了某一个区域后在进行箱形整理。在技术上,业内人士把这种形式的箱形整理,定性为"潜伏底"[注],目前潜伏底已经潜伏了很长时间(编者按:因图210是周K线图,4根K线就是一个月,所以该股在低位潜伏的时间已超过1年)。现在主力在潜伏底中吸足筹码后,开始往上拉升。图209中最后几根K线的回落,属于一次冲高后出现的回抽,以考验潜伏底上边线的突破是否有效,这是股市中常见的一种现象。投资者不必过于紧张,仍可持股观望。

> 大家要注意:分析这种图形,重点是观察股价向上突破冲高回落时,能不能在潜伏底上边线之上止跌企稳。只要股价能站在潜伏底上边线的上方,就可以看好它。而这位老股民认为的"黄昏之星",很可能是主力在股价向上突破后的又一次洗盘(技术上把这种现象称为"回抽")。投资者分析盘面时,如果看错了这一点,那么大的方向很可能就看错了

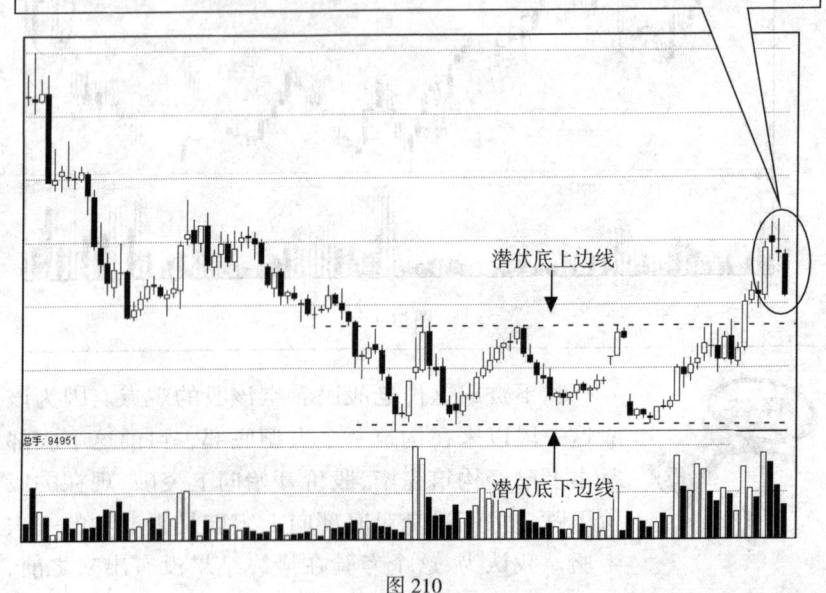

图210

【注】 关于潜伏底的特征、技术意义,详见《股市操练大全》第一册第285页~第287页。

图209中最后的第四根K线是一根大阳线,这是主力往上拉升的一个重要信号。因为这根大阳线已经突破了潜伏底的上边线。当然主力这次拉升属于试探性质,随后我们就看到该股遭到了空方的反击,这个星期出现了一根大阴线,从而与前面的大阳线构成了一个如老股民说的"黄昏之星"图形。

对这个黄昏之星的图形应该怎么看呢?如果它是在股价大幅上涨后出现的,那很可能就是一个见顶信号,这时候看空、做空是对的,但图209中的黄昏之星是在股价突破潜伏底上边线后形成的,这就要动脑筋想一想了。比如,当事人应该想到这是股价突破潜伏底之后的一次回抽,回抽的目的是考验潜伏底的上边线是不是真正被有效突破了。从技术上来说,只要回抽时,股价不跌破潜伏底的上边线,并能在上边线上止跌企稳,那么该股的后市就应该积极看好。因为经验告诉我们,一个大的潜伏底向上突破,并经过回抽考验后,重拾升势的可能性很大,而且一旦升势展开,其涨幅往往是惊人的。

基于这个理由,我们应该密切关注该股下一步走势的变化。具体可以这样操作:①持股的投资者,可以继续拿着股票;②持币的投资者,可暂时持币不动;③如发现该股这次回抽后,股价在上边线之上

潜伏底向上突破回抽失败,应马上止损离场操作示意图

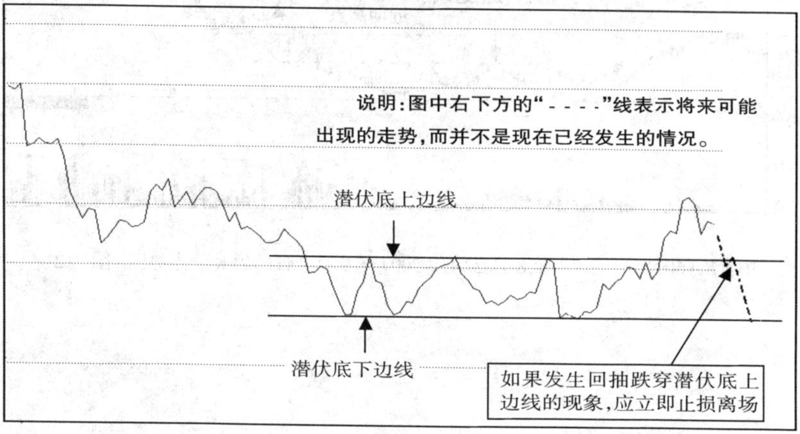

说明:图中右下方的"- - - -"线表示将来可能出现的走势,而并不是现在已经发生的情况。

潜伏底上边线

潜伏底下边线

如果发生回抽跌穿潜伏底上边线的现象,应立即止损离场

图211

企稳,空仓者可以适量买进;④如发现该股这次回抽后,股价(指收盘价)跌穿了潜伏底的上边线,说明潜伏底向上突破的回抽遭到了失败,此时投资者就应该马上止损离场(见图211);⑤如发现该股回抽后,股价(指收盘价)回升时超过近期的最高价(见图212中箭头A所指处),此时,不论是持股的,还是持币的投资者都应该加码买进,以便抓住这次难得的赚钱良机。

(上接图209)该股在潜伏底的上边线上方出现回抽,往上突破被市场确认后,接着股价就出现了逐浪攀升的走势,这样就使一些过早看空、做空的投资者失去了一次赚大钱的机会,这是非常令人感到惋惜的

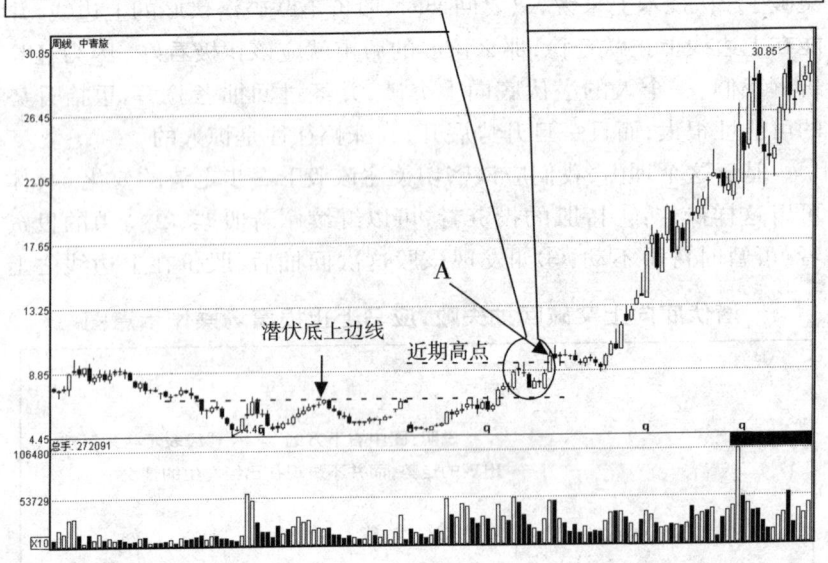

中青旅(600138) 2004年8月27日~2007年9月7日的周K线走势图 图212

第四章 疑难图形识别技巧深度练习

图形识别深度练习 44

小张在观察图 213 后，认为该股双底已构筑完毕，一轮上升行情正呼之欲出，现在投资者应大量买进，抓住这个千载难逢的机会。其理由是：该股在前一低点处出现一根倒 T 字线（见图 213 中箭头 A 所指处），且随后拉出的两根阳线对这个见底信号进行了确认。

请问：小张对该股所下的积极看多、做多的结论是否正确？目前投资者应该如何操作？

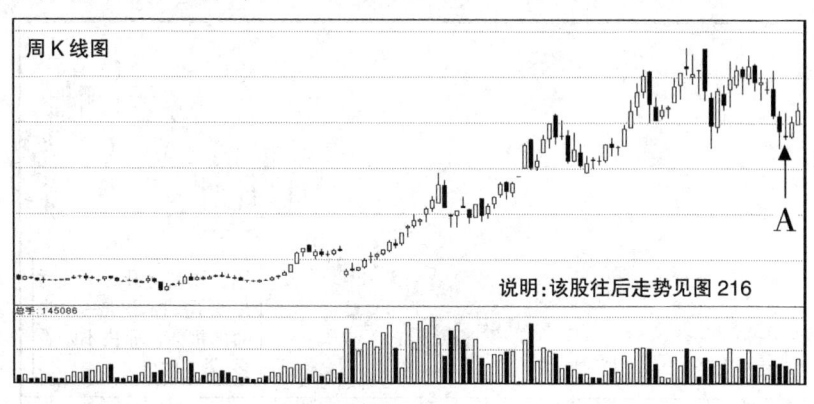

周 K 线图

说明：该股往后走势见图 216

图 213

解答

我仔细地观察了图 213 的走势，认为小张对该股看多、做多的结论是错误的，因为现在该股的形势非常严峻，随时都有可能出现大跌。

小张说该股双底已构筑完毕，其实小张并不了解双底是怎么一回事，就妄下结论，显得非常幼稚。懂行

的投资者知道,双底不是说来就来的,它的形成是有条件的。其条件是:

第一,一般来说,双底都是出现于股价大幅下跌之后,而现在该股正处于股价大幅上升之后的回调初期,此时出现双底是很困难的。

第二,技术理论告诉我们,只有在股价有效突破颈线之后,才能说双底构筑完毕。现在即使按照小张的观点,退一步说,这是一个双底。但此时该股的股价仍在这个"双底"的颈线下方,怎么可以妄言双底已经成立了呢?这好象有点自欺欺人的味道了。

那么,为什么说该股的形势非常严峻呢?因为该股的上升趋势线[注]已被跌破,有经验的投资者知道,上升趋势线被击穿是一件非常严重的事,它意味着支持股价上行的最后一道防线失守了,这样股价大跌就不可避免。从统计资料来看,上升趋势线被打穿后,往往会有一个反抽确认的过程,目前该股的走势就是如此。从图213看,现在该股的股价出现小幅回升,只是对上升趋势线的跌破进行一次反抽确认(见图214)。反抽结束后,股价将继续保持下跌的态势。

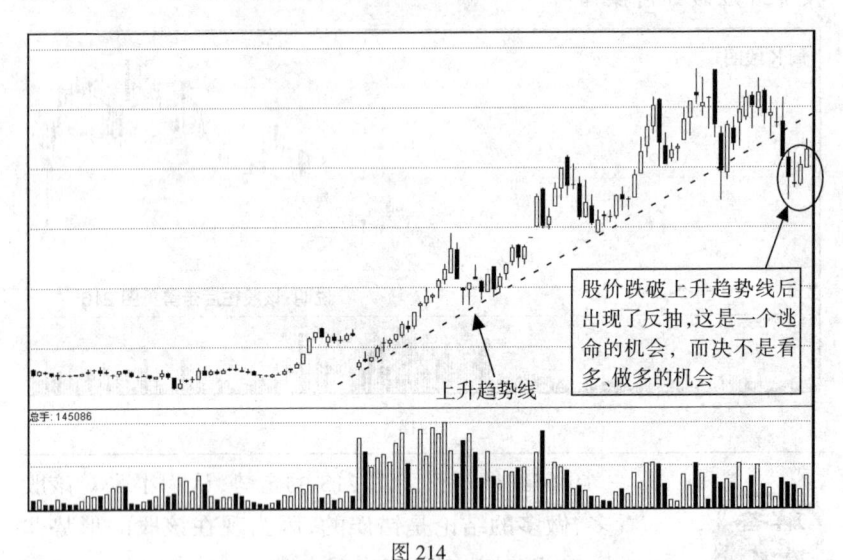

图214

【注】关于上升趋势线的特征、技术意义,详见《股市操练习大全》第2册第236页~第237页。

综上所述,我认为现在应该看空该股后市,操作上也自然应该做空,果断卖出离场。大家心里应该清楚,该股上升趋势线已被跌破,整个走势已经变坏,所以,当务之急应赶紧抓住机会,派发掉手中的筹码。如日后发现股价继续下滑创出新低(见图 215 中箭头 A 所指处),那就应该丢掉任何幻想,坚决抛空出局,避免遭受更大的损失(见图 216)。

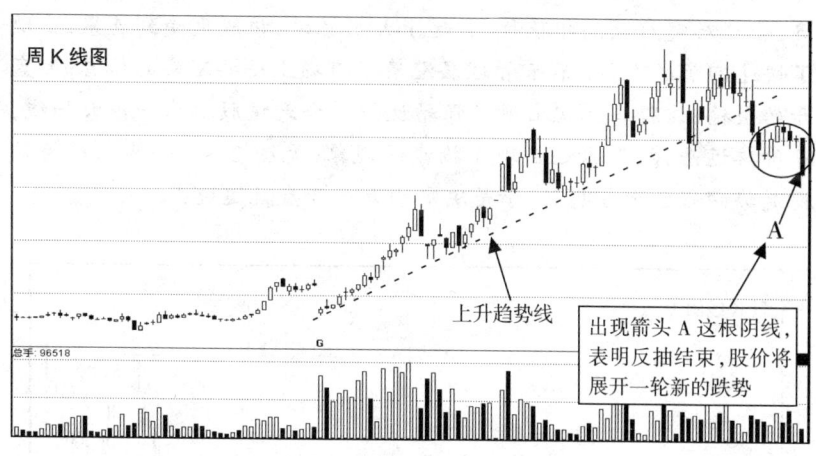

图 215

(上接图 213)该股在反抽上升趋势线受阻后,股价直线往下滑落,这给自以为双底构筑完毕而大量买进的投资者予以沉重打击。这个教训值得大家认真吸取

方大碳素(600516) 2006 年 3 月 10 日~2008 年 11 月 7 日的周 K 线走势图　图 216

图形识别深度练习 45

【情景一】

有一天股市收盘后,某营业部的一些股民在琢磨图217这只股票,因为该股题材独特,受到市场热烈追捧,前期股价出现了大幅飚升。2007年5月30日,管理层突然调高印花税,引起了大盘暴跌,该股也受到连累,出现了快速回落的走势。后来管理层澄清了市场上一些不实的传言,大盘开始企稳,该股马上就出现了强劲反弹。今天该股拉出一根大阳线,股价接近涨停,尾盘还出现了抢盘的现象(见图218),一些人认为该股走势向好已十分明显,于是决定明天一开盘就追进去。

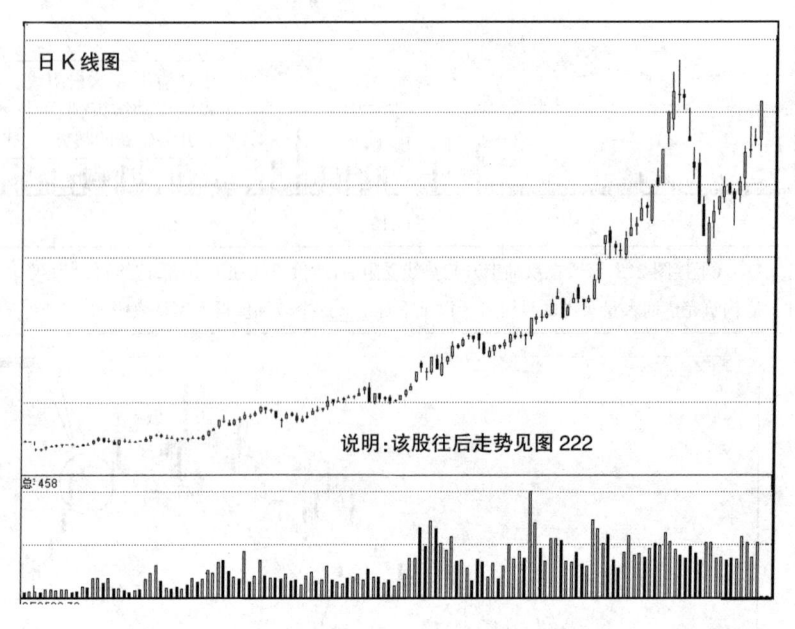

日K线图

说明:该股往后走势见图222

图217

瞧！当日尾盘时出现了抢盘

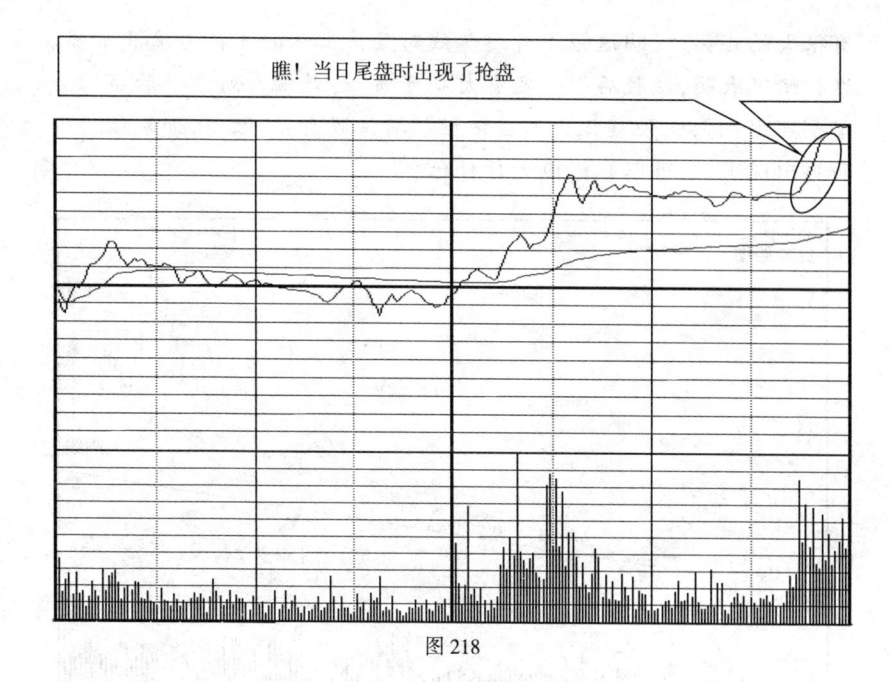

图218

【情景二】

两天后，股市交易刚结束，某营业部的一些股民又聚集在一起，琢磨图217这只股票的走势。大家感到很纳闷，为何前两天拉出大阳线，尾市还出现了抢盘现象，但第二天追进去，该股却不往上走，反而拉出一根中阴线呢？今天该股又出现了一根有上下影线的小阴线（见图219）。其怪异的走势，让人们捉摸不透。正在大家议论纷纷时，此时，有一位懂技术的投资者走了过来，自告奋勇地帮大家进行了解盘。

他说："这两天股价收阴，是主力在故意打压该股，该股后市仍然可以看好。"从技术上来说，他认为有两大理由在支持该股上涨。第一，该股前天大阳线的实体远远大于后面的阴线实体，昨天和今天的两根阴线都没有把前面一根大阳线实体吞吃掉，说明多方力量大于空方。一旦多方积蓄力量后，就会继续向上发动攻击的。第二，该股上涨受到下面的一根上升趋势线的支持，现在的股价离开上升趋势线有很大的距离,说明这根上升趋势线对股价上涨的支持力度非常强。这种情况表明,该股后面一定有大戏可唱。这是他看好该股后市的最重要理由。因此,他建议大家应该继续对该股看多、做多,如果该股后面再出现下跌,可以积极地进行补仓。

日K线图

大阳线

上升趋势线

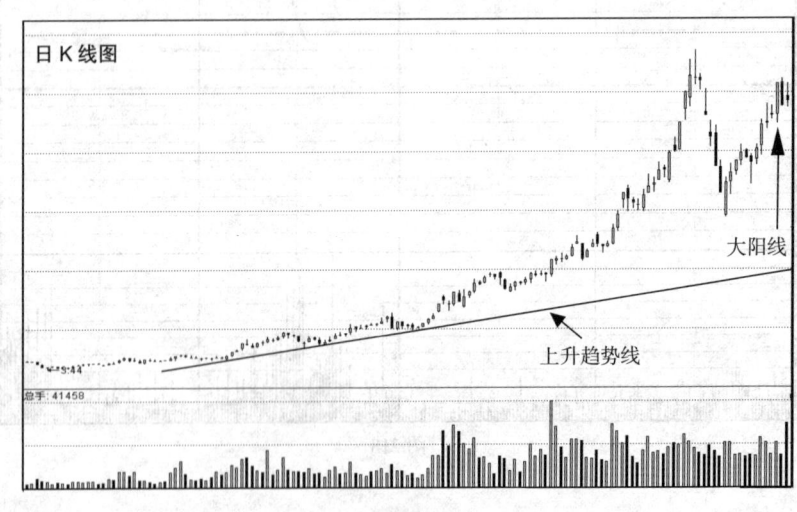

图219

请问:你认为这位懂技术的投资者的观点对不对?他看好图217的理由是否成立?

解答 我认为这位"懂技术"的投资者的观点是错误的,他看好该股的理由不能成立。

首先,他讲的第一条理由就站不住脚,因为他把K线排列的顺序讲反了。如果该股先是出现昨天和今天这两根阴线,然后再出现这根大阳线,那么"阳线的实体远远大于阴线,说明多方的力量大于空方"的理由就能成立了,但遗憾的是,现在实际情况是,大阳线在前,两根阴线在后,出现这样的情况,透露出来的信息是:多方的力量已经明显地转弱,而且有进一步走弱的迹象,此时怎么可以不顾事实,妄言"多方的力量大于空方"、"一旦多方积蓄力量后,就会继续向上发动攻击"呢?

这里我们先不去评论主力在这个当口为什么要拉出这根大阳线,他们目的是什么?现在单就这根大阳线与昨天、今天两根阴线的K线组合来看,就是一个地道的看跌图形。

那么,为什么这是一个看跌图形呢?我们不妨作一些分析:①大阳线与昨天的阴线合在一起,形成了一组"乌云盖顶"的K线组合;②大阳线与今天的阴线合在一起,形成了一组"身怀六甲"的K线组合。乌云盖顶与身怀六甲都是见顶信号。在这双重的见顶信号合力打击下,该股继续下跌的概率非常大。

有人问,主力为什么要拉这根大阳线,为什么拉大阳线的当日在尾市会出现抢盘现象呢?这个道理很简单,主力这样做的意图,就是要造成大家的一种错觉,以为该股马上就要上攻了,骗大家在高位接盘。这种操作手法,我们称之为"拉大阳线诱多出货法"[注]。另外,大家看看拉大阳线的当日和后面3天的高换手率,就可以明显地看出主力拉高出货的痕迹。

其次,他讲的第二条理由也是站不住脚的。他认为"该股上涨受到下面的一根上升趋势线的支持"。此话不假,图219中的一根斜线的确是一根上升趋势线,它在该股上升初期,起到了支持股价上行的作用。但是,**根据趋势线的运用规则,随着股价上升斜率的变化,上升趋势线就得与时俱进,不断地进行修正。修正后的上升趋势线,就不是原来最初的那根上升趋势线了。**

为了说明这个问题,我们先来看两张示意图。图220是股价沿着一根上升趋势线不断往上攀升的示意图,当股价冲高后回落,跌到趋势线处就会获得支撑,但股价上升到一定阶段后,终于在某一天回落时将上升趋势线跌破了。这个跌破的地方就是中长线卖出的地方。

【注】 关于拉大阳线诱多出货法的特征与技术含义,详见《股市操练大全》第七册第279页~第288页。

未经修正的上升趋势线示操作意图

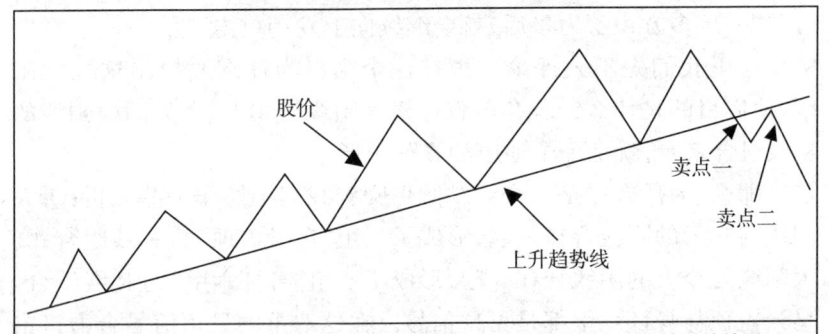

图中出现的卖点一、卖点二是指股价跌破上升趋势线后出现回抽时的情形，但要注意的是，有时股价跌破上升趋势线后，不出现回抽，就一直跌下去了，此时就只有卖点一，没有卖点二了

图 220

图 221 是一幅经过不断修正的上升趋势线示意图。图中有 3 根斜线，即 L_1、L_2、L_3，它们都是上升趋势线。L_1 为最初的上升趋势线（沿着 A、B 两个低点画一条直线），但当股价上升斜率变大时，此时投资者就应该对 L_1 进行修正了，在找到 C、D 两个低点后，重新画一根斜线，这样就画出了经过修正后的 L_2 这根新的上升趋势线。之后，当股价上升斜率再次抬高时，可按照上面的方法，在找到 E、F 两个低点后，可再画出 L_3 这根经过修正后的新的上升趋势线。其操作原理是：股价在上升途中，不论跌破哪一根上升趋势线，都是中长线卖出之处。比如，当股价沿着 L_3 这根线上升时，后来股价跌破了 L_3 这根线。这个跌破的地方，就是中长线卖出之处（见图 221 卖点一、卖点二）。

喔，原来跟着趋势线操作也要与时俱进，不断修正。否则固守原有的趋势线，往往就会给操作带来重大偏差。

经过修正后的上升趋势线操作示意图

> 从图中看,虽然股价下跌初期,离开 L_1 这根最初的上升趋势线尚有一段距离,但是已跌破 L_3 这根经过修正后的新的上升趋势线,卖点一、卖点二已经出现。此时投资者就应该坚决卖出,果断离场

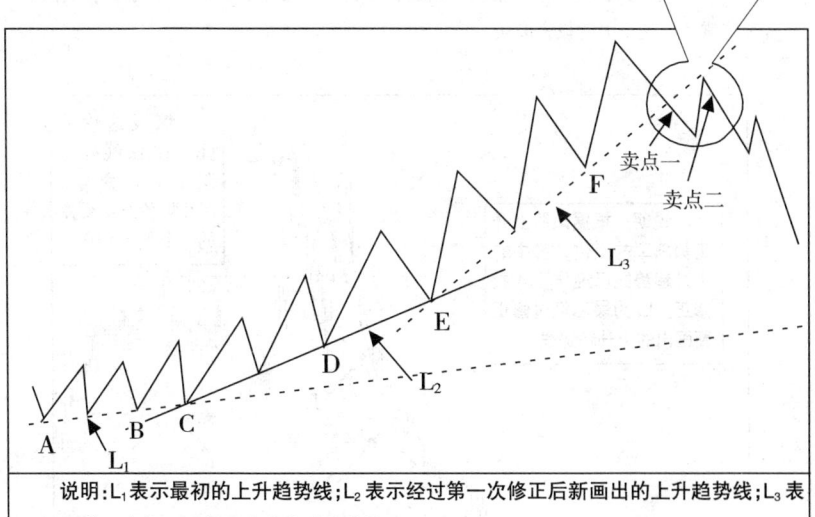

说明:L_1 表示最初的上升趋势线;L_2 表示经过第一次修正后新画出的上升趋势线;L_3 表示经过第二次修正后新画出的上升趋势线

图 221

在大家了解上升趋势线的操作原理后,我们再来看图 217。现在我们在图 217 上加上了几根新的上升趋势线(见图 222),此时大家就会发现,该股上升行情实际上在跌破 L_4 这根新的上升趋势线后就宣告结束,后来出现的强劲反弹,只能理解为是跌破 L_4 这根新的上升趋势线后出现的一次反抽(编者按:从技术上来说,反抽结束后,股价仍然会继续下跌)。那么,这个时候投资者应该怎么办呢?正确的做法是:趁其反弹,即反抽受阻之际,马上停损出局。

而那位"懂技术"的投资者却主观地认为"该股上涨受到下面的一根上升趋势线(即图 222 中的 L_1 这根线)的支持,现在的股价离开上升趋势线有很大的距离,说明这根上升趋势线对股价上涨的支持力度

非常强",这是在不懂装懂、误导听众。后来的事实证明,听了他的建议的投资者,当时持股不卖,或进行积极补仓者都输得很惨(见图222)。

(上接图217)该股跌破经修正的L_4这条新的上升趋势线后,股价出现了长期大幅下跌,致使没有及时出逃的投资者遭受重大损失。可见,一旦发现股价上涨速度越来越快,投资者应及时对上升趋势线进行修正,并根据修正后新的上升趋势线进行操作,这样才能避免出现重大的投资失误

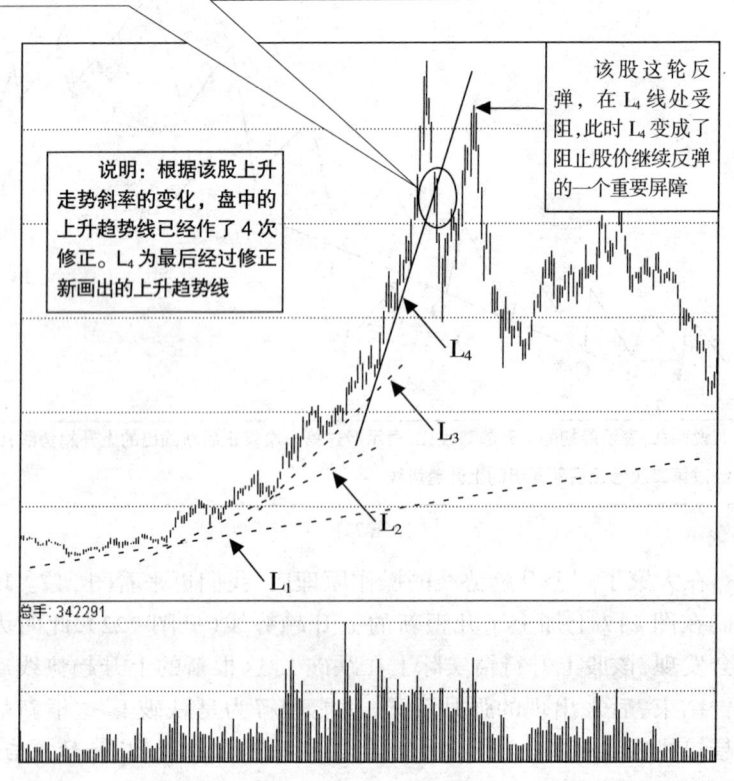

说明:根据该股上升走势斜率的变化,盘中的上升趋势线已经作了4次修正。L_4为最后经过修正新画出的上升趋势线

该股这轮反弹,在L_4线处受阻,此时L_4变成了阻止股价继续反弹的一个重要屏障

强生控股(600662) 2006年10月23日~2007年10月31日的日线走势图 图222

(编者按:有不少读者来信询问,画趋势线要注意什么?现作一个简单答复,除上面讲的内容之外,还要注意两点:**①画趋势线,一般应选择除权图形,而不是经过复权处理后的图形;②不论是画上升趋势线还是画下降趋势线,所画的直线沿途接触的点越多,信号就越可靠。**)

图形识别深度练习 46

该股是上市不久的次新股,由于其题材独特,受到了市场热烈追捧。某营业部一些客户在图223中箭头A所指处买了不少该股,现在股价虽有回落,但仍有40%的帐面利润。今天收盘后,其中有一些人认为,该股题材对市场仍然有较大吸引力,前面已调整到位,现在股价突破下降趋势线的束缚,开始重新走强,此时正是低吸的良机,准备再加仓,继续对它看多、做多;而另有一些人认为,该股走势不再会有什么新的起色,趁现在还有赢利,赶快把该股抛了,免得最后竹篮打水一场空。由于大家的观点完全相反,双方意见相持不下。

请问:你认为谁的观点正确?下一步究竟应该怎么操作?

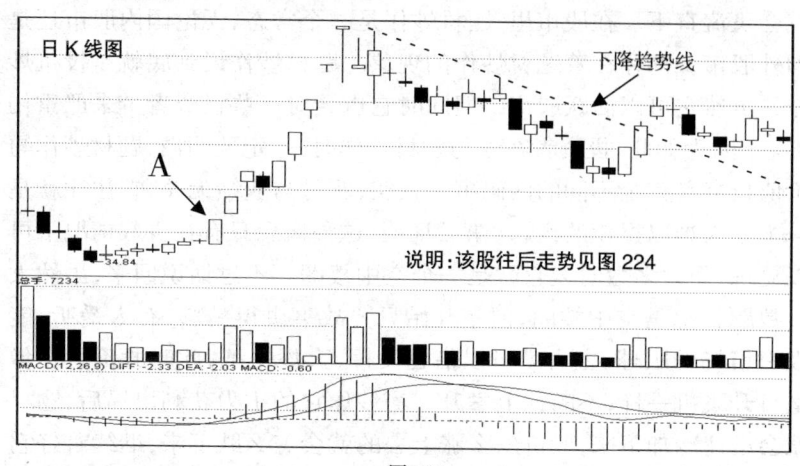

日K线图
下降趋势线
A
说明:该股往后走势见图224

图223

解答

我认为前面一种观点是错的,后面一种观点是对的。

为什么这样说呢?因为该股现在的趋势已经相当明朗,它向下调整几乎已成定局。既然如此,再对它看多、做多就是自讨苦吃了。

有人问,该股走势向淡有何根据?根据有四:

第一，该股见顶回落后，呈现"一山比一山低"的走势[注]。根据股市操作理论，当股价走势呈现一山比一山低的走势时，继续向下的概率远大于再次向上的概率。因此，投资者遇到这种情况，应首先想到如何规避风险，而不要一味地盲目看多、做多。

第二，我们看图223中倒数第二、第三根K线，构成的是一个"身怀六甲"的K线组合，这在K线形态上是一个重要的变盘信号。今天该股收了一根小阴线，已初步对身怀六甲这个看跌信号作了确认。

第三，该股MACD走势，早已呈弱势格局，现在虽然还勉强维持在0轴上方运行，但从其走势看，预计它很快就会跌到0轴下方运行。如果真的是这样，那么该股向下调整就会有很大的空间。

第四，题材变成香饽饽时，股价会飞涨；题材一旦冷了下来，股价就会飞流直下。在股市里，题材炒作是一个常态，无论国内股市还是国外股市，都存在着题材炒作的现象。题材炒作说到底就是投机炒作，虽然它可以活跃股市，但同时它也会对一些投资者带来严重伤害。正因为如此，投资者在参与题材炒作时，一定要明白，题材炒作与价值投资是完全不同的两码事。其实，题材与业绩无关，它往往就是一个令人难以捉摸的概念。事后证明，这种概念只有在少数情况下可以兑现，而大多数时候它就是一个空中楼阁。不过话说回来，虽然大多数题材都是空中楼阁，但一开始只要故事讲得精彩，有人爱听，能吸引市场的眼球，主力就可以借题发挥，大炒一把，此时股价就会像坐直升飞机一样，不断往上攀升。当炒作它的主力获利出局后，题材就会迅速冷却下来，股价怎么涨上去的就会怎么跌下来，继续看好它的人，或是因为迷恋题材不肯出局的投资者，都会输得很惨。这种例子很多，在沪深股市中可谓数不胜数。

当我们明白题材炒作是怎么一回事后，再回过头来看图223中的个股，从走势图上就可以看出，该股的题材炒作势头早已过去，现在正从梦想回归现实。后面该股的走势可想而知，除了在回归现实的

【注】 什么叫"一山比一山低"的走势？其特征与技术意义如何？详见《股市操练大全》第七册第450页~第455页。

过程中,股价一步步走低外,在很长一段时间内都很难有新的出路[注](见图224)。

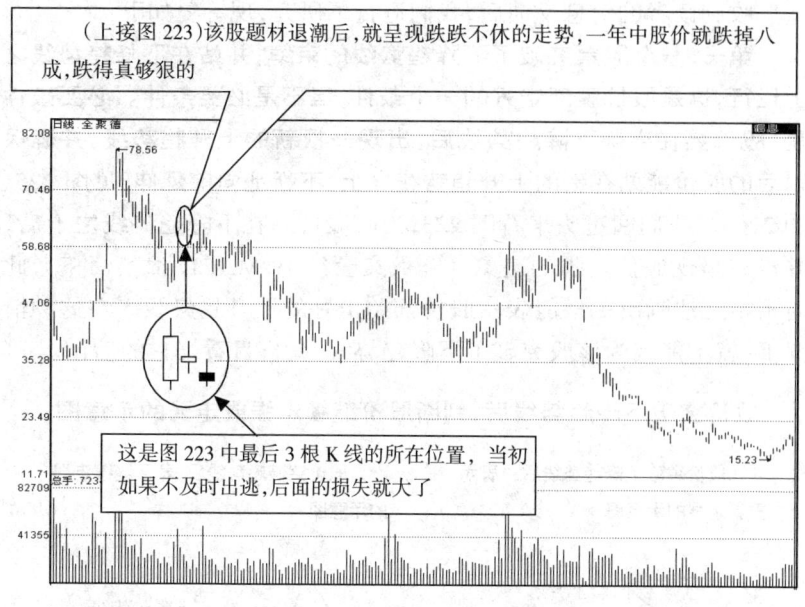

(上接图223)该股题材退潮后,就呈现跌跌不休的走势,一年中股价就跌掉八成,跌得真够狠的

这是图223中最后3根K线的所在位置,当初如果不及时出逃,后面的损失就大了

全聚德(002186) 2007年11月23日~2008年11月18日的日K线走势图 图224

另外一个现象也应该引起大家重视,该股上市时作为奥运概念而被大肆炒作,但结果是,2008年全年公司接待宾客人数仅增长了不到8%,净利润同比增长17.6%,远低于当初的预期。待该股题材退潮后,市场自然就会根据其公司的内在价值进行定位。这样该股的概念炒作就画上了句号,出现跌跌不休的走势。这恐怕是所有题材股高峰过后的同一种归宿,也可以说是股市中的一种规律吧!

【注】 据了解,该股在2007年11月20日上市,首日以36.81元开盘,在随后的20个交易日,由于受奥运概念的影响,股价最高涨至78.56元。后来,在奥运概念这个题材被市场冷落后,该股就出现了一路下跌的走势,2008年11月7日,该股最低跌到15.23元,然后才止跌回升。一年里股价跌掉80.61%,风险之大可见一斑。

又及：本书完稿后，向外征求意见时，有人提出本题在看淡该股的理由中，没有对下降趋势线的问题进行分析。他们继续问，为何该股突破下降趋势线后仍然不能看好它呢？

收到读者的信息反馈后，我们进行了研究，现答复如下：

第一，一个股票突破了下降趋势线的束缚，并站在下降趋势线之上运行，这是股价重新走好的一个条件，但不是必要条件。必要条件是：股价要在突破下降趋势线后，出现一根新的上升趋势线，并确保以后的股价能站在新的上升趋势线之上，不断地向前延伸（见图225、图226）。我们回过头来看图223，当时股价站在下降趋势线之上后，并没有呈现股价走强的迹象（如成交量很小，MACD继续向下），此时根本无法画出一根能表示股价开始走好的上升趋势线。在这种情况下，就不能因为该股突破了下降趋势线，就盲目看好它的后市。

股价突破下降趋势线后，判断股价继续走强或走弱的示意图

股价突破下降趋势线后，表示重新走强的示意图

下降趋势线

上升趋势线

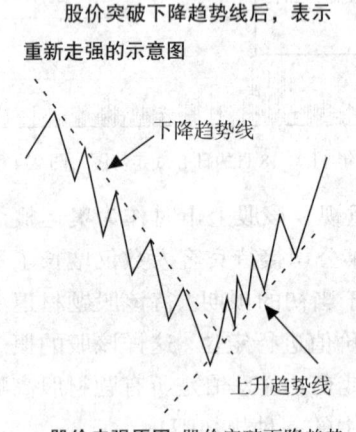

股价走强原因：股价突破下降趋势线后，出现了一根新的上升趋势线

图225

股价突破趋势线后，表示继续走弱的示意图

下降趋势线

股价走弱原因：股价突破下降趋势线后，始终没有出现一根新的上升趋势线

图226

第二，当一个股票突破下降趋势线后，仍无走强迹象，它往往表明前面的下降趋势线对股价仍有向下的牵引作用。如果一旦股价创了新低，此时就会在新的下降趋势线的压制下，进一步走弱（见图227、图228）。

新的下降趋势线画法示意图

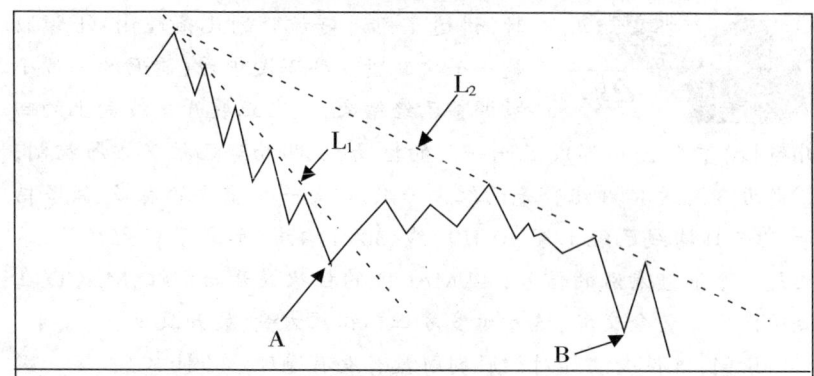

说明：①L_1 为最初的下降趋势线，L_2 为新的下降趋势线。

②在股价突破最初的下降趋势线之后，并没有形成新的上升趋势，而且股价后来还创出了新低（如图中的 B 点已明显低于 A 点）。这个现象表明：最初的下降趋势线 L_1 已经失效，此时，应该画一条新的下降趋势线，即 L_2 才能对行情作出正确判断。

图 227

从图中看，该股突破最初的下降趋势线，即 L_1 线后，未有走强迹象。当股价创下新低后，又出现了第二根、第三根新的下降趋势线（编者按：股价每创出一个新低，就应该对前面的下降趋势线进行修正，这样就不会对行情发生误判）。瞧！该股在新的下降趋势线，即 L_3 线的压制下不断走弱

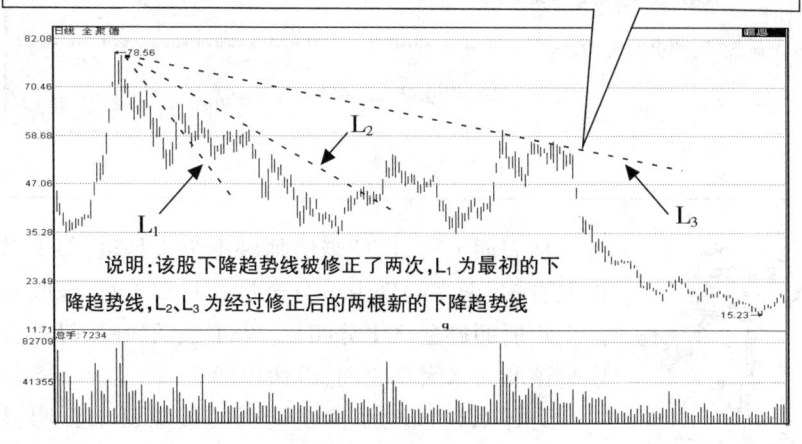

说明：该股下降趋势线被修正了两次，L_1 为最初的下降趋势线，L_2、L_3 为经过修正后的两根新的下降趋势线

全聚德(002186) 2007 年 11 月 23 日~2008 年 11 月 18 日的日线走势图　图 228

图形识别深度练习 47

一位"老法师"在对某股(见图229)解盘时,讲述了他看好该股的几条理由:①该股是一个次新股。从下图中看,前面的一波小幅调整已经结束,现在正展开一波向上的回升行情,整个K线形成五阳一阴的格局,说明局势已被多方所控制;②最近3天的K线组合是两红夹一黑,这是一个重要的看多、做多信号;③5日均线已经上穿10日均线、30日均线,形成了黄金交叉,这又是一个继续看涨的信号;④MACD的柱状线开始翻红,MACD在低位出现了黄金交叉,这表示多方正在积蓄力量,展开反攻。

请问:这位老法师对该股的解盘有没有道理?为什么?

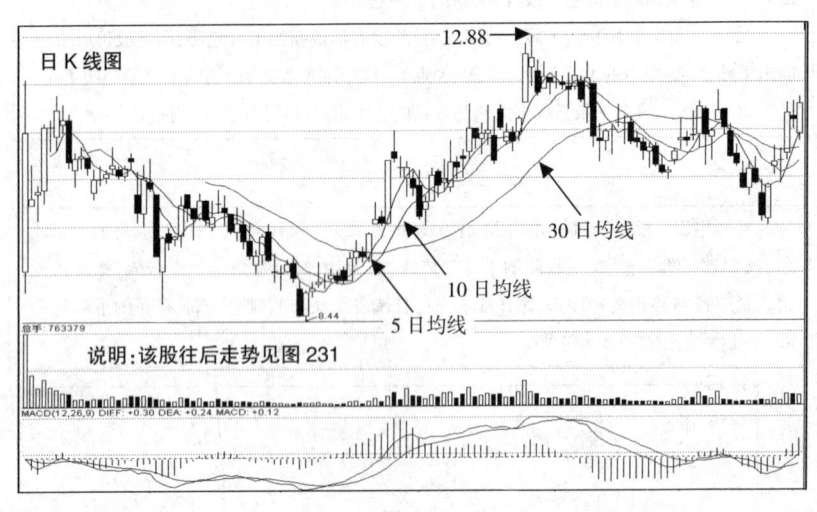

图229

解答

从表面上看,这位老法师讲得头头是道,似乎对该股看多、做多的理由十分充足。其实不然,该股总体上走弱的迹象已十分明显。为了预防风险,投资者应趁该股尚未大跌之前,赶快出局。

为什么说该股总体上走弱的迹象已十分明显呢?我们不妨看一看以下几个事实:

第一，从图229中看，该股最高价是12.88元，其价格尾数为"88"，这个数字有它特殊的含义。了解股市历史知识的投资者知道，"88"悬在高位决不是让大家讨一个"发发"的好彩头，而是主力拉高出货的一个特殊标记，不仅如此，一旦是以"88"见顶的个股，十有八九会跌得很深。有鉴于此，投资者看到"88"高悬在空中的个股，是轻易碰不得的，否则就很容易在高位吃套[注1]。

第二，该股见顶时K线图上出现了5个重要见顶信号，压得该股透不过气来。

见顶信号①：高位出现了一根螺旋桨K线（见图230中箭头A所指处）。螺旋桨K线是一个很典型的见顶信号，一旦它被市场正式确认，股价免不了要有一场大跌。

见顶信号②：这根螺旋桨K线和前面的一根大阳线，合起来成为一个身怀六甲的K线组合。身怀六甲也是一个见顶信号，目前这个见顶信号的有效性已经被后面的K线所确认。

见顶信号③：身怀六甲K线组合的下面有一个缺口，这是一个向上跳空缺口，目前这个缺口早已被封闭。向上跳空缺口被封闭是股价走弱的一个重要特征。

见顶信号④：在图中出现了一个可怕的图形，即该股在高位出现了一根断头铡刀的大阴线[注2]（见图230箭头B所指处），这根大阴线一下子切断了5日、10日、30日这3根均线。"炒股七字经"中有这样一句话："断头铡刀伤亡多，逃之不及损失大。"可见，对断头铡刀这种见顶信号是决不能等闲视之的，必须高度重视它。

见顶信号⑤：日线MACD在高位出现了死亡交叉（见图230中箭头C所指处）。虽然日线MACD对行情作中长期趋势的判断时常会有误差，但由于该股是上市不久的次新股，日线MACD首次在高位出现死亡交叉，依据经验，它对中长期趋势的判断还是有较大的参考价值的。

【注1】 关于为何股价尾数"88"是一个见顶信号，详见《股市操练大全》第七册第461页~第465页。

【注2】 关于断头铡刀的特征、技术意义，详见《股市操练大全》第二册第97页~第99页。

日K线图

12.88元 A
缺口
10日均线
5日均线
30日均线
8.44
B
总手: 763379
MACD(12,26,9) DIFF: +0.30 DEA: +0.24 MACD: +0.12
C

图230

第三,有人说,该股在高位出现了5个见顶信号,怎么见顶已有两个多月,不见股价有什么大的下跌,倒是股价盘整后,似有调整结束,酝酿新一轮行情的意味呢?比如,最近几天K线走势图上出现了阳多阴少,股价重心向上的现象。这又该作什么解释呢?

其实,大家应该知道,股价中长期见顶后,一种情况是立竿见影地显示效果:股价马上就一路跌下来;另一种情况是慢慢地显示效果:比如股价先往下掉一掉,反弹一下再往下掉,或者股价高位小幅回落后,就进入横向整理状态,整理一段时间后再选择往下突破。这样,股价见顶后就不会马上出现大跌,但现在没有大跌,危机仍在,过后不久就会出现大跌。现在图229的走势就属于第二种情况。该股中长期见顶后,就处于一种缓慢下跌的状态。投资者只有对这个问题有了清醒的认识,才不会对图229的走势作出错误的判断。

至于那位老法师提出看好该股的几个理由,是根本经不起推敲的。比如,这位老法师看到该股最近出现了阳多阴少的走势,就判断该股后市向上,局势已被多方所控制,但他有没有想过,该股上涨时成交量一直不能有效放大，前面还有一个大顶压着，凭什么说，现在该股的局势已被多方所控制呢？这不是自欺欺人嘛！又如，他说MACD柱状线已开始翻红、MACD出现了黄金交叉，表示多方在积蓄力量，展开反攻。但他为什么不想想，在他亮出这个观点时，该股日线MACD仍在O轴下方运行，MACD在O轴下方运行说明什么？说明股价正处在弱势之中。可见，这位"老法师"的技术解盘可谓漏洞百出，谁要是相信他的话，对该股盲目看多、做多，那后面一定会吃大亏的（见图231）。

（上接图229）该股在高位见顶后，股价没有马上出现大跌，但盘整一段时期后，股价就出现了连续下跌的走势

中信银行(601998)　2007年4月27日~2008年11月18日的日线走势图　图231

图形识别深度练习 48

程老师拿了一张图(见图 232)问大家,对该股后市应该如何看待?一位同学回答说,该股昨天收了一根大阴线(当日跌停),表明反弹已经结束,今天拉了一根抵抗性的中阳线(当日涨 5.69%),这是多方的一次挣扎,但这种挣扎是无效的,预计该股日后重心将不断下移。不过,程老师并不同意这位同学的看法,因为他看到了支持股价上涨的一个重要理由,说明该股向上的动力要大于向下的动力。

程老师说:"我现在对该股是谨慎看多,如果明天再收一根阳线,我就对它基本看多;如果日后几天内某天 K 线的收盘价高于前面一根大阴线的开盘价,那时我对该股就积极看多了。"

日后事实验证,程老师的判断是完全正确的。请问:程老师凭什么判断该股向上的动力要大于向下的动力?另外,前面这位同学的观点是错的,你知道他的观点错在哪里吗?

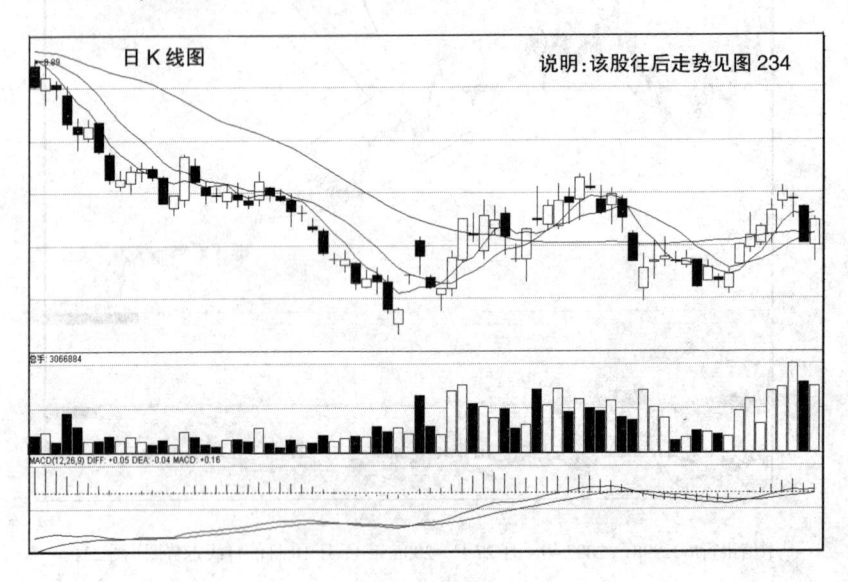

图 232

解答　程老师主要是凭均线走势，判断该股向上动力要大于向下动力的。我们从图232中可以看出该股均线形态的变化，前面出现了一个银山谷，现在又出现了一个金山谷[注]，虽然金山谷出现后马上就拉出了一根大阴线，但金山谷的形态没有完全被破坏。更重要的是，在大阴线之后的第二天该股没有继续拉出阴线，而是拉出了一根中阳线。虽然这根中阳线没有将大阴线完全覆盖，但它的出现，让前面均线的金山谷形态得以保留。

我们知道，当个股或大盘从低位上来后，股价在震荡过程中，在先形成银山谷，尔后再形成金山谷走势时，往往表明该股隐藏着内在的向上动力。正因为这样，我们对已经出现金山谷走势的个股或大盘，要积极看多。但是，因为该股在金山谷出现后，马上就遭到一根大阴线的打击（接着又收了一根中阳线，才使金山谷的形态没有遭到破坏）。大阴线出现，说明盘中的做空力量是很强的，一般来说，在大阴线的风险没有完全释放前，就是均线系统出现了金山谷，投资者也只能谨慎看多。

那么，谨慎看多的含义是什么呢？所谓谨慎看多，就是投资者对该股的后市向好要抱有信心，因为它毕竟出现了一个金山谷的图形，但同时投资者又要有一份警觉，因为该股在出现金山谷后马上出现的是一根跌停板的大阴线，这样金山谷的图形能不能成立就受到了严峻考验。当然，这根大阴线究竟是什么性质，是一种反弹结束的出货信号，还是金山谷出现后主力故意用它来洗盘，清除浮筹的一种信号，现在还不能马上作一个肯定结论，需要进一步观察。所以，综合起来看，投资者既要看好它，又要多留一份警惕，这就是谨慎看多的意思。

至于说到谨慎看多，具体应该如何操作，这里提几点建议供大家参考：

【注】　关于什么是银山谷、什么是金山谷，其特征与技术意义是什么，详见《股市操练大全》第二册第29页~第33页。

①手里持有该股的投资者,现在继续持股,不要因为前面出现了一根大阴线,而对该股的后市丧失信心。这些投资者心里应该清楚,主力利用大阴线进行盘中洗盘的可能性还是存在的,日后只有当金山谷的形态完全被破坏了(比如,后面又出现了大阴线或连续下跌的小阴线),才能止损离场。

②手里持币的投资者,现在继续持币,不要急于买进,看看大阴线后面的几根K线怎么走,如果大阴线后面的几根K线都是阳线,或者股价的重心在不断向上,那么就可以判断主力确实是在利用大阴线进行洗盘,此时买进就很有把握了。

③有人问:"在大阴线的风险没有完全释放前",这句话应该如何理解呢?其实,这句话的意思是,只有当日后的K线,某天的收盘价已收在大阴线的开盘价上方时,大阴线做空的风险就被完全释放了。因此,当看到图233这样的走势时,我们就可以对该股积极看多、做多。为什么呢?因为从图233中看,在阴线后面接连拉出了3根阳线,最后一根阳线的收盘价已超过大阴线的开盘价。换句话说,后面3根阳线已完全覆盖了这根大阴线,这样该股均线的金山谷就得到了确认,其后市中线向上的格局就可以基本确定。此时,投资者对该股中线看多、做多就有很大的把握[注](见图234)。

噢!我明白了,看图要学会抓住重点。否则,图形就看歪了。

【注】 这是指中线,而不是指短线。从短线来看,因为该股上行时一波三折,行情上涨并不流畅,所以,日后它很可能还会出现反复。但我们做中线时,只要把握一个原则,即该股短线回调时,如果收盘价收在金山谷的上方,就可以持股不动,中线看涨。

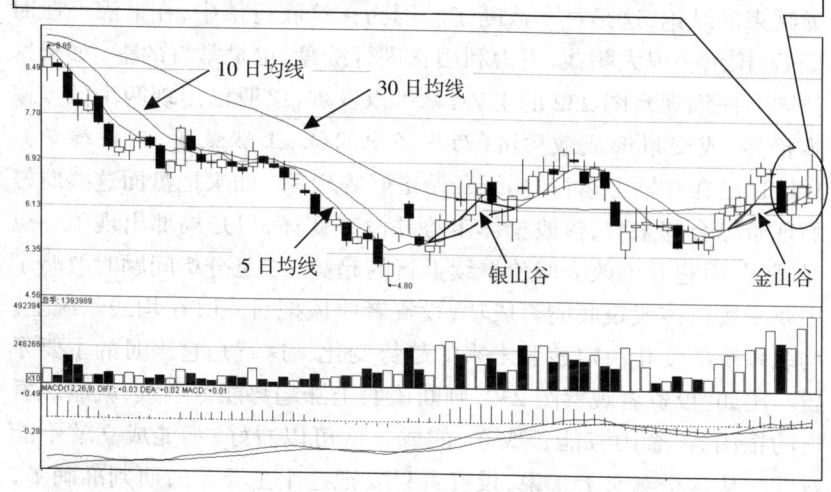

瞧，最后3根阳线已经将前面的大阴线完全覆盖，从而前面由5日、10日、30日均线构成的金山谷图形，得到了市场的认可

深万科(000002) 2008年8月1日~2008年11月21日的日K线走势图 图233

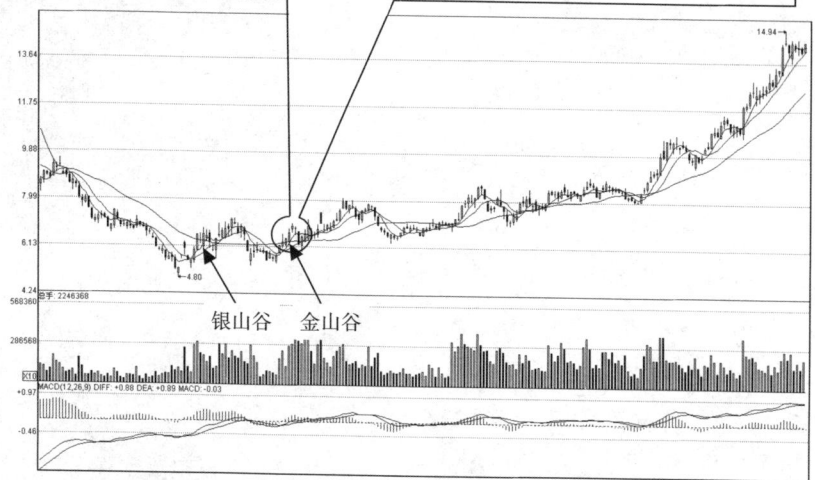

(上接图232)该股均线的金山谷被市场认可后，股价出现了不断震荡向上的走势

深万科(000002) 2008年7月18日~2009年7月14日的日K线走势图 图234

283

最后,我们来说说这位同学的观点错在哪里。它错在以下两个方面:一是将局部代替全局。这位同学看到一根大阴线,就马上作出反弹结束的结论,这是过于武断了。因为在筑底行情中,在上涨一段时期后,拉出一根大阴线,主力利用它进行洗盘,也是常有的事。如果这位同学仔细观察图232的走势,就可以发现,该股已出现两个低点逐步抬高、成交量形成散兵坑(两头高中间低,上涨放量、下跌缩量)、MACD已在0轴上运行、均线开始走好等现象。如果把盘面这些向好的现象综合起来看,该股整体走势并没有变坏,只是局部出现了一点"问题",但它并不改变股价继续上行的趋势。二是分析问题时忽略了主要矛盾。该股筑底能否成功,投资者应该把目光盯在均线系统上。均线系统的变化决定该股未来的趋势变化,这就是它当时的主要矛盾。比如,投资者观察图232,判断该股上涨趋势能否继续,就应该看它的银山谷、金山谷能否成立,能成立就可以看好,不能成立就不能看好。从这个意义上来说,投资者只要把这个主要矛盾研判准确了,其他问题也就迎刃而解了。而这位同学只盯住一根大阴线不放,忘记了什么是决定该股未来走势的主要矛盾,所以在判断上才出了偏差。

图形识别深度练习 49

图 235 是一个次新股,上市仅 3 个多月,股价就从最高价 24.50 元一路下跌到 9.72 元才止跌,最大跌幅已达到 60.32%,下跌也是够狠的了。

最近该股出现了一波止跌回升的走势。从图 235 中看,直至今天该股股价与最高价相比,仍有很大的距离。现在有人对它未来走势看好,并在这两天买了不少该股。这些人看好它的理由是:

①作为一个次新股,上市仅 3 个多月时间,股价跌幅就超过了 60%,这个跌幅是非常惊人的。最近出现的一波上升走势,是股价一步跌到位后形成的,可以看成是新一轮上升行情的开始。

②目前股价已站在 5 日、10 日、30 日均线之上。

③新的上升通道已经形成。

④股价在回补缺口后,马上就出现了红三兵的 K 线组合(见图 235 最后 3 根 K 线)。

请问:你对这些人的观点与操作是怎么看的?为什么?

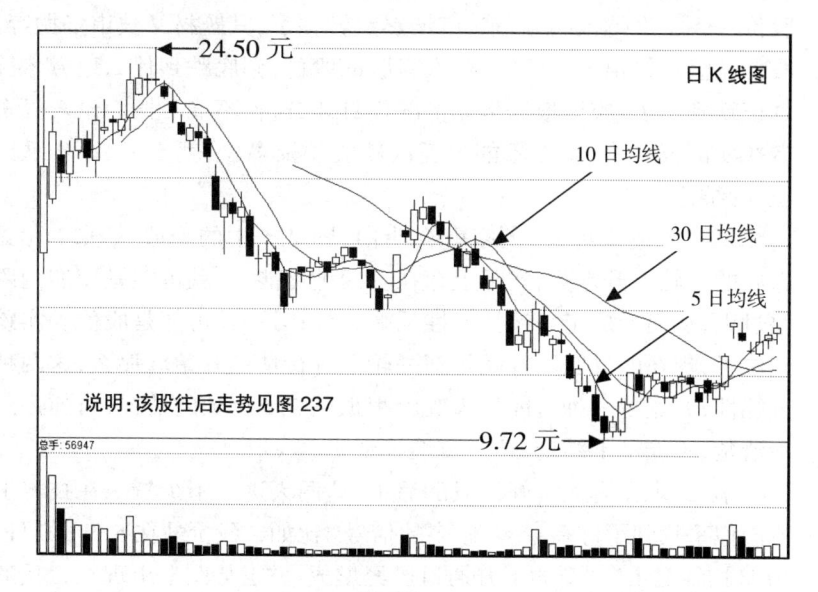

图 235

285

解答　我认为这些人的观点与操作都有点问题。因为现在该股走势方向不明，对它看多与看空的理由都不充分，所以目前最好的办法就是观望，按兵不动。

为什么这样说呢？下面说说我对该股走势的一些看法。

第一，该股是次新股。从图235中看，短期内股价跌掉60%，这个幅度是很大的。但就此说它已经一步跌到位了，似乎有点勉强。因为有的次新股从高位见顶，跌个百分之四五十就跌到位了，有的次新股从高位见顶，跌个百分之六七十都没有跌到位，跌幅超过百分之七十的次新股在沪深股市中并不鲜见。

次新股在高位见顶，股价到底跌掉多少后才算跌到位呢？这与次新股上市初期的价格以及新股本身的质地有着密切的关系。比如，一个次新股上市初期曾经被大肆炒作，股价被严重透支了，那么它见顶回落后跌幅就会很深，反之，跌幅就会浅一些。又如，一个质地并不怎么样的次新股，上市初期因其题材吸引市场眼球，被大众热烈追捧，股价一下子涨得很高，后来，市场热点转移了，其题材又被市场抛弃，股价就会跌得很凶。所以，对次新股的股价，到底跌到什么地方才算真正跌到位了，应该根据具体情况作具体分析，不能一概而论。投资者在实际操作中，千万不能仅凭次新股跌幅多少，就妄下"一步跌到位"的结论。

了解上述道理后，大家就会明白，图235中的个股从9.72元见底后的一轮上升走势，实际上存在着两种可能：一种可能是短期内跌幅过大，从而形成了一波技术性反弹走势；另一种可能是股价确实跌到位了，现在的见底回升就是新一轮上升行情的开始。那么，这两种可能性，究竟哪一种可能性大呢？根据图235反映的情况，目前还看不清楚，不能乱下结论，还需要继续观察。

第二，现在有人看好该股的后市，这两天进了不少货。在技术上他们似乎找到了许多看多、做多的信号。比如，"股价站在5日、10日、30日均线之上"、"新的上升通道已经形成"、"走势图上出现红三兵的K线组合"等等。但实际情况并不是这样，现在我们只要对该股加上一条60日均线,大家就会发现,此时该股正夹在30日均线与60日均线之间进行游移,其最终何去何从,尚不得而知(见图236)。试想,如果该股近期不能向上突破60日均线,就很有可能在60日均线压制下掉头向下。一旦掉头向下,这些人说的"股价已站在5日、10日、30日均线之上"、"新的上升通道已经形成"、"红三兵"等看多、做多信号,马上就会消失得无影无踪。所以,有经验的投资者在股价没有站上60日均线之前,是不会盲目地看多、做多的,随便跟进很容易吃套。

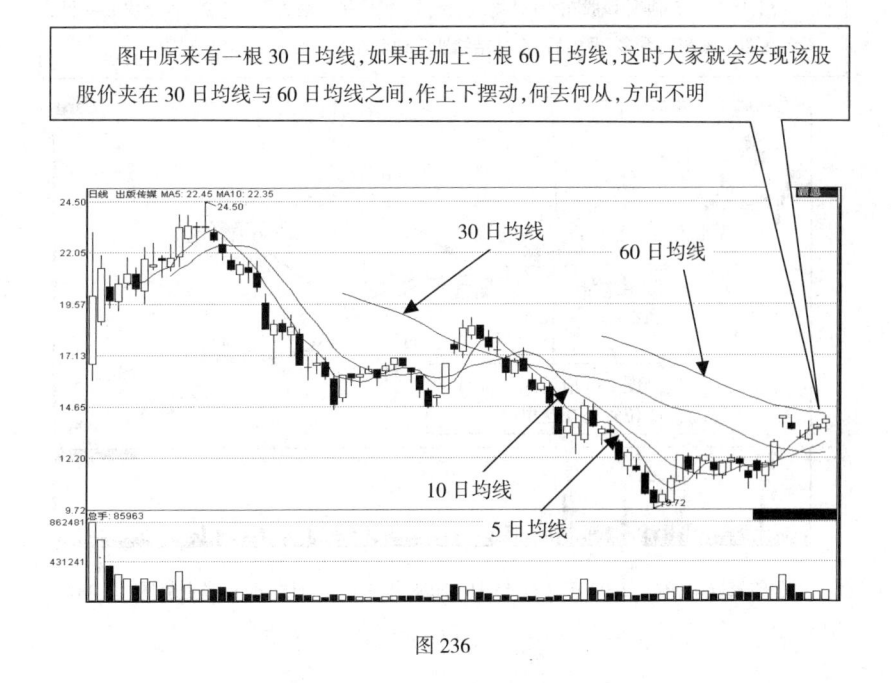

图中原来有一根30日均线,如果再加上一根60日均线,这时大家就会发现该股股价夹在30日均线与60日均线之间,作上下摆动,何去何从,方向不明

图236

有人问:60日均线有那么重要吗?确实重要,答案是非常肯定的。从技术上来说,无论是大盘还是个股,辨别它们中期走势的强弱,60日均线就是试金石。一般来说,股指(股价)站在60日均线之上运行的,则可判断它们的中期走势已进入强势;反之,股指(股价)受60日均线压制,在60日均线的下方运行,就只能判断它们的中期走势还处于弱势之中。

从操作策略上来说,当股指(股价)的中期走势进入强势区域时,就应以看多、做多为主;而当股指(股价)的中期走势仍处在弱势区域时,就不能盲目看多、做多。不仅如此,在弱势区域,投资者只要发现股指(股价)遇到60日均线后,形成急速掉头之势,就应坚决出局(见图237)。

(上接图235)瞧!该股在60日均线压制下,股价呈波浪式下跌态势,本题中一些投资者在图中画圈处看多、做多后,都被结结实实地套在半山腰

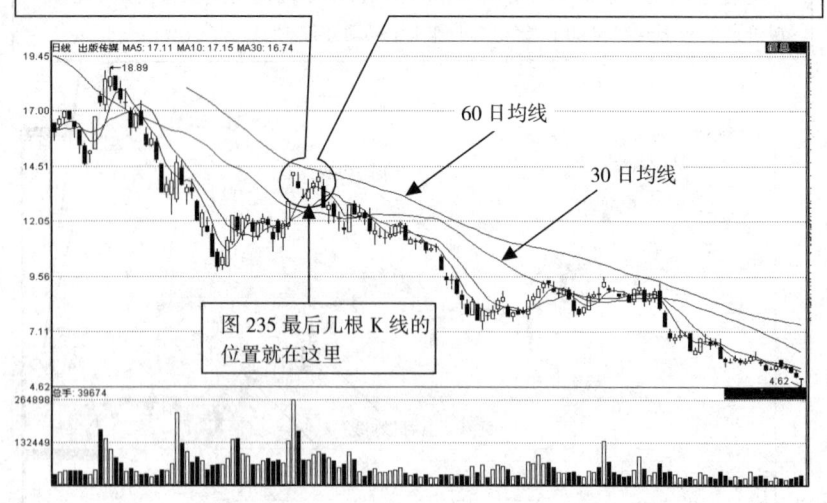

60日均线

30日均线

图235最后几根K线的位置就在这里

出版传媒(601999) 2008年2月15日~2008年9月18日的日K线走势图 图237

图形识别深度练习 50

小李在观察图238后,认为该股回档已结束,新的一轮升势又要开始了,现在正是投资者加仓买进的时候。其看多的依据是:

①图238中画圈处是"好友反攻"[注]的K线组合,这是见底信号;

②今日留下的向上跳空缺口与倒数第八个交易日留下的向下跳空缺口所处的位置相近,从而最近9根K线构成了底部岛形反转的图形,这是一种转势信号。

③股价跌破20日均线后仅停留几天又很快回升至20日均线之上,说明跌破20日均线,仅仅是一个暂时的现象,很有可能是主力借此进行一次洗盘。现在洗盘结束,股价又重返20日均线之上,它表明该股的上升趋势仍将继续。

请问:小李的观点是否正确?投资者对该股究竟应该如何操作?

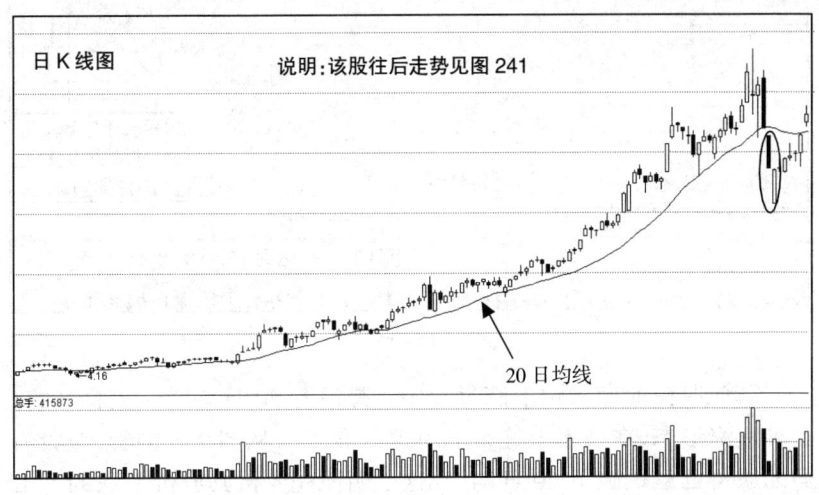

日K线图　　说明:该股往后走势见图241

图238

【注】 关于好友反攻组合的特征、技术意义,详见《股市操练大全》第一册第120页~122页。

289

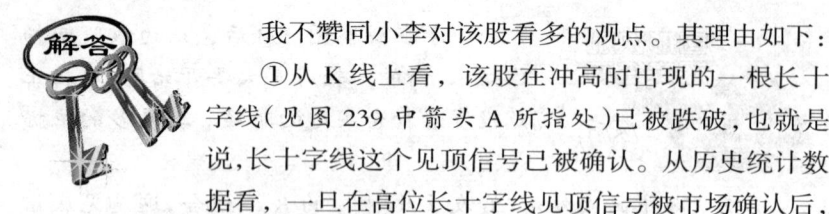

解答　我不赞同小李对该股看多的观点。其理由如下：

①从 K 线上看，该股在冲高时出现的一根长十字线（见图 239 中箭头 A 所指处）已被跌破，也就是说，长十字线这个见顶信号已被确认。从历史统计数据看，一旦在高位长十字线见顶信号被市场确认后，股价往往会出现一次深幅调整。

②该股在高位拉出长十字线的当日，换手率达到了 15.81%（见图 239 中箭头 B 所指处），成交 62436600 股。据核查，该股当日的成交量创出了其几年来的天量。技术理论告诉我们，天量天价。一旦天量之后，股价出现见顶回落，后市就非常危险。因为这样的回落很可能是长期下跌的信号，而且回落的幅度非常大。

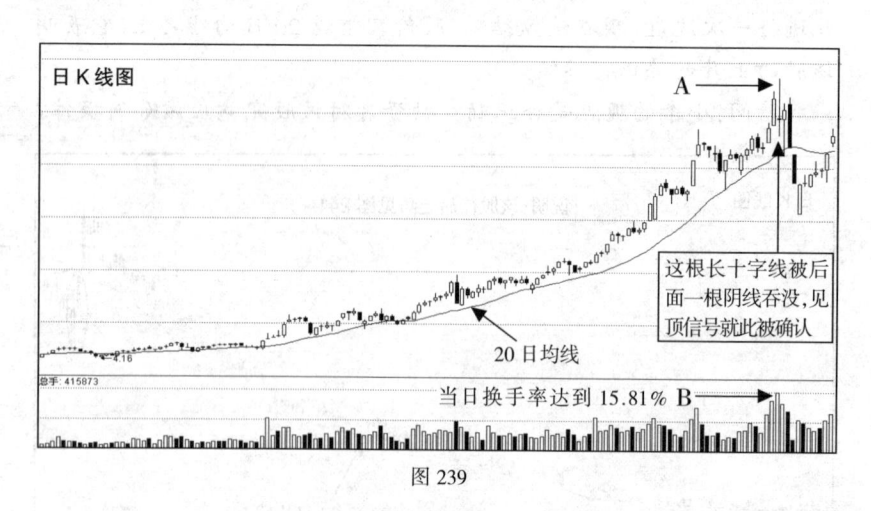

日 K 线图　A
这根长十字线被后面一根阴线吞没，见顶信号就此被确认
20 日均线
当日换手率达到 15.81% B
总手：415873

图 239

③该股在前期大幅上涨过程中，是沿着 20 日均线往上爬升的。这种上涨形态，在技术上称为上山爬坡形[注]。从图 238 中看，该股前面的股价已经跌破了 20 日均线，这说明原先支持其股价上涨的上山爬坡形的形态已遭到破坏。虽然现在股价又重返 20 日均线之上，但要警惕这是上山爬坡形遭到破坏后的一次反抽。如果是反抽，这就不

【注】　关于上山爬坡形的特征、技术意义，详见《股市操练大全》第二册第60页~第63页。

是看多、做多的机会,而是一次逃命的机会(见图240)。

瞧!这次股价刚刚站上20日均线就掉头向下,并又重新跌到20日均线之下。这说明它确实是20日均线破位后的一次反抽,是留给多方的一次逃命机会

日K线图

20日均线

图240

有人问,那么小李讲的几条看好该股的理由,难道都错了吗?如果错了,究竟错在什么地方呢?对此我们不妨作一番分析。

其一,小李说的好友反攻,并不是什么真正的见底信号。虽然图238中画圈处的两根K线,确实是好友反攻的组合,在技术上可视为见底信号。但这个见底信号的可靠性很差,那是为什么呢?**因为任何一个K线见底信号,只有在股价大幅下跌后出现,这样的见底信号才有参考价值**,而图238中出现的好友反攻,是在股价浅跌时出现的,它不符合大幅下跌这个条件,因而信号的可靠性很差,充其量最多只能促使股价暂时止跌,或小幅反弹一下,反弹后股价又会重归跌势,而决不会形成一个真正的见底信号。

其二,**同样的道理,底部岛形反转也是有条件的。这个必要条件就是在股价已经出现了大幅下跌的情况下,才可能形成真正的底部岛形反转**。所以,现在如小李观察到的好友反攻的K线组合和底部岛形反转的图形,仅仅是该股主力为了顺利出货而玩弄的花招。主力的目的很清楚,就是用它来哄骗不明真相的投资者进来高位接货,好让他们顺利出逃。

其三,跌破20均线又重新站上20日均线。有两种可能:一种是

291

20日均线跌破后的反抽,一种是真正重新回到了20日均线之上。这两种结果,哪一种可能性大,投资者要学会具体情况进行具体分析。

按照当时图238的情况,盘中出现了长十字线、高位放出天量,主力出逃的迹象已十分明显。显然,跌破20日均线又重新回到20日均线之上,这是一个暂时的现象,极有可能是跌破20日均线后的一次技术性反抽,因而也是留给多方的一次逃命机会。即使退一步说,就是认为重新回到20日均线之上,不是反抽,而是股价重新走强的一个标志,那也不能仅仅凭图238中最后一天的K线为证据,就此断定该股上升趋势仍将继续。作出这样的判断,如果当事人不是缺乏实战经验,就是太主观武断了(要知道,一个新的上升信号是否确立,最起码要观察3天以上的时间)。

总之,我认为对该股不能再盲目看多、做多了,否则就会犯下重大的投资错误,造成严重的亏损(见图241)。

(上接图238)该股上山爬坡形的形态破坏后,股价先是出现长时期横向整理,然后往下寻底,出现了深幅下跌的现象,当时,像小李这样没有看清这个图形而盲目加仓的投资者可吃了大亏了

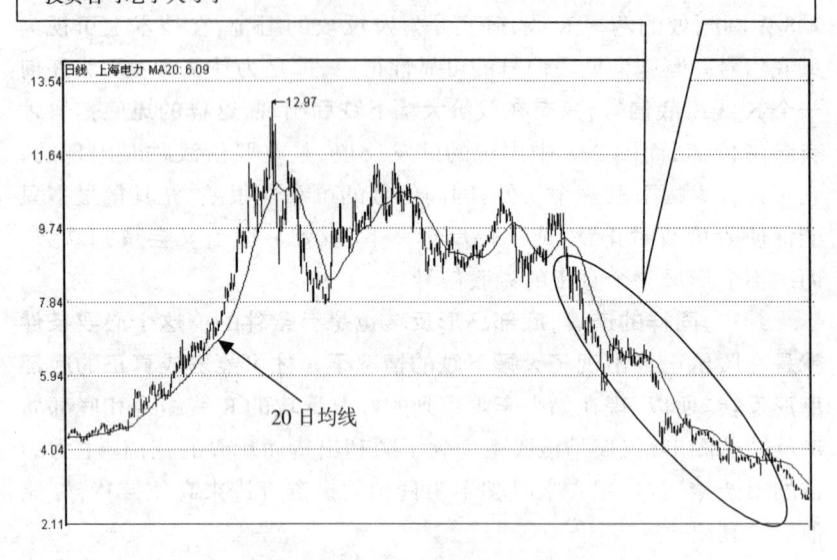

上海电力(600021)2006年10月31日~2008年11月10日的日K线走势图　图241

图形识别深度练习 51

小徐一直看好图242中的个股,他和同室的股友买了不少这个股票。因为买的时间早,现在都有了赢利。同室的股友中有人认为该股头部形态十分明显,趁这个股票还没有大跌,现在赶快把它卖了。

这些人看空该股的主要理由是:①图242中箭头B所指的K线是一根射击之星,它是见顶信号。现在这个见顶信号已被今日这根中阴线所确认。②该股前面出现了一个箭头A的头部,它与箭头B的头部合在一起,构成了一个双顶图形,双顶是一个重要的顶部形态。由于双顶的出现,预计该股将会形成一轮深幅下跌的走势。

小徐看到同室的股友纷纷将该股卖了后,心里也打起了鼓,他不知道此时对该股究竟应该是看空还是看多。于是,他请教了一位分析师。分析师告诉他,该股均线形态很好,不存在什么双顶的问题,可以继续持股。小徐听了分析师的意见后,决定继续把该股捂在手里。

请问:你认为小徐同室股友的观点正确还是分析师的观点正确?现在小徐把这个股票捂在手里有没有风险?如果换成你,你认为目前对该股应该如何操作?

说明:该股往后走势见图244

图242

解答 我认为小徐同室股友的观点是错的,分析师的观点是正确的。为什么这样说呢?因为小徐同室的股友在分析该股走势时,犯了一个主观认定的错误。所谓主观认定,就是说客观中并不存在这样的现象,而只是当事人的主观想象而已。

我们来看图 242,小徐同室的股友认为箭头 A、B 所指处,构成了该股的双顶。现在先假设这个双顶是成立的,那么,在图 242 箭头 A 前面也出现过几个"头部",为什么这些人在分析时不把它们也扯在一起,说该股已经构成了"三重顶"、"四重顶"呢?

当然,小徐同室的股友心里也清楚,在分析该股的顶部是否出现时,是不能把图中箭头 A 之前的几个头部扯在一起说的。因为这些头部是一个短期的顶部,股价每次见顶稍作调整后就创了新高。现在为了自圆其说,不出现自相矛盾的现象,所以小徐同室的股友只能把它们撇开,说图 242 中出现了一个双顶图形。

但是,以这样的分析得出来结论是经不起推敲的,它会产生一系列疑问:比如,假设图 242 中箭头 B 所指的顶部也与图中前面的几个顶部一样,短期回落后股价又重返升势,并创了新高,那么这个所谓的双顶就不攻自破了。而现在按照目前图 242 这种走势,这种情况是不能排除的。此其一。其二呢?从技术上说,双顶的认定,一定要股价跌破双顶的颈线,才能确定它是双顶。那么,图 242 中的双顶颈线在什么地方?双顶的颈线有没有被打穿呢?现在这一切都不清楚。请问,如果当事人对这些问题都没有弄明白,就盲目地说图 242 中的个股双顶出现了,股价要大跌。这样的分析与判断,可信度有多大呢?

其实,大家仔细看了图 242 后就会发现,该股在上涨时,是一浪一浪往上涨的,这种上涨形式,在技术上称之为逐浪上升形[注]。也正因为如此,所以分析师告诉小徐,该股的均线形态很好,不存在什么双顶的问题,可以继续持股。我认为分析师这样讲法是很有道理的。

【注】 关于"逐浪上升形"的特征、技术意义,详见《股市操练大全》第二册第66页~第70页。

现在我们只要在图242中加上5日、10日、60日3根均线,就能看出该股是沿着60日均线,即逐浪上升形的底线[注],逐浪向上展开升势的(见图243)。根据均线操作规则,只要60日均线不被跌破,该股短期见顶回调都可以不理睬它,此时仍可以继续持股待涨。经验证明,碰到逐浪上升形的个股,运用这种策略进行操作,就能做到投资收益最大化,该股的后来走势也证明了这点。

从图中看,该股正是沿着60日均线展开逐浪上升行情的,这里不存在什么双顶的问题。所谓的双顶只是一些人的主观想象而已

说明:本图中箭头A、B与图242中箭头A、B处于同一位置

10日均线

5日均线

60日均线(逐浪上升形底线)

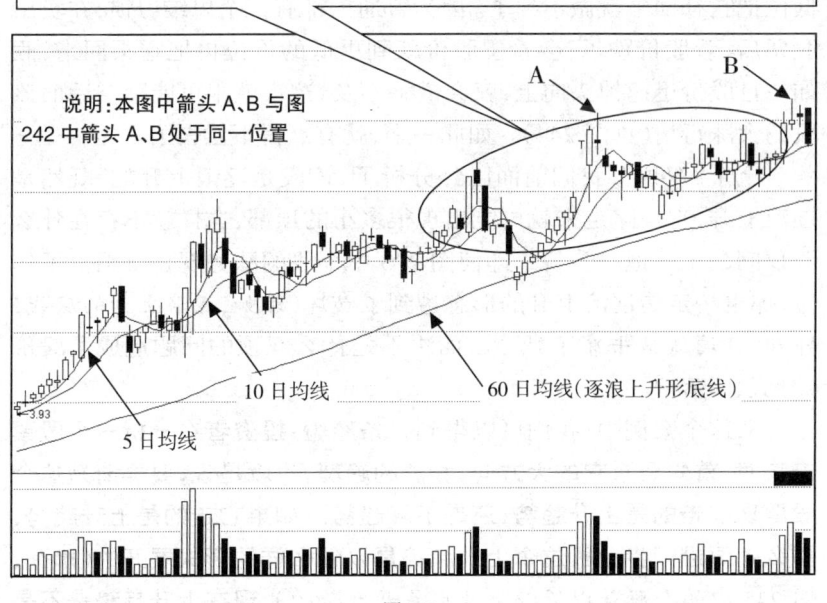

图243

有人问,那么小徐同室的股友所说的"双顶"、"射击之星"的见顶信号是不是都错了呢?坦率地说,在股市中,一旦大方向弄错了,即使

【注】 关于如何设置逐浪上升形的底线,其中要注意什么问题,详见《股市操练大全》第七册第144页~第146页。

小的地方看对、做对了,那也无济于事,甚至是得不偿失的。比如,图242中箭头B所指处,确实是一根射击之星,但这根射击之星只是表示该股短期遇到了阻力,有见顶回落的嫌疑。这样的短期见顶回落,对看大方向做股票的投资者来说,可以不理睬它。因为此时捂住股票,抓住后面的主升浪是最重要的。有人会说,当时看到射击之星,马上卖出,短期获得一些差价收益后,在低位再及时把它买回来,那不是更好吗?当然能做到的话,确实很好。但在实践中一般做不到。最后,往往是赢了短线输掉了中线。这样的例子可以说比比皆是。此话说白了,看到图242中的射击之星后马上卖出可能做到了,但及时在低位把它补回来就做不到了。因为普通人都有一个思维习惯,在卖出股票后,看股价跌了,会希望股价跌到更低的价位再把它买回来,假如一旦股价迅速掉头向上,就会措手不及,这样就很可能踏空后面该股的大涨行情(见图244)。如此一来,就有点得不偿失了。

至于"双顶",我们前面已经分析了,该股是逐浪上升的,既然是逐浪上升,它一路走来就可能出现很多小的顶部,这样就不存在什么双顶问题了。退一步说,即使图243中个股的涨势现在就画上了句号,那也一定是逐浪上升的形态遭到了破坏(比如,逐浪上升的底线,即60日均线被击穿了)所致,而决不是什么双顶的问题造成了股价的见顶回落[注]。

从这个案例中,我们可以得到一条经验:**投资者在分析一个股票走势时,首先要看它的大方向,看总的趋势,也就是说,要弄清楚这个股票现在走的是上升趋势,还是下降趋势。如果它走的是上升趋势,那么就要进一步分析这个上升趋势是以什么样的形式展开的**(比如,图243中的个股是以逐浪上升形展开升势的),**现在上升趋势是不是已经出现了趋势性的拐点等等,投资者只有将这些问题分析清楚,才能正确把握其未来的走势。**而一切不看大方向,只以局部现象进行分

【注】 关于逐浪上升形的操作技巧,尤其是如何准确地判断卖点是否出现了,做到不误卖,《股市操练大全》第七册第140页~第149页里有详细介绍,请读者参阅。

析的投资者,最后的结果基本上都是错的,有的结论甚至与事实相差十万八千里。

(上接图242)瞧！该股逐浪上升后,就进入到主升浪阶段。此时股价出现了一轮快速大幅上升的走势。这样就使当时认为该股出现双顶而盲目看空、做空的投资者失去了一次赚大钱的机会,这是很可惜的

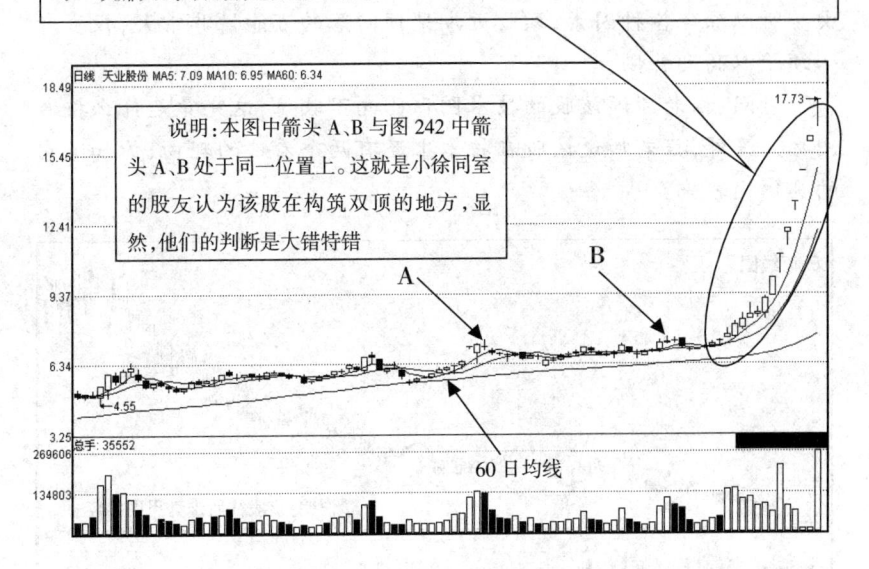

说明:本图中箭头A、B与图242中箭头A、B处于同一位置上。这就是小徐同室的股友认为该股在构筑双顶的地方,显然,他们的判断是大错特错

天业股份(600807) 2009年2月24日~2009年8月25日的日K线走势图 图244

图形识别深度练习 52

程老师说:识图、解图是炒股的基本功。该股的技术图形显示(见图245),它已明显向下破位了。对技术图形有一定研究的投资者,在今天收盘前就应该抛空离场。今天没有卖出的,明天无论如何应该先退出。为什么我要对该股看空呢?除了技术图形向下破位,股价涨幅巨大外,在技术上还有两个看跌的理由。所以综合各种因素,该股近期见顶回落的可能性非常大,投资者必须予以高度警惕。

请问:程老师说该股的技术图形已向下破位,这究竟是什么技术图形?另外,程老师说该股在技术上还有两个看跌的理由,你知道它的具体内容吗?

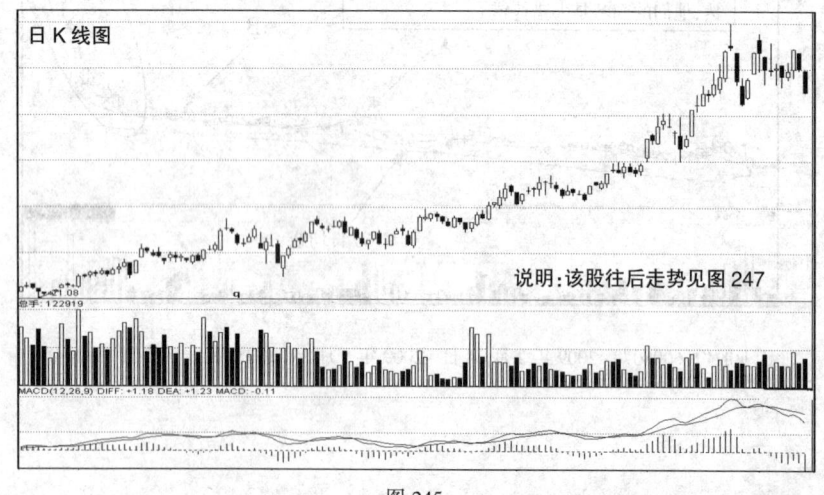

日K线图

说明:该股往后走势见图247

图 245

解答

该股现在走的是一个收敛三角形的技术图形,今天收出一根中阴线表明这个收敛三角形最后选择了向下突破(见图246)。这是股价见顶的一个重要信号。

瞧！图中的收敛三角形已向下破位,后市将岌岌可危

卖点

MACD在此出现了死亡交叉

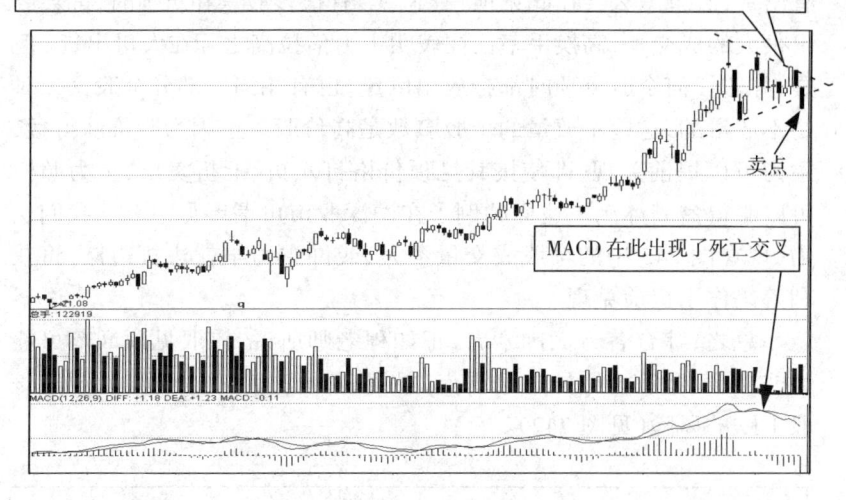

图246

另外,程老师又提到了图245中的个股在技术上出现了两个看跌的理由。第一个看跌的理由是:该股在高位出现了一根倒T字线[注](见图245中右边倒数第14根K线),倒T字线的上影线顶端是图245中的最高价,在这个最高价出现后,该股股价的高点就不断下移,目前的股价已经跌到这根倒T字线的下方,这说明这根倒T字线见顶信号已经被市场确认。第二个看跌的理由是:该股MACD出现了死亡交叉(见图246中箭头所指处)。从图246中看,该股下方的MACD在高位出现死亡交叉后,两条线已处于向下发散状态。

本题中程老师提到图245中的个股涨幅巨大。我们仔细查了一下,情况的确如此,该股在短短两年多的时间里,股价涨了近11倍。如此大的涨幅,盘中积聚了大量获利盘,这也是程老师看淡该股的一个重要原因。

【注】 有关倒T字线的特征、技术意义,详见《股市操练大全》第一册第40页~第42页。

有人问：如果图 245 中的个股在此筑顶，为何不见成交量放大呢？这些人的言下之意：成交量不大，说明主力没有出货，既然主力没有出货，股价怎么会在此见顶呢？确实，有很多股票在筑顶时，都会放出很大的成交量，高换手率往往表明主力借拉高之际在大量出货。但是，并非任何个股见顶时都会放出巨量，也有相当一部分个股见顶时是不放量的，这些不放量的个股多数是高价股。正因为股价涨得猛，主力可以提前兑现，即使按其见顶价格打六折、七折卖出，主力照样可以赚得盆满钵满。这样的例子在沪深股市可谓屡见不鲜。我们认为，现在图 245 中的个股成交量不大，或许主力早就边打边撤，将获利筹码作了提前兑现。

总之，综合各方面因素看，正如程老师所说，该股见顶回落可能性非常大，我完全赞同这个观点，投资者确实应该及早出逃，规避该股下跌的风险（见图 247）。

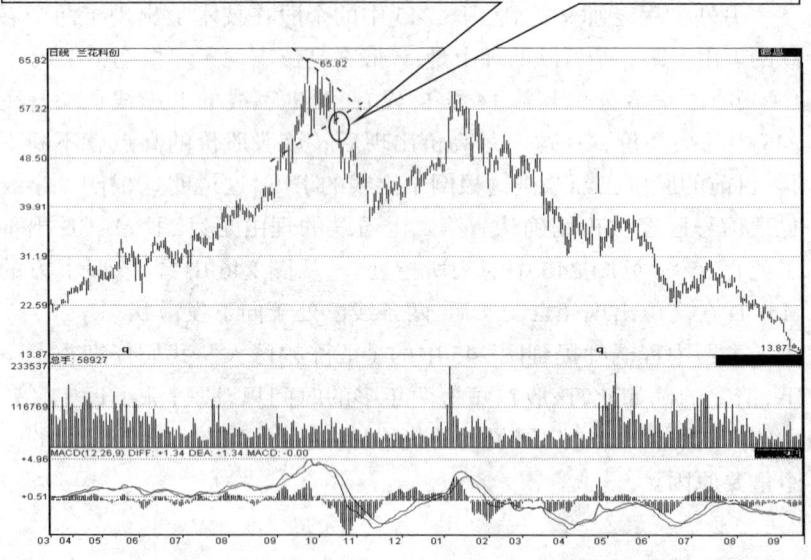

（上接图 245）收敛三角形向下破位，标志该股上升行情结束，从此该股就出现了一轮深幅下跌的行情

兰花科创（600123） 2007 年 3 月 27 日 ~2008 年 9 月 18 日的日线走势图　图 247

图形识别深度练习 53

程老师指着图 248 说,虽然图中画了一根上升趋势线,股价仍站在上升趋势线的上面,但我可以明确地告诉大家,依据趋势线理论,该股早已跌破上升趋势线,聪明人早就溜了,现在股价又出现了一个大的技术图形破位,当事人如果再不醒悟,及时出逃,后面将面临大跌的风险。

请问:你能看出图 248 是在何处跌破上升趋势线的?另外,程老师说现在该股出现了大的技术图形破位,这究竟是怎么回事,你能说清楚这件事吗?

周K线图

说明:该股往后走势见图 250

上升趋势线

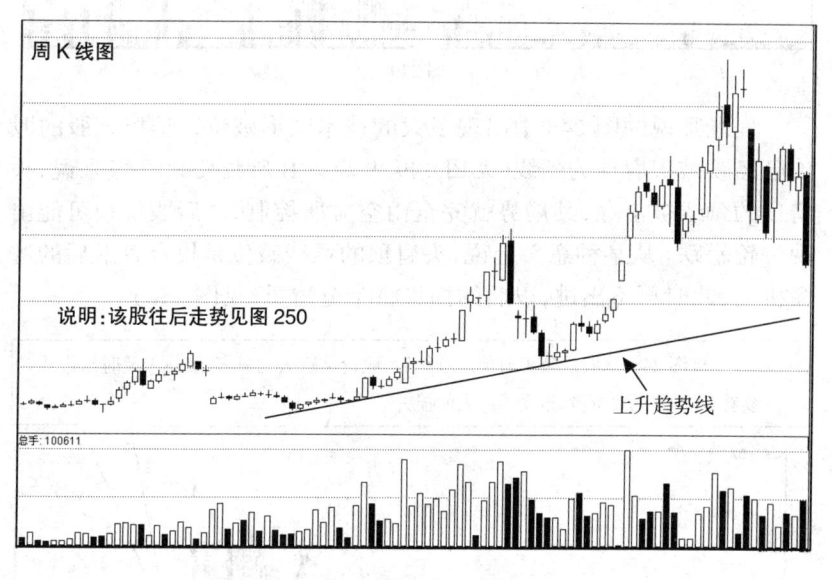

总手:100611

图 248

解答

鉴于该股在前期上升过程中出现上涨速度加快的情况,因而有必要对上升趋势线(见图 249 中 L_1 直线)进行修正。这样就可以发现,(经修正后的)新的上升趋势线(见图 249 中 L_2 直线)早已被跌破。图 249 中箭头 A 所指处,是上升趋势线被跌破的地方,也是投资者应该及时卖出的地方。

301

周K线图

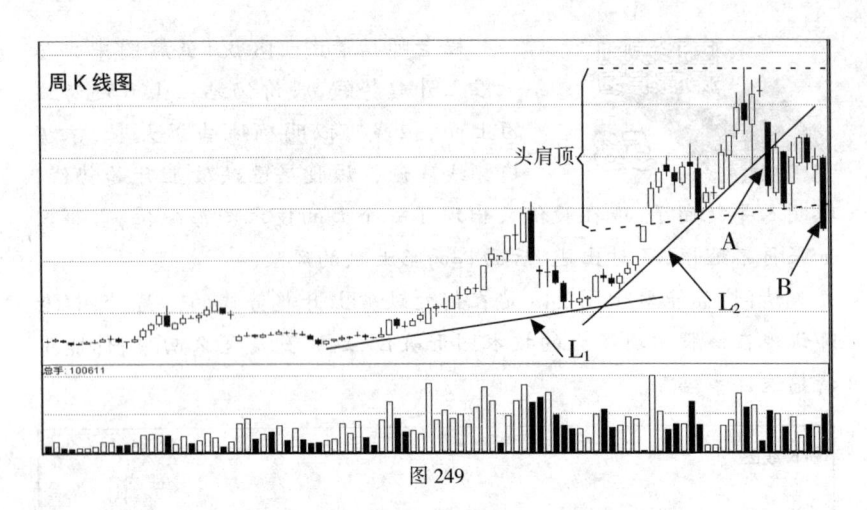

头肩顶

图249

　　程老师说的图248中出现了大的技术图形破位，是指该股的股价已经跌破头肩顶的颈线（见图249中箭头B所指处）。一般来说，头肩顶的颈线被击穿，其局势就完全由空方所控制，之后股价很可能出现一轮暴跌。从某种意义上说，头肩顶的颈线破位是投资者最后的逃命机会，此时再不出逃，以后的损失将十分惨重（见图250）。

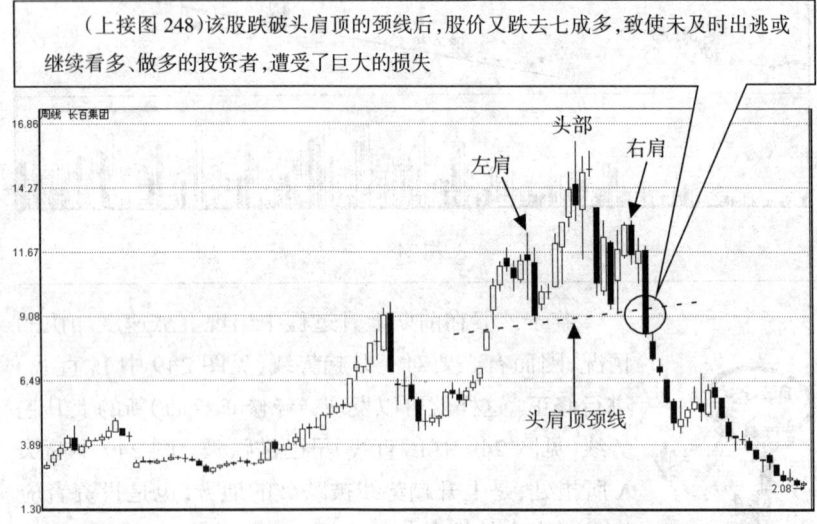

（上接图248）该股跌破头肩顶的颈线后，股价又跌去七成多，致使未及时出逃或继续看多、做多的投资者，遭受了巨大的损失

左肩　头部　右肩

头肩顶颈线

长百集团(600856)2006年5月11日~2008年11月7日的周K线走势图　图250

302

图形识别深度练习 54

图 251 是某股的一张周 K 线图。小盖和小陈就其后市向什么方向发展，发生了激烈的争论。小盖认为该股在图中箭头 A 所指处已经见顶，后面之所以没有马上跌下来，是因为主力手中的货没有出完，现在技术图形出现了向下破位，说明主力的货已经出得差不多了，该股即将开始大跌。此时，如果投资者再不出逃，将悔之晚矣。小陈与小盖的看法则完全相反，他认为虽然该股高点在逐渐下移，但低点也在不断抬高，说明下面接盘力量是很强的，而且更重要的是，该股在冲高后进行横向整理的过程中，成交量呈现逐渐萎缩的状态，抛盘越来越轻，本周虽然收出了一根阴线，但成交量已呈现地量水平，这说明该股调整已经到位，预计它很快就会迎来一波升势。因此现在投资者应该对该股积极看多、做多，持股待涨。

请问：你认为小陈与小盖谁的观点正确？为什么？通过这件事我们能得到一些什么有益的启示？

说明：该股往后走势见图 253

图 251

解答

我认为小盖的观点是对的,而小陈的观点是错的。为什么呢?因为小盖对该股走势的解剖,在技术上有充分的理由。首先,他说图251中箭头A所指处,该股已经见顶。事实也确实如此,因为此处的K线是一根螺旋桨K线。K线理论告诉我们,股价在上涨过程中,尤其是大幅上涨后,出现这样的K线,往往就意味着股价涨到头了。我们从图中看,当出现螺旋桨K线后,接着就收出两根阴线,且股价已经跌到了螺旋桨K线的下影线处,这样螺旋桨K线的见顶信号基本上就被这两根阴线确认了。此时投资者就应该顺势而为,及时看空、做空。

有人问,即然出现了螺旋桨K线表示股价见顶了,但股价为什么不马上跌下来,而出现了一段横向盘整的走势呢?原因是,虽然当时股价见顶了,主力不会再推高股价,但主力手里有大量获利的筹码需要派发,所以主力就要让股价在高位维持一个整理态势,然后将筹码慢慢地派发给看好该股的普通投资者。图251显示,这样的高位整理,时间已有半年(编者按:因为是周K线,1个月大约是4根K线),主力手中的货也出得差不多了,所以这一周,该股选择了向下突破。

那么,普通投资者怎么样才能在事先就看出它是向下突破呢?这里就要借助技术图形的分析技巧了。从图251看,该股在出现螺旋桨K线后,之后半年的高位整理就是一个收敛三角形走势,本周出现的一根中阴线已经跌破收敛三角形的下边线(见图252箭头A所指处)。这是一个非常危险的信号。经验告诉我们,股价在高位经历了长时间的收敛三角形整理,最后选择向下突破,不排除主力会借势进行连续打压[注],致使股价出现暴跌。如果发生这样的情况,持有该股的投资者就输惨了。也正因为如此,小盖认为时至今日,投资者再不出逃,将悔之晚矣(见图253)。

【注】 因为主力高位出货的任务已经完成,他们会利用手中的一些剩余筹码进行砸盘,把股价打压得越低,对日后主力在低位重新建仓就越有利。

> 在原图中两个高点与两个低点之间,分别画上两条直线,此时就可以清楚地看出,该股半年来走的是一个收敛三角形图形

周K线图

上边线

下边线

A

图252

小盖的观点,我们已经作了分析。那么,小陈的观点又错在哪里呢?

第一,错在他看到的仅是表面现象,而没有看到事物的本质,就匆忙作出了错误的判断。比如,他看到图251在横向整理过程中,股价的高点在逐渐下移,低点在逐渐抬高,就主观地认为下面的接盘力量很强。其实,这仅仅是一个表面现象,高点下移、低点上移,实质就是一个收敛三角形图形。既然小陈连收敛三角形的图形都不认识,那么,收敛三角形的图形出现向下突破的现象,他就更加发现不了。

第二,错在他观察图形时太马虎,没有看仔细就随口得出一个错误的结论,这样的结论势必会误人误己。比如,小陈认为"该股在冲高后进行横向整理的过程中,成交量呈现逐渐萎缩的状态"。但事实并不是这样。我们仔细看了图251后发现,在该股近半年的横向整理过

程中,除了出现箭头 A、箭头 B 这两个高点时成交量有明显放大外,其他多数时间的成交量差别都不是很大。并没有出现成交量逐渐萎缩的状态,真的不知道小陈是如何得出这个结论的。

第三,他说"本周虽然收了一根阴线,但成交量已呈现地量水平",这也是不符合事实的。因为地量是一个很小的量,说白了就是近几年来最小的成交量。虽然本周的成交量有所减少,但它并不是这一阶段最小的成交量,它比图 251 中一些更小的成交量要大上一倍左右,这样的情况怎么能说它就是地量呢。更加错误的是,他竟然以这种想当然的地量,判断"该股已经调整到位,预计很快就会迎来一波升势","因此现在投资者应该对该股积极看多、做多,持股待涨"。

另外,该股在横向整理过程中,两处放量的地方就是两个高点之处,这两个高点都有一个明显的见顶信号出现。第一个高点在图 251 箭头 A 所指处,是一根螺旋桨 K 线;第二个高点在图 251 中箭头 B 所指处,是一根阴线,这根阴线与前面的一根阳线合在一起,称为乌云盖顶。螺旋桨、乌云盖顶都是典型的 K 线见顶信号。试想,在见顶时放出大量,不正是表明上档抛压沉重吗? 投资者如果遇到这种情况,及时做空是必须的。但遗憾的是,这两次见顶的信号出现都没有引起小陈的重视,从而错过了两次非常好的出逃机会。

通过上面这件事,我们可以得到以下 3 点有益的启示:

(一)这件事使我们进一步懂得,掌握了技术就可以有效地规避股市风险的道理。股市中有一些人认为,中国股市是政策市,技术派不了什么用处。其实这个观点是非常错误的,因为世界上任何股市都有其运行的规律,中国股市也不例外。股市运行的规律是通过技术规则表现出来的。股市运行的技术规则犹如交通规则一样,我们只能遵守它而不能违反它,违反它就要受到惩罚。如图 252 中出现了两个明显的 K 线见顶信号,与一个收敛三角形向下突破的信号,投资者只要知道其中的一个见顶信号,并能像遵守交通规则一样,看到红灯不再行走,主动退出,这样就能规避掉该股后面的大跌风险。

虽然,股市的走势有时很难捉摸,但是同时我们也应该看到,在很多时候股市里发出的一些技术信号是相当明确的,并没有什么含糊不清的地方,关键是当事人要相信它,并根据技术信号的提示去执行,这样做股票的成功概率就会大幅度提高。就拿图252中的收敛三角形来说,如果你开始看不明白在收敛三角形的整理过程中,股价上下折腾,主力究竟是在搞什么名堂,这还不怎么要紧,但要紧的是,当收敛三角形整理到最后发出一个明确的向上突破或向下突破信号时,你就应该马上根据这个信号采取行动了。如果是向上突破,说明主力在前面让股价上下折腾的目的是蓄势洗盘,投资者见到这种情况,此时就应该采取跟进的策略;如果是向下突破,说明主力在前面让股价上下折腾的目的是诱多出货,投资者见到这种情况,此时就应该采取卖出的策略。根据经验,当一个时间跨度很长的收敛三角形,整理到最后选择向下突破,这是一件很可怕的事,因为主力在收敛三角形长时间的折腾中已完成了其出货任务,接下来就会无所顾忌,要恶狠狠地往下砸盘。所以投资者看到这样明确的卖出信号后,就必须当机立断,赶快抛空出局,否则就会造成巨大的亏损。

(二)这件事再一次提醒我们,**学技术不能浅尝辄止。如果把技术分析当成花架子,肤浅地去学,结果就是害人害己。**当然,说小陈一点不懂技术,似乎也是冤枉了他。从题中我们可以看到小陈也说了一些如"低点上移"、"地量"等技术上的流行术语。但小陈与股市上很多人一样,只是肤浅地在学技术分析,满足于嘴上能说上一些技术分析的名词术语。其实,他们并不了解技术分析,也从来没有打算要花很大的精力去学习技术分析、精通技术分析。要知道,**技术分析与基本分析一样,看似简单,但实质是一门很深的学问。投资者若想要掌握这门学问,就必须花时间认真地去学、深入地进行研究,并要不断地进行有针对性的训练,这决不是简单地说上一些技术分析中的名词术语就能解决问题的。**虽然技术分析对判断股价的趋势有重要的参考作用,但如果投资者对技术分析只是浅偿辄止,使用起来就会张冠李戴,这样的技术分析比没有技术分析还要糟糕。小陈的事例为我们提供了一个反面的典型,此事应该引起大家足够的重视。

(三)这件事给我们敲响了一个警钟,买卖股票一定要有充分的理由,缺少充分的理由就不要轻易做出看多、做多或看空、做空的判断，否则就会产生重大的投资失误。小陈对图形分析并不在行，但他却喜欢根据自己那些站不住脚的理由，对图251的后市作出看多、做多的判断，并"预计很快就会迎来一波升势"。后来的事实对他的判断作了彻底的否定。这是一个深刻的教训。此事告诉人们，股市是一个高风险的交易场所，投资者在作出任何判断时都需要慎重思考，尤其是在作出买进或持股的判断时，更应该三思而行。**在股市里没有想好充分的看多、做多理由，就盲目地买进或持股，最后十有八九都会输得很惨（见图253）**，这方面的例子可以说比比皆是。投资者一定要引以为戒，切记"小心驶得万年船"。

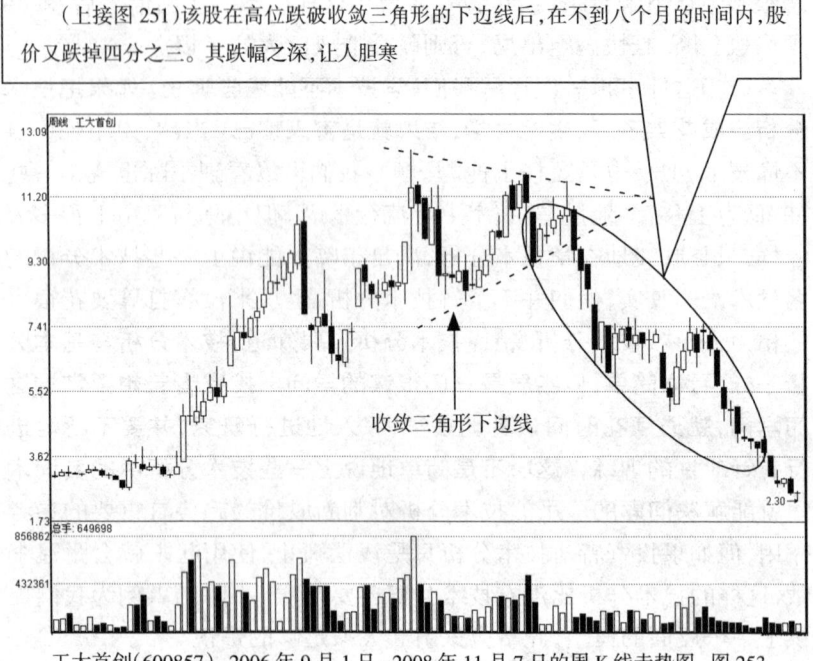

（上接图251）该股在高位跌破收敛三角形的下边线后，在不到八个月的时间内，股价又跌掉四分之三。其跌幅之深，让人胆寒

工大首创(600857) 2006年9月1日~2008年11月7日的周K线走势图 图253

图形识别深度练习 55

某日，一位自称懂技术的股民，对图254的走势进行解盘。他认为该股这一时期一直在作箱形整理，前天虽然出现了一根长阴线，但这根长阴线有下影线，说明股价在下方得到了支撑，而且今天出现的一根小阳线（即图254中最后一根K线），也是有下影线的，这两根下影线的尾端都处于同一水平位置，这样就在技术上构成了一个平底。因此，他判断该股仍有向上的动力，投资者应该继续持股看多。因为他讲得头头是道，很多人都相信了他的话，继续对该股看多、做多，但不幸全部套在高位上，最后输得很惨。

事后大家议论起这件事，都感到很难理解，为什么这位精通技术分析的股民，他的技术分析与实际走势竟完全背道而驰。请问：①你觉得这位股民的技术分析为什么会出现这样重大的错误？②这位股民对图254的分析主要错在什么地方？

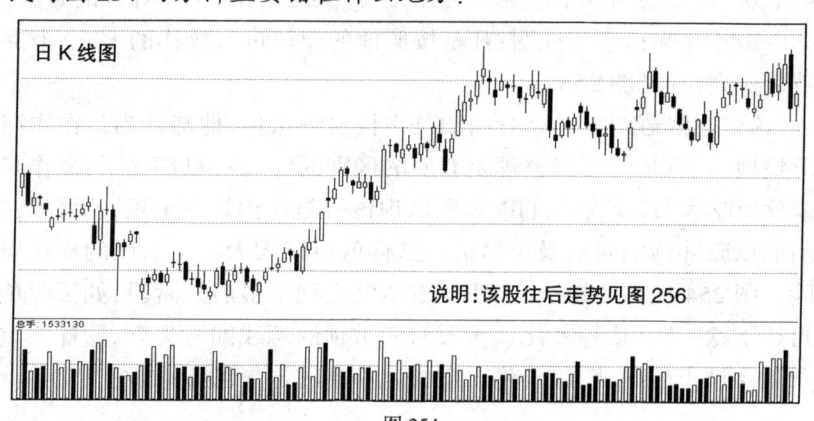

日K线图

说明：该股往后走势见图256

图254

解答　学技术分析最忌讳的是一知半解与想当然。而这两个最犯忌的问题，在这位自称懂技术分析的股民身上都表现得十分充分。比如，什么是箱形整理？他并不十分了解，就一知半解地把一个股市常见的顶部形态与箱形整理混淆了起来；又如，在股市运

309

行到高位时不会有什么"平底"的现象发生,他看到两根 K 线的下影线尾端在同一水平线上,就想当然地判断它是一个平底了。说白了,这种对技术分析一知半解、想当然的人,比不懂技术分析危害性更大。轻易相信他的人自然会吃大亏。这个教训我们一定要牢牢记住。

那么,这位自称懂技术分析的人,他的话究竟错在哪里呢?

第一,不懂装懂。在 K 线形态的辨认上,这位股民发生了重大错误。从图 254 中可以清楚地看出,该股走势已经到了十分危急的关头,因为图中出现了一组顶部穿头破脚的 K 线组合(见图 255 画圈处)。顶部穿头破脚是杀伤力非常厉害的一种见顶信号。有经验的投资者见到它就会及时出逃,而这位自称对技术精通的股民却对它视而不见,反而认为最后两根 K 线的下影线处于同一水平位置,构成了一个平底(编者按:平底是看涨的信号。但平底出现是有条件的,它一般只会出现在股价大幅下跌之后)。试想,图 254 中的个股还没有破位下跌,怎么会出现平底呢? 可见,这种只见树木,不见森林的看法,不出错才怪呢! 事实证明:凡是按照他的建议进行操作的人,个个都被套在高位(见图 256)。

第二,张冠李戴。该股明明是在构筑三重顶,他却认为是在作箱形整理。三重顶与箱形整理是有质的区别的[注]。一旦搞错了,操作起来就要吃大亏。如果我们能及早认识该股是在构筑三重顶,就可以在前面该股冲顶的时候及早撤退,这样就可以大大减少后面的操作风险。图 254 现在的走势,表明三重顶已走到了最后的阶段,如果股价再往下跌一跌(这种可能性很大),三重顶的颈线即告失守,这样三重顶就会被市场确认,股价将出现快速回落的走势(见图 256)。

【注】 三重顶与箱形整理的质的区别是:前者表明行情已经走完,最后的出路就是下跌。通常三重顶一旦构筑完成,股价就会出现快速回落。后者表明行情的发展还有很多不确定的因素,导致多空双方都不敢发力,致使股价只能在狭小的范围里进行上下波动,这就是人们常说的行情进入了箱形整理,或者说股价进入了盘整阶段。箱形整理的最后是向上突破还是向下突破,取决于盘中多空双方最终谁的力量更强。从表现形式上来说,三重顶多发生在股价高位区,箱形整理多发生在股价中位区;三重顶上下震荡的幅度、时间与成交量都要大于箱形整理的震荡幅度、时间与成交量。

这根穿头破脚的长阴线,一下子吞吃了前面 5 根 K 线,形势已变得非常严峻。此时虽然该股的三重顶还没有被确认,但依据经验,高位出现穿头破脚的见顶信号,三重顶的颈线被击穿是早晚的事。若投资者这个时候再不出逃,将悔之晚矣

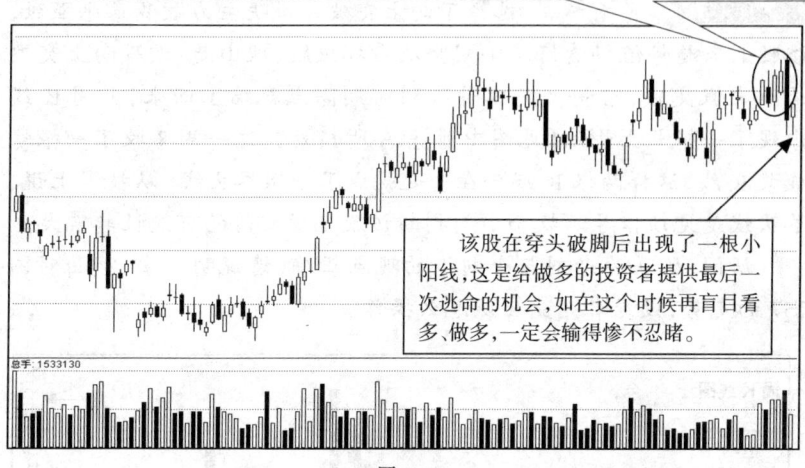

该股在穿头破脚后出现了一根小阳线,这是给做多的投资者提供最后一次逃命的机会,如在这个时候再盲目看多、做多,一定会输得惨不忍睹。

图 255

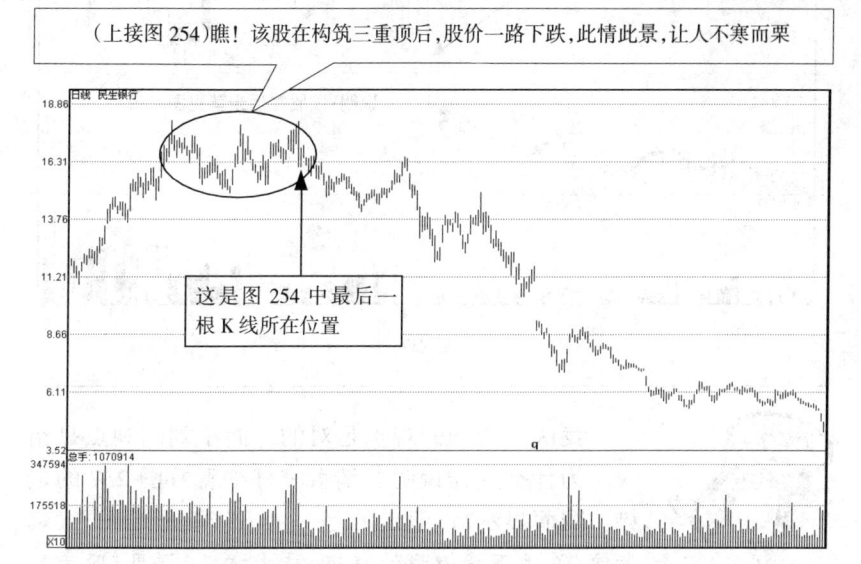

(上接图 254)瞧!该股在构筑三重顶后,股价一路下跌,此情此景,让人不寒而栗

这是图 254 中最后一根 K 线所在位置

民生银行(600016) 2007 年 7 月 3 日~2008 年 9 月 17 日的日线走势图　图 256

311

图形识别深度练习 56

老刘与小刘围绕图257发生了激烈争论。老刘坚决看好该股,理由是:该股自出现向上跳空缺口后,调整已很充分,现在股价选择了向上突破。说明主力做多意愿强烈,该股未来趋势值得看好。小刘坚决看坏该股,理由是:该股向上突破是一次假突破,它向上突破时遇到前期高点就缩了回来,上周K线出现了一根长上影线(见图中箭头A所指处),这一周又收了一根螺旋桨K线,这样两根K线合在一起就成了一组尽头线。从技术上说,尽头线是见顶信号。故而小刘判断该股见顶回落的可能性非常大。

请问:你认为老刘与小刘谁的观点正确(请说明理由)? 面对图257的走势,投资者究竟应该怎么操作?

周K线图　　　　　　　　　　　　　　　　　　　A→

向上跳空缺口

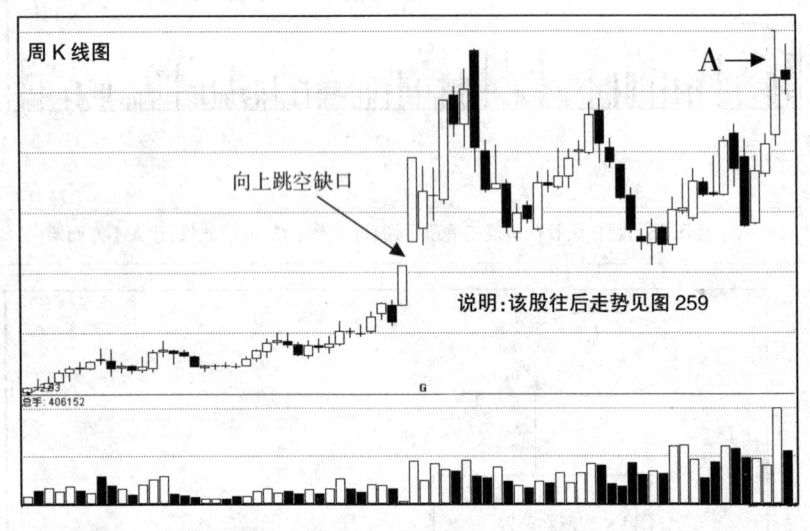

说明:该股往后走势见图259

图257

解答

我认为老刘的观点是对的,而小刘的观点是错的。为什么这样说呢?请大家仔细看看图257的走势。图面显示,该股走的是一个下降楔形的图形(编者按:关于下降楔形的特征、技术意义,详见《股市操

312

练大全》第一册第 263 页~第 265 页)。这个图形很隐蔽,不容易察觉,但我们只要在图 257 中画上两条直线,下降楔形的图形就会显现出来(见图 258)。从图中看,目前该股的股价已突破下降楔形的上边线(见图 258 箭头 A 所指处),尔后股价在冲高时拉出一根带长上影线的中阳线。因为楔形的上边线压力很大,多方冲关时受到空方的激烈反抗,因而在冲高时拉出一根长上影线,这是一种很正常的现象。一般来说,往后只要股价不跌破这根中阳线的开盘价,该股的走势仍然属于一种强势状态。

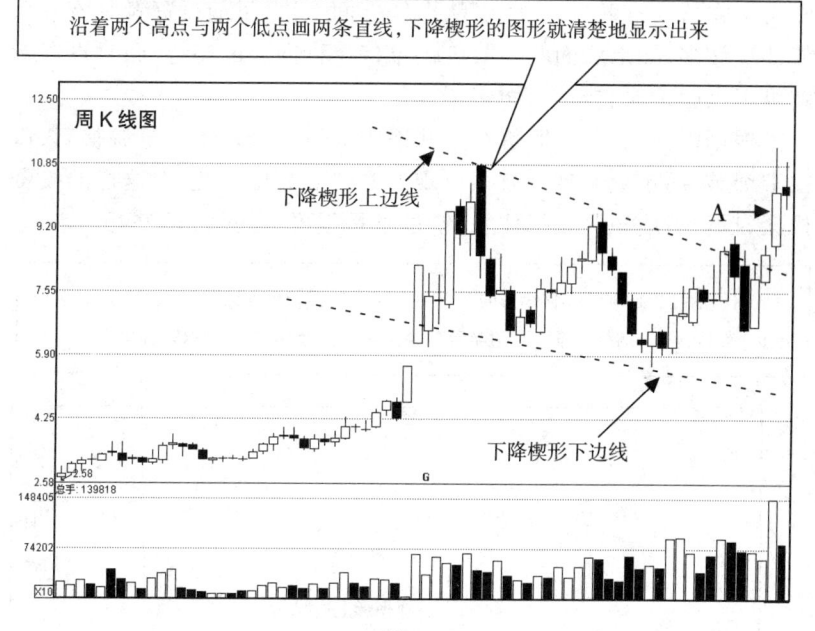

图 258

技术分析的理论告诉我们,在股价上涨过程中,出现下降楔形的图形,通常后市可以看好。因为下降楔形属于上升途中的一种整理形态。主力往往会通过这种整理,进行一次充分的调整洗盘。一旦调整洗盘结束,主力就会让股价伺机向上突破,而且股价突破下降楔形上边线后往往就会迎来一波新的升势。

现在我们再来仔细观察图 258 这张图。大家仔细观察后就会发

313

现,该股下降楔形的整理,时间上已经很充分(编者按:因为图258是一张周K线图,从图中看,这个整理已有半年以上的时间),而且股价突破下降楔形上边线时,成交量放得很大(这在技术上称为放量突破),这说明多方是有备而来的。

从突破的有效性来看,虽然现在突破下降楔形的上边线已有3周时间,但由于第3根K线是一根阴线,尚不能证明它向上突破是完全有效的(编者按:根据技术要求,周K线中股价出现向上突破,这个突破至少要维持3周以上的时间,且股价重心在向上移动,才能证明它向上突破是有效的)。所以从操作层面上讲,目前投资者对该股只能适量做多,如果后面两周股价仍维持一种向上的态势,届时投资者就可以大胆地对它看多、做多了。

根据以往的经验,股价在上涨途中经过下降楔形充分调整后,再往上突破,后市会出现一波很可观的升势。有鉴于此,对这样的投资机会,投资者应该紧紧抓住它,错过了是很可惜的(见图259)。

(上接图257)该股在下降楔形的上边线被突破后,股价出现短暂的小幅回落,随后展开了一轮持续上升的行情,而一些过早看空、做空的投资者,错失了一次赚大钱的机会

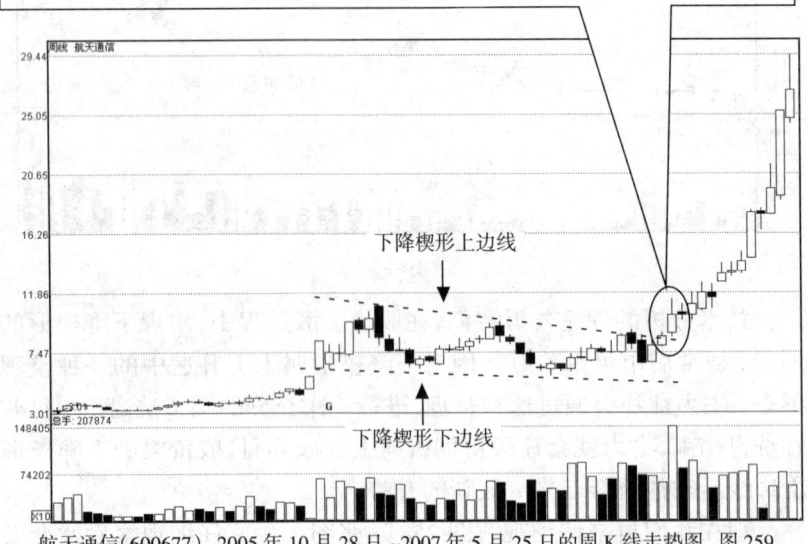

航天通信(600677) 2005年10月28日~2007年5月25日的周K线走势图 图259

有人问，为什么小刘将图257中的走势，看成是向上假突破，从而对该股的走势作出了一个完全错误的判断呢？其原因是：小刘对下降楔形的技术图形不熟悉，或者根本就不知道有下降楔形的图形。所以，他在观察图257走势时，只能从表面上对一些现象进行分析。比如，他看到股价冲高回落，现在的股价（指收盘价）比前面的一个高点要低，K线上拉出了一根长上影线，就认为它向上突破是一个假突破。其实，懂技术图形的投资者知道，该股的向上突破是真突破还是假突破，在图257中不是看股价是否冲过了前面的一个高点，而主要是看股价是否站上了下降楔形的上边线。如果股价站到了这根上边线的上方，就是真的向上突破了，如果股价不能站在这根上边线的上方，就没有真的向上突破。但由于小刘对这个情况并不了解，所以他也就无法对图257的走势作出正确的判断。

另外，小刘说的图257最后两根K线构成了尽头线的K线组合，这个判断也是有问题的。那么，这又是为什么呢？因为虽然从当时图形的形状来看，这两根K线与股价见顶时尽头线的图形相似，但它们之间却有着本质区别。一般而言，真正的尽头线是出现在股价大幅上涨之后，此时尽头线图形才能视为见顶信号，而股价在向上突破某一个关键技术位，尚未展开升势，或者刚刚展开升势时，出现类似尽头线的图形，是不会构成见顶信号的。这时候这种K线图形表示的就是另外一种意义，即多空双方出现了一种暂时休战状态，或者说多空双方的争斗达到了一个暂时的平衡。如果股价趋势是向上的，这种平衡的后面常常是多方在蓄势，蓄势后多方力量得到补充，将会推动股价进一步走高。因此，有经验的投资者看到这样的K线图形出现，不但不会去看空、做空，反而会乘多方蓄势之际，择机加入，等待股价的拉升。

由此可见，小刘对图257的分析出现了严重错误，说到底是因为他对技术图形、K线信号的了解都处于一知半解的状态。看来小刘若要避免以后再出现类似的错误，就得好好学习这方面的知识，真正做到知其然而知其所以然。唯有如此，才能成为看图、识图的行家里手。

图形识别深度练习 57

应先生是个稳健型投资者。今天图260中的个股拉涨停时,同室的股友发现他投资风格变了,竟然追涨买进,而且买进的数量很多,大家担心他这样做太冒险了。有人问应先生,如果今天该股拉涨停是主力拉高出货呢?他说,不怕,我手里还有"子弹"呢!

应先生告诉大家,他跟踪这个股票已有很长时间了。他认为这个股票基本面不错,有潜力。但因为当时该股的技术条件还不成熟,所以在这之前他一直没有动作。应先生一边说一边又拿了一张走势图给大家看。图261是该股近一年半以来的日K线压缩图。应先生说,他就是根据这两张图操作的。前面他已经在图260中箭头A所指处先买了一点,今天是第二次买进。

请问:你对应先生的操作是如何评价的?你认为他这样操作是不是太冒险了?(请说出你的理由)

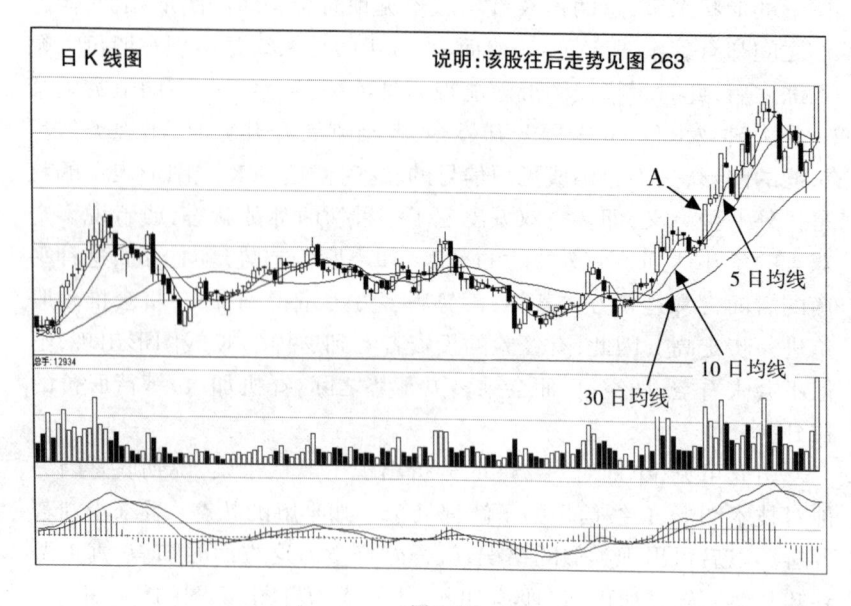

图260

日K线压缩图

说明:本图中箭头A与图260中箭头A,指的是同一根K线

A

10日均线   30日均线

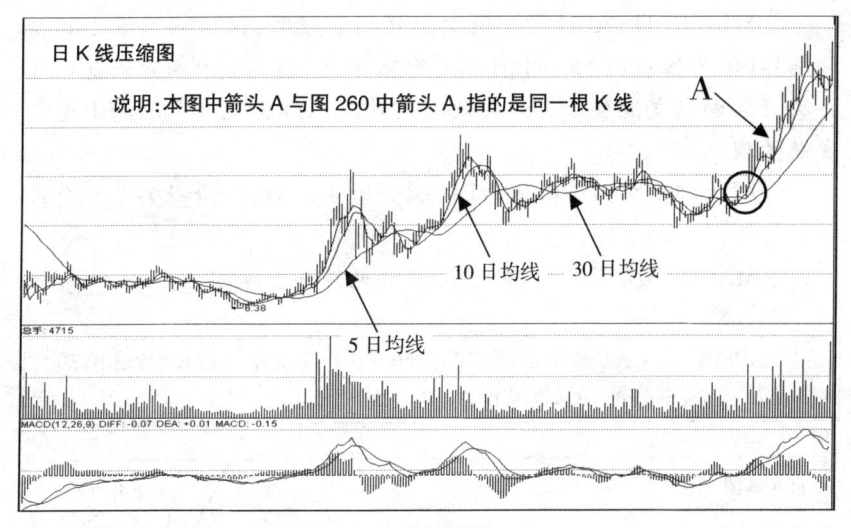

5日均线

图261

我对应先生这次操作的评价是:既稳健,又善于抓住机会大胆出击,这是一次很出色的操作。至于说到这次操作的风险,我认为风险很低,且成功概率很高。

我对应先生作出上述评价的理由是:

一、纵览应先生操作的全过程,我发现他的确是一个稳健型投资者。稳健型投资的一个最大特点是:学会等待,等机会出现了,看准之后再动手。这一点在他的操作中有充分体现。比如,虽然他从基本面上看到了该股的潜力,但他并没有因此就轻举妄动。他一定要从该股技术走势上找到充分的看多、做多理由,才动手买进。这点他做到了。从图260中看,他第一次买进的地方,图中确实发出了买进信号。这个买进信号具体表现在以下4个方面:

①该股经过一定时间的下降楔形整理后,股价选择了向上突破;图260箭头A所指处,是股价突破下降楔形上边线后,经过回抽再次创出新高的地方(见图262),这是一个继续看涨的信号。

②5日、10日、30日均线再次交叉向上发散,这是一个重要的看多信号(编者按:从图261中可以看得很清楚,图261中画圈处是均线再次交叉向上发散处,因为在此之前均线已经出现过多次向上交叉发散的现象)。

③股价向上突破下降楔形时,成交量明显放大,价量关系配合较好。

④MACD再次返回O轴上方运行(见图262画圈处)。

> 从图中看,箭头A所指处是股价突破下降楔形上边线,并经过回抽,再度创出新高的地方,应先生在此第一次买进,保险系数是很大的

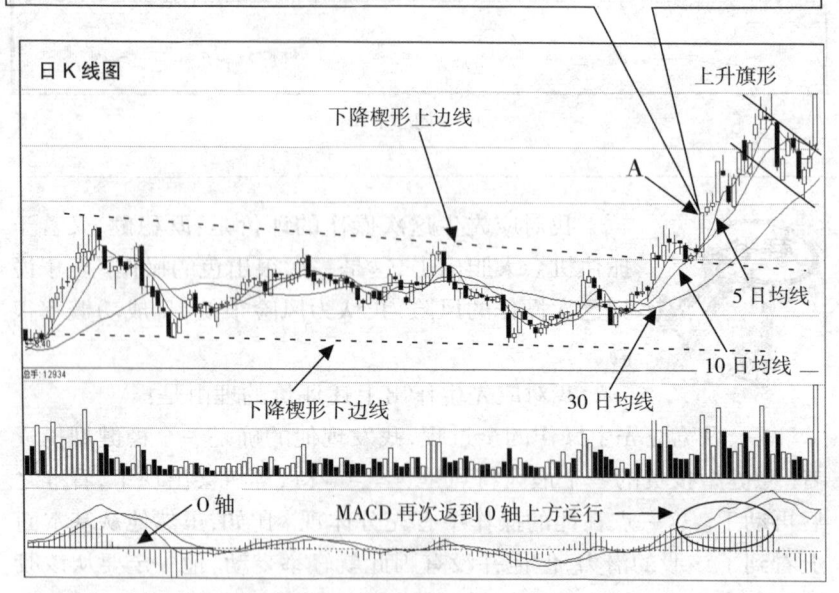

图262

我认为,应先生第一次操作时买进数量较少,这个做法是对的,因为当时该股刚刚突破下降楔形的上边线。至于其后市究竟如何,尚需要进一步观察。此时,用少量资金作试探性买进是明智之举。这也体现了他的稳健操盘风格。

二、稳健中显示刚毅,该出手时就出手,这是应先生在这次操作

中的一个鲜明特色。同室的股友对他这次操作非议较多,特别是应先生第二次买进该股时,是追涨买进,买进数量又较大,大家认为他这种做法与他过去稳健的操盘风格背道而驰,实在是太冒险了。我觉得这些人对稳健型投资,在认识上存在着很大的误区。其实,不论是稳健型投资者还是激进型投资者,其目的都是为赚钱而来的。在股市中,一点风险都不想承担的人是赚不到钱的。从这个意义上说,稳健不是四平八稳,机会来了,该重仓出击时就应该重仓出击。只有这样,稳健投资才能赚到钱,甚至可以赚到大钱。

在明白这个道理后,我们再回过来看应先生的第二次操作。应先生的第二次操作是在什么情况下发生的呢?从图260中看,在应先生第一次试探性买进后,该股在小幅走高后,就出现了一段调整走势。这种调整是市场在检验该股究竟有无持续上涨的能力,这对多方是一次严峻考验。

通常,股价在形成一个大的升势过程中,特别是在股价拉升初期,这种间断性调整走势会经常出现。同时,对图260的个股来说,这种调整走势也可以看成是股价突破下降楔形上边线后,在更大范围里出现的一次回抽。回抽之后,股价上涨的基础就会更加扎实。当然,正常的回抽后,股价冲高回落是不会跌破原来的箱顶(即下降楔形的上边线)的,而且回抽结束返身向上时力度会更大。一般来说,只有符合这个条件的回抽,才是继续看多、做多的信号。

从图260中看,该股这次在更大范围出现的回抽取得了成功。如果仔细分析,可以看出这次回抽的成功是在突破一个小的上升旗形后实现的(见图262),这样基础就更加扎实了。更令人欣喜的是,该股在回抽结束返身向上时,拉出的是一根放量的涨停大阳线。这根大阳线可以视为一根中位大阳线,对多方来说,它起到了空中加油的作用。一旦这根中位大阳线被后面的K线确认有效,该股势必有一波向上攀升的行情(见图263)。

也许应先生看到了这一点,所以,他操作时非常坚决,大胆地"追涨买进",而且买进的数量很大。应先生心里很清楚,看准了大胆出击,重仓自然比轻仓获利要大得多。这也是促使应先生第二次操作买

（上接图260）应先生在此追加买进后,该股出现了一波强劲的升势。据核查,该股最高涨至51元才见顶回落,这个价格比应先生买进的价格,足足翻了两番

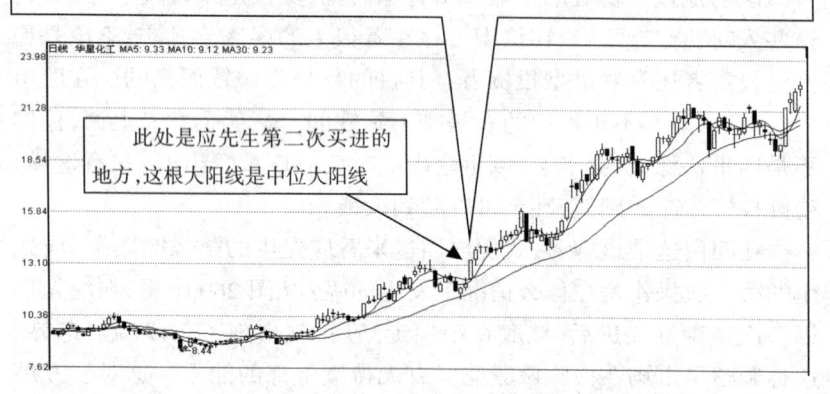

此处是应先生第二次买进的地方,这根大阳线是中位大阳线

华星化工（002018） 2006年9月28日~2007年5月22日的日K线走势图　图263

进数量较多的一个重要原因。

当然,在股市中任何操作都会存在着一定风险,关键看风险有多大。如果估计下来,风险大,机会小,这就不值得参与;反之,如果估计下来,风险小,机会大,就值得一搏。而应先生的第二次操作,分析下来,未来的获利机会要远远大于风险,这有什么不值得参与呢？我相信,此事就是换成其他有一定水准的稳健型投资者,看到该股走势图上出现一个非常重要的看多、做多信号,确认机会来了,也会狠抓一把。可见,稳健不是胆小的代名词,看准了大胆出击,这也算是稳健操盘的一种风格吧！

三、不过话说回来,应先生的操作也不是十全十美的。在他的操作中有一个明显的缺点,就是事先没有考虑如何设立止损点。因为股市中再有把握的事也可能出现意外,当意外发生时,投资者该怎么办呢？因此在买进前,特别是像应先生进行重仓出击时,更要在事先作好这方面的考虑(比如,必须确定在什么情况下就应该坚决止损,止损的价格是多少),免得到时手忙脚乱,甚至弄得不可收拾。但现在的情况是:应先生对这个问题忽视了,这不能不说是个遗憾。

图形识别深度练习 58

【情景一】

图 264、图 265 是同一个股票的日 K 线图，图 264 是该股 2 年半来的日 K 线走势压缩图，图 265 是该股近半年来的日 K 线走势图。小姜仔细琢磨这两幅图。他看图 264 的主要目的是想通过这张日 K 线压缩图，看清楚该股近两年半来整个的运行趋势，看图 265 的主要目的是想看清楚股价走到这个份上，究竟有没有投资机会。

小姜经过一晚上的思索，决定对该股看多、做多，满仓出击。他认为自己这样操作，胜算是很大的。理由如下：

①从图 264 看，该股从高位回落后，在 4.30 元附近构筑了一个坚实底部，股价几次打到 4.30 元附近都被托起，现在股价已在底部水平线上运行多日，一轮上升行情正在蓄势待发；

②主力在图 265 画圈处进行了一次上攻行情的试盘，目前，股价触底后，形成了一波小幅回升的走势，最近股价正在横盘中，且成交量很小，显示盘面很平稳，主力正在悄悄进行吸筹。他估计主力吸足筹码后，该股就有可能进入一个快速拉升阶段。

日 K 线压缩图

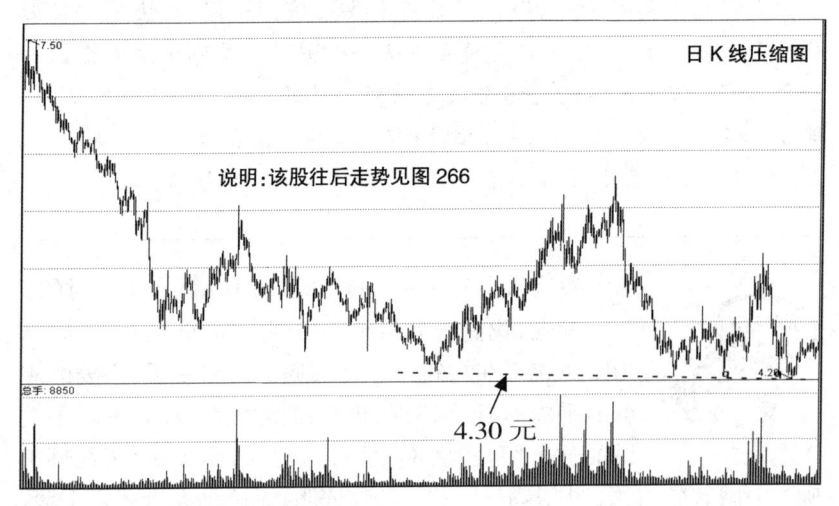

说明：该股往后走势见图 266

4.30 元

图 264

说明：该股往后走势见图266

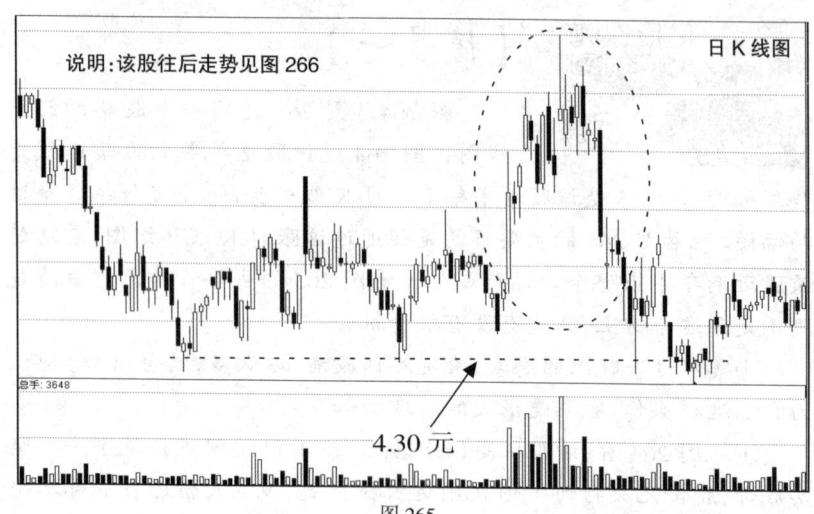

日K线图

总手：3648

4.30元

图265

【情景二】

第二天上午小姜就下单买了一大堆这个股票，晚上他把自己对该股的研究与操作情况，对好友小东说了。不料小东听后连连摇头，不但不同意小姜的看法，还说该股将来要大跌，并叫他赶快把该股抛掉。据说，小东对该股看空是因为他从一个图形中看到了主力操盘的一个秘密。但小东这一番话并没有改变小姜的观点。小姜坚持认为，现在正是对该股低吸的良机，此时抄底，日后必定获大利。

请问：你认为小姜与小东的观点，谁对谁错？为什么？

解答 我认为小姜的观点是错的，而小东的观点是对的。

首先，我们来分析小姜的观点错在哪里。小姜认为图264正在构筑一个坚实底部。粗一看，小姜的观点似乎没有什么错误，但仔细观察后，就会发现小姜说的这个"坚实底部"是有问题的，那么，问题在哪里呢？中国有句古语，叫"事不过三"。经验证明，无论是大盘还是个股，如果在筑底过程中，股价冲高回落，反复下探同一个低位（价格可略有上下),次数超过3次,这样的底部就很难成立。有人问,这是为什么呢?道理很简单,因为下探触底的次数超过3次,就可能重蹈"三而竭"[注]的覆辙。

我们曾经采访过一位多次成功抄底的高手,他反复强调,对触底次数超过3次的底部他是从来不碰的。即使后来真的涨上去了,他也不后悔。他说,自己宁可错过这种抄底的良机,也不会因为一时冲动,而栽了进去。高手给我们看了一份资料,据他统计,在沪深股市的历史中,大凡探底次数超过3次的底部(个股、大盘都一样),后来绝大多数以失败告终。不仅如此,一旦这样的底部被击破,就会引起新一轮的狂跌,抄底者都会输得很惨。

高手的这一番言论对大家启发很深。现在我们回过头来再仔细看图264的走势就会发现,该股反复筑底次数已经有5次。虽然现在的股价已回到了"底部"水平线上运行,但因为前面的5次探底,已暴露出多方底气不足的弱点。虽然目前的行情看似平稳,但实际上已埋藏了很多隐患,股价随时可能出现第六次向下探底的走势。而最令人担忧的是,这个所谓的坚实底部会随着探底次数的增加,变得越来越脆弱。

我们不妨想一想,如果第六次探底的事情真的发生了,这个底部多方还能守得住吗?这个问题很多人可能没有想过,本题中的小姜就是其中的一位,否则,小姜就不会说图264正在构筑一个扎实的底部了。但现实是残酷的,一旦该股第六次向下探底的情况出现,后果往往不堪设想。因此,我们要做一个理智的投资者,决不能被虚幻的"坚实底部"蒙住了眼睛,现在要趁该股还没有掉头向下的时候,赶紧把它卖了。三十六计,走为上计,这就是现阶段我们对该股采取的正确投资策略。

我们认为小东的观点是对的。我们对小东观点最赞赏之处,是他发现了该股主力操盘的一个秘密。正是他知晓了这个秘密才预感到该股将要大跌。有人急着问,小东究竟发现了主力操盘的什么秘密呢?

【注】 "三而竭"出自古代兵书《曹刿论战》。原话为"一鼓作气,再而衰,三而竭"。

这个秘密就是被小姜误认为主力进行上攻试盘的那一段走势。研究过主力(庄家)操盘思路与行为的投资者知道,出现图 265 中画圈处这样的走势,基本上可以肯定主力(庄家)在拉高出货了。这个图形,学名为"急涨急跌出货图形"[注]。通常,只要这个图形出现,后市就大为不妙,破位下跌只是迟早的事。也许正是因为小东发现了主力出逃的秘密,所以他就对图 265 中个股的走势坚决看空了。后来的事实证明他的看法是对的(见图 266)。

(上接图 264)小姜与小东的辨论有了最终结论。瞧!果然在小姜买进该股后不久,股价就出现了第六次向下探底,但这一次底部很快就被打穿了。打穿之后,该股又出现了一轮大跌

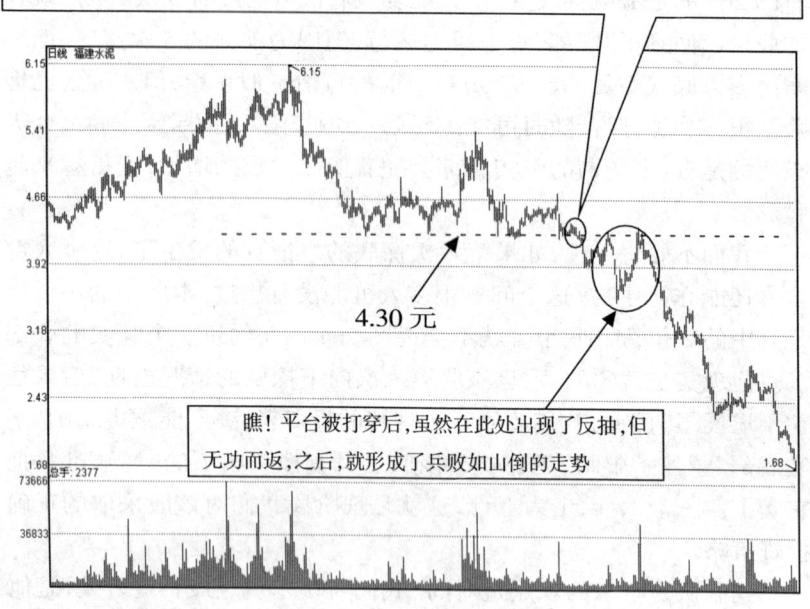

瞧!平台被打穿后,虽然在此处出现了反抽,但无功而返,之后,就形成了兵败如山倒的走势

4.30 元

福建水泥(600802)　2003 年 9 月 12 日~2005 年 7 月 18 日的日线走势图　图 266

【注】　关于急涨急跌出货图形的特征、技术意义,详见《股市操练大全》第七册第 354 页~第 364 页。

324

图形识别深度练习 59

【情景一】

一个多月前的某一天。小吴面对图267、图268苦苦思索着。图267是该股近两年来的日K线压缩图，图268是该股近半年来的日K线图。他想通过这两张图的对照，寻找到别人尚未发现的投资机会，争取在股市中打一次漂亮的翻身仗。

首先，他认为依据图267的走势，对该股抄底还是很有把握的，因为该股从顶部跌下来，至今股价跌幅已接近七成，应该跌到位了。其次，他对图268又进行了仔细琢磨，他见该股在低位构筑一个平底后上升势头强劲，成交量温和放大，且股价已突破前期一个小平台。于是，他在当天收盘前大胆地抄了该股的底，一下子进了不少货。

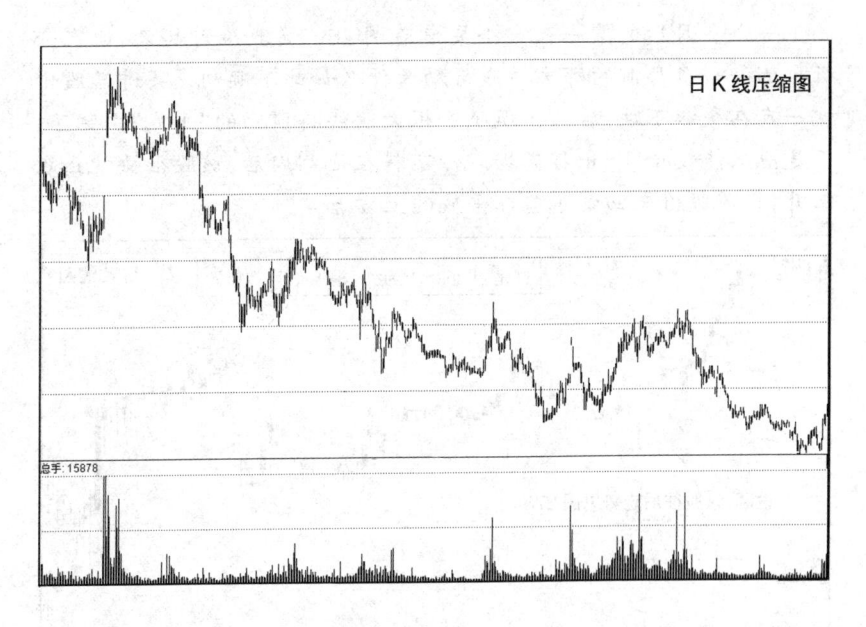

图267

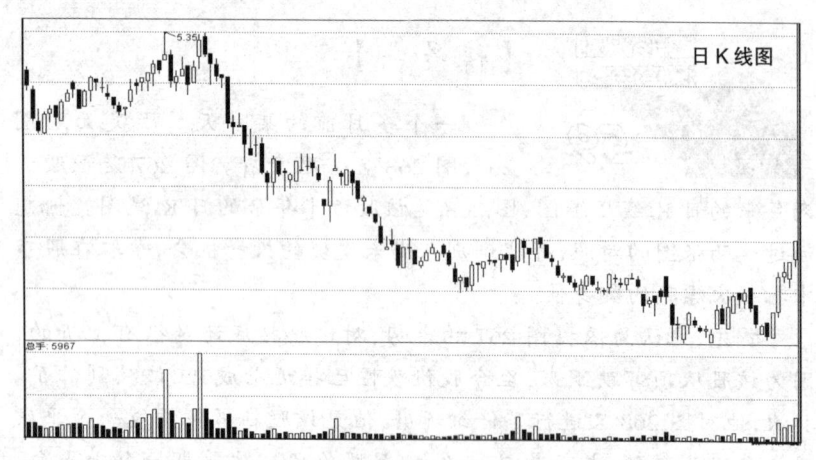

图 268

【情景二】

一个多月后的某一天。小吴看着图 269，自我检讨起来，他在分析自己一个多月前的那次抄底行动为什么如此不顺利，买进后股价就一直在缓缓下跌，后来出现了一根大阴线将前面的"平底"击穿了，于是他只能咬咬牙，止损离场。但不料在他割肉后，该股很快就止跌回升，目前股价又回到了前期平底的上方。

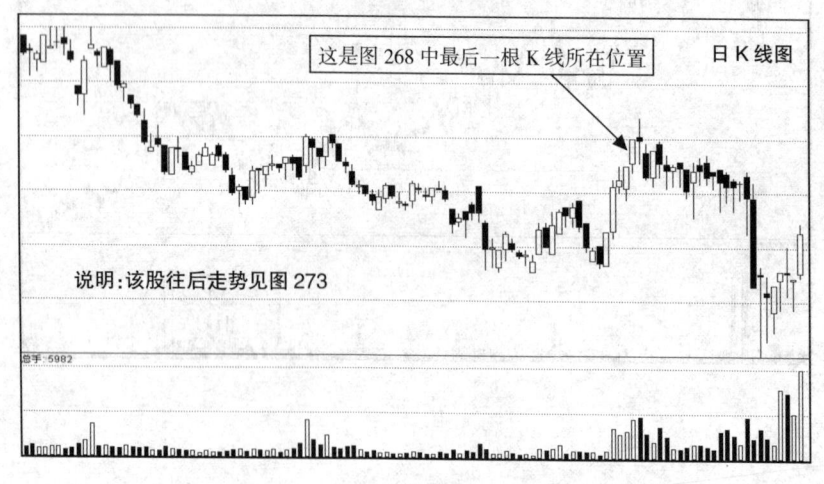

说明:该股往后走势见图273

图 269

面对该股现在的走势,小吴左右为难,举棋不定。他心里在想:不买吧,看这个样子,该股今天收出的是一根中阳线,且成交量也出现了明显放大的迹象。股价继续向上的可能性很大;买进吧,万一该股风云突变,就要进行第二次止损离场,那一刀割下去损失就太大了。

请问:根据"情景一"的介绍,你认为小吴这次抄底操作上有无失误?如果有,失误主要表现在什么地方?根据"情景二"的介绍,现在小吴已失去操作方向,你有什么好的建议?

我认为小吴这次抄底,操作上有重大失误。其失误主要表现在以下3个方面。

第一,观念认识上有严重错误。小吴认为,当股价跌幅超过70%时,就跌到位了。这一观点是错误的。诚然,有些股票中长期见顶后出现回调,回调70%,或者回调60%、50%就见底了。但也有相当一部分股票中长期见顶后出现回调,回调70%,甚至80%、90%,都没有见底。一个股票中长期见顶后,究竟跌到何处见底,这并不取决于其跌幅有多少深,而主要是由个股基本面决定的。但由于中小投资者信息渠道不畅,有时很难从基本面上把握个股究竟跌到何处才能真正见底。遇到这种情况,比较可靠的方法只有一个,就是通过个股的走势,来判断它的底部在何处。因此,投资者抄底时,决不能意气用事,仅凭跌幅深浅来判断股价是否跌到位。试想,如果你因为一个股票跌幅深了,盲目买进,最后它退市了,你该怎么办呢?这决不是说说而已,在沪深股市中就出现过"蓝田股份"、"科利华"等所谓的绩优股,在它们中长期见顶后,股价就一直处于跌跌不休的状态。即使在这些股票跌了90%以后买进,投资它的人仍然是一个输家。当这些股票退市时,投资者不论在什么价位买进,最后的结局都是血本无归。

第二,小吴在对图形分析时,犯了以偏概全的错误。从表面上看,小吴在抄底时,对其投资的个股,也认真研究了其中长期走势与短期走势,准备工作还是做得比较充分的,但实际上小吴在分析时,对图形中主要的东西视而不见,而只抓住了一些次要的东西,一厢情愿地在看多、做多,让假象蒙住了眼睛,如此,怎么会不出差错呢?

我们不妨把小吴研究的3张走势图,再来作一次分析,看看小吴的分析究竟错在什么地方。

请先看图267,我们在图中加上2根虚线。一根是下降趋势线(见图270中L_1这根虚线);一根是低点的水平线(见图270中L_2这根虚线)。这2根线一加上,问题就看得比较清楚了。从L_1这根虚线看,该股在这根下降趋势线压制下,不断地向下寻底。近来该股出现了一波反弹走势,现在的股价离开下降趋势线尚有一定距离,即使股价能继续反弹,如果缺乏实质性的利好,股价反弹触及这根下降趋势线,很可能马上就掉头向下。从L_2这根虚线看,该股前期的一个低点已被打穿,股价先是跌到了这根虚线的下方,现在股价又重返这根虚线之上。出现这种情况并不表明该股走势已经变好,这在技术上称为"破位后的反抽",所谓反抽就像一个垂危的病人在临终前的回光返照。大家别看现在的股价破位后又重新站到L_2这根虚线的上方,这仅是暂时的现象,不久反抽过程结束,股价仍会跌破L_2这根虚线,继续向下寻底。

图 270

我在想,小吴在对图267作分析时,从未提及L_1、L_2这两根线,这是他缺乏这方面知识呢?还是他急于抄底,只关注到一些局部"见底"信号,而忘了去设置L_1、L_2这两根线,从而犯了以偏概全的错误呢?这只有他本人才知道了。

接下来请大家再来看图268。小吴认为图268中最后一根K线,已突破前期的一个小平台,股价走势强劲,在这里抄底是很有把握的了。于是,他踌躇满志,重仓出击。如果他能冷静下来作仔细分析,就会发现,图268中最后一根K线的收盘价,正受到前面一个高点的制约,能否冲过去还是一个未知数(见图271中的虚线)。多空真正的决战还没有拉开序幕,鹿死谁手尚不得而知,此时就贸然看多、做多,大胆抄底,重仓出击,这是不是太冒失了呢?

第三,抄底时过度自信,孤注一掷,从而大大增加了投资的风险。小吴在对个股走势还没有完全分析清楚的情况下,就自以为是,重仓出击了。虽然,他后来发现走势与他的预判背道而驰,及时作了停损

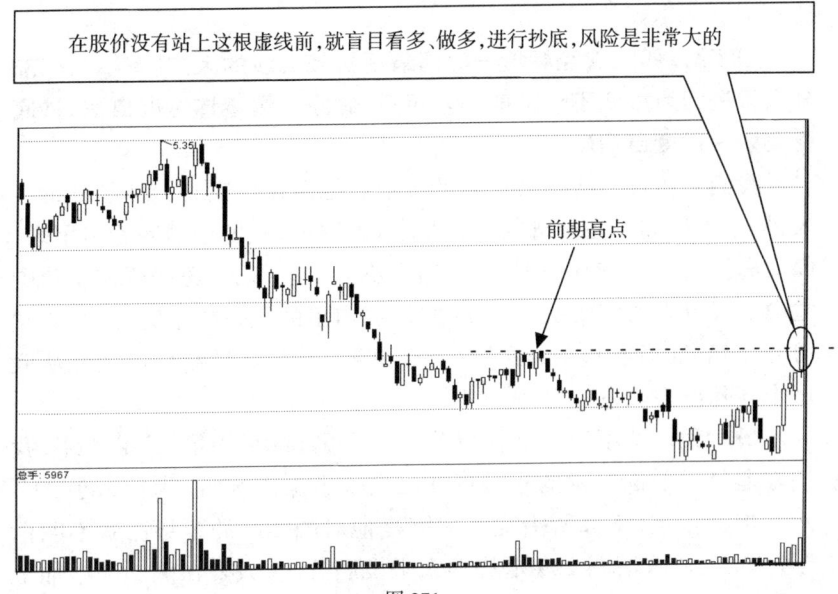

在股价没有站上这根虚线前,就盲目看多、做多,进行抄底,风险是非常大的

前期高点

图271

离场的处理。但从图269中看,他抄底买进的价格与后来卖出的价格,至少有15%的落差。由于他的仓位很重,所以损失是相当大的。试想,他如果不是过度自信,会在抄底时孤注一掷吗?答案应该是否定的。

虽然,投资需要自信,但问题是现今很多投资者并非没有自信,而恰恰是过分自信了。

学过西方经济学的人想必没有人不知道凯恩斯的。身为大经济学家,凯恩斯的投资具有强大的理论支持,自信心远高于常人也在情理之中。可惜这种过分自信并没给他带来财富。凯恩斯涉足股票投资,尽管在最初几年依靠保证金的大胆交易获得了相当不错的收益,但由于过度自信,结果这位堪称20世纪最负盛名的经济学家,最终没能逃脱1929年美国大股灾噩运的侵袭,几近破产。

在沪深股市中,笔者亲眼见到一些曾经拥有百万、千万甚至上亿的大户,就是因为在交易时过度自信导致惨败,从大户沦落为散户,其中有不少人输光了,被驱逐出股市,其结局十分悲惨,令人痛惜不已。

据了解,那些曾经辉煌一时而最后折戟沉沙的大户,有相当一部分人就是因为抄底不慎翻船的。可见,做股票需避讳过度自信,抄底更要切忌过度自信。

我们采访过一些抄底成功的高手,他们在抄底时,都是分批买入,从未见他们孤注一掷的。分批买入的好处是,即使抄底看走了眼,停损离场时也比较好处理,总的损失不会很大,风险还在可控制范围之内。投资者一定要明白一个道理:股市里的钱是赚不完的,小心驶得万年船,而过度自信,往往会导致翻船,更严重时会直接把你从股市中开除出去。

最后我来谈下一步如何操作。看了题目中"情景二"的介绍,我们知道经过前面折腾的小吴现在已失去了操作方向。为什么小吴会感到迷雾重重,不知所措呢?关键是他对图269的走势已看不明白了。其实,要看清图269走势的未来发展方向,只要在图269中加上一根虚线(见图272),情况就清楚了。从图272中看,加了一根虚线后,我们就可以发现,该股原来是在虚线上方运作的,股价几次跌到虚线处就跌不下去了,从而构成了一个"平底",现在这个"平底"已被击穿,虽然击穿后,股价在虚线下方作短暂停留后又重返虚线之上,但股价走弱几成定局。作出这样判断的理由是:现在图272的走势与我们前面分析的一样,是向下破位后的一种反抽走势。在股市里,出现反抽图形是一个看跌信号,它是给做多的投资者提供的最后一次逃命机会。如此时不逃,再盲目看多、做多,那就是错上加错了,日后一定会为这样的错误付出惨重的代价(见图273)。所以我建议小吴仍然应该坚持看空、做空,如果手里还有这个股票,就一股不留地全部抛出去。

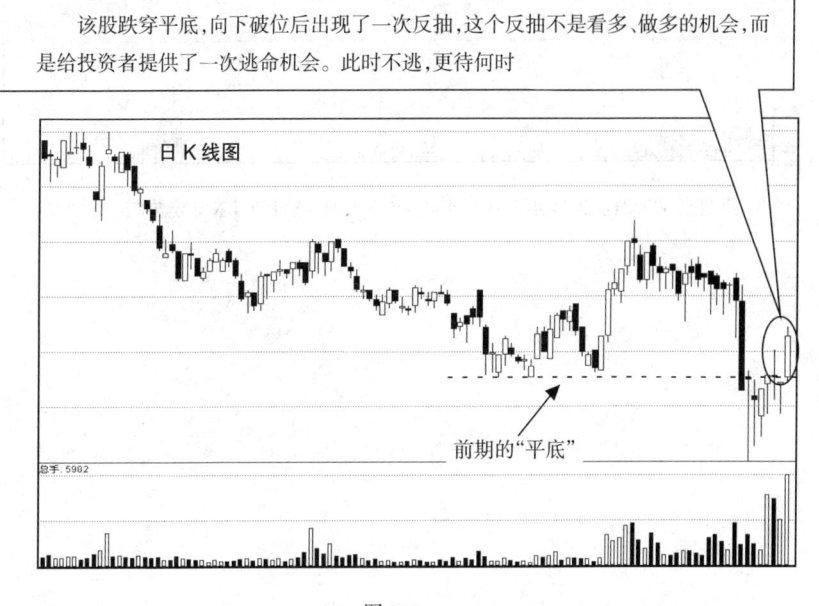

该股跌穿平底,向下破位后出现了一次反抽,这个反抽不是看多、做多的机会,而是给投资者提供了一次逃命机会。此时不逃,更待何时

图272

（上接图269）瞧！该股打穿前期"平底"，向下破位后不久，出现了反抽，但反抽结束后，股价又继续往下寻底，出现了大跌

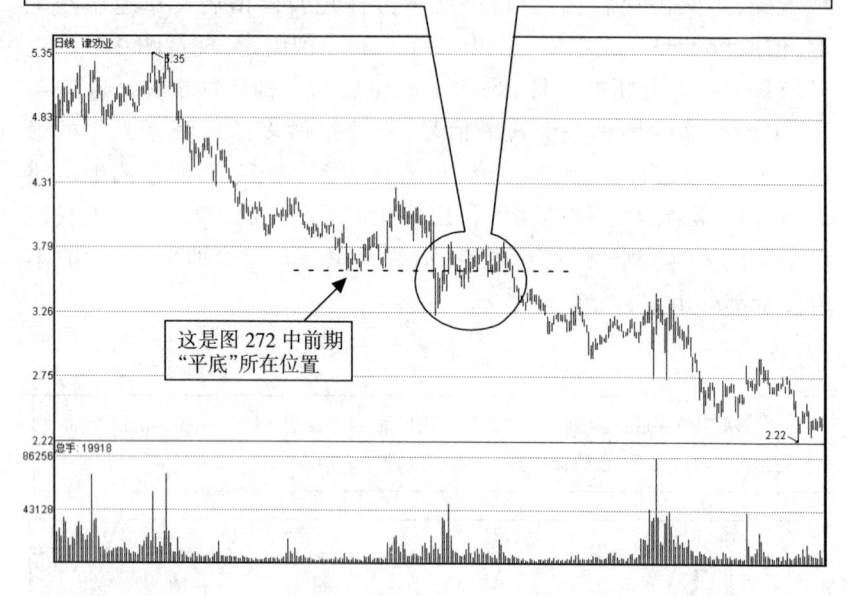

这是图272中前期"平底"所在位置

津劝业(600821) 2004年2月6日~2005年7月19日的日K线走势图 图273

图形识别深度练习 60

今天收盘后,一位技术派人士指着图274对同室的股友说,现在该股已经调整到位,可以逢低吸纳了。有人问他,作出这种判断的根据是什么?他回答说,自己是根据缺口理论算出来的。他还告诉大家,在下跌趋势出现后,第一个缺口是向下突破缺口,第二个缺口是持续缺口,第三个缺口是衰竭缺口。当第三个缺口出现时,说明盘中的做空力量已经穷尽,股价触底回升指日可待。从图274中看,该股从顶部掉下来已出现3个缺口,这几天已连收几根阳线,该股正酝酿着一轮强劲的反弹行情。他建议大家,明天就可以大胆地买进。

请问:这位技术派人士分析得有道理吗?为什么?

日K线图

说明:该股往后走势见图275

这是下跌以来的第三个向下跳空缺口

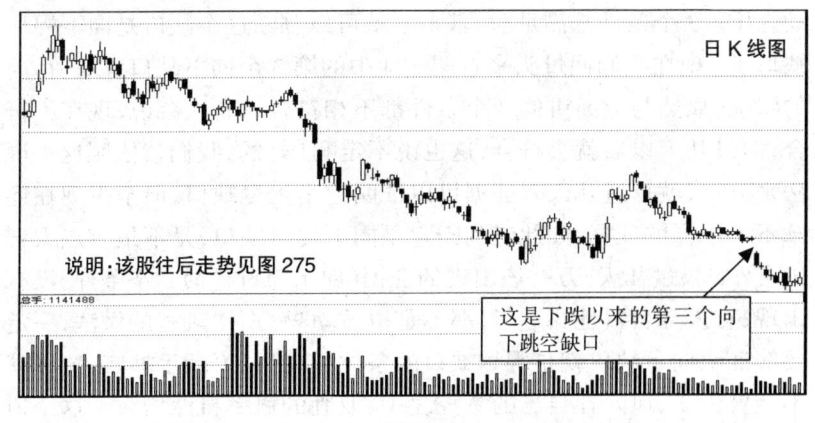

图 274

解答

从表面上看,这位技术派人士讲得头头是道,好像很有道理,其实不然。从理论上说,股市的向下缺口确实分为3种,首先是向下突破缺口,其次是向下持续缺口,最后是向下竭尽缺口。向下突破缺口与向下持续缺口是看跌的信号,但到向下竭尽缺口出现时,股价也就跌到位了,这个时候的向下缺口的性质就发生了改变,它变成了一个潜在的看多、做多的信号。有经验的投资者就会在向下

333

竭尽缺口出现后,积极地逢低吸纳,日后很有可能获得一个很好的投资回报。

但问题是,股市向下有3种性质不同的缺口,并不等于股价下跌时只会出现3个缺口,有时它会出现4个、5个,甚至更多的向下缺口。这样的话,第3个向下跳空缺口,就是普通的向下持续缺口,它仍然是一个看跌信号。这时候投资者如果盲目地逢低吸纳,就会遭到深度套牢[注]。

从经验来看,确认一个向下缺口是不是向下竭尽缺口,有几个必要条件:第一,这个缺口出现后必须在短期内被封闭;第二,封闭时,至少要拉出一根有力度的阳线(比如,中阳线或大阳线,成交量有明显的放大);第三,缺口被封闭后,股价不再创新低,重心逐渐向上移动。当这3个条件都满足时,基本上就可以判断这个缺口是向下竭尽缺口了。现在我们回过头来看图274中的第3个向下缺口,以它目前的状况,显然与上面讲的3个条件都不相符合。有人会说,现在不符合,但过几天以后就会符合,这也说不定啊!好的,我们就依照这个说法来分析,就算过几天有证据可以证明它是竭尽缺口,但至少现在还拿不出这样的证据,如此就判断它是向下竭尽缺口,是不是有点太冒进了?如果过几天,万一该出现的证据(即上面所讲的3个条件)没有出现,有人却盲目地买进了,那不是很被动吗?所以理智的做法,一定要等证明向下缺口就是竭尽缺口的条件出现后,再动手抄底,这样就不会冒失了,风险在自己的掌控之中,取胜的概率自然增大。这个道理想必大家都明白。

由此可见,这位技术派人士的观点是站不住脚的。这样,他的操作建议自然也是错的。此时正确的做法是:投资者应该把图274中的第3个缺口先看成普通的向下持续缺口,以防范股价继续下跌的风险,决不可以在此盲目地看多、做多。即使退一步说,就是希望它是竭尽缺口,那也要耐心地等待支持"竭尽缺口"的条件(哪怕是其中的两

【注】 关于如何看待多个向下跳空缺口的问题,《股市操练大全》第七册第211页~第213页有详细分析,读者如需了解,可参阅。

个条件)出现后再动手不迟,否则,乱买一气就很容易造成严重亏损(见图275)。

(上接图274)显然,该股第三个向下跳空缺口并非是"竭尽缺口",而是普通的向下持续缺口。这是一个看跌信号。之后,股价又出现了大跌

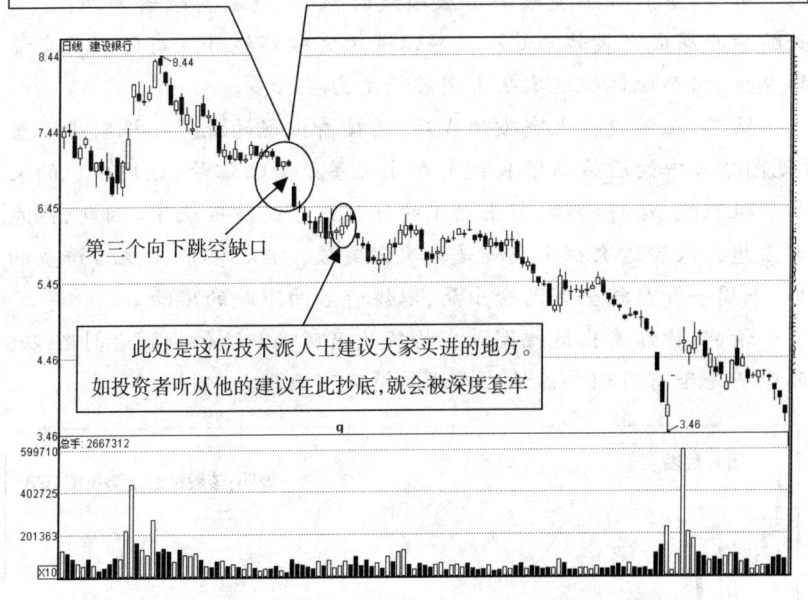

第三个向下跳空缺口

此处是这位技术派人士建议大家买进的地方。如投资者听从他的建议在此抄底,就会被深度套牢

建设银行(601939)　2008年4月7日~2008年10月27日的日K线走势图　图275

图形识别深度练习 61

有一位投资者很有意思,他看了图276后,先是认为该股在构筑一个头肩底,后市可能有戏可唱,但接着又否认了自己的观点,因为他仔细观察下来,看到了两个不好的现象:

第一,该股往上突破头肩底颈线时,成交量没有跟着创新高,而且随后两周成交量越来越小,显示这次突破颈线并没有得到成交量的支持,因而他怀疑这次往上突破是主力在诱多。

第二,在该股往上突破颈线后,紧接着出现的就是一根射击之星(见图276中最后第二根K线)。射击之星是见顶信号,这周出现的又是一根阴线,这样的话,射击之星的见顶信号就被确认了。因此,他左思右想,认为这次往上突破是一次假突破,自己不能上主力诱多的当,下周一开盘就全部清仓出局,以规避后面下跌的风险。

请问:你能看出这幅图是在构筑头肩底吗?这位投资者对图276的分析是否有道理?你认为在这种情况下应该如何操作?

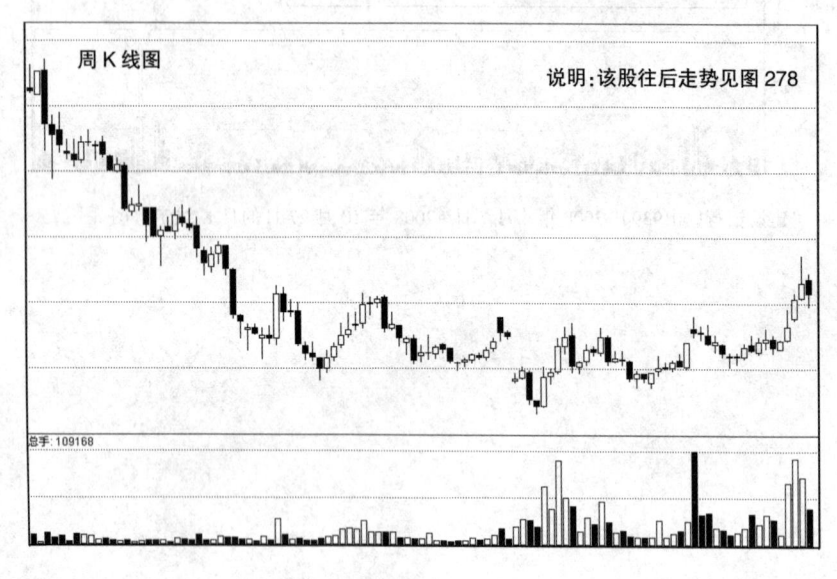

周K线图　　　　　　　　　　　　说明:该股往后走势见图278

图276

解答　确实如这位投资者开始所想的那样,该股是在构筑一个头肩底。不过,这个头肩底不是普通的头肩底,而是一个复杂型的头肩底,它有两个左肩、两个右肩、一个头部(见图277)

周K线图

头肩底颈线

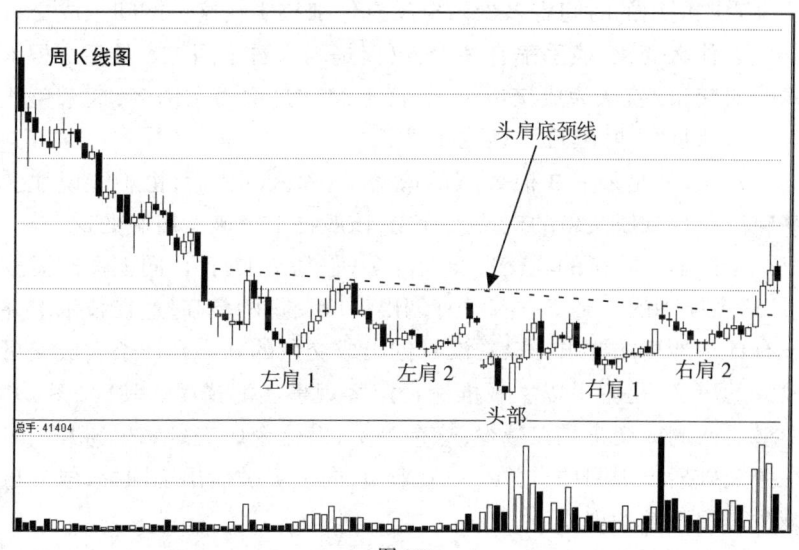

左肩1　左肩2　　右肩1　右肩2

头部

图277

我认为这位投资者开始的想法是对的,但他后面的想法是错的。平心而论,这位投资者是有一定的技术功底的,否则,他就不会发现该股正在构筑一个头肩底,但遗憾的是,他在分析头肩底的颈线突破问题上看走了眼,以至功亏一篑,错过了一次极佳的投资机会,这是很可惜的。

那么,这位投资者对头肩底的颈线突破问题的分析,究竟错在哪里呢?错误就在他看到的两个不好的现象,仅仅是表面的现象,而实质的东西他没看到。

错误一:这位投资者对成交量的分析,作出了与事实不相符合的判断。从图276看,因为是周K线图,计算下来该股构筑头肩底将近用了快一年半时间。在这一年半中,股价上下折腾,总的成交量比起前面下跌时的成交量,不知要大多少倍。技术理论告诉我们,头肩底的构筑时间跨度越长,其基础打得就越扎实。成交量大,则意味着换手率高,换手率高,则意味着主力在低位吸的筹码多。通常,主力在低位吸足了筹码,将来向上发动行情,甚至一鼓作气把股价拉上去的可能性就很大。

而这位投资者在分析头肩底成交量时,既没有仔细分析该股构筑头肩底所用的时间有多少,也没有仔细核实在这一期间内成交量发生了什么变化、换手率有多少,仅仅是因为看了图276最后3根K线的成交量,就认为成交量小了,往上突破是主力在诱多,这未免让人觉得他是"一叶蔽目,不见泰山"了。

其实,就是最后3根K线的成交量,深入剖析后,也不能说往上突破没有得到成交量的支持。首先,该股往上突破头肩底的这一周,成交量比前一阵子的成交量要大许多,它基本上符合"向上突破需放量"这个原则的。至于它有没有创出周成交量的新高,这在技术上并没有什么严格的要求,以它没有创出成交量的新高来抹杀它成交量放大的事实,是犯了以主观推论否定客观事实的错误。其次,图276中最后两周成交量是在减少,这是事实,但这个成交量减少与其当时往上突破后出现回抽有关。一般来说,向上突破后出现回抽,成交量减少是很正常的现象。

错误二:这位投资者对该股往上突破后的K线性质作了错误定性。图276显示该股在突破头肩底颈线后,出现了一根射击之星的K线。那么这根射击之星是否就是见顶信号呢?根据K线理论,它要经过后面的K线验证,才能作出结论。我们从图中看到,紧接着射击之星后面的是一根有上下影线的小阴线,这根小阴线下影线较长,收盘价仍停留在射击之星开盘价的上方。显然,仅以这根小阴线是不能验证前面的这根射击之星就是见顶信号的。此其一。

其二呢?K线形态中有一种叫多方尖兵的K线组合[注]。多方尖兵是看涨的信号,这是在上涨初期经常出现的一种K线图形。而多方尖兵中的第一根K线往往就是射击之星,这主要是多方在上攻时

【注】 关于多方尖兵K线组合的特征与技术意义,详见《股市操练大全》第一册第118页~119页。

为了探听空方的虚实而作的一次试探性进攻,所以K线上就留下了长长的上影线,但多方在作试探性进攻后,稍作休息(比如在这之后拉出一二根小阴线),很快就会组织力量,再次向上发动攻击。由于前面已经作过试探性的进攻,对空方的力量到底有多强,多方心里就有数了,因此,当多方再次发动攻击时,力度会较大,这个射击之星的上影线将被多方一举踩在脚下。当然,这个情况现在还没有发生,我们不能仅凭图276中最后的两根K线,就说它是多方尖兵,一切还要等图形走出来后,才能作出最后的定论。

有鉴于此,这个射击之星到底是什么性质、主力的意图是什么,都需要继续观察。如果马上就判断它是一个见顶信号,并作出看空、做空的决策,就很容易出现错误。

另外,投资者在分析图形趋势时,要学会抓住重点。那么,分析图276时,它的重点是什么呢?它的重点就是看股价突破头肩底颈线后,股价出现回抽时,能不能在颈线上方止步。经验告诉我们,一旦回抽在颈线上方止步,市场对它做多的信心就会骤增,之后极有可能出现力度更大的向上攻势。从理论上说,股价突破头肩底颈线时,多方与空方出现激烈的搏杀在所难免,此时拉出射击之星,甚至出现什么较长的阴线都是正常的现象。在这个当口,如果投资者想对股价趋势作出正确判断,关键要看多方在攻克颈线后,股价冲高回落时(也就是出现回抽时),不能让股价重新跌到颈线之下。通常,只要守住颈线,一切就有希望。所以,作为操作者来说,眼光应该瞄准这根颈线,而不要过于关注一二根K线究竟是什么形态。

那么,面对图276的图形,投资者应该怎么操作呢?首先应该想到该股头肩底构筑时间已经很长,主力已经吸足了筹码,一旦头肩底成立(以股价站稳颈线为标准),后市上升的空间就很大,因此要做好积极做多的准备。其次,在股价突破颈线,冲高回落出现回抽时,要密切关注颈线附近的变化,一旦发现颈线守住了,股价重新往上时,应及时跟进(见图278,箭头所指处就是一个很好的买点),以便抓住这个难得的投资机会。

当然话要说回来,如果投资者发现股价冲高回落时,出现了颈线失守的情况,此时也应该暂时先退出。因为颈线失守,或是说明做多的主力实力并不强,现在还没有力量推动股价上涨;或是说明主力认为上涨时机还没有到,不想拉升,股价需要进一步夯实,以后等待时机成熟时再出击;或是因为我们尚不知道的原因(比如上市公司基本面突然恶化、主力资金突然断裂,等等),主力临时改变了计划,此时拉高仅是为了出货,股价跌破颈线后还会继续下行,甚至再创新低。一般来说,颈线得而复失,股价重新跌到颈线之下,大致就这3种原因。在这3种原因之中,以最后一种原因最为严重,投资者必须高度警惕。不过,从操作策略来说,即使是由于前面两种原因导致颈线得而复失,投资者也不能掉以轻心。因为不管怎么说,股价重新跌到颈之下,它都会顺势往下调整,此时暂时退出绝对是明智之举。

  总之,投资者只要把正反两方面的情况都考虑清楚了,并作好充分的应对准备,就能做到进可攻、退可守,不会出现重大的投资失误。

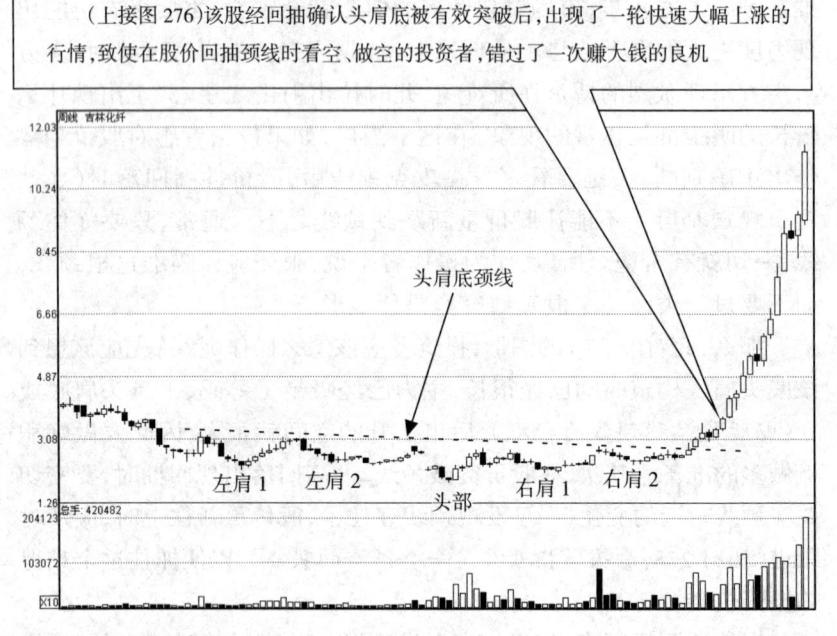

(上接图276)该股经回抽确认头肩底被有效突破后,出现了一轮快速大幅上涨的行情,致使在股价回抽颈线时看空、做空的投资者,错过了一次赚大钱的良机

吉林化纤(000420) 2005年1月7日~2007年5月18日的周K线走势图 图278

图形识别深度练习 62

图 279 中的个股从高点下跌,跌至图中箭头 A 所指处,股价已跌成一个零头。之后,该股在此筑底回升。小闵在图中箭头 B 所指处先买了一点,然后,今天收盘前,他看到股价拉出一根涨停大阳线,于是又进行了加仓,而且数量也较大。有人认为今天的成交量比昨天有明显萎缩,小闵这样重仓出击太危险了。小闵却说,我自己心里有数,目前还只是半仓。

请问:你认为小闵这样操作是否正确?为什么?

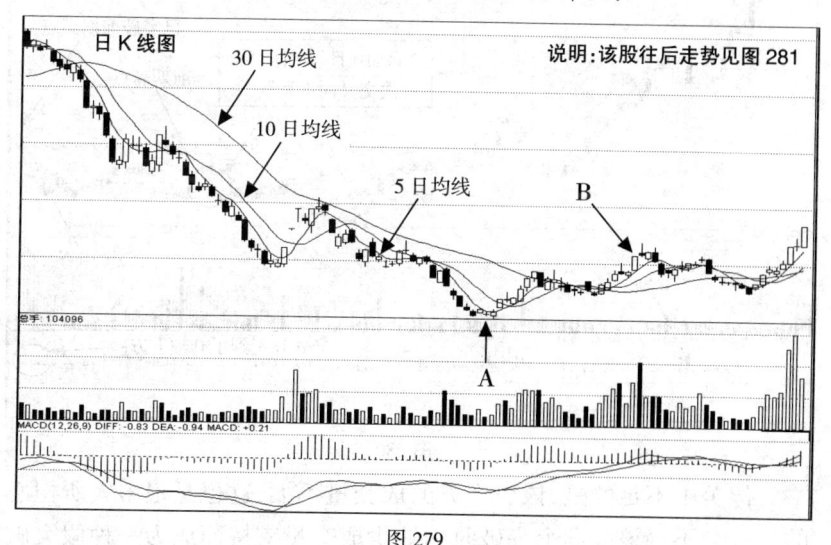

日 K 线图 30 日均线 10 日均线 5 日均线 B 说明:该股往后走势见图 281

总手:104096 A

MACD(12,26,9) DIFF:-0.83 DEA:-0.94 MACD:+0.21

图 279

解答

我认为小闵这样操作是对的。为什么呢?下面我们不妨分析小闵是怎样想的、怎样做的。该股在跌至图 279 箭头 A 所指处时,虽然股价已出现深跌,但这个地方是不是底呢?小闵心里还吃不准,所以他没有买。但当股价运行至图 279 中箭头 B 所指处,小闵认为有点把握了,开始作试探性买进。其理由是:此处 5 日、10 日、30 日均线出现了首次交叉向上发散形(见图 280 中画圈处),这是一个看多、做多的信号,所以,小闵就用少量资金对该股进行了第一次抄底。

341

今天该股收了一根涨停的大阳线,他进行了加仓,而且买进的数量相对较大。我认为他这样做,是因为他看到了该股的5日、10日、30日均线形成了一个金山谷,且股价已明显地站在前一个高点之上,另外,日线MACD也重新回到了0轴之上(见图280),这3个看多、做多信号加在一起,特别是均线上出现金山谷,使他信心十足。所以,他才敢于加仓,进行了第二次抄底。

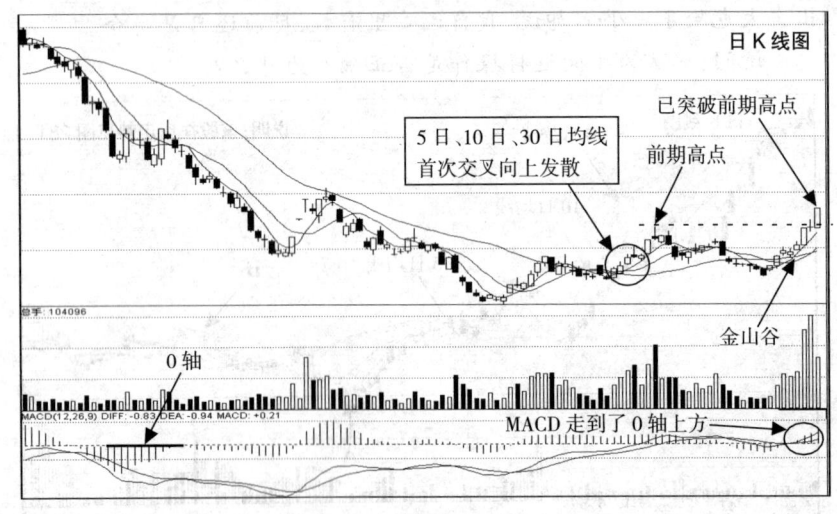

图280

但美中不足的是,该股今天的成交量不大,这也是很多人所担心的——会不会该股向上突破时因缺少成交量支持而成为一种假突破呢?诚然,股价上攻需要成交量的支持,但也不是绝对的。比如,看好它的人特别多,盘中惜售情况突出,此时成交量就会萎缩下来。当然,这是从好的方面去想,另外,我们也要从坏的方面去考虑,成交量萎缩确实是做多力量不强所造成的,这样股价上升就有问题了。但到底是一种什么情况,造成今天的成交量突然减少,以后股价走势会给出结论的。我分析,可能是小闵认为市场中看好它的人特别多,或者是因为今天拉涨停,原来想抛的人暂时不抛了,所以才造成了成交量突然减少的现象。如果事实正是如此,在此看多、做多就没有什么大问题了。

也许小闵正是基于这样的考虑,作了第二次抄底,且加仓的数量也较大。小闵这样操作,理由是站得住脚的,但关键是不能满仓,并要事先设好止损点。不能满仓,小闵做到了,目前他还是半仓。关于设好止损点的问题,因为小闵没有说,所以我们不知道他是否想过这件事(编者按:投资者在看多、做多时,一定要事先设好止损点,这样万一看错、做错了,可以及时止损离场,从而将风险控制在有限的范围之内)。如果他没有想过要事先设好止损点,那就是一个遗憾了。

总之,综合评定后,我认为小闵这次抄底的思路与做法基本上是正确的,日后取胜的概率很大(见图281)。

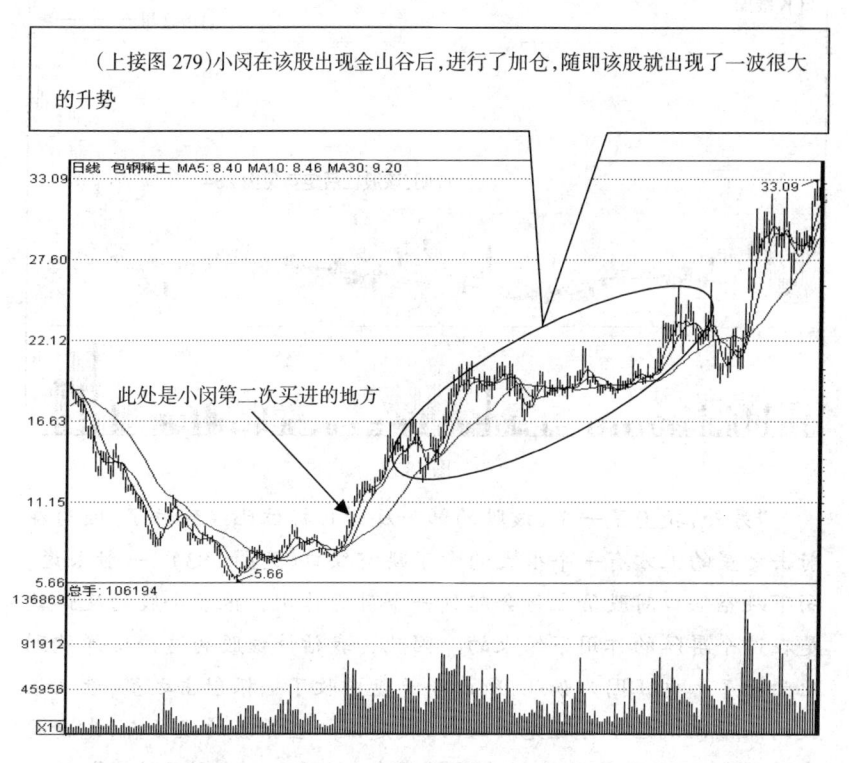

(上接图279)小闵在该股出现金山谷后,进行了加仓,随即该股就出现了一波很大的升势

此处是小闵第二次买进的地方

包钢稀土(600111)　2008年7月28日~2009年10月21日的日K线走势图　图281

【情景一】

某证券营业部有个惯例,每到月末都要请一位分析师为大家解盘。这天正好是月末,在当天交易结束后,一位分析师指着图282中的个股说:"我知道你们营业部里很多投资者手里都有这个股票,有的已经套了很长时间了。虽然最近该股走势强劲,但我认为短期风险已经临近。比如,今天该股拉出了一根射击之星。射击之星是一个重要的见顶信号,而且这根射击之星的上影线特别长,说明它上方的抛压很重。"

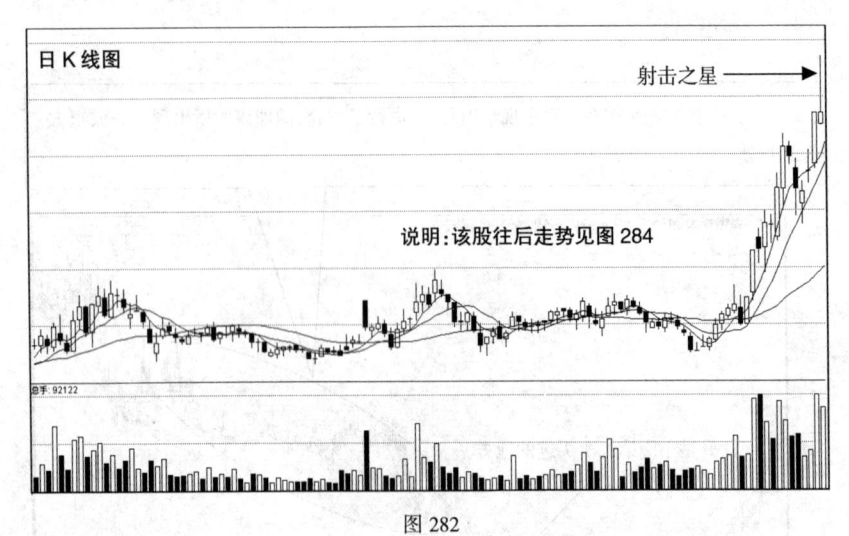

日K线图　　　　　　　　　　　　　　　　　射击之星 ⟶

说明:该股往后走势见图284

图 282

"另外,我查了一下,该股的第一反弹目标位已经到位了。因为在射击之星的上方有一个很大的向下跳空缺口(见图283)。一般来说,向下跳空缺口对股价上行会起到一个屏障作用,很多个股的反弹就是在这个屏障的作用下结束的。因此,我估计该股的这轮反弹就到此为止了。也正因为如此,所以今天盘中收了一根射击之星,看来该股的深幅回调已不可避免。故而,我建议一些深套的投资者,先逢高出局,一些在短线上已有赚头的投资者,也可以先获利了结。"

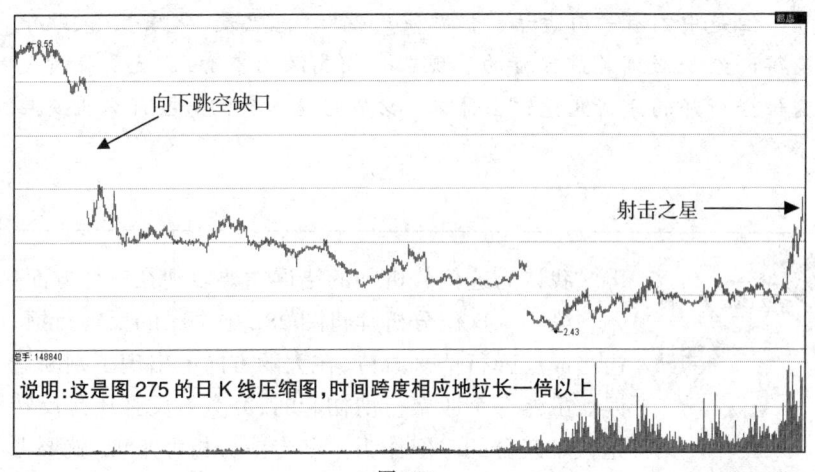

图 283

【情景二】

一个月以后,结果出来了。这位分析师对图 282 走势的分析完全错了,该股后来出现了大涨(见图 284)。当时盲目听信这位分析师的建议,"逢高出局"的投资者都吃了大亏。

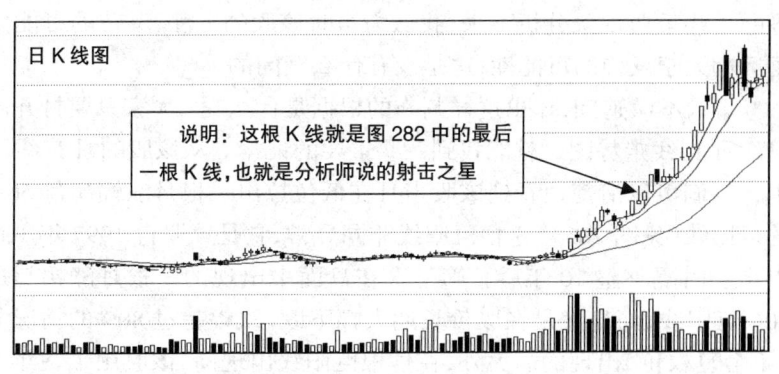

友利控股(000584) 2006 年 8 月 25 日 ~2007 年 3 月 8 日的日 K 线走势图 图 284

当然,股市风云多变,谁也不能保证自己的分析就是正确的。况且投资是自己的事,别人的建议可以听,也可以不听。这事怪不得分析师,做错了只能怪自己。

但是中国有一句古语,叫"痛定思痛"。意思是:从痛苦、失败中获得的经验教训是最宝贵的。现在我们要做的事情,就是要弄清楚这位分析师的分析究竟错在什么地方?它能给我们一些什么重要启示?

我认为这位分析师的错误主要表现在三个方面:

第一,这位分析师将图282中个股的反转行情,错当成反弹行情来看待,在大的方向上出现了判断错误。虽然一个股票行情初起时,究竟是反弹还是反转是很难区分的。但作为一名专业分析师来说,就要考虑在什么条件下,反弹的可能性较大;在什么条件下,反转的可能性较大。即使一时难以区分反弹还是反转,也不能主观地一口咬定它就是反弹行情。否则很容易出现对趋势判断的错误。一旦大方向判断错了,其操作建议自然也就错了。

有人问,你怎么知道当时该股的上涨不是反弹,而是反转行情呢?当然,当时还不能肯定说它是一个反转行情。但从对该股整个走势的一些重要现象分析下来,我认为当时该股的上涨,反转的可能性要远远大于反弹的可能性,这是没有什么疑问的。

有人继续追问,作出这样判断的根据是什么呢?大家只要打开该股的月K线走势图,就能找到一些重要的证据。从该股的月K线图中,我们可以清楚地看到该股当月在低位拉出一根月涨幅超过50%的巨阳线(见图285)。这根巨阳线非同寻常,它是该股自1997年1月以来,时隔整整10年后,第一次在盘面中出现的一根月涨幅超过50%巨阳线,而且又是在股价长期大幅下跌,跌幅超过80%的情况下(不含复权价)出现的。另外,在这根巨阳线出现前,该股用了一年多时间在3.00元附近构筑了一个低位平台。在这个平台下方,成交量在不断地放大,但股价始终处于横盘状态,这说明主力在拼命压着股价慢慢地吸筹。现在主力筹码吃饱了,开始对该股进行拉升。这根巨阳线就是主力向上拉升的信号。

根据经验,"股价长期大跌 + 低位平台 + 成交量放大 + 巨阳线",表示该股的反转行情极有可能已经启动了。

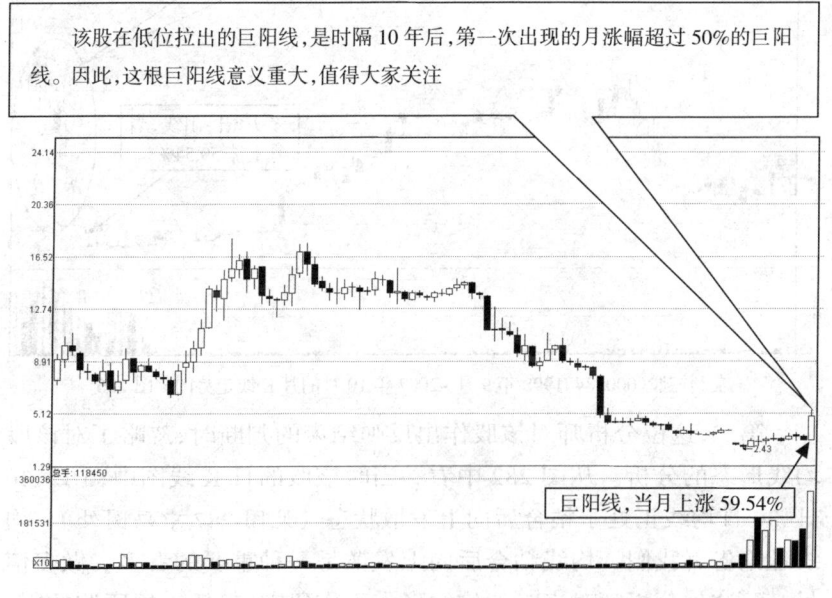

该股在低位拉出的巨阳线,是时隔 10 年后,第一次出现的月涨幅超过 50%的巨阳线。因此,这根巨阳线意义重大,值得大家关注

巨阳线,当月上涨 59.54%

友利控股(000584) 1998 年 9 月~2007 年 1 月的月 K 线走势图 图 285

我们从本书第二章巨阳线的深度练习中得知,低位出现的巨阳线,一旦被市场确定为多头型巨阳线,就表明该股正面临着一个重大的投资机会。如果投资者在这个时候把它当成反弹行情来处理,"逢高出局",那就会把一个很有潜力的大牛股放掉,从而犯下一个让人长期后悔的严重错误。

从股市操作层面上来说,在低位拉出巨阳线后,只要第二个月股价能在巨阳线的上方运行,就基本上可以确定它是一根多头型巨阳线了。此时投资者就应该大胆对它看多、做多,少做或不做差价,捂住股票,持股待涨,到高位再卖出,这样就能获得一个非常好的投资收益(见图 286)。

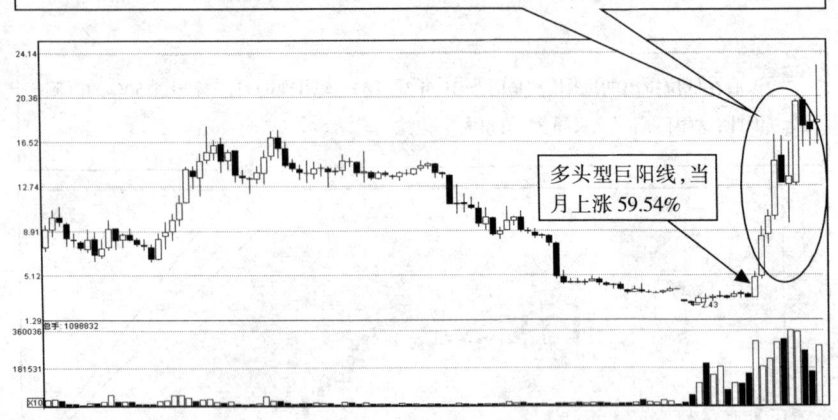

该股在低位出现多头型巨阳线后,行情正式启动,短短 10 个月,股价就从 5.28 元最高涨到 23 元,涨幅超过了 300%

多头型巨阳线,当月上涨 59.54%

友利控股(000584)1998 年 9 月~2007 年 10 月的月 K 线走势图　图 286

第二,这位分析师对该股作出反弹结束的判断时,忽略了对该股均线形态的分析。从图 282 中看,当时该股的日 K 线图中,5 日、10 日、30 日均线正处于粘合后向上发散状态(见图 287 中画圈处)。均线理论告诉我们,均线粘合后向上发散是一种重要的看多、做多信号。而这位分析师对当时的均线形态不作研究,仅凭一根所谓的"射击之星"K 线,就判断反弹行情结束了,这种只见其一,不见其二的分析方法,使他的结论出现了严重的错误。

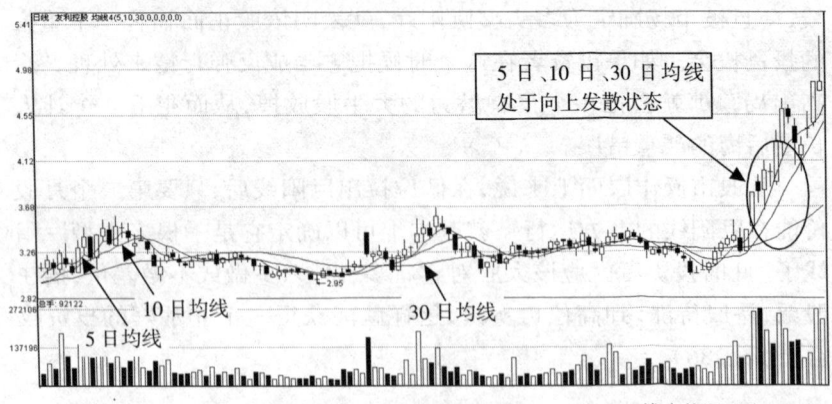

5 日、10 日、30 日均线处于向上发散状态

10 日均线

5 日均线

30 日均线

友利控股(000584)　2006 年 7 月 25 日~2007 年 1 月 31 日的日 K 线走势图　图 287

第三，这位分析师在对K线与缺口的认定上，出现了严重的偏差，这也是导致他对该股走势看反了的一个重要原因。

从图282看，当时图中拉出的一根K线，确实是一根射击之星（上影线特别长，阳线实体很小）。但这根射击之星是否真的就是见顶信号呢？光看这一根K线是得不出结论的，它必须由后面的K线来验证。如果验证下来，在它之后，股价重心呈现向下的现象，那么，这根射击之星的见顶信号就被市场认可了；如果验证下来，在它之后，股价重心呈现向上的现象，那么，这根射击之星的见顶信号就被市场否定了。可见，这根射击之星在未被后面K线验证之前，是不能把它当作证据的，主观地判断股价就此见顶很容易出错。这是其一。

其二呢？这位分析师看到图283中有一个缺口，就主观地认为该股的反弹行情到此结束了。其实，这也是一种误判。为什么这样说呢？因为，虽然向下跳空缺口对日后的股价上行起着重要的阻碍作用，而且缺口越大阻碍作用就越大。但这种向下跳空缺口主要是指市场中自然形成的向下跳空缺口，并不是股价除权形成的向下跳空缺口。当时这位分析师看到图283中的个股上方有一个很大的向下跳空缺口，在没有搞清楚这是该股除权（当时该股实施了10送5）留下的缺口情况下，就盲目地认为这个缺口会对股价上行起到重要的阻碍作用，所以就匆忙地作出该股反弹马上就要结束的结论。这个结论自然是错误的。

投资者可能有所不知，在行情趋势向好时，前面股价除权留下的缺口，不但不会阻碍股价的上行，反而会对股价的上行起着一种向上拉升的作用。那么，这又是为什么呢？道理很简单：行情走好了，盘中压制已久的填权欲望就会被激发出来。我们看到，很多个股在大盘走势向好的背景下，都会出现填权或部分填权的现象，而且除权缺口越大，这种现象就越明显。由此，我们可以得出一个结论，一旦行情趋势变好了，此时前面除权留下的向下跳空缺口反倒成了一个看多、做多的信号。这一点恐怕这位分师析在分析图283中个股时没有想到，或是被他忽略了，所以他才会对图283中前面股价除权留下的缺口所起的作用，作出了完全相反的判断。

图形识别深度练习 64

程老师说：我们在对投资者调查访问中，遇到一件奇怪的事：某营业部经理告诉我，他们这里有一位姓张的投资者，已有10几年股龄，专做短线，操作十分频繁，每次小赚即走，牛市熊市都不例外。使人感到敬佩的是：每次大牛市的顶部，他都顺利出逃了，每次大熊市的底部，他也都抄到了。按道理说，有如此高超的操作技能，应该在股市里赚大钱了。但奇怪的是，这10多年来，他在股市里赚的钱与银行同期利息相比，仅仅打了个平手。可谓在股市里白忙活了一场。

请问：你知道这是什么原因吗？有什么办法可以帮助这位投资者走出困境，改变这种忙忙碌碌不赚钱的状况？

解答

据了解，像程老师说的情况，在股市里可以说比比皆是。那么为什么这些频繁做短线，甚至在高位能顺利逃顶、低位能成功抄底的投资者，忙到最后赚不到钱呢？其主要原因是：这些投资者天天泡在股市里，频繁做短线，头脑里缺乏"时间决定一切"的理念，从而导致他们在股市里赚不到钱。

这些人认为，股市里风险莫测，要在股市里赚到钱、规避掉风险，就要靠短线快进快出。其实，这个观点是错的。比如，当股市里上涨趋势确立后，频繁做短线的结果，只能是拣了芝麻丢了西瓜，当股市里下跌趋势确立后，频繁做短线的结果，一定是"赔了夫人又折兵"。如果我们把话说得绝对一点，除了极个别的高手之外，一般的投资者，短线买卖次数越多，在股市里赔钱的概率就越大。**经验告诉我们，在股市里赚钱与规避风险，很多时候靠的是"时间＋耐心"，而不是靠短线买卖次数。**

为什么这样说呢？因为当上升趋势确立后，有的股票股价可能会涨上几倍，甚至十几倍。但这些股票的上涨不会一帆风顺，跌宕起伏是免不了的。投资者买了这些股票后，要有足够的时间耐心地持有它，最后才能获得丰厚的收益。

比如，上海某营业部的一些投资者，2006年12月，在一位高手指点下，买了很多锡业股份（000960），当时该股的股价在6、7元左右，高手认为只要股价不跌破60日均线就可以拿着。这些人听了高手的话一直捂着，捂了很长时间，有的捂到100元把它卖掉了，有的是在股价跌破60日均线时把它卖掉了。总之，这些投资者的赢利非常可观，远不是频繁地短线买进卖出可以做到的（见图288）。

在低位买进该股后，只要发现股价在60日均线上方运行，就把股票捂着，跌破60日均线后再卖出。以此方式操作获利是非常丰厚的

锡业股价（000960） 2006年10月10日~2008年11月3日的日K线走势图　图288

又如，几年前黄金等有色金属股在低位徘徊时，《股市操练大全》第五册就以很大的篇幅，重点介绍了黄金股票的操作方法。当时介绍它们的理由，主要是看到了国际市场上黄金已经走出低谷，新的上涨趋势已经形成，以此推论，沪深股市里的黄金股也可能迎来灿烂的明天。那时黄金股的价格都很低，如果投资者拿着这些股票，用足够的时间耐心地持有它，最后都会赚得盆满钵满[注]。

【注】　有关这方面详细情况，可参见《股市操练大全》第五册第280页~第289页。当时文中提出的"乱世收黄金"、"官金民移"，从而形成世界黄金市场的超常需求，促使黄金股长期走牛的观点，现在一一都得到了验证。几年来的事实证明，对黄金股只有中长线持股才能赚到大钱，短线频繁地买进或卖出是赚不到大钱的。

据了解,不论是锡业股份还是黄金股,有不少短线投资者也都光顾过,但最后他们在这些股票上赚的钱,还不及中线持股者利润的一个零头。之所以出现这样的结果,原因很简单,就是他们在这些股票上涨趋势确立后,仍频繁地做短线,持股时间太短,稍有赢利就把它卖掉了。可见,股价进入上涨阶段,短线是赚不到大钱的。

在上升趋势确立后,做短线只能是拣了芝麻丢了西瓜,这应该没有什么异议了。更糟糕的是,在下跌趋势中频繁做短线不仅仅是赔了夫人又折兵,弄不好就会遭受灭顶之灾。一些短线客认为股价下跌并不可怕,只要快进快出,就能抓住机会,躲过风险。但实际情况并非这些人想象的那样简单,如果是一轮大熊市来了,做短线弄不好就会赔大钱。在熊市中有时看似有反弹,但反弹可能是一日游,甚至是半日游,往往一进去就被粘住了,如止损时稍有迟疑,股价哗哗地直泻下来,逃都逃不掉,等逃掉时割肉已经割掉一大块,所以熊市做短线被人称之为刀口舔血。高手的经验告诉我们:熊市来了,最佳策略就是卖出股票后持币观望,用足够的时间耐心地等待趋势的逆转。在熊市中往往是多做多亏、少做少亏、不做不亏,这已经被无数事实所证明。所以,在单边下跌市道中频繁做短线是自找亏损,花钱买罪受。

有人会说,这位姓张的投资者短线做得还是相当不错的,牛市大顶给他逃掉了,熊市大底也给他抄到了。其实,很多人并不知道,对热衷短线的投资者来说,成功逃顶、成功抄底、成功选股都是没有什么意义的。那么这是为什么呢?因为短线客的最大特点是:坐不住,守不住。所谓坐不住,指三天不做股票手就痒了,频繁地买进卖出已成了他们的一种习惯动作。这样的话,即使牛市的大顶让他们逃掉了,但过不了几天,他们又买进去了,此时股指仍处于高位,前面的顶也就白逃了。另外,抄底也是这个样子,就算他们抄底成功了,但几天之后就会把股票卖掉,如此一来,抄底成果也所剩无几了。所以,对频繁做短线的投资者来说,成功逃顶、成功抄底都是没有意义的。所谓守不住呢?只要是短线客,再好的股票拿在手里也是拿不长的,市场上一有风吹草动,他们马上就会把它抛掉,大黑马、大牛股在他们手掌心里跑掉,是经常发生的事。这种现象可谓屡见不鲜。

分析到这里大家应该清楚了，这位姓张的投资者做了10几年股票，之所以在股市里忙忙碌碌赚不到什么钱，其症结就是因为太喜欢做短线。如果真的要改变在股市里忙煞了不赚钱的现象，这位投资者就必须认识到做股票需要有时间概念，大黑马、大牛股抓住后，需要静心地调养，否则在股市里是很难赚到大钱的。另外，在股市里并不是什么时候都可以做短线的，适合做短线的只能是震荡市、牛皮市，而单边的上升市道、单边的下跌市道都不适宜做短线。在不能做短线的场合，就要坚决放弃做短线，改变自己坐不住的坏习惯。

当然，话说起来容易做起来难。短线客要改变自己的思维定势与坏习惯并不是一件容易的事，他们只有从思想上真正接受"时间决定一切"的投资理念，其思维定势与坏习惯才能改变过来。比如，在股市形成上涨趋势时，当他们认识到此时持股的时间越长，将来获益就越多的道理后，就不会频繁地做短线了。又如，在股市形成下跌趋势后，当他们认识到此时现金为王，持币的时间越长，受伤害的程度就越小的道理后，也就不会热衷于抢反弹和急于抄底了。

编后语：本题是根据一些读者来信中提出的要求设计的。有一些读者来信反映，他们都是老股民，做股票已做了很长时间，对技术分析十分熟悉，在股市里就是喜欢做短线。从表面上看，也有风光的时候，顶逃掉了，底也抄到了，大黑马、大牛股也碰过了，但不知道为什么，结总帐时发现，除了给券商打工，多交手续费与印花税外，自己忙了一年几乎没有赚到什么钱，有的还出现了亏损。因此他们心里很苦恼，希望《股市操练大全》编写组能帮助他们分析一下，究竟问题出在哪里？现在我们帮他们分析了，但是否就切中要害，我们不敢肯定，我们也不期望靠这样一次练习，就能使一些热衷做短线而始终无法在股市里获利的投资者，马上把他们的投资思维、操作习惯改过来。但我们确信这样的练习对有相同经历的投资者是有好处的，它多多少少会对这些投资者有所触动，使他们能够尽早地醒悟过来。如果有了这样的效果，我们这个练习的目的就达到了。

另外，我们发现一些短线交易频繁的投资者，之所以在股市中赚不到钱,还有一个重要原因,即操作无计划,脚踏西瓜皮滑到那里算那里。如果他们在操作前,能制定一个操作计划,填写一下《股票交易记录表》,往往就能制止自己轻举盲动的行为。下面我们找了某高手的一张《股票交易记录表》给大家作参考。当然,各人可以依据自己的情况,对该表的内容进行修改。但无论怎么修改,有一条是不可以违背的,即每次交易时,必须先填好股票交易表后再进行交易。投资者只要做到了这一点,我们相信,盲目投资的现象就会大大减少,投资效果比以前肯定会大有改观。

附:股票交易记录表

证券名称（买进）		代号		数量		价位	
证券名称（卖出）		代号		数量		价位	
买进或卖出理由	技术上的理由							
^	大盘				个股			
^	其他理由（基本面或其他市场面的理由）						
操作性质	长线（半年以上）		中线（1~6个月）		短线（1个月以内）		超短线（1周以内）	
^	预计上涨目标位		预计上涨目标位		预计上涨目标位		预计上涨目标位	
^	预想止盈与止损价位		预想止盈与止损价位		预想止盈与止损价位		预想止盈与止损价位	
^							
注意事项	①使用本表第一年限定50张,第二年限定30张,第三年限定20张(使用时必须记住:通过减少交易次数来提高投资收益,才是真正的赢家之道)。 ②每交易一次必须填一张表。在找不到充分买进或卖出理由时,应停止交易。"买进要谨慎",每一次买进都应该三思而后行,并且一定要预先设好止损点。 ③尽量减少超短线操作次数。超短线交易效果不佳时,要选择主动放弃。						

表2

又及：本书完稿后，在向读者征求意见时，大家对本题的争议较大。

争议焦点之一：做短线究竟能不能赚到钱？如果做短线都赚不到钱，那么一些短线高手在市场里胜出，并取得辉煌战果的事例，又该作如何解释？

关于这个问题，我们是这样认识的：股市里各种方法都能赚钱，做短线赚大钱的事例也有。但短线赚大钱并不属于频繁做短线的投资者，而是属于精通短线操作要领的短线高手。我们了解到股市高手做短线是有原则的。

其一，他们不是天天在做短线，他们每年操作的次数比人们预想的要少得多。**多观察少行动，看准了再出击，是他们做短线的主要策略。**

其二，**小利不做，大利必争**。有些人以为做短线就是赚一些蝇头小利，其实这个观点是错误的。真正的短线高手，对只有蝇头小利的短线机会是主动放弃的，他们主要抓的是能带来短线暴利的机会（比如，短线高手在熊市里能赚到钱，是因为他们贯彻了"抓大放小"的原则，大级别的反弹出现了，他们才会去做，而一般的反弹，他们是不碰的，所以，获胜的概率较大，而一般热衷短线的投资者在熊市里赚不到钱，是因为他们"大小统吃"，无论什么反弹都抢着做，这样势必会造成输多赢少的结局）。

其三，**打得赢就打，打不赢就走；自我反省，知错必改**。短线操作有很大的不确定性，当盘口的变化与自己的预期不一致时，短线高手就会马上止损出局。另外，短线高手操作有一个原则，当一个时期短线操作成绩不理想时，就会停止操作，进行检讨，自我反省。在找到原因与应对方法后再重新进行操作。而一般热衷做短线的投资者就很难做到这一点，他们是脚踏西瓜皮滑到哪里是哪里，在他们的生活词典里是找不到"自我反省"这个词的。

本题中提到的张先生频繁地做短线，他只是一个短线客。短线客与短线高手是有本质区别的。短线客是小利、大利都要争，而且操作时，也不管是牛市熊市，看到"机会"就会动手。这种操作风格与短线高手的"小利不争,大利必争"、"多观察,少行动,看准了再出击"的操作风格有着本质的不同。正因为如此,一些股市高手做短线能够赚到大钱,而一般的热衷于短线操作的短线客,最终都是成绩平平,有的还出现亏损,甚至严重亏损。

争议焦点之二:有人问:即使是牛市,是单边上升市道,难道把股票一直捂着就万事大吉了?如果顶部出现了仍继续捂股,这样捂到后来不是一场空欢喜吗?

关于这个问题,我们是这样认识的:识顶、逃顶始终是投资者的首要任务。但对一个有潜力的股票而言,中长期顶部只有一个,投资者必须逃的顶部也就是中长期顶部,一般的小顶、小的波动,可以不理睬它。但中长期顶部出现了就必须高度重视,并要及时作出反应。不过,中长顶部不会说来就来的,它在来临之前就会出现各种预兆,投资者只要仔细观察盘面就能发现其中的一些蛛丝马迹,从而做到高位顺利出逃。即使退一步说,投资者在事先没有来得及发现它的见顶预兆,而顶部已经出现了,这时候仍可以按照既定方针,根据逃顶的规则,及时作出停损离场的处理(编者按:关于如何识别大盘或个股的中长期见顶预兆与见顶信号,《股市操练大全》第七册里面有详细阐述,这里就不展开了)。

股市里有诸多不确定性。虽然在上升趋势形成后,投资者对市场中小的波动可以不闻不问,但对一些级别较大的波动还是需要关注的,因为有时中期调整会演变成长期调整、中期顶部会变成长期顶部,这一点必须引起大家的高度重视。至于怎么关注、投资者具体应该如何操作,本书其他地方已作了明确交代,这里就不重复介绍了。

总之,在上升趋势形成后,捂股,以中线的思维持股,最后才能赚到大钱,而频繁地做短线、不断地买进或卖出,最终赚到的只能是蝇头小利。这一个结论已被无数的历史事实所证明。

第五章　系列图形识别技巧深度练习

　　说明：本章题目都是系列题,即一个主题由若干小题目构成。小题目之间存在着逻辑上的联系,并有题题相扣、逐步深入的意思。本书设计这种类型的题目,目的是要培养做题人深入思考的习惯,同时,读者通过这类题目的练习,可以有效提高自己不断发现问题、解决问题的能力。

图形识别深度练习 65—1

　　某大户在图289中箭头B所指处买了不少这个股票,在图289中箭头C所指处又进行了加仓。但该股似乎故意不给他面子,他两次买进后都不见股价上涨。相反,在他第二次买进后,该股竟连收了3根阴线。他思考良久,今天在收盘前,把这个股票全部抛了。由于他买进的数量较大,这一进一出使他亏了不少钱。

　　显然,这位大户这次的抄底没有成功。但据了解,类似这位大户以这种方式抄底不成功的例子,在股市中可谓屡见不鲜。也许我们将这位大户的抄底过程作一番解剖后,就能发现内中的一些奥秘,并能得到一些有益的启示。

　　程老师说:这个问题比较难回答,现在谁有勇气上来挑战这个问题?

357

说明:该股往后走势见图290

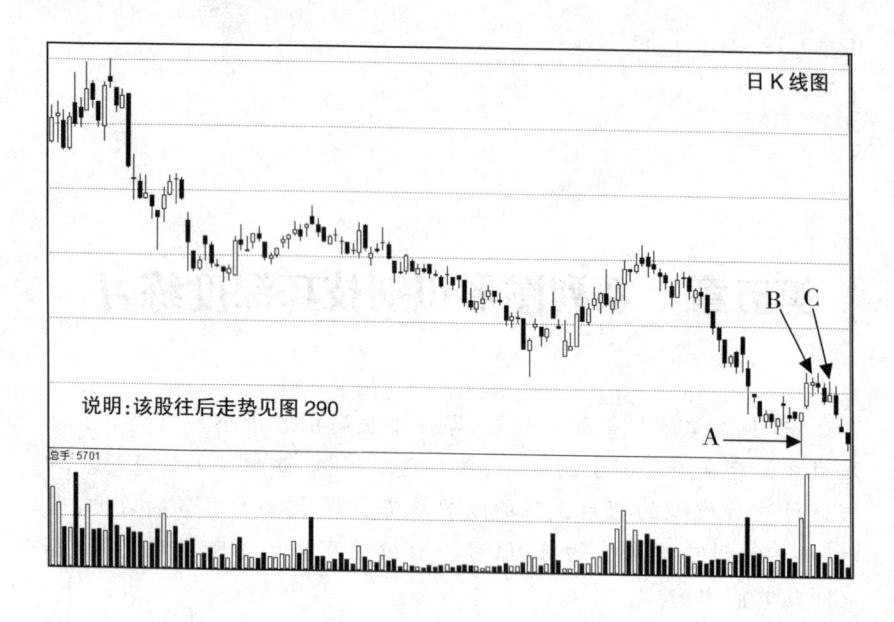

图 286

解答

我来试试。下面我就对这位大户的抄底行为作一次全面解剖:

①这位大户看到该股连续下跌,拉出了一根锤头线后(见图289中箭头A所指处),认为投资的机会可能来了。此时他感到很兴奋,因为锤头线在技术上是见底信号。而这根锤头线的下影线又很长,当天的成交量也出现了明显放大的现象。根据他的经验,以这种形式出现的锤头线,其见底信号比较可靠,所以他就对该股作了重点关注。

②出于谨慎,尽管他看好该股后面的走势,但在锤头线出现的当天,他并没有什么行动。他还要看一看,这根锤头线发出的见底信号能不能被市场认可。

③锤头线出现后的第二天,该股跳空高开,拉出了一根略带上影线的中阳线。当天成交量爆增。他认为该股上攻时价升量增,价量关

系配合得十分理想。因此,他对该股的信心进一步增强。

④锤头线出现后的第三天,该股出现了一根带有上下影线的小阳线(见图289中箭头B所指处),最后股价收在昨天中阳线的上方。至此,这位大户认为前面那根锤头线的见底信号已被市场初步确认。所以他在当日就买入了该股,从而迈出对该股抄底的第一步。

⑤锤头线出现后的第六天,该股收出了一根带有上影线的小阳线,这位大户算了算,现在股价收在锤头线上方已有多日,该锤头线的见底信号应该早已被市场确认了,后市可以看好。不仅如此,他认为该股前面的向上跳空缺口出现的时间也超过了3天,有效性也得到了市场的确认。这位大户认为,在底部上来的这个缺口不是普通缺口,而是一个向上突破缺口。如果这个向上突破缺口真的被市场确认,那么,后面极有可能产生一波力度很大的上升行情。此时这位大户感到现在对该股做多时机已经成熟,于是,他在收出这根小阳线的当天就进行了加仓,期待该股会给他带来好运。

⑥出乎这位大户意料的是,在他对该股加仓后,股价竟连续出现3根阴线。下跌3连阴是看跌信号,它不仅将前面的向上跳空缺口完全封闭,而且最后一根阴线的收盘价,已将锤头线的下影线的2/3部分吞没。这时作为一个身经百战的大户,他感到情况不妙,觉得自己之前太乐观了,被主力骗了。经过一番痛苦思索,他在3连阴收盘的当日,将该股全部卖出,作了停损离场的处理。

(话外音:后来我找到了这位大户,他看了上面的分析很惊讶。他说:"当时我就是这样想的。"他问我,你对我的操作怎么了解得如此清楚?我笑了笑,没有正面回答。)

坦率地说,我对这位大户操作行为的分析,一半是靠逻辑推理,一半是因为我自己也有过这样的经历,犯过与这位大户同样的错误,所以"描述"起来才会如此逼真。我知道这位大户是个老股民,也积累了丰富的实战经验。他这次抄底也不是乱抄一气,是有备而来,很有章法的。可能连他自己都想不明白,他这次经过周密思考的抄底行动,为什么一下子说败就败了。这当中到底发生了什么,竟会导致他这次行动兵败麦城呢?另外,更重要的是,通过这位大户抄底失利这件事,我们一定要找到一些规律性的东西,这样我们以后参与抄底时,就可以减少错误,提高抄底的成功率。

下面就这个问题,谈谈我的一些认识:

第一,抄底一定要有耐心。在抄底时,大凡急功近利盲目入市,最后多数会以失败而告终。虽然股市里的"底"对投资者的诱惑力很大,一旦抄底成功,其获利是相当丰厚的。但抄底也是一件很不容易的事。沪深股市20年来的历史告诉我们:抄底成功概率很低,很多人抄底都是十抄九套,亏损累累,真正能抄底成功的人少之又少。

为什么抄底的成功概率很低呢?原因是,在大的下跌趋势形成后,股市里的底,假的多真的很少。从表面看,假底与真底开始的状况都差不多,如果不仔细分辨,投资者很容易上当受骗。

有人问,为什么底是假的多真的少呢?其实,要明白这个道理并不难。大家可以想一想,无论大盘或个股,一旦中长期见顶后,其下跌空间一定很大,下跌时间也很长。从技术上说,只有当盘中的做空能量都释放完了,此时才会迎来真正的曙光。而股市的下跌,不可能是直线下跌,它都是跌一跌,反弹一下,再跌一跌,再反弹一下,呈现逐级下跌的态势。另外,在下跌趋势未结束前,主力(庄家)会利用每一次反弹机会,将在高位没有来得及抛出的筹码,设法抛出去。所以,假底都是主力在拉高出货。投资者若贸然闯进去,自然就会被套在半山腰上。

那么真底呢?如果从绝对意义上说,真底只有一个,所谓的真底就是一轮下跌趋势的终点站,也就是人们常说的熊市谷底。比如,以上海股市为例,几次大熊市的谷底,如1992年的386点、1994年的325点、2005年的998点、2008年的1664点等,都是真底。大凡在这些真底附近买进的,后来都是大赢家。如果从相对意义上说,真底的范围还可以扩大,因为大盘或个股在下跌趋势中,都会出现次数不等、级别不同的反弹。一般来说,小级别的反弹,上升的空间可以达到15%~20%;中级别的反弹,上升空间可以达到20%~40%;大级别的反弹,上升空间可以达到40%~60%。正因为有了这些反弹,股价就会在这之前出现一个阶段性底部,做波段的投资者若抓住这些阶段性底部,精心操作,有时也可以获得不菲的投资收益[注]。

据统计,即使我们将绝对意义上的真底与相对意义上的真底加在一起,这个真底的数量也远远少于假底的数量。在股市里,无论大盘还是个股,一旦下跌趋势形成后,我们看到的很多"底"呈现"几日游",甚至是"一日游"(编者按:所谓"一日游"是指股价只涨1天,后又重现跌势的那种走势。比如,盘中突然有一天拉了一根大阳线后,第二天就掉头向下,几天内就将这根大阳线吃掉,股价又开始一轮新的跌势)的状况,因而这种底都是假底。投资者如果盲目参与假底的炒作,风险之大是可想而知的。

正因为股市里假底多真底少,所以,投资者抄底时要慎之又慎,千万不要让自己被假底坑了。从投资策略上说,投资者要避免受假底的伤害,最有效的办法就是多观察、慢出手,看准了再出击。而本题中所提到的这位大户,在抄底时就违背了这一操作策略。比如,这位大户在看见图289中拉出一根锤头线后就认为投资良机到了,至于这根锤头线所触及的底,究竟表示的是真底还是假底?他当时就没有认真地想过。也正因为如此,在锤头线出现后,仅隔了两天时间,他就判断锤头线的见底信号被市场认同了,于是他就在当日急不可耐地买了该股。显然这位大户犯了"欲速则不达"的错误。大家知道,一个重要的做多信号被市场确认,起码要有3天~5天以上的时间。投资者如果想要确认底部信号,考虑到股市里的假底太多,为了防止出错,确认的时间还要相应地延长。但遗憾的是,这位大户并没有这样做,他过早地相信市场已认同了锤头线

【注】 做反弹,只适合短线或中短线投资者,而不适合长线投资者。因为反弹结束后,股价仍会创出新低。反弹,从实质上说,是给善于做波段的投资者提供了一次短线或中线的获利机会,同时也给高位套牢的投资者提供了一次逢高减磅的良机。由于反弹的空间与反弹的时间都很难把握,再加上主力(庄家)也会利用反弹的机会向外抛售他们手中的存货,所以很难操作。我们建议做反弹的投资者,一定要事先做好充分准备,设好止损点,并采取灵活机动的战术,只有这样,才能在这个高风险的游戏中,获得较好的收益。

的见底信号,这是不是其抄底心情太迫切了呢？试想,如果这位大户在锤头线出现后多看几日,情况就会大不一样,也许他就会冷静下来,其投资行为就不会像原来那样冒进了。

第二,抄底时加仓一定要有足够的理由,千万不要犯一厢情愿看多、做多的错误。 股市里加仓是一个重要的投资环节,很多人往往就输在加仓这个环节上。比如,在抄底时,当事人第一笔投入的资金一般都很小,因为此时他们对行情的发展心里还没有底,所以操作时比较谨慎。而到第二笔资金投入,即加仓时,当事人会感到心里有底了,因为他们认为自己对形势已经看明白,所以追加投资时就很少再有顾忌,此时胆子也特别大,投入的资金量相对较多。抄底加仓后,如果当事人发现这个底是假底,此时再要止损离场就难免伤筋动骨,大伤元气了。所以投资者在抄底时对加仓一定要谨慎处理,只有看准了方可重仓出击。何谓看准了呢？即加仓时一定要找到充足的理由。比如,走势图上已形成一个明显的上升通道,且成交量出现同步放大的态势。当加仓找到充足的理由时,加仓就是理智行为；反之,就是盲目、鲁莽的行为。投资者一定要记住:在缺乏加仓的充足理由时,宁可不做,但绝对不能做错。遗憾的是,这位大户在没有找到充足的理由时,就擅自加仓,犯了轻举盲动的错误,从而大大增加了抄底的风险。

第三,抄底时一定要事先设好止损点,万一出错可以及时锁定风险。 我们不知道这位大户抄底时是否已经设好止损点,但有一点可以肯定,即这位大户在图289中最后拉出三连阴处,及时作了抛空出局的处理,从而避免了亏损的进一步扩大。这位大户在这次抄底行动中犯了很多错误,但在关键时刻能当机立断,止损离场,还是应该值得赞赏的。做股票错了就怕拖,尤其是抄底出错时更不能拖,一拖,小错变大错,最后往往会弄得不可收拾。

有人问,图289中出现三连阴,形势虽然不妙,但还存在一线希望,因为锤头线的下影线还没有被全部覆盖,说不定股价会在锤头线下影线的末端处止跌,重拾升势呢？言下之意,这位大户既然抄底了,不到希望完全破灭,就不应该选择退出。那么这种意见对不对呢？我们认为这是欠妥当的。因为下跌三连阴后,该股弱势已现,短期内再上升的可能性很小。在这种情况下,大户选择主动退出是明智之举(见图290)。

(上接图289)这位大户抛出该股后,股价很快就跌破了锤头线的下影线,此后股价就一路下行。可见,大户知错必改,及时止损是明智之举

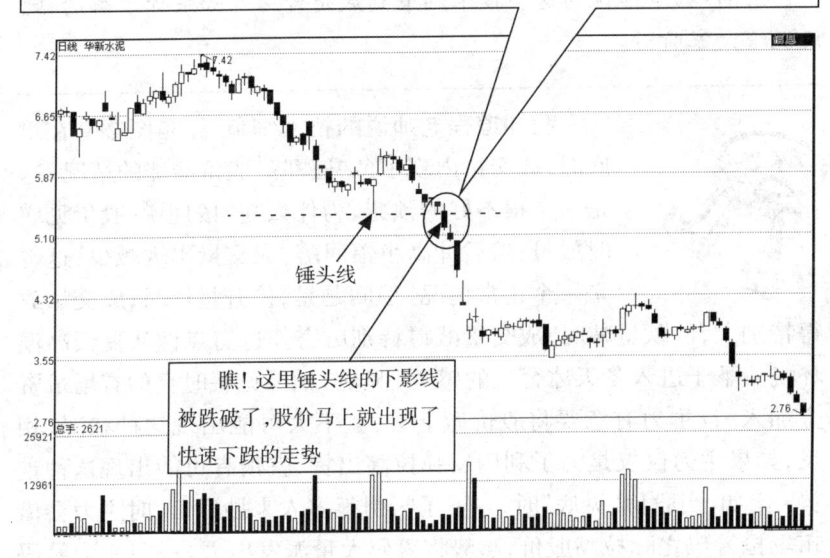

锤头线

瞧!这里锤头线的下影线被跌破了,股价马上就出现了快速下跌的走势

华新水泥(600801)　2005年2年25日~2005年7月19日的日K线走势图　图290

图形识别深度练习 65—2

(紧接上题)程老师说,在前面一道题中,一位同学对大户抄底失利分析得很好,对大家启发很大。不过,我认为这位同学对盘中一个重要技术细节没有谈到,这不能不说是一个遗憾。因为这个问题很重要,我觉得现在对它作一番讨论非常必要。

请问:程老师说的这个技术细节到底是什么?如果你了解的话,请说给大家听听。

解答

我知道程老师说的技术细节,就是图 289 在筑底时,成交量出现了急升骤降,股价滞涨的情况。这是一个很不好的预兆。为什么呢?按理说,股价见底时放量,然后冲高小幅回落,成交量出现减少,这也是一个正常情况。但问题是,价升量增时,成交量放得特别大,价跌量减时,成交量减得特别厉害。这有点像从夏天高温环境一下子进入冬天冰窖里的感觉。显然,如果见底时真的有增量资金加入,且主力有意要将股价做上去,就不太可能出现这种状况,相反,如果主力仅仅是为了利用反弹拉高出货,就很有可能出现这种走势。比如,当股价"见底"时,一下子吸引很多人来抄底,此时主力会借市场抢筹码之际拉高股价,趁势将筹码大量派发出去。一旦主力筹码派发活动停止,没有人来拉高股价,跟风盘马上就会消失,此时成交量立刻就会出现急速萎缩的状况。表现在股价上,就会出现滞涨,甚至重心向下倾斜的现象。出现这种现象的主要原因,是盘中大多数人对该股后市寄予一定的希望,所以主动性抛盘不多,但由于主力已经偃旗息鼓,盘中也缺乏主动性接盘,所以整个交易量很小。不过,这种现象不会维持多久,当盘中有人发现主力不再关照该股,股价因此上不去的时候,原来想抄底赌一把的投机资金就会率先退出,一旦选择退出的投资者多了,而主动性的接盘始终无法增加,最后股价必然会向下突破。

我查了一下,**在筑底过程中出现成交量急升骤降,股价滞涨的走**

势,这种底极有可能是假底。这种情况在股市中经常可以见到。下面我请大家看几个实例(见图291、图292、图293)。

实例一:

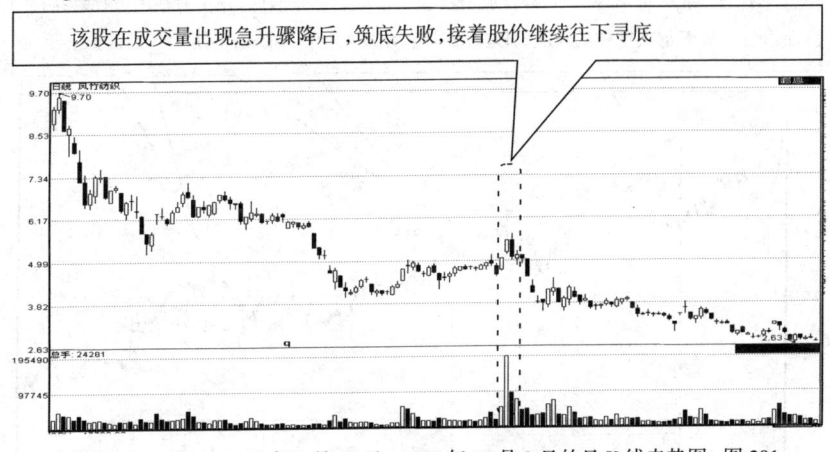

该股在成交量出现急升骤降后,筑底失败,接着股价继续往下寻底

凤竹纺织(600493) 2008年3月25日~2008年11月3日的日K线走势图 图291

实例二:

该股反弹时成交量急升骤降,最后演变成一路阴跌的走势。大家一定要记住:在抄底或抢反弹时,对成交量大起大落的个股,操作时要特别当心,如发现苗头不对,应赶快卖出为宜

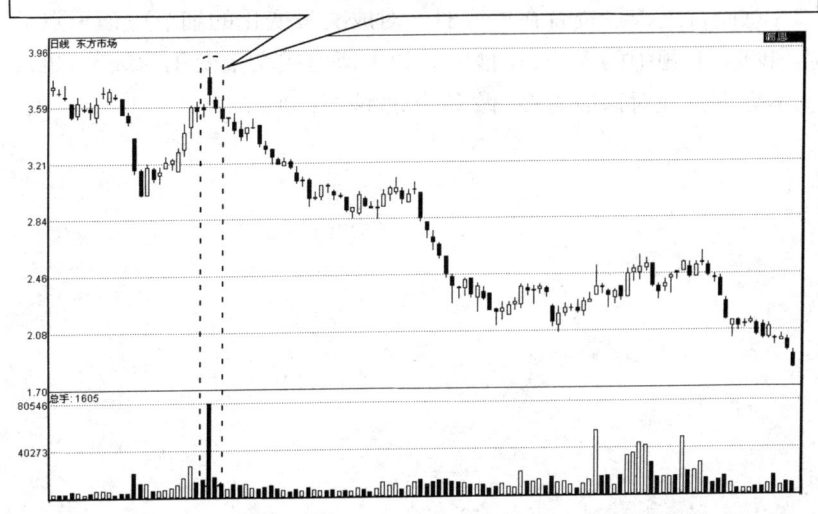

东方市场(000301) 2005年1月12日~2005年7月18日的日K线走势图 图292

实例三：

> 从图中看，该股在下跌途中筑了几次底，每次筑底时都放出了巨量，随后成交量就急速萎缩。成交量出现急升骤降的现象，说明这些底都是假底，是主力利用"筑底"在拼命出货。故而每次这样的筑底都以失败告终，尔后股价继续跌跌不休。

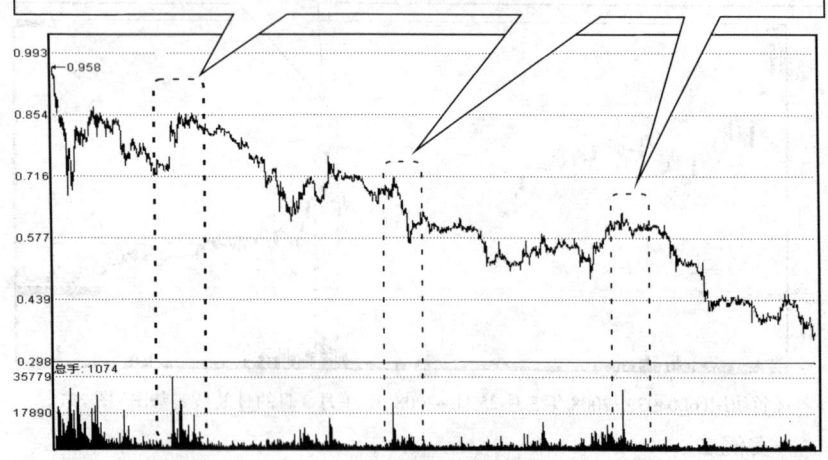

外高 B 股（900912） 2002 年 1 月 4 日 ~2004 年 12 月 6 日的日 K 线走势图 图 293

总而言之，投资者在抄底时，对成交量变化的细节应该重点关注。我想，上题中的大户，在抄底时如果留意成交量变化的细节，也许就不会盲目地对该股看多、做多，去抄该股的底了。

图形识别深度练习 66—1

图294中的个股是个军工概念股,很多人看好它。该股从高位回落下来,一些投资者仍然对它充满期待。不过,在盘中收出箭头A所指的这根阴线后,其中一位原来对它坚定看好做多的投资者——张先生,在此选择了卖出。

请问:张先生这样操作对不对?为什么?

日K线图

5日均线

10日均线

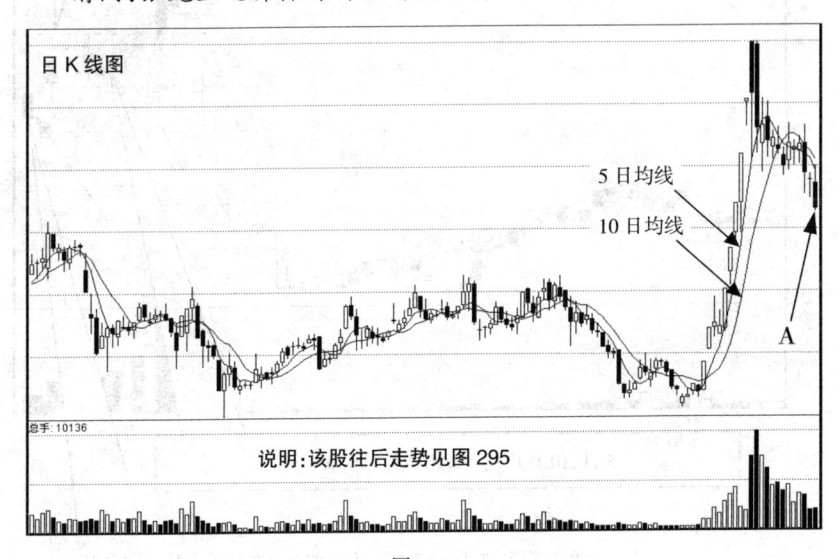

A

总手:10136

说明:该股往后走势见图295

图294

解答

我认为张先生的操作是对的。其实,从图294中可以清楚地看出,该股早就有见顶的迹象,且不说它的K线形态如何,仅从均线形态上就可以分析出,该股快速上涨后,冲高回落,前面5日、10日均线已形成死亡交叉,这就是一个明显的见顶信号。另外,该股回落时形成一个平台整理,图中出现的这根中阴线,表明这个平台已向下破位,这在技术上也是一个重要卖出信号(见图295)。故而,张先生在此卖出是一个明智的选择。

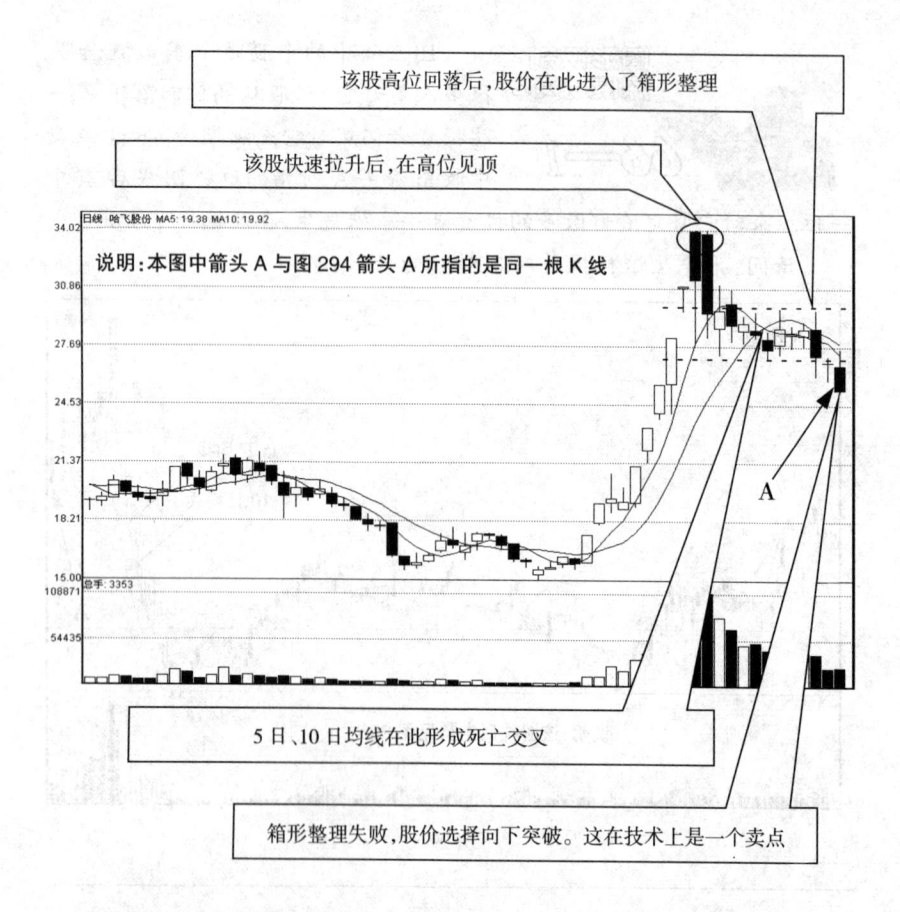

该股高位回落后,股价在此进入了箱形整理

该股快速拉升后,在高位见顶

说明:本图中箭头 A 与图 294 箭头 A 所指的是同一根 K 线

A

5 日、10 日均线在此形成死亡交叉

箱形整理失败,股价选择向下突破。这在技术上是一个卖点

哈飞股份(600038) 2007 年 9 月 13 日~2008 年 1 月 21 日的日 K 线走势图　图 295

听说这是一个连环题。问题到此并没有结束,接下来又有新的问题产生了。它会是什么问题呢?让我想一想!

图形识别深度练习 66—2

(紧接上题)张先生说:这两天他心情很苦闷,他发现自己在图294中箭头A所指的地方卖出是错的。为什么呢?因为自己卖出后,该股并没有下跌,而是进入一个更大范围的箱形整理。现在,这个箱形整理已近尾声,股价已开始放量向上突破(见图296中最后一根K线)。张先生认为,前面他不应该把该股卖掉。当时该股向下破位是一种假象,其实是主力在洗盘,他的筹码给主力骗走了。张先生还告诉我们:明天一开盘他就要把前面卖出的筹码全部买回来,买回来后就持股不动了,即使该股再下跌,主力想骗他的筹码,他都不会卖出。他相信自己知错必改,重新选择对该股看多、做多是对的。

请问:你认为现在张先生的想法是否正确?请说出你的理由。

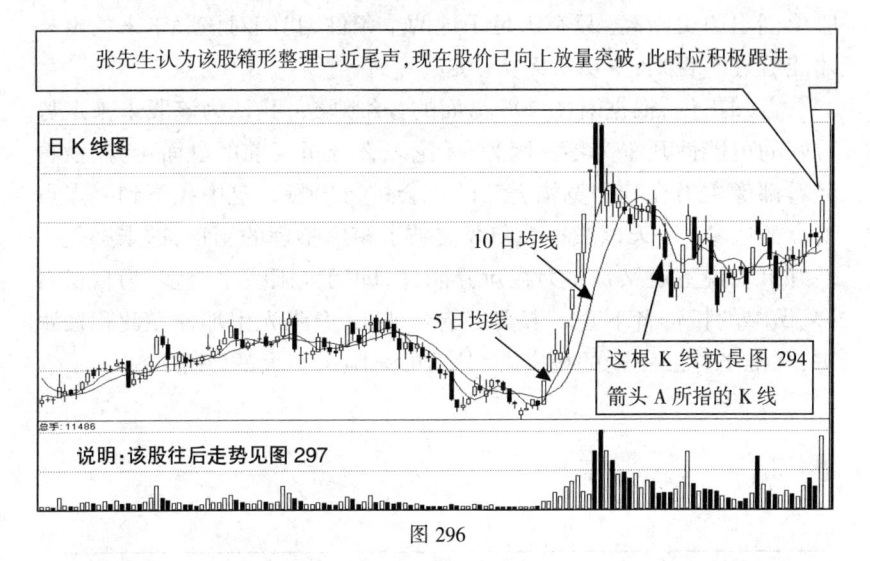

> 张先生认为该股箱形整理已近尾声,现在股价已向上放量突破,此时应积极跟进

日K线图
10日均线
5日均线
这根K线就是图294箭头A所指的K线
总手:11486
说明:该股往后走势见图297

图296

解答 我认为张先生现在的想法是错的。如果现在他真的对该股看多、做多,并持股不动,极有可能造成重大的投资损失。为什么这样说呢?因为该股最近形成的箱形整理,实际上是主力在大量出货,绝对不可

能是主力在震荡洗盘。根据图296的走势,我们可以推测出该股在高位见顶回落过程中,主力只出了一点货,手里还有大量的存货需要抛售,而该股近阶段出现的宽幅震荡,为主力出货提供了一个极佳机会。我们认为,一旦主力将手中的存货出得差不多了,该股箱形整理的最后结果,必定是选择向下突破。

有人问,从图296看,现在该股整理后不是拉大阳线放量往上突破吗?这怎么可能是主力在利用箱形整理的机会大量出货呢?这些人有所不知,这是主力在玩弄欲擒故纵的把戏,大家只要再耐心观察几天,一切都会真相大白的。退一步说,如果真的想要排除主力利用宽幅震荡进行出货这种可能,除非该股拉大阳线后继续往上走,同时成交量也能保持放大的态势,并能努力做到把股价推高到前期高点的上方。换言之,该股最近几天的上涨走势一定要有持续性,并能够使股价创出历史新高。只有满足了这两个条件,我们对该股未来的走势才能看好。否则,一切就无从谈起。

言归正传,根据对图296盘面的仔细观察,我认为该股未来走势看好的可能性几乎为零。因为,无论怎么分析当前的盘面走势,横看竖看都像主力在利用宽幅震荡的机会进行出货,盘中找不到一点点洗盘的迹象。今天该股拉大阳线突破了箱形整理的箱顶,这未必是一件好事。说不定又是主力在玩弄阴谋,即用大阳线来诱多,为盲目看多、做多的投资者下套。事实一定会证明,像张先生那样在此积极跟进,并准备持股不动的投资者,其后的风险是很大的(见图297)。

> 这个连环题设计思路很新颖,它促使我一步一步地深入想下去,这对实际操作很有帮助。

（上接图296）该股放量往上突破箱形整理的上边线后，股价并没有继续往上运行，而仅仅是虚晃一枪，就掉头向下，这是主力损人的一个阴招。可见，所谓放量往上突破，就是让那些盲目跟进者套在高位站岗放哨，主力则趁机溜之大吉了

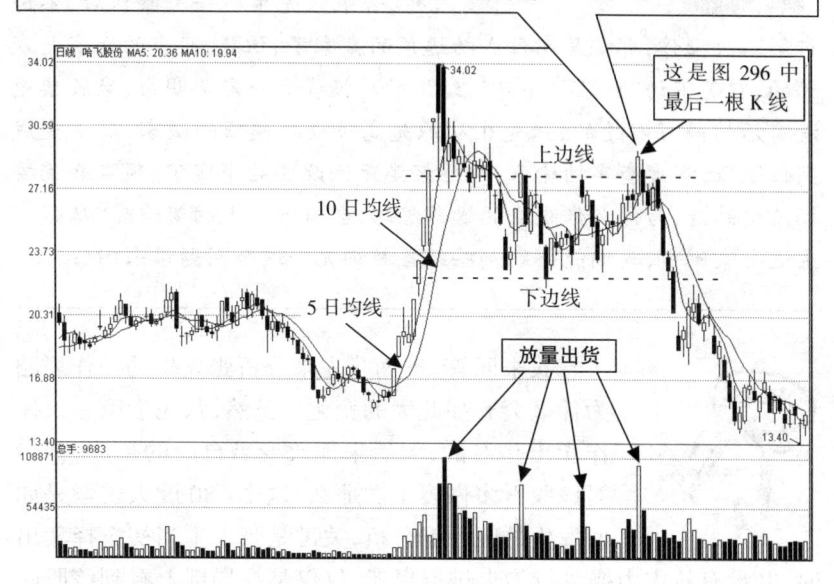

哈飞股份（600038） 2007年8月9日~2008年4月23日的日K线走势图 图297

咦！这位张先生怎么会从成功者一下子变成一个失败者呢？这是什么原因？我要好好地研究研究。

371

图形识别深度练习 66—3

(紧接上题)张先生在操作哈飞股份这个股票时,第一次操作,将该股卖出是对的,第二次操作,将该股买进是错的。有人想,如果张先生第一次操作后,不进行第二次操作,那就是高位成功逃顶的赢家了。但是,股市的现实是残酷的,它是不讲"如果",而只认结果的。投资者一定要明白,做股票是没有后悔药可以吃的,张先生从原先高位成功逃顶的赢家,后来变成高位追涨、深度套牢的输家,这已经是无法改变的事实了。现在我们要搞清楚的是,为什么张先生的操作思路,会有如此大的变化呢?从张先生这个案例中,我们能得到哪些经验教训呢?这个问题谁来回答?

解答

我来回答。下面我先来分析张先生的操作思路为什么会有如此大的变化。虽然,张先生第一次操作卖出是对的,但后来他改变了自己的想法,开始对该股看多做多了。那么,这个180度大转弯是如何发生的呢?据分析,关键是张先生当初选择卖出时,并没有从主力操盘行为上进行思考,仅仅是在局部上看到该股向下技术破位了,从而无奈地作出了卖出的选择。但是,这种卖出并不是自觉的行动,说到底还是一种短视行为。在张先生心里,他还留恋着这个军工概念股,很少从战略上作过思考,也许他根本没有想过这样的问题:待主力在这个股票上实现胜利大逃亡后,自己还应该不应该对该股再看多、做多。由于张先生缺乏这种战略思考,所以,当该股在经过一段宽幅震荡,作出欲向上突破的姿态时,张先生就憋不住了,生怕错过了后面的大涨机会,匆匆忙忙地又追了进去。于是,错误就这样发生了。

其实,如果我们了解了主力操作的意图与行为,就能从战略上看清主力在高位出逃的阴谋,那么也就不会轻易出现张先生那种先看空,之后再盲目看多、做多的错误了。

有人问,当时怎么看得出主力在出逃呢?其实要回答这个问题很简单。大家可以想一想,在股价大幅上涨后,主力获利丰厚。此时主力最想做什么事呢?毫无疑问,主力最想做的事,就是在高位将手中的获利筹码派发出去。那么,如何知道主力在拉高出货呢?这个可以通过对图形的分析看出一些端倪。比如,我们看到图 294 中的个股在连拉几根大阳线,经历一轮快速上涨后(据了解,在这一轮行情中,该股已涨了 7 倍),先是在高位出现了两根大阴线,并在当天都放出了巨量。尔后,该股就出现了高位回落的走势。**这种"快速上涨 + 高位大阴线 + 放大量 + 高位回落"的现象,就是主力出逃的一个重要特征。**

从张先生的案例中,我们可以获得以下一些经验教训:

第一,投资者一定要懂得,**在股市里任何一次重要操作,都要从战略上思考,否则,光盯住一些短线的技术指标,以此作为操作依据,就很容易迷失方向**。比如,张先生第一次操作选择卖出,第二次操作选择买进,都是从短线技术上进行思考的,且不说张先生这种短线技术思考还存在着一些错误,即使短线技术思考是正确的,操作时也很难把握好方向,因为你不知道主力此时的主要意图是什么。反之,如果你学会了战略思考,就会充分了解到主力在这一阶段的主要意图就是拔高出货。此时,你就不会再盲目看多、做多,而会果断逢高出局。即使在你卖出后股价没有下跌,甚至出现小幅上涨,你也不会心动,更不会眼馋。如此一来,主力就是使出浑身解数,要骗你在高位接盘,你也不会轻易上当受骗。这样,类似张先生在高位盲目看多、做多,追涨吃套的事情就不会发生了。

第二,投资者要明白一个道理:**在一般情况下,主力出货都需要有一个过程。只要这个过程没有结束,主力出货就不会停止。而一些不明白这个道理的投资者,在卖出股票后看到股票没有跌下来,就忙不迭地追了进去,最后被套在高位**。张先生就是一个典型例子。他在卖出股票后,发现这个股票没有出现他预想中的大跌,而是进入一个宽幅的箱形震荡,一下子就把握不住了,以至后来他对行情看走了眼,在高位贸然看多、做多,从而掉进了主力精心设计的多头陷阱的圈套。

我们可以想象一下,如果张先生了解主力出货是需要有一个时间过程的。那么他就会察觉,该股最后一个阶段之所以会出现宽幅震荡的走势,完全是因为主力手中的存货还没有出完,一旦主力手中的存货出得差不多了,这个宽幅震荡就会结束,股价就会出现向下寻底的走势。或许正因为张生先不了解,或者根本不知道主力出货是需要有一个过程的,所以,当该股在高位出现宽幅震荡时,张先生才会误认为这个宽幅震荡是主力在洗盘,以至在操作上出现了高位追涨的重大失误。

又有人问,主力出货需要有一个过程,这个道理他们懂了。那么这个过程怎么量化呢?说老实话,在股市里要找到一个绝对正确的量化方法是办不到的。这里主要有两个原因:

首先,你不知道主力手中拿了多少货,主力手中的货拿得多,出货的时间就相对长一些,主力手中的货拿得少,出货的时间就相对少一些;其次,你不了解主力操作水平如何。其实主力和普通投资者一样,各个主力操盘水平是不一样的,有高有低。水平高的可以在不经意拉高时出掉很多,水平低的花了很大力气也出不了多少货。既然你对主力的底牌不可能完全了解清楚,那么自然就找不到一个绝对正确的量化主力出货过程的方法了。

虽然,我们在股市里找不到一个可以绝对量化主力出货过程的方法,但是可以找到一个相对量化主力出货过程的方法。这个方法的核心内容就是看换手率。如果一个股票在高位换手率达到100%~300%,我们可以判断主力手中的存货出得差不多了。据了解,在一般情况下,股价在高位成交,每成交10股,主力可以卖出2~3股,如按这个比例计算,换手率达到100%时,主力卖掉的筹码就可能占到流通筹码的20%~30%,这个数字已经符合大多数主力出货的需要了。当然,对操作水平较低的主力,或者主力操作不顺手时,100%的换手率是不够的,因为此时主力仍然出不了多少货,这样出货的时间就要增加,整个出货过程就会拉长,或许在高位换手率达到200%、300%时,主力才能将手中的获利筹码大部分兑现,实现他们高位胜利大逃亡的目的。

在了解了对主力出货过程的相对量化方法后,我们再回过头来看图294时就会发现,在张先生卖出股票的时候,该股在高位的累计换手率还不足40%(编者按:该股换手率,从图294中股价高位见顶的第一根阴线算起,一直算到张先生这天卖出时为止,这13天总计换手率为39.58%)。显然,近40%换手率是达不到主力出货要求的,主力若要将手中的大量存货卖出,还必须大幅度提高换手率。也正是这个原因,主力将该股出货的过程拉长了。我们看到在张先生卖出股票后,股价没有马上下跌,反而进入了一个宽幅震荡阶段。之后,在张先生后来买进股票的地方,该股前面的换手率已达到87.19%。从理论上说,这个换手率已经可以基本上满足主力大规模出货的要求。

我们知道,一旦主力的主要出货任务完成了,股价就必然会出现快速下跌的走势。因此,高位换手率超过100%的股票就是一个定时炸弹,是不能随便碰的,谁碰它谁就会倒霉。但张先生不明白这个道理,当他看好的个股在高位换手率快要达到100%时,他全然不知危险就在眼前,还拼命地追进,做了一件让他自己也感到后悔不已的傻事。从某种意义上说,张先生高位吃套完全是由于自己无知所造成的,是无知让他付出了惨重的代价。

第三,投资者操作股票时一定要懂得休息。 在股市里除了买进、卖出外,还有一个重要的环节就是休息。人们常说,不懂得休息的人就不会工作。现在我们套用这句话,可以提出这样一个观点:**在股市里不懂得休息的人是做不好股票的**。就拿张先生这个案例来说,张先生的投资失误,其中一个重要原因就是卖出股票后不懂得如何休息。其实,很多投资者在股市里都赚过钱,甚至赚过大钱,但后来晚节不保,把赚来的钱又都输了回去,甚至还赔了老本。

为什么会出现这种情况呢?说到底就是这些投资者不懂得做股票要学会休息。在学会休息上,世界股王巴菲特为我们树立了一个很好的榜样,2007年,香港股市大涨,他手中的中石油H股也涨到13元~14元,这时巴菲特认为该股的价值被高估了,于是他毫不犹豫地将中石油H股全卖了。在巴菲特卖出该股后,该股仍旧在不停地往上涨,直涨到20.25元才掉头向下。但巴菲特卖出中石油H股后,就彻底休息了,该股后来无论怎么涨他都不心动。在他卖出中石油H

股一年后,该股不仅跌到了巴菲特卖出的价格下面,而且跌了又跌,一直跌到5.70元才结束这轮跌势。

我想,如果张先生在第一次操作时把手中哈飞股份卖了(编者按:当时张先生卖出该股的价格大约是25元左右),然后就像巴菲特那样彻底休息,该股后来无论怎么涨他都不心动,九个月后,该股最低跌到7.00元,这个价格离开他卖出的价格不到1/3。如果张先生这个时候再把它买回来,就是一个名副其实的股市大赢家了(编者按:当然,7.00元最低价是很难买到的,但该股从7.00元触底回升后,在9元附近筑了一个低位平台。用9元或10元的价格把它重新买回来是很容易做到的)。遗憾的是,张先生卖出后没有学会休息,心里一直留恋着这个股票,在该股震荡拉出大阳线后,他就急不可耐地把它买了回来,此时买进的价格比他原先卖出的价格还要高,做了一次"倒差价"(低卖高买)。更使他后悔的是,因为自己的一时冲动,最后只能在高位站岗,把原先赚的钱都赔了回去。

从张先生这次操作失误中,我们可以得到一个重要启示:在高位卖出股票后,就不该再继续留恋它。此时,学会休息是最重要的。因为任何一个股票见顶回落,出现下跌趋势后,即使股价不马上下跌,甚至有小幅上涨,都是暂时的现象,股价最终会在下跌趋势的浪潮中不断地向下寻底。在一般情况下,高位卖出股票后休息一年半载,到时都能在低位把它买回来。即使买不回来,那也不要紧,股市里有的是机会,还有很多好股票可以选择,为什么一定要吊在一只股票上呢?

图形识别深度练习 67—1

老林一直在跟踪图 298 中的个股,他在图中箭头 A 所指处第一次买进了该股,今天他又第二次买进该股(见图 298 中箭头 B 所指处)。现在他手里还留有一批备用资金。有人问他。万一看错了怎么办?他笑笑说:"看错了就出来。我今年 60 岁了,不看见破 60,我是不会出来的。"

请问:你对老林的操作是如何评价的?老林这样操作风险大不大(请说明理由)?另外,老林说,"不看见破 60,我是不会出来的",这句话是什么意思?

日K线图

60 日均线
30 日均线
10 日均线
5 日均线

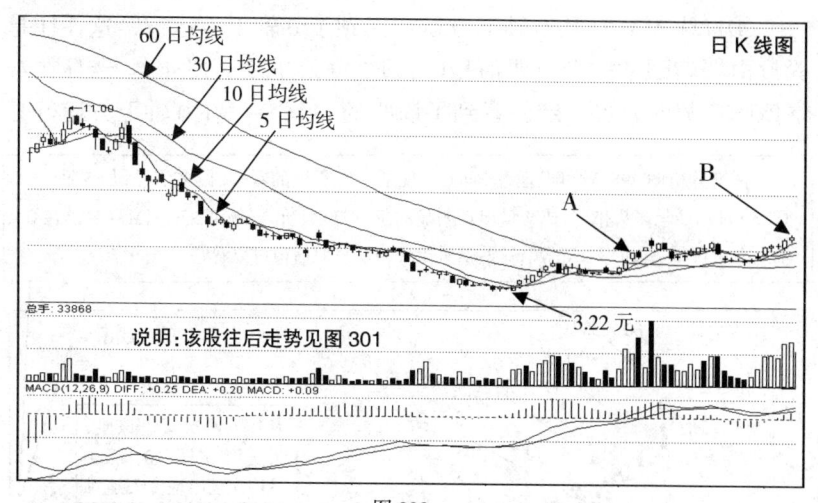

A
B

3.22 元

说明:该股往后走势见图 301

总手:33868
MACD(12,26,9) DIFF:+0.25 DEA:+0.20 MACD:+0.09

图 298

解答

我对老林这次操作的评价是:操作有章法,风险小,胜算大。我的理由是:

①抄底要先看量后看价。中国有句俗话,叫"春江水暖鸭先知。"股价跌到低位,成交量呈不断放大态势,是股价见底的一个重要特征。我们来看图 298,其图右下方的成交量比左下方的成交量有明显的增加。而该股在创出 3.22 元新低后,股价重心在逐渐上移。盘面出现这种现象,反映现在该股有新的增量资金加入了,新主力有将该股做上去的意愿。老林

377

也许看到了这一点,开始关注该股,并先后分两次买进了这个股票。这说明老林这次抄底是有备而来的。

②价升量增、价跌量减,是股价进入上升周期的一个显著特点。老林一定是看到了图298中个股在见底回升的一波走势中呈现明显的价升量增、价跌量减的状况(见图299中画大圈处),才敢对该股进行大胆抄底的。

③均线多头排列是支持股价向上的一个重要动力。老林2次买进该股的地方,5日、10日、30日均线都出现了多头排列(见图299中画小圈处)。

④日线MACD从0轴下方运行回到了0轴上方运行,这往往是股价由弱转强的一个重要信号(见图299最下方画圈处)。老林在观察该图走势时,也一定注意到了该股的MACD已在0轴上方运行了

仔细分析图298,就可发现,图面上出现了一些积极的看多、做多信号,如5日、10日、30日均线呈多头排列;成交量出现明显的价升量增、价跌量减的态势;MACD已在0轴上方运行了一段时间,等等。这些信号出现表明该股后市可以看好

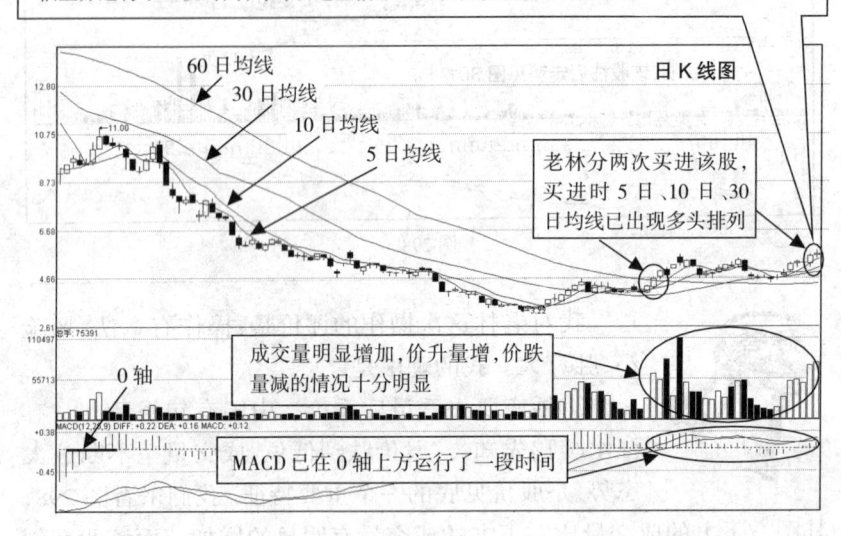

图299

一段时间,这给他抄底带来了很大的信心。

⑤60日均线是股价中期强弱的分水岭。老林第一次买进图298中个股的地方,是该股首次站上60日均线(见图300箭头A所指处),第二次买进它的时候,股价创了近期新高,60日均线已走到5日、10日、30日均线下方(见图299最后两根K线下面的几根均线),从而对5日、10日、30日均线的多头排列,形成了强有力的支撑。可见,老林选择两次买进该股的地方都经过了周密的思考,在认清形势后再出手的。

老林两次买进该股的地方,股价都在60日均线上方,此时买进风险较小。另外,老林第二次买进该股时,股价已创了近期新高。可见,老林买进该股的理由是很充足的

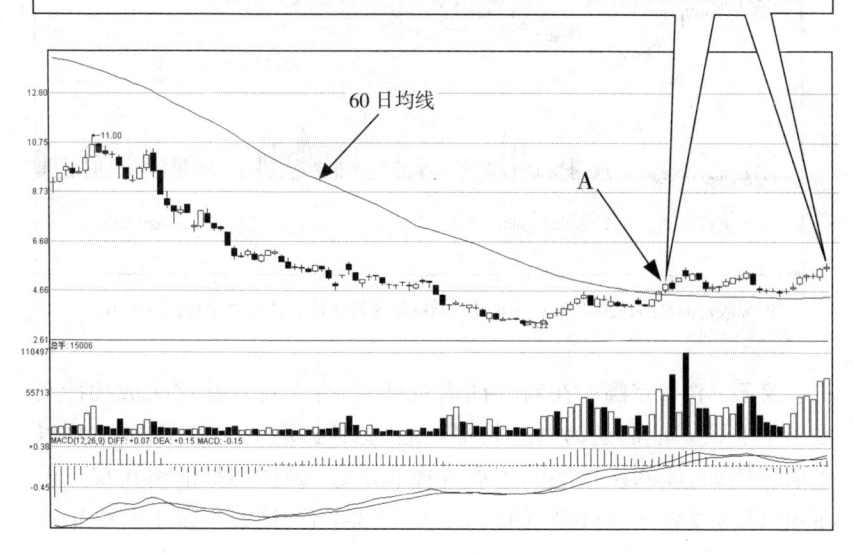

图300

⑥参与抄底行动,事先一定要设好止损点。这点老林也做得不错。虽然老林没有明确地说止损点设在何处,但从他一句近似幽默的话中,我可以猜到几分。老林说,"不看见破60,我就不会出来",这个"60",就是指60日均线。换一句话说,只有股价跌破60日均线,他才会止损出局。

总之,综合分析下来,我认为老林这次操作风险很小,但获胜的概率很大(见图 301)。

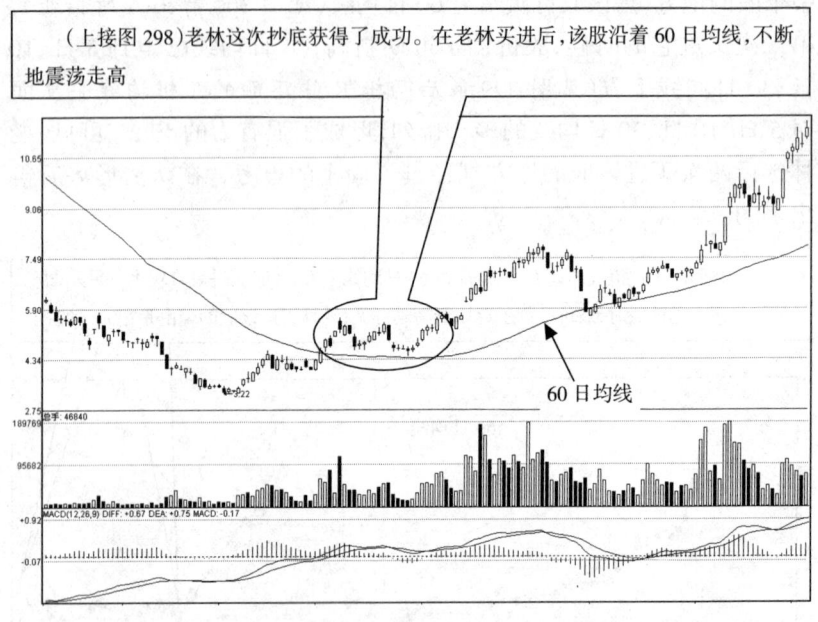

(上接图 298)老林这次抄底获得了成功。在老林买进后,该股沿着 60 日均线,不断地震荡走高

60 日均线

恒宝股份(002104)2008 年 9 月 4 日~2009 年 5 月 7 日的日 K 线走势图　图 301

又及:本书完稿后在对外征求意见时,有人对老林这次成功抄底提出了非议。他们认为抄底是很难的,老林抄底太完美了,使人难以相信。比如,他两次抄底的买点选择非常好,最神的是他将止损点设在 60 日均线之下,可谓恰如其分。从图 301 看,该股震荡上行中出现过一次大的回调,股价恰好回调到 60 均线就止跌回升了,这真有点"料事如神"的味道。他问我们,老林是不是知道一些内幕消息,才能这样料事如神的呢?

据我们了解,有这样想法的人很多,总以为炒股成功者一定有内幕消息。其实,沪深股市 20 年的历史已经表明,靠内幕消息炒股的人,十炒九亏,是赚不到什么钱的。为什么呢? 市场上所谓的内幕消息,消息的源头就来自主力(庄家)这一边,当主力(庄家)要拉高出货时,市场上到处会流传一些利好的内幕消息,而当主力(庄家)要低位建仓时,市场上则到处会流传一些利空的内幕消息。比如,2007年10月,中国平安已攀上130元高位,这时,市场上流传中国平安有重大利好的内幕消息,说它就要成为第二个中国船舶(当时中国船舶的股价已接近300元)。因为这些内幕利好消息,被一些好事者说得"有根有据",让不少人对当时的中国平安动了心,在该股涨到一百三四十元的高价位时,盲目地追了进去,最后这些人都被套在"山峰"上,至今仍然动弹不得。

有人问:不靠内幕消息,炒股靠什么赚钱呢?我们的答案是:靠自己的正确分析与判断,就像本题中的老林,因为对盘面作了仔细分析,才能做到"料事如神"的。

老林这次抄底成功,有一个重要原因,就是对盘中主力的排兵布阵有了深入了解,所以,他两次买点的选择与止损点的设立都做到了恰如其分。比如,老林从成交量变化中分析出新的增量资金进场了。但此时他没有马上跟进去,因为他还不清楚,新主力何时才会发动行情,后来他看到该股的股价走到60日均线之上,他对主力的行动开始有点了解了,作了试探性买入。后来,他看到股价在60日均线上方盘整,两次跌到60日均线处都被主力拉了起来(见图300),这时候他就判断该股主力是以60日均线为依托,向上展开行情的。他心里想,既然主力这样排兵布阵,这一波上升行情就不应该跌破60日均线,于是,他就将止损点设在60日均线之下。可见,老林抄底成功以及止损点准确的设立,完全是基于对主力排兵布阵的准确分析。我们相信,当时有谁能像老林那样对图298中主力的行为,做到由表及里、由浅入深的透彻分析,最后也会得到"料事如神"美誉的。

这里我给大家讲一个故事。第二次世界大战爆发后,德国侵犯苏联,当时德国长驱直入,一直打到莫斯科,形势十分危急,莫斯科保卫战开始了。在莫斯科会战前,担任苏军总参谋长的朱可夫元帅经过分析判断后认为,德军企图在最短时间内首先粉碎苏军中央方面军,而后攻入莫斯科。因此,他竭力建议放弃基辅,抽调3个集团军加强中央方面军的作战能力。

但是,他这个建议提出来后,很多人并不理解,有人表示坚决反对。当时,有一位在斯大林身边工作的名叫麦赫利斯的人责问他:"你是从哪里知道德军将如何行动的?"这话问得朱可夫哭笑不得。斯大林正在认真听着,便说:"别打岔,让他继续讲下去。"朱可夫接着说:"我不知道德军的行动计划,但是根据我对德军主力情况的分析,现在德军只能这样,而不会有别的动作。"朱可夫以肯定的口气讲了他对战场形势的分析。斯大林点了点头。后来由于苏军作了积极准备,德军在莫斯科会战中遭到了重挫。

战争结束了,有人想知道朱可夫料事如神的判断,究竟是怎么作出的。朱可夫在回忆录中一语道破:"德国在战略性战役中起主导作用的是他们的装甲、坦克和机械化部队。只要将敌人的这些主战军力频繁调动、变更部署的情况及时摸清楚,就可以对敌人的进攻企图看得一清二楚,绝不会发生根本性的判断错误"。朱可夫不愧是第二次世界大战中最杰出的军事领袖之一。他对战场形势的准确判断,是完全建立在他对当时机械化作战时代的战争规律的深刻认识这一基础上的。所以,他才能料事如神,从而为苏联的卫国战争立下了不朽的功勋。

这个故事给我们什么启示呢?股市中有一句名言:股市就是战场。如果说当时朱可夫元帅将敌人的主战军力频繁调动、变更部署的情况及时摸清摸透,就能对德国的进攻企图看得一清二楚的话,那么,投资者在股市操作中,通过对图形的仔细分析,将成交量变化、均线形状改变等情况及时摸清摸透,不是同样可以对主力的操作意图看得一清二楚吗?

图形识别深度练习 67—2

（紧接上题）程老师说：上道题做完后，有一位同学拿来图 301 的后续走势图（见图 302）问我，该股在跌破 60 日均线之后，过了一段时间，又涨上去了，而且股价比原来的涨得更高。他说，如果老林在该股跌破 60 日均线后，继续耐心持股，获利不是更大吗？

这位同学的问题提得非常尖锐。显然，它的矛头直接指向了老林"跌破 60 日均线必须止损离场"这个观点。现在我问大家：跌破 60 日均线后究竟应该不应该止损离场？老林的观点到底对不对？为什么？

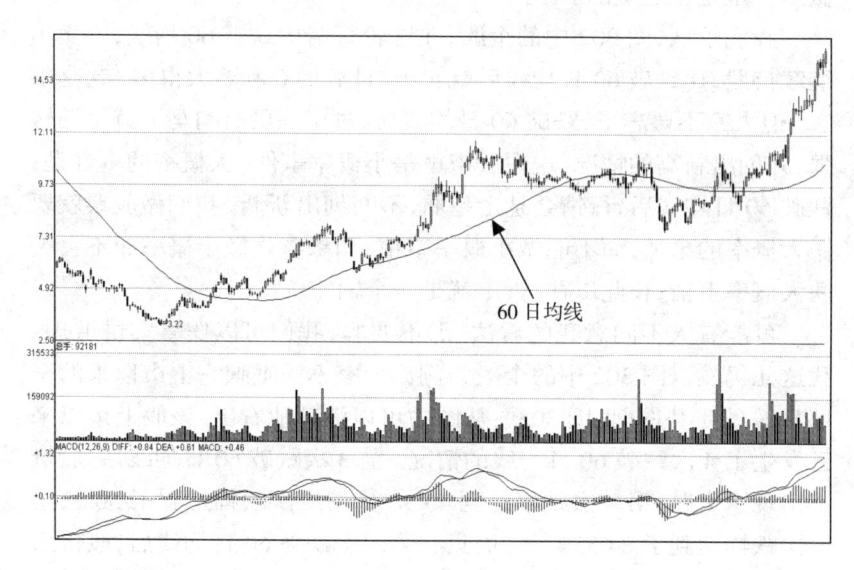

恒宝股份(002104)2008 年 9 月 2 日~2009 年 11 月 20 日的日 K 线走势图　图 302

解答　上道题中谈到了该股在 3.22 元见底后，是以 60 日均线为支撑展开一波上升行情的，老林的止损点也设在跌破 60 日均线的地方。既然是这样，跌破 60 日均线就应该坚决卖出离场，这是毋庸置疑的。我认

为老林的观点是正确的。大家千万不要因为该股后来跌破了60日均线，之后股价又涨上去了，并创了新高，就认为当时在60日均线破位后卖出是错的。如果是这样认为，那肯定会造成重大的投资失误。这是为什么呢？

首先，因为60日均线不仅是图302中的个股从3.22元见底后，展开一波上升行情的支撑线，而且就该均线本身意义来说，它是检验中线行情强弱的试金石。有人就因为60日均线有此特殊含义，从而把它称之为股市里的生命线。所以，在一般情况下，无论是大盘或个股，一旦跌破60日均线，就应该减仓或出局，此时再继续持股，看多、做多肯定是不适宜的。

我们承认，图302中的个股，在这轮行情中跌破60均线，不卖出继续持股，比跌破60日均线后就卖出，日后的获利要大得多。这是事实。但大家不要忘了，跌破60日均线后，过了一段时间马上就由弱转强，并创出新高的情况，这在股市里是小概率事件。大概率的事件是，跌破60日均线后，行情会越走越弱，不断创出新低。我们做股票就要做大概率的事情，而不能做小概率事情，如果喜欢做小概率而不去关注大概率事情，长此以往，肯定就是一个输家。

可能有人不同意我的看法，那不要紧，我们可以摆事实讲道理。我这儿仍然以图302中的个股为例，大家不妨瞧瞧它上市以来的全部日K线走势图（见图303），从图中可以清楚地看出，该股上市以来已发生了4次跌破60日均线的情况。前3次跌破60日均线后，股价都出现了大跌，第一次跌幅达到45.58%，第二次跌幅达到了50%，第三次跌幅达到了84.35%[注]，而只有第四次跌破60日均线后，股价后来涨了上去。试想，如果一个投资者操作该股，跌破60日均线后不卖出，一直耐心持股，到底是输的多还是赢的多？我想不用多说，任何人都可以从中得出一个正确结论。

【注】 据了解，该股第三次跌破60日均线是2008年3月10日（当时60日均线的位置是20.58元)，见底时间是2008年11月4日(股价最低跌至3.22元)，在这7个多月里，股价破了60日均线后，最大跌幅达到了84.35%。

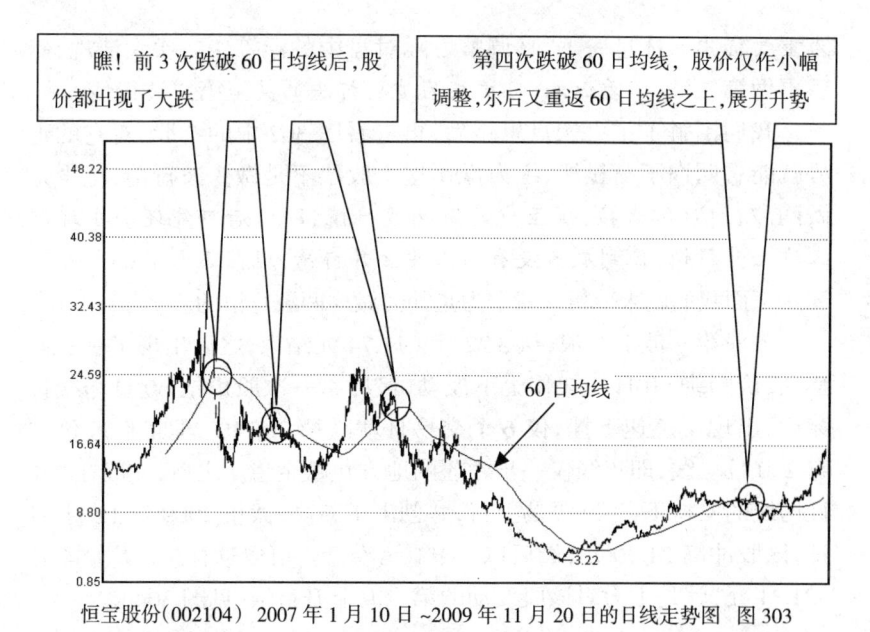

瞧！前3次跌破60日均线后，股价都出现了大跌

第四次跌破60日均线，股价仅作小幅调整，尔后又重返60日均线之上，展开升势

恒宝股份(002104) 2007年1月10日~2009年11月20日的日线走势图　图303

可见，**跌破60日均线，投资者首先要做的是防范风险，逢高出局是第一要务**，这是不言而喻的。但是话要说回来，对跌破60日均线后再涨上去的现象，我们要具体情况作具体分析。

首先，如果大盘总体走势处于强势，那么个股跌破60日均线，稍作调整再重新走强的机会就比较多；反之，如果大盘总体走势处于弱势，那么个股跌破60日均线后，一路走低的情况就比较多。

其次，60日均线跌破后，是行情结束了，还是调整后再展开新一轮的上升行情，这与主力操盘思路、行为密不可分。这个问题比较复杂，这里要略微多讲一些大家才听得明白。通常，主力做一个股票的行情，首先会根据一个股票的内在素质，来制定他们的行动计划。一般来说，一个股票的内在素质，主要由上市公司的基本面情况，以及近期有无什么好的题材可挖掘、流通盘的大小、股性是否活跃等因素组合而成。如果评价下来，主力感到这个股票内在素质一般，他们做了一波行情就会鸣金收兵；如果评价下来，主力感到这个股票质地较好，主力就会做几波行情。比如，一波行情做完后(以跌破60日均线为重要标志），休息一下，趁调整之际对盘中的浮筹作一次大清洗，然后再做第二波（以重返60日均线为重要标志），甚至第三波行情。

我们了解了主力操盘思路后，再来看图302中的个股，对它的走势就能看明白了。显然，主力操作这个股票不是做一波行情，至少是做两波行情（编者按：说至少是做两波行情，即以后可能还会出现第三波上升行情，但到底有没有第三波上升行情，现在还看不出）。

下面我们就来分析该股主力是如何做这两波行情的。

该股第一波上升浪，从3.22元~11.74元结束，之后出现了一次调整，股价围绕60日均线作上下波动，最厉害一次股价把60日均线打穿后，出现了急速下挫，仅6个交易日就跌掉28.73%，但最后股价在离250日均线，即年线仅一步之遥的地方止跌企稳。之后，该股在250日均线的支持下，不断震荡上行，并创出了新高，截止2009年12月31日，该股冲高21.30元，最后以21.11元收盘。可以这样说，从7.54元~21.31元，就是主力对该股发动的第二波上升行情（见图304）。

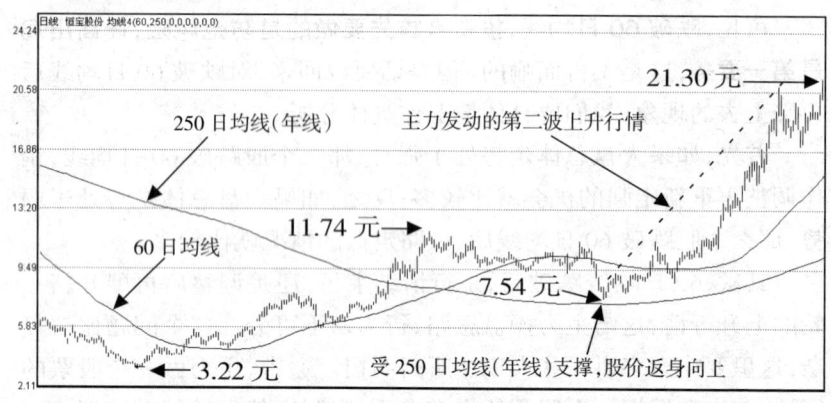

恒宝股份（002104）　2008年9月2日~2009年12月31日的日K线图　图304

有人说，从图304，主力在操作该股时的确是做了两波行情，但在事情未发生前，局外人怎么知道主力操作该股要做两波行情呢？确实，局外人在事前是不可能打听到主力的操作意图的。但是，不知道并不等于投资者就只能束手就擒。办法还是有的。我们就这个问题请教了一位擅长做波段行情的高手。他告诉我们，做波段行情，一个波段做完了,你就给它画上句号,该休息时就休息。如果这个股票只有一波行情,你就一直休息观望,一直等到它跌不动了,你才可以考虑对它逢低吸纳;如果这个股票有两波行情,当第二个波段机会出现时,你就要把它当作一个新的股票来做,重新选好买点与进货的时机,并设好止损点。同时,别再惦记着上一波行情的事,一切都从零开始,这样就好操作了。

高手是个热心人。他怕我们还不明白他的意思,于是,他就以图305为例,详细地向我们解释了如何操作波段行情。他说,该股第一波行情是在11.74元见顶的,当时,你可能不知道它已见顶,但是在股价跌破30日均线,且5日、10日、30日均线成交叉向下发散形状时,你就应该知道这波行情结束了,在这个地方必须把股票卖出(见图305左边画圈处),卖出后,你就可以休息了。在休息的过程中,当你发现该股跌到250日均线(年线)附近跌不下去了,之后股价震荡向上,低点在抬高,成交量也开始放大,且MACD又返到0轴上方。这时候你就应该意识到,主力对该股可能又在做一波行情了,这个时候你就把它当作一个新的股票来做,选好买点,择机跟进。

比如,你可以在图305中右边画圈处买进,因为在这个地方,MACD已回到了0轴上方,5日、10日、30日、250日均线已呈现一个明显的多头排列状况。

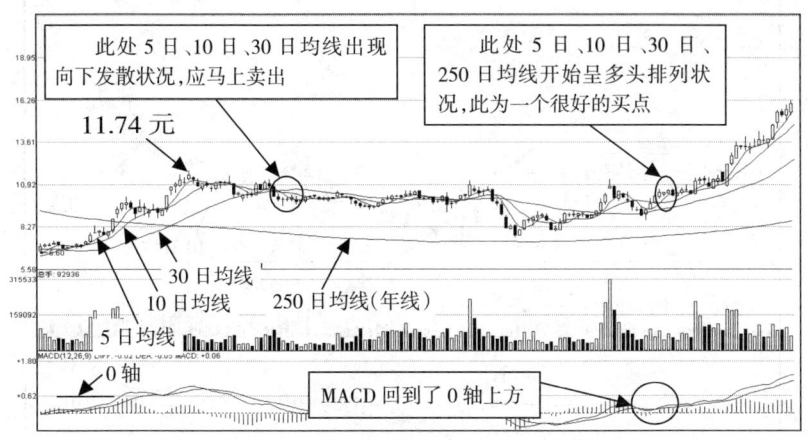

恒宝股份(002104) 2009年3月18日~2009年11月20日的日K线走势图 图305

387

图形识别深度练习 67—3

(紧接上题)程老师说:上道题做完后,同学们心中的一些疑问可以消除了。但这个时候,被大家称为"料事如神"的老林向我提出,图 305 中的个股在发动第二波行情期时,除了看 5 日、10 日、30 日均线是多头排列可以买进外,还有一个更好的买点,你们还没有找到。至于这个买点的具体内容,他没有说。回家后,我仔细地琢磨了图 305 的走势,终于明白了老林的意思,他说得很对,图中的确有一个最佳买点,尚不为人所知。

现在请你再仔细看看前面图 305 这张图,你知道老林说的更好的买点在什么地方吗?其理由是什么?

解答

我仔细研究了图 305 走势后,认为老林所说的更好的买点应该在图 306 中箭头 A 所指处。其理由如下:

第一,当股价下跌第一次接近 250 均线,即年线时,是一个比较好的买进机会。而图 306 中箭头 A 所指处,与年线仅一步之遥,而且当时股价已显现出触底反弹的迹象,所以我认为这是一个理想的买点。

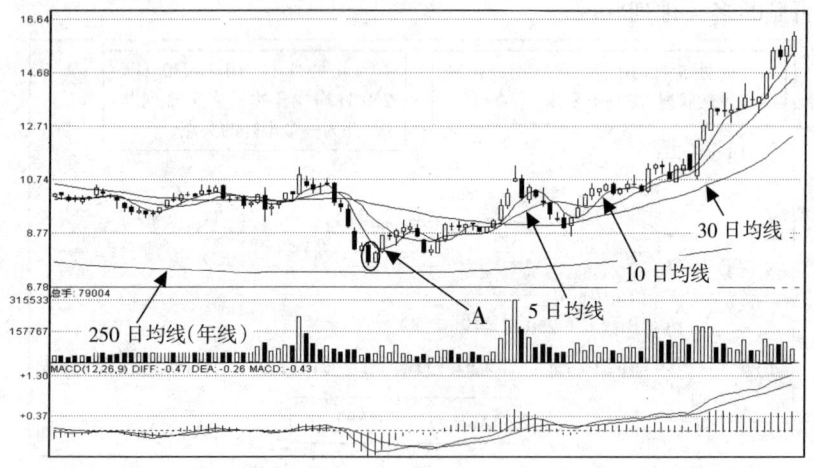

恒宝股份(002104) 2009 年 3 月 18 日~2009 年 11 月 20 日的日 K 线走势图 图 306

众所周知,年线(250日均线)是股价牛熊的分水岭。通常,股价跌到年线时会产生三种情况。

第一种情况是:如果主力仍然想把这个股票做上去,那么主力对这个股票的打压、洗盘,最多到年线附近就收手了,他们不会让股价跌破年线的,否则,跌破年线(指有效跌破)就很麻烦,主力再想把股价做上去就很难了。因为年线被有效击破后,连做长线的资金也开始大量抛售,盘中做空力量将不断增强。出现这种情况,显然对主力再次发动新的行情是极为不利的。

第二种情况是:如果主力不想把这个股票做上去了,那么主力对这个股票的打压到年线附近也不会收手,跌破年线是必然的。但即便如此,股价在第一次跌到年线时,也不会马上把年线打穿,多空双方还会围绕年线展开一场争斗。只是由于盘中做空的力量比较强,争斗一番后,多方会缴械投降,过了一段时间,年线被有效打穿后,这道多方最重要的防线才会真正失守,此后,股价就步入了漫漫熊途。

第三种情况是:股价跌破年线后就一路跌了下去,但股市中出现这种现象的情况很少。即使有,很可能是突然出现了重大利空,或者主力(庄家)资金链突然断裂,才会产生这种现象。

总之,在一般情况下,投资者在股价第一次跌到年线处买进,风险都不是很大。第一种情况就不用说了,股价跌到年线处买进肯定是捡了个便宜货,因为此时的股价,往往是被主力打压、洗盘到最低价或次低价的时候。第二种情况比较复杂,股价跌到年线处买进,长期持有肯定会吃套,但短线炒作就不一定,做短线获利的可能性还是有的,至少不会发生买进后就"哗拉拉"一路跌下去的现象,因为这个时候多空双方都会围绕年线进行一场搏斗。根据这个情况,投资者在股价第一次跌到年线时买进股票,将有足够的时间来处理手中的筹码。换一句话说,即使你在年线附近抄底抄错了,之后看看形势不对,比如,估计年线对股价的支撑也只是暂时的,此时改正错误,止损离场,不让亏损继续扩大的机会还是有的。至于说碰到第三种情况,那只能说运气太差了。此时投资者应该马上认赔出局。

第二,当股价突然暴跌,短期内跌幅过大时,在技术上往往会出现一个超跌反弹的机会。我们来看图306,从图中可以清楚地看出,该股向250日均线(年线)的靠拢,是以连续暴跌的方式展开的,仅仅6天时间,股价跌幅就达到了28.73%,如此短的时间内,股价就跌掉了近1/3。从短线的角度看,这个时候买进,机会要大于风险。

第三,该股跌到年线附近时,K线上出现了买进信号。图306画圈处的两根K线,合在一起称为"身怀六甲"。身怀六甲在下跌途中出现,是一个看涨信号。

总之,综合上面这些因素,我认为选择在图306中箭头A处买进,是机会大于风险。同时,这个价位比上道题中介绍的看到5日、10日、30日均线形成多头排列时买进的价位要低,而且取胜有一定的把握。因此,我判断老林所指的更好买点,十有八九就是在年线附近。

又及:本书完稿后,向外征求意见时,有读者提出,希望我们就股价跌到年线附近产生的3种情况,各举一些实例,让大家看得更加明白些,这样对以后的操作更有利。

为了满足读者这一要求,现摘录几个实例,以飨书友。

一、股价第一次跌到年线附近,出现止跌回升的实例。

实例一:

> 该股从13.87元,一路砸下来,一直跌至6.87元才止跌,股价几近腰斩,主力这轮洗盘也够狠的。但完成这次洗盘后,股价又不断震荡向上。投资者如果在该股跌至年线处买进,那后来肯定是笑得睁不开眼了

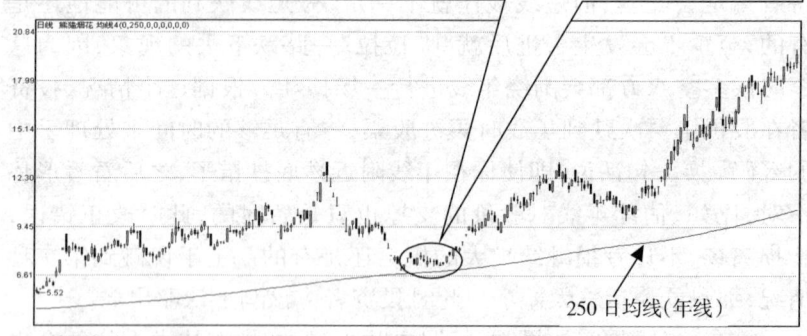

熊猫烟花(600599) 2006年9月16日~2008年1月2日的日K线走势图 图307

实例二：

该股在高位见顶后，一路下跌，但由于主力手中还有大量存货要派发，必须把股价再做上去，所以主力将股价打压到年线处就收手了。投资者如果在年线处买进，等股价强劲反弹后再卖出，就会有较大的获利机会

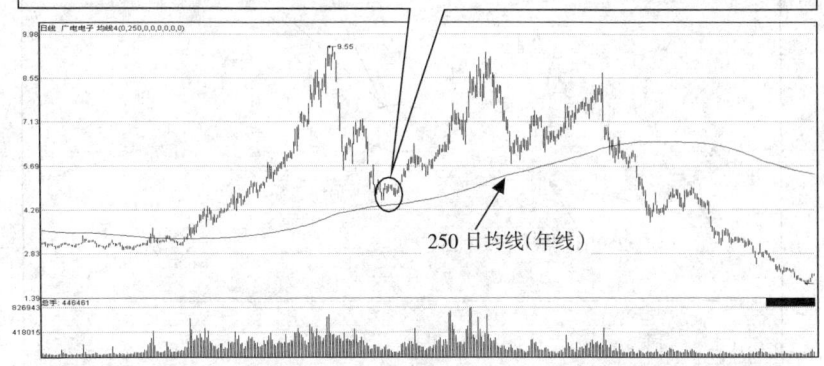

250日均线（年线）

广电电子(600602) 2006年8月30日~2008年11月11日的日K线走势图　图308

二、股价第一次跌到年线附近，出现暂时止跌，然后再破年线大跌的实例：

实例三：

从图中看，该股从高位跌下来，即使跌到年线处，仍有很大的下跌空间。显然，长线投资者在年线处买进绝对是错的，但就短线而言，该股第一次跌到年线处，出现了一轮小幅反弹，其高度超过了20%。可见，短线投资者在股价第一次跌至年线处买进，仍有短期获利的机会

250日均线（年线）

中江地产(600053) 2007年7月16日~2008年11月4日的日K线走势图　图309

391

实例四：

该股跌到年线时只不过是跌到半山腰，投资者在年线附近抄底是看走了眼，但即便如此，投资者仍有足够时间止损离场

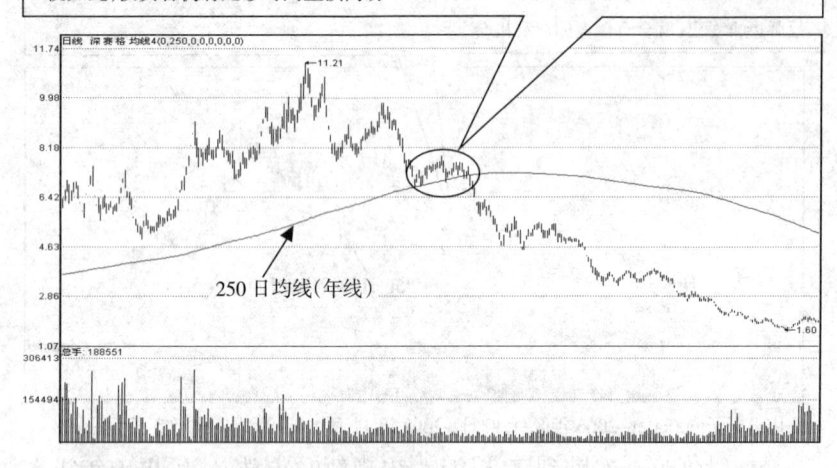

深赛格（000058） 2007年4月16日~2008年11月25日的日K线走势图　图310

三、股价第一次跌到年线处，年线马上被击穿，引起股价大跌的实例

实例五：

该股由于基本面太差，股价下跌趋势形成后，第一次跌到年线处，也没有遇到什么抵抗，就一路跌了下去

ST轻骑（600698） 2007年11月13日~2008年11月11日的日K线走势图　图311

图形识别深度练习 67—4

（紧接上题）程老师说：通过上道题练习，我们从老林那里学到了一条重要经验，即每当股价第一次跌到年线附近时，往往会有一个很好的买点出现。不过，在股市中任何经验的运用都是有条件的，这次也不例外。换一句话说，日后我们在实际操作中，使用这条经验时，一定要注意些什么，只有把应该注意的事项都弄清楚了，这条经验才能发挥出它应有的作用。同时，投资的风险才会降低到最低限度。下面我就这个问题向大家重点说说，学习使用这条经验必须注意的七个事项。

随后，程老师娓娓道来，同学们听了很过瘾，感到启发很大。

请问：你知道程老师说学习、使用这条经验时，要注意哪七个事项吗？

解答

程老师说的七个注意事项是：

第一、要注意股价下跌以来，是不是第一次触及年线。 一般来说，下跌后第一次接触年线，出现反弹，甚至反转的概率较大，但下跌后第二次接触年线就不一定了，如果是第三次、第四次触及年线，那情况就更糟。这个时候不是机会大、风险小，而是倒了过来，是风险大、机会小。为什么会出现这种现象呢？因为股价下跌后第一次触及年线，多空双方鹿死谁手还没有定论，多方会在年线附近组织一次绝地反击，而下跌后触及年线的次数多了，多方组织反击的力量会越来越弱，最后就不堪一击了，空方则会趁火打劫，长驱直入。这个道理就好比一个人犯错误，第一次犯错误后，帮助他的人会很多，而以后多次重复犯这样的错误，帮助他的人就会越来越少。因为大家觉得这个人是屡教不改，已经没有什么希望了。因此投资者在学习、运用老林这条经验时，应该首选下跌后第一次接触年线的个股进行投资，而尽量回避下跌后已多次接触年线的个股。

第二，要尽量选择前期的热门股，尤其是前期的强势股，而不要

去选择前期的冷门股。虽然股价下跌,一直跌至年线附近,前期的热门股、强势股都已成为昨日黄花。但因为它们是前期市场的热门股,参与的人多,那么在它们首次跌到年线时,关注的人也会多,这样在年线附近引发反弹的概率就比其他股票要大得多,同时它们在年线处反弹的力度也会比一般股票要强。有鉴于此,我们认为在股价下跌到年线附近时,选择前期热门股、强势股进行投资,无论是胜算率或投资回报率都要优于一般股票。有人问:为什么一定要回避前期的冷门股呢?因为冷门股在市场热的时候关心它的人就少,市场冷下来关心它的人就更少了。这些股票跌到年线处是否能出现反弹是个未知数,即使出现了反弹也可能是稍纵即逝。可见,对它们进行投资的风险是很大的,所以要尽量回避。

第三,**要尽量选择股性活跃的个股进行投资,而要少碰或不碰股性呆滞的个股**。股价跌到年线处,投资机会如何选择,此时大家应该考虑一下你所选的股票其股性到底怎么样。有人问,个股的股性用什么标准来衡量呢?这里教给大家一个简单方法,因为一个上市年份较长的股票,它可能已经历过几次牛熊来回了,而每次熊市来了,股价必然会跌破年线。此时你就要查一查,它们在以往熊市中跌破年线是怎么表现的,如果以往走熊时股价跌到年线处都会出现一轮像样的反弹,这就属于股性活跃的表现;反之,反弹力度很弱,或基本上没有什么反弹,就属于股性呆滞的表现。

第四,**要注意年线移动时的状态,即当时的年线到底是处于朝上移动还是朝下移动的状态**。如股价下跌到年线处,年线的方向是朝上移动的,此时买进风险较小,获利机会较大(见图312);反之,如股价下跌到年线处,年线的方向是朝下移动的,此时买进风险就很大,获利机会却很小(见图313)。

第五,**要注意大盘走势如何**。大盘走势总体上处于弱势,个股跌到年线时,出现反弹的机会较小,即使有反弹也往往是昙花一现,很难把握。因此,我们在寻找股价跌到年线的投资机会时,应顺势而为,尽量选择在大盘走好时进行,在大盘走弱时,尽可能少参与这种活动。

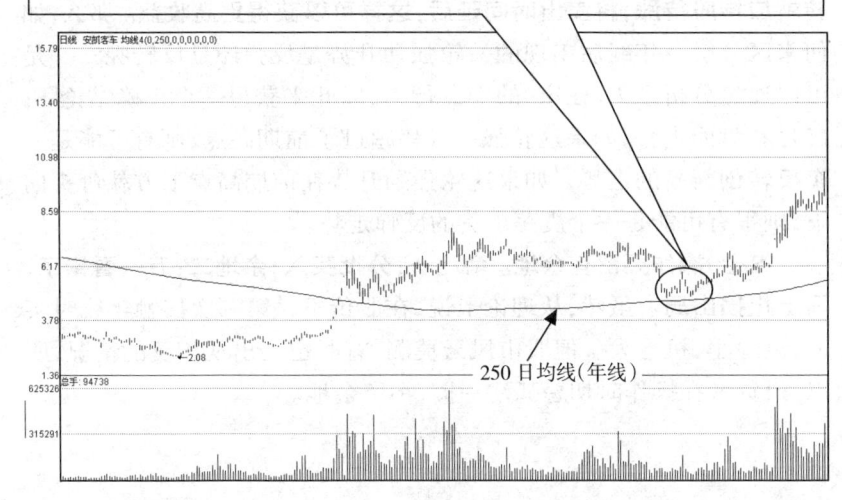

该股跌到年线时,年线正朝上移动,投资者在年线处买进后,获得了很好的投资回报。

250日均线(年线)

安凯客车(000868) 2008年8月26日~2009年11月20日的日K线走势图 图312

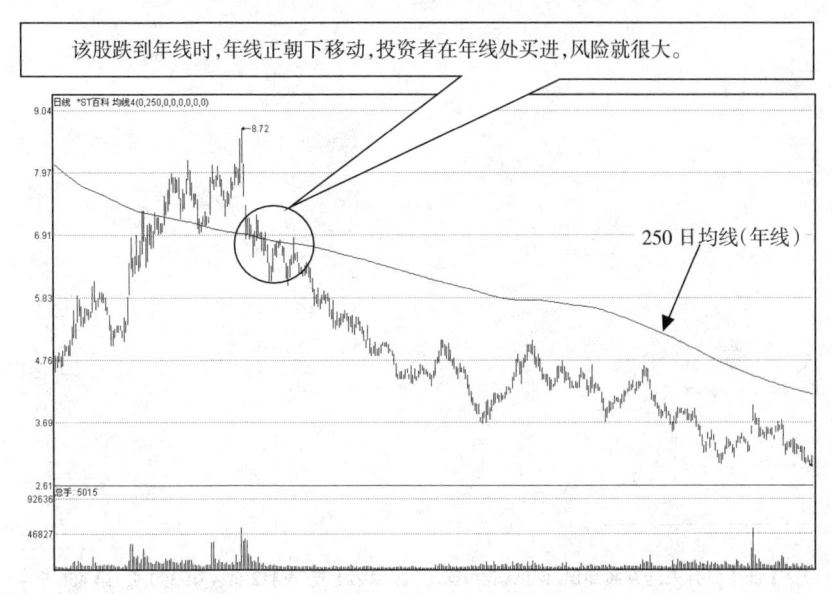

该股跌到年线时,年线正朝下移动,投资者在年线处买进,风险就很大。

250日均线(年线)

*ST百科(600077) 2003年11月7日~2005年7月22日的日K线走势图 图313

395

第六,在个股跌到年线,出现一轮强劲升势时,要注意这轮升势究竟属于什么性质。如属于反弹就应逢高派发,不可恋战;如属于反转就应持股待涨,将卖出时间延后,这样可以获得更高收益。那么,如何来区分触及年线后出现的一轮强劲升势是反弹还是反转呢? 一是可以通过分析主力(庄家)的操盘行为,以此来获得一个正确结论[注];二是看盘面走势,如果这轮强劲升势超过了前期高点,则有可能是一个反转创新高的走势,如果这轮强劲升势在前期高点下方就弯头向下,则很有可能是一个震荡出货的反弹走势。

第七,操作要留有余地。余地一:分批买入;余地二:万一看错了,马上止损出局。 虽然,从理论上说,在股价下跌第一次接触年线时买入,风险小,机会大。但股市风云莫测,有时也会出现相反的情况,所以,投资者在操作时切忌孤注一掷,不留余地。

【注】 有关这方面知识,详见《股市操练大全》第七册第 342 页~第 390 页、第 456 页~第 494 页。

图形识别深度练习 68—1

老余今年在 *ST 国祥（600340）这个股票上大赚已成定局。他是分 3 次买进该股的（见图 314 中箭头 A、B、C 所指处），现在这个股票已经成了他手里的重仓股。为了安全起见，他在图中箭头 D 所指处已卖出了将近一半的筹码。这次卖出，除了将本钱全部捞回来外还有不少赢利。目前他手里的筹码已经是零成本。

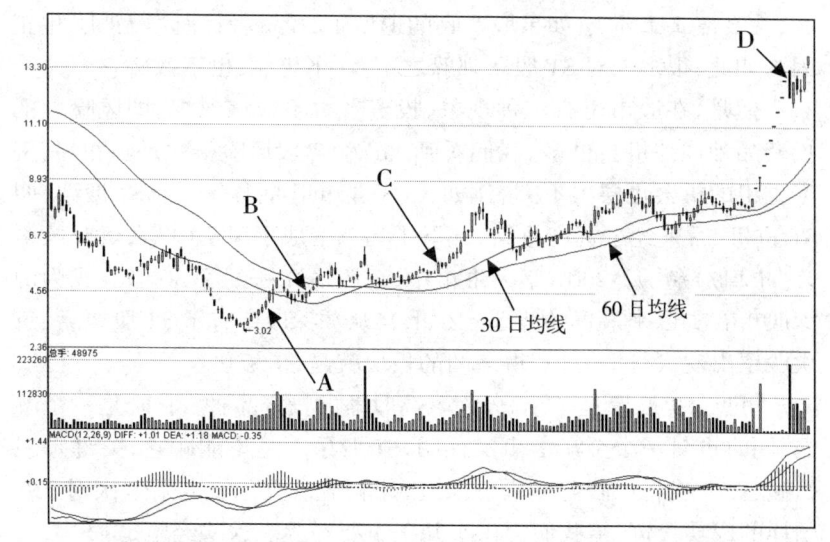

*ST 国祥(600340) 2008 年 8 月 18 日~2009 年 7 月 28 日的日 K 线走势图　图 314

据说，老余炒作这个 ST 股票并不是心血来潮，而是事先作了认真研究。老余对这个股票的研究是分成三个方面进行的。第一，从基本面分析，他认为该股题材独特，资产重组的可能性很大；第二，从持股者人数变化上分析，他发现市场上一些先知先觉者早已捷足先登；第三，从技术面分析，他觉得该股的 K 线与均线走势等，正在向好的方向发展。也正因为老余对该股的未来胸有成竹，所以他才敢大量买进该股，重仓持有。

请问：老余投资 *ST 国祥获得成功，这件事对我们有何启发？他是从哪三个方面研究该股的，你能对此作一番解释吗？

解答 老余投资 *ST 国祥获得成功这件事，给我们最大的启示是：股市中任何板块的股票都存在着投资机会，关键是投资人如何去发现它、把握它。

有人说，ST 股票都是严重亏损的股票，投资它们有很大的风险。确实，这话并没有说错，投资 ST 股票要冒很大的风险，其风险不光是表现在股价的大起大落上，一旦跌起来，股价会跌得很惨，更大的风险表现在它会退市（如果连续 3 年亏损，就会终止上市）。如果股票真的退市了，投资者将血本无归。也正因为如此，很多人对 ST 股票都躲之不及，不想碰，也不敢碰它。

但是，在股市里有一种现象，投资者也不应该忽视，即风险大的投资品种往往机会也多。我们看到，虽然 ST 股风险很大，但同时其资产重组的机会也层出不穷。比如，上海股市里原来有一个 ST 股票，叫 ST 重机，后来经过资产重组，一下子乌鸡变成了凤凰（现在该股改名为"中国船舶"）。2007 年大牛市中，该股最高涨到了 300 元，成为沪深股市有史以来最贵的股票。又如，自从沪深股市有了 ST 股票后，每次股票出现大行情时，涨得最凶的板块就是 ST 板块。

可见，ST 股票是一个高风险、高收益的投资品种。它既是一个漩涡，同时也是一个金矿。事实证明，ST 股票不是不能碰它，关键是怎么碰它，才能将风险降到最低限度，让利益最大化。老余这次对 *ST 国祥的成功投资，给我们提供了几条重要经验。这些经验是：

第一，所选的 ST 股票，最好是在某些方面是独一无二的，且资产质量在整个 ST 板块中处于中上游水平。一般来说，只要具备这两个条件，该股的"壳资源"对市场就有吸引力了，同时资产重组也容易获得成功。比如，就拿余先生所选的 *ST 国祥来说，该股是一家在大陆 A 股上市的台资企业，这在沪深股市中是独一无二的题材。另外，虽然该股连续两年亏损，但总的亏损额并不是很大，且每股净资产在 1.70 元以上，这说明它整个资产质量比起一些亏损严重，每股净资产是负值的 ST 公司，还是相对比较好的。

第二，所选的 ST 股票，在基本面上有明显的向好趋向。我们在选其他股票时，要看其基本面，其实，选 ST 股票，也同样要关注它的基本面。不过了解 ST 股票的基本面与了解其他股票的基本面,内涵是不一样的。了解一般股票的基本面,就是关心它们的业绩与成长性,而了解 ST 股票的基本面,则要关心它们壳资源的价值、资产重组的预期,以及未来的业绩是否会变得越来越糟。比如,当我们了解到一个 ST 股票,未来的业绩只会比现在更糟,可能被终止上市。那么,这样的 ST 股票风险就很大,投资者就不应该去碰它。但问题是,普通投资者到什么地方才能了解到 ST 股票基本面的真实情况呢? 一般来说,普通投资者由于缺乏信息和资源方面的优势,要直接了解、掌握这方面的信息是很困难的。但话要说回来,无法直接了解、掌握这方面的信息,不等于在这个问题上就没有办法可想。此时,投资者可以换一种思路,用间接的方法去了解、掌握 ST 股票基本面的信息。比如,通过公开信息(如年报、半年报),查看股东人数的变化,就是间接地掌握 ST 股票基本面变化的一种有效方法。

　　为什么从股东人数的变化中,就能看出 ST 股票基本面的变化呢? 其道理是:ST 股票基本面如真有好转,一开始,大多数人都会蒙在鼓里,但市场上总有一批能量很大的"先知先觉"者(编者按:这些人主要是主力、庄家与了解内幕的知情者)能打听到一些内部的真实情况,从而会抢在其他人前面捷足先登,逢低买入这些股票,预先埋伏在那里。而与此同时,大部分投资者却因为信息闭塞的缘故,被 ST 股票表面的一些利空消息打晕了,在低位纷纷割肉,交出筹码。因为"先知先觉"者人数少,但买进的量很大,而中小投资者人数多,但每个人卖出的量不大,由此就会造成一种现象:股东人数持续减少,而人均持股数却在不断增加[注]。因此,从某种意义上说,股东人数持续减少,人均持股数不断增加的 ST 股票,其基本面已经或正在朝好的方向发展。投资这样的 ST 股票,一般就不用担心其基本面恶化的风险了。当我们了解这个道理后,回过头来看 *ST 国祥这个股票,就能体会到老余选择它进行投资还是挺有眼光的。我们从该股的年报、半

【注】　关于如何从股东人数变动中寻找投资机会的详细知识,请参阅《股市操练大全》第三册第 168 页~第 180 页。

年报和季报这些公开信息中可以得知,该股从 2009 年初开始,股东人数一直在减少,人均持股数却在不断增加[注]。

第三,所选的 ST 股票,在技术上一定要寻找到看多、做多的理由。我们来看图 314,可以发现,老余是分三次买进该股的,这三次买进,在技术上都能找到充分的看多、做多理由。

老余第一次买进的地方是在图 314 中箭头 A 所指处(2008 年 11 月 13 日)。此处 K 线已连收七阳。股市中有一句俗话:"低位七连阳,中线当走强"。再看当时的成交量,随着低位七连阳的出现,下面的成交量也呈稳步放大态势,这说明有新的增量资金入场了。所以,这个买点选择是很有道理的。

老余第二次买进的地方是在图 314 中箭头 B 所指处(2008 年 12 月 1 日)。为什么要选择这里买进呢?从图中看,该股前面连收 11 根阳线,表现出一种非常强劲的态势,然后出现了一波小幅回调,但回调到 30 日均线处止跌了,之后该股已基本站稳 30 日均线,有继续向上的迹象,且下方的 MACD 已向 0 轴上方迈进,这一时期 MACD 的红柱状线也很突出,这些都是看多、做多的信号。老余在此处加仓,理由是站得住脚的。

老余第三次买进的地方是在图 314 中箭头 C 所指处(2009 年 1 月 22 日)。在这个地方的前面,30 日均线已上穿 60 日均线,形成了黄金交叉。后来 30 日均线与 60 日均线并排着向上移动,推动着股价上行。至此,主力欲将该股做上去的意图已明显地表现出来。所以老余在此再度加仓,这样做风险很小,若往后股价上涨趋势能够继续的话,获利的空间却很大。

从图 314 中看,老余在图中箭头 D 所指处(2009 年 7 月 21 日)

【注】 如该股的公开信息显示,截至 2008 年 12 月 31 日,该股的股东户数是 16169 户,人均持股数是 7586 股;2009 年 3 月 31 日,股东户数是 4434 户,人均持股数是 8498 股;2009 年 6 月 30 日,股东户数是 11690 户,人均持股数是 10493 股;2009 年 9 月 30 日,股东户数是 8566 户,人均持股数是 16965 股。这些数据充分说明该股的股东人数一直在减少,人均持股数在不断增加。

卖出了手中的一半筹码。老余为何要这样做呢?因为这儿收出了一根大阴线。下一步走势到底怎么样,主力操盘时究竟是如何想的,当时还看不清楚。经验告诉他,连续无量涨停后拉出一根大阴线,往后走势有两种可能:第一种可能是行情走到头了,股价就此掉头向下;第二种可能是行情还没有结束,主力借大阴线洗一下盘,然后再来推高股价。但不管后面哪一种可能性大,为了安全起见,老余在此处卖出一半筹码,采取一种比较保守的方法——先将本钱捞回来再说。

　　我对老余这样操作的评价是:在此卖出绝对是聪明之举。因为,一是 ST 股票毕竟是一个风险要高于其他股票的投资品种,操作 ST 股票必须将控制风险放在首位;二是在这儿卖出赢利已相当可观,除了捞回成本,还赚了一笔;三是他手里的筹码成本已降为零,即使这根大阴线出现是行情结束的标志,股价再怎么跌,心中也不慌了。反之,如果这根大阴线不是见顶信号,仅是一种洗盘的信号,尔后股价继续往上涨,那么老林手中剩下的另一半筹码,将会为他带来更多赢利。

　　总之,老余操作 ST 国祥有很多亮点,里面有不少经验值得我们去学习与借鉴。例如,从老余的几次操作看,他买进、卖出都是分批进行的,采用的是一种稳打稳扎的策略。投资 ST 股票,使用这种操作策略,进可攻、退可守,无疑会大大降低投资风险。

图形识别深度练习 68—2

（紧接上题）上堂课结束后，有人提出，毕竟炒作ST类股票是一种极端的投机行为，除少数ST股票通过资产重组，出现乌鸡变凤凰之外，大多数ST股票都是从哪里涨上去又跌回到哪里，最后参与ST股票炒作的投资者往往都以输钱而出局。因此，他们认为研究ST股票意义不大。有人甚至建议，最好将ST股票的图形从课堂上撤走，省得大家看了心烦。程老师听了这个意见后，认为它反映了一部分投资者的真实思想，如果这个思想问题不解决，将会影响到这次"图形识别技巧——股市实战深度练习特别训练"教学计划的实施。于是，他决定抽出一点时间，对这个问题展开一次深入讨论。

请问：做股票究竟应该怎么做？是不是因为ST股票过度投机了，就应该把它排斥在外？请说出你的具体理由。

解答

做股票有两种方法，一种是价值投资法，另一种是趋势投资法。对ST股票进行投资，用的就是趋势投资法。所谓趋势投资，说得简单一点，就是根据股价趋势做股票，在股价趋势向上的时候看多、做多，在股价趋势向下的时候看空、做空。

从理论上说，趋势投资对任何股票都是一视同仁的，不管是什么股票，哪怕是业绩再差的股票，只要确定它趋势向上的时候就值得参与，同样，在确定一个股票的价格趋势向下的时候，任何股票，包括业绩再优秀、成长性再好的股票都应该坚决地卖出。如果把话说得绝对一些，纯粹的趋势投资，把所有的股票都会看成是一张符号，至于这张符号的内容是什么，有无价值，炒作者是不管的。

比如，股市中的权证。无论是认购权证还是认沽权证，经常会出现与正股价格倒挂的现象（编者按：所谓与正股价格倒挂，意思说该权证的价格，实际上已经跌到了零，变成了一文不值的废纸）。但奇怪的是，这些与正股价格倒挂的权证，在它交易到期的最后几周，甚至最后几日，往往会突然出现一波强劲的拉升行情，几天之内，甚至几小时之内，价格就会翻上几番，换手率奇高、跟风者甚多。这是为什么呢？因为参与权证炒作的投资者，当他们看到当时权证价格的趋势是向上的，就会认为有利可图，于是就会纷纷跟进。至于这个权证有没有价值，当时跟风炒作的人一般都不会去思考这个问题。或许参与者都在做着这样一个美梦："我炒了一把，赚了就走，反正我不会接最后一棒"。试想，人人都这样想，这个美梦能实现吗？当然不会实现。因此，每一次权证疯狂炒作的结局，绝大多数参与权证炒作的投资者都会输得分不清东西南北，而只有眼快、手快、踏准节拍者才是赢家。现在人们把权证市场的这种现象称之为"最后的疯狂"。[注]

可见，只要从事趋势投资交易，就回避不了过度投机的问题。事实表明，权证炒作会产生过度投机，新股炒作、题材股炒作、ST股票炒作、创业板炒作，甚至大盘股的炒作（比如，2007年9月、10月机构对蓝筹股的拉抬）也同样会产生过度投机的现象。其实，开了股市就一定会产生过度投机的现象，这是不以人的意志为转移的。比如，创业板上市首日，管理层想了很多办法来防止创业板上市首日的过度爆炒。但结果呢？尽管创业板上市首日28只股票一齐上，爆炒的现象还是发生了。说到底，股市中任何过度投机现象的产生都是因为投资者贪婪所造成的。

心理学家早就指出，人性有两大弱点，即贪婪与恐惧。人性这两大弱点在股市里表现得非常突出。比如，2007年秋，在股市涨了五六倍，上证指数冲到了6000点时，有人还在不断地抢购股票，期望股市继续涨到8000点、10000点。这些投资者当时的疯狂举动，只能用"贪婪"这个词去解释。又如，2008年冬，在股市跌掉60%、70%后，上证指数跌到了2000点、1800点时，有人还在不计成本地割肉出局。当时这种血淋淋的、惨不忍睹的现象，用"极端恐慌"这个词去解释，再恰当不过了。

【注】 这种已经形同废纸的权证疯狂炒作，在最后一天交易结束时，它的价格就会快速跌到接近零的价格。正因为如此，人们才把权证市场的这种现象称为"最后的疯狂"。

总而言之,过度投机是市场中客观存在的现象,即使要扼制过度投机,那也是管理层的事,它与普通投资者从事趋势投资交易是没有关系的。坦率地说,在沪深股市中,绝大多数投资者都是在做趋势投资,个人投资者是如此,大资金、大机构也是如此。否则,沪深股市每天数千亿的成交量又从哪里来呢?从本质意义上说,做趋势投资赚的是差价,越是大起大落的品种,差价就越大,就越容易受到趋势投资者的青睐。例如,某个ST股票从高位下跌,跌掉90%,然后从低位又上涨了80%,这样一上一下,其差价是很大的。假如说,股市每次牛熊转换时,这个ST股票都会来一次这样的上下折腾,其累积的差价就是十分惊人的。正因为ST股票差价大,所以它才会对一些趋势投资者产生巨大的吸引力。据了解,现在连一向标榜自己从事价值投资的公募基金,也参与了ST股票的炒作。

接下来,我们再来讨论一下本题中另外一个问题,即有人提出的"除少数ST股票通过资产重组,出现乌鸡变凤凰外,大多数ST股票都是从哪里涨上去又跌回到哪里,最后参与ST股票炒作的投资者,绝大多数是以输钱而出局的"。

那么,这个情况是不是事实呢?的确是事实。但是我们要明白,股市本来就是一个多空博弈的场所,所谓博弈就是在一定的游戏规则下,少数人用他们的"智慧"赚了大多数人的钱。按照博弈的眼光看,股市就是一场零和游戏,没有大多数人输钱就不会有少数人的赢钱。

做股票的人都知道,股市里有"一赢二平七亏"之说,它指的就是股市博弈的结局只能如此。我们并不否认每一次参与ST股票的炒作,最后大多数人都是亏了,少数人赚了,这是一个不争的事实。但大家不要忘了,在股市里任何板块的炒作,最后的结果,也都是少数人赢了,多数人输了。比如,题材股的炒作是股市里最常见的现象。股市里的题材可谓层出不穷,如以前的"香港回归题材"、"网络科技题材"、"奥运题材"等等,让人看了眼花缭乱。但每次题材炒作,开始时总是轰轰烈烈,一片兴旺景象,结束时总是凄凄惨惨,一地鸡毛。最后的结局,除少数人眉开眼笑外,多数人都做了冤大头。由此可见,在股市里做任何股票,最终的结果都是少数人赢多数人。沪深股市是如此，世界上任何一个股市也都是这样，这个结果是谁也无法改变的，这也可以说是股市中的一种规律吧。

了解股市历史的人知道，早期的沪深股市是没有ST股票的。ST股票是1998年推出的，它也可以说是我国股市特有的现象，社会上对ST板块一直有着很多不同的看法。比如，有人看到ST板块中存在着诸多的机会，有人看到ST板块中存在着巨大的风险；有人喜欢做ST板块（编者按：现在市场上已出现了专做ST板块的机构与个人投资者），有人厌恶ST板块。其实，这些都是正常现象。今天我们讨论这个问题，目的并不是提倡大家都去做ST板块，也不是要求那些厌恶ST股票的投资者改变自己的想法。

我们的目的只有一个，就是要告诉那些想做ST板块，但又担心ST板块名声不佳，进而影响到自己的情绪与正常判断的投资者，一定要放下思想包袱，认识到参与ST板块的炒作并不是什么过度投机，而是一种正常的交易行为。ST板块与其它板块一样，都存在着风险与机会。如果在某个阶段、某个ST股票上，投资者发现它的机会大于风险时就可以积极参与；反之，在某个阶段、某个ST股票上，投资者发现它的风险大于机会时就应该马上退出。我们认为，就操作难度而言，炒作ST股票确实比炒作其他股票的难度要大。因此，我们建议投资者参与ST板块炒作时，一定要作好充分准备。有人问准备什么呢？具体来说，准备的东西应该包括以下几项内容：

①当事人一定要对炒作ST股票的机会、风险有充分了解；

②当事人要切实把握好买进与卖出ST股票的时机；[注]

③要预先设好止损点，一定要采取打得赢就打，打不赢就走，决不可恋战的投资策略；

④要善于总结经验，向成功者学习（比如，上道题中老余成功炒作*ST国祥的经验就值得大家认真学习）。

最后，我这里再强调一下，**正像不是人人都能参与创业板投资的**

【注】 关于如何认识ST股票的机会、风险，以及如何把握好ST股票的买进、卖出时机，详见《股市操练大全》第三册第7页~第15页。

道理一样,参与 ST 股票投资也必须是有条件的。我们建议下列几种人尽量不要参与 ST 股票投资:一是没有对投资 ST 股票做好充分准备的人不要参与;二是崇尚价值投资的人不要参与;三是年龄偏大的投资者不要参与;四是心里承受能力较差的投资者不要参与。

(编后语:本书深度练习题 68-1、68-2,是应一些读者要求设计的。他们希望我们就 ST 股票的投资,谈一些具体意见。为了满足这些读者的要求,我们特邀请有关人员,精心设计了这两道题。但效果究竟如何,请这些读者来函告知。)

图形识别深度练习 68—3

程老师说：上两节课我们分析了ST股票与趋势投资的问题，其中对价值投资的问题，只是提了一下，没有展开。那么，是不是我们对价值投资可以视而不见呢？答案是否定的。《股市操练大全》编写组对价值投资非常重视。但问题是，投资者做趋势投资看走势图就可以了，而做价值投资就没有那么简单了。今天我们就用一节课的时间来讨论一下价值投资。

我这里提几个问题，请大家思考一下：

一、什么是价值投资？

二、为什么沪深股市中崇尚趋势投资的人数远远超过了崇尚价值投资的人数？

三、价值投资难在哪里？

四、价值投资的核心是"估值"，这个估值工作应该怎么做？

五、价值投资者需要的长线牛股从哪里去寻找？

六、投资者找到长线牛股后应该如何操作？

解答

一、什么是价值投资

所谓价值投资，简单地说，就是根据股票的内在价值是被高估了还是被低估了，然后决定是卖出还是买进的一种投资行为。其规则是：当股票的价值被市场高估时，即使其走势再好，也应该卖出（被高估越严重，就越应该卖出），当股票的价值被市场低估时，即使其走势再坏，也应该考虑逢低吸纳（被低估越严重，越是买进的良机）。

二、为什么沪深股市中崇尚趋势投资的人数远远超过崇尚价值投资的人数

这里有三个原因。首先，因为沪深股市是一个新兴市场，投机盛行，换手率奇高，创世界之最，无论是个人投资者还是机构投资者，短期化操作的倾向十分突出。在这种氛围下，价值投资很难形成气候。其次，因为在沪深股市1000多个股票中，真正适合长期持有的投资品种太少。第三,因为沪深股市出现系统性风险时,呈现的是"覆巢之下,岂有完卵"的景象,几乎所有的股票都会出现大跌,这其中也包括一些业绩优秀的价值类股票。

三、价值投资难在哪里

大家可能有所不知,纯粹的价值投资是不看走势图的,甚至连国家的经济政策、股市的形势如何,他们都可以不闻不问。他们唯一关心的就是上市公司本身的经营状况。那么,什么样的股票才值得购买呢?价值投资者认为,只有内在价值被严重低估,且将来有巨大发展潜力的股票才值得购买。用巴菲特的话来说,一个股票值不值得拥有,与股市走势无关。即使股市关门五年,照样可以不断发展壮大的上市公司,才值得人们拥有它。

说来有人可能不信,世界上做股票赚钱赚得最多的巴菲特,在他的办公室里竟看不到任何电脑走势图。那么,这是为什么呢?因为巴菲特对股价的短线波动是不屑一顾的,所以他做股票从来不看其走势如何。巴菲特关心的只是上市公司的经营状况,重点研究的是上市公司财务报表。比如,2003年巴菲特看中了香港股市中的中石油H股,他认为当时该股1元多港币的价格是被市场严重低估了,于是他就出手大量买进中国石油H股。到了2007年,当中国石油H股涨到十三四元时,他认为该股的价值被高估了,就陆续将手中的中国石油H股全都卖了。而当时中国石油H股走势很好,巴菲特卖出的时候,该股还在拼命地往上涨,但巴菲特还是按照自己的投资方式将它们都卖了(编者按:巴菲特卖出后不久,该股就见顶回落,并跌到了巴菲特卖出的价格之下)。短短几年,巴菲特就在中国石油H股上赚取了几十亿美金,按可比价格计算,该利润超过300亿人民币。

价值投资方法看似简单,但真正实施起来却很难。那么,它难在哪里呢?

第一难,难在成百上千的股票中,当事人若没有一双火眼金睛,是很难发现价值被严重低估,且未来有巨大发展潜力的股票的。说白了,这些价值被严重低估,且未来发展潜力巨大的股票,就是市场上未来的大黑马、大牛股。试问:在大黑马、大牛股诞生的初期,又有多少人能对它慧眼识宝呢？

第二难，难在当事人如果没有一个非常好的投资心态，大黑马、大牛股是绝对拿不住的。沪深股市里曾出现过一些很有名的大黑马、大牛股（比如贵州茅台、苏宁电器、盐湖钾肥等），但是在一开始就能拿住它们，且一直坚持到最后的投资者，在市场中可以说是寥寥无几。据了解，这些大黑马、大牛股，在其诞生初期，有不少投资者曾经买过，但是后来主力震仓洗盘时，就把他们洗出去了，这些投资者充其量只赚了点小钱。而真正能在低位买好后拿得住，并在这些大黑马、大牛股身上赚上几十倍利润，甚至上百倍利润的投资者，在沪深股市里少之又少。

第三难，难在大黑马、大牛股也会变色，如果它们变色后，当事人仍然对它一往情深，就会给投资造成巨大的亏损。比如，沪市中的四川长虹（000839），在上世纪九十年代中期曾经是沪深股市中最有名的长线大牛股，长期持有它的投资者都赚得盆满钵满。但是后来情况变了，其市场经营每况愈下，这个长线大牛股逐渐改变了颜色。但遗憾的是，当它的基本面发生重大变化后，有的投资者没有与时俱进，仍然痴迷地对它看多、做多。而此时该股的股价就像吃了泻药，一跌再跌，最后跌得只有高峰时的一个零头，致使对它一往情深的投资者遭受了巨额亏损。

值得注意的是，2008年全球金融危机爆发后，在美国、欧洲等成熟市场，一些曾经被市场公认的长线大牛股也变了色，给投资者带来了灭顶之灾。这期间最典型的就是美国股市中的"雷曼兄弟"，它曾被价值投资者评为"近几年最难捡到的一只白金皮夹子"，却使买入该股票的价值投资者成了陪葬品。由此可见，长线大牛股会变色，在全世界股市都有这种现象，而且一旦变色，那些长期持有它的投资者的损失将十分惨重。

第四难，难在大黑马、大牛股成了市场明星时，其股价往往已高处不胜寒了，此时投资者对它们看多、做多，说不定就会在高位"站岗放哨"。股市中有一个奇怪的现象：大黑马、大牛股在诞生初期，市场中很少有人会关注它，也没有人会说它有什么投资价值。但当大黑马、大牛股长大了,股价一涨再涨,出现严重透支的时候,市场中的股评家与媒体人士,却纷纷出场,不厌其烦地大谈其投资价值。此时,当一些缺乏实战经验的投资者追进去的时候,却发现自己追在高位,股价重心在不断向下。这让相信这些股票有长线投资价值的投资者,不知道这个时候究竟应该是止损出局,还是应该逢低吸纳,从而导致他们在操作上陷入了一个非常被动的状态。

第五难,难在表现非常光鲜,被媒体大肆宣传的有投资价值的股票,有时竟成了一颗定时炸弹。长期以来,沪深股市中的虚假宣传现象十分严重。其原因是:股市规模快速扩展,加上我们的股市又是一个新兴市场,制度与法律不健全,监管难度非常大,从而被一些人钻了空子。

数年前,沪深股市中曾经出现过一个典型的造假案例,此事在全国造成了极为恶劣的影响。事情是这样的:当时有一个"银广夏"的股票(现改名为"ST 银广夏"),被一些别有用心的人包装成为沪深股市中最有投资价值的股票。也不知怎么搞的,当时有很多媒体都对它表现出浓厚兴趣,对其"优秀业绩"、"投资价值"作了广泛的报道,其宣传覆盖面曾经一度达到了铺天盖地的程度。经过如此大规模的宣传与报道,确实"打动"了许多崇尚投资价值的投资者,他们相信了媒体的报道,对由一些权威人士认定为"中国第一绩优股"的银广夏深信不疑,很多人都买了它,有的甚至倾其所有把它当成宝贝收藏起来,准备像巴菲特那样长期持有它。但不料事后报出消息说,该股上市以来所有的光辉业绩都是伪造的,实际上它早就在经营上出现了严重问题,现在已千疮百孔,亏损累累。该消息一经公布,马上就引起了该股连续暴跌,倾刻之间,投资它的股民财富都被蒸发了。在沪深股市中,类似这样的例子还有很多。所以,沪深股市里流传着这样一句话,绩优股就是忽悠人的大忽悠股。不少绩优股往往是第一年绩优、第二年绩平、第三年就变成绩差,甚至是亏损公司了。投资者若对它们进行价值投资,长期持有,最后必然是竹篮打水一场空。

当然,并非所有的绩优股都是这样,这句话可能是说过了头,但它也反映了一种现实:即在我们股市中,真正有价值,值得长期投资的股票实在太少了(编者按:据有关资料统计,在沪深股市1000多只股票中,有长期投资价值的绩优股或成长股,仅为总数的10%左右,若是指值得长期投资的长线大牛股,那就更少了,最多不超过2%)。正因为少,投资者能发掘出一个被大众忽视,其价值真正被市场严重低估(而不是表面上被低估),且未来发展潜力巨大的股票,就是一件非常不容易的事,其难度就像登山运动员攀登世界高峰那样地艰难。

第六难,难在价值投资没有解决何时买进、何时卖出、持有多少等基本问题。在中小投资者非常关心的进出场时机和资金管理等一系列至关重要的问题上,价值投资基本上是一片空白。这不能不说是一个遗憾。虽然从理论上说,价值投资买进、卖出都有一个充分的理由:即"在别人恐惧时我贪婪、在别人贪婪时我恐惧"、"当价值被低估,尤其是被严重低估时就是买进的时候,当价值被高估,尤其是被严重高估的时候就是卖出的时候"。但是,在实际操作中,如何对"恐惧"、"价值被低估",或"贪婪"、"价值被高估"进行量化,并把它作为买进或卖出的一个标尺呢?这个问题在价值投资理论体系中,找不到一个明确的答案。

正因为没有一个可以量化的参考数据,所以,投资者操作时就会遇到很大困难。这种困难有时连一流的价值投资大师都会为此付出沉重的代价。比如,在上世纪二三十年代,巴菲特的导师和证券分析之父——格雷厄姆,在1929年的美国股灾中,其管理的基金亏损幅度高达78%,几乎让他倾家荡产。在惨痛的教训中,他总结出一条价值投资基本原则,这便是安全边际,并在此基础上传授给巴菲特两条投资铁律:第一、永远不要亏损;第二、永远不要忘记第一条。巴菲特又将此化作价值投资中的三条核心原则:第一、不要赔钱;第二、坚决不要赔钱;第三、牢记前两条。后来,巴菲特继承和发展了格雷厄姆的价值投资法,成为一名杰出的国际投资分析大师。并以其几十年的价值投资成果,使他成为全球股市中赚钱赚得最多的股市大赢家。很显然,巴菲特是知道进行价值投资时,什么时候该买进、什么时候该卖出的。不过,作为一个商业秘密,局外人很难知晓,他究竟是根据什么,以什么数据作为标尺进行买进或卖出的。

几十年来,巴菲特投资某个股票时,当时究竟是怎么思考的,具体是如何买进、卖出的,这也许永远是一个谜,或许巴老也有他的难言之处,不便向世人公开。但不管怎么说,投资者在向巴菲特学习,进行价值投资时,纯粹地根据巴菲特所说的"在别人贪婪时我恐惧,在别人恐惧时我贪婪"这句话进行操作,是很难把握好股票买进、卖出的时机的。这是价值投资法的一个重大缺陷,也是价值投资法不能像趋势投资法那样得到广泛推广的一个重要原因。

四、价值投资的核心是"估值",这个估值工作应该怎么做呢

我这里有一份资料,据统计,自从上海在 1984 年公开发行第一只股票飞乐音响(600651)以来,迄今为止(截至 2009 年 11 月 17 日收盘),沪深两市 A 股中已经有 218 只股票价格在复权后超过 100 元,占 A 股总数的 13.29%,其中有 16 只股票复权后突破千元大关。申华控股是目前沪深股市中复权后最贵的股票,复权后收盘价为 48568.74 元,相对发行价已经上涨 484.69 倍;现在复权后股价超过万元的 A 股还有飞乐音响、爱使股份、方正科技、飞乐股份四家;此外,大众交通、金枫酒业、广电电子等 11 只股票最新复权收盘价在千元以上,苏宁电器是第一只股价过千的中小板股票;另有 202 只股票复权后价格在 100 元以上。

短短的几年、十几年,一个股票复权价能站在 100 元之上,特别是能站在 1000 元之上的,肯定就是一个长线牛股了。投资者抓住这样的股票,长期持有必然是一个股市大赢家(编者按:请注意,选股时不能以此为标准,长线牛股是指它的过去,不是指现在,更不是指未来。事实上,时至今日,在这 218 只股票中,有很多已过了它的高速成长期,很难再现往日的辉煌。因此,这些股票今后会有什么表现,尚是一个未知数)。我们把这种投资行为定性为价值投资,这应该是没有什么争议的。

现在我们讨论价值投资,那就应该弄清楚这些复权后能站在 100 元,甚至 10000 元以上的股票,当初是怎么表现出它们的投资价值的,它为我们提供了哪些价值投资方面的经验呢?据分析,这些股票当初的投资价值主要表现在以下几个方面:

①业绩续增。分析显示,这些长期走牛的个股股价高企的背后是主营业绩续增。据Wind资讯统计,218只长期走牛的个股,近几年业绩实现着稳定增长,2006年合计实现净利润546.39亿元,2007年陡增九成至1056.38亿元;2008年在金融危机冲击下,净利润总额微降至969.27亿元;2009年前三季度,218只长期走牛的个股,已经完成2008年全年99%的盈利额,净利润合计961.02亿元,整体业绩呈现大幅增长的态势。比如小商品城、思源电气、贵州茅台等股票已经持续五年净利润年增长率超过20%。

②股本拆细与扩张。据了解,在这些长期走牛的个股中,复权后价格较高的股票多是"老八股",它们在1993年之前曾有大比例分拆[注]。比如目前最贵的申华控股,就是由小盘股逐渐演变成大盘股的。此外,大众交通、金枫酒业、上海金陵、上实医药、天宸股价、老凤祥、嘉宝集团、格力电器等股票也都进行过股本拆细。

③高分红送转。据分析,高分红送转也是助推股价攀升的一大主因。据了解,在218只长期走牛的个股中,现在已有97只百元股持续四年高分红送转,包括万科A、西山煤电、神火股份、雅戈尔等。有关资料显示,2005年97只股票累计分红114.28亿元,2006年分红额增至163.68亿元,2007年分红额再度增长至200.83亿元,2008年继续保持着200亿元的分红。有4只股票在2008年分红总额均超过10亿元,其中盐湖钾肥自1997年以来年年分红,并实施了两次10转10、10转5的送股方案。

④经营优势明显。比如,苏宁电器经营的是家电连锁销售,在商业零售业中,其经营优势非常突出。从比较优势来看,百货商店的家电零售,无论是价格、品种、服务都不是它的竞争对手。也正因为如此,它上市以来,门店越开越多,市值越做越大。又如,贵州茅台,虽然

【注】 1990年12月,上海证券交易所刚开张时,当时上市交易的只有"申华实业"、"飞乐音响"、"爱使股份"等8只股票,俗称"老八股"。其每股面值,有的是100元,有的是50元,后来这些股票经过分拆,每股面值都统一定价为1元。这样原来100元面值的股票,就被分拆成100股,50元面值的股票,就被分拆成50股。这个过程称之为"大比例分拆。"

其动态市盈率目前已达到100多倍,远高于市场平均水平,但茅台是消费品行业无可争议的龙头品种,绝大多数机构认为贵州茅台是中国最富潜力的优质公司,资源稀缺性决定了它可以享受更高的溢价。

从以上的分析中,我们可以发现,虽然价值投资的核心是"估值",但这个"估值"决不是仅仅看其业绩就可以了。诸如,股本能不能扩张、有没有高分红送转、行业优势是不是明显,等等,都是估值时必须考虑的内容。投资者只有把这些问题弄明白了,价值投资当中最重要的一个环节——"估值"工作才算真正研究到位了。之后,才有资格来谈价值投资,并在实际操作中,避免出现一些重大的投资失误。

五、价值投资者需要的长线牛股从哪里去寻找

这个问题在《股市操练大全》第五册已经作了详细回答(见该册第298页~第305页)。我这里再简单地提一提,一般来说,价值投资者需要的长线牛股,可以从以下几个路径去寻找:

①从直接受益于经济快速发展的企业中去寻找长线牛股;
②从处于产业链两端的企业中去寻找长线牛股;
③从行业龙头企业中去寻找长线牛股;
④从"唯一性"企业中去寻找长线牛股;
⑤从上市时间短的企业中去寻找长线牛股;
⑥从经营管理水平高的企业中去寻找长线牛股。

六、投资者找到长线牛股应该如何操作

这个问题争议比较大。这里有两种观点,观点一:找到长线牛股后,一旦买进就长期持有,至于股价如何波动就不去管它了。持有的时间越长回报越丰厚;观点二:找到长线牛股后,一定要结合技术走势来操作,在股价处于技术低位时买进,在处于技术高位时卖出,长期持有并不是长期捂股不动。特别要警惕的是,当股价形成明显的下降趋势时就坚决不碰它,只有当它重新出现上升趋势时才可以再次拥有它。

很显然,上面两种观点是完全对立的。持有第一种观点的人认为,价值投资大师巴菲特就是这样做的,他买进的可口可乐股票,几十年都没有卖出过,所赚的利润十分惊人。持有第二种观点的人认为,沪深股市与美国股市不同,学习巴菲特也要结合中国股市具体情况来进行。沪深股市的特点是:暴涨暴跌,牛熊转换频繁;绩优股生命周期短,其中还可能夹有假货、私货;如果不问青红皂白地长期持有,很可能会出大错。而从目前情况来看,避免出大错的最佳办法,就是用技术来锁定风险,即再好、再优秀的股票,一旦中长线技术位失守,就坚决卖出。

那么,这两种观点谁是谁非呢?我赞同第二种观点。下面我举些例子,大家就可以明白第二种观点要比第一种观点更符合我国股市的实际情况。

沪深股市已有20年历史了[注],在这20年中,投资者心目中的长线大牛股究竟有多少呢?能叫得响的,一度被市场公认的长线大牛股大概有三四十个,如:陆家嘴、东方明珠、四川长虹、深发展、深万科、盐湖钾肥、蓝田股份、银广夏、贵州茅台、苏宁电器、中国船舶、山东黄金等。

在我列举的这12个股票中,大家可以发现,有的股票你买进后,不管股价如何波动,长期持有,确实获利非常丰厚,如盐湖钾肥、贵州茅台、苏宁电器、山东黄金,但有的股票你买进后长期持有,可能输得连血本都没有了,如蓝田股份、银广夏。另外,对大多数的长线大牛股来说,阶段性持有、波段操作比长线持有,一直捂在手里不动,获利要丰厚,风险也相对要小得多,如陆家嘴、东方明珠、四川长虹、深发展、深万科、中国船舶都是如此。

有人会说,这不是很简单么,把贵州茅台、山东黄金等这些能长期持有的股票一直拿在手里,而其他股票就作另类处理,或者是阶段性持有,或者是短线获利就卖出,这样问题不是解决了吗?其实,说这话的人可能忘了,当事实结果还未出来前,你又怎么能预先知道这12个股票中哪些是可以长线持有的,哪些只能是阶段性持有,哪些是假的,只能炒一把就必须走的。既然不能预先知道,买进后就无法

【注】 这里指的是:1990年12月上海证券交易所成立至今的一段历史。但是,如果从新中国成立后第一个股票公开发行的日子算起,至今已有26年历史。

鉴别出谁真谁假,最后只能稀里糊涂地把它们捂在手里。捂对了,算幸运,捂错了,只能自认倒霉,假如捂着的是一个假牛股(如蓝田股份、银广夏),最后连老本都赔光了,那亏就吃大了。

　　买进长线牛股后用技术来锁定风险,还有另外一层意思,即使你买进的是一个真的长线大牛股,也可以用技术来锁定它阶段性的风险。此话怎么讲呢? 比如,贵州茅台,它在 2008 年 1 月 15 日最高冲到 230.55 元,然后就出现了一轮大的跌势,最低跌到 84.20 元,跌幅高达 63%(见图 315),当时,贵州茅台从高位跌下来,技术上出现了明确的中长线卖出信号[注],此时将其卖出还是很有把握的,然后到低位再把

> 在股市中,再优秀、再有价值的股票,一旦股价被过度炒作,都面临着巨大的风险。瞧! 这个曾经被一些人认为"一旦买进,终身拥有"的长线大牛股,在股价被过分炒高后,也逃脱不了价值回归之路的宿命。2008 年,该股股价出现大跌,跌幅超过 60%,跌得也是够狠的

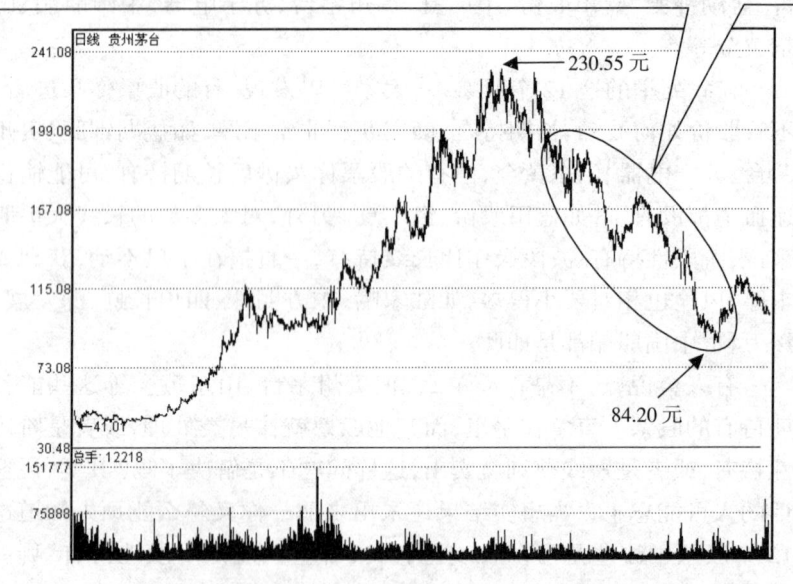

贵州茅台(600519) 2006 年 6 月 2 日 ~2009 年 1 月 21 日的日线走势图　　图 315

【注】　关于如何识别该股当时发出的中长线卖出信号,详情可参见《股市操练大全》第七册第 140 页 ~ 第 149 页。

它捡回来,这完全是可以做得到的。投资者若以这样的方式操作,是不是比一点也不看股价走势,只知道一昧地捂股要好一些呢?这个答案是不言自明的。所以,投资者在操作长线牛股时,短线的卖出、买进信号可以不管它,但中长线卖出、买进信号一定要认真对待,决不可以不闻不问。投资者一定要知道,这是在为自己的价值投资加上一把安全锁,有了这样的锁,长线赢利就更有保证了。

总之,投资者在进行价值投资,选择长线牛股时,将价值投资与趋势投资有机地结合在一起,这不仅是可能做到的,也是必须做到的。这样就可以弥补用价值投资法,买进、卖出信号不明确的缺陷,从而让价值投资真正能够发挥其应有的效果。

我们在这里要提醒大家的是,运用趋势投资法买卖股票,关键是要学会看图、识图。本书的深度练习都是围绕着看图、识图展开的,笔者希望本书的深度练习,也能给崇尚价值投资的读者带来很好的帮助,如此我们就感到欣慰了。

编后语:很多读者来信向我们诉说他们在价值投资问题上的困惑。一些在价值投资上吃了大亏的投资者,忿忿不平地说,价值投资都是骗人的,中国股市从来就没有什么价值投资。显然,这种看法是偏激了些,带有一定的个人情绪渲泄成分在里面。客观地说,在沪深股市进行价值投资是一件很困难的事,成功案例不多,但大家也不要忘了,沪深股市成立20年来,其中仍然有少数投资者,通过价值投资取得了丰厚的投资回报,有的还因此成为股市上的投资高手。这个事实是不能抹煞的。

其实,任何股市都存在着两种基本的投资方式,一种是趋势投资,一种就是价值投资。只不过沪深股市是一个新兴市场,在新兴市场进行价值投资比在成熟市场进行价值投资,碰到的问题更多、更加复杂。价值投资并不是一些人想象的那样,只要看看每股收益,算算市盈率有多少倍那样简单,它的复杂程度往往超过了一般人的想象。试想,如果价值投资真的像某些人说的看看每股收益(算一下市盈率是多少)那样简单,岂不是大家都可以变成巴菲特了吗?这样在股市中赚钱就太容易了。事实上这种情况是不存在的,它只是一些人的幻想而已。本文就我们了解的价值投资方面的问题,分成6个方面向大家作了解答,这也算我们对这些读者来信的一次集中答复。当然限于笔者的思想认识水平,这个答复肯定存在某些方面的不足与错误。倘若它还不能使大家感到满意,笔者只能在此向这些读者表示歉意了。

图形识别深度练习 69—1

程老师说，做投资一定要有大思路，没有大的思路，要想长久地在资本市场获得赢利是不可能的。同样，我们在操作一个股票，观察其图形走势时，一定也要有一个清晰思路。通常，一个股票完成一个牛熊周期，它一定要经历____阶段、____阶段、____阶段、____阶段。投资者只有从图形走势中看清楚自己操作的那个股票，目前的走势处于什么阶段了，才有可能采取正确的对策。

现在，请你先将上面空白处填充，然后再解释一下，为什么一个股票完成牛熊周期必须经过这4个阶段。另外请你举两个实例，在图中标明这4个不同的阶段。

解答

我先填充：筑底、上涨、筑顶、下跌。

大家知道，无论什么股票，没有大资金参与，它是涨不起来的，大资金参与的过程，就是我们通常说的主力、庄家(编者按：其实，所谓的主力、庄家都是一个意思，都是有实力的大资金的代名词。为了叙述方便，以下统称为主力)操作的过程。主力操作一个股票大致可以分成以下5个步骤：①吸筹；②洗盘；③拉升；④派发；⑤打压。从图形上看，股价的筑底阶段就是进入了主力的吸筹、洗盘过程。一般来说，主力在没有完成整个建仓与清洗浮筹的任务前，是绝对不会拉升股价的。此时，图形的表现就是震荡筑底。有人问：这个震荡筑底需要多长时间？很难说，一切都因股因时而异。有的股票流通盘子较小，股性又较活跃，吸筹与洗盘的时间就短一些，有的股票流通盘子较大，股性又较呆滞，吸筹与洗盘的时间就长一些。一般时间短的，筑底几个月就行了，筑底时间长的则在一年，甚至二年以上。从图形上看，股价的上涨阶段就是进入了主力的拉升过程。这个道理很简单，主力不拉升，股价怎么会涨呢？从图形上看，股价的筑顶阶段就是进入了主力的派发过程。股价在经过拉升后，主力手里积累了大量获利筹码。为了将帐面上的利润转变成实际收益,主力就必须将筹码派发出去,由于主力手中的筹码较多,一下子是派发不完的,所以就需要有一定的时间来完成筹码的派发任务,这个时候在图形上表现的就是一个筑顶阶段。从图形上看,股价的下跌阶段就是进入了主力对股价的打压、砸盘的过程。从主力的操作行为看,将获利筹码在高位顺利派发出去是他们的最终目的,同时也是整个过程中最难实施的一个环节。为什么呢?这里有两个原因。第一,当图形上显示出见顶迹象时,跟风盘马上就会望而怯步。一旦跟风盘减少了,主力要想在高位顺利出逃就没有那么容易了;第二,如果大盘出现系统性风险(比如,正当某主力要对一个股票出货时,此时正巧遇上大盘出现了大跌),个股就会跟着一起快速下跌,这样留给主力在高位震荡出货的时间就很短,派发出去的筹码会大幅减少。据了解,一般情况下,主力在高位能派发出一半筹码就很不错了(当然个别做得顺手的主力,在高位抛出的筹码会超过这个数字)。由此可见,在股价从筑顶阶段进入到下跌阶段时,主力手里多多少少会留有一些筹码。

我们发现,在股价进入下跌阶段后,有的个股常常会在下跌反弹中放出巨量,然后就重归跌势,之后当股价再次反弹时又会放出巨量,放了巨量后又继续下跌。这个现象说明什么呢?说明盘中的主力在高位并没有卖出多少筹码,手里还有大量存货压着。之后,主力只能利用下跌反弹中的反弹机会,对投资者进行诱多(比如,反弹时拉上一两根涨停大阳线)。当一些不明真相的投资者被骗进来后,主力就会趁机将筹码抛给他们,自己则溜之大吉。这样在走势图上就会形成"下跌——反弹(放巨量)——再下跌——再反弹(再放巨量)——继续下跌"的特别景象。

有鉴于此,投资者对下跌途中拉大阳线放巨量的个股,一定要高度警惕,千万不要轻易看多、做多,否则就很容易上当受骗,成为主力出逃的"买单"者。

从主力操盘行为看,主力在高位派发筹码后,无论筹码派发顺利还是不顺利,在股价进入到下跌阶段时,都不会再做出把股价推上去的举动了。所以,投资者在股价进入到下跌阶段时,应该丢掉幻想,早一点出逃就少一点损失,死捂着股票不放那肯定是要吃大亏的。下面我们来看两个实例,看看股价的筑底阶段、上涨阶段、筑顶阶段、下跌阶段,在走势图形上究竟是如何表现的(见图316、图317)。

从图中看,该股一轮牛熊转换的四个阶段——筑底、上涨、筑顶、下跌各个阶段的轮廓是非常鲜明的。虽然筑顶阶段时间相对较短,但如果熟悉主力操作手法的投资者,看到盘中见顶信号出现时,完全可以做到在高位顺利出局

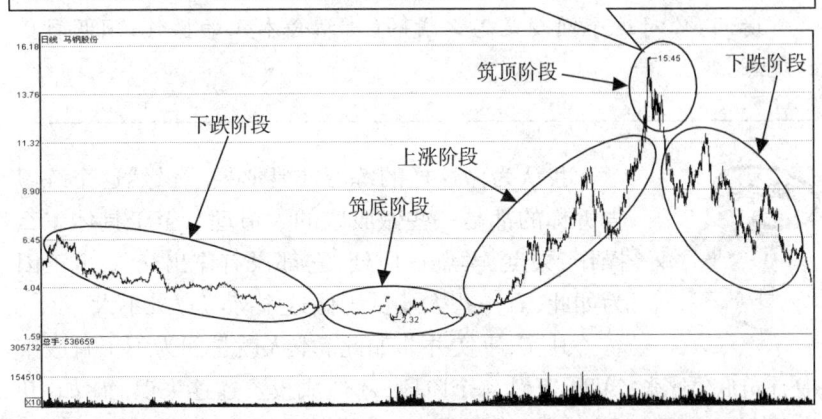

马钢股份(600808) 2004年2月17日~2008年8月12日的日K线走势图　图316

该股在一轮牛熊转换的过程中,筑底与筑顶时间都比较长,但只要熟悉技术图形,中长线买点与中长线卖点,还是比较容易选择的(见图中箭头A、B所指处)

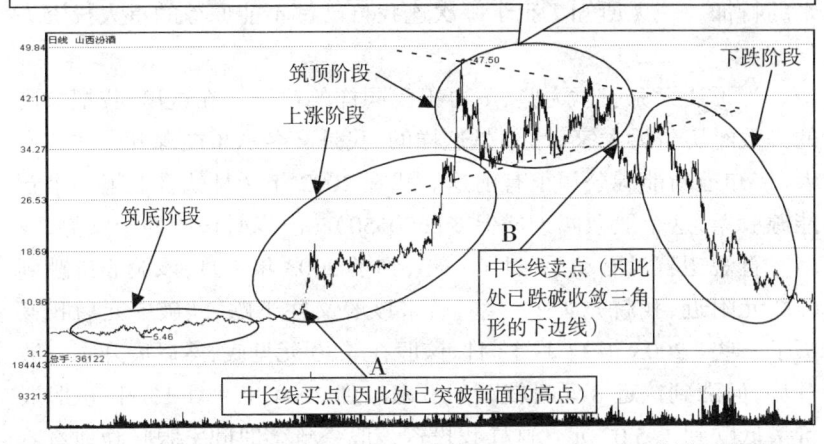

山西汾酒(600809) 2004年12月20日~2008年9月23日的日线走势图　图317

421

图形识别深度练习 69—2

(紧接上题)上道题做完后,有人向程老师反映,做这样的练习意义不大。因为了解股价有筑底、上升、筑顶、下跌四个阶段,只不过是多了一个话题而已,对实战并没有什么多大帮助。程老师听了,只是笑笑,没有作出正面回答,他要把这个问题交给大家去讨论。

请问:你对这个问题是怎么看的(请结合本人的操作,阐明自己的观点)?

解答

我认为做这样的练习非常必要。虽然这个练习告诉你的都是一些做股票的大道理。至于具体怎么操作,买点、卖点在何处,它都没有作出交代,也正因为如此,有一些人才认为做这个练习意义不大。

其实,事实并非如此。本人就是因为不了解股市中有筑底、上涨、筑顶、下跌4个阶段,才造成投资连连失误。比如,几年前我经过仔细研究,选准了一个潜力股,并且拿了这个股票相当长的时间,最后还是在低位被主力洗盘出局了。结果这个股票在我卖出后的两年多时间里,涨了几十倍,而我因为对股价筑底阶段所表现出来的特征,一无所知,犯了一次连我自己都不能原谅的重大投资失误。

为了让大家引以为鉴,不再犯我同样的错误。在这里,我把自己的失败经历告诉大家。事情是这样的:我是一名从事能源开发的技术人员,知道新能源公司很有前途。我在2002年7月就看上了一个新能源股票,这个股票叫天威保变(600550)。但当时该股处于跌势,我就一直观望着没有动手,过了一年,到了2003年7月,该股股价跌到6.00元附近,我就先买了一些,后来该股又往下跌,跌破5元后我又买了一些。2003年11月13日,该股在4.80元见底,然后展开了一波升势,但涨到接近8元时就跌了下来。到2004年9月13日,该股股价最低跌到了5.07元。这样我投资该股一年多时间,眼睁睁地看着该股从4元多涨到了8元多,股价涨了70%多,然后又跌回原地。更使我感到纳闷的是,这么有潜力的一个新能源股,在2005年1月、2005年6月,又两次跌到5元多的价格。而自己买进该股后一直捂着,上上下下乘着"电梯",投资两年,竟没有赚到分文(见图318)。

至此,在我头脑里留下了一个深刻的印象,虽然这个股票质地很好,但市场不承认它,涨个百分之七八十,股价就到顶了,不卖出,股价过不了多久就会跌回原地。

于是,我下决心也要学会高抛低吸了。2005年7月22日,在股价冲上8.50元后,我就将它全部卖掉了。但这次我卖出后,股价并没有跌下来,而是继续往上涨,我原以为过不了多久,该股又会跌到6元以下。只要我耐心等着,在6元附近一定能把它捡回来。

某技术员操作"天威保变"买卖示意图

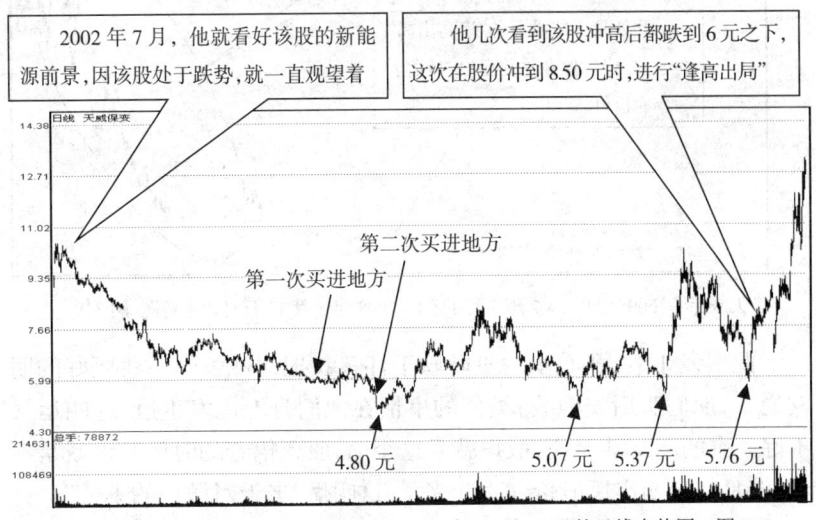

2002年7月,他就看好该股的新能源前景,因该股处于跌势,就一直观望着

他几次看到该股冲高后都跌到6元之下,这次在股价冲到8.50元时,进行"逢高出局"

第一次买进地方 第二次买进地方

4.80元 5.07元 5.37元 5.76元

天威保变(600550) 2002年6月24日~2005年10月12日的日线走势图 图318

但大大出乎我意料的是,在我卖出该股后,该股并没有跌下来,而是继续往上涨。该股越是往上涨(见图319),我越是不敢买(生怕它随时会跌下来)。当该股涨到10元以上时,我已经不敢看它了。我怎么也没有想到,在我卖出该股22个月后,它竟然涨到了83元,后来10送10,除权后继续往上涨,涨到70.50元才见顶回落。

按复权价计算,该股这一轮行情最大涨幅超过了40倍,这是一个多么惊人的涨幅啊(见图319)。而我投资了两年,赚到的只是一个零头的零头,正像人们所说的煮熟的鸭子弄飞了。捂了两年的大黑马,让自己在低位时稀里糊涂给卖掉了,这又能怪谁呢?

> 从该股的复权图可以清楚地看出,该股用了几年时间筑底,但筑底后,股价出现了一轮令人惊叹的升势,两年多时间,股价大涨了40多倍。而这位技术员虽然选准了股票,但不懂得股价筑底的过程就是主力在反复地折磨投资者的过程,当主力在低位将投资者的廉价筹码骗走后,股价就起飞了。可见了解股价筑底的阶段特征,对投资者来说有多么地重要

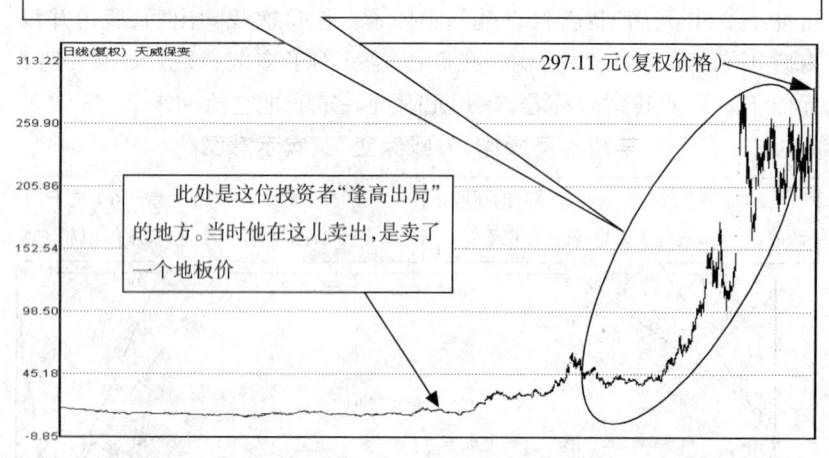

天威保变(600550) 2002年7月11日~2008年5月15日复权走势图 图319

此事发生后,我心里一直耿耿于怀。我把这件事同一些要好的朋友说了,他们听后安慰我:类似的事情在他们身上也发生过,这叫运气不好。有的朋友甚至说,散户就是这个命,股票捂着的时候股价就是不涨,但是一旦卖出后股价就飞起来了,这叫做"老天对散户的不公"。

"是自己的运气不好","是老天对散户的不公",开始我也相信了这些说法,但后来我认真阅读了《股市操练大全》,发现这些说法都是错的。自己已经看准的一个大黑马,捂了两年,在低位稀里糊涂地让自己卖掉了。出现这样的低级错误,归根结底就是因为自己对股价运行的规律与主力的操盘行为太不了解,才会做出如此愚蠢的举动。我现在知道了,股价运行的筑底、上升、筑顶、下跌阶段的特点是不一样

的。股价筑底阶段就是主力在低位建仓与不断地震荡洗筹的一个过程。在筑底阶段，股价不可能出现大涨，这是由主力操盘行为决定的。当股价稍有上涨，短线客跟了进去，主力就会把它打下来，当股价再次下跌，逼近前面的低点，主力又会把它拉起来。主力为什么要这样做呢？因为他们心里明白，只有反复折腾，才能吓出更多的低位筹码，才可以完成他们低位建仓的任务。同时，反复折腾也会让一些原来坚守在里面的投资者获得一个错误信息，即这个股票是涨不上去的，稍有上涨就会跌下来。当盘中很多投资者都形成了"逢高出局"的思维定势后，主力的目的就达到了。之后的情况大家看到了，像我这样原来要留在里面坚守的小散户，最后也坐不住了。"逢高"把股票卖掉了。当时以为自己这样操作是对的，股价后面仍会跌回来，这样的话自己也能赚到一些差价。但没料到的是股票卖出后，股价继续往上涨。当股价大幅飙升后，才发现自己"逢高出局"，只是卖了一个地板价，大黑马就这样稀里糊涂地从自己手里远走高飞了。总结自己的投资失误，其教训就是因为不了解股价筑底阶段的特征，从而上了主力的当，筹码在低位被主力骗走了。

俗话说："吃一堑长一智"。今年我操作就很顺利，在低位选的两个股票都使我获得了不菲的收益。我的经验是：**操作一个股票，一定要了解该股现在进行到了什么阶段，对不同的阶段要采取不同的对策：**

①当股价进入筑底阶段后，你就要意识到这个筑底阶段往往是漫长的，股价在低位会徘徊很长的时间。如果投资者过早参与进去，免不了要受主力的折磨。最佳买入时机应该是筑底阶段转入上涨阶段的拐点处。

②当股价进入上涨阶段后，你就要意识到好的股票在一轮大行情中，上涨几倍，甚至十几倍都有可能。此时投资者应该少做差价，以中线持股为主。为什么要这样做呢？因为当务之急就是要设法保住低位得来的筹码（没有筹码，即使股价涨得再高也与你无关了）。

③股价进入筑顶阶段后，投资者就不能再恋战了，应抓紧时间出局。

④股价进入下跌阶段后，投资者应意识到股价见顶后的下跌也是非常厉害的。当一轮大的跌势出现时，股价跌掉一半，甚至百分之

七八十都是常见的现象。尤其是前期涨幅大的股票跌起来更厉害。此时投资者的最佳策略就是抛空出局,持币观望。在这个阶段要避免两个常见的错误:一是动不动就在舆论的引导下去抄底;二是逢低补仓。事实证明:在下跌趋势中,耐心观望、持币不动比什么都强。

有人问,有的股票见底或见顶时,并没有一个明显的筑底或筑顶过程。比如 V 形底、尖顶。这又该怎么解释呢?的确,并不是所有的股票都会在图形上出现一个明显的筑底或筑顶过程。比如,就拿 V 形底来说吧,股价见底后就快速地涨了上去。此时,确实看不到股价有什么筑底过程。

关于这个问题我是这样认识的,一个股票完成一个牛熊周期,需要经过筑底、上涨、筑顶、下跌四个阶段,这是对大多数股票说的;而 V 形底是股市里比较少见的一种现象,股市里比较常见的是双底、头肩底、潜伏底、圆底等等。这是其一。

其二呢?虽然,从走势图形上看不出 V 形底有一个筑底过程,但仔细分析,投资者就会发现此时的股价是采用"挖坑式"方式来筑底的(编者按:所谓挖坑式筑底,就是股价经过大幅下跌后,基本跌到位了,但主力为了制造恐慌,吓出更多的低位筹码,继续采取连续打压的方式,之后又借助利好消息,突然地往上连续拔高,经过这样一下一上,主力就在低位骗取了很多筹码,完成了其建仓任务。主力这一建仓过程,也就是股价的筑底过程)。

可见,V 形底中也有一个筑底阶段,只不过是它表现的形式比较特殊罢了。同样的道理,股价以尖顶方式回落,并不是股价就不存在筑顶阶段了。股价在冲顶时,主力早就在前面拉高出货了,而当股价涨到头掉转向下时,此时主力出货已近尾声。由此可以看出,尖顶的筑顶阶段,是发生在股价冲顶前的一段区域里,这个区域就是主力拉高出货的主要区域。

另外,大家也应该看到,股市里比较多见的是双顶、三重顶、头肩顶、圆顶等,这些顶部出现时,在走势图上都有一个明显的筑顶阶段,而尖顶仅仅是股市中并不常见的一种见顶方式。

下 篇

大势分析图形识别技巧深度练习

主讲人：汪老师

导 语

　　股谚云："看准大势赚大钱，看错大势输大钱"，作为一个投资人，在任何时候都将面临如何正确判断大势的问题，这是一个非常现实、非常迫切的问题。《股市操练大全》前几册已经向大家介绍了很多这方面的技巧，现在为了检验《股市操练大全》读者研判大势的能力，本章将围绕大势分析图形识别这个主题，做一次系统的、全方位的深度练习。

　　本章对大势研判的深度练习包含以下几个内容：思路决定出路——用全新思路把握大势的技巧；神秘的X线、Y线——用两根线锁定大势的技巧；社会投资平均成本线——大盘指数是如何围绕该线上下波动的；在涨势中，如何避免高位追涨被套的技巧，怎样辨别大顶与小顶的技巧；在跌势中，如何避免盲目抄底被套的技巧，怎样辨别真底与假底的技巧；在震荡市中，如何避免高抛低吸变成高吸低抛的技巧，怎样才能踏准震荡市节拍的技巧，等等。

　　实践证明，这些内容具有很大的实用价值，投资者熟练地掌握了它，在日后分析、研判大势中将发挥出非常重要作用。

第六章　大势分析图形识别单项技巧深度练习

图形识别深度练习 70

2005年～2009年，是中国股市动荡最激烈、暴涨暴跌最厉害的年份。上证指数从998点起步一路涨到6124点，然后又从6124点一路狂泻到1664点，正当大家悲观绝望之时，上证指数在跌至1664点后，又突然峰回路转，连涨半年。沪深股市如此激烈震荡，让投资者一头雾水失去了方向。其飘忽不定的走势，使很多人在5000点、6000点高位盲目看多被深套，4000点、3000点匆忙抄底被腰斩，2000点、1800点恐慌杀跌，将筹码抛在地板上……

但令人惊奇的是，2009年7月，一次股市经验交流会上传出来一条信息：有一位高手似有神人相助，股市节拍踏得非常准确。他在股市指数处于低位时重仓买进(先是在图320箭头A所指处买进，隔月又继续进行了加仓)，然后就一路持股，并在股市指数处于次高位时(见图320中箭头B所指处)全部抛空，之后就一直持币观望，等到股指跌至低位时再次重仓杀进(先在图320中箭头C所指处建仓，后又在箭头D所指处进行加仓)，建仓后就捂在那里，截止2009年6月30日，他手里仍然捂着一大堆股票，等待最佳卖出时机的到来。

人家输钱他赢钱，我就不信他有这么大的本领？这个秘密一定要揭开！

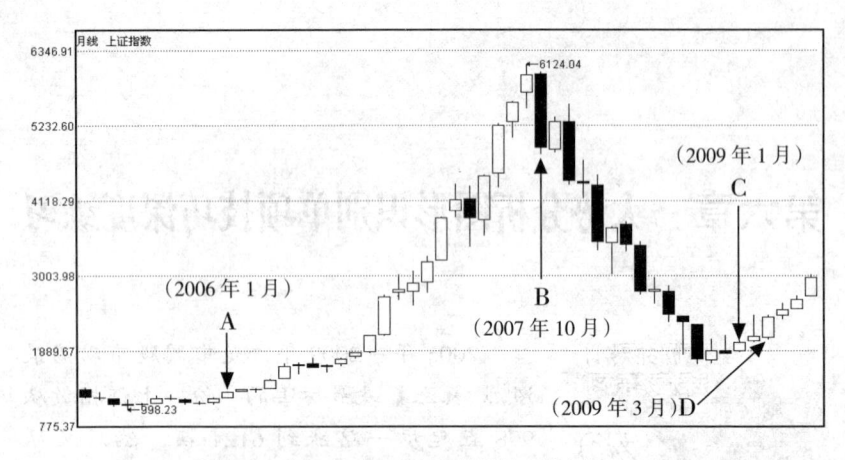

上证指数 2005 年 3 月~2009 年 6 月的月 K 线走势图　图 320

经过一番调查,秘密总算揭开了,原来这位高手在图 320 中设置了一条 X 线,只要月 K 线的收盘指数高于这根 X 线,他就看多、做多,月 K 线的收盘指数低于这根 X 线,他就看空、做空(见图 321)。这几年中,这位高手正是依靠这条 X 线,在股市里赚得盆满钵满的。

在图中加上一根 X 线后,买点、卖点就看得清楚了。所谓买点,就是指上证指数的月收盘价站在这根 X 线以上;所谓卖点,就是指上证指数的月收盘价收在这根 X 线之下

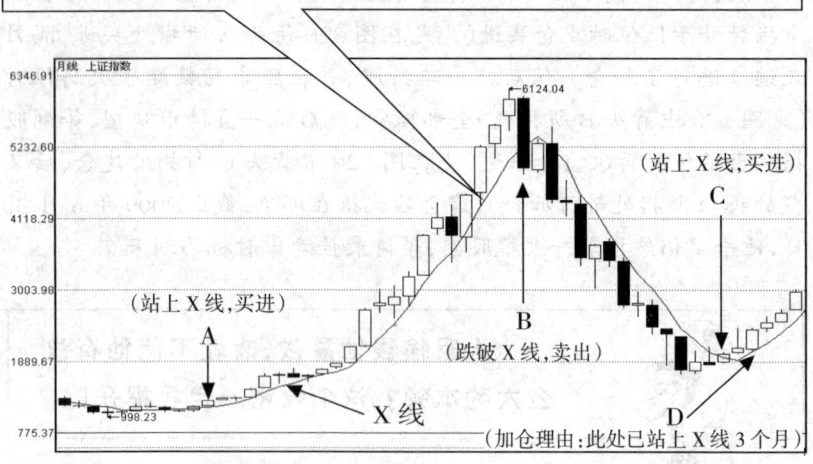

上证指数 2005 年 3 月~2009 年 6 月的月 K 线走势图　图 321

请问:高手在图321中加的X线究竟是什么线？X线真有那么神奇吗？通过高手依据X线成功操作这件事，投资者能从中得到一些什么重要的投资启示？

解答 我是记者,采访过这位高手。事后,我曾以"一根线锁定大势"为题,在媒体上连续报道了这件事,引起了投资者的巨大反响。据了解,高手设置的这根X线确实很神奇（编者按：为了增加大家对X线的印象,现在我暂时对X线的身份进行"保密",谜底将在本文结束时向大家揭晓）。

那么,这根X线究竟有什么神奇效用呢？下面我们来进行详细分析：

X线的神奇效用之一：当形势处于"乱云飞渡"状况时,有了X线,投资者就能拨开迷雾,在大盘指数尚处于低位时,就可以找到一个安全的买进点进行建仓。我们来看图321,高手在图中箭头A所指处买进,隔月又进行了加仓,这相当于重仓了。当时很多人对此大惑不解,因为上海股市已连续走熊5年,投资者损失十分惨重。当时的情况是：利空消息满天飞,社会上到处流传着"远离毒品、远离股市"这样的话,可见投资者的信心已经到了冰点。那么,股市跌到何处才能迎来光明呢？说实话,在那个场合下,大家都看不清楚。而高手此时却敢重仓买进,人们怀疑他是不是因为一时心血来潮,才做出了这样的举动。当然,答案是否定的。现在我们已经搞清楚了,高手是根据X线的指引在进行操作。根据X线操作原理,只要当月的收盘指数高于X线,这个地方就是一个买点,而从图中看,箭头A所指处,上证指数的月K线已连续2个月收在这根X线之上,所以高手选择此处建仓是很有把握的。后来的情况果然如高手所料,在他重仓买进后,大盘就出现了连续上涨的走势。

X线的神奇效用之二：它用明确的信号告诉投资者,在股市的上扬过程中,什么情况下可以不理睬大盘的震荡,一路持股待涨,将行

431

情做足,从而使投资取得最大的效益。我们发现,有很多投资者在股市处于低位时,也曾经捡中过不少好股票,甚至骑上了大黑马。但最终由于股市出现激烈震荡,他们在途中都被震了下来,提早出局,只赚了一些蝇头小利,这是很可惜的。但是高手的经验告诉我们,在操作中只要设置了这根 X 线,就可以避免中途被震下马,出现提早出局的错误。其方法是:每月最后一个交易日结束时,操作者只要发现收盘指数高于这根 X 线,就看多、做多,持股待涨,其他的就不用管了。

有了 X 线保驾护航,投资者在中线持股时,对大盘短期震荡就不要过于计较。大家还记得吗?2007 年 5 月 30 日,管理层调高印花税,股市出现暴跌,很多人都慌了神,在股市大跌后纷纷选择了离场,但事后发现这样的离场是错误的[注]。因为这不过是上升途中的短期震荡,而不久股市就重返升势,出现大涨。有人问,面对上升途中的大震荡,投资者究竟应该怎么操作呢?高手的经验告诉我们,只要月末最后一天的收盘指数站在 X 线上方,就说明这种震荡是上升途中的洗盘,它不会改变中线的上升趋势。此时仍然可以放心地拿着股票,持股待涨,等待真正的收获季节到了再卖出。

X 线的神奇效用之三:在应该下站的地方,它会发出明确的信号,投资者只要根据它发出的下站信号卖出,就能做到在股市次高位顺利出逃。俗话说:"会买是徒弟,会卖才是师傅"。在股市里逃顶是一件很难的事,因为对大多数投资者来说,最容易犯的错误,不是低位被洗盘出局,就是在高位做多被套。真正能够在顶部区域成功出逃的投资者很少。有了这根 X 线,逃顶就方便多了。那么,什么时候该卖出呢?根据 X 线操作原理:投资者一旦发现某个月的收盘指数低于这根 X 线,说明该下站了,此时投资者就应该把手中的股票卖出,持币观望。现在我们再来看图 321,高手在图中箭头 B 所指处卖出,这是因为当月上证指数拉出了一根大阴线,它已经击穿了这根 X 线,在此

【注】 当然,对一些短线技巧娴熟的投资者,碰到了"5·30"这样形式的震荡,可以高抛低吸,赚取一定的差价,暂时离场并没有做错。不过当时无论怎么操作,在低位一定要把筹码捡回来,捡不回来就是贪小失大,得不偿失了。

时卖出完全是应该的[注]。虽然高手依据 X 线,没有在股市见顶的最高位逃走,但回过头来看,高手在图中箭头 B 所指处卖出,仍然是卖到了一个相对高位,在他卖出后的第三个月,上证指数就出现了连续暴跌。

X 线的神奇效用之四:股市下跌,什么时候跌到位了,它会发出明确的提示,只要这个明确提示不出现,投资者就应该持币观望。这样就可避免出现盲目抄底,买进后套在半山腰的错误。上证指数在 2007 年 10 月 6124 点见顶后,一路下跌,连跌 10 几个月,这种情况是很少见的,也许上证指数跌幅巨大,每跌 500 点、1000 点,市场上都会出现一批恐慌性的抛盘。一些股评家与媒体人士,依据市场上这些恐慌盘,不断地说底到了,很多人相信了进去抄底,但结果很糟糕,屡买屡套,抄底的投资者损失都很大。那么,底究竟在什么地方?何处才可以买进呢?高手的操作,向我们展示了赢家的一种思路:看着 X 线操作。投资者只要发现每月的上证指数收在 X 线下方,不论当月的月 K 线收的是阳线还是阴线,也不论股指已经跌了多么深,或者市场上的恐慌情绪已经蔓延到什么程度,都应该以现金为王,保持冷静观望的态度。2008 年高手正是按照这种思路操作的,他看到 2008 年全年的月 K 线指数都在 X 线下方,所以就一直按兵不动,从而在熊市中保存了实力。

X 线的神奇效用之五:股市何时否极泰来,新的买点什么时候出现,它会及时向投资者发出信号。通常,投资者按照这个信号看多、做多,其获胜的概率是很大的。我们看到股市高手在图 321 中箭头 C 处开始建仓,时间是 2009 年 1 月,而 2009 年初,无论是全球经济形势,还是国内经济形势都十分严峻,此外,再加上 2008 年的大跌,很多投资者都被跌怕了,对股市的前景十分悲观。对 2008 年末的反弹,当时大家并不看好,认为只是技术上超跌的缘故,才引发了盘中的反弹。

【注】 从操作层面上来说,因为当月大阴线的实体超过 1000 点,估计跌得太猛,第二个月可能会出现反弹,如趁反弹卖出,损失会相对小一些。但这仅仅是操作细节问题。跌破 X 线就必须出局,在这个问题上不能有丝毫犹豫。

当大盘反弹接近2000点时,一些深套的投资者趁反弹"逢高减仓",一些短线获利盘在反弹时见好就收,成了当时的主流。众人都认为反弹很快就会夭折,大盘将再次探底,击穿1664前期的低点已无悬念,熊市将继续下去。

但在这个时候,这位高手却不慌不忙地逢低吸纳,从容建仓(高手先在图中箭头C所指处买了一些,后又在图中箭头D所指处进行了加仓),其行为与一些慌不择路,见反弹就逃命的投资者形成了鲜明的对比。后来的事实作了结论,2009年年初,高手这次重仓出击,抄底又抄对了,而当时趁反弹将股票卖出的投资者都将筹码抛在地板上,从而错过了一次极佳的盈利机会。有人问,高手为何这次操作又大获成功呢?答案是X线发挥了神奇作用。高手在图321中箭头C处买进时,当月的月K线收盘指数是1990点,而X线的位置是1941点,前者比后者整整高了将近50点。这也是上证指数在2007年10月6124点见顶后,连续13个月的月K线收在X线下方,现在是第一次出现了月K线站在X线之上的现象。这在技术上是一个趋势性的拐点,所以高手大胆出击了。当大盘运行到图321中箭头D所指处,X线已明显拐头向上,高手认为新的上升趋势已完全确立,所以在这个地方进行了加仓。

上面我们对X线的神奇效用,以及高手如何依靠X线成功操作的行为进行了分析。接着我们再来分析通过这件事,投资者从中究竟能得到哪些重要的启示。

启示一:股市波动是有规律的。股市高手的经验告诉我们,尽管沪深股市迷雾重重,但沪深股市走势是有规律可寻的。投资者只要找到其中的规律,就能做到众人皆醉我独醒,在迷雾重重的股市中找到一条赢家之路。

启示二:大道至简。**最简单的方法有时成了最有用的方法**。做股票有很多方法,比如,有各种各样的价值分析方法、市场分析方法、技术分析方法,等等。但什么是最有用的方法呢?简言之,就是能给投资者带来实惠,并且使用起来又很简单、方便的方法。X线就属于其中的一种,说它简单,简单到只有一根线;说它方便,操作时只要看每月的月K线收盘指数是高于还是低于X线,马上就可以判断应该是做多还是做空;说它实惠,当事人根据X线的指引每年只需操作几次,所获得的收益不知要比一些整年忙忙碌碌的投资者强多少倍。据我们了解,有些股市高手的高收益就是依靠一些简单而又实用的方法取得的。今天我们向大家详细解析X线,其目的一方面是要把这一个简单实用的方法介绍给《股市操练大全》的读者,以报答大家对我们的厚爱,而更重要的是想通过这件事,使大家明白一个道理:大道至简。在股市里最简单的方法有时就成了最有用的方法。因此,我们希望大家对一些在平时看起来不起眼,但又很简单、实用的方法予以高度重视,或许从这里面就能挖出一座金矿来。

启示三:**股市里的规律,有的适用于长线、中长线,有的只适用于短线、中短线。** 就拿本题中的这根X线来说,它对股市长线、中长线的趋势判断,有一定参考作用,但它对股市短线、中短线的趋势判断就没有什么参考作用。

启示四:**利用股市规律操作股票,一定要贯彻"买进要谨慎、卖出要果断"的原则。** 虽然说找到了股市规律,操作的成功率会大大提高。但股市中的变数很多,投资者在决定买进,尤其是重仓买进时一定要想到"买进必须谨慎"这几个字,即使看准了,也不宜一下子全部投入。分批买进是一个比较好的策略,这样即使形势突然发生了变化,也能找到应对与补救的措施。在这方面,本题中的高手为我们树立了很好的榜样,他在低位建仓时都是分批买进的。

俗话说:底部百日,顶部三天。投资者在利用股市规律识顶逃顶时,一定要牢记"卖出要果断"这句话,无论是盈利出局还是止损出局都要干净利索,看准了就要出手快,一次抛空,高手在这方面也为我们作了表率,他买进时是分批买进,卖出是一下子全部卖出。

启示五:**股市中任何规律都不是尽善尽美的,因此,投资者在利用规律操作股票时,就必须有所取舍。** 比如,用一根X线锁定大势,股市中的短期差价你就要舍得放弃。投资者如果想通过一种方法将所有的短期利益、长期利益都揽在手中,这是很难做到的。这里用得上古人一句话"有所得必有所失"。只有懂得放弃的人才能成就大业,做人、做事业、做股票都是这个道理，大家要永远地把它铭记在心里。

有人问，X线的确很神奇，但是沪深股市是一个新兴市场，又不断受到管理层的政策调控。如果有一天沪深股市与国际股市完全接轨了，政策市的现象不再存在。到那个时候，X线还能发挥出这样的作用吗？其实，这样的担心是不必要的。既然它是股市中客观存在的规律，就不会因为是新兴市场，或因为政策干预而受到改变。规律就是铁律，它是不以人的主观意志而改变的。我这里有几份资料可以说明这个问题。

我们发现，近几年来全球很多股市都处于一种激烈波动的状态。有意思的是，只要股市出现激烈波动，这根X线就有了用武之地，就能产生出一系列的神奇效用。换一句话说，这几年中，世界上其他地区的一些投资者在做本地区股票时，如果能严格按照这根X线操作，最后的结果就能成为一个人人羡慕的股市大赢家。如若不信，请大家看两个实例。

实例一：美国股市（见图322）。如果在图中也设置上一根X线，那么在最近5年里，投资者何时应该对美国股市看多、做多，何时应该对美国股市看空、做空，好像都在指示牌上写得明明白白。投资者只要按照指标牌上的提示进行操作，准是一个大赢家。

> 真可谓一根线就能锁定大势，连美国这样高度发达的股市，其买点（只要月收盘指数收在X线之上）、卖点（只要月收盘指数收在X线之下）都被这根X线锁定得清清楚楚，准确率可达到90%以上。可见，X线有多么地神奇

美国道琼斯工业指数2005年10月~2010年3月的月K线走势图　图322

实例二：印尼股市。图 323 显示，图中加一条 X 线后，其买点、卖点一目了然，无论什么人都能看得清清楚楚。投资者只要对号入座，就一定胜券在握。

有谁能相信，用一根 X 线锁定印尼股市，这几年操作成功率竟达到了 100%。不信，大家可以查一查，只要看见每月收盘指数收在这根 X 线之上，就放心地看多、做多，每月收盘指数收在这根 X 线之下，就看空、做空，这样操作是不是做到了完胜。

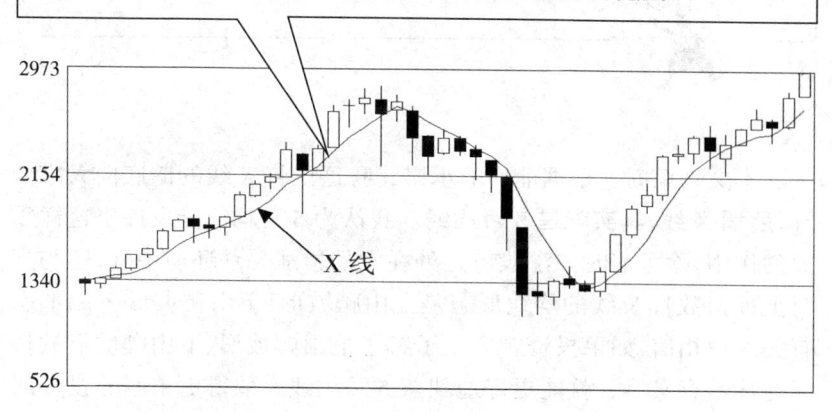

印尼指数2006年8月～2010年4月的月K线走势图 图 323

上面两个实例，一个是属于成熟市场，一个是属于新兴市场，且这两个股市都不受我国股市政策调控的影响。从它们的股市走势图形中，大家可以清楚地看到 X 线的神奇效用。X 线向上，股指站在 X 线之上，此时就应该看多、做多，然后就一路持股待涨；X 线掉头向下，股指收在 X 线之下，此时就应该看空、做空，然后就一路持币观望。投资者如果按照 X 线的提示操作，基本上可以做到，股市上升时能吃足主升段，股市下跌时可以避开主跌段，且不会发生高位深度被套、半山腰抄底被套与低位被轧空的现象。试想，操作者如果交出这样的答卷，岂不是资金卡上早已拉出长红了吗？可见，股市的规律是客观存在的，它不受政策与新兴市场的影响。因此，无论什么地方，也无论什么时候的股市，只要出现大的暴涨暴跌，X 线就会发挥出它神奇的效用，这个情况是不会改变的。

说到这里，X线究竟是一条什么线呢？这是大家最想了解的。下面我就把X线的真实身份……

> 如此神奇的X线究竟是一根什么线呢？请你好好地想一想，谜底马上揭晓。

本文结束时，根据前面的承诺，我这里将X线的谜底向大家公开，**所谓X线，其实就是5月均线**。我认为5月均线能发挥出这样重要的作用，除了当时沪深股市是处在大的暴涨暴跌环境中外，还与当时上证指数月K线的均线形态是上山爬坡形、下山爬坡形[注]的形态有关。我相信，如果投资者完全了解了上山爬坡形、下山爬坡形的特征与技术意义后，就能更好地驾驭5月均线，取得更丰厚的投资回报。

【注】 关于上山爬坡形、下山爬坡形的特征与技术意义，详见《股市操练大全》第二册第60页~第66页，《股市操练大全》第七册第128页~第139页。

图形识别深度练习 71

汪老师说:上一堂课我向大家介绍了 X 线(即 5 月均线)在研判大势中的神奇作用。但课后有一位同学向我反映,2009 年 7 月以来的半年中,他在跟踪大盘时,按照 X 线进行操作,却屡屡出错(见图 324)。他问我,为什么神奇的 X 线到他手里一点都不神奇了。

请问:谁能对这位同学提出的问题进行一个合理的解释。另外,当神奇的 X 线失去作用时,还有什么办法可以锁定大势呢?

当月上证指数收了一根大阴线,这位同学见 5 月均线被击穿,在此选择了卖出。但在这个地方卖出,是错误的

这位同学看到上证指数已连续 3 个月站在 5 月均线之上,因而积极看多,重仓跟进。显然这次又做错了,当时该处是上证指数的一个次高点

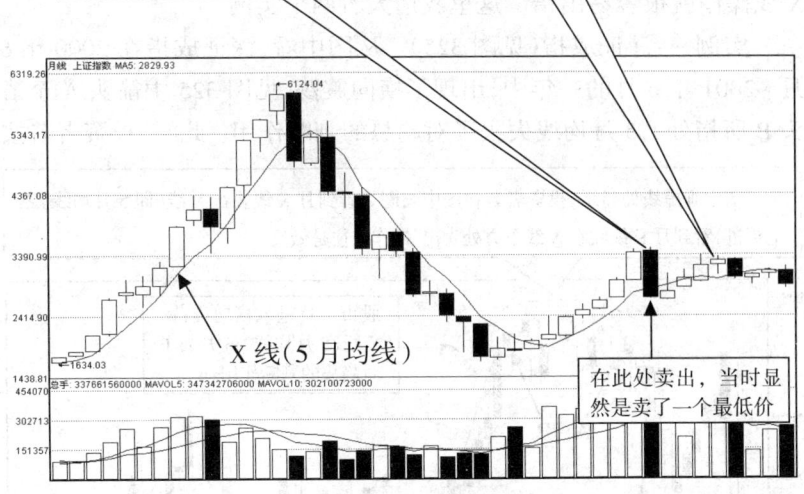

X 线(5 月均线)

在此处卖出,当时显然是卖了一个最低价

上证指数 2006 年 6 月~2010 年 4 月的月 K 线走势图 图 324

为什么高手用 X 线就有神奇效用,我用了后就没有呢?谁能帮助我解开心中的困惑?

解答

我知道这位同学错在哪里，因为我过去也犯过这样的错误。为什么这位同学在使用 X 线（即 5 月均线）研判大势时，操作中屡屡出错呢？这是因为他不了解 X 线的适用范围，从而将 X 线用错了地方，所以才会出现这样严重的错误。

投资者应该明白，虽然 X 线这几年在沪深股市中发挥了它的神奇效用，但大家千万不要以为，在任何时候、任何场合下，使用 X 线都会有这样的效果。其实，股市中的任何规律都有它的适用范围，超过这个范围，X 线就会失去作用，甚至会给投资者带来负面影响。一般来说，最能够发挥 X 线作用的地方，就是股市出现了大的暴涨暴跌，而在一般的市场波动中，X 线的作用就不太明显，特别是当股市进入了长时间的震荡，X 线就基本上失去了方向感。此时投资者如果依据 X 线操作就很容易出错。这里我请大看两个实例。

实例一：深证成指（见图 325）。从图中看，深证成指在 2000 年 6 月~2001 年 6 月的一年中，出现了横向震荡（见图 325 中箭头 A 至箭头 B 所指处），5 月均线失去了对趋势的判断作用。此时，投资者若按

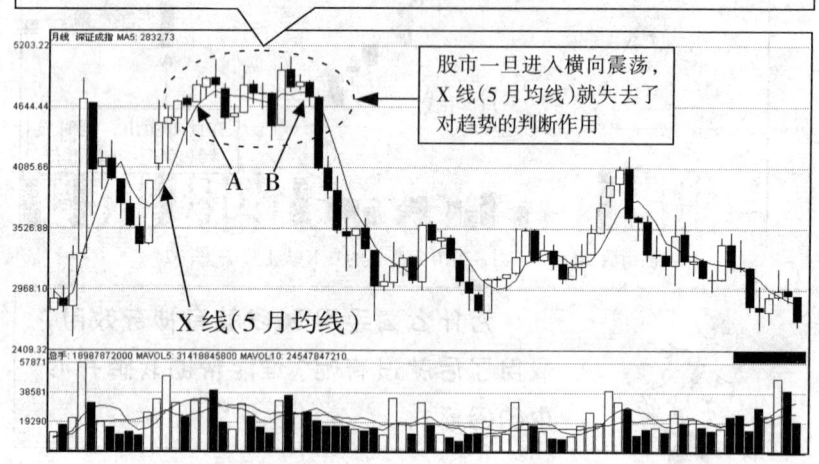

深证成指 1999 年 3 月~2005 年 10 月的月 K 线走势图　图 325

5月均线操作就会出现很多错误。

实例二：美国道琼斯工业指数。图326是1998年2月~2005年12月的美国道琼斯工业指数月K线走势图。从图326中可以看出，在美国股市进入横向盘整阶段（见图中画圈处），依据X线操作出错的概率较大。比如，当投资者看到月K线的收盘指数站上X线后买进，结果发现往往是买错了，因为第二个月、第三个月的月K线收盘指数又跌到了X线之下。但是当投资者看到月K线的收盘指数跌到X线之下后卖出，结果往往又发现是卖错了，因为隔月的收盘指数又站到X线之上。为什么会出现这种情况呢？因为当时美国股市所处的环境是震荡市。在震荡市中，X线很容易失去方向感。投资者使用它来判断股市趋势，买卖股票，效果就很不理想。

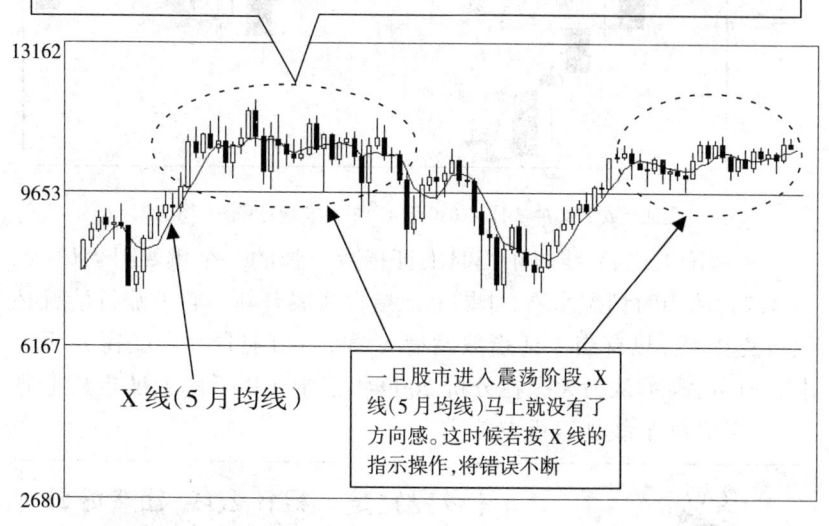

瞧！图中两处画圈的地方(每处都超过了两年时间)，X线(5月均线)完全失去了对趋势判断的作用。投资者若依据X线买进卖出，出错的概率是非常高的。

X线(5月均线)

一旦股市进入震荡阶段，X线(5月均线)马上就没有了方向感。这时候若按X线的指示操作，将错误不断

美国道琼斯工业指数1998年2月~2005年12月的月K线走势图　图326

441

其实,做股票的方法很多,当 X 线在震荡市中,失去了方向感,失去对趋势的判断作用时,投资者可以用其他方法代替,进行积极应对,这样就可以弥补 X 线留下的空白。

据了解,上题中提到的那位高手,又为我们活学活用 X 线作了表率。他认为上证指数从 1664 点上来的行情会在什么地方受阻,以及后来的反弹高点可能在何处,投资者只要在月 K 线图中加上一根 Y 线即可(编者按:Y 线是什么,暂不亮底,先给大家留下一个悬念)。

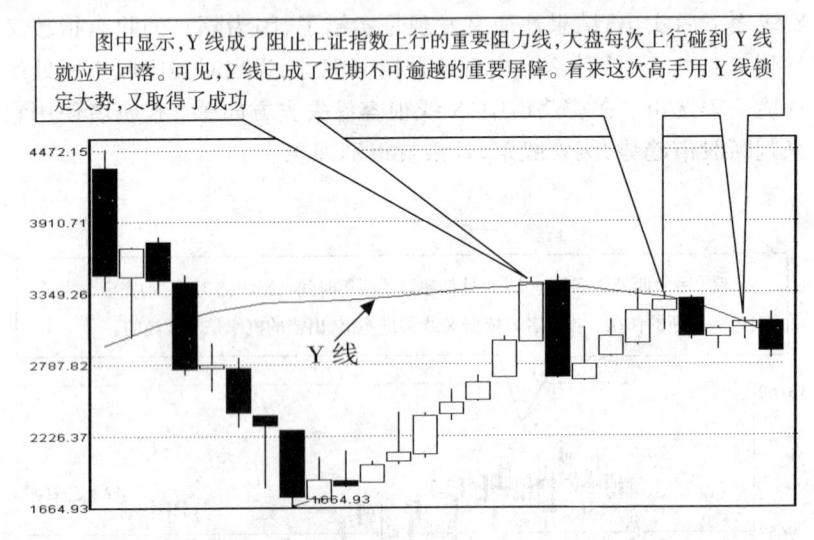

图中显示,Y 线成了阻止上证指数上行的重要阻力线,大盘每次上行碰到 Y 线就应声回落。可见,Y 线已成了近期不可逾越的重要屏障。看来这次高手用 Y 线锁定大势,又取得了成功

上证指数 2008 年 3 月~2010 年 4 月的月 K 线走势图　图 327

从理论上说,Y 线成了当时上证指数反弹的一个重要阻力位(见图 327)。从当时情况来看,如果上证指数要展开新一轮上涨行情就必须攻克 Y 线,只有当上证指数站稳 Y 线,后市前景才会变得光明起来。所以,高手认为大家在分析 2009 年下半年以后的上证指数走势时,一定要对 Y 线加以重点关注。

Y 线究竟是一根什么线,让我好好地想一想?

大家想好了,我就可以把谜底揭开了,Y线就是30月均线。为什么说它对当时大盘的上行起到压制作用呢?因为30月均线在上证指数从6124点见顶一路下行时,曾经发挥过它的重要支撑作用,而后来因为当时盘中的空方力量过于强大,才将30月均线打穿,然后股指一路下行,直至1664点才出现了止跌。根据均线理论,原先对股指下行起到重要支撑的均线,一旦被打穿后,将来股指从低位上来,这条均线就会变成阻拦股指继续上行的重要压力线。

高手告诉我们,他就是根据这个原理,在上证指数快要碰到30月均线时卖出(几乎卖了一个最高价),然后在上证指数跌至2700点时再买进(编者按:高手为何在大盘3478点见顶后,第一次跌至2700点附近买进,其理由在以后的题目中会向大家作详细交代,这里就不展开了),在上证指数反弹触及30月均线时再次卖出。高手在这段时间来来回回做了几次差价,短线上获得了很大的收益(见图328)。目前(截止2010年3月末),他手中已没有了股票,只是在跟踪盘面的信号,日后如发现盘中有新的买进信号,他会根据图中信号的指示,进行有针对性的高抛低吸。

显然,这位高手的话是说到了点子上,如果投资者熟悉均线,并能像高手那样根据5月、30月两根均线操作,就能踏准这几年来股市上涨和下跌的节拍,从而成为一个股市赢家,甚至是一个大赢家。

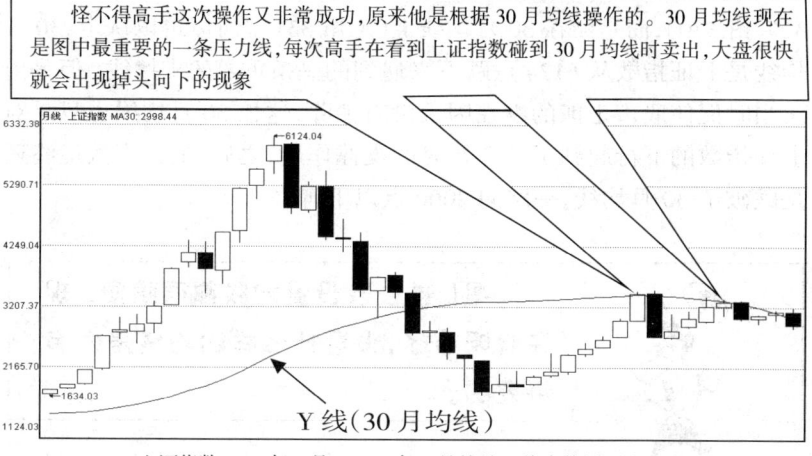

怪不得高手这次操作又非常成功,原来他是根据30月均线操作的。30月均线现在是图中最重要的一条压力线,每次高手在看到上证指数碰到30月均线时卖出,大盘很快就会出现掉头向下的现象

上证指数2006年9月~2010年4月的月K线走势图　图328

又及：本书完稿后向读者征求意见时，一些读者对 30 月均线表示了浓厚的兴趣，他们说 30 月均线确实很神奇，如果自己早一点对 30 月均线的作用有所认识，那么 2009 年 7 月以后的走势就看得很清楚了，这样投资的效果肯定会大不一样。不过这些投资者对高手怎样想到设置 30 月均线这件事还想不明白，希望我们解释一下。

现答复如下：《股市操练大全》第五册一开头就向大家重点谈了一个观点，**即要了解股市整个运行趋势，必须贯彻由大到小、由粗到细的原则。具体来说，操作时先要看月 K 线走势，然后再看周 K 线走势，最后再看日 K 线走势，否则光看日 K 线走势就很容易看走眼。**

那么如何看月 K 线走势呢？光孤零零地看着一根根月 K 线还不行，观察时必须在月 K 线上面加上一些关键的均线，趋势才能看清楚。比如，月 K 线图显示，上证指数在 6124 点见顶后，呈现连续下跌的走势，直到 2008 年 4 月才收出了一根带长下影线的锤头线，稍微喘了一口气。显然，这根锤头线是受到某根均线的支撑才出现的。基于这个思路，投资者就要查清楚它当时究竟受到了哪一根均线的支撑（编者按：读者在查阅时，可以在月 K 线图中，设置不同的均线参数，如 10、20、30、40、50 等，看看哪一根均线与这根锤头线的下影线贴得最近，贴得最近的即为支撑线）。查下来的结果发现，锤头线的下影线不是贴在 10 月均线、20 月均线、40 月均线、50 月均线上（见图 329、图 330），而是贴在 30 月均线上（见图 331）。所以可以认定，30 月均线是上证指数从 6124 点跌下来遇到的一条重要的支撑线。但是由于当时促使股市走熊的内在因素没有消除，这根 30 月均线也只是对上证指数的下行起到了一个暂时的支撑作用，之后，上证指数最终还是跌破了 30 月均线，一路向 2000 点以下奔去。

嘿！过去我设置均线都很随便。现在我明白了，设置什么样的均线是大有讲究的。

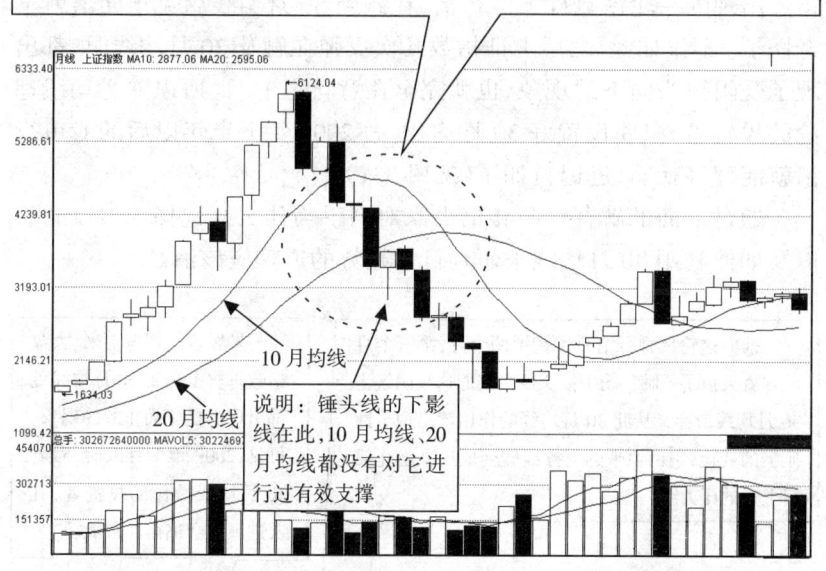

从图中看,10月均线、20月均线都没有贴着锤头线的下影线,不构成对锤头线的支撑,所以这些均线的设置是错的

10月均线

20月均线

说明:锤头线的下影线在此,10月均线、20月均线都没有对它进行过有效支撑

上证指数2006年9月~2010年4月的月K线走势图　图329

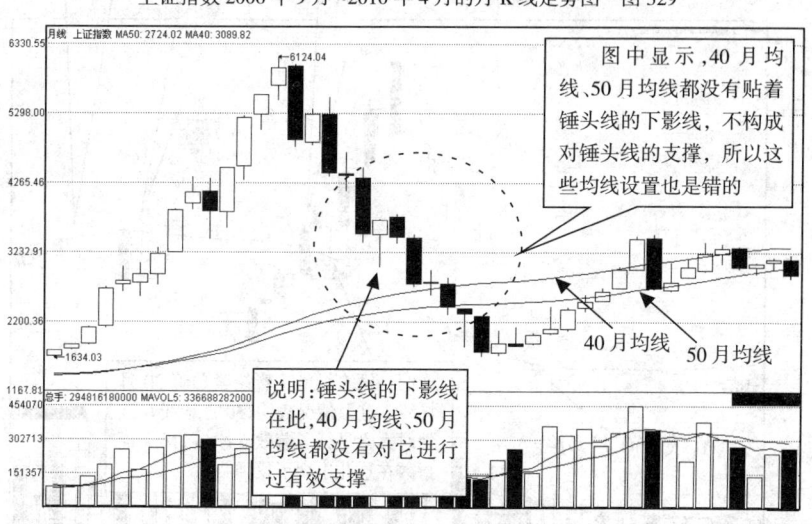

图中显示,40月均线、50月均线都没有贴着锤头线的下影线,不构成对锤头线的支撑,所以这些均线设置也是错的

40月均线

50月均线

说明:锤头线的下影线在此,40月均线、50月均线都没有对它进行过有效支撑

上证指数2006年9月~2010年4月的月K线走势图　图330

445

技术理论告诉我们,当原先的一条重要支撑线被击破后,它将来就会演变成股指(股价)上行的一条重要阻力线。所以,2009年上证指数出现的一轮恢复性上涨行情,在碰到30月均线后见顶回落就不奇怪了。不仅如此,之后上证指数几次反弹在触及30月均线时,都出现了受阻掉头向下的现象,也就完全在意料之中了。所以熟悉均线理论的投资者,只要设置好30月均线,做2009年下半年以后的股市行情就能驾轻就熟,进退自如了(见图331)。

通过上面的解释,我相信大家对高手为什么要选择30月均线,以及如何利用30月均线来研判行情趋势的道理应该清楚了。

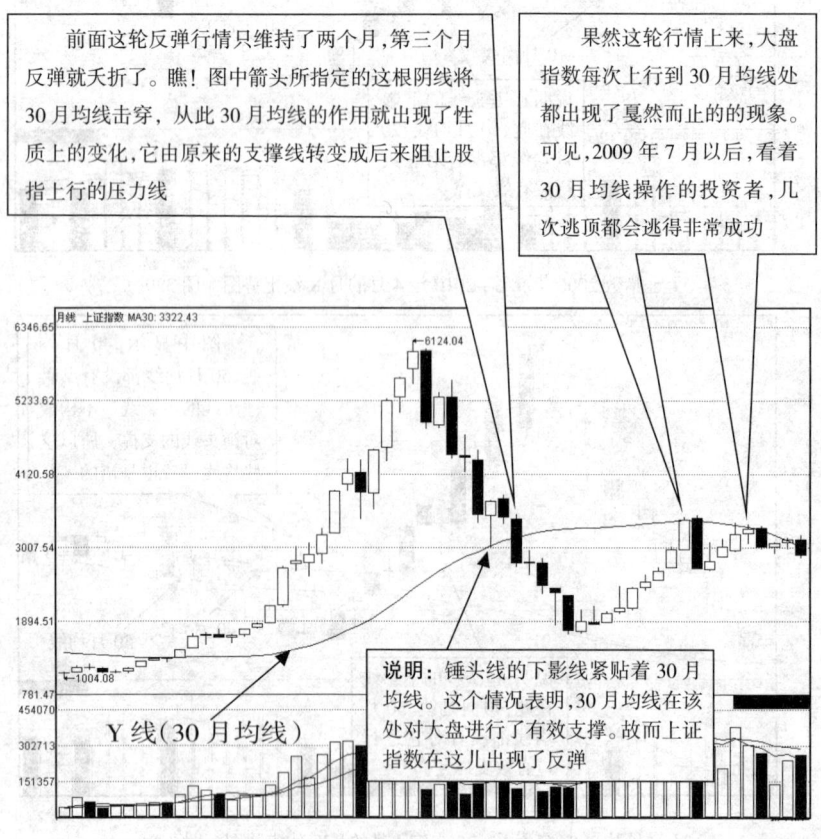

前面这轮反弹行情只维持了两个月,第三个月反弹就夭折了。瞧!图中箭头所指定的这根阴线将30月均线击穿,从此30月均线的作用就出现了性质上的变化,它由原来的支撑线转变成后来阻止股指上行的压力线

果然这轮行情上来,大盘指数每次上行到30月均线处都出现了戛然而止的的现象。可见,2009年7月以后,看着30月均线操作的投资者,几次逃顶都会逃得非常成功

说明:锤头线的下影线紧贴着30月均线。这个情况表明,30月均线在该处对大盘进行了有效支撑。故而上证指数在这儿出现了反弹

Y线(30月均线)

上证指数2005年7月~2010年4月的月K线走势图　图331

图形识别深度练习 72

图332是上证指数2006年1月~2009年9月的日K线压缩图。据了解,某证券公司有一位股市高手,在图332箭头A处(相当于当时的5000点)成功出逃后,就一直看空上海股市,不过他在股市跌深后,也用少量资金进行了"抄底"。但他每次抄底只做短线,当指数反弹到一定高度就卖出了(见图332中箭头B、箭头C、箭头D所指处),而且他每次卖出后,大盘都应声下跌,尤其使人惊奇的是,他在箭头B处卖出,几乎是做到了在当时反弹的最高点卖出。更使人疑惑不解的是,这位股市高手在2009年初对股市抄底后,当大家担心上证指数在这轮反弹结束后,要跌到1300点、1000点时,他竟一反常态,认为上海股市在2009年必然会出现一波强劲的升势,当时他连短线也不做了,整个2009年上半年,他一直持股看多、做多(编者按:事后验证,这位高手的看法是对的,上海股市在2009年从1849点起步,最高摸至3478点,当年最大涨幅达到了88.10%)。

还有一件值得称奇的事:2009年2月中旬,上证指数在2400点短期见顶,大盘最低见到2037点。这位从不轻易对股市趋势发表看法的高手,这次却大胆地预测2050点下方是2009年上半年最佳的一次买进机会。事后验证,这个买进点又给他百分之百说中了。

上证指数2006年1月6日~2009年9月2日的日线走势图　图332

请问：①这位股市高手凭什么有如此神奇的本领？②为什么这位高手在图332箭头A处卖出股票后就开始看空上海股市了？③为什么这位高手每次"抄底"后，都能在反弹的高点处成功出逃？④为什么这位高手在2009年初抄底后，就认为上海股市在2009年有一波强劲的升势，并放弃短线，改做中长线了？⑤这位股市高手根据什么确认2009年2月上证指数在2400点短期见顶后，跌至2050点下方就是最佳买点？

有道是，投资要学会站在巨人的肩上。因此，多了解一些高手研判大势的经验与方法，对提高自己的操作水平将会有很大的帮助。

要想弄清楚这位高手为何有如此神奇的本领，揭开他成功操作的谜底。大家只要在图332上加一根55日均线即可[注]。

现在我们来看加上55日均线的上证指数2006年1月~2009年9月的日K线压缩走势图（见图333）。此时，你就会发现这位股市高手的所有操作都是围绕着55日均线进行的。说白了，如果离开55日均线的指引，股市高手的神奇本领将消失殆尽。

第一个问题我作了解答，接下来我再来回答第二个问题：为什么这位高手在图332箭头A处卖出股票后就开始看空上海股市了呢？因为高手认为，55日均线是股市中一条非常重要的均线，无论是大盘还是个股，在一轮大的上涨行情中，当55日均线两次被打穿，且55日均线出现向下移动的现象，说明中长期走势已经变坏，应该坚决离

【注】 高手为什么要选择55日均线？因为"55"是自然界中的一个神秘数字，是中长线趋势向好或向坏的一个坐标。关于神秘数字的具体解释，详见《股市操练大全》第四册第299页[注]中的内容。

> 从这张图中可以看得很清楚,高手依据55日均线操作,成功概率确实很高。看来高手这条成功经验是值得大家借鉴的

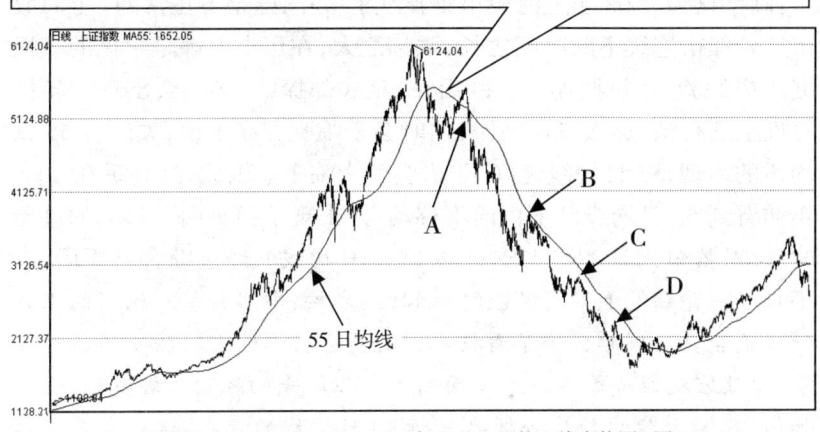

上证指数2006年1月6日~2009年9月2日的日线走势图　图333

场。高手还认为,当55日均线被跌破并开始向下移动时,此时的55日均线就由原来支持股市向上的"支撑线",变成了压制股市向上的"阻力线"。上证指数在这根阻力线的压制下,不断向下寻底就势在必行了,最后只有到盘中做空能量全部释放完毕,下跌趋势才会结束。正因为如此,高手在图332箭头A处卖出股票后就开始长期看空上海股市。事实证明,他这样的看法是正确的。

第三个问题:为什么这位高手每次短线抄底后,都能在反弹的高处成功出逃呢?原因就是当55日均线变成阻力线后,上证指数每次反弹接近55日均线都会受到盘中做空力量拼命打压。此时,短线获利盘、高位深套盘、低位浅套盘都会在这一当口选择主动卖出,反弹往往就此夭折。我们看到,股市高手每次在短线抄底后,都选择了股指接近55日均线处卖出(编者按:高手真正操作时,每做一次反弹,除了看均线,还会看K线,这样才能取得比较好的效果。现在笔者重点是向大家介绍均线,有关涉及K线的问题,这里就不说了),结果呢?正如高手所预料的那样,2008年上证指数每次反弹都在55日均线压制下,无功而返,55日均线已成了当时上证指数不可逾越的鸿沟。

第四个问题:为什么这位高手在2009年初抄底后,就认为上海股市在2009年有一波强劲升势,并放弃短线改做中长线呢?其原因是:高手认为2008年上海股市整整跌了一年,这是不正常的。上海股市这轮熊市连续下跌时间之长,跌幅之大,在历史上都是罕见的。根据历史经验,在长期连续暴跌后,一旦底部探明,必然会出现一轮报复性上涨行情,那么,这个转机何时会来临呢?高手说,关键看55日均线的表现,55日均线走好了,机会就来临了。因此,当高手在2009年初看到55日均线已不再向下移动,并出现了拐头向上移动的迹象时(此时恰好上证指数也重新站上55日均线),经过综合分析后,高手判断一轮新的上升行情已经崛起(编者按:当然判断一轮新的上升行情是否真正崛起,除了看技术,还要分析影响当时股市的各种政策,以及宏观经济等各种基本面因素。但高手的经验告诉我们,无论如何,判断大盘的趋势必须要分析55日均线的走向,这一点是不容怀疑的)。高手认为,只要上证指数站在55日均线之上,且55日均线在向上移动,就不用做短线,因为在一轮大的上升行情中,中长期持股的收益要比短线跑进跑出的收益大得多。所以高手在这一阶段改变了操作策略,放弃短线改做中长线了。

最后一个问题:这位股市高手根据什么确认2009年2月,上证指数在2400点短期见顶后,跌至2050点下方就是最佳买点呢?这个道理也很简单,当55日均线向上移动时,短期调整一般至多在触及55日均线时就会结束。根据这个原理,高手认为2009年2月上涨指数出现的一波调整,很可能在55日均线附近就会结束。而当时上证指数的55日均线大约在2000点附近,所以高手判断2050点下方就是最佳买点。我们看到,2009年2月上证指数在摸高2389点,短期见顶后出现的一波调整,最低跌到了2037点(编者按:当天55日均线的位置是2044点,这与当时大盘下跌的最低点,仅仅相差7点)。之后,股指就止跌回升,重拾升势,并且越走越高。这个事实表明,高手依据55日均线判断2050点下方是最佳买点的观点是完全正确的。

很显然,只要把上述5个问题的答案找到了,你也一定会悟到股市操作真谛的。其实,股市高手的操作就像一个魔术大师变魔术一样,当你不知道其中的奥秘时,你会感到非常神奇,而一旦你知道魔术的奥秘后,你一定会恍然大悟——噢,这个令人不可思议的魔术,原来就是这样变的。有人说,股市高手操作是很神奇的,但事实上真正神奇的不是股市高手的操作,而是55日均线。只要投资者了解55日均线的技术特征、作用,并严格按照55日均线进行操作,我相信,普通的中小投资者也会像高手那样,取得出色的战绩。

说到这里,大家可以想一想,55日均线是不是对股市操作有非常重要的作用呢?其实,在整个均线大家庭中,类似55日均线能产生神奇效用的均线有很多,比如,半年线、年线、5月均线;银山谷、金山谷、死亡谷;上山爬坡形、下山滑坡形、逐浪上升形、逐浪下跌形;均线粘合向上发散、均线粘合向下发散[注];等等,它们个个本领都十分了得,在实践中都能发挥出令人不可思议的神奇效用。我们相信,只要你熟悉并深入了解它们的特性,就能在日后炒股中派上大用处。

又及:本书完稿后,向读者征求意见时,有人提出,为什么高手要在55日均线两次被打穿,且55日均线向下移动时,才中长期看空上海股市呢?

关于这个问题,高手告诉我们,一个大的上涨趋势形成后,第一次打破55日均线有可能会出现假摔,但第二次55日均线被打穿就是真摔了。另外,55日均线移动的方向也十分重要。如果55日均线被打穿时,它是朝上移动的,没有出现向下弯头的现象,问题还不大,此时,还可以持股观望。比如,上证指数在2007年6月、7月里曾经出现过两次击穿55日均线的现象,但当时的55日均线是向上移动的。所以,当时上证指数在短期回调结束后,仍然出现了继续向上的走势。因此,他认为在一个大的上升趋势形成后,何时对它中长期看空,必须符合"**两次击穿55日均线 + 55日均线向下移动**"这两个条件。

【注】 关于银山谷、金山谷、死亡谷、上山爬坡形、下山滑坡形、逐浪上升形、逐浪下跌形;均线粘合向上发散、均线粘合向下发散的特征与技术意义,详见《股市操练大全》第二册第一章中的有关内容。

图形识别深度练习 73

在一次股市经验交流会上,一位高手谈了他研判股市的方法。他认为股市的走势朝什么方向发展,短期看技术,中期看政策,而长期必定受制于社会平均投资成本的制约,过高时它会自动降下来,过低时它会主动升上去。因此,投资者只要了解社会平均投资成本与大盘指数的关系,就能正确地判断出股市未来走势的发展方向。这位高手边说边拿出了上海、深圳、香港3地的股市走势图,他指着这3张图说:它们都是月K线走势图,反映了将近20年来的走势。我们只要在这3张图中加上两条社会平均投资成本线(见图334~图336中L_1、L_2两根曲线),其走势的规律就能看清楚了,这样下一步如何操作,投资者胸中大致就有数了。

请问:这位高手的观点对不对?为什么这位高手要在图334~图336中加上两条社会平均投资成本线,它们究竟是什么线?投资者如何依据这两条线来判断股市未来的走势?

上证指数月K线全景图(截止2009年12月)

图334

深圳成指月K线全景图(截止2009年12月)

图335

香港恒生指数近20年来的月K线走势图(截止2009年12月)

图336

嘿!别小看L1、L2这两条社会平均投资成本线,用它们来观察大盘的顶部、底部,作用可大着呢!

453

解答

我认为高手的观点是正确的。其实,高手的这个观点与市场经济中商品价格的走势最终必定受制于其价值的制约,两者的道理是一样的。价值规律是市场经济的根本规律。当商品价格高于价值时,价格就会向下走,朝下向价值靠拢;反之,当商品价格低于价值时,价格就会被拉起,朝上向价值靠拢。从长期来看,无论什么商品,其价格一定会围绕价值进行上下波动,这已经成了一种规律性的现象。经济学家把这种现象称之为价值规律。其实,股市走势同样有这种类似的规律,股票价格(对大盘来说就是股市指数)一定会受其社会平均投资成本的制约,形成围绕它们上下波动的走势。

如果说,市场经济中的价值是指体现在商品中的必要劳动,那么股市中的社会平均投资成本也可看成是体现在股市中的必要劳动(因为这是数千万投资者投入的真金白银)。这种必要劳动也可以视为股市的一种价值(编者按:该价值与大家平时说的以市盈率、市净率、成长性为标志的价值是两个不同概念),我们在分析大势时就必须关注这种价值,研判这种价值对股市走势究竟会带来什么影响。

市场经济中有5年一个周期的说法,我们假设全体投资者投入股市中的平均投资成本以5年为一个档次,这样就可以在整个大盘走势中画上5年、10年两条投资成本线。那么,这样画出来的结果会怎么样呢?

我们先来看5年投资成本线(即图334~图336中的L_1这根曲线),在月K线中5年投资成本线就是60月均线。为什么要选用60月均线呢?因为60月均线具有反映长期社会平均投资成本的功能。当我们在图334~图336中加上60月均线后就会发现,作为新兴市场的上海股市、深圳股市,与作为成熟市场的香港股市,近20年来大盘指数都是围绕60月均线作上下波动的。当大盘指数上涨离开60月均线距离太远时,就会产生一种自动向下拉的力量,迫使其向下朝60月均线靠拢;反之,当大盘指数下跌离开60月均线距离太远时,又会产生一股自动向上推的力量,迫使其向上朝60月均线靠拢。显然,这条60月均线就成了大盘指数上下波动的一根中轴线。

接下来我们再来看10年投资成本线（即图334~图336中画的L_2这根曲线）。在月K线中10年投资成本线就是120月均线。从图334~图336中看，沪深港3地股市都出现过大盘指数跌到120月均线处出现止跌的现象（见图中334~图336画圈处），这表明股指出现大幅下跌，跌到120月均线处可能会出现见底或暂时见底的现象。这从一个侧面反映出120月均线对股指有着较强的支撑作用。当然，股市下跌有时会跌过头，从图中看，无论是沪深股市，还是香港股市都发生过跌破120月均线的现象。但总的来说，股指跌破120月均线后，在下方停留的时间不是很长，不久股指又会重返120月均线之上。

从技术上来说，60月均线是整个股市走势的一根中轴线，它起到了压制股指疯涨与制止股指狂跌的作用。我们知道，在价值规律的图形中，商品的价格是围绕价值上下波动的，价值就是平衡价格过高与过低的一根中轴线。同样的情况，在股市中也出现了，无论是沪深股市，还是香港股市（编者按：因为香港股市是成熟市场，面对的是全世界投资者，它不受国内股市政策调控的影响，因此它的走势更加反映了市场的一种自然走势），20年来的大盘指数基本上就是围绕60月均线这根中轴线进行上下波动的。

从技术上来说，120月均线是支撑整个股市的一根"地平线"，所谓地平线，即大盘指数跌到120月均线处，应该是跌到位了。如果说连120月均线都被跌破了，说明股市下跌已经进入了一种非理性的严重超跌状态，这种状态在股市中是很难长久地存在下去的，大盘指数过了一段时间就自然地回升到120月均线的上方。

有人问，了解了60月均线与120月均线的技术意义后，对股市实际操作有什么用处呢？我认为最大的用处是，对股市未来的大趋势心里有谱了。比如，2007年沪、深、港三地股市的大盘指数连续往上飚升，与60月均线拉开了很大的距离，这个距离已远远地超过了以往历年的平均值。投资者看到图中出现这种现象后，就应该认识到：当时的上涨属于疯涨，因为指数已经涨过头了，这样大盘指数势必然会受到60月均线的制约，出现向下回落的走势。而且这种结果是不以人的意志为转移的，是任何力量都无法改变的。因此，从这个意义上说,即使当时不出现百年一遇的国际金融危机,国内的经济、股市政策等不出现什么利空,沪深港股市在2007年冲高后出现价值回归,形成深幅调整的走势,也是一种不可避免的现象,只不过是它下跌的速度、下跌的方式,在表现形式上有所不同罢了。可见,了解这一规律的投资者,在2008年就会主动选择持币观望的策略,而不会去盲目地看多、做多,或盲目地进行抄底的。

又如,股市大师指点的抄底秘诀:"行情在绝望中诞生"、"极度恐慌中酝酿极佳的投资机会"等名言,早就被一些投资者背得滚瓜烂熟。但遗憾的是,根据这些名言抄底者,效果大多不理想,有时结局令人十分沮丧。那么,这是什么原因呢?因为当这些投资者看到市场出现恐慌,进行抄底时,可能已经犯下了一个致命的错误,此时的市场尚处于恐慌的初期阶段,更大的恐慌、更加厉害的暴跌还在后头。这个时候抄底十有八九就是抄在半山腰上。

经验告诉我们,在市场进入一般性恐慌、悲观状态时,抄底肯定是错的,只有在市场进入了极度恐慌、绝望状态时,抄底才是对的。但是,在现实生活中,极度恐慌与一般性恐慌,绝望与悲观,两者相似的地方太多,当事人很难进行区分。即使是一些股市顶尖高手碰到这种情况,有时也是一头雾水,辨不出其真伪。说老实话,用语言描述它们之间的区别,往往不是话说得含糊其辞,使人不得要领,就是因为说得太具体,反而与事实对不上号。现在好了,有了120月均线,把它作为"地平线"来看待,用它来量化恐慌与极度恐慌就有一个相对标准了。从沪深港股市20年的走势来看,当大盘指数跌破120月均线,并进一步向下时,说明市场已经进入"绝望"、"极度恐慌"状态。

有人问,这是为什么呢?一是因为120月均线代表全体投资者的10年投资成本线。试想,数千万投资者花了10年时间,用无数真金白银投资股市,最后不仅是白忙一场,竹蓝打水一场空,而且还造成了全体性的投资亏损。这种投入与产出的严重倒挂已经到了令人不能容忍的地步,出现这种状况意味着什么呢?意味着股市已经跌到了崩溃的边缘。所以将市场上这种状况列为"绝望"与"极度恐慌",在理论上是完全站得住脚的。此其一。其二呢?当大盘跌破120月均线时,股价已跌得惨不忍睹,市场上"凤凰当成草鸡卖"、"金子当成沙子销售"的情况比比皆是,此时肯定会吸引一些主流资金的关注和一部分先知先觉者的光顾,当做多力量逐渐积累后,大盘也就见底了。因此,股市跌破120月均线只是暂时的现象,它是不可能持久的。从统计资料上来看,全球很多股市的走势证明,当大盘指数跌破120月均线后,除极个别情况外(比如出现了战争、严重经济衰退),一般都会在短时间内重返120月均线之上,这已经成了股市中的一个规律性现象。

总之,大盘指数围绕60月均线进行上下波动,是股市中的一个规律;大盘指数跌到120月均线之下,市场就进入了极度恐慌与绝望状态,这种状态是不会持久的,它不久就会引来一轮报复性的上涨,这也是股市中的一个规律(见图337~图339)。投资者了解这些规律后,就能未雨绸缪,积极做好应对的准备,这对股市实际操作是有很大帮助的。

> 在图中画上 L_1、L_2 两条社会平均投资成本线,分析大势就不会出现方向性的错误。60月均线是一根"中轴线",指数就是围绕这根中轴线进行上下波动的,120月均线是一根"地平线",指数跌到120月均线之下,就是底部区域。如果投资者把这两条社会平均投资成本线的特征与技术意义弄明白了,股市的长期趋势也就可以看清楚了

L_1(60月均线) L_2(120月均线)

上海股市上证指数1990年12月~2009年12月的月K线走势图 图337

用 10 年社会平均投资成本线（即 120 月均线）来锁定深圳股市底部可谓十分准确。瞧！深圳股市从 19600 点狂泻下来，跌到 L_2（120 月均线）处就戛然而止，掉头向上

L_2（120 月均线）

这条线为"地平线"，大盘跌到此处就跌不动了

深圳股市深证成指 1991 年 4 月~2009 年 12 月的月 K 线走势图　图 338

用 5 年社会平均投资成本（即 60 月均线）来锁定香港股市，就会发现香港股市走势非常有规律。只要指数在这根 L_1 线上方升得太高，就会被拉下来，反之，指数在这根 L_1 线下方跌得太深，就会被拉起来

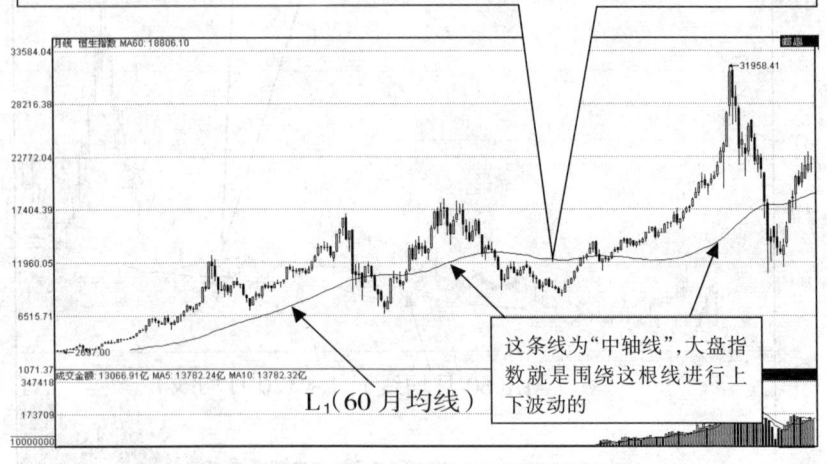

L_1（60 月均线）

这条线为"中轴线"，大盘指数就是围绕这根线进行上下波动的

香港股市恒生指数 1989 年 12 月~2009 年 12 月的月 K 线走势图　图 339

第七章　大势分析图形识别综合技巧深度练习

汪老师说:根据教学计划安排,这堂课我们要讨论的是,股市进入上涨阶段后,什么时候会见顶的问题。

俗话说:"会买是徒弟,会卖才是师傅"。在股市里,识顶、逃顶的问题比识底、抄底的问题更加重要。《股市操练大全》主编黎航老师,对识顶、逃顶的训练特别重视,他不但组织有关专家、高手编撰了《股市操练大全》第七册——识顶、逃顶特别训练专辑,他还特地叮嘱我,要结合股市实战,对识顶、逃顶的问题在课堂上再进行一次广泛、深入的讨论,要让《股市操练大全》的读者更快、更好地掌握高位出逃的技巧。

汪老师说:2009年沪深股市走出了一轮恢复性的上涨行情。但2009年走势颇为曲折,2009年8月4日,上证指数创出3478点新高,之后大盘就出现了回落,直到年末,大盘仍在3478点之下运行。这说明3478点就是上海股市2009年的顶部。

现在我想问大家几个问题:

(1)顶部可以预测吗?你对预测这件事是怎么看的?如果顶部可以预测,用什么方法可以在事先预知2009年上证指数将在3478点处见顶?

(2)山雨欲来风满楼。任何顶部的形成,在事先都会出现一些预兆。请问:上证指数在3478点见顶前夕,盘中曾经出现了哪些见顶的预兆?

（3）无论大盘还是个股，顶部出现时，盘中都会发出一些卖出信号。请问：上证指数在3478点见顶时，曾经发出了哪些卖出信号？

（4）3478点顶部出现后的一段时间内，投资者应该采用什么样的投资策略？

汪老师说了这些问题后，提议今天这堂课，先集中讨论第一个问题。他要求大家讨论时，一定要把问题议深议透，力求做到知其然而且要知其所以然。

请问：你对汪老师提出的第一个问题是怎样认识的？

解答

我认为顶部是可以预测的，但对顶部的预测也只能是大概的，不可能做到精确预测。关于这个问题我是这样认识的：大凡有一年以上股龄的投资者都会有一个感觉，股市中最令人困惑，也最令人费解的问题就是股市能不能进行预测，比如预测股市的顶在哪里、底在哪里。相信股市可以预测的人认为，人类有预知世界的能力，股市是世界的一个组成部分，股市当然是可以预测的。不相信股市可以预测的人认为，股市是一个大众市场，大众心理千变万化，无人能够知道，因此股市是不可预测的。我们在调查中发现，上述两种观点经常会处于一种极端对立的状况。比如，迷信股市可以预测的投资者，总认为股市中存在着一股神秘的力量，股市的顶与底就在这股神秘力量的掌握之中。于是乎，这些投资者对一些自称为能看准股市顶与底的"股神"、"超人"崇拜得五体投地，不惜花重金拜"股神"、"超人"为师，但结果往往是悲惨的，钱被骗走了，最后什么都没有得到；反之，不相信股市可以预测的投资者，对股市预测作了彻底否定，认为预测都是骗人的。做股票历来是趋势为王，涨势形成后，顶在顶上，跌势形成后，底在底下。趋势一旦形成，何处才是趋势的拐点，无人能预先知道。他们认为，促使趋势逆转有很多偶然因素，偶然的东西怎么可以预测呢？

那么，**股市的顶与底究竟可不可以预测呢？我认为正确的答案是：绝对正确的预测是做不到的，但相对正确的预测是可以做到的。**有人问，说这话的根据是什么呢？首先，大家应该承认人和动物不同，其最主要的一个区别是：人类有预知未来的能力。特别是随着科学技术的飞速发展，人类的预知能力也得到了空前的提高。基于这个理由，股市的未来也是可以预知的。其次，人类的预知能力可分为两个基本类型：①精确预知；②模糊预知。所谓精确预知，就是对某些事的未来发展，在事先就能作出十分精确的描绘，甚至可以做到分毫不差。比如，日全食什么时候发生，从发生到结束的时间是多少，事先的计算和事后的结果可以做到完全一致。所谓模糊预知，就是对某些事物的发展、未来，在事先只能对其进行大致正确的描绘。比如，当一个新的台风中心在太平洋上空形成后，它未来的走向、风力大小的变化，以及对它经过的城市、乡村所造成的破坏，事先都只能做一个大致的描绘，即使用卫星跟踪，其准确率如能达到七八成就非常了不起了。从人类活动范围来说，能做到精确预知的事情很少，大部分的事情只能做一个模糊的预知。比如，人的生老病死、人类的经济活动（这其中包括股市、汇市、期市）、地球气候变化、自然灾害等这些事情，真的要预测，也只能对它们的未来做一个大致的描绘。就是将来的科学技术有了更新、更快的发展，最多也只能提高模糊预测的相对精确度，但永远不可能做到完全的精确预知。

当大家明白了上面的道理，就会同意"**股市的未来是可以预测的，但只能做到相对准确的预测，而永远不可能做到完全精确的预测**"这个观点了。作为一个成熟的投资者，既要反对股市不能预测的不可知论，更要反对对股市能作百分之百精确预测的未卜先知。在股市里，如果有人硬要标榜自己是"股神"、"超人"，有什么特殊的本领，能百分之百说准股市的顶和底在哪里，那么最后的事实一定会证明，他们不是骗子，就是疯子。股市里有一个测不准定律，其矛头就是针对这些"股神"、"超人"说的，因为股市里从来就不存在一个能百分之百预知股市未来的秘诀或工具，这好比在地球上永远不可能有人会发明永动机的道理是一样的。

说到这里，我们可以得出这样一个结论：投资者对股市的趋势，以及顶与底作精确预测是不行的，但作一个大致预测，在理论上是站得住脚的，在实际上也是可行的。

接下来，我来回答汪老师提出的问题："如果顶部可以预测，用什么方法可以在事先预知2009年上证指数将在3478点处见顶？"

我的看法是，要在事先预知2009年上证指数在3478点见顶是不可能的，因为能预知3478点是2009年顶部，那就是绝对的精确预测了（此事只有神仙能做到，普通的凡人是没有这个本领的），但是要预知2009年上证指数在3000点上方见顶，并有可能在3300点、3400点附近形成顶部，这个结果在事先还是能够预测的。其预测的方法是：

（一）用黄金分割理论，可测算出2009年上证指数可能在3368点附近见顶。众所周知，2007年10月16日，上证指数在6124点见顶后，就一路走熊，一直跌到1664点才见底，随后出现了一轮强劲反弹走势。那么，这个反弹，究竟反弹到什么点位是它的顶部呢？根据黄金分割率，我们可以测算出3个反弹目标位：第一反弹目标位是3368点，第二个反弹目标位是3894点，第三个反弹目标位是4420点[注]。从当时的市场背景看，大熊之后的反弹，人心不稳。因此，当大盘在触及第一反弹目标位时，很容易受阻，形成一个阶段性顶部。如果这种预测在逻辑上是能够成立的，那么，2009年的上证指数就有可能在3368点附近见顶。

（二）依据缺口理论，可推算出2009年上证指数将在3215点~3312点附近受阻。因为3215点~3312点，是上证指数上一轮大熊中所出现的一个持续性向下跳空缺口，故而2009年当上证指数反弹到这个缺口附近时，遭到空方的猛烈打击是完全可以预料的，届时如果多方没有足够的力量来抵挡住空方的狂轰滥炸，这个先前的缺口地方很有可能会成为上证指数这轮反弹的顶部或阶段性顶部。

【注】 测算的方法是：第一反弹目标位 =(6124−1664)×0.382+1664；第二反弹目标位 =(6124−1664)×0.5+1664；第三反弹目标位 =(6124−1664)×0.618+1664。

（三）依据机构操盘行为分析，上证指数出现翻一番地方，即在3328点附近抛压会骤然增加。因为当整个经济形势还没有根本好转时，一旦大盘反弹达到100%涨幅后，主力机构获利了结的愿望就特别强烈，此时大盘见顶概率较大。

（四）上证指数见底点位（即1664点）+1733点，就是本轮反弹的一个阶段性顶部。该观点是沪市一个著名分析师提出来的。因为他曾用这个方法在公众媒体上两次预测上海股市的顶部，事后都得到了验证，所以引起了一些投资者的重视。现在我们假定这个方法有一定的参考价值，那么2009年上证指数在3397点附近，很有可能见顶回落，并出现一轮深幅调整的走势。

（五）根据整数关的理论，2009年上证指数的这轮反弹走势，在第一次冲击3000点这个重大整数关时，风险不请自来，随时随地都会掉头向下。

总之，投资者只要知道了上面几种预测方法，就可以在事先对2009年上证指数反弹行情的最终结果，作出一个大致且比较符合实际情况的预判，并可以预先想好一些应对的措施。比如：①当大盘冲上3000点后，投资者就要想到大盘必然会出现一次深幅调整，此时就不能再盲目看多、做多了，而要随时作出抛售离场的准备。②2009年上证指数见顶的位置很有可能在3300点上方。这是因为上述预测方法中，有4处提到了3300多点这个数字（一般来说，如果某一个数字被几种预测方法同时相中，这个数字将来与实际见顶点位相重叠的可能性就很大。所以投资者见到3300点的时候，不管当时大盘是涨还是跌，都应该主动进行减仓，最多将仓位保持在1/3以下。）

又及：本书初稿完成后，向读者征求意见时，一些读者对书中的第四种预测方法非常感兴趣，他们希望我们对这种方法作一些详细介绍。为了满足读者的要求，我们将了解到的情况，向大家作一次汇报：

该方法我们称它为"1233、1733预测法"。此方法的发明人是沪市的一名注册分析师。他认为上证指数近20年来的走势证明，无论大盘是涨还是跌，从大的趋势看，每次大级别的上涨都是在上涨"1733点"后见顶的，每次中级别的上涨都是在上涨"1233点"后见顶的。反之，每次大的下跌，一般跌掉"1233点"后都会见到一个重要的低点，这个低点或者是熊市的谷底，或者是熊市中的一个阶段性底部。

这位分析师在电视台公开做节目时，有两次都是用这种预测方法，提前一个月说出股市见顶的点位，尔后的事实也验证了他预测的见顶点位。第一次是在2007年4月末，当时的沪深股市十分火爆，涨势惊人，主持人问他对现在的股市怎么看，他很干脆地说，上证指数会在4400点附近[注]见顶回落，并将出现一轮深幅调整（他认为到4300点就可以打提前量卖出了），果然，一个月后上证指数在4335点见顶，出现了一轮暴跌。第二次是在2009年6月末，当时的沪深股市也十分火爆，主持人又问他，怎么分析现在的股市走势，他的回答也十分干脆，认为这次上证指数从1664点涨上来，一定会在3400点附近见顶，他还建议大家，见到3400点就抛空离场。这次又给他说中了。事后，有人问他，为什么两次大盘见顶的位置都预测得那么准，他很坦然地说，这里没有什么神秘可言，我就是将上证指数见底的点位 + 1733点，作为一轮涨幅的目标位，也即大盘的见顶点位。2009年9月4日，他又上电视台做节目，主持人问他，现在的上证指数是2861点，对以后的股市走势如何看，他很肯定地说，股市还要调整一段时

【注】 其计算方法是：998点+(1733×2)=4464点。因此，这位分析师认为当时上海股市的阶段性顶部在4400点附近。

间,但将来调整到位后,下一轮股市上涨的目标位应该是 5100 点,理由仍然十分简单,1664 点 +（1733×2）=5130 点。这个预测能不能再现它的神奇呢？现在时间未到,我们只能拭目以待。

据说,有人曾经问过这位分析师,你是如何想到 1233、1733 两个数字的。他回答说,他是受老子《道德经》的启发,才想到 1233 这个数字的。《道德经》说："道生一,一生二,二生三,三生万物",1233 就这么来的。那么,1733 这个数字又是怎么一回事呢？他解释说,中国股市每隔 500 点就是一个重要台阶,因此他认为在研究股市大的趋势时,应该在 1233 点上加上 500 点,这样就得出了 1733 这个数字。他告诉大家,现在股市规模大了,预测股市的上涨,一轮上涨的目标位究竟在什么地方,一般不能用 1233,必须用 1733 这个数字,预测才能收到预期的效果。

学过历史的人都知道,老子的《道德经》,言简意赅,博大精深,涵盖天地,是中华民族的一个瑰宝。这位分析师认为,老子《道德经》中提出的"道生一,一生二,二生三,三生万物",即 1233,实际上是人类社会和大自然的一个运行规律,股市的上涨和下跌也一定会遵循这个规律。所以 10 多年来,他一直坚持用"1233、1733"这两个数字,来预测股市的走势,并取得了令人满意的效果。

有人问,"用 1233、1733"预测上海股市,客观地说准确率究竟有多高呢？我们仔细地核查了一下,发现有时准确率较高,有时误差较大。

比如,上海股市在 20 年历史中,曾经出现过 4 次大熊市。这 4 次大熊市,如果用"1233、1733"方法预测其见底的点位,大家就会发现,前 3 次准确率比较高。例如：

第一次大熊市：从 1992 年 5 月 26 日的 1429.01 点,一路下跌至 1992 年 11 月 17 日的 386.85 点,这轮熊市总共跌掉 1042.16 点。这个数字与"1233"相差 190.84 点,误差率为 15.48%。

第二次大熊市：从 1993 年 2 月 16 日的 1558.95 点,一路下跌至 1994 年 7 月 29 日的 325.89 点,这轮熊市总共跌掉 1233.06 点。这个数字与"1233"仅相差 0.06 点,误差率为 0.0048%。

第三次大熊市：从 2001 年 6 月 14 日的 2245.42 点,一路下跌至 2005 年 6 月 6 日的 998.23 点,这轮熊市总共跌掉 1247.19 点。这个数字与"1233"相差14.19点,误差率为1.15%。

但用"1233、1733"预测上海股市第四次大熊市的见底点位,误差就非常大。例如:

第四次大熊市:从2007年10月16日的6124.04点一路下跌至2008年10月28日的1664.93点,这轮熊市总共跌掉4459.11点。这个数字与"1233、1733"这两个数字的相差甚远,与"1233、1733"的倍数,如"1233×2或×3"、"1733×2或×3"的数字也对不上号。

这样的情况,在使用"1233、1733"方法,预测上海股市牛市顶部与上升途中的阶段性顶部时也碰到了。它有时似乎很灵验,有时就不灵了。这内中的原因是什么呢?现在我们只是把问题提出来,与大家一起探讨、研究。

(编后语:虽然我们向大家介绍了"1233、1733"的预测方法,但《股市操练大全》编写组的内部对它也有不同意见。一部分人认为,这种预测方法过于玄乎,介绍给大家意义不大;另一部分人认为既然有人在事先用这种方法,两次预测上海股市阶段性顶部,基本上都说准了,这说明该方法有可取之处,理所当然应告诉大家。此事最后由黎航老师拍板决定,将这个方法介绍给读者。他认为,不管怎么说,多了一种预测方法,投资者炒股时就多了一种选择,这对大家的操作是很有利的。另外,他还坚持认为,这种预测方法是否科学,有无道理,现在对它争论是不解决问题的,一切都要通过以后的事实来检验,才能得出一个正确的结论。他相信《股市操练大全》的广大读者是有这个鉴别能力的。)

图形识别深度练习 75

汪老师说：上一道题我们讨论了对顶部预测的问题。今天这堂课我们讨论一个更加现实的问题，即顶部出现前有哪些预兆？虽然，从操作层面上说，事先对大盘在何处见顶进行预测是有必要的，但是预测毕竟是预测，大盘究竟在何处见顶还是个未知数，况且预测与实际走势对不上号的事也是经常发生的。

但大盘见顶前夕发出的见顶预兆，此事就和预测有很大的不同，它是实打实地告诉人们，股市有一场大地震即将要发生了。如果投资者能及时地发现并抓住这些见顶的预兆，就能实现在股市高位顺利逃顶的愿望，这件事能不能做好，将直接关系到投资者的切身利益。所以我们对这个问题要好好地琢磨琢磨，从中找出一些规律性的东西来，以利再战。

下面我仍以2009年上证指数3478点为例，与大家一起讨论，在大盘见顶之际，怎样发现大盘见顶的一些蛛丝马迹（即见顶预兆的问题）。现在先请大家看4张图（见图340～图343），看后请你们告诉我，这4张图是什么图？仔细观察下来发现了什么？投资者究竟应该从哪些方面来发现大盘见顶前的预兆？

图340

图341

467

图 342　　　　　　　　　　　图 343

解答 这 4 张图是沪深股市某个阶段的日 K 线走势图。图 340 是上证指数 2007 年 7 月 20 日~2007 年 10 月 16 日的日 K 线走势图,图 341 是深证成指 2007 年 7 月 20 日~2007 年 10 月 16 日的日 K 线走势图,图 342 是上证指数 2002 年 1 月 29 日~2002 年 6 月 27 日的日 K 线走势图,图 343 是上证指数 2009 年 5 月 4 日~2009 年 7 月 31 日的日 K 线走势图。

我仔细观察了这 4 张图,发现它们有一个共同特征:右边第 3 根 K 线(图 342 为右边第 4 根 K 线)都拉出了一根长下影线,但之后两三天的股指并没有下跌反而出现了小幅上涨的走势。

首先,这个特征说明了什么呢?说明大盘已经到了一个十分危急的关头。山雨欲来风满楼,大盘见顶大跌的风险已迫在眉睫。有人问,为何图 340~图 343 中出现这样的特征,形势就变得如此严峻呢?其主要原因是,大盘指数在上涨途中,特别是有了较大涨幅后,突然之间在K线上拉出一根长下影线,这是一个很不好的预兆。它为日后下跌埋下了伏笔。

有人问,在技术上,下影线是代表下档有支持,下影线越长说明下档支撑越强,况且,从这4张图看,在出现长下影线后,股指都出现了小幅回升。照理说,出现这样的走势,形势应该看好,为何会得出后市不妙的结论呢?其实,这些人有所不知,虽然从理论上说,K线上出现下影线,表示下档有支持,下影线越长下档支撑越强,但这是有条件的。它的条件是:**股指(股价)必须在跌势中,特别是在大幅下跌后拉出长下影线时,才会出现"下影线越长下档支撑就越强"的结论。但当股指(股价)在涨势中,特别是在大幅上涨后拉出长下影线,情况就不一样了。此时下影线越长,表示向下的牵引力就越大。可见,两者在技术上的意义迥然不同。**所以有经验的投资者看到,股指(股价)行至高位时出现下影线,心里就有一种不祥的预感。虽然,下影线出现后的几天,股指(股价)并没有马上下跌,反而出现小幅回升的走势,但这不表示危机已经化解,说不定市场主力有更大的阴谋在后面,投资者若就此放松警惕,很容易陷入主力的圈套,甚至会被主力一网打尽。

有人继续问:股指(股价)行至高位,K线上出现长下影线,表示股指(股价)就非跌不可吗?当然话不能说死,说它肯定要跌。但是我可以负责任地告诉大家,根据统计,盘中出现这种现象,日后下跌的概率很大,所以我们对它要高度重视。一般来说,要化解由此引发的下跌危机,那就必须在下影线出现后的一二周内,股指(股价)形成一个连续的向上升势。这个升势,从图形上看,不再是以小阳线爬升,而代之以是中阳线,甚至是大阳线往上飚升。只有出现了这种情况,长下影线带来的危机才能得到化解。否则一切免谈。

事实也是如此,图340~图343中高位出现长下影线后,很快大盘就见顶回落,并出现了深幅调整。因此,从这个意义上说,大盘见顶的预兆完全可以从K线形态上发现其端倪。比如,在高位出现的长下影线就是大盘见顶的一个重要预兆。

其次,大盘见顶的预兆从成交量上也可以看出一些名堂来。股市中有一句谚语:天量天价。意思是说,当股市放出天量时,表示顶部就即将来临。我们知道,2009年7月29日,沪市成交金额达到了3028亿元。这个成交金额是上海股市20年来的最大成交额,是名副其实的天量。既然天量出现了,那么大盘后来的上涨就是主力在忽悠大家,诱多出逃了。此时有经验的投资者就会趁主力拉高出货之际,跟着一起卖出,这样即使大盘日后见顶,这些人早就与主力一起溜之大吉,后面大盘见顶的风险就与他们没有什么关系了。

第三,从大盘蓝筹股的表现上也能发现大盘见顶前的预兆。众所周知,沪深股市中的一些大盘蓝筹股,因其总股本、总市值较大,在大盘指数中所占的权重比例很高,一旦它们当中的一些个股出现连续见顶的现象,即使当时大盘还在涨,但过不了几天,大盘指数必定会跟着见顶回落,这几乎成了沪深股市中的一个规律性现象。因此,我们在寻觅大盘见顶的蛛丝马迹时,特别要注意观察一些对市场影响很大的大盘蓝筹股的走势。

下面我就对这个问题进行一次分析。大家知道2009年上证指数,是在摸高3478点后见顶的,时间是2009年8月4日。其实,在大盘见顶的前夕,以及大盘见顶的当日,沪深股市中一些大盘蓝筹股与权重股已纷纷出现了赶顶的现象。

我这里做了一个统计,上海股市里"上证50样本股"中,在大盘见顶前已有31个样本股提前见顶,这个数字占到上证50样本股的62%,如果加上与大盘当日同时见顶的4个样本股,其比例就上升到70%。详细情况如下:

一、提前于大盘见顶的上海50样本股有:(以2009年1月~8月这轮行情的见顶时间早晚为序)

①工商银行(见顶时间:2009.6.23)

②中国银行(见顶时间:2009.6.23)

③保利地产(见顶时间:2009.7.6)

④中国中铁(见顶时间:2009.7.21)

⑤中国太保(见顶时间:2009.7.21)

⑥中国平安(见顶时间:2009.7.21)

⑦振华重工(见顶时间:2009.7.22)

⑧中国石油(见顶时间:2009.7.24)

⑨中国人寿(见顶时间:2009.7.24)

⑩雅戈尔(见顶时间:2009.7.24)

⑪民生银行(见顶时间:2009.7.24)

⑫中煤能源(见顶时间:2009.7.27)

⑬紫金矿业(见顶时间:2009.7.27)

⑭招商银行(见顶时间:2009.7.27)

⑮上海机场(见顶时间:2009.7.28)

⑯西部矿业(见顶时间:2009.7.28)

⑰中国南车(见顶时间:2009.7.28)

⑱海通证券(见顶时间:2009.7.29)

⑲中国铁建(见顶时间:2009.7.29)

⑳交通银行(见顶时间:2009.7.30)

㉑中国联通(见顶时间:2009.7.31)

㉒兴业银行(见顶时间:2009.7.31)

㉓建设银行(见顶时间:2009.7.31)

㉔浦发银行(见顶时间:2009.8.3)

㉕华夏银行(见顶时间:2009.8.3)

㉖南方航空(见顶时间:2009.8.3)

㉗中信证券(见顶时间:2009.8.3)

㉘江西铜业(见顶时间:2009.8.3)

㉙辽宁成大(见顶时间:2009.8.3)

㉚国电电力(见顶时间:2009.8.3)

㉛中国铝业(见顶时间:2009.8.3)

二、与大盘当日同时见顶的上海50样本股有:

①武钢股份(见顶时间:2009.8.4)

②宝钢股份(见顶时间:2009.8.4)

③申能股份(见顶时间:2009.8.4)

④中国石化(见顶时间:2009.8.4)

据了解，上证50样本股都是大盘蓝筹股，其中绝大部分是权重股，另外，所谓"样本股"对沪市其他股票起着一种导向作用。因此，它们的涨跌对股市的未来走势影响极大。试想，当上证50样本股中的大多数股票都见顶了，即使当时大盘还没有见顶，但可以肯定大盘离顶部也近在咫尺了。此时，聪明的投资者可以赶在大盘见顶的前夕提前出局，这样就可以顺利逃顶，保住胜利成果。

第四，从主力操作的一些特殊手法中，也能看出大盘见顶的一些预兆。当股市涨到某一点位时，此时大盘会不会见顶，就要看主流资金怎么操作了。如果主流资金中的很多主力都有拉高出货的欲望，那就可以肯定，大盘离顶部已不远了，此时投资者应提早出局，避免大盘见顶时高位被套。因此，市场主力有无急于拉高出货的欲望，也是判断大盘是否见顶的一个预兆。而要了解主力是不是在拉高出货，最直接的办法就是观察主力是不是在利用拉大阳线进行诱多出货[注]。

据核查，我们发现上证180成份股，当时在大盘见顶前后的一个月里，很多主力已经有计划、有步骤地以大阳线为掩护进行拉高出货了。现在我们略举几例，看看在大盘见顶前夕，主力究竟是如何玩弄拉大阳线诱多出货这个手段的。

实例一：上实发展（600748）。该股在2008年初最高涨至60元，之后见顶回落。2008年11月6日，该股在5.20元见底后，出现了一轮见底回升的走势。2009年7月，当该股反弹至20元上方时，主力就有了将获利筹码兑现的强烈愿望。2009年7月3日，主力在盘中拉出一根涨停大阳线，以此吊住市场人气，进行拉高派发（见图334中画圈处）。等筹码派发差不多的时候，主力就让股价破位下行，形成了连续下跌的走势。

实例二：香江控股（600162）。该股在2007年最高涨至33.80元，

【注】 有关拉大阳线诱多出货的特征与技术含义，详见《股市操练习大全》第七册第279页~第288页。

有了前面这根涨停大阳线,市场眼球被吸引住了。主力以大阳线为掩护,用了一个月的时间,不断派发手中的获利筹码,实现了高位出逃的目的

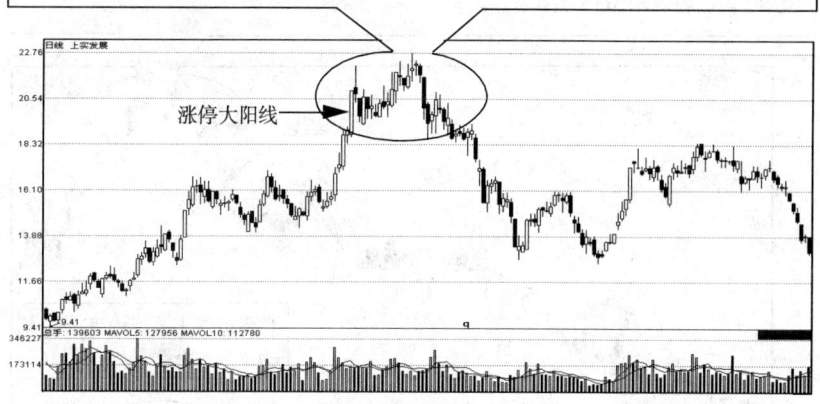

涨停大阳线

上实发展(600748) 2009年3月11日~2009年12月22日的日K线走势图 图344

然后掉头向下,一路跌至2元多。2008年11月7日,该股最低见到了2.36元,之后就出现了一轮强劲的升势,主力将首次出货价格定在10元上方。主力为了能在10元上方顺利兑现其获利筹码,当股价上涨接近9元时,主力连拉两根涨停大阳线(见图345中箭头所指处),充分"激活"了市场对该股的做多热情。之后股价在第二根涨停大阳线处进行了一个多月的横盘整理,主力趁股价横盘之际,完成了获利筹码派发任务。

实例三:包钢股份(600010)。2009年,该股从2.08元最高涨至6.09元,股价上涨近300%。主力出货的方式就是以大阳线掩人耳目,趁人不注意的时候,放空手中的筹码,完成其出货任务(见图346)。

实例四:济南钢铁(600022)。2009年4月,该股除权后,从3.71元涨起,在即将填满权时,主力开始向外发货。从图中看,当时主力就是以大阳线为掩护进行诱多出货的(见图347中画圈处)。

类似上述例子还很多,这里就不一一列举了。大家可以想一想,在大盘见顶前夕,上证180样本股中,有很多个股的主力都在用大阳线为掩护进行诱多出货,这是不是向市场预告大盘马上要见顶了。主

主力用两根涨停大阳线激活了市场对该股的做多热情。当一些不明真相的投资者进来接盘时，主力却趁机悄悄开溜了。主力到底从中派发了多少获利筹码，看看它下面的换手率，投资者心里大概就有点数了

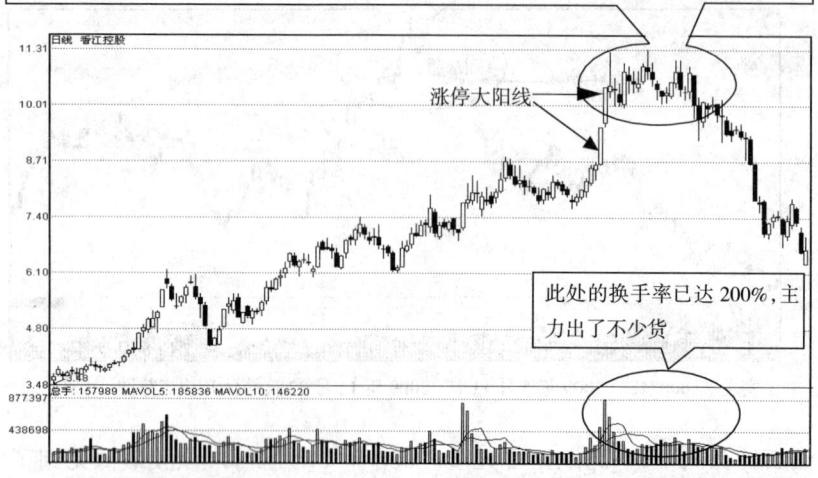

涨停大阳线

此处的换手率已达200%，主力出了不少货

香江控股（600162） 2009年1月6日~2009年9月1日的日K线走势图 图345

涨停大阳线一出现，接着主力就迫不及待地将筹码塞给了高位跟风的投资者，致使股价出现了连续下跌的走势

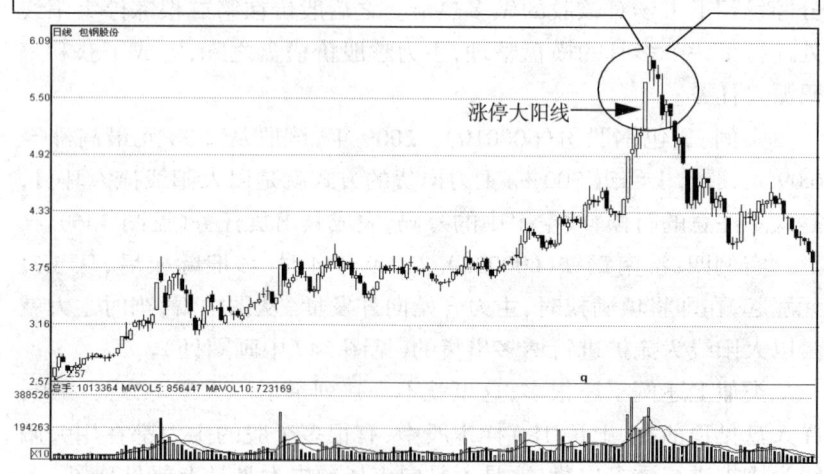

涨停大阳线

包钢股份（600010） 2009年1月5日~2009年9月29日的日K线走势图 图346

图中画圈处就是主力以大阳线为掩护诱多出货的区域。在这个区域,主力拉了3根大阳线来吸引市场眼球,等一些投资者跟进来的时候,将他们一网打尽,自己则逃之夭夭

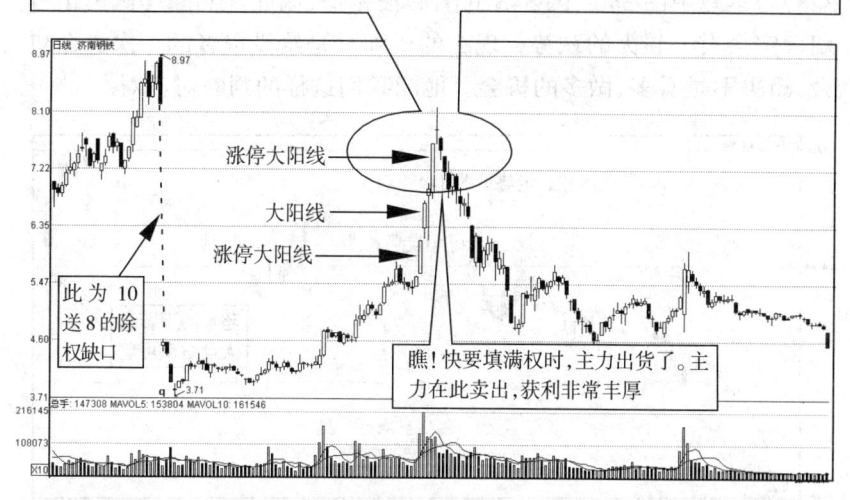

涨停大阳线

大阳线

涨停大阳线

此为10送8的除权缺口

瞧!快要填满权时,主力出货了。主力在此卖出,获利非常丰厚

济南钢铁(600022) 2009年3月12日~2010年4月19日的日K线走势图 图347

力为什么要迫不及待地拉大阳线诱多出货呢?因为这些个股的主力心里明白,在大盘真的见顶后,个股再拉大阳线进行诱多出货就没有那么容易了,所以这些个股的主力要抢在大盘见顶前,人气仍然兴旺时赶快出货。由此我们可以得出一个结论,在上证180样本股中,一旦发生了连续多起的出货案例,特别是出现了一系列以拉大阳线诱多出货的现象,说明大盘已到了高风险区域,这是大盘见顶的一个重要预兆。投资者对它必须予以高度重视。

噢,我明白了,主力操盘的思路与中小散户是不同的,他们在大盘见顶前夕就纷纷开始出货了。一旦个股中出货的股票多了,大盘见顶,大跌就不可避免。

又及：本书完稿后，向读者征求意见时，一位读者很高兴地告诉我们，他悟出一点看图的门道了。比如，美国股市这几天走的图形（见图348）与本题中图340~图343的图形很相似，因此他判断美国股市近期肯定会有一轮大的跌势，现在的反弹只是给投资者的一次逃命机会，而决不是看多、做多的机会。他问我们这样的判断对不对。

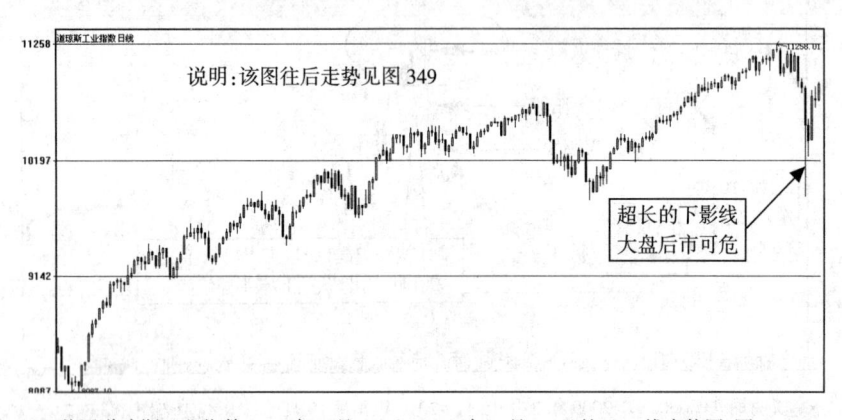

说明：该图往后走势见图349

超长的下影线
大盘后市可危

美国道琼斯工业指数2009年7月13日~2010年5月12日的日K线走势图　图348

我们告诉他，这样的判断是对的。作出这样判断的主要依据是：美国股市在大盘指数向下破位，下跌途中拉出了一根非常长的下影线，因为这根长下影线不是在指数大幅下跌时出现的，而是在指数处于相对高位时出现的，因此，它对后面的走势会有很大的负面影响[注]。虽然这两天美国股市的反弹力度很大，但前面那根大阴线下端的超长下影线，对大盘指数向下牵引作用非常强烈，这就像本题图340~图343中的超长下影线一样，硬生生地在后面把指数拖了下来。因此美股日后一段时间，受这根超长下影线的牵引，至少短期内往下回落是大概率的事件。

【注】　这一点非常重要。通常，当指数或股价经过连续下跌，跌幅已经很深的情况下，K线上出现一根长下影线，才能视为见底信号，而指数或股价下跌初期，以及指数或股价处于相对高位时，K线上出现一根长下影线，是不能当成见底信号的，相反，它对指数或股价有很强的向下牵引作用。此时，投资者应趁后面的反弹，赶快出逃，以规避日后大跌的风险。

到本书出版前夕，果然美国股市受到前面那根超长下影线的牵引，短期内出现了一轮较大的跌势（见图 349）。

(上接图 348)投资者若知道"在高位拉出超长下影线，后面的上涨仅仅是反弹，是一次出逃的机会"，就可以做到在图 384 中最后一根 K 线处坦然地卖出，从而就能规避掉下面一段下跌的风险

瞧！在高位出现的这根超长下影线，果然牵引着大盘下行，这几乎成了股市中的一种规律，连高度发达的美国股市也不例外

美国道琼斯工业指数 2009 年 8 月 13 日~2010 年 6 月 7 日的日 K 线走势图　图 349

我们举这个事例，主要是想告诉大家一个道理：**技术图形是无国界的，投资者学会识图、解图，在任何时候，对任何股市的分析都能派上大用场。**

图形识别深度练习 76

汪老师说：上一堂课我们讨论了大盘见顶的预兆问题（这里仅讨论图形上的见顶问题，其他方面，如基本面、政策面等见顶问题都不涉及）。但由于各种原因，有一些投资者对大盘见顶的预兆就是不敏感。那么此事该怎么办呢？从操作层面上讲，这些投资者还有一道安全锁可以利用，即他们只要及时识别大盘见顶时发出的卖出信号，仍然可以做到在高位顺利逃顶。

一般来说，大盘见顶时发出的卖出信号不会只是一个信号，它往往有第一卖出信号、第二卖出信号、第三卖出信号……即在盘面中会出现很多种卖出信号。投资者只要抓住其中的一个，就能避免在高位吃套。

那么，如何在大盘见顶时及时发现其卖出信号呢？最佳办法就是将一些典型的见顶图形熟记在心里，一旦市场中再次出现这种类似的图形，你就会在头脑里形成一种条件反射，很自然地选择卖出。这样就能保住投资的胜利成果，不会出现在高位"站岗放哨"的难堪事情了。

下面我先请大家看两张图（见图350、图351），这两张图都是上证指数不同时期的顶部图形。看后请你告诉我，你看了这两张图后有何感想。另外请你指出图中画框处是什么图形？它的特征与技术意义是什么？最后，请你讲出2009年8月上证指数在构筑3478点顶部时，究竟发出了哪些卖出信号？

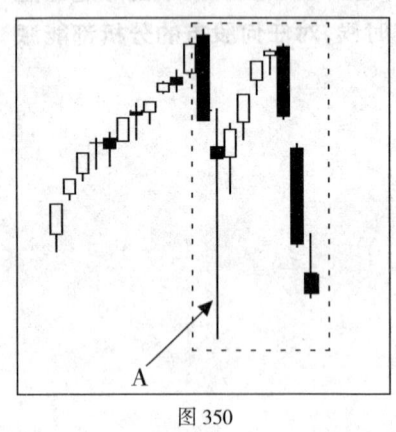

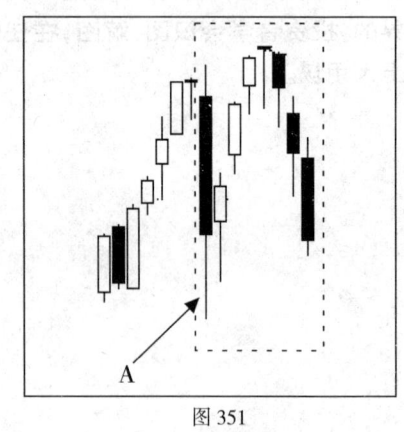

图 350

图 351

解答 看了以上两张图后,我最大的感想是:历史确实有惊人的相似之处,这在股市走势上表现得非常突出。就像图 350 与图 351 这两张图,就有很多相似之处。比如,它们在构筑顶部时,前面都拉出了一根带有长下影线的阴线(见图 350、图 351 中箭头 A 所指处)。尔后都又出现了 3 根小阳线,在最上方处均收出了一根 T 字线,T 字线后面都出现了连续 3 根下跌的阴线。

现在我们知道了,图 350 是上证指数 2000 年 8 月见顶时的一段走势图,图 351 是上证指数 2009 年 8 月见顶时的一段走势图。既然这两张图的基本特征是一样的,其结果自然也是一样的。2000 年 8 月上证指数出现了这个图形后,大盘见顶了,并出现了深幅下挫,那么 9 年后,当上证指数再次出现类似的图形时,投资者应该对它作出什么判断呢?毫无疑问,大盘也极有可能会走出与 9 年前相同的见顶回落的走势。此时投资者应该马上卖出。

有人问,图 350 与图 351 中画框处是什么图形呢?我告诉大家,这是一个学名叫"空方尖兵"的 K 线组合。

空方尖兵的特征是:最左边的 K 线是一根阴线并带有很长的下影线,尔后,股价就出现了回升,收出若干根小阳线,正当人们认为盘面平安无事时,空方又突然发起进攻,连收阴线,股价就此形成急速下跌的走势。从图形上看,最左边的带有长下影线的阴线,是空方在大规模杀跌前所作的一次试探性进攻,有人把这根长下影线视作空方深入多方阵地的尖兵,这就是空方尖兵名称的由来。空方尖兵是一个看跌图形,该图形出现后股价往往会出现一轮深幅调整。

值得注意的是,空方尖兵的图形有很大的欺骗性。我们发现,在沪深股市的历史中,大盘有好几次构筑头部时,主力都用它来掩护出货,上当受骗的投资者非常多。故此,我们认为,无论是大盘还是个股,在涨幅较大的情况下出现空方尖兵的图形都是一个危险的信号。投资者如遇到这种情况,必须无条件地退出观望。这要作为一个铁的纪律来执行,不要犹豫,不要拖。这是防止受骗上当,避免在顶部吃套的一个非常有效的方法。

下面我再来分析 2009 年 8 月，上证指数在 3478 点见顶的这一阶段中，盘面上到底出现了哪些卖出信号，我们究竟应该怎么操作。

卖出信号一：高位 T 字线（见图 352 中箭头 A 所指处）。2009 年 8 月 4 日，上证指数收了一根 T 字线，因为这根 T 字线是在股指大幅上涨后出现，且出现时上证指数创了 2009 年的新高，因此我们将它定性为高位 T 字线。一般来说，大涨之后出现的 T 字线，见顶的嫌疑很大。从图中看，T 字线出现后的第二天，上证指数低开低走，全天收了一根略带下影线的小阴线，而且这根阴线的实体，寄附在 T 字线的下影线处。这样从技术上就初步确认了该 T 字线为见顶信号。对 K 线理论熟悉的投资者，看到这样的情况就应该马上采取措施，止损离场。

卖出信号二：下跌三连阴。从图 352 中看，当股指行至箭头 B 所指处，已经连续收了 3 根阴线，形成下跌三连阴走势。下跌三连阴出现在跌势初期，表明盘中做空力量非常强，下面还有一个很大的下跌空间。此时投资者应认清形势，赶快抛空出局。

上证指数 2009 年 6 月 17 日 ~2009 年 9 月 1 日的日 K 线走势图　图 352

卖出信号三：20 日均线被击穿，上山爬坡形的形态遭破坏。从图 353 中看，当盘中出现下跌三连阴走势时，20 日均线也被击穿了。至

480

此,该股近三四个月来沿着 20 日均线往上爬升的上山爬坡形的形态就遭到了夭折(编者按:有关上山爬坡形的特征与技术意义,详见《股市操练大全》第二册第 60 页~第 63 页),这对多方来说是一个很严重的问题。按照均线理论,如两三日之内,上山爬坡形的形态无法修复,股指必将有一次劫难。因此,投资者见此情形,只能三十六计,走为上计,先卖出再说。

卖出信号四:空方尖兵(见图 353 中画框处)。前面我们已经介绍过,空方尖兵是一个重要的看跌图形。既然图中出现了空方尖兵,主力出逃的意图已暴露无遗,此时投资者不能再盲目看多、做多了,应马上出局。如果留在里面坚守,结果就是在高位站岗放哨。

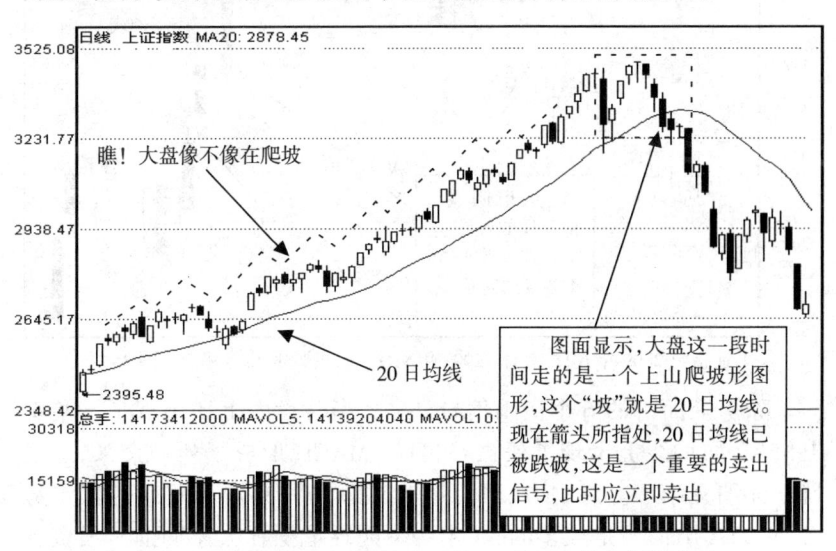

上证指数 2009 年 4 月 29 日~2009 年 9 月 1 日的日 K 线走势图 图 353

卖出信号五:双顶颈线破位。图 354 中箭头 A 所指处,一根长阴线已经将双顶的颈线击穿。从技术理论上说,双顶颈线被打穿后,就会出现一轮大的跌势。因此,双顶的颈线历来被多方视为生命线,一旦生命线失守,多方阵脚马上就会大乱,兵败如山倒的现象就会发生,后果将不堪设想。所以在双顶颈线失守后,投资者只能认赔出局,否则灾难将接踵而至,损失会越来越大。

卖出信号六：向下跳空缺口（见图354中箭头B所指处）。果然不出所料，双顶颈线被击穿后，很快投资者就失去了做多的信心，图354中出现了一个向下跳空缺口。从技术上来说，这个缺口是一个向下突破缺口，对趋势起着导向作用。一般来说，向下突破缺口出现后，预示股指的大调整拉开了序幕，形势变得对多方越来越不利。此时，稍有技术分析常识的投资者都会选择离开，退出观望。

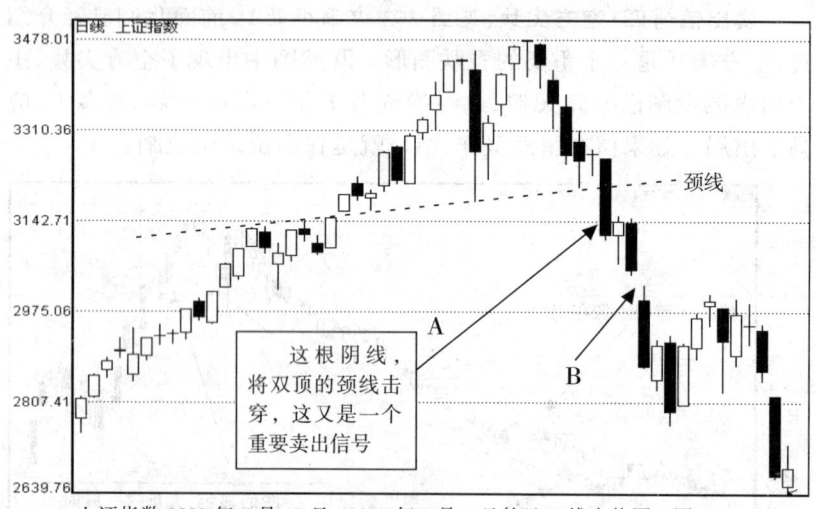

上证指数 2009年6月17日~2009年9月1日的日K线走势图　图354

除了上面讲的6个卖出信号外[注]，当时盘面上还出现了一些卖出信号，如均线上出现了死亡谷，日线MACD形成了死亡交叉，这里就不详细介绍了。总之，从当时的上证指数在3478点见顶这段走势看，它的卖出信号是很多的，一个一个明显地摆在大家面前。投资者只要仔细观察、认真分析，发现并抓住这些卖出信号并不难。大家只要抓住了这些卖出信号，我相信就可以做到在高位成功逃顶，成为这轮行情的赢家。

【注】　为了叙述方便，同时也为了让读者对卖出信号看得更明白，所以我们才将这些卖出信号分开来叙述。但在操作时，投资者应将这些卖出信号综合起来分析，以求提高对行情判断的准确率。

图形识别深度练习 77

有一位投资者讲了一件事。他说:2009年他所在的证券公司,一年下来很多人都没有赚到什么钱,而使他感到惊奇的是,他们那里有一位大户做得非常出色,这位大户不仅在2000点以下成功抄了底,在3300点上方成功逃了顶,而且在2009年股市跌到2600多点,市场惊呼熊来了的时候,这位大户又重仓杀进,积极看多、做多,大赚了一笔。现在他已在阶段性高点成功出逃,空仓观望,等待下次机会的来临。不过这位大户有一个缺点,不喜欢与人搭话,大家也不知道大户在想什么,只见大户一个人在那里闷声大发财。与大户较接近的人反映,大户在2009年不断地在研究两张图(见图355、图356)。据说,大户的成功操作与这两张图有着密切关系。从某种意义上说,是这两张图在指引着大户操作,让他踏准了股市运行的节拍。

请问:你知道大户研究的这两张图是什么图吗?大户从这两张图中究竟获得了哪些重要启示,从而使他的操作取得了极大的成功?

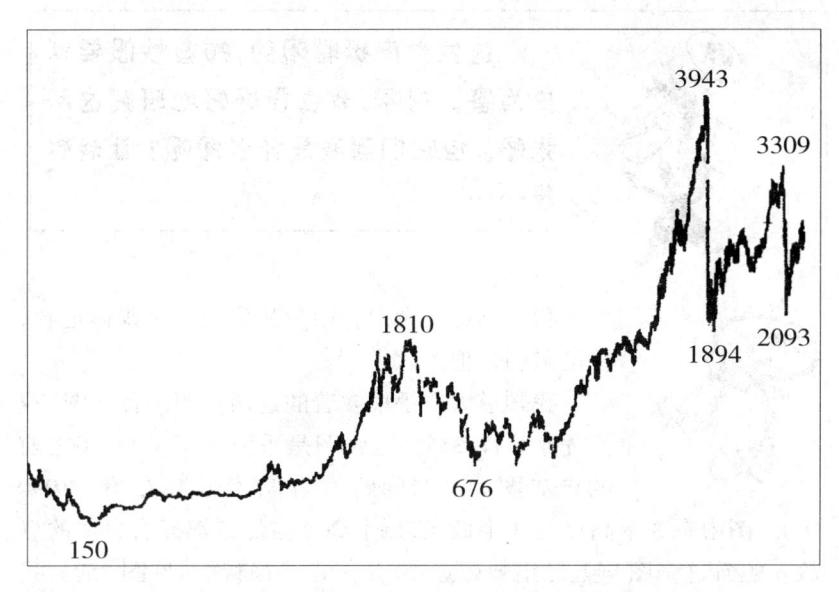

图 355

483

1558

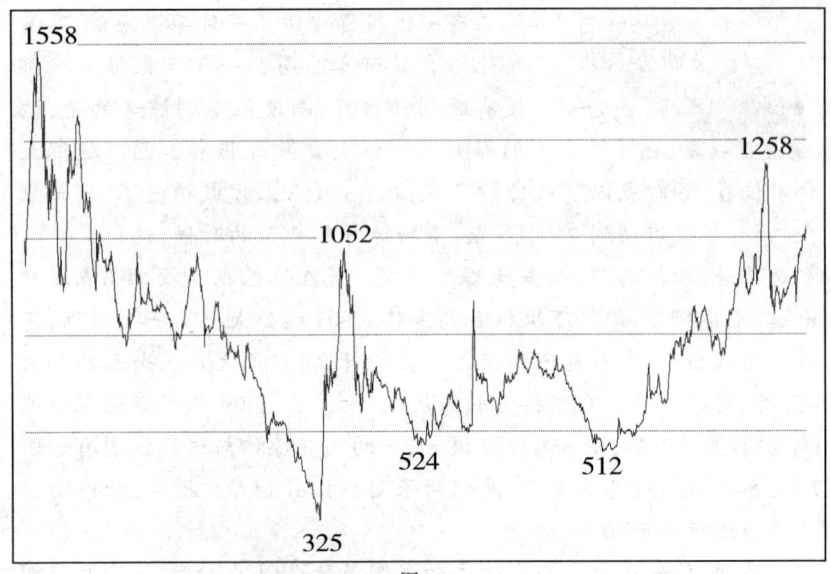

1258

1052

524　　512

325

图 356

> 这位大户挺聪明的,知道炒股要以史为鉴。呵呵,我也要好好地研究这两张图。但它们到底是什么图呢?让我想想……

我了解这位大户,因为我作为一个媒体记者,曾经采访过他。

我知道大户手里拿着的这两张图是什么图。我们先来看图 355。这张图是香港股市 1990 年之前的走势图。其时间跨度为 17 年(1973 年~1990 年)。图中有 3 个高点与 4 个低点,每个高点与低点都标有具体的点数。粗看这张图与上证指数最近 10 几年走势很相似(见图 357),我们不妨来作一个比较。

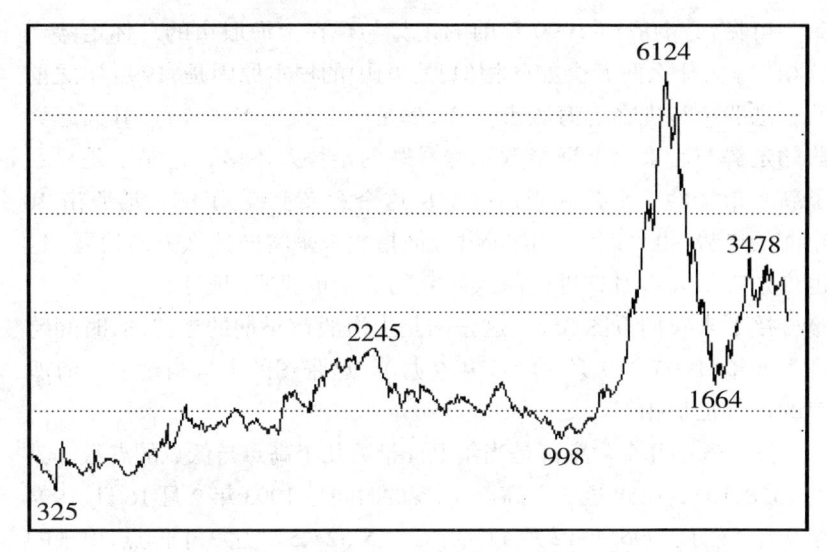

上证指数1994年3月~2010年5月的走势图　图357

　　图355中150点这个低点,相当于图357中的325点(即上证指数1994年7月的325点);

　　图355中1810点这个高点,相当于图357中的2245点(即上证指数2001年6月的2245点);

　　图355中676点这个低点,相当于图357中的998点(即上证指数2005年6月的998点);

　　图355中3943点这个高点,相当于图357中的6124点(即上证指数2007年10月的6124点);

　　图355中1894点这个低点,相当于图357中的1664点(即上证指数2008年10月的1664点);

　　图355中3309点这个高点,相当于图357中的3478点(即上证指数2009年8月的3478点);

　　图355中2093点这个低点,相当于……(编者按:截止本书出版前夕,上证指数这个低点尚未探明,所以我们现在只能将这个低点空着,等以后再说)

485

可见,香港股市1990年前的走势与现在上海股市的总体走势十分相似。为什么两者会如此相似呢?内中的根本原因是,1990年之前的香港股市与现在上海股市一样,都是一个新兴市场,所以其大起大落的走势与后来的上证指数暴涨暴跌的走势差不多,这是不是显示了新兴市场的一个共同规律呢?从这个意义上说,了解香港股市20年前的走势,也可以大致推断出上证指数未来将向什么方向发展。这也许是吸引大户对它进行深入研究的一个重要原因吧!

接下来我们看图356。这张图是上海股市早期的走势图,时间跨度为6年(1993年7月~1999年7月)。这张图的走势与现在上海股市的走势也很相似。

图356中几个数字都是当年上证指数几个高点与低点的点数。其中1558、1052、1258这3个高点,出现的时间是1993年2月16日、1994年9月13日、1996年12月11日;而325、524、512这3个低点,出现的时间是:1994年7月29日、1995年2月7日、1996年1月19日。

从图356中看,当时上证指数在1558点见顶后,就一路走熊,一直跌到了325点,跌幅达到79.13%,这个跌幅是相当厉害的,股市到了危急关头,国家出手了,在利好政策的强烈干预下(1994年8月1日,国家推出了三大救世政策,股指跳空高开),这轮熊市才画上了句号。当年上海股市的熊市结束后,出现了一轮恢复性上涨行情,但恢复性上涨行情阶段性见顶后,股市就进入了一个长时间的宽幅震荡过程。

对照上海股市2007年10月后的走势,我们发现2009年7月以后的上海股市又出现了与1994年类似的情况,上证指数在6124点见顶后,也是一路下跌,一直跌到了1664点,跌幅达到72.82%。这个跌幅也够吓人的。这次股市走熊又到了十分危急的关头,国家出手了,在4万亿投资和一系列股市利好政策的强烈干预下,这轮熊市跌到1600多点时画上了句号。之后就与1994年8月初的情况一样,出现了一轮恢复性上涨行情。这轮恢复性上涨行情在2009年8月的3478点见顶后,上证指数也出现了一个宽幅震荡的走势。

那么,大户研究这两张图,究竟得到了什么重要启示呢?我采访大户时了解到,大户研究这两张图后,得到了以下几点启示:

启示一：股市的历史在不断地重演。沪深股市是一个新兴市场。上证指数20年来的走势，与香港股市1990年以前的走势十分相似。这说明新兴市场都有一个暴涨暴跌的现象，这是一个不以人的意志为转移的客观规律。投资者只能适应它，而不能回避它。这位大户研究早年香港股市的走势，目的是要借鉴历史，探明现在上海股市的走势。这种以史为鉴的钻研精神，让他站得更高、看得更远，从而为他准确地把握大势打下了坚实的基础。这点是值得我们学习的。

启示二：熊市结束终有时。股市到了危急关头，国家一定会出面干预，只要措施、政策到位，股市就会否极泰来。20年来，沪深股市已经出现过4次大熊市，但每次大熊市的结束，都是在国家政策强烈干预下实现的（编者按：虽然熊市中出利好政策，不能马上奏效，但随着政策力度的加强，最终一定会有效的，这点大家要坚信不移）。

启示三：熊市结束后股市有一个恢复性上涨过程。20多年前的香港股市与1994年的上海股市，在见到熊市谷底后都出现过一轮恢复性的上涨行情。同样的情况，2008年10月上海股市在1664点见底后，也出现了一轮恢复性上涨行情。可见，在熊市后期，投资者只要确认在国家政策强烈干预下，股市不再创新低了，此时就不能再盲目看空、做空，而要马上转变投资思维，积极地看多、做多，相信每次熊市结束后的恢复性上涨行情都会有一个不小的涨幅，这是一个千载难逢的投资机会。投资者必须及时抓住它，不能犹豫、不能彷徨，否则就会犯下坐失良机的重大错误。

启示四：恢复性上涨行情，走到一定阶段就会告一个段落，之后将有一个较长时间的宽幅震荡过程。这个过程上下波动的幅度很大，时间不会很短。面对这种宽幅震荡的走势，投资者既不要太悲观也不要太乐观。所谓太悲观，就是头脑仍然被熊市思维占据着，认为现在的恢复性上涨只是熊市中的反弹，尔后还会创新低，因此在股市深幅调整基本到位后，仍然在不断看空、做空，这样一旦股市重拾升势，就很容易踏空，从而被市场所抛弃；所谓太乐观，就是把熊市结束后的恢复性上涨，当成是牛市中的主升浪来看待，不知道恢复性上涨的阶段性高点出现后，股指将会出现一个震荡回落的过程（有时这个震荡回落幅度很大,让人错以为熊市又卷土重来了),不及时出局就会造成很多损失,尤其是阶段性高点即将来临时追进去看多、做多者,损失就更大。

启示五:恢复性上涨行情过后,股市就很可能进入了一个宽幅震荡区域,虽然每次震荡的方式是不一样的,但上下波动一定是很厉害的,震荡的时间也往往比一般人想象的要长。这个特点,从图355、图356都能清晰地显示出来。比如,图355显示当年香港股市的一轮恢复性上涨行情出现阶段性见顶后,从3309点一路跌至2093点,而这个2093点与前期熊市谷底的1894点,仅相差201点。因此大户认为,在恢复性上涨行情告一段落,股市进入宽幅震荡阶段后,有一个好的投资策略是最重要的。这个策略的核心就是要顺应指数的剧烈波动,查明当时大盘的阶段性高点与阶段性低点,制定好高抛低吸的具体实施计划,总的原则是买跌不买涨,卖涨不卖跌(编者按:"买跌不买涨,卖涨不卖跌"有很多技巧在里面。比如,当大盘下跌时,并不是指数一跌就可以买了,而只有跌到相对的低位才可以逢低吸纳。有关这方面技巧,涉及的内容较多,我们在下面的题目再具体展开)。

又及:本书完稿后,向读者征求意见时,有人认为将1664点~3478点这轮行情,定性为熊市结束后出现的一轮恢复性上涨行情的观点是错的。在他们看来,2007年上证指数在6124点见顶,跌至1664点,熊市并未结束。这一浪下跌,是熊市中的大A浪下跌,而1664点至3478点的上升行情,从本质上说,是熊市中的大B浪反弹行情。这轮大B浪反弹行情,在3478点画上了句号,尔后,还有熊市中力度更强的一轮大C浪杀跌行情,这个C浪将会击破前面A浪下跌的低点,即1664点,使大盘向更深的深渊跌去。将来,只有到大C浪走完后,6124点见顶的大熊市才可以说真正结束了。

关于这个问题,我们是这样认识的:如果以后沪深股市出现了上面观点描述的那种情况,那就说明沪深股市进入了一个我国股市历史上从未出现过的超级大熊市。但依据我国经济发展情况判断,这样的超级大熊市一般不会出现。原因是我国经济发展总的趋势是向好的,既然经济没有出现什么大问题,超级大熊市就不会在我国出现。当然,如果股市政策出现了严重偏差,也会导致股市长期走熊。但是我们要相信管理层的智慧,相信我国政府调控股市的能力。比如沪深股市几次从熊市危机中走出来,都是在管理层强有力的政策调控下实现的。正因为如此,我们认为因为政策的偏差,导致我国股市长期走熊的情况,一般也不会发生。

在全球范围内,超级大熊市确实出现过,比如,近20多年来的日本股市就是一个超级大熊市(见图358)。日本股市自1989年12月在38957点见顶后,就处于长期跌跌不休的状态。日本这轮熊市走到今天,已超过20年,现在熊市仍无结束的迹象。

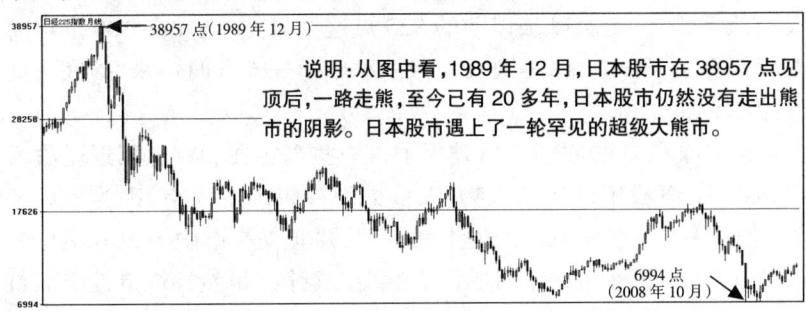

日经225指数1998年4月~2010年4月的月K线走势图　图358

笔者在日本旅游时,曾经对当地民众作过一些采访,调查的结果发现,由于日本股市长期走熊,很多年轻人已经不知道股市是怎么一回事,了解、关心股市的人极少,这种情况与我们国家的民众了解、关心股市的情况相比,真有天壤之别。

为什么日本股市走熊,一熊就熊了20多年呢?根本原因是日本经济出了大问题。众所周知,日本经济自上世纪90年代初见顶后,一路下滑,处于一个长期经济衰退的状态,这样日本股市也就自然长期走熊了。

反过来看我国股市,沪深股市总共只有20年的历史,期间已经出现了4次大熊市、4次大牛市。我们发现每一次大熊市结束后出现的一轮恢复性上涨行情,总有人认为它是熊市中的大B浪反弹行情,之后还会出现一轮力度更大的 C 浪杀跌行情。但这种情况一次也没有发生过。事后证明,当时把恢复性上涨行情当成熊市中 B 浪反弹行情的观点都是错的,以此操作者都成了大输家。

在笔者记忆中,一些早期股市中的风云人物,就是因为对 1994 年熊市结束后的一段恢复性上涨行情出现了错判,最后被股市淘汰出局的。当时的情况是这样的:上海股市在 325 点见底后,出现了一轮报复性上涨,最高见到 1052 点,随后就出现了长达两年多的震荡盘整行情。这个震荡行情调整的幅度是很厉害的,上证指数两次跌到 500 点附近,当时每次股市出现大幅下跌时,都有一些技术派人士惊呼熊市大 C 浪杀跌行情来了,于是他们就坚决看空上海股市,有的甚至在上证指数跌到 500 点附近时,还在割肉离场。这些人认为,这个大 C 浪下跌,一定会跌破以前的 325 点这个低点,现在在 500 多点时把股票卖了,将来可以等到大 C 浪杀跌破掉 325 点时再来"抄底",这样操作必获大利。

但这个美好的愿望最后破灭了,一些当年在 500 点附近坚决看空、做空上海股市的风云人物,大多数都被踢出了股市,因为事后证明,当时从 325 点 ~1052 点的上涨行情,并非是熊市中的大 B 浪反弹行情,而是一轮熊市结束后的恢复性上涨行情。虽然在恢复性上涨行情阶段性见顶后,出现了几次深幅调整,并形成了长达两年多的震荡走势。但在震荡调整结束后,大盘最终还是选择了向上突破。

有鉴于此,我们认为只要中国经济不出什么大问题,股市政策不出现什么大的偏差,1664 点 ~3478 点的这轮上涨行情,仍然是属于熊市结束后的恢复性上涨行情,而不是熊市中的大 B 浪反弹行情。

有人追问我们,万一现在的沪深股市重蹈当年日本股市的覆辙,那该怎么办呢?我们认为如果万一真的发生这种情况,投资者只能先规避风险,抛空离场,退出股市再说。但是我们相信,这样的情况一般是不会发生的。因为股市是经济的晴雨表,它不可能一边是我国经济在蓬勃向前发展,一边是我国股市长期走熊,这样的事情,在全球几百年的股市发展史上尚无先例。所以我们认为中国股市不会重蹈日本股市的覆辙,对中国股市的未来应该保持一份信心。

图形识别深度练习 78

上一堂课我们介绍了一位大户以史为鉴,把握大势的经验。

现在我们仍以2009年上证指数在3478点见顶后的一段行情为例,请大家说说,当恢复性上涨行情结束,股市进入宽幅震荡时,具体应该怎么操作呢?

解答

震荡行情的操作原则就是高抛低吸。不过高抛低吸这个名词大家听得太多了,现在提到它,有人会感到不实在,觉得是在忽悠人。

其实,高抛低吸本来是一件很严肃的事,只是给一些股评人士说滥了,所以才会让人听了不舒服。但真正懂行的人会告诉你,高抛低吸说起来容易做起来难,它的使用有很强的针对性,不是在任何场合都可以拿来用的。比如,在单边上涨行情中就不能使用,高抛低吸的结果,往往就会把低位筹码拱手让给他人;又如,在单边下跌行情中,高抛低吸也多半会使当事人套在半山腰。作为一种操作手段,高抛低吸最适用的场合就是震荡市。

现在,我们以2009年8月上证指数在3478点见顶后的一段行情为例,看看在震荡市中具体应该怎么做到高抛低吸,并要注意一些什么问题。

第一,事先要估摸3478点见顶之后第一次回调的低点,可能会在什么地方出现[注]。上证指数在3478点见顶后,出现了一轮调整。如果这个调整属于恢复性上涨行情结束后的阶段性调整,那么,这个

【注】 依照历史经验,宽幅震荡初期下跌到什么程度,是可以估计得出来的。而第一次下探结束,之后再出现震荡,它的下跌点位在何处就不好估计了,到时候只能看一步、走一步。这是为什么呢?因为恢复性上涨行情见顶,大盘第一次下探结束,到正式步入宽幅震荡阶段后,情况就变得十分复杂。比如,这个宽幅震荡究竟需要多少时间、下探的最低点在何处,事先是很难估计的。依照上题中大户提供的两张图(即图355、图356),只能得出一个结论:这个宽幅震荡不是短时间能结束的,它需要很长的时间,其下探的最低点位往往会出乎大家的意料,有可能会跌到一个很低的点位,但这个低点一般都会高于前面熊市谷底的点位。

调整就属于上升途中的阶段性调整,其第一次调整的幅度一般在-20%~-30%之间,也即在2434点~2782点之间。虽然事先无法说出它具体下跌到什么点数,但第一次下跌时可将半年线(即120日均线)作为一个参考指标。因为根据经验分析,通常上升途中的阶段性调整,大盘第一次下跌到半年线的地方,很可能会找到一个阶段性低点(当然有时下跌会跌过头,但大盘第一次跌破半年线后,一般不久就会重返半年线之上)。按照这个经验,大盘跌到半年线,特别是半年线之下,就属于低位了。我们核查了一下,2009年8月,上证指数的半年线位置大概在2700点附近。这个点位和上面计算的大盘回调幅度在2434点~2782点之间的结论是相吻合的。

投资者有了这个基本认识,当股指在3478点见顶后出现下跌,第一次跌到2700点附近时,就可以视为大盘基本上跌到低位了,此时,就可以分批地逢低吸纳一些超跌股或有潜力的股票。

后来的情况是:上证指数在2009年9月1日一口气跌到2639点,才算结束了第一轮跌势,并就此出现了一波反弹走势。可见,当大盘第一次深幅调整时,在半年线附近进行低吸,这个观点基本上是准确的。

第二,股市进入震荡市,投资者在大盘出现回调时最容易犯的错误,一是急于抄底,二是过度谨慎。这两个错误要尽量避免。

先来讨论急于抄底的问题。我们发现,当上证指数在3478点见顶后,每跌百点,就有人进去抄底了,结果大盘仍然是一个劲地往下跌,抄底的人都被套住了。通常一轮恢复性上涨见顶后的回调,基本上还属于上升途中的阶段性调整。虽然这个调整有时上下波动的幅度很大,调整时间很长,但这样的调整并不表示熊又来了。不过话要说回来,既然是阶段性见顶的回调,总有一个回调的幅度,只要这个幅度没有达到,大盘就不可能止跌,急于抄底者很容易被套住。

接下来我们分析过于谨慎的问题。虽说上证指数在3478点见顶后出现的调整,是属于上升途中的阶段性调整,但这个调整的上下震荡幅度很大,跌起来也挺吓人的,尤其是盘中出现连续暴跌的现象,更加使一些投资者内心感到十分恐慌。他们担心2008年大盘走熊,一路下跌的悲剧又将重演,所以当股指跌幅超过20%后,虽然大盘出现了企稳迹象，他们却视而不见，仍然是忧心忡忡，认为股市还没有跌到位，指望大盘跌掉30%、40%，再来抄底。但是出乎他们意料的是，上证指数在3478点见顶后，第一次下跌，跌掉24%后就跌不动了，然后就走出了一轮见底回升的走势。这种情况出现，使得一些过于谨慎的投资者，或是丧失了低位回补的良机，或是又犯了低位割肉的错误。

可见，当大盘阶段性见顶，首次回调幅度超过了20%，此时若仍然在看空、做空，这就属于过于谨慎了。其实，过于谨慎对投资也是不利的，它往往会使当事人失去许多宝贵的投资机会，甚至会犯下割肉割在地板上的严重错误。

第三，既然是震荡行情，投资者就应该想到在震荡行情中，指数有可能上下来回不断地折腾，最后才会选择一个突破方向。在震荡市中，投资者操作时要审时度势，把握好阶段性高点与阶段性低点，唯有如此才能达到高抛低吸的预期目的。

这里再给大家说说，如何把握好震荡市中阶段性的高点问题。其实，阶段性的高点就是反弹的高点，反弹的高点就是反弹的阻力位，因为任何一个反弹的阻力位都会使反弹画上句号。

比如，从日K线来说，60日均线、整数点位、前期下跌的颈线处，以及3478点的高点等都是反弹的阻力位。如果股指反弹时接近或碰到这些阻力位，投资者发现盘中有走弱的现象出现，就应该马上抛空出局。

又如，从周K线来说，只要查明2009年8月4日上证指数在3478点见顶时，究竟受到那根均线压制（一般来说，压制它的这根周均线就是以后反弹的阻力位），反弹的高点很可能就出现在这个地方。现在我们打开近年来上证指数周K线图。大家只要在图中加上一根125周均线，就可以发现，125周均线就是当时大盘反弹的阻力位。投资者见到上证指数触及125周均线，则应该主动减仓离场。

第四，在震荡行情中，投资者操作时既要有灵活性，又要有原则性。所谓灵活性，即当事人心里要明白，做反弹的目的是赚取一定的差价，期望值不能太高。所以，当反弹遇到阻力位就应该主动退出，逢高不追；当指数回落下来，已有一定的差价，且成交量出现大幅减少的状况,呈现阶段性地量水平时,就应该及时把筹码补回来,此时不一定非要等到买进信号完全明朗后再动手(因为在震荡市中,等到买进信号明朗后,指数已经涨高了,说不定又快要到了反弹的高点,此时买进反而是增加了风险)。

  这里说的灵活性还有一层意思,即投资者在震荡行情中选择短期卖点与买点时,可根据盘面情况,灵活地选择一种适宜的方法进行操作。比如,上证指数在2009年11月~2010年4月走的是一段向下倾斜的震荡行情。此时,投资者可以用画通道线的方式来选择买点与卖点。如在股指碰到通道上轨线时卖出,在股指触及通道下轨线时买进;股指反弹碰到通道上轨线时先退出观望,等等(见图359)。所谓原则性,是指投资者一定要记住,这种高抛低吸只适用于震荡行情。如果震荡行情最后选择了向下或向上突破,那时就要顺势而为,该全部卖出时就全部卖出;该积极看多、做多时就积极看多、做多。总之,震荡行情后期,指数总会选择一个突破方向,一旦突破方向明朗后就不能做高抛低吸了,这是一个基本原则。

图中画线处,表明当时上证指数走的是一个下降通道。上证指数接触到通道上轨为卖出点,接近通道下轨为买进点。投资者操作时要注意,一旦指数跌破通道下轨后,就不能买了,尤其是指数第二次跌破通道下轨,就必须及时止损离场

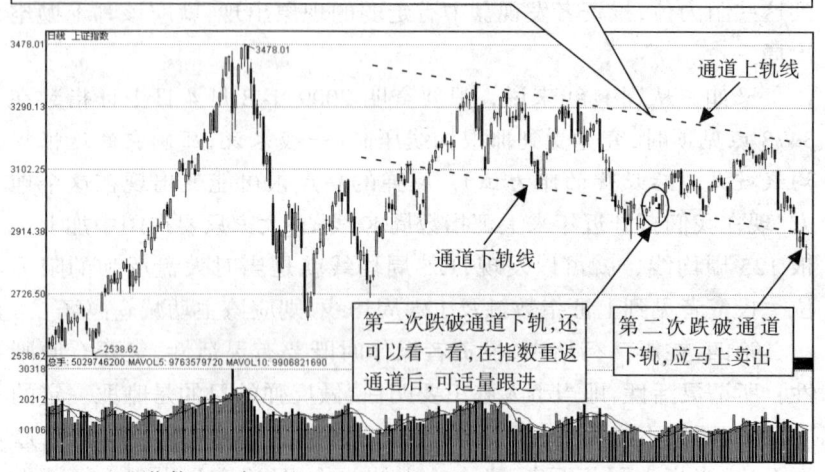

上证指数2009年5月5日~2010年4月30日的日K线走势图　图359

那么在什么情况下,投资者应该抛空出局,持币观望呢?这里提两点参考意见:

①大的技术形态选择了向下破位,此时就应该暂时退出观望(见图 360)。

②年线(250 日均线)失守。

从图中看,上证指数在这大半年时间里走的是一个收敛三角形图形。图中箭头所指处,表明上证指数在收敛三角形整理后选择了向下突破

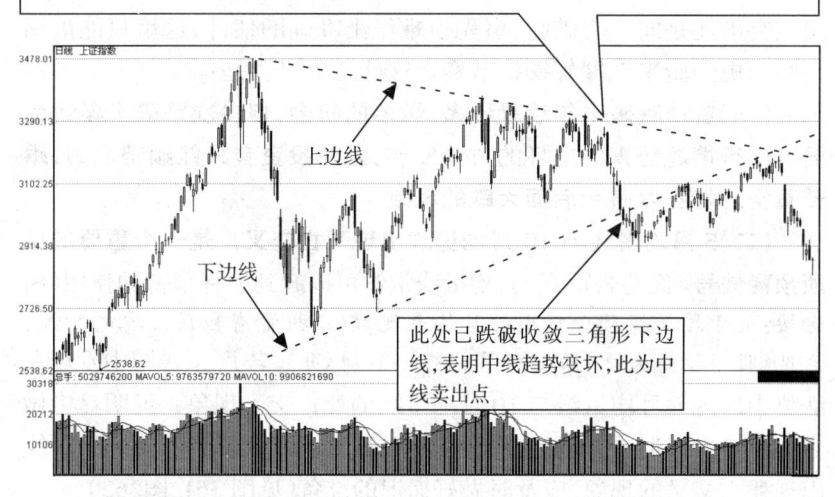

此处已跌破收敛三角形下边线,表明中线趋势变坏,此为中线卖出点

上证指数 2009 年 5 月 5 日~2010 年 4 月 30 日的日 K 线走势图　图 360

以上两点中出现任何一点,都表示震荡市结束,行情可能进一步走弱,此时投资者就应该停止高抛低吸,空仓等待观望。有人问,行情进一步走弱后会向什么方向发展?这个问题比较复杂,不好回答。因为股市中的不确定因素很多,我们只能走一步看一步。比如,行情进一步走弱后有时会下一个台阶进入另一个区域进行震荡整理。如果是这样,不排除大盘在更低的位置上震荡整理后,多方的势力占了上风,从而使行情选择向上突破。这种情况在历史上曾发生过多次。因此,从大的格局来说,恢复性上涨行情结束,然后经过长期的震荡,行情重新开始走好的可能性是完全存在的。当然,将来情况到底怎样,

只能到时候再说了,现在下任何结论都为时过早。

那么在什么情况下,投资者可以积极看多、做多了呢?这里也向大家提一点参考意见。比如,反弹的最重要阻力位被有效攻克(如股指站上了125周均线、30月均线,或3478点被踩在脚下),成交量呈同步放大态势,主流资金开始积极做多,此时投资者就应该改变高抛低吸的策略,而要代之以持股待涨的策略,迎接新的上升行情到来。

第五,历史的经验不能忘记。无论大盘还是个股进入震荡盘整阶段后,其最终结果一定会选择一个突破方向,但这个突破方向究竟是向上突破还是向下突破呢,事先很难作出准确的估计,这里只能借用一些历史经验来把握好操作节奏。这些历史经验是:

(一)首次跌破半年线是看多、做多的机会,但多次跌破半年线就要当心行情趋势真的向坏的方向发展,此时投资者只能顺势而为,跟着看空、做空,以避免后面大跌的风险。

(二)5月均量线与10月均量线出现死亡交叉,是一个重要的见顶预警信号。经验告诉我们,均量线常常可以起到一种预警的作用(编者按:关于均量线预警作用的具体表现,以及投资者应该采取的对策,详见《股市操练大全》第七册第128页~第243页)。若月K线图中发现在涨势中出现5月均量线与10月均量线的死亡交叉现象,说明盘中做多力量正在衰退,它预示着大盘即将见顶。因此投资者若见到均量线出现死亡交叉的现象,应及时做好撤退的准备(见图361、图362)。

均量线预警信号示意图

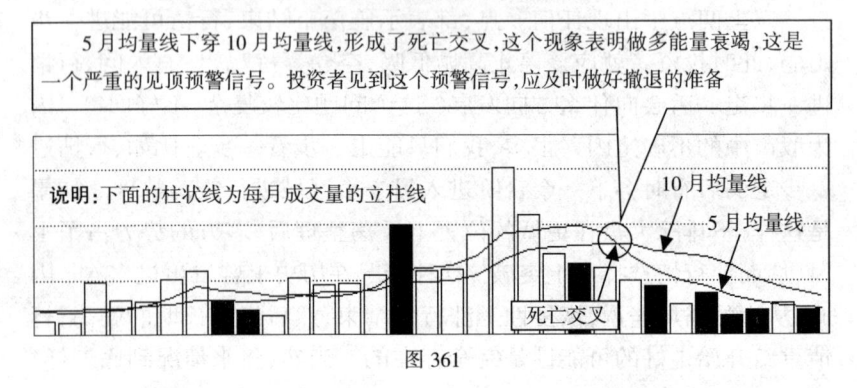

5月均量线下穿10月均量线,形成了死亡交叉,这个现象表明做多能量衰竭,这是一个严重的见顶预警信号。投资者见到这个预警信号,应及时做好撤退的准备

说明:下面的柱状线为每月成交量的立柱线

10月均量线
5月均量线
死亡交叉

图361

> 5月均量线与10月均量线出现死亡交叉,是股价即将大跌的一个预警信号。瞧!图中箭头A所指处,出现了5月均量线与10月均量线的死亡交叉,隔月大盘马上见顶,出现了狂泻。现在图中箭头B所指处,又一次出现了5月均量线与10月均量线的死亡交叉,这次大家可要吸取以前的教训,不能再盲目看好后市,应及早卖出为宜。否则,等到大盘大跌后再想起这个预警信号,那就悔之晚矣!

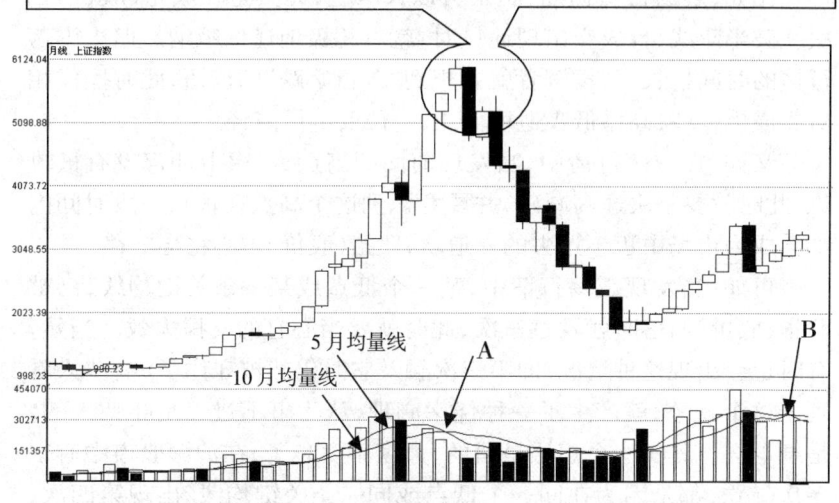

上证指数2005年4月~2009年12月的月K线走势图　图362

（编者按:本书在开头"编写说明"中提到的"预警曲线",就是大盘月线走势图中的均量线,L_1是5月均量线,L_2是10月均量线。这里特地向大家作一个说明。）

(三)**事不过三**。这是什么意思呢?第一层意思是说,当一个高点形成之后,股指(股价)出现连续3次冲不过去的现象,此时就要当心这个高点在很长一段时间内会成为阻止行情向上的一道重要屏障。这个屏障将严重挫伤市场看多、做多的信心,股指(股价)重心就会形成逐渐下移的态势。第二层意思是说,当一个低点或一条关键均线(如半年线、年线),在股指(股价)冲高回落时,出现连续3次触及它的现象,此时这个低点或关键均线对股指(股价)的支撑作用就会失效,行情很有可能会选择向下突破。

(四)**久盘必跌**。一般来说,震荡盘整行情的时间不能太长,太长

497

了市场就会失去耐心。此时主力也会采取"行情做不上去，就往下做"的策略。如此一来，大势就岌岌可危了。

投资者了解上述历史经验后，操作时间就可以采取一些有针对性的策略。

比如，震荡行情初期，胆子可以大一些，尤其是在股指（股价）首次跌破半年线，且成交出现地量时，就可积极地逢低吸纳。但当震荡行情的时间拉长了，投资者就要想到"久盘必跌"的谚语，此时操作相对要谨慎一些，高抛低吸适可而止，仓位要尽量减轻。

又如，在震荡行情中，当发现前面的高点，三次上冲都没有被攻克，此时就要坚决逢高减磅，并要意识到这个高点在很长一段时间内都会成为市场中迈不过去的一道坎，股指（股价）重心将会下移。

再如，当发现震荡行情中，某一个低点或某一条关键均线，已被股指（股价）回落时触及过三次，此时就要当心它的支撑失效。当然，有时也会出现这种情况，即第三次触及它时仍然被守住了。有些人看到了这个现象，就产生了一种侥幸心理，认为事不过三是吓唬人的，是纸老虎。其实这个想法是错的，大家不要忘了，在沪深股市中有很多次暴跌，都是因为在同一个低点或同一条关键均线，出现第四次、第五次被触及的情况下发生的。这里我们举两个典型例子：

例一：1999年的"5·19"行情出现后，上证指数从1047点起步，一直涨到2245点见顶回落，途中出现了四次跌破半年线（120日均线）的现象，前三次跌破后都被拉了上去，但第四次跌破后多方就惨了，股指连续暴跌，让未及时出逃者损失巨大（见图363）。

例二：2001年6月~2005年6月，上海股市进入了熊市。上证指数从高处跌落，几次都在1300点上方止跌，然后就出现了一波反弹行情，这个情况维持了两年多时间。因此，当时有人将1300点称为铁底。但是，2004年12月，当上证指数回落，第四次触及1300点时，这个低点终于守不住了，之后就出现了一轮暴跌（见图364），一直跌到998点才真正见到了这轮熊市的谷底[注]。

【注】 当时，大盘从1300点跌到998点，虽然指数只跌掉百分之二十多，但其中不少个股的股价却跌掉了四五成，甚至更多。

从这张图中可以清楚地看出,第一次、第二次、第三次跌破半年线都有惊无险。因此,很多人认为跌破半年线没有什么了不起。其实这个想法是很危险的。瞧!第四次跌破半年线,空方就来真的了,随即股指就出现了一路狂泻的现象

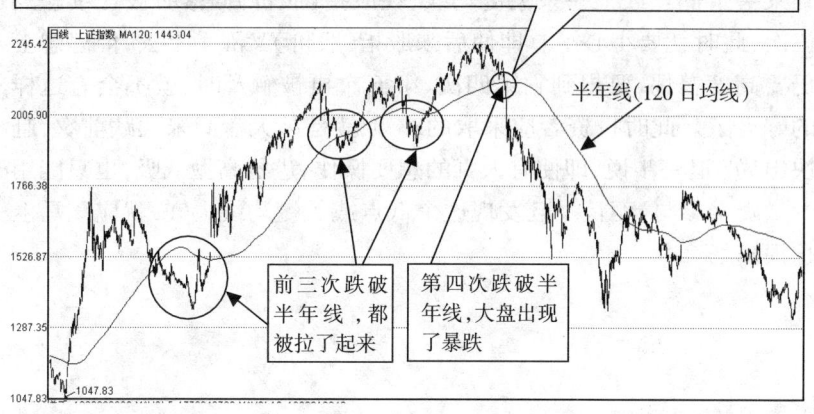

前三次跌破半年线,都被拉了起来

第四次跌破半年线,大盘出现了暴跌

半年线(120日均线)

上证指数 1999 年 4 月 21 日 ~2003 年 1 月 20 日的日 K 线走势图　　图 363

2001 年 6 月上海股市在 2245 点见顶走熊后,一路下跌,但跌至 1300 点附近寻找到一个阶段性底部,这个阶段性底部坚守了 2 年多时间,每次股指跌到 1300 点附近就被拉起,大盘转危为安,但第四次跌到 1300 点,多方抗不住了,几经挣扎,1300 点"铁底"终于被打穿,大盘就此向更深的点位跌去

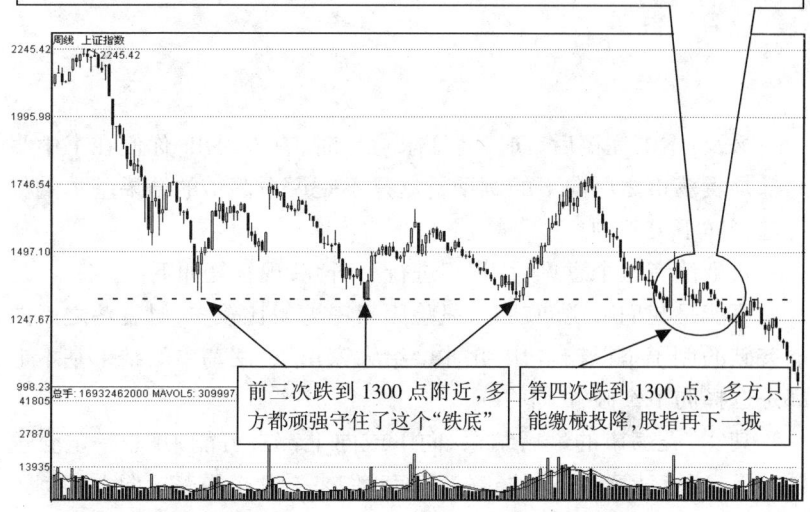

前三次跌到 1300 点附近,多方都顽强守住了这个"铁底"

第四次跌到 1300 点,多方只能缴械投降,股指再下一城

上证指数 2001 年 4 月 13 日 ~2005 年 6 月 3 日的周 K 线走势图　　图 364

499

投资者了解这些情况后,心里应该清楚,事不过三决不是说说而已,它确实是一种潜在的规律,大家要对它高度重视。因此,投资者看到某一个低点或某一条关键均线,在股指(股价)回落时被连续触及三次,此时就要小心了。即使后来股指(股价)又涨了上去,但思想上仍要高度警惕,要想到它第四次、第五次再被触及时,就不会有这样的好运了。此时投资者应采取的对策,就是趁大盘尚未大跌前夕,赶快出局。退一步说,即使有人真的想要操作,进行高抛低吸,也只能用少量资金参与,而且一旦发现这个低点或关键均线失守,就应该马上止损离场。

> 过去我炒股一直抱着侥幸心理,没有把"事不过三"当一回事,因此老是在高位被套。这个教训我要牢牢地记住。

又及:本书完稿后,向读者征求意见时,有人提出,你们在书中举的都是震荡市之后向下的例子,这是不是说震荡市的结果基本上都是选择向下突破的。

收到读者这个意见后,我们进行了研究,现答复如下:

可能是我们解说问题时,风险因素考虑得比较多,对震荡之后向下突破的例子举得较多,因此才会给大家留下"震荡市的结果基本上都是选择向下突破"的印象。

其实,震荡市的最后结果,向下或向上都有可能,并非一定会选择向下,这点请读者不要误解。下面我们来看几个震荡后向上的例子(见图365、图366):

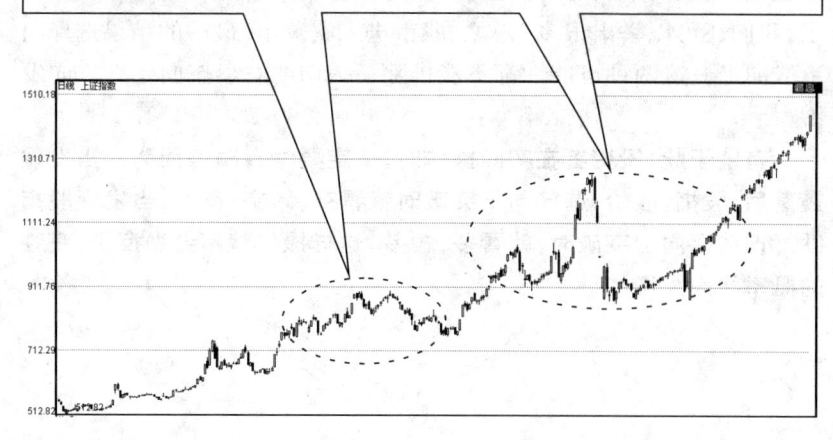

从图中看,当时上证指数在上涨途中出现了两次大的震荡整理,但股指震荡的最后结果,都选择了向上突破

上证指数1996年1月15日~1997年5月5日的日K线走势图　图365

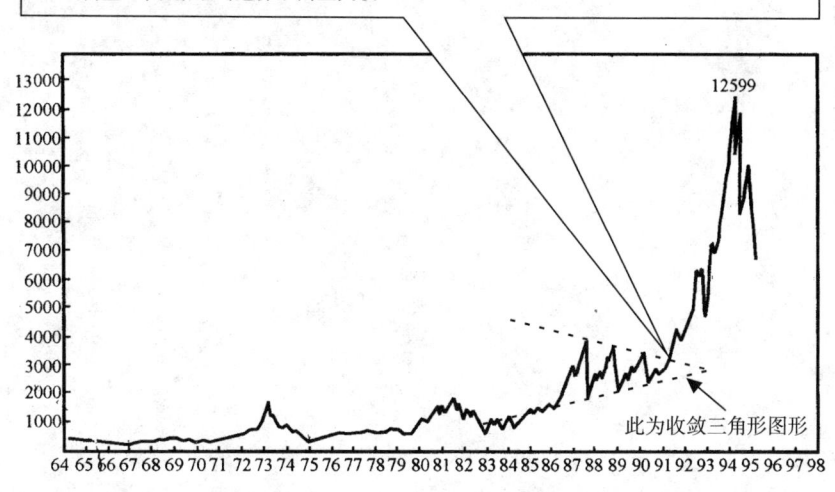

图中画面显示,1987年~1991年,香港股市经过了近4年时间的收敛三角形震荡整理,股指最终选择了向上突破

此为收敛三角形图形

香港股市1983年1月~1995年12月的走势图　图366

501

通过上面两个例子，大家可以看到，在股市里，无论是大盘还是个股，经过震荡最后选择向上突破的情况是客观存在的，这方面的例子，我们还可以举出很多。总之，股市进入震荡市，最后的结果选择向下或向上，这两种可能性都不能排除，一切要看事态向什么方向发展。

有鉴于此，投资者在实际操作时，一定要学会顺势而为。当发现震荡后，股指（股价）选择向下突破时就看空、做空；反之，当发现股指（股价）选择向上突破时，就看多、做多。这样操作就不会做反了，获胜的概率将大大增加。

图形识别深度练习 79

上课了,汪老师指着下面一张图说,这是上证指数某阶段的走势图。他向大家提了几个问题:(1)投资者看这张图主要看什么?(2)从这张图中可否推断出其未来走势大致会向什么方向发展?(3)看到这种图形,投资者该采取什么对策?

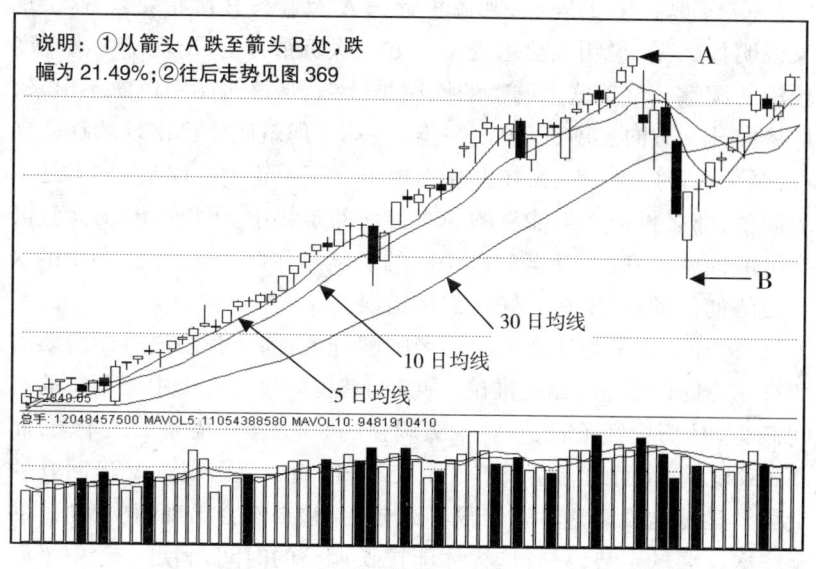

说明:①从箭头 A 跌至箭头 B 处,跌幅为 21.49%;②往后走势见图 369

图 367

解答

看了这张图后,针对汪老师的提问,大家各抒己见。有的同学说,从这张图中可以看出,大盘在下跌后,形成了 V 形反转走势,也有同学说,现在上证指数已收在 5 日、10 日、30 日均线之上,指数回升已接近前期高点,上证指数有进一步走好的迹象……汪老师听了摇摇头说,看这张图,主要不是看 K 线、短期均线怎样走,也不是叫大家分析现在是不是 V 形反转走势,因为这些东西都是表面现象。如果我们仅局限在表面现象的分析,就很容易迷失方向。

下面汪老师就他提出的3个问题,向投资者作了详细的解答。

首先我们来讨论第一个问题,投资者观察图367走势时主要看什么呢?

汪老师说:主要应该看大盘现在已经进入了什么状态。从图367中看,大盘在前面出现了一轮快速跳水,上证指数在短短5个交易日中,一下子跌掉了21.49%(见图中箭头A至箭头B所指处)。这个现象说明什么呢?说明大盘遭受了空方一次沉重打击,出现了一次幅度较深的调整。至于这个调整的性质是什么,从这张图中还看不出来,形势向什么方向发展,还得走一步看一步。但就图中已出现的跌幅来看,至少可以定性为大盘在上涨途中出现了一轮中级调整。如果是中级调整,那么投资者就能从图367目前的走势中,可以推断出大盘极有可能面临着两次,甚至三次探底的风险。如此一来,不论图中的K线走势如何漂亮,现在看好它都是错误的。

有人问:这是为什么呢?汪老师解释说:前面我们说过做股票需要有一个时间概念。如此推论,中级调整也应该有一个中级调整的时间概念。从历史经验看,一轮中级调整的时间,至少需要二三十天,而图367显示,前面的调整只有5个交易日,随后就出现了V形回升的走势。显然这段调整时间是很不充分的,它必然会出现两次探底,甚至三次探底的走势,只有这样才能拉长调整的时间,满足一轮中级调整必须达到的时间要求。也正因为如此,汪老师认为现在上证指数走好,指数站在5日、10日、30日均线之上都是一种假象,真相就是调整时间还不充分,大盘后面还存在着下跌的风险。

接下来我们讨论第二个问题:从这张图中可否推断出其未来的走势大致会向什么方向发展?

汪老师说:光凭图367这张图是无法分析其往后走势的,要看清其后来的走势,还需要看一张图(见图368),在这张图中,我加了60日均线、120日均线这两条线。为什么要加这两条均线呢?因为60日均线是反映中期走势强弱的,120日均线(半年线)则素有区分牛熊的第一道防线之称。我们从图中可以看到上证指数这次下跌时,盘中曾经发生过打穿60日均线的现象,但最后收盘还是收在60日均线之上。这个现象一方面说明,大盘这次跳水曾经刺穿60日均线,这确实是一次中级调整;另一方面说明,大盘指数最终仍然收在60日均线之上,行情的大趋势还没有变坏。另外,我们从图368中可以看到,120日均线与60日均线正处于平行向上移动的状态,上证指数这次跳水,跌到最低点时离开120日均线仍然有较大的一段距离。这至少表明,大盘存在着短期风险,但中长线形势仍可保持一种谨慎乐观的态度。

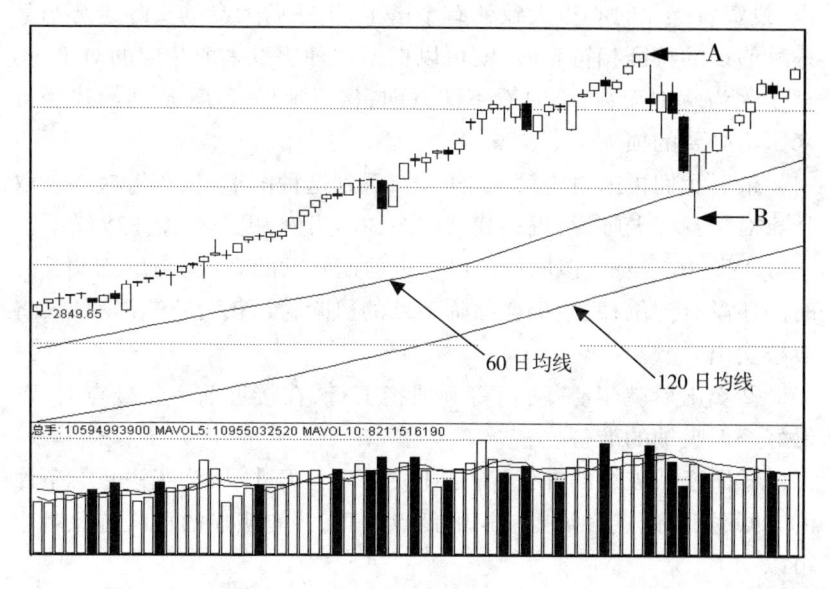

图 368

汪老师说:说到这里我们对大盘未来走势可以提出几种假设:

假设一:大盘第二次、第三次向下探底时,仍有可能考验60日均线,但不管60日均线是否被击穿,只要前面箭头B所指的低点不被打穿,仍可把这次调整定性为上涨途中的中级调整。

假设二:大盘第二次、第三次向下调整时,不仅击穿了60日均线,连前面箭头B所指的低点也被打穿,但股指最终仍收在120日均线之上,这样的话,大盘这次调整仍可定性为上涨途中的中级调整,但调整的时间要相应地拉长。

假设三:大盘这次调整将120日均线打穿了。这里面又可以分成两种情况。第一种情况是：120日均线被打穿后，就径直往250日均线（即年线）方向去了，这个情况是很不妙的，此时要预防中级调整会演变为长期调整。第二种情况是120日均线被打穿后，不久，股指又重返120日均线上方，如出现这种现象，说明上升途中的中期调整性质仍没有改变，不过调整的时间要更加长一些。

汪老师告诉我们，为什么要作出这几种假设呢？因为预先作了假设，投资者操作时心里大致就有个谱了，当往后大盘的实际走势与某一种假设的特征相符合时，就可以根据这种假设采取相应的对策，不至于因为胸中无数，临时看不清方向，将行情做反了，从而给投资带来了不必要的损失。

最后我们再来讨论第三个问题，看到这种图形，投资者应该采取什么对策？汪老师说：现在我就以图367为例，提一些操作建议：

①图367显示，该股反弹已接近前期暴跌的高点。考虑到调整的时间还没有到位，股指仍会面临下跌的风险，投资者应该在第二天将股票卖出。

②卖出后就耐心等待，等到股指下行，在接近前一轮低点时，可做好逢低吸纳的准备。

③做逢低吸纳的准备，不是让大家马上买进。因为买进是有条件的，即回探的低点必须比前期的低点要高，并有明显的止跌迹象时才可以动手。

④买进后只要不出现股指重心下移的现象，就可以耐心持股。

⑤如果股指上行再次接近前期高点，此时可能会出现两种情况：第一种情况是，股指经过两次探底后，中级调整的时间已经初步到位（时间在20天以上），新的上升行情可能就此展开。第二种情况是，股指经过两次探底后，盘中做空的能量还没有得到充分释放，中级调整的时间被拉长，股指将展开三次探底的走势。那么这两种情况，哪一种可能性大呢？这就要具体情况作具体分析了，事先不可以作定论。假如分析下来第一种可能性大，投资者就可以继续持股待涨；假如分析下来第二种可能性大，投资者就应该在接近前期高点时先逢高出局；假如分析到最后仍然看不清市场主力的操作意图，就不妨来个折

衷办法,先抛出一半筹码,看以后的情形再说。如果后面发现股指冲高后掉头向下,此时就应该将另一半筹码卖出,如果发现股指突破前期高点后仍呈现稳步向上的走势,此时就可以考虑继续跟进。

⑥警惕中级调整演变为长期调整。股市最大的悬念就是存在诸多变数。虽然我们可以预先根据当时的基本面、政策面、资金面、技术面等数据,推测某阶段出现的调整为上升途中的中级调整,但后来发生的情况与我们的预判相反。这种可能性也是存在的,我们在事先就要想到。那么,中级调整演变为长期调整,具体表现在什么地方呢?具体表现在:股指回调时出现了跌破前期低点,甚至出现了跌破250日均线(即年线)的现象,此时投资者就应该意识到行情趋势已经发生了逆转,中级调整正在演变成长期调整,在这个当口,就应该坚决止损离场。

附:图367往后的走势:

(上接图367)从图中看,上证指数在2007年8月出现的一轮调整为上升途中的中级调整。这次中级调整历经一个月时间,两次探底后又重返升势。之后,股指又大涨了70%多才真正见顶(见图中箭头A至箭头B这段距离)

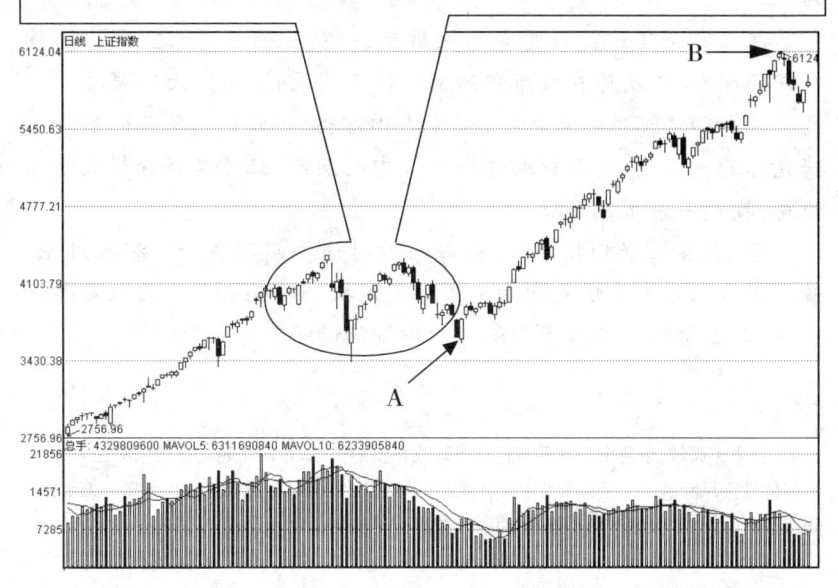

上证指数2007年3月6日~2007年10月24日的日K线走势图 图369

图形识别深度练习 80

汪老师说:下课后,有一位投资者提出一个问题。他认为"判断股市顶部属于什么性质,最主要看大盘平均市盈率[注]处于什么水平"这个观点是错的。他告诉我,他是一个老股民,以前就是因为太相信股市涨跌是围绕价值转的,所以分析大势时特别看重大盘平均市盈率,但实际效果非常糟糕。他说:沪深股市已经出现了几轮大牛市,每次大行情来时,他都是在中途下了车。为什么呢?因为股市上涨时,他看到大盘平均市盈率节节攀升,股价被严重透支,于是他就赶紧把股票卖了。但他卖出后,股市还是一个劲地往上涨。回过头来看,他发现自己卖出的股票几乎都是在股价启动后不久卖出的,白白地错过了后面的一大段上升行情。更使他感到沮丧的是,沪深股市几次大熊市来临时,他看到大盘平均市盈率从高位跌到合理估值范围,认为股市泡沫已经消除,于是开始看多、做多,但每次买进股票后都被套在半山腰。10多年来,他看着大盘平均市盈率做股票,十做九错。这使他不敢再相信股市的涨跌是围绕价值转的。

汪老师听了这位投资者的倾诉后,一边安慰他,一边对他说,你所提的问题,以及你在股市中的遭遇很有代表性,值得大家深思。

汪老师满怀信心地对他说:请你相信我们,我们用集体的智慧来研究你的问题,一定能帮助你解开心中的疑问,让你掌握分析大势的诀窍,找到一条赢家之路。

于是,在汪老师指导下,全班同学对这个问题展开了深入讨论。最后由班长代表全班同学向大家作了汇报。请问,你知道班长是怎么说的,怎么帮助这位投资者解开心中疑问的吗?

【注】 通常,市盈率的高低与投资风险成相反的关系,市盈率越高投资风险越大,市盈率越低投资风险越小。但在实战中这种情况不是绝对的,具体情况要作具体分析。关于什么是市盈率,什么是大盘平均市盈率,以及市盈率的作用与计算方法等,详细内容可参见《股市操练大全》第三册第60页~73页、第四册第230页~第232页、第六册第302页、303页、第七册第403页、404页。

解答

我很同情这位投资者的遭遇,他讲的情况都是事实,因为过去我也有过这样的经历。现在我经过汪老师的点拨与自己的钻研后,总算明白过来,知道应该如何去分析大势了。下面我代表全班同学向大家谈谈对这个问题的一些认识。

首先,我认为"股市涨跌是围绕价值转的"观点并没有什么错误。这不由使我想起本·格雷厄姆说的一句话:"短时期里,市场是一台投票机,但在长时间里,它是一台称量机。"这位被奉为"价值投资之父"的大师的意思是,我们每天买进卖出股票,实际上就是一次投票,认为股票要涨就买进,认为股票要跌就卖出,这就造成了股市短期的波动。但从长期看,股市的价值一定会在相应的股价上体现出来,所以,股市又是一台称量机。

的确,我们在研究沪深股市全部历史后发现,如果仅仅观察短期的走势,很难发现股市的涨跌是围绕价值转的,因为股市短期走势与市场的供求关系、政策调控、资金炒作有很大关系,但如果将时间拉长,观察5年、8年、10年的走势,就会清晰地看到一条市场的主线,大盘的走势确实是围绕着价值转的。每当股市的价值被严重高估时,做多的力量就会慢慢衰竭,管理层也会出手推出利空政策,这样股市的指数就会出现大幅下跌。但每当股市的价值被严重低估时,做空的力量就会慢慢衰竭,管理层也会出手推出利好政策,这样股市指数就会出现止跌回升。我们的股市,20年来就是这样周而复始地围绕着价值进行上下波动,完成它一轮又一轮的牛熊转换,这是沪深股市一个最基本的规律,也是全球股市的共同规律。

但是,股市走势也有它的特殊性,"从短期来看(编者按:投资大师认为的短期,与一般投资者认为的短期,在时间上不是一个概念,半年、一年都可以称为短期),它就是一个投票机"。因为影响股市短期走势的因素太多。比如,货币政策的变化、新股发行的变化、外围股市的变化、投资者心理预期的变化等等,都可以导致股市的涨或跌。

我们经常会看到这种现象:

在涨势中,市场并不会因为市盈率高了就不涨了,有时市盈率越高,上涨势头越猛。比如,2005年6月~2007年10月这轮大牛市,上证指数从998点涨到6124点,总共上涨了5126点,历时2年零4个月。我们发现在这轮大牛市中,当大盘平均市盈率处于较低水平时(大约在15倍~30倍之间),股市的上涨速度并不快。上证指数从998点起步,足足用了22个月才走完牛市的前一半路程[注]。而当大盘在走牛市后一半路程时,大盘平均市盈率已升高到30~50倍,此时股市上涨速度却越来越快,它仅仅用了6个月的时间就走完了前面用22个月才走完的牛市一半路程。

同理,在跌势中,市场也不会因为市盈率低了就不跌了,有时市盈率越低,下跌的势头就越猛。比如上证指数从6124点见顶后,跌势初期大盘的平均市盈率尚处于很高水平时,上证指数下跌的速度并不是很快。但当上证指数在3000点处反弹失败后,大盘平均市盈率降至较低水平时,股市下跌的速度却越来越快,尤其是在上证指数跌破2000点整数关后,大盘平均市盈率处于历史低位时,却发生了一些令人不可思议的事情。如当时市场中市盈率最低的银行板块,竟然中间有不少个股出现了连续跌停的现象。

可见,市场无论在上涨或下跌的过程中,往往处于一种不理性的状态。因此投资者在操作股票时,如果仅仅以大盘平均市盈率,也即以价值投资的眼光,选择看多、做多,或选择看空、做空的时机,并以此来决定买进或卖出,是很容易踏错市场节拍的。这也就是说,在大的涨势中,当投资者看到大盘平均市盈率高,认为股市价值被透支时,此时进行看空、做空,很可能就会错过牛市上涨中的主升浪行情,而这一段利润恰恰是牛市中最丰厚的一段利润,踏空者自然会感到十分懊悔;反之,在大的跌势中,当投资者看到大盘平均市盈率已跌到低位,认为股市有投资价值时,此时进行看多、做多,说不定就会遭

【注】 这轮牛市中共上涨了5126点,5126点的一半是2563点。上证指数从998点涨到3561点足足用了22个月,2007年4月13日盘中第一次见到3561点(当日收盘指数为3518点),此为这轮牛市的前一半路程。这轮牛市的后一半路程是指3561点~6124点这段距离。这段距离也正好涨了2563点,上涨的时间为6个月。

遇到熊市下跌途中最凶狠的一段杀跌行情,投资者若陷入其中,损失将十分惨重,这样投资者心情就会感到十分沮丧。

正因为如此,《股市操练大全》特别强调,投资者在分析大势,决定看多、做多,或看空、做空时,一定要贯彻趋势为王的原则,牛市不轻易言顶,熊市不轻易言底。

换一句话说,**在牛市中,投资者一定要坚持牛市思维,在上升趋势没有发生大的改变之前,要积极地看多、做多,不要因为市盈率高了就盲目看空、做空,因为牛市真正的大顶只有一个**(如2001年的2245点、2007年的6124点)。**通常,只有牛市大顶出现时,投资者才需要转变思维,由中长线看多、做多,变为中长线看空、做空,并且在卖出股票后,坚持很长一段时间内不再操作股票**。投资者要记住:除牛市大顶之外,上升途中的其他顶部都是阶段性顶部。对牛市中的阶段性顶部,其主要投资策略,就是高抛低吸,短线做差价,但中线仍然应该看好股市后市。此时投资者最需要注意的是:在高位卖出股票后,到了相对的低位时,就要赶紧把股票捡回来。

反过来说,**在熊市中,投资者要坚持熊市思维,在下跌趋势没有发生大的改变之前,要积极地看空、做空,而不要因为市盈率低了就盲目看多、做多,因为熊市真正的大底只有一个**(如2005年的998年、2008年1624点)。**通常,只有熊市大底出现时,才需要转变思维,由中长线看空、做空,变为中长线看多、做多**。投资者要记住:除熊市大底之外,下跌途中其他的底部都是阶段性的底部。对熊市中阶段性底部,其主要投资策略,就是不熟不做。有人问,不熟不做是什么意思呢?它是指对短线技巧不熟悉的投资者,应该主动放弃熊市中的短线机会,保护好现金,而对短线技巧熟悉的投资者,可用少量资金参与反弹,搏取一些短线差价,但操作时一定要做到见好就收。在熊市中做反弹,不管是赢还是输,都不能长时间地把股票拿在手里,反弹一结束,就必须把股票卖出,捂股者必输无疑。

不过话要说回来,**投资者在评判顶部或底部的性质时,情况就倒了过来,此时投资者要特别关注大盘平均市盈率**。经验证明,用大盘平均市盈率来判明股市顶部或底部的性质,尤其是顶部的性质,这在

实践中被证明是一个十分有效的方法。

比如，在上涨趋势形成后出现了一个顶部，这个顶到底是中长期历史大顶，还是上升途中的阶段性顶部呢？用其他指标、数据进行考量，是很难得出一个正确结论的，而比较可靠的方法就是看当时大盘的平均市盈率处于什么水平。

沪深股市建市已有20年历史，如上证指数在1558点（1993年2月）、2245点（2001年6月）、6124点（2007年10月）出现的顶部，都是股市中大的顶部，即技术上说的中长期大顶（俗称牛市顶部），而其他一些在上升途中形成的顶部，只不过是阶段性的顶部。那么，两者是怎么区分的呢？主要的区分依据就是看当时大盘平均市盈率处于什么水平。从统计资料上看，上证指数每一次大顶出现时，大盘的平均市盈率都超过了60倍。

所以，在上涨趋势形成后，当一个顶部出现时，投资者要分析它的性质，以及决定采用什么投资策略时，就必须分析当时大盘平均市盈率究竟处在什么水平位置上。

如果分析下来，大盘见顶时，平均市盈率是处于历史高位。此时投资者就要意识到，这个顶很有可能就是牛市大顶，卖出股票后就应该远离股市。投资者一定要记住，熊市来了，高位卖出股票后，能坚持把现金留到熊市谷底使用者就是最大的赢家。所以，只要确定某个顶部是中长期历史大顶，中途就不要做什么差价，所谓的高抛低吸、逢低吸纳，在这个时候都用不上了。此时投资者的最佳策略，就是远离股市（在很长一段时间内，不要碰股票）、持币观望、捂紧口袋。

如果分析下来，大盘见顶时，平均市盈率是处于较低水平。此时投资者就要意识到，这个顶很可能是上升途中的阶段性顶部，在高位卖出股票后，要在低位及时把它补回来。如果一味看空、做空，卖出股票后一直持币观望，就会错失低位回补的良机，一旦股市重拾升势，将面临踏空的风险。此时投资者最主要的策略，就是坚持高抛低吸、卖涨不卖跌、买跌不买涨。

有人提出，你们一会儿说，做股票不能只看大盘平均市盈率，要顺势而为，否则就容易踏错市场节拍，一会儿又说，看大势，尤其是判断某一个顶部是什么性质时,必须要看大盘平均市盈率处于什么水平。这不是自相矛盾吗?其实,这两者并没有什么互相矛盾的地方。因为这是一个问题的两个方面,投资者一定要学会辩证地看问题。

从操作层面来说,当趋势形成后,投资者就要顺势而为,此时用不着多关心大盘平均市盈率(关心了也没有用),因为影响趋势最直接的因素,往往是政策、资金供应、市场扩容、投资者的心理预期等,而不是大盘平均市盈率的高低。

比如,股市下跌趋势形成后,大盘走熊,一路下跌。投资者看到股市跌幅已经很深了,大盘平均市盈率大幅下降,显示股市有投资价值了,但此时买进股票仍然会陷入深套之中。那么,为什么会出现这种现象呢?这是因为,一旦股市走熊后,一跌就会跌过头。一般来说,只有等到大盘平均市盈率达到或接近历史最低值时(但对普通投资者来说,这个情况很难把握),大盘才有可能绝处逢生。所以,在熊市中只看大盘平均市盈率进行操作,就很容易出错。此时投资者最有效的识底、抄底方式,是看着技术图形(比如,前面介绍的X线、K线形态、成交量等识别方法)进行操作,因为任何政策变化、主力的资金动向、投资者对市场的预期变化等等,都会通过技术图形的变化反映出来。

又如,股市上涨趋势形成后,大盘走牛,一路上涨。投资者看到股市涨幅已经很大了,大盘平均市盈率大幅提高,显示股市出现了较大的泡沫,但此时卖出股票仍会出错,盲目看空、做空,就很可能会错过一段牛市中最好的上涨行情。那么,这又是为什么呢?因为一旦股市走牛后,股市一上涨就会涨过头。一般来说,只有等到大盘平均市盈率接近或超过历史最高值时(如大盘的平均市盈率超过了60倍),大盘的历史大顶才会出现。所以,在牛市中只看大盘平均市盈率进行操作也不是一个好办法。此时投资者最有效的识顶、逃顶的方式,是直接看着技术图形操作。如果管理层认为股市泡沫严重并需要调控,调控政策一推出,走势图形上就会马上反映出来,投资者看到技术图形有什么变化,及时采取对策,一般就能做到在高位顺利出逃。

但从确定股市的顶部或底部的性质这个层面来说,此时投资者就要重点关注市盈率,把大盘平均市盈率放在最重要的位置上进行考量。因为只有大盘平均市盈率的多少,才能衡量出管理层的态度、政策的取向、主力资金的最终意图,从而确定某个顶,究竟是牛市大顶还是上涨途中一个阶段性的顶部,确定某个底,究竟是熊市大底还是下跌途中一个阶段性的底部。

比如,2007年10月,上证指数在6124点见顶时,大盘的平均市盈率一度达到了69倍,股市的泡沫越吹越大,也影响到了实体经济。此时,管理层出手进行了严格干预,先是推出连续的货币紧缩政策,与此同时,停止了新基金的发行,并对一些证券基金进行了"窗口指导"。管理层的态度,以及当时政策的取向,促使市场主力连续看空、做空,长线资金纷纷离场。所有这一切,都表明当时6124点这个顶部出现后的向下调整,不会是一个简单的技术性回调,而是一个令人心惊胆颤的大调整。这样我们就可以判断出,6124点的顶部是一个中长期大顶,即一轮牛市的顶部。所以,股市中某一个顶部究竟是属于中长期顶部,还是上升途中的阶段性顶部,用大盘平均市盈率进行分析、推理,就能得出一个正确的结论。

又如,2007年4月,上证指数从6124点跌到3000点时,大盘的平均市盈率从60多倍跌到了30多倍。根据历史统计数据,一旦股市走熊后,大盘平均市盈率只有跌到10多倍时,股市才会真正见底,所以有实践经验的投资者判断,当时这个3000点的底,仅仅是熊市下跌途中的一个阶段性底部,他们及时采取了反弹出货,坚决看空、做空的策略,从而躲过了3000点后一轮大跌,避免了资产的重大损失。

汪老师关照我,这个问题很重要,一定要对大家讲清楚。最后,我就这个问题再作一个小结,以求引起大家的重视。

第一,操作上要贯彻"趋势为王"的原则。在上涨趋势形成后,牛市不轻易言顶;在下跌趋势形成后,熊市不轻易言底。投资者要明白,一般的大盘平均市盈率变化是不能改变股市原有趋势的。此时正确的投资策略是:跟着趋势走,不与趋势对抗,不要让市盈率的一般变化来影响自己的情绪与操作,把握趋势,顺势而为,这才是取胜之道。

第二,当某一个顶部或某一个底部已经形成,投资者在高位出逃或低位买进后,接下来要做的一件事,就是要尽快地确定这个顶部或

底部是什么性质。因为只有确定了顶部或底部的性质，才能制定出有针对性的投资策略。在这个时候，投资者应该把对大盘平均市盈率的研究放在最重要的位置上。

比如，上涨趋势形成后突然出现了一个顶。那么，如何才能查明这个顶部的性质呢？投资者可以从指数绝对涨幅、市场人气、股市政策、平均股价、主力资金动向、技术走势等几个方面去分析（编者按：有关这方面的分析，《股市操练大全》第七册下篇有详细介绍，这里就不展开了），但最重要的，要弄清楚股市某一个顶部究竟是中长期的历史大顶，还是上升途中的阶段性顶部，重点应该分析当时大盘的平均市盈率究竟处在什么水平。一般来说，如果大盘平均市盈率达到50倍以上，这样的顶部就很有可能是中长期大顶，往后股市将会越走越熊。此时投资者的主要策略：高位卖出股票后就地趴下，远离股市。在下跌途中，要学会休息，不要去干什么高抛低吸、逢低吸纳的傻事，要管好现金，力争将资金留到整个市场陷入绝望时使用。但如果大盘平均市盈率只有20多倍，这样的顶部，其性质多半是一个上升途中的阶段性顶部，往后股市将进入一个震荡市。此时投资者的主要策略：高位卖出股票后，在相对的低位要及时把股票买回来。不要一味地看空、做空，而要买跌不买涨，卖涨不卖跌，要学会高抛低吸。

又及：本书完稿后，向读者征求意见时，有读者提出，本书设计大势分析深度练习时，对震荡市、股市阶段性顶部问题谈得较多，而对股市中长期大顶问题往往是一笔带过，并且这方面的练习也很少。他们问这是为什么？

现答复如下：

第一，股市中有一句名言："会买是徒弟，会卖才是师傅"，炒股最重要的就是要学会逃顶。本书设计逃顶深度练习时，虽然以2009年3478点这个顶为例，讲了一系列识顶的预测方法，顶部出现后如何及时发现途中卖出信号的技巧,以及投资者在识顶、逃顶时要注意些什么等等。其实,这些识顶、逃顶方法,对股市中长期顶部(即牛市的顶部)也完全是适用的。投资者只要了解、掌握了其中一些主要的识顶、逃顶的方法与技巧。今后无论逃什么样的顶(包括个股中的各种顶部),到时候都能派上大用处。

第二,因为《股市操练大全》第七册中,对如何识别股市中长期大顶(即牛市顶部),以及研判中长期大顶应采取什么样对策已作过详细介绍(见该书"下篇"部分),这方面练习也做了很多。为避免重复,同时也考虑到本书篇幅有限,所以本书在安排大势分析深度练习时,将这部分内容省略了。

最后,我们要提醒大家,本书所有的个案(包括本书重点介绍的3478点这个顶),都是为举例用的,关键是,大家通过这些深度练习,要了解、掌握其中的识顶、逃顶的思路与解决问题的方法。请记住一句话:**方法是股市中的第一财富。**

图形识别深度练习 81

汪老师说：2007年10月，上证指数在6124点见顶后形成了单边下跌走势，指数狂跌72%，直到1664点才见底。在这个单边下跌趋势中，很多人抄底都遭到了惨败。

大家知道，牛熊转换是股市的一个基本规律，只要股市开着，以后还会出现熊市。因此，我们必须搞清楚：股市走熊后，在什么情况下可以看出下跌趋势尚未结束，即使此时出现什么底，它也只是一个阶段性底部，并不是熊市真正的谷底？另外，熊市真正谷底出现时，市场上会出现哪些现象？这里面有何经验值得我们去总结。

> 抄底为什么屡抄屡败？这里面学问大着呢！

解答

这个问题确实非常重要。为什么有很多人在熊市中，不断地抄底，不断地被套呢？说到底，就是因为他们不了解股市走熊后，在什么情况下，下跌趋势尚未结束，在什么情况下，下跌趋势才算真正结束了。这些投资者大的方向看不准，操作上自然就会犯下严重的错误。

下面我对这个问题谈一些个人的认识：

根据股市高手分析大势的成功经验，和我对股市的长期观察，我认为熊市中真正的底没有来到前，市场中往往会出现以下几种现象（此时投资者如果盲目抄底，就会出现大的方向性错误）：

第一，从媒体或股评家口中，不断地看到、听到抄底或底部到了的文字或讲话，这说明真正的底部尚未来到。有人会说，抄底或底部到了是某某权威、专家说的，言下之意他们的话是可信的。但事实情况决非如此。笔者参与股市已有20多年历史了，每次股市走熊后，我都会听到、看到一些权威、专家对股民指点迷津,说某某地方就是底部,而事后一看,他们说的底部都不是底,股市继续下跌。20年来的经验证明,投资者在识底、抄底时,盲目相信权威、专家观点,抄底都抄在半山腰,吃了大亏。股市里有一句话,"股市只有输家与赢家,没有专家"。虽然这句话稍微说过头一些,但它也道出了一条真理:投资股市的钱是自己的,自己的钱只有自己来负责,别人是不会对你负责的。如果一味地相信权威、专家的意见(更何况其中一些所谓专家、权威、民间股神,讲话都很随便),按照他们的指点去抄底,操作时不经过自己的独立思考,最终一定会在股市里翻船。

第二,**当媒体或股评家口中说现在是股市最后一跌时,说明真正的底部离这个地方还很远**。大家只要翻翻以前的财经文章就会发现,股市走熊,每遇一轮暴跌,就会有很多人出来讲话、写文章,说这是最后一跌,但事后统计,这最后一跌,与现实情况相差甚远。比如,2007年10月,上海股市在6124点见顶回落,当上证指数跌到4500点时就有人说是最后一跌了,后来跌到4000点,又有人说这是最后一跌了,跌到3500点时,有人发狠话,说这绝对是最后一跌了。以后的事实大家都看到了,所谓的最后一跌的观点,根本就不能相信,谁相信它,谁就倒大霉。

第三,**电视股评节目中,有人敢出来数浪时,说明股市真正的底还没有到**。波浪理论是股市中最有争议的一种技术分析方法。信者,将它奉若神仙,不信者,将它贬得一无是处。而依笔者所见,波浪理论对分析行情,把握股市趋势是有一定参考价值的。但由于数浪很难做到精确量化,所以使用波浪理论分析行情时,最佳方法是宜粗不宜细,也就是说当事人根据波浪理论,只要了解到股市大概已经运行到什么阶段就可以了,而不必对每一个浪的长度,以及每一轮上升或下跌行情到底有多少大浪、小浪作出精确的预判。

实践证明,用波浪理论对行情作细致分析、精确分析的结果,十有八九与往后的事实是不相符合的。这个道理就象气象科技人员对海洋气候进行分析时,可以预测到每年在某个时间段(如夏季)、在某个地区一定会产生几个大的台风中心,但具体到某一年的某一个时间段,在某个地方到底会产生多少个台风中心、其级别有多大、台风中心产生后向什么方向移动,这就无法在事前对它们作出精确的预判了。其实,股市中亿万投资者的行为,也像台风中心一样。因此,每一波行情到底会产生多少个股市台风中心、级别有多大、向什么方向移动等都是在事前无法估计的。也正因为如此,股市中越是精确的数浪,说什么到某个点位就是第几浪结束了,这里就是底了。事后一验证,数浪数出来的底,基本上都是错的[注]。

有鉴于此,在熊市下跌途中,大家看到电视节目中一些股评家在数浪,投资者心里就应该明白,股市真正的大底离股评家数浪的底还远着呢!也许形势到极端恶劣时,电视节目中已没有人敢出来数浪时,底就不知不觉地出现了。

第四,当媒体上开始出现公众人物呼吁救市的言论时,大盘还不是见底的时候。我们发现,沪深股市 20 年来已出现过 4 次大熊市,而每次熊市出现,股价连续暴跌后,都会有一些公众人物(如经济学教授、在财经界有重要影响的财经人士)会撰文呼吁政府部门救市。奇怪的是,这些公众人物越是呼吁救市,大盘越是往下跌。这是什么原因呢?其实,股市走熊犹如一个重症病人发高烧,当病人发烧到 38 度时,就会有人出来讲话,呼吁医生给病人退热。此时医生心里明白,病人发高烧是由其内在的疾病所引起的,盲目降温退热只会掩盖病情,现在是 38 度,更高的热度还在后头。等到后面热度更高时,医生自然会采取措施,对病人进行降温。而股市走熊的情况与病人发高烧需要降温的情况很相似。虽然股市走熊会暴露出各种问题,公众人物看了

【注】 笔者进股市 20 年来,碰到过无数个用波浪理论测底的"高手",但遗憾的是,他们每次用数浪方式数出来的底,与实际的底,都相差十万八千里。在笔者印象中,只有香港的波浪大师许沂光,用数浪方式数 1994 年上证指数大底时,是数对了,但同样是他,用数浪方式数 1995 上证指数点位时,却闹出了大笑话。依他数浪的结果,1995 年上证指数应该在 2000 点以上,但实际上,1995 年结束时,上证指数只有 555 点。可见,在事前用数浪方式来预测行情的点位有多么困难,连在国际上负有盛名的波浪大师都无法做到,更何况是我们国内一些不知股市深浅的数浪人呢?

不满意，向政府呼吁救市。但管理层心理明白，马上救市为时过早，只有当矛盾充分暴露了，救市才会产生效果。可见，公众人物呼吁救市时，说明情况还没有糟透，以后股市还会继续下跌，说句不好听的话，每次熊市来临，公众人物出来呼吁救市时，股市会跌得更加厉害。这一点已被20多年来的股市历史所证实。

第五，当管理层首次推出救市政策时，此时的指数很难成为熊市真正的底部。诚然，中国股市带有浓厚的政策市色彩。每次股市走熊，到了最关键、最危险的时候，都是靠政策救上来的。比如，1994年上证指数从1558点狂跌到325点。当上证指数跌到325点后，第二天管理层推出了三大救市政策，当日大盘就出现了反转，指数一天上涨了33.46%（编者按：当时沪深股市交易还没有实行涨停板制度，上涨与下跌的幅度都没有限制）。可见，管理层要么不出手，一旦出手，推出强有力的救市政策，股市马上就会转危为安。但现在的情况与以前的情况不同了。10多年前，沪深股市规模很小，全部股票加起来的市值还不及现在一只大盘股的市值，那时救市政策出来，能够马上立竿见影，而现今股市规模已非常大，政策救市的威力就远不如以前。我们看到无论是2001年~2005年的大熊市，还是2007年~2008年的大熊市，管理层初次推出救市政策时，对股市起到的只是一个暂时止跌的作用，反弹后，大盘又会重新掉头向下。可见，股市规模越大，政策救市的作用就越弱。

由此，我们可以发现一个规律性现象，在股市走熊时，管理层第一次、第二次推出救市政策时，只能延缓股市下跌的速度，而不能从根本上改变股市下跌的趋势。当然，管理层调控市场的经验会越来越丰富，他们推出救市政策时，不会只有一次、二次，而会有很多次，也许连续不断的利好政策推出，其政策的累积效应才能充分发挥出来，到那时股市就会真正转危为安。根据这一情况，投资者就可以制定一个比较好的对策：股市走熊时，看到第一次、第二次利好政策推出时，趁股价反弹之际，坚决逢高减仓。只有等到管理局不断推出利好政策，而市场中的大多数人对政策救市已不抱有希望时，才去考虑股市的底是不是快要到了。届时，可以逢低吸纳一些潜力股。

第六,股市走熊,出现连续下跌后,公众舆论认为股市已跌出投资价值时,股市的大底还没有到。中国有句俗语:矫枉必须过正。股市是一个非理性的市场,涨会涨过头,跌也会跌过头。可见,即使股市跌出了投资价值,但因为它还没有跌过头,所以真正的谷底还没有到。历史经验告诉我们,每次股市走熊的末端,都会出现凤凰当成草鸡卖也鲜有人问津的情况,或许到了这个时候,股市投资价值被大大地严重低估时,股市才能称之为跌过头,熊市的谷底才会悄悄出现。

第七,股市走熊后,市场上仍然有一部分未曾大跌的板块,或强势股存在,说明股市的大底还没有到。股市走熊,是对投资者的一场浩劫。只要是股票,不管是什么板块,也不管行业前景如何光明,免不了都会受到重创。当然,股市下跌时会出现轮跌的现象,可能是其他股票先跌,而行业前景看好的板块开始还能撑着,甚至一些有特别题材的股票会出现不跌反涨的现象。但大家要知道,这种现象只会出现在熊市初期、中期,而到熊市后期,这些股票一定会补跌,一旦补跌,跌幅就会很大。比如,2007年沪深股市走熊后,其他股票在大跌,而奥运板块的股票走势很坚挺,当上证指数从6000多点跌到了3000点时,大盘指数跌掉一半,奥运板块中的一些股票价格反而创出了新高。有人把这种现象称为"熊市中的局部牛市",并为之津津乐道。但2008年8月奥运会召开后,奥运板块的股票一下子就变了脸,出现了狂跌,当时的跌幅远远超过了其他板块,成了名副其实的补跌。我们发现,每次大熊市末端,几乎所有的板块都会出现一次,甚至几次轮跌,没有轮跌过的板块已经找不到了[注]。

总之,熊市来了,关于什么时候见底的问题,有一个判断标准,即

【注】 这里指板块,不是指个股。在熊市中,特别有潜力、有价值的股票会保持其良好的上涨势头,如2001年~2005年大熊市中的贵州茅台。但即便是这样质地好的股票,要想在大熊市中独善其身,前提是前期没有出现过大涨,如出现过大涨,到了熊市后期也会出现大跌,同样是贵州茅台,它在2006年、2007年大牛市中,股价被过分炒高,熊市来了也难逃一劫。该股2008年一度从最高价230元跌到84元,跌幅达到了64%。可见,熊市来了,所有炒高的股票都会走价值回归之路的。

投资者只要发现股市中还有一些没有大跌过的板块，或者还有强势股存在，就不应该盲目地看多、做多，因为只有轮到这些板块出现了补跌，股市才可能真正见底。

第八，股市首次出现地量不是底。股市是不是见底，有人常拿"地量地价"来说事，但地量地价是有条件的，只有连续的地量才意味着场内做空力量的衰竭，而那种第一次冒出来的地量有很大的偶然性，它不能作为判断地价的依据。我们发现首次出现地量后，股市继续下跌的可能性仍然很大。另外，地量又是一个动态概念。比方说，现在上海股市单日的成交量最大值已达到3000亿以上。如果一轮下跌行情，属于牛市中的阶段性回调，那么单日成交量萎缩到1000亿附近，这个成交量就可能是地量了；如果一轮下跌行情，属于熊市中的初期、中期下跌阶段，这个成交量只有萎缩到五六百亿才可以称为地量；如果一轮下跌行情，属于熊市中的后期下跌阶段，即使成交量萎缩到三四百亿，也难以称它为地量。比如，2008年10月，上海股市跌到1600多点时，跌不动了，这一时期的成交量最低已萎缩到200多亿。可见，是不是地量，要因时因地而异。

有鉴于此，投资者不但对单日、单周第一次出现的地量要慎重对待，不要盲目去抄底，而要想一想这个地量究竟是不是符合当时的情况，是不是真的地量。在情况没有弄清楚之前，千万不要盲目看多、做多。

第九，首次出现新股破发，增发股破发的现象，说明股市还没有真正见底。新股破发、增发股破发，表明市场进入了一个弱市状态，反映了投资者对后市的一种悲观失望的情绪。但少数新股、增发股破发，表明这种悲观失望情绪还处在发散状态，股市在这种情况下是不可能见底的，随着这种悲观失望情绪不断地在市场里扩散，股市指数将越来越低，盲目进去抄底者很可能被一网打尽。有人问，什么时候机会才会来临呢？经验证明，只有这种悲观失望情绪到了一种极端化的状态，市场上出现了大批新股、增发股破发的现象，此时，股市才有可能获得绝地逢生的机会。

第十，太完美的底很难成为熊市的大底。判断一个底部到底是熊市中的阶段性底部还是熊市的大底,即最终底部,并不是一件容易的事。但经验告诉我们,表面看上去太完美的底,即政策面、技术面、市场面都认可的底,反而不会成为熊市的大底。

比如上海股市,1992年~1993年这轮大熊市里的777点(1993年7月)的底、2001年~2005年这轮大熊市里的1300点(2002年1月~2004年9月)的底、2007年~2008年这轮大熊市里的3000点的底,在当时都给人们一种非常完美的印象,几乎所有的媒体、所有的股评人士都异口同声地说,熊市的谷底到了。特别是2008年4月,上海股市跌到3000点时,管理层推出了重大利好政策,引发了一轮强劲的反弹。而这个反弹的位置,是6000点下来的50%地方,且3000点又是一个市场上非常看重的整数关,在这个整数关股市已经跌出了投资价值。总之,无论从政策、技术、市场的角度去衡量,这个3000点都应该是这轮熊市的大底。但是后来大家看到了,这个被市场大众看好的3000点的底,最后还是被击穿了,这个3000点充其量只能算是熊市中的一个阶段性底部。我们了解到,当时有许多投资者坚信3000点是这轮熊市的大底,他们在3000点附近买进了大量股票,并采取了持股不动的策略,最后都套在半山腰,输得很惨。

有人问:为什么太完美的底很难成为熊市的大底呢?这可以从心理学上得到解释。大家知道,股市博弈就是少数人赚多数人的钱。既然如此,当一个底太完美时,被市场上大众都认可了,市场主力一定会进行反向操作。否则,主力如何赢利呢?主力操作的思路是:当市场大众都看好时,他们就不看好;当市场大众都不看好时,他们就看好。"走与群众相反的路线",这就是主力操盘的一个基本原则。正因为如此,在上海股市几次大熊市中,上述一些很完美的底,最终都没有成为熊市的大底。而历史上每轮熊市的大底,都不太完美,都存在着这样或那样的缺陷。即使其走出低谷,股价出现了明显的上涨,很多人还在怀疑它,以为它是主力设置的一个多头陷阱,但熊市中真正的谷底就是出乎大众的想象,让人们捉摸不透。也许正是这种摇摇晃晃,不太完美,颇受争议的底,如上海股市第二次大熊市中的325点的底、第三次大熊市中的998点的底、第四次大熊中的1664点的底,才最终成为了熊市的大底。

上面我向大家介绍了股市走熊后,在什么情况下,可以看出下跌趋势尚未结束,即使此时出现什么底,它也只是一个阶段性底部,并不是熊市真正谷底的有关知识与经验。

下面我与大家再讨论一个问题:熊市真正谷底形成时,市场上会出现哪些现象?

我认为,**熊市谷底形成时,市场上一般会出现以下几个现象:**

(一)股市里出现了极度恐慌状态。熊市来了,一般的恐慌状态下,股市不会见底,而只有市场到了极度恐慌时,盘中做空的动能才会彻底释放出来,此时股市才有可能真正见底。

那么,极度恐慌状态究竟是一种什么状态呢?其实,所谓的极度恐慌就是指股市里的绝大多数人都开始绝望了。比如,原来股市出现暴跌时,还有人出来呼吁政府救市,建议管理层应该采取什么什么措施,而到极度恐慌时,这些人也沉默不语了;原来股市刚暴跌时,还有一些市场人士、股评家出来看多,说一些宽心话,如说什么"底就要到了"、"最后一跌"等等,而到极度恐慌时,这些话也听不到了,所听到的也就是一片看空的言论。又如,熊市开始大跌的时候,市场出现恐慌,但也只限于埋怨、骂娘,投资者对亏损还能够忍受,而到熊市后期,市场出现极度恐慌时,很多人对连续亏损已无法忍受,极端的话(比如"远离毒品、远离股市")、极端行动(比如,想不通选择轻生)出现了。再如,极度恐慌时,再好、再有潜力股票都会无人问津,更使人不可思议的是,一些超级大盘股也会出现以前从来不曾发生过的连续跌停的现象(比如,2008年9月中旬,上海股市中的工商银行、建设银行出现了连续跌停)。

(二)股市里的平均股价、平均市盈率,接近或已跌破历史最小值。投资者发现,每一轮熊市结束时,股市平均股价、市盈率都是差不多的。比如,当两市平均股价跌到四五元、两市平均市盈率跌到12~15倍时,股市空头能量也宣泄得差不多了。此时,即使没有马上见到熊市的谷底,但肯定离熊市谷底不远了。

(三)股市中"三破"现象频频出现。所谓三破就是新股、次新股的发行价被跌破,增发股的股价被跌破,个股的净资产被跌破。如果三破现象只出现在少数个股上,那说明股市还没有跌到头,如果三破现象频频出现,波及到很多个股、板块,并导致新股停发,这很可能是股市加速赶底的一个重要信号。

(四)**股市中所有的板块都被股市中的大熊咬过了,连最强势的个股也被空方打得晕头转向。**市场上到处是"血淋淋"的亏损惨象。根据历史经验,出现这种现象,说明股市确实跌过头了。当然,股市跌过头,并不意味着熊市马上会结束,但是物极必反,可以预料,股市见底的日子肯定不远了。

(五)**市场上认为对股指有强支撑的关键技术点位被空方一一击穿。**几乎所有人都不知道底在何方时,熊市的谷底就悄悄来到了。我们发现,每次熊市跌到最后,市场上认为的有强支撑的关键点位,几乎都会被打穿。比如,2007年10月,上证指数从6124点跌下来,5000点、4000点、3000点这几个整数关都被空方一一踩在脚下。3000点被打穿后,大家指望2500点能守住,但2500点也被空方一举击穿。2500点被打穿后,大家又期盼上一轮牛市的最高点2245点能守住,但令人失望的是,2245点也不堪一击。在2245点失守后,所有人的目光都盯住了2000点这个整数关。但谁也没有想到,2000点整数关的支撑,也像一层窗户纸,一捅就破。

2000点被空方攻克后,下面的支撑在什么地方,大家已经失去了方向,顿时市场陷入了一片混乱、迷茫的状态。俗话说:不破不立,这句话的效应在股市中表现得最为明显。正当大家都感到混乱、迷茫时,熊市的谷底在人们不知不觉中出现了,1664点成了上海股市第四次大熊市的谷底。

所以,从某种意义上说,当市场上所有的关键技术点位都被空方打穿时,反而给人们一个提醒,熊市的谷底可能就在眼前。

(六)**一轮大熊市的跌幅超过70%时,底可能就在眼前。**2008年10月,当上证指数跌破2000点、1800点后,市场上很多投资者对后市都非常悲观,一些看空的股评人士在电视节目上说大盘要跌到1200点、1000点,这更加引起了市场的恐慌。其实,了解股市运行规律的人知道,市场的投资机会正在悄悄地逼近。

那么,这是为什么呢?一位高手说出了他的看法:"我对全世界各地股市的熊市进行了研究,发现了一个规律:一般来说,熊市来了,出现一轮深幅调整,调整的幅度也就在40%~70%之间。少数规模较小、新兴市场的股市,调整的幅度可能要深一些,但也就在70%~80%之间。跌幅超过80%的现象非常罕见。"

从高手的讲话中,我们悟出了一些道理:

首先,大盘与个股不同,同样是走熊,大盘下跌的幅度一定是有限度的,但个股却不一样,如上市公司经营出现严重亏损,跌到最后宣布退市,那就什么都没有了。因此,从理论上说,个股走熊跌掉80%、90%,甚至跌成零都有可能,但大盘就不一样,它再怎么跌,都不会跌成零(编者按:如果说大盘指数跌成零,那就意味着股市关门了,这是不可能的。据了解,从人类建立股市以来的几百年间,还没有发现有哪一个国家的股市,因为股市走熊出现关门的现象)。

其次,既然大盘下跌是有限度的,那么,投资者就要研究这个限度在什么地方。高手告诉大家,一般的情况下,熊市跌幅也就40%~70%,这是符合事实的。比如,2008年全球遭遇一次百年未遇的经济危机,这次经济危机的源头是美国,而美国股市这次走熊,跌幅只有54%(从14198点跌到6469点);香港股市跌幅较大,也不过跌了66%(从31958点跌到10676点)。

高手指出,少数规模较小、新兴市场的股市走熊后,跌幅相对更深一些,可达到70%~80%。这个情况与我们沪深股市的实际情况是一致的。早期沪深股市既是一个新兴市场,又是一个规模很小的股市,股市大起大落的现象比现在还要严重。第一次大熊市,上证指数跌幅为72.93%,第二次大熊市,上证指数跌幅为79.10%,虽然这两次股市走熊时,跌幅比较深,但都没有超过80%。

现在的沪深股市仍然是一个新兴市场,不过,其规模已经非常宏大,与世界上一些发达的股市相比,在规模上毫不逊色。正因为现在的沪深股市具有新兴市场与规模宏大的两个特点,这样就可以推算出,沪深股市走熊后,它的跌幅最多也就在上海股市第一次、第二次大熊市跌幅的范围之内。可见，当上证指数从 6124 点一路跌下来，跌破 2000 点、1800 点，股价跌掉了七成，此时再唱空、看空显然是不适宜的。虽然在当时还无法确定上证指数究竟在什么点位止跌，但基本上可以肯定，上证指数最大跌幅就在 70%~80% 之间，这个地方就是这轮大熊市的谷底区域。

关于这个问题有人提出了不同的看法。他们说熊市不言底，万一上海股市这次走熊后跌过了头，跌掉八成、九成，那又该怎么解释呢？但大家要知道，出现这种情况的可能性微乎其微。因为炒股票是炒概率，从大的概率上来说，一个国家只有在政治上、经济上出了大问题，该国的股市跌幅才会超过八成，这个情况已经为历史所证实。据了解，全世界有股市的地方很多，一百多年来出现了无数次熊市，而跌幅超过 80% 的也仅仅只有 4 次，而这 4 次超过 80% 跌幅，都与当时这些国家、地区的政治、经济出现了剧烈波动有关。从某种意义上说，是当时这些国家、地区的政治、经济出现了大问题，处于一种失控状态，才会造成股市跌幅超过 80% 的惨象，并给整个经济与社会稳定带来了灾难性的影响[注]。

我坚信，在我们国家里，股市下跌一旦接近 80% 的底线，此时政府一定会比我们还要急，国家一定会出面进行强力干预的（比如，上海股市第二次大熊市后期，1994 年 7 月末，上证指数跌幅快要接近 80% 时，管理层连夜推出了强有力的救市措施，将命悬一线的沪深股市救出了泥潭。就凭这一点，我们也可以说，沪深股市走熊后，跌掉八成、九成的情况，出现的概率几乎为零）。

在我们了解股市运行的规律后，就该知道，当上证指数跌幅达到七成后，实际上底就在眼前了，即使当时大盘不会马上止跌，但离开熊市的谷底也就差一步之遥了。此时，聪明的投资者就应该与看空、唱空者反其道而行之，积极地逢低吸纳，日后必成赢家。

【注】 有关这方面情况，详见《股市操练大全》第七册第 172 页 ~182 页。

图形识别深度练习 82

汪老师说：前面两道题，我们重点讨论了如何研判大势，特别是识底抄底的问题，下面就请大家结合自己参与股市实战的体会，谈谈股市进入筑底阶段后，具体究竟应该怎么操作。

解答

我的看法是：现在股市规模大了，股市筑底的形态往往是比较复杂的。在底部出现反复折腾成了一种常态。有鉴于此，在股市进入筑底阶段时，投资者应该采取以下对策：

第一，摒弃抄底后就捂股不动的思想。从理论上说，股市进入筑底阶段，在低位买入后就将筹码捂着，将来股市出现大涨时，这些低位筹码必然会给投资者带来丰厚的回报。但在实际操作时，会遇到两个棘手的问题：

一是你无法知道这个底，究竟是熊市的谷底，还是熊市下跌途中的阶段性底部。如果你抄底后一味捂着，万一这个底部是阶段性底部，捂的结果，就会被套在半山腰，输得很惨。这里我请大家看一个例子：

2008年4月，上证指数跌至3000点，很多人都认为是2007年10月这轮大调整的底部，但事后证明，3000点不过是下跌途中的一个阶段性底部。上证指数在3000点反弹后，冲到3786点掉头向下，之后，接连跌破3000点、2500点、2000点几个整数关。我的一个朋友，当时坚信3000点就是这轮调整的中长期底部，卖了房子，凑成100万进去抄底，买进后就一直捂在手里，当上证指数反弹结束，重归跌势，跌破3000点时，他仍然认为这是主力在诱空，捂着筹码不放，后来指数一路下跌，跌破2000点后，他再也忍耐不住了。他怕指数再一路跌下去，将他卖房子换来抄底的钱全部输光了，只好咬咬牙，在1900点处割肉出局，这一来一去，100万亏掉40多万，让他后悔不已。2009年，沪深股市出现了一轮强劲的回升走势，他已经吓得不敢动了，一直在空仓观望，错过了一轮行情。

二是即使抄的底是真正的中长期大底,如果一开始就将股票捂在手里不动,也很可能会遇到一些麻烦,而这些麻烦常常会把当事人搞得心神不定,不知所措。这里我举两个例子:

例一:2005年6月,上证指数最低跌至998点。998点是2001年以来5年大熊市的谷底。假如某人在998点抄了底(编者按:事实上是不可能的,因为在现实生活中,没有人有如此大的本事,能在最低点买进,这里仅仅是作一个假设),他就一直把股票捂在手里,结果会怎样呢?上证指数在998点见底后冲高回落,一个月以后,又跌到了1000点附近,最低点离998点仅高6点(编者按:2005年7月12日、2005年7月19日,上证指数两次跌到1004点)。此时,恐怕再冷静的投资者也坐不住了,空方只要对上证指数再打压一下,这6点就没有了,那么前面的998点这个谷底就不能成立。此时,是走还是继续坚守,对当事人来说都是很难抉择的一件麻烦事。

例二:2007年10月16日,上证指数在6124点见顶,从此沪深股市进入了一轮大熊市,这个熊市杀伤力非常厉害,仅仅过了11个月,在2008年9月16日那天,上证指数跌破了2000点,两天后在1802点见底,然后出现了一轮强劲反弹,反弹到2333点就掉头向下,最后跌到了1664点。现在我再来作一个假设:假设某人在1802点附近抄了底,抄底后捂股不动,过了一个多月,他发现上证指数已将1802点这个底打穿了。按技术理论,1802点低点被打穿后,就应该止损离场。如果他止损离场了,过了几天,上证指数跌到1600多点时出现了横盘,没有再继续往下跌。受过前面的惊吓,此时胆子再大的人想必也不敢马上再动手抄底了。事后证明,这1600多点就是2007年10月以来这轮大熊市的谷底。

可见,抄底后就捂股不动,绝不是一个好办法,它会使当事人的操作陷入一种非常被动的状态。

第二,初次抄底后,看到指数上行时遇阻,应该先出局为宜。有人问,在什么情况下知道指数上行遇阻了呢?根据经验,操作时主要看均线,投资者可先看20日均线(编者按:弱势反弹遇到20日均线就会回落),20日均线冲过去了,再看30日均线,30日均线冲过去了,再看60日均线。一般来说,60日均线是股市强弱的一个分水岭,如果指数站稳了60日均线,就会出现一波较大的行情。但从经验来看,大盘即使真正见底,一下子要冲过60日均线,难度极大,就是冲过去了,也很难马上站稳,往往需要在60日均线上下几个来回后,才能真正站稳60日均线。

根据大盘指数运行的这个特点,我们就可以制定一个比较好的操作策略:

(一)如果指数反弹力度不强,在20日均线或30日均线遇阻时,就要出局,如果指数反弹力度较强,冲过20日均线、30日均线,就可以继续持股待涨,不必急于出手。

(二)指数反弹力度再强,通常第一次遇到60日均线时,不论是否冲过60日均线,都要先作一次获利了结。这样做的好处是:万一你抄的底是一个阶段性的底部,而其反弹的高度就是60日均线的地方。你在此卖出,往往就能卖出一个好价钱,而且反弹结束后,指数继续下行也与你无关了,后面的风险可以有效地避开。退一步说,即使你抄的底是真正的中长期大底,第一次在大盘冲击60日均线时将其卖出,也不会吃亏。因为接下来,指数通常会出现两种走势:一种走势是多方主动在60日均线处撤退,退回到30日均线或20日均线处,经过一段时间蓄势后再次向60日均线发动攻击;另一种走势是先由多方发力冲过60日均线,在遭到空方反击后,再退回到60日均线下方。尔后,多空双方围绕60日均线进行反复争斗,待盘中做空能量消耗差不多时,多方主力会再发动攻击,拿下60日均线。这两种走势,对第一次看到大盘冲击60日均线,主动卖出的投资者来说都是有利的。

比方说,这些投资者在60日均线处抛出股票后,看到股指掉头向下,然后在30日均线或20日均线处企稳,等股指真正企稳时再把它捡回来,就有一个比较好的短线差价。又比方说,这些投资者在60日均线处抛出股票后,看到股指冲上了60日均线,那也不要急,可以坐在旁边,看多空双方如何围绕60日均线进行搏斗。如果搏斗到最后多方赢了,站稳了60日均线,此时再重新把股票买进来不迟。如果搏斗到最后空方赢了,股指跌穿了60日均线,一路下行,你没有在多空双方进行搏斗时跟进,也算躲过了股指下行的风险。

总而言之,这是一个进可攻,退可守的策略,如果使用得当,取胜的把握是很大的。

第三,在股指走出筑底状态,进入上涨阶段后,投资者就要改变策略,此时就不宜再高抛低吸,而要学会捂股。因为在一轮大的上涨行情中,做短线,跑进跑出者,获利是很少的。真正的大赢家就是能在低位将股票捂住,到涨势近尾声时再抛出的投资者。股市中有一句俗语,"大行情来了,炒家不如捂家,捂家不如藏家",说的就是这个意思。

当然,捂股也有技巧,这里要注意几点:

①冷门股不能捂。因为一轮大行情结束时,冷门股不涨或涨幅很小的情况屡见不鲜,捂了冷门股是赚了指数不赚钱,做了一次无用功。

②并不是所有的股票都和大盘走势处于同步状态。在一轮大行情中,有的股票和大盘处于同步状态,大盘涨,这些股票也在涨,大盘见顶了,这些股票也差不多见顶了,但有些股票的见顶时间会比大盘见顶时间要早,当大盘还在涨的时候,它们已经见顶了(比如,2007年5、6月间,上证指数仍处于上涨趋势中,但这时已经有很多股票见顶了,步入熊途)。对这些已经见顶的个股,即使大盘上涨走势再好,投资者也要及早把它们清理出局。

③对手中持有的股票,要注意股价出现回调时,关键技术位不能被击破。关键技术位相当于防洪的大堤,大堤不破可以放心地捂股,但大堤破了,形势就变了。此时再继续捂股,就会面临很大的风险。所以,投资者发现手中个股的关键技术位被击破了,就要马上止损离场(编者按:关于个股操作技巧问题,本书上篇、中篇已经谈了很多,这里就不展开了)。

又及:本书完稿后,向读者征求意见时,有人对本题提出了两个疑问。

疑问一:如果抄的底是V形反转的底,那么"摒弃抄底后就捂股不动的思想"不就错了吗?

关于这个问题,我们是这样认识的:V形反转情况是有的,但出现的次数较少。早期沪深股市规模较小(两个股票市场全部股票加起来的总市值,还不及现在一个超级大盘股的市值),熊市见底后比较容易形成V形反转。现在沪深股市的规模,比早期沪深股市规模不知要大了多少倍。股市规模大了,多空博弈就异常激烈,即使到了熊市末端,市场也很难形成一边倒做多的情况,所以V形反转出现的概率不大,而常见的熊市谷底就是一个反复曲折的谷底。

另外,大家要注意的是,V形反转的技术形态,多数是出现在个股中,特别是出现在流通盘较小的个股中。一般来说个股V形反转的形成有它的特定条件,如前期出现了连续暴跌,跌幅已经相当深;主力(庄家)在暴跌中捡到了相当数量的廉价筹码;V形反转出现时,个股要有特别能吸引市场眼球的消息配合,等等。

最后我想告诉大家,无论是对大盘还是对个股,在逢低吸纳时,即使碰到V形反转,那也不要紧,因为V形反转从走势上是可以分辨得出来的。此时操作上仍然有较大的回旋余地。比如,当时虽然你已经将低位捡来的筹码卖掉了,但是如果你看到个股在冲破60日均线后,继续表现出一种连续上攻的超强走势,这时候你可以再把它买回来,这样操作最多只损失一些差价而已。其实只要看准了,确定它是V形反转,那么随着股价进一步走高,前面所谓"损失一些差价",相比后面股价的巨大涨幅来说,是微不足道的。因此,只要有充分的理由,证明是V形反转。那么追涨买进就是完全值得的。

疑问二:有人问:难道在股市上涨趋势中,就不能高抛低吸吗?另外,在上涨中万一碰到中级调整该怎么办?

对这个问题请大家不要误解。从理论上说,高抛低吸永远是对的,但问题是投资者一定要了解,在什么情况下,高抛低吸容易获得成功,什么情况下高抛低吸容易失手。一般来说,行情处于横盘震荡时,高抛低吸容易成功,而行情处于单边上涨或单边下跌时,高抛低吸时就很容易失手(极个别短线高手除外)。比如,我们经常会看到有些投资者手里拿了一个很有潜力的股票,在其上涨趋势形成后,为了赚取一些短线差价,高抛低吸,结果将筹码弄丢了,大牛股从此离他而去,这是很可惜的。

当然,高抛低吸在股市处于上涨阶段时,也并不是都没有用处,有时还是能派上大用场的。这话怎么说呢?因为一轮大的上涨行情中,必然会出现几次中级调整行情(比如,2007年5月29日~2007年7月6日,上证指数在上涨过程中出现了一次较大的波动,这就是上升途中的中级调整行情)。此时高抛低吸就能发挥出的积极作用。由此我们可以得出一个结论:无论大盘还是个股,上涨趋势形成后,当盘中出现小的波动时,投资者可以不理睬它,继续捂股,但当盘中出现比较大的波动时(比如出现了中级调整),投资者可以适时地进行高抛低吸,这对规避市场风险,降低持股成本是比较有利的。

编后语:关于大势分析的深度练习就到这里告一段落。有人问我们,你们说的大势分析深度练习,在现实中到底能派上多大用处?我们的回答是:这个大势分析深度练习不是着眼某一段时间,而是着眼长远的,它统管的时间相当长。

为什么这样说呢?因为《股市操练大全》是一套系统性的炒股工具书。既然是工具书,就不能管一时,而要管长远。也就是说,只要股市存在一天,它就能发挥其应有的作用。正是基于这个思路,我们在设计本书下篇大势分析的深度练习时,既讲了如何从战略层面判断股市未来的趋势,又讲了如何从战术层面对大势进行分析的一些具体方法,涉及的范围是很广的。这样就会带来一个问题,即本篇中关于识底抄底、识顶逃顶,以及应对震荡市的各种分析方法,或许现在只有少数方法能让你派上用处,大部分方法暂时被闲置着。但你要相信,在你未来几十年的炒股生涯中,你将碰到很多次牛市、熊市、震荡市,本书中介绍的方法,届时一定有它的用武之地。请记住:磨刀不误砍柴功,学好大势分析方法,将终身受益。

附录一（研究报告精选①）

大阳线分类看涨或看跌典型图谱 150 例

《股市操练大全》资料组撰稿

导 言

中国有句俗话："成也萧何，败也萧何。"此话用在大阳线上再恰当不过了。我们看到一轮行情的兴起发展，往往是因为一根大阳线拔地而起，改变了股价运行趋势才得以实现的，在这个时期大阳线扮演的是积极看多、做多，吹响冲锋号的角色。但是，我们也看到一轮行情的衰败、终结，往往也是因为在高位拉出一根或几根大阳线，就此行情开始构筑头部，甚至急转直下。除此之外，大阳线在上升趋势中，可以扮演中途加油，为市场鼓劲的角色；在下跌趋势中，可以扮演掩护主力（庄家）出逃，蒙蔽、抗害投资大众的角色。总之，大阳线这种既敌又友的双重性格，让人们对它爱恨交加，在老股民中，可以说每个人都得到过大阳线的恩惠，也受到过大阳线带来的伤害。

大阳线在 K 线家族里的重要作用是不言而喻的。研究 K 线，首先要研究大阳线（包括巨阳线）。很多高手都有这样的体会：投资者只要把大阳线弄明白了，那么股市赢家的大门一半就被打开了。可见，弄清大阳线在不同场合担任的角色与作用，对我们正确把握大势，做好股票有着非常重要的意义。

为了配合本书大阳线深度练习的教学，帮助大家熟悉不同类型大阳线的作用，了解大阳线在什么情况下出现是看涨的信号，在什么情况下出现是看跌的信号，从而能真正做到熟练、正确地驾驭大阳线，实现踏准股市节拍的目的，本文将通过对谷底大阳线、低位大阳线、中位大阳线、高位大阳线、反弹大阳线这 5 种不同类型大阳线的案例展示，让大家对大阳线作为看涨或看跌信号，留下一个深刻难忘的印象。

本图谱的案例,都是来源于沪深股市实战第一线,其中有的是 A 股,有的是 B 股;有的是老股,有的是新股;有的是大盘股,有的是中小盘股,因而具有广泛的代表性,并有重要的参考价值。

经验告诉我们,大阳线虽然千变万化,但当大阳线担任某一角色时(比如担任高位大阳线的角色),它的基本特征是不变的,投资者如果熟悉它的基本特征,并将一些典型图例熟记在心,今后操作起来就会带来很大方便。

一、不同类型的大阳线分布示意图

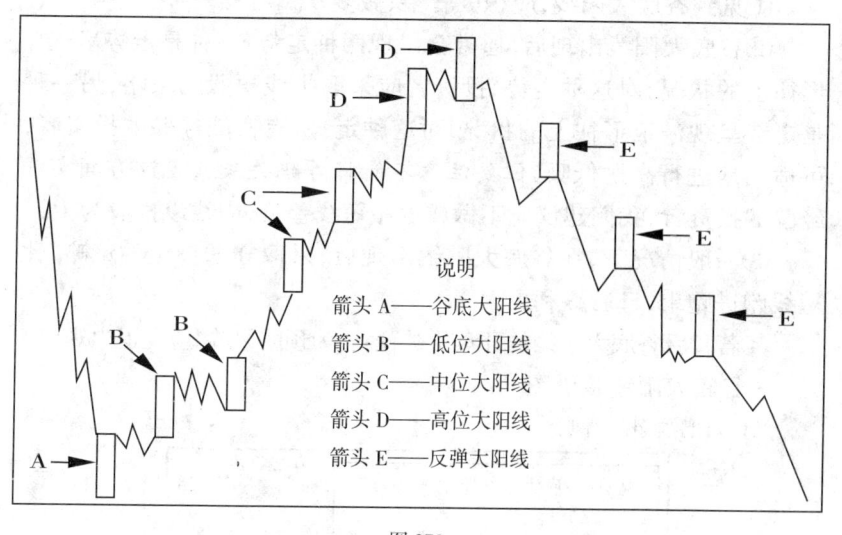

说明
箭头 A——谷底大阳线
箭头 B——低位大阳线
箭头 C——中位大阳线
箭头 D——高位大阳线
箭头 E——反弹大阳线

图 370

说明: 上面的示意图介绍了 5 种不同类型的大阳线的大概位置。投资者需要注意的是,在实际走势中,并非每个股票在一轮上涨与下跌的周期中,都会出现这样 5 种大阳线,有的可能 5 种大阳线都出现了,有的可能只出现了 3 种,如缺少了谷底大阳线与中位大阳线,或缺少了低位大阳与反弹大阳线,等等。这些都是很正常的现象。因此,投资者在实际操作时应仔细观察,具体情况要作具体分析,不可一概而论。

535

二、看涨的大阳线典型图谱

(一)谷底大阳线

1.特征与作用

①在股价大幅下跌后出现;

②出现前市场往往处于非常悲观状态;

③出现时成交量有所放大,但总的量不是很大;

④具有定海神针的作用,股价往往就此触底回升。但有时回升过程颇为曲折,不过回调时一般不会跌破大阳线的开盘价。

2.操作策略

①见到谷底大阳线,应积极看多、做多;

②谷底大阳线出现后,通常会出现两种走势:一种是走势呈现V形往上的状况,对这种走势,投资者应采取中线捂股的策略;另一种是走势呈现波浪形往上的状况,对这种走势,有实战经验的投资者,可适当地进行高抛低吸(但要注意不能将筹码丢失),无这方面实践经验的投资者,我们建议应不做或少做短线差价,中线以捂股为主;

③一般情况下,在谷底大阳线出现后,采取守株待兔的策略,比短线跑进跑出,日后赢利更大。

④若日后谷底大阳线的开盘价被跌破,为预防风险,应先退出观望。

3.谷底大阳线脸谱图

①图谱剪辑示例

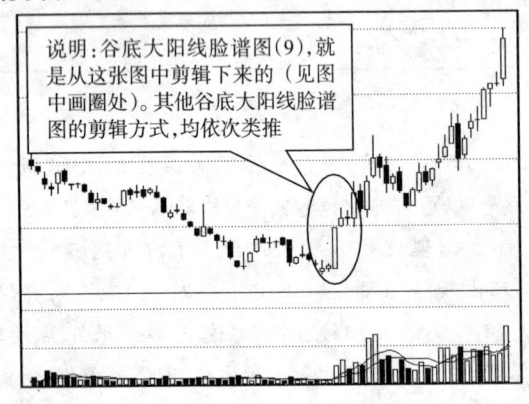

说明:谷底大阳线脸谱图(9),就是从这张图中剪辑下来的(见图中画圈处)。其他谷底大阳线脸谱图的剪辑方式,均依次类推

农产品(000061)　1999年3月15日~1999年6月24日的日K线走势图　图371

②谷底大阳线常见脸谱图形

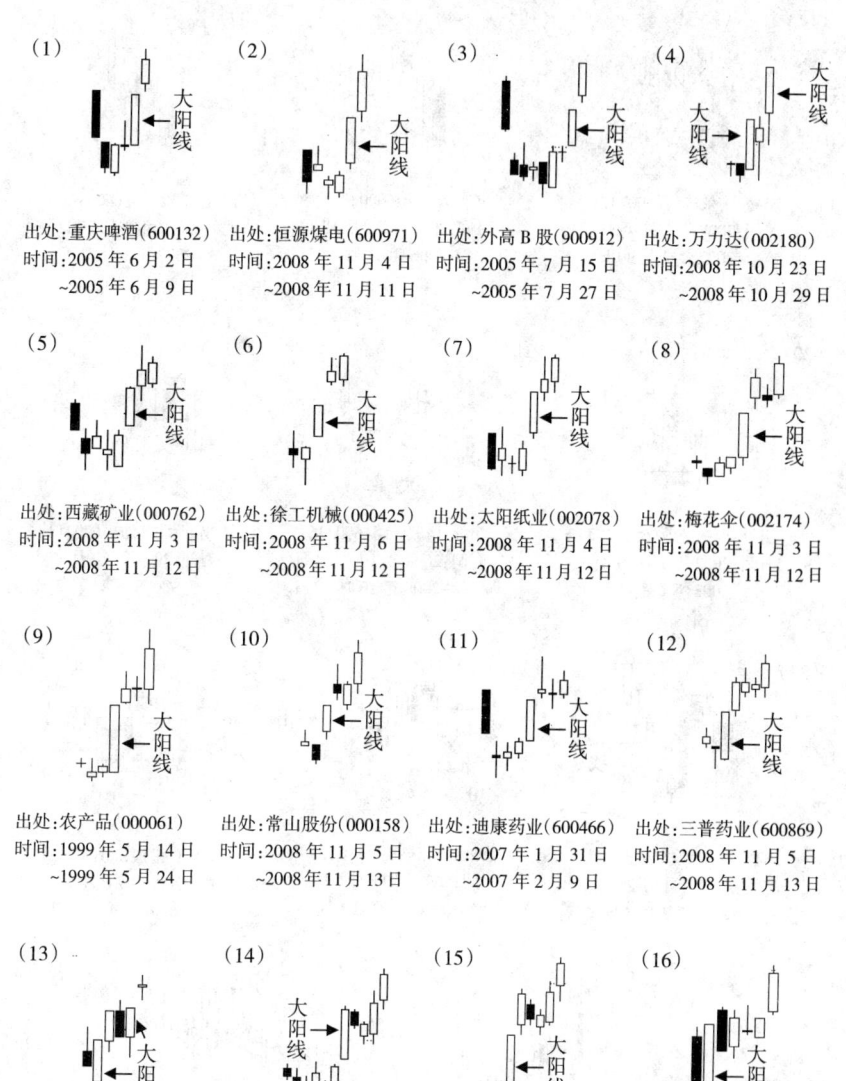

(1) 大阳线
出处:重庆啤酒(600132)
时间:2005年6月2日
~2005年6月9日

(2) 大阳线
出处:恒源煤电(600971)
时间:2008年11月4日
~2008年11月11日

(3) 大阳线
出处:外高B股(900912)
时间:2005年7月15日
~2005年7月27日

(4) 大阳线
出处:万力达(002180)
时间:2008年10月23日
~2008年10月29日

(5) 大阳线
出处:西藏矿业(000762)
时间:2008年11月3日
~2008年11月12日

(6) 大阳线
出处:徐工机械(000425)
时间:2008年11月6日
~2008年11月12日

(7) 大阳线
出处:太阳纸业(002078)
时间:2008年11月4日
~2008年11月12日

(8) 大阳线
出处:梅花伞(002174)
时间:2008年11月3日
~2008年11月12日

(9) 大阳线
出处:农产品(000061)
时间:1999年5月14日
~1999年5月24日

(10) 大阳线
出处:常山股份(000158)
时间:2008年11月5日
~2008年11月13日

(11) 大阳线
出处:迪康药业(600466)
时间:2007年1月31日
~2007年2月9日

(12) 大阳线
出处:三普药业(600869)
时间:2008年11月5日
~2008年11月13日

(13) 大阳线
出处:海南海药(000566)
时间:2002年1月22日
~2002年1月30日

(14) 大阳线
出处:上海汽车(600104)
时间:2008年10月31日
~2008年11月14日

(15) 大阳线
出处:*ST金杯(600609)
时间:2008年11月6日
~2008年11月14日

(16) 大阳线
出处:南岭民爆(002096)
时间:2008年10月27日
~2008年11月4日

537

(17) ←大阳线

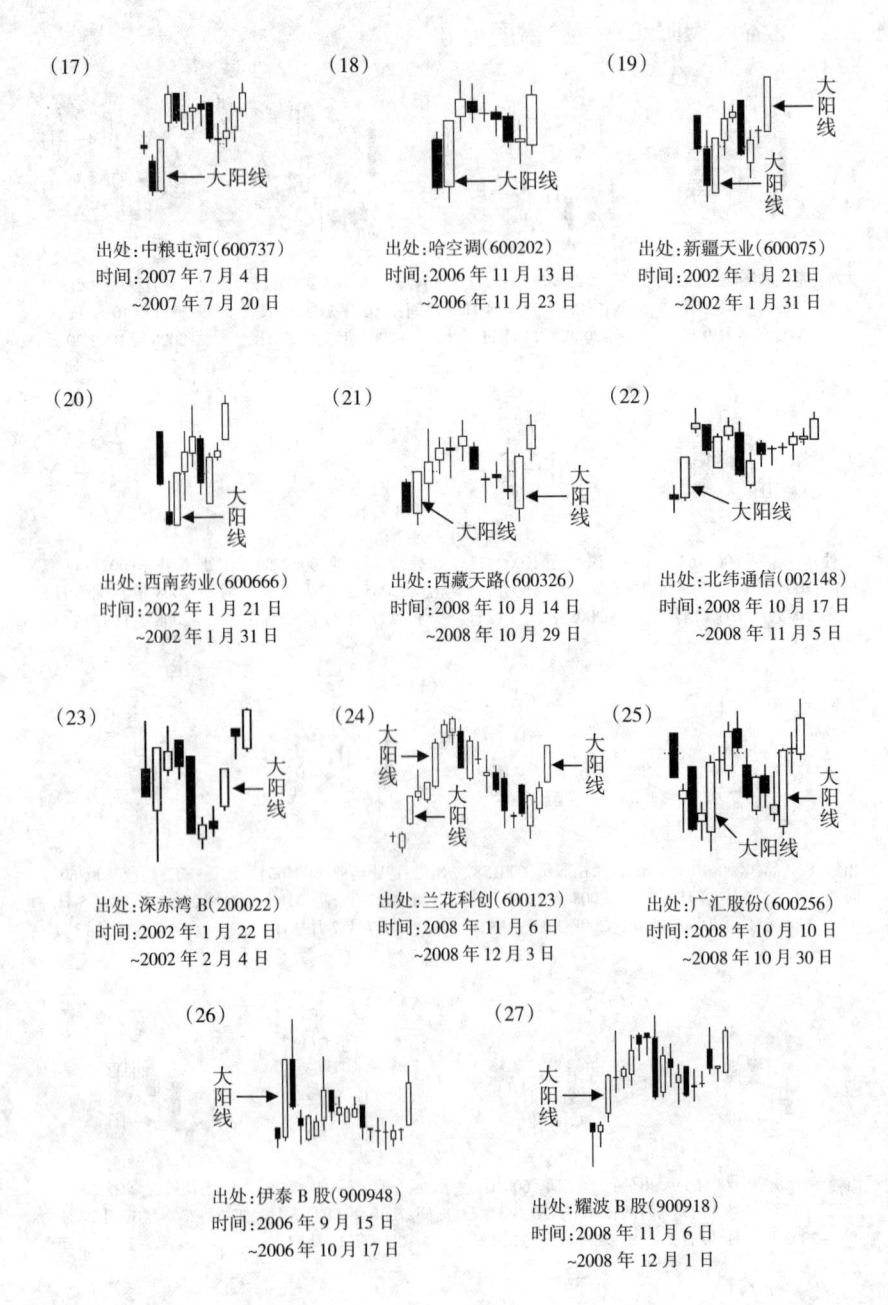

出处:中粮屯河(600737)
时间:2007年7月4日
~2007年7月20日

(18) ←大阳线

出处:哈空调(600202)
时间:2006年11月13日
~2006年11月23日

(19) ←大阳线
←大阳线

出处:新疆天业(600075)
时间:2002年1月21日
~2002年1月31日

(20) ←大阳线

出处:西南药业(600666)
时间:2002年1月21日
~2002年1月31日

(21) ←大阳线
←大阳线

出处:西藏天路(600326)
时间:2008年10月14日
~2008年10月29日

(22) ←大阳线

出处:北纬通信(002148)
时间:2008年10月17日
~2008年11月5日

(23) ←大阳线

出处:深赤湾B(200022)
时间:2002年1月22日
~2002年2月4日

(24) 大阳线→ ←大阳线
←大阳线

出处:兰花科创(600123)
时间:2008年11月6日
~2008年12月3日

(25) ←大阳线
←大阳线

出处:广汇股份(600256)
时间:2008年10月10日
~2008年10月30日

(26) 大阳线→

出处:伊泰B股(900948)
时间:2006年9月15日
~2006年10月17日

(27) 大阳线→

出处:耀波B股(900918)
时间:2008年11月6日
~2008年12月1日

(二)低位大阳线

1.特征与作用

①出现在股价触底回升的初期阶段；

②出现前市场对行情止跌能否持续,往往处于一种怀疑状态；

③出现后,股价重心开始向上移动,有时股价会出现短暂回调,但一般不会跌破大阳线的开盘价,并在大阳线开盘价上方重拾升势；

④成交量比谷底大阳线的成交量有所放大；

⑤起到进一步锁定低位筹码,夯实股价的作用。

2.操作策略

①见到低位大阳线,应积极看多做多；

②低位大阳线出现后,通常会出现两种走势:一种是股价在低位反复震荡,对这种走势,有实战经验的投资者可适当地进行高抛低吸(但要注意不能将筹码丢失),而无这方面实战经验的投资者应采取不做或少做短线差价,中线以捂股为主的策略,另一种是股价很快就形成了往上走的状况,对这种走势,投资者都应该采取中线捂股的策略。

③一般情况下,在低位大阳线出现后,采取守株待兔的策略,比短线跑进跑出,日后赢利更大。

④若低位大阳线的开盘价被跌破,为预防风险,应先退出观望。

3.低位大阳线脸谱图

①图谱剪辑示例

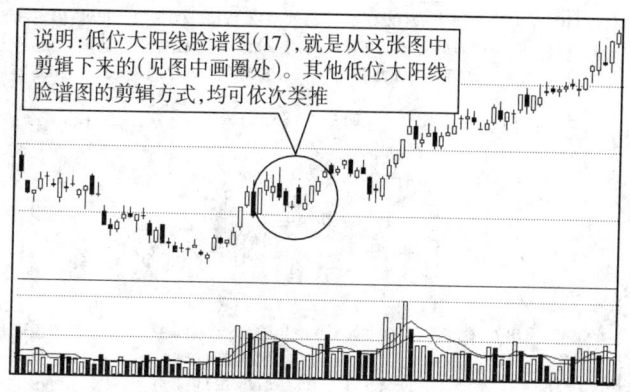

说明:低位大阳线脸谱图(17),就是从这张图中剪辑下来的(见图中画圈处)。其他低位大阳线脸谱图的剪辑方式,均可依次类推

复星医药(600196)　2008年9月22日~2009年2月13日的日K线走势图　图372

②低位大阳线常见脸谱图形

(1) 出处：莱钢股份(600102)
时间：2000年5月22日
~2000年5月24日

(2) 出处：古井贡B(200596)
时间：2009年4月30日
~2009年5月7日

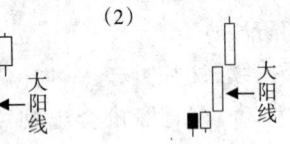

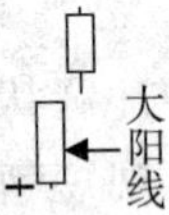

(3) 出处：外高桥(600648)
时间：2008年11月18日
~2008年11月20日

(4) 出处：深发展(000001)
时间：2006年4月25日
~2006年4月27日

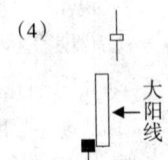

(5) 出处：杭萧钢构(600477)
时间：2003年12月18日
~2003年12月23日

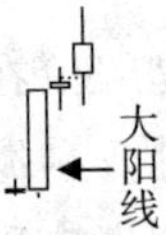

(6) 出处：山河智能(002097)
时间：2008年11月10日
~2008年11月12日

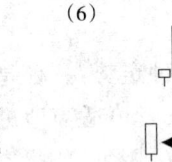

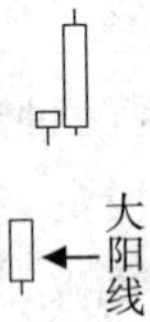

(7) 出处：氯碱B股(900908)
时间：2006年9月18日
~2006年9月20日

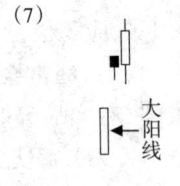

(8) 出处：徐工机械(000425)
时间：2009年1月6日
~2009年1月9日

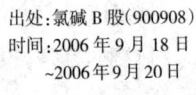

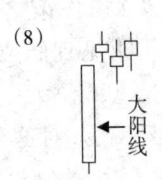

(9) 出处：三钢闽光(002110)
时间：2008年11月10日
~2008年11月13日

(10) 出处：东华科技(002140)
时间：2007年7月20日
~2007年7月25日

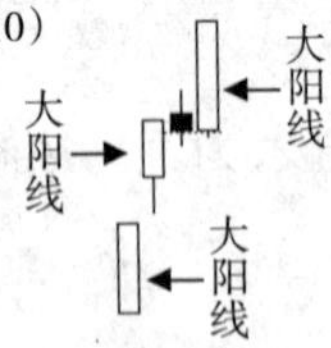

(11) 出处：驰宏锌锗(600497)
时间：2006年1月19日
~2006年1月25日

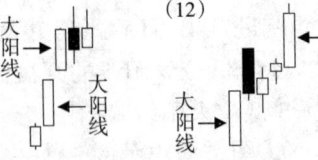

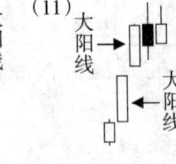

(12) 出处：锦旅B股(900929)
时间：2006年9月18日
~2006年9月22日

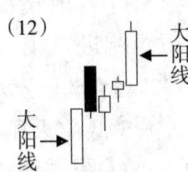

(13) 出处：山东黄金(600547)
时间：2005年9月7日
~2005年9月13日

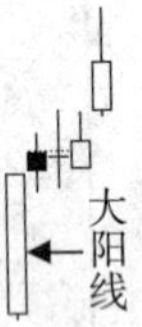

(14) 出处：振华重工(600320)
时间：2006年11月21日
~2006年11月27日

(15) 出处：陆家嘴(600663)
时间：2008年11月14日
~2008年11月20日

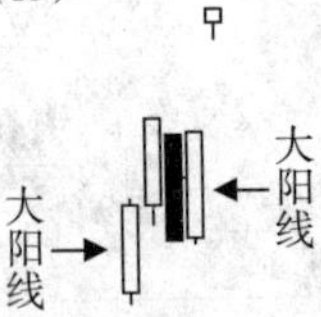

(16) 出处：青山纸业(600103)
时间：2008年11月13日
~2008年11月19日

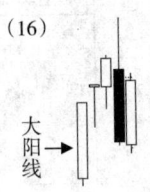

（17）

大阳线→

出处：复星医药(600196)
时间：2008年11月19日
~2008年12月2日

（18）

大阳线→

出处：保利地产(600048)
时间：2007年5月8日
~2007年5月18日

（19）

大阳线→   ←大阳线

出处：莱茵生物(002166)
时间：2008年11月19日
~2008年11月28日

（20）

大阳线→

出处：哈药股份(600664)
时间：2006年12月20日
~2007年1月8日

（21）

大阳线→

出处：安泰集团(600408)
时间：2006年12月27日
~2007年1月8日

（22）

                    大阳线→

大阳线→

出处：金丰投资(600606)
时间：2008年11月14日
~2008年12月8日

（23）

大阳线→

出处：三维通信(002115)
时间：2008年11月19日
~2008年12月3日

（24）

大阳线→

出处：哈空调(600202)
时间：2008年11月13日
~2008年12月1日

（25）

大阳线→

出处：一致药业(000028)
时间：2000年1月4日
~2000年2月14日

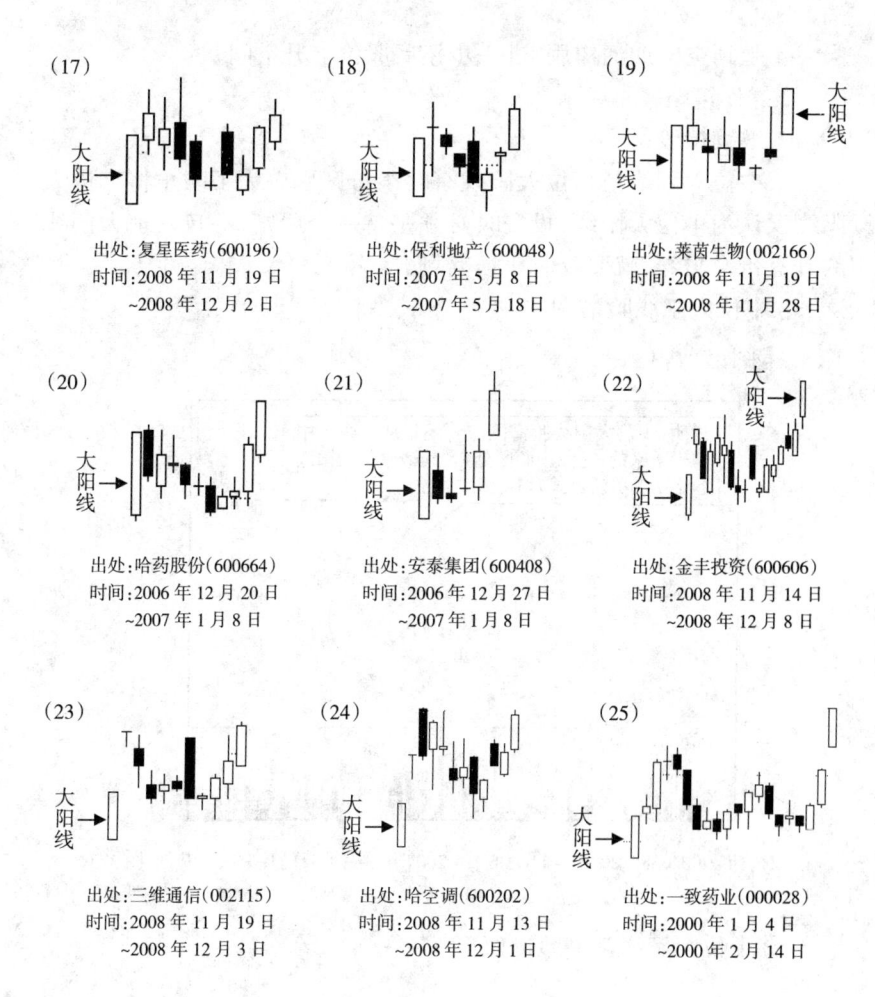

（三）中位大阳线

1.特征与作用

①出现在涨势中；

②出现后，股价重心继续向上，即使股价出现短暂回调，但一般不会跌破大阳线的开盘价；

③成交量可能放大，也可能不放大，但不会出现暴量；

541

④起到空中加油作用,进一步拓展股价上升空间。

2.操作策略

①继续持股;

②中位大阳线与高位大阳线有时很难区别,为了防止将高位大阳线误认为中位大阳线,投资时必须坚持一个原则,一旦发现大阳线的开盘价被击穿,就要及时止损离场。

3.中位大阳线脸谱图

①图谱剪辑示例

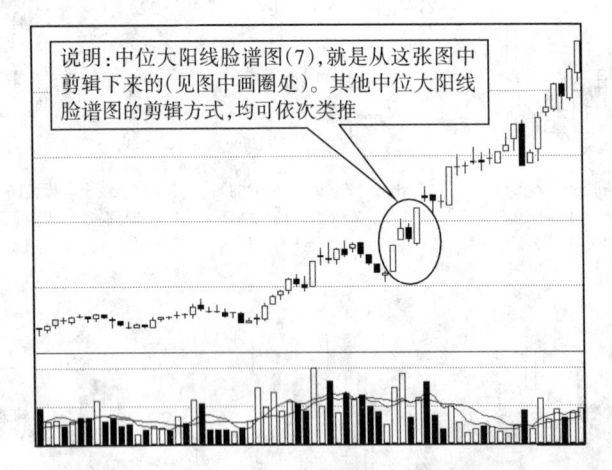

说明:中位大阳线脸谱图(7),就是从这张图中剪辑下来的(见图中画圈处)。其他中位大阳线脸谱图的剪辑方式,均可依次类推

双鹭药业(002038) 2006年11月8日~2007年3月8日的日K线走势图 图373

②中位大阳线常见脸谱图形

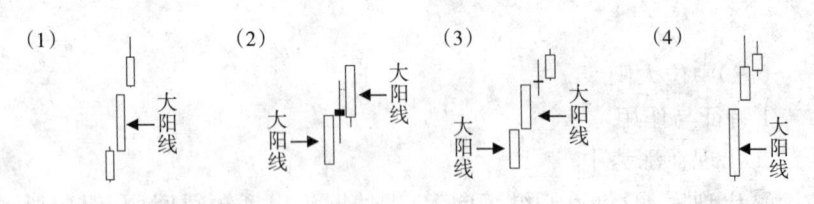

(1) ←大阳线
出处:恒宝股份(002104)
时间:2007年6月7日
~2007年6月11日

(2) ←大阳线
出处:古井贡B(200596)
时间:2009年11月23日
~2009年11月25日

(3) ←大阳线
出处:深鸿基(000040)
时间:1999年6月16日
~1999年6月21日

(4) ←大阳线
出处:山河智能(002097)
时间:2007年5月18日
~2007年5月22日

（5）　　　　　　（6）　　　　　　（7）　　　　　　（8）

出处:华峰氨纶(002064)　　出处:中国卫星(600118)　　出处:双鹭药业(002038)　　出处:中信证券(600030)
时间:2006年11月23日　　时间:2009年12月28日　　时间:2007年1月29日　　时间:2006年12月11日
~2006年11月28日　　　~2009年12月31日　　　~2007年2月1日　　　　~2006年12月14日

（9）　　　　　　（10）　　　　　（11）　　　　　（12）

出处:农产品(000061)　　出处:三钢闽光(002110)　　出处:宝钢股份(600019)　　出处:永生B股(900904)
时间:2006年4月6日　　时间:2009年5月4日　　时间:2007年7月23日　　时间:2001年3月14日
~2006年4月12日　　　~2009年5月7日　　　~2007年7月30日　　　~2001年3月22日

（13）　　　　　（14）　　　　　（15）　　　　　（16）

出处:重庆啤酒(600132)　　出处:福耀玻璃(600660)　　出处:保利地产(600048)　　出处:华星化工(002018)
时间:2006年1月25日　　时间:2006年5月15日　　时间:2007年6月13日　　时间:2007年12月10日
~2006年2月10日　　　~2006年5月18日　　　~2007年6月19日　　　~2007年12月14日

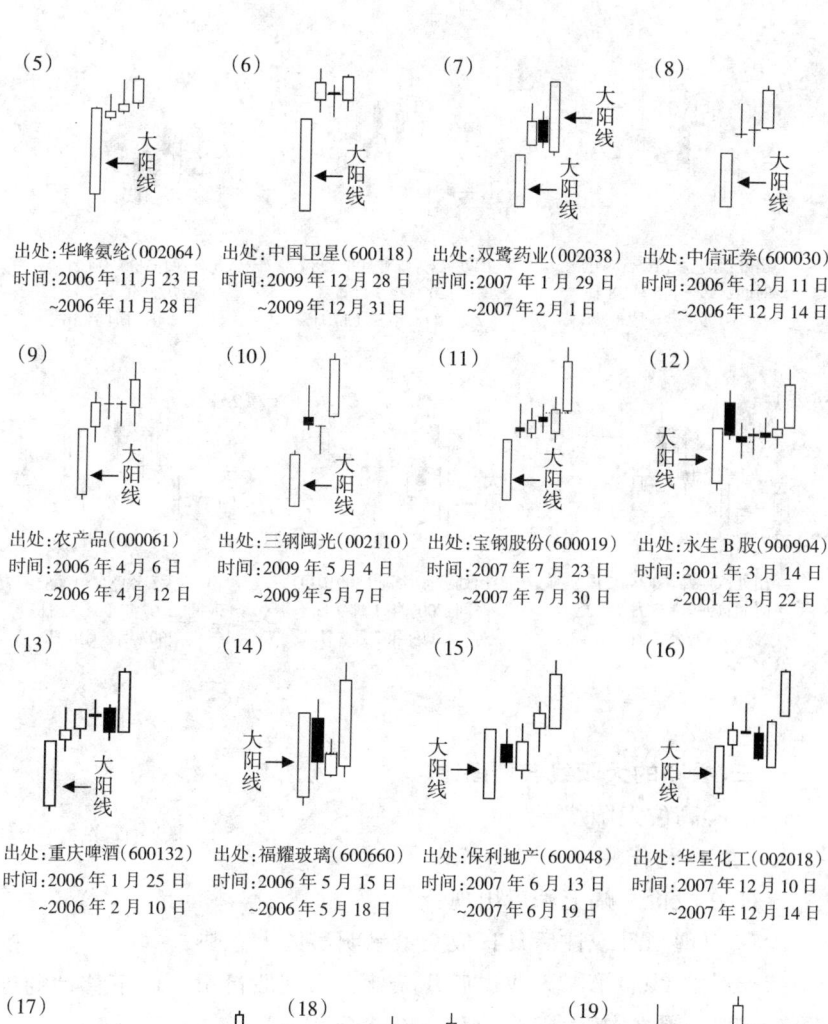

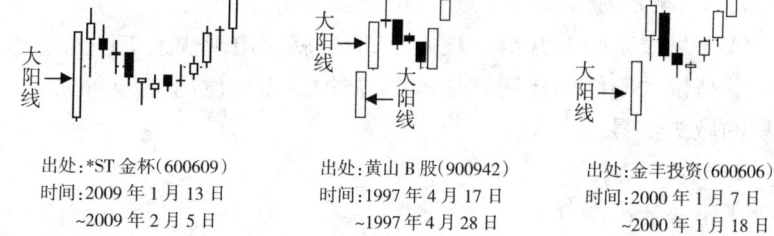

（17）　　　　　　（18）　　　　　　（19）

出处:*ST金杯(600609)　　出处:黄山B股(900942)　　出处:金丰投资(600606)
时间:2009年1月13日　　时间:1997年4月17日　　时间:2000年1月7日
~2009年2月5日　　　~1997年4月28日　　　~2000年1月18日

543

（20）大阳线　大阳线

出处：综艺股份(600770)
时间：1999年5月28日
~1999年6月8日

（21）大阳线

出处：露天煤业(002128)
时间：2009年3月4日
~2009年3月17日

（22）大阳线　大阳线

出处：西部材料(002149)
时间：2009年4月1日
~2009年4月16日

（23）大阳线　大阳线

出处：金融街(000402)
时间：1999年5月19日
~1999年6月1日

（24）大阳线

出处：青山纸业(600103)
时间：2009年1月9日
~2009年2月2日

（25）大阳线　大阳线

出处：大秦铁路(601006)
时间：2007年1月22日
~2007年2月8日

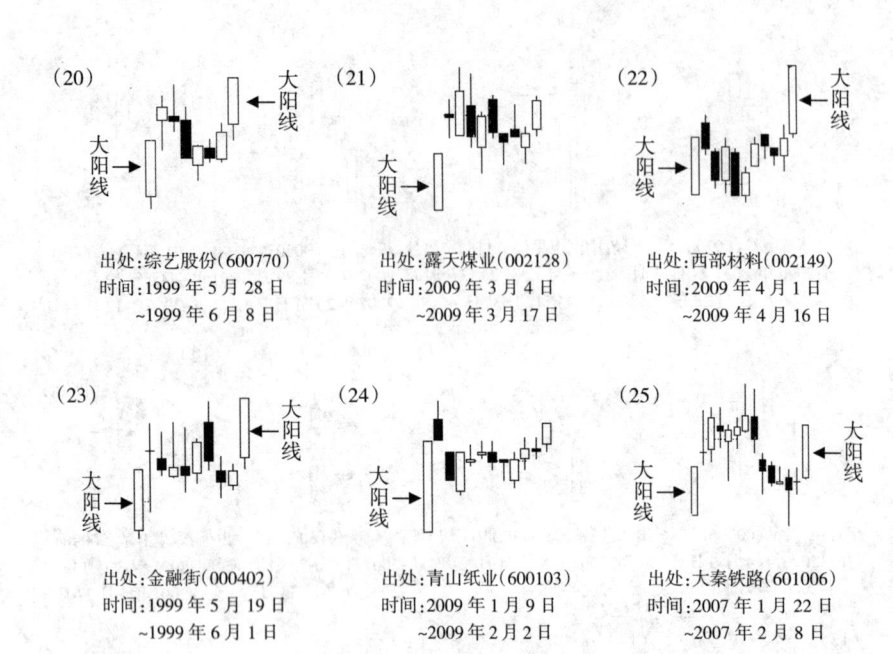

三、看跌的大阳线典型图谱

（一）高位大阳线

1.特征与作用

①在股价大幅上涨后出现；

②出现当日或往后几日成交量呈明显放大态势；

③大阳线后第二天或过后几天就会出现股价重心向下移动的现象，一般一周之内，大阳线的开盘价就会被击穿；

④一旦大阳线的开盘价被击穿，股价就会出现快速下跌的态势；

⑤高位大阳线的作用就是诱多，掩护主力高位出货，因而是一个典型的做头信号。

2.操作策略

①坚决逢高减仓；

②一旦发现大阳线的开盘价被打穿，就应无条件地抛空离场。

3.高位大阳线脸谱图
①图谱剪辑示例

说明:高位大阳线脸谱图(30),就是从这张图中剪辑下来的(见图中画圈处)。其他高位大阳线脸谱图的剪辑方式,均可依次类推

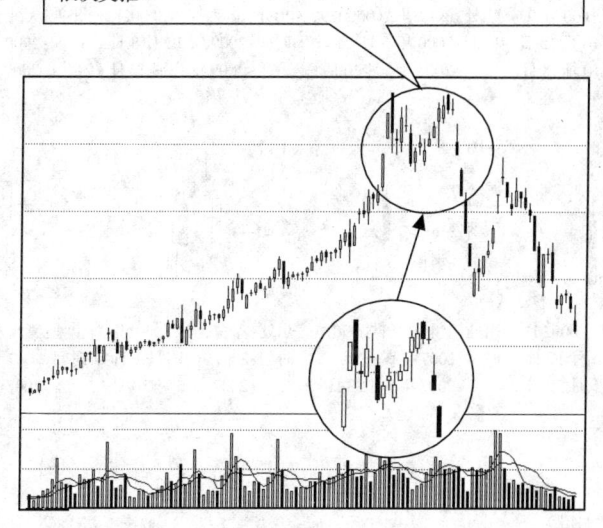

双钱股份(600623)　2007年1月4日~2007年7月5日的日K线走势图　图374

②高位大阳线常见脸谱图形

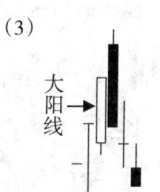

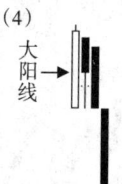

(1) 大阳线

出处:深高速(600548)
时间:2007年9月26日
~2007年10月12日

(2) 大阳线

出处:宝钛股份(600456)
时间:2007年9月21日
~2007年10月8日

(3) 大阳线

出处:金枫酒业(600616)
时间:2000年2月16日
~2000年2月23日

(4) 大阳线

出处:黄山B股(900942)
时间:1997年8月26日
~1997年8月29日

545

(5) 大阳线
出处:宝钢股份(600019)
时间:2007年10月15日
~2007年10月18日

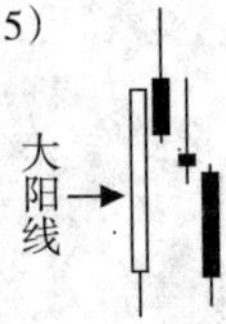

(6) 大阳线
出处:深深房A(000029)
时间:2000年6月14日
~2000年6月20日

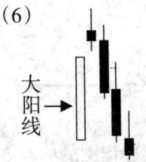

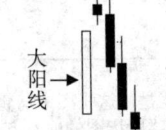

(7) 大阳线
出处:金亚科技(300028)
时间:2009年12月8日
~2009年12月14日

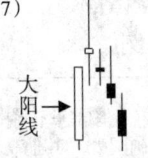

(8) 大阳线
出处:大禹节水(300021)
时间:2009年12月8日
~2009年12月11日

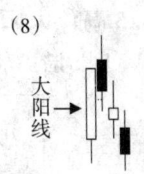

(9) 大阳线
出处:上柴B股(900920)
时间:2007年5月17日
~2007年5月22日

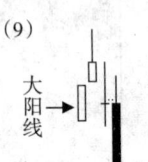

(10) 大阳线
出处:上电B股(900901)
时间:2007年5月15日
~2007年5月23日

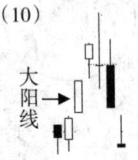

(11) 大阳线
出处:深物业B(200011)
时间:2007年5月21日
~2007年5月30日

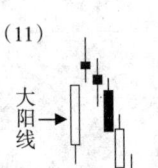

(12) 大阳线
出处:漳州发展(000753)
时间:2007年5月24日
~2007年5月31日

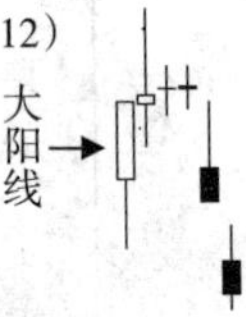

(13) 大阳线 大阳线
出处:仁和药业(000650)
时间:1998年4月3日
~1998年4月9日

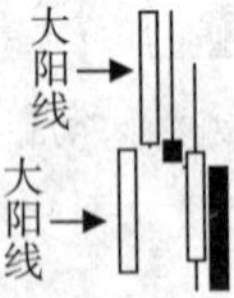

(14) 大阳线
出处:万科A(000002)
时间:2007年10月31日
~2007年11月5日

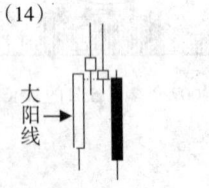

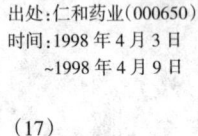

(15) 大阳线
出处:片仔癀(600436)
时间:2006年4月10日
~2006年5月22日

(16) 大阳线
出处:*ST联华B(900913)
时间:2001年5月31日
~2001年6月11日

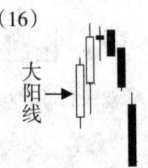

(17) 大阳线
出处:大橡塑(600346)
时间:2007年8月31日
~2007年9月11日

(18) 大阳线
出处:大众交通(600611)
时间:1994年12月22日
~1995年1月3日

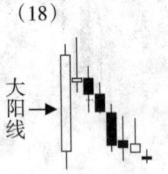

(19) 大阳线
出处:重庆啤酒(600132)
时间:2007年6月12日
~2007年6月21日

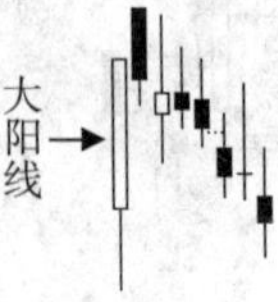

(20) 大阳线
出处:粤高速B(200429)
时间:2007年5月11日
~2007年5月24日

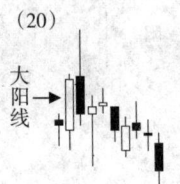

(21) 大阳线

出处:新世界(600628)
时间:2007年6月12日
~2007年6月22日

(22) 大阳线

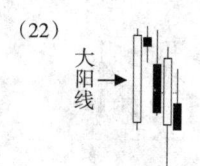

出处:江苏阳光(600220)
时间:2008年3月25日
~2008年3月31日

(23)

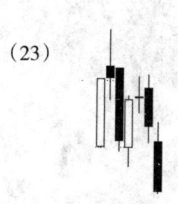

出处:建摩B(200054)
时间:2001年5月25日
~2001年6月4日

(24) 大阳线 大阳线

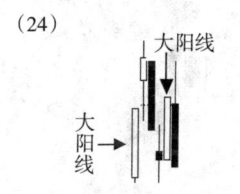

出处:首创股份(600008)
时间:2007年9月7日
~2007年9月21日

(25) 大阳线

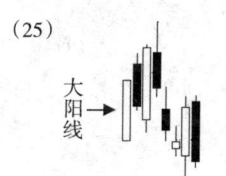

出处:钱江水利(600283)
时间:2008年3月3日
~2008年3月12日

(26) 大阳线

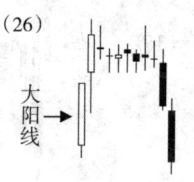

出处:片仔癀(600436)
时间:2007年6月11日
~2007年6月25日

(27) 大阳线

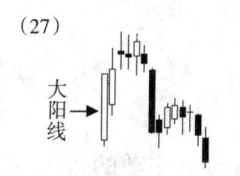

出处:迪康药业(600466)
时间:2009年7月21日
~2009年8月7日

(28) 大阳线

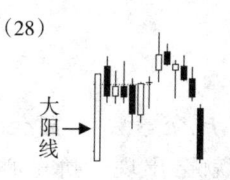

出处:海立股份(600619)
时间:2001年5月10日
~2001年5月28日

(29) 大阳线

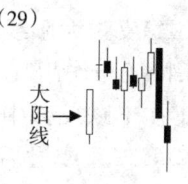

出处:常山股份(000158)
时间:2007年8月30日
~2007年9月12日

(30) 大阳线

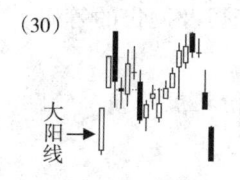

出处:双钱股份(600623)
时间:2007年4月30日
~2007年5月31日

(31) 大阳线 大阳线

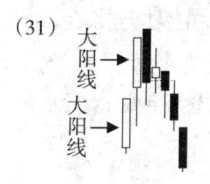

出处:西藏天路(600326)
时间:2007年10月12日
~2007年10月22日

(32) 大阳线

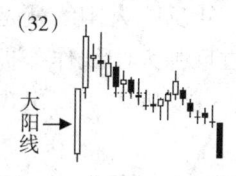

出处:漳州发展(000753)
时间:2010年2月26日
~2010年3月25日

547

(33) 大阳线 大阳线
出处：永生股资(600613)
时间：2001 年 5 月 30 日
~2001 年 6 月 18 日

(34) 大阳线 大阳线
出处：双钱 B 股(900909)
时间：2007 年 5 月 14 日
~2007 年 5 月 23 日

(35) 大阳线
出处：大众 B 股(900903)
时间：1999 年 6 月 24 日
~1999 年 7 月 6 日

(36) 大阳线
出处：中国联通(600050)
时间：2009 年 7 月 29 日
~2009 年 8 月 10 日

(37) 大阳线
出处：紫光股份(000938)
时间：2008 年 2 月 28 日
~2008 年 3 月 12 日

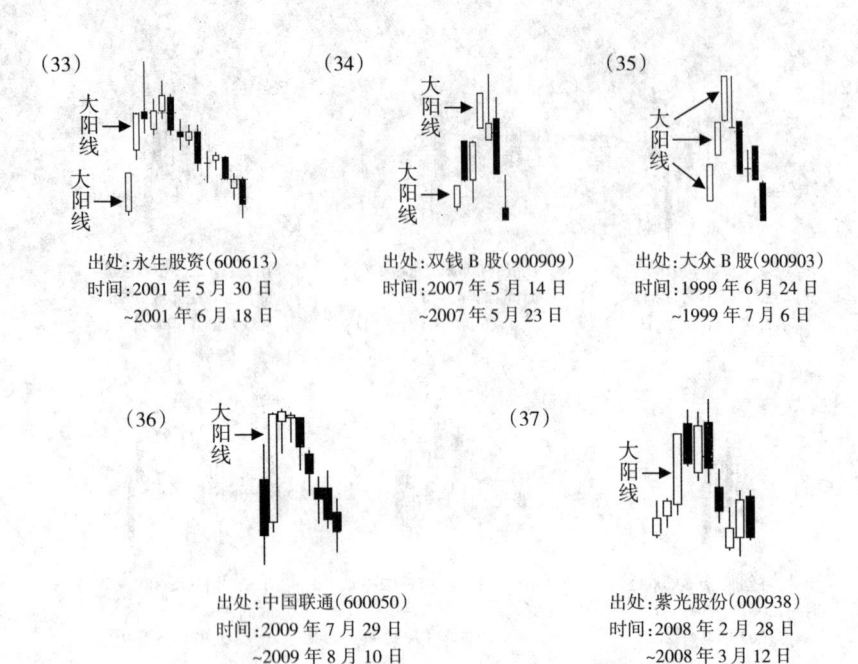

(二)反弹大阳线

1.特征与作用

①在下跌反弹中出现,成交量激增,甚至出现天量；

②第二天或过后几天就会出现股价重心明显向下移动的现象,有时也会出现盘整后再向下的走势；

③大阳线的开盘价一旦被击穿,股价往往会出现快速下跌的现象；

④反弹大阳线就是诱多,主力会将在高位未来得及抛售的筹码,通过反弹大阳线作掩护,进行抛售；

⑤反弹大阳线出现,标志反弹行情结束,股价将展开新一轮跌势。

2.操作策略

①坚决逢高减仓；

②一旦发现大阳线的开盘价被打穿,就应无条件地抛空离场。

3.反弹大阳线脸谱图
①图谱剪辑示例

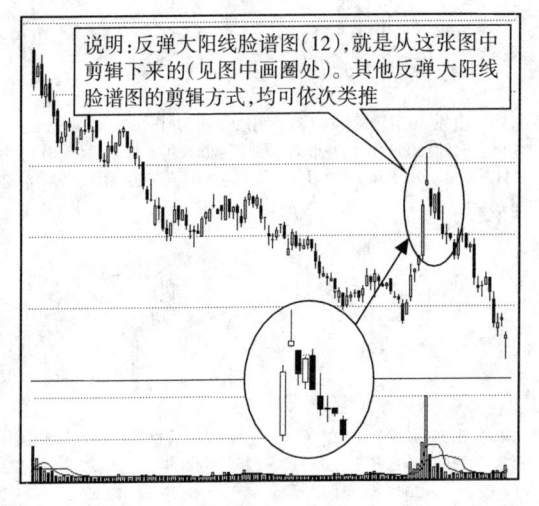

三安光电(600703)　2004年4月23日~2004年10月26日的日K线走势图　图375

②反弹大阳线常见脸谱图形

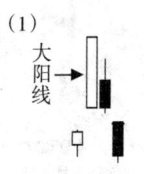

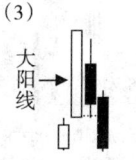

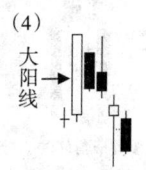

(1)　大阳线

出处:华意压缩(000404)
时间:2008年3月5日
　　~2008年3月10日

(2)　大阳线

出处:中航地产(000043)
时间:2008年4月8日
　　~2008年4月14日

(3)　大阳线

出处:仁和药业(000650)
时间:1998年6月3日
　　~1998年6月8日

(4)　大阳线

出处:露天煤业(002128)
时间:2008年7月28日
　　~2008年8月4日

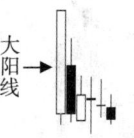

(5)　大阳线

出处:红日药业(300026)
时间:2009年12月3日
　　~2009年12月10日

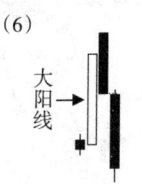

(6)　大阳线

出处:海立股份(600619)
时间:2001年7月24日
　　~2001年7月27日

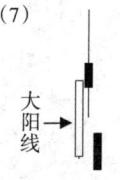

(7)　大阳线

出处:南坡B(200012)
时间:1997年8月14日
　　~1997年8月19日

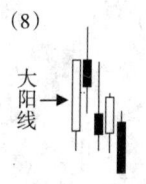

(8)　大阳线

出处:新嘉联(002188)
时间:2008年6月5日
　　~2008年6月12日

549

(9) 大阳线
出处：华夏银行(600015)
时间：2008年2月1日
~2008年2月15日

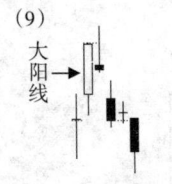

(10) 大阳线
出处：中国船舶(600150)
时间：2008年4月30日
~2008年5月7日

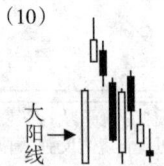

(11) 大阳线
出处：宁波热电(600982)
时间：2008年6月4日
~2008年6月11日

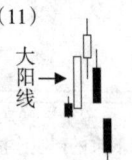

(12) 大阳线
出处：三安光电(600703)
时间：2004年9月20日
~2004年9月30日

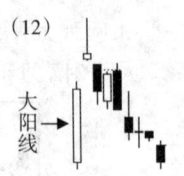

(13) 大阳线
出处：重庆路桥(600106)
时间：2008年5月20日
~2008年5月27日

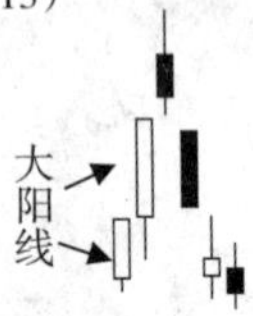

(14) 大阳线
出处：梅花伞(002174)
时间：2008年5月21日
~2008年5月27日

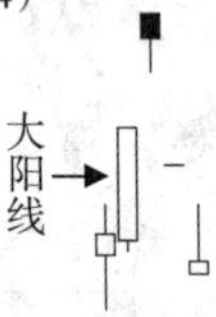

(15) 大阳线
出处：美尔雅(600107)
时间：2008年3月5日
~2008年3月12日

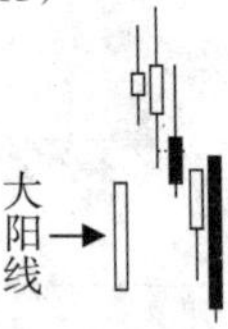

(16) 大阳线
出处：深纺织B(200045)
时间：2007年5月24日
~2007年5月31日

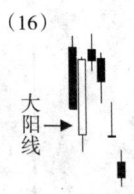

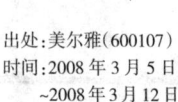

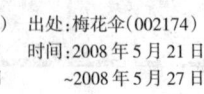

(17) 大阳线
出处：爱建股份(600643)
时间：1999年6月25日
~1999年7月1日

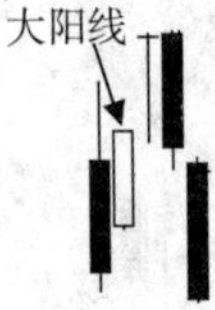

(18) 大阳线
出处：东方创业(600278)
时间：2008年3月20日
~2008年4月1日

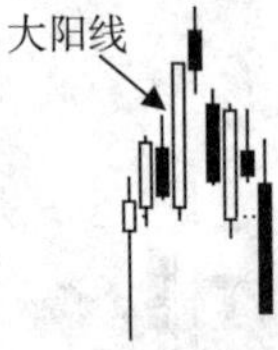

(19) 大阳线
出处：丰华股份(600615)
时间：2002年9月17日
~2002年9月27日

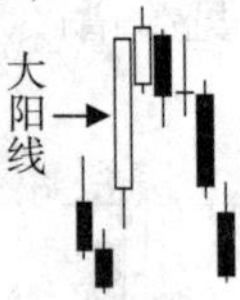

(20) 大阳线
出处：千金药业(600479)
时间：2005年3月8日
~2005年3月15日

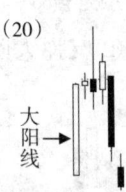

(21) 大阳线
出处：鼎立股份(600614)
时间：2002年4月26日
~2002年5月16日

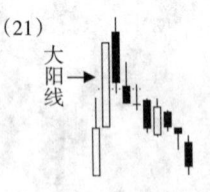

(22) 大阳线
出处：深赛格B(200058)
时间：1998年5月15日
~1998年6月9日

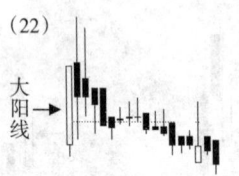

(23) 大阳线 大阳线
出处：莱茵生物(002166)
时间：2009年11月2日
~2009年11月24日

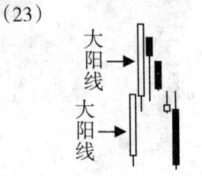

（24）
大阳线

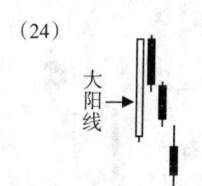

出处：宁波银行(002142)
时间：2007年10月16日
~2007年10月19日

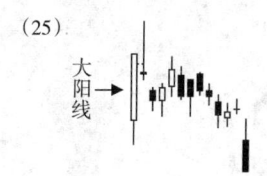

（25）
大阳线

出处：三佳科技(600520)
时间：2008年5月21日
~2008年6月10日

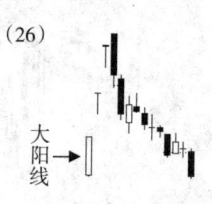

（26）
大阳线

出处：上柴B股(900920)
时间：2007年8月9日
~2008年1月21日

（27）
大阳线

出处：北方国际(000065)
时间：2007年12月28日
~2008年1月17日

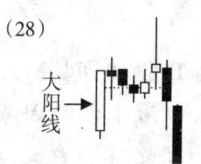

（28）
大阳线

出处：三普药业(600869)
时间：2008年1月10日
~2008年1月21日

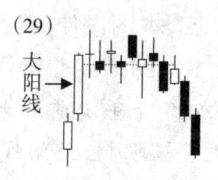

（29）
大阳线

出处：华峰氨纶(002064)
时间：2008年7月18日
~2008年8月5日

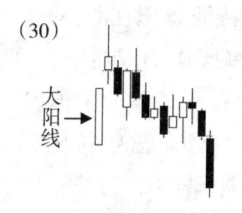

（30）
大阳线

出处：*ST金杯(600609)
时间：2004年9月20日
~2004年10月13日

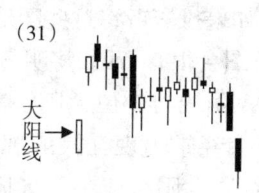

（31）
大阳线

出处：西藏矿业(000762)
时间：2008年2月18日
~2008年3月13日

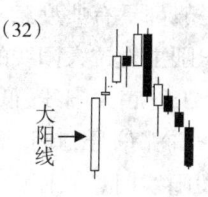

（32）
大阳线

出处：山河智能(002097)
时间：2008年5月13日
~2008年5月26日

（33）
大阳线

出处：恒宝股份(002104)
时间：2008年2月18日
~2008年3月12日

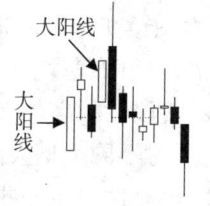

（34）
大阳线
大阳线

出处：汇通能源(600605)
时间：2007年9月5日
~2007年9月21日

（35）

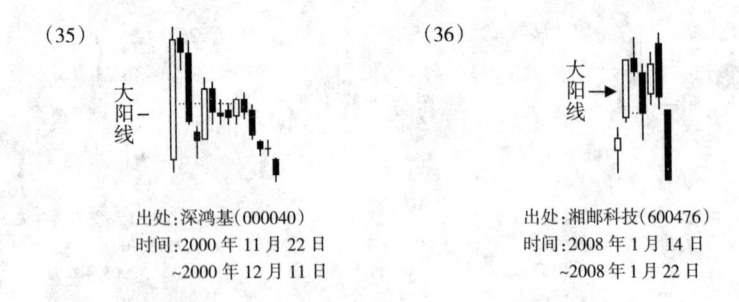

大阳线

出处：深鸿基(000040)
时间：2000年11月22日
~2000年12月11日

（36）

大阳线→

出处：湘邮科技(600476)
时间：2008年1月14日
~2008年1月22日

四、本图谱使用说明

1.本图谱涵盖沪深A股、B股,时间跨度自1994年~2009年(编者按：1994年以前的大阳线,人为干涉的因素较突出,再加上当时无涨跌停板限制,大阳线的图形缺乏典型意义,故没有选择)。本图谱的所有图形都有一定的代表性,对股市中一些过于冷僻的图形,因考虑它缺乏代表性就没有选择,请读者鉴谅。

2.本图谱标明的大阳线多数为涨停,少数涨幅也在9%以上,其图形一般都具有典型意义。如果投资者将这些图形的特征熟记在心,对今后识别主力拉大阳线的意图会很有帮助,将明显提高操作的成功率。

3.谷底大阳线、低位大阳线与中位大阳线都为看涨的信号。既然同为看涨信号,其脸谱图会经常出现互换的现象。比如,盘中拉出低位大阳线时,其图形与谷底大阳线或中位大阳线脸谱图中的某一图案相似,这是一种正常的现象,投资者在使用时需加注意。同样的道理,高位大阳线与反弹大阳线同为看跌的信号,它们之间的脸谱图也会出现互换的现象。

4.本图谱所选的图形,绝大多数都是普通的谷底大阳线、低位大阳线、中位大阳线、高位大阳线与反弹大阳线,而不是阶段性的谷底大阳线、阶段性的高位大阳线等这类图形。我们这样做的目的,是为了让大家对不同类型大阳线的特征看得更清楚些,不致于对图形的真实性、可靠性产生一些不必要的误解。

但是话要说回来,在股市中阶段性高位大阳线、阶段性谷底大阳线等,是经常出现的,其图形特征与普通的高位大阳线、谷底大阳线类似（比如阶段性高位大阳线与高位大阳线的图形特征就没有什么差别），所以本图谱的图形也完全适用于对各种不同阶段的大阳线的鉴别。下面我们来看两个实例：

实例一：山东黄金（600547）。该股在 2009 年 4 月~2009 年 12 月走了一个上升趋势。其间，2009 年 7 月大盘出现调整，该股也顺势进行了一次深幅调整。当时在该股深幅调整的头部，主力就是以拉高位大阳线的形式出货的，但经过一番深幅调整后，股价又重返升势，进而创了新高。当初该股开始进行深幅调整时的顶部，显然是一个上升途中的阶段性顶部，这样在这个位置上出现的高位大阳线就是阶段性高位大阳线了。但这个高位大阳线的看跌图形（见图 376 中画圈处）与普通的高位大阳线看跌图形，并没有什么质的差别。所以，当时投资者看到阶段性高位大阳线出现后，及时退出，就可以避开当时的一轮深幅调整，到该股深幅调整的末端再把筹码捡回来，其差价是很可观的。

瞧！图中画圈处就是该股阶段性高位大阳线的出货图形，这个图形与股价长期见顶的高位大阳线的出货图形（见图中画大圈处），基本特征是一样的——主力以涨停大阳线为掩护进行诱多，出完货后，股价出现了快速下跌

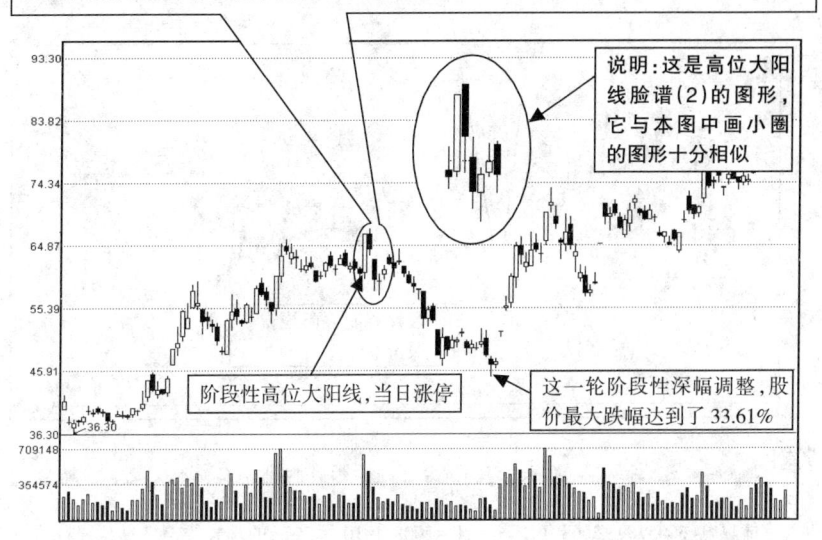

说明：这是高位大阳线脸谱（2）的图形，它与本图中画小圈的图形十分相似

阶段性高位大阳线，当日涨停

这一轮阶段性深幅调整，股价最大跌幅达到了 33.61%

山东黄金（600547） 2009 年 4 月 27 日~2009 年 12 月 2 日的日 K 线走势图　图 376

实例二：京能热电（600578）。图 377 显示，该股在下跌趋势中，曾出现一个阶段性的谷底。当时，股价探至阶段性低点时，曾经拉出了一根涨停大阳线，之后股价也确实出现了一轮升势，但终因盘中的做空能量还没有得到充分释放，最后股价在反弹后仍然选择了向下，并将这个阶段性的谷底打穿。

从图中看，这个阶段性谷底大阳线与本图谱中展示的谷底大阳线没有什么两样，它也是一种看涨的图形，只不过是一个短期看涨图形，而不是长期看涨的图形。投资者见到阶段性谷底大阳线时，可短期看多、做多，但不能像见到熊市末端的谷底大阳线那样，长期看多、做多（逢高要果断出局）。投资者以这样的方式操作，就能在控制好风险的前提下获得较好的短期投资回报。

看到图中阶段性谷底大阳线，可短期看多、做多，但当股价反弹到一定高度时，就应坚决卖出。如果把阶段性谷底大阳线，当成熊市末端的谷底大阳线，采取长期看多、做多的策略，那就要犯严重错误。该股的走势就是一个证明

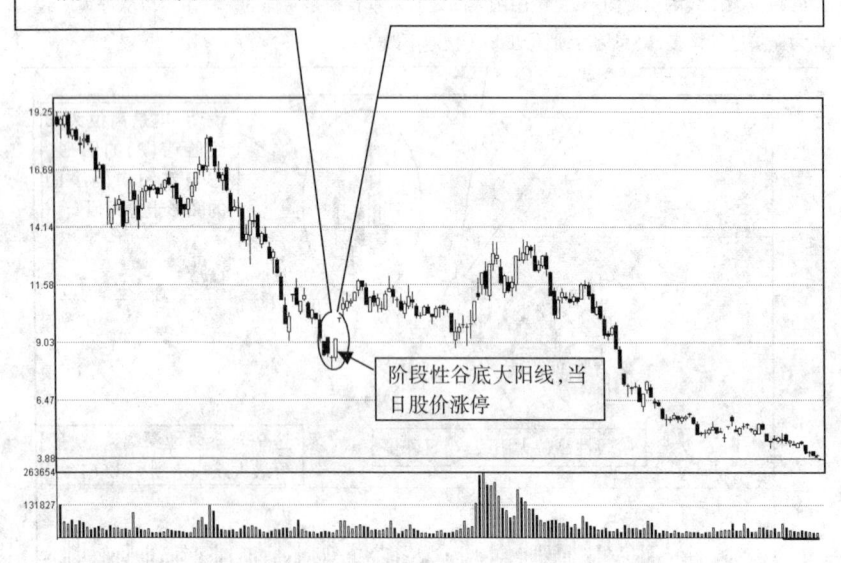

阶段性谷底大阳线，当日股价涨停

京能热电（600578） 2008 年 1 月 3 日~2008 年 10 月 30 日的日 K 线走势图　图 377

附录二（研究报告精选②）

编者按：为了配合巨阳线深度练习的教学，《股市操练大全》资料室撰写了一份研究报告。该报告观点鲜明，举证翔实，方法简明，经查证其内容与事实相符，因而对实战指导有较大的参考价值。但由于该报告行文时间较短，且当初的目的是为了配合巨阳线深度练习而撰写的，因此某些观点的提法与操作策略还需要作进一步推敲，文字也有待于作进一步修饰。现作为讨论稿，向大家征求意见。望读者阅后或者在使用中，发现有什么问题，及时将意见反馈给我们，以便我们对该报告作进一步的修改。谢谢大家。

关于主力（庄家）利用巨阳线诱多出货常见图形的分类与对策（供讨论用）

《股市操练大全》资料组撰稿

导 言

巨阳线深度练习是本书的一个重点。无数事实证明，投资者掌握了巨阳线的使用技巧，就能从战略上锁定投资的机会与风险。但遗憾的是，很多投资者对巨阳线还很陌生，尤其对空头型巨阳线，更是缺乏一种防范、敬畏的心理。据了解，有不少投资者，见到股价大幅上涨后出现的巨阳线，第一反应就是对它看多、做多，最终被主力（庄家）忽悠后套在山顶上，从而给投资造成巨大的亏损。这个情况说明，巨阳线确实有相当大的迷惑性与欺骗性。炒股不识巨阳线，必将铸成大错。

有鉴于此，本文将通过对一些典型案例的解剖，将主力（庄家）利用巨阳线诱多出货的常见手段，以图形的形式向大家作充分的展示（共分成5个部分）。另外，本文将根据图形的特点，对不同的图形，提出一些有针对性的投资策略，供大家操作时参考。

下面，我们对主力（庄家）利用巨阳线诱多出货时的惯用手法与常见图形，进行分类说明。

一、巨阳线后的第二个月,图中出现以长上影线为标志的出货图形,与投资者应该采取的对策

(一)图形特征:巨阳线之后的第二个月,图中拉出一根上影线特别长的 K 线(这根 K 线可能是射击之星,或者是倒 T 字线、长十字线等)。随后的几个月,股价就在巨阳线的收盘价与开盘价之间反复震荡,最后股价跌破巨阳线的开盘价,出现连续下跌的走势。

巨阳线后的第二个月,以长上影线为标志的出货图形与卖点示意图

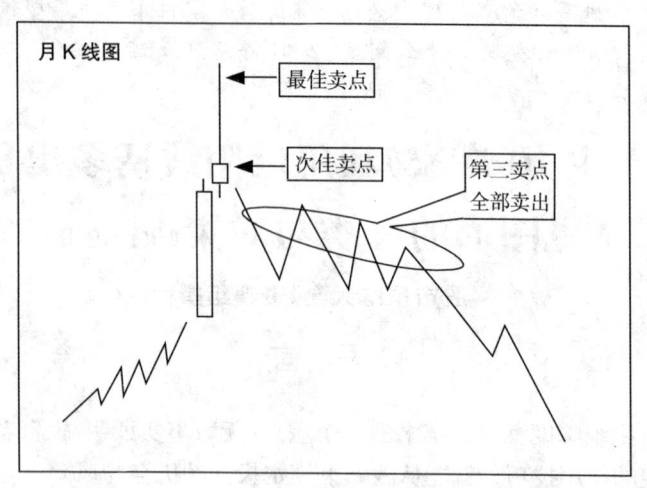

图 378

(二)应对策略:

①最佳策略(最佳卖点):可在巨阳线后的第二个月,股价远离巨阳线收盘价,出现急速上涨,然后又快速回落的当日卖出。

②次佳策略(次佳卖点):可在巨阳线后第二个月的最后一周卖出,因为到最后一周,当月的 K 线已基本定形。一般来说,在巨阳线后第二个月的最后一周卖出,仍可卖到较高的价格。

③第三策略(第三卖点):可选择在巨阳线后的第三个月的月初卖出,或者在以后几个月中,股价震荡向上冲高时卖出。

(三)典型案例:(投资者操作时请注意:选择下列图中的最佳卖点、次佳卖点、第三卖点,可参考前面的示意图)

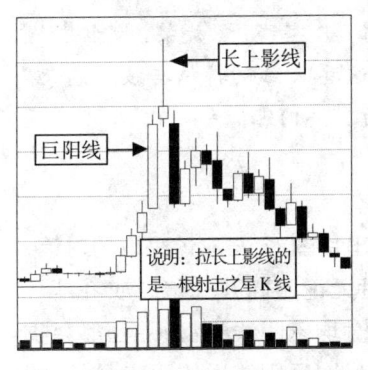

星湖科技（600866） 图379
2006.4~2008.10　月K线

说明：拉长上影线的是一根射击之星K线

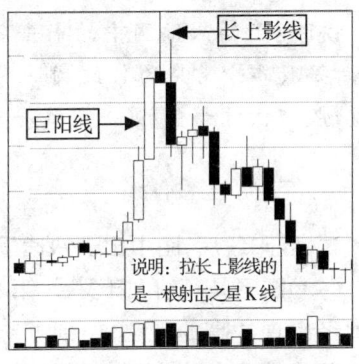

湘邮科技（600476） 图380
2006.4~2008.10　月K线

说明：拉长上影线的是一根射击之星K线

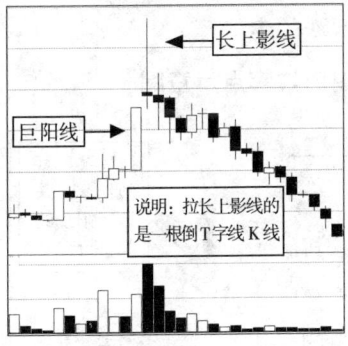

粤华包B（200986） 图381
2006.5~2008.10　月K线

说明：拉长上影线的是一根倒T字线K线

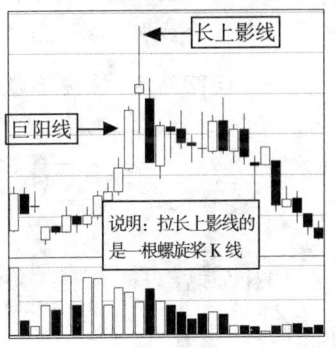

金宇车城（000803） 图382
2006.5~2008.10　月K线

说明：拉长上影线的是一根螺旋桨K线

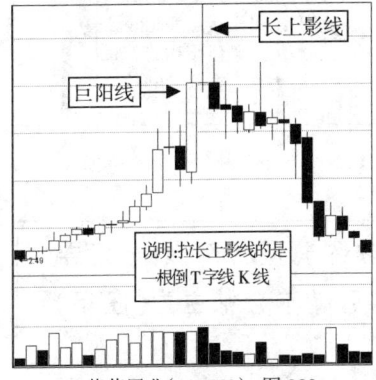

莱茵置业（000558） 图383
2006.4~2008.10　月K线

说明：拉长上影线的是一根倒T字线K线

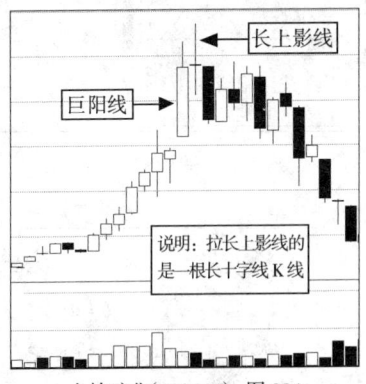

金岭矿业（000655） 图384
2006.2~2008.10　月K线

说明：拉长上影线的是一根长十字线K线

说明：上面六幅图中的射击之星、倒T字线、螺旋桨、长十字线等，都是股市中常见的K线图形。关于这些K线的特征与技术意义，详见《股市操练大全》第一册第一章中的有关内容。

二、巨阳线后，图中出现快速下跌的出货图形，与应该采取的对策

（一）图形特征：巨阳线后，第二个月无论是高开、低开，或者是月中曾经出现冲高的现象，但到月末收盘时均以阴线收盘，并且都会收在巨阳线的收盘价之下。最严重的情况是，巨阳线后的第二个月，就将巨阳线的开盘价击穿。该图形最大的特点是，跌破巨阳线后，途中几乎不会有什么反弹出现，而呈现一路下跌的走势。

巨阳线后，快速下跌的出货图形与卖点示意图

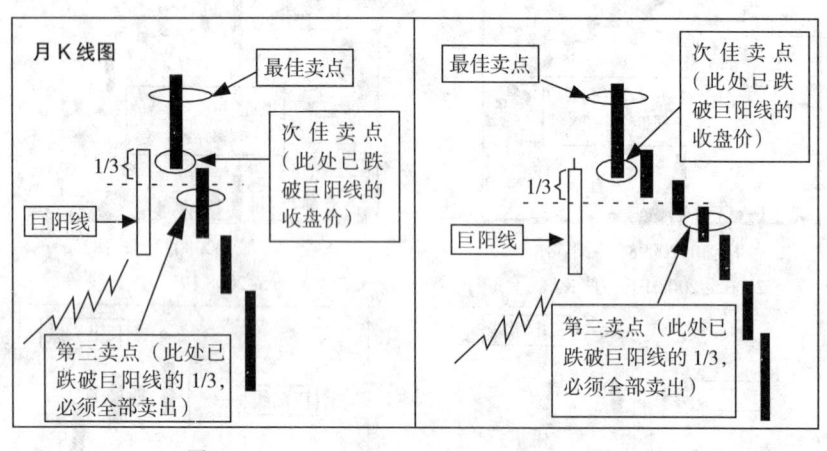

图 385　　　　　　　　　　　图 386

这些巨阳线的典型图例，我一定要好好地记住，以后就不会被主力（庄家）忽悠了

(二)应对策略:

①最佳策略(最佳卖点):巨阳线后的第二个月,在股价冲高后又马上回落时卖出。巨阳线后的第二个月,股价低开,立即卖出。

②次佳策略(次佳卖点):巨阳线后的第二个月,发现股价跌到巨阳线收盘价下方时,马上卖出。

③第三策略(第三卖点):跌掉巨阳线的1/3,坚决清仓。

(三)典型案例:(投资者操作时请注意:选择下列图中的最佳卖点、次佳卖点、第三卖点,可参考前面的示意图)

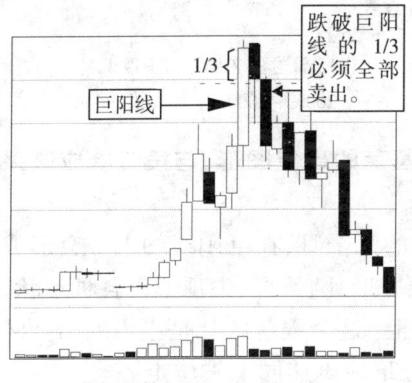

新钢股份(600782) 图387
2006.1~2008.10 月K线

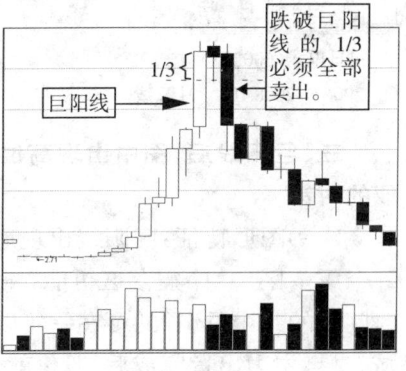

广济药业(000952) 图388
2006.6~2008.10 月K线

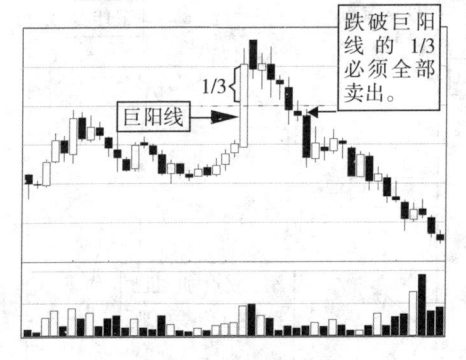

ST三星(000068) 图389
2002.1~2005.11 月K线

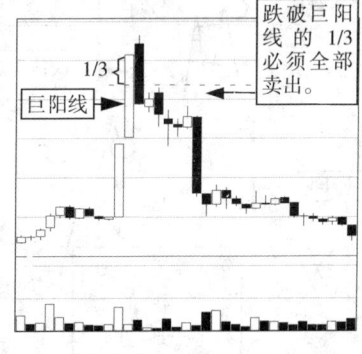

海虹控股(000503) 图390
1999.3~2002.1 月K线

559

福日电子(600203) 图391
2006.8~2008.10　月K线

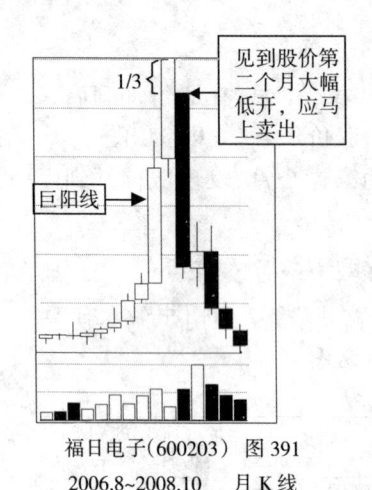

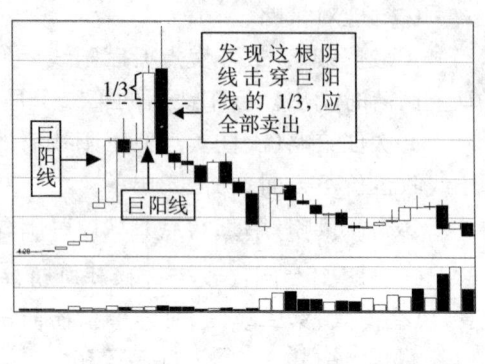

国金证券(600109) 图392
2006.6~2009.8　月K线

三、巨阳线后，图中出现高位震荡的出货图形，与投资者应该采取的对策

（一）图形特征：巨阳线出现后的几个月，在巨阳线的上方会形成一个震荡区。这个震荡区可能是长方形、圆弧形、尖顶形等各种形状，时间短的几个月，长的可在一年以上。这个震荡区就是主力的出货区域，一旦主力出货完成后，股价就会形成迅速向下破位走势。

巨阳线后，高位震荡出货图形与卖点示意图

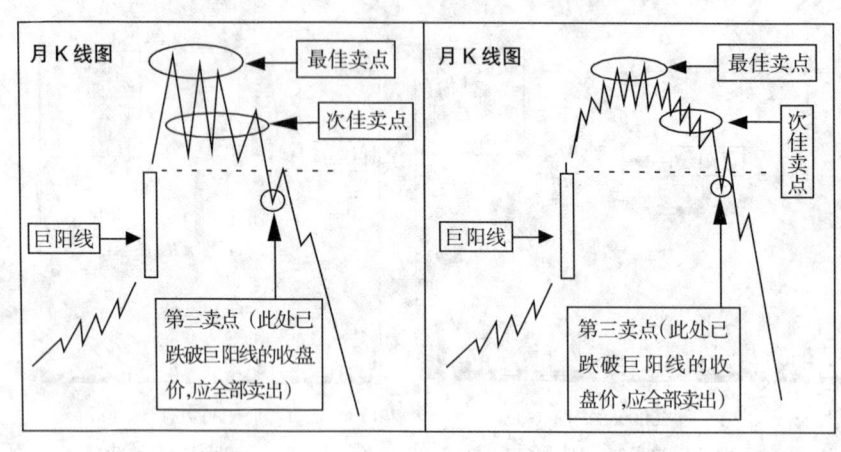

图393

图394

(二)应对策略:

①最佳策略(最佳卖点):可选择在震荡区的高峰处卖出。

②次佳策略(次佳卖点):震荡超过3个月就应该设法退出。

③第三策略(第三卖点):跌破巨阳线的收盘价就应该减仓,跌破巨阳线的1/3就必须抛空离场。

(三)典型案例(投资者操作时请注意:选择下列图中的最佳卖点、次佳卖点、第三卖点,可参考前面的示意图)

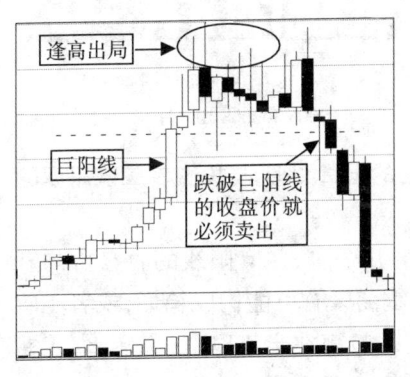

九龙山(600555) 图395
2006.2~2008.10 月K线

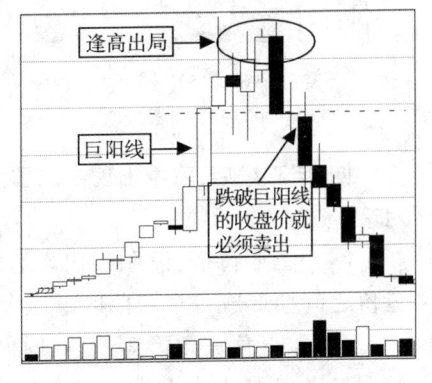

南方航空(600029) 图396
2006.8~2008.10 月K线

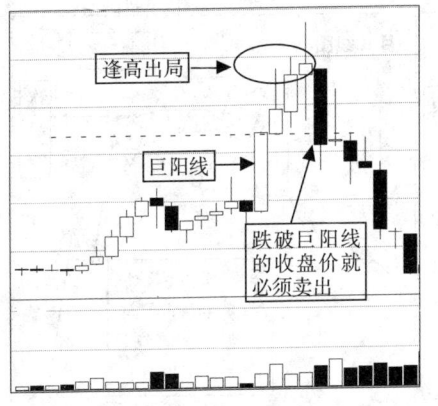

华星化工(002018) 图397
2006.8~2008.10 月K线

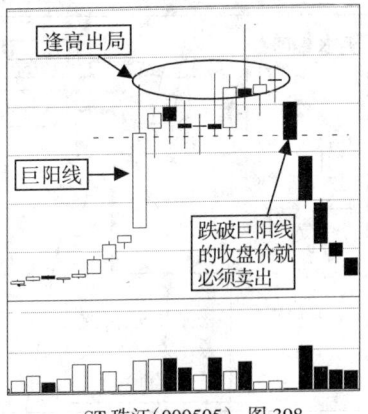

ST珠江(000505) 图398
2006.8~2008.10 月K线

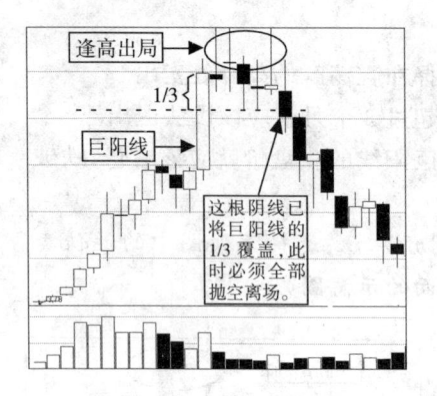

华夏银行(600015) 图399
2006.8~2008.10 月K线图

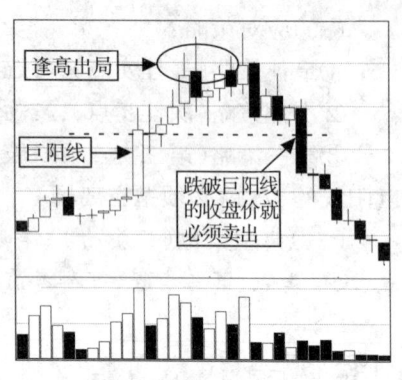

盐田港(000088) 图400
2006.3~2008.10 月K线图

四、巨阳线后,图中出现中位震荡的出货图形,与投资者应该采取的对策

(一)图形特征:巨阳线出现后的几个月,在巨阳线的收盘价与开盘价之间会形成一个震荡区。这个震荡区有可能构成箱形,或者是收敛三角形、直角三角形等形状,时间一般都在半年以上(实际上,震荡时间的长短与主力出货多少有关,主力货出完了,震荡就画上了句号)。最后震荡结束,股价就会选择向下突破,并形成快速下跌的走势。

巨阳线后,中位震荡出货图形与卖点示意图

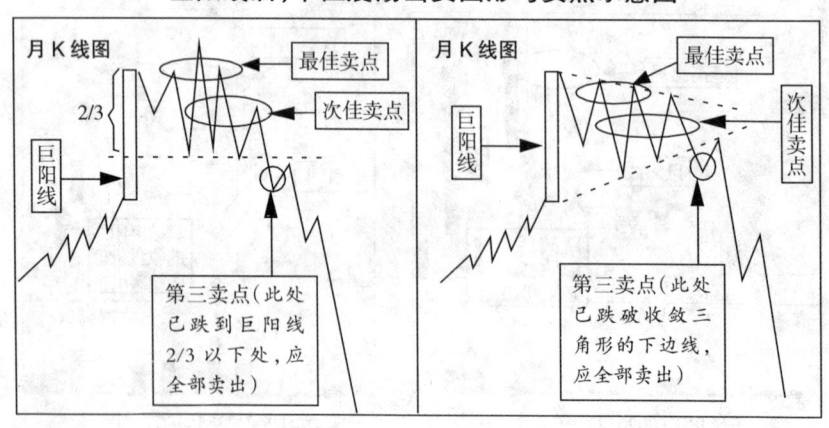

图401

图402

562

(二)应对策略

①最佳策略(最佳卖点):在震荡区中,可选择在巨阳线的上方卖出,如股价始终无法超越巨阳线的收盘价,可选择股价在接近巨阳线收盘价时卖出。

②次佳策略(次佳卖点):在震荡区中选择一个相对高点卖出。

③第三策略(第三卖点):跌破巨阳线的2/3,必须马上抛空离场。

(三)典型案例:(投资者操作时请注意:选择下列图中的最佳卖点、次佳卖点、第三卖点,可参考前面的示意图)

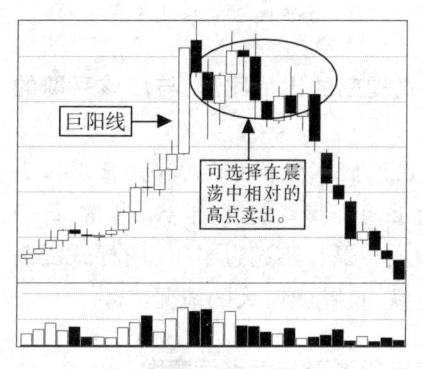

标准股份(600302) 图403
2006.3~2008.10 月K线

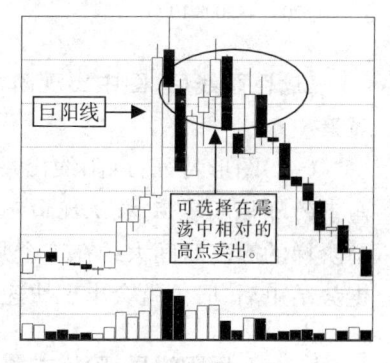

海欣股份(600851) 图404
2006.5~2008.10 月K线

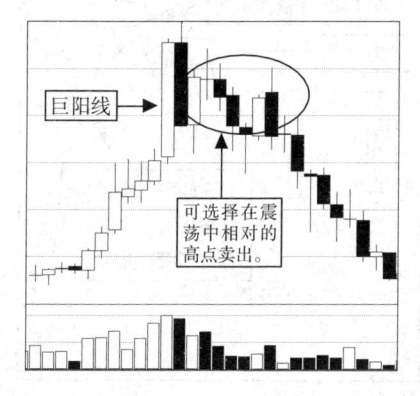

中国国贸(600007) 图405
2006.7~2008.10 月K线

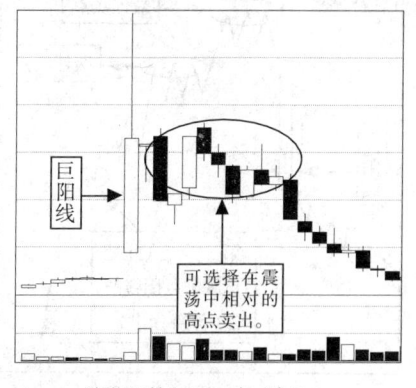

浪莎股份(600137) 图406
2006.6~2008.10 月K线

西南药业(600666) 图407
2006.4~2008.10 月K线

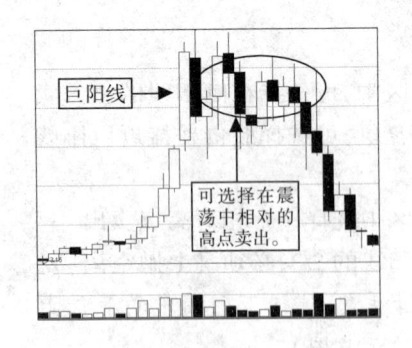

华联综超(600361) 图408
2005.11~2008.11 月K线

五、巨阳线后,图中出现阶梯式震荡的出货图形,与应该采取的对策

(一)图形特征:巨阳线出现后,形成了阶梯式的震荡(呈现由上向下的阶梯式震荡,或呈现由下向上的阶梯式震荡)走势。通常,每一个阶梯的震荡时间大约在三个月左右,最长不超过半年。阶梯式震荡走势结束后,股价就会出现快速下跌,且跌幅巨大的情况。

巨阳线后,阶梯式震荡出货图形与卖点示意图

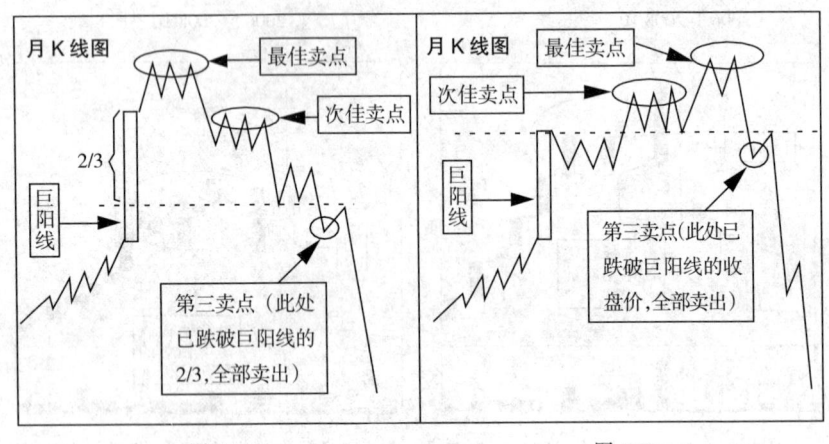

图409

图410

（二）应对策略：

①最佳策略（最佳卖点）：出现由上向下阶梯式震荡时，可选择开始震荡时卖出；出现由下向上阶梯式震荡时，可选择后阶段震荡时卖出。

②次佳策略（次佳卖点）：无论是出现由上向下的阶梯式震荡，还是由下向上的阶梯式震荡，均可选择在第二阶段震荡时卖出。

③第三策略（第三卖点）：出现由下向上阶梯式震荡时，一旦股价冲高回落，再次出现跌破巨阳线收盘价的现象，应马上抛空离场；出现由上向下阶梯式震荡时，一旦股价跌幅达到巨阳线的 2/3 时，这是最后一次逃命机会，必须立即清仓出局。

（三）典型案例（投资者操作时请注意：选择下列图中的最佳卖点、次佳卖点、第三卖点，可参考前面的示意图）

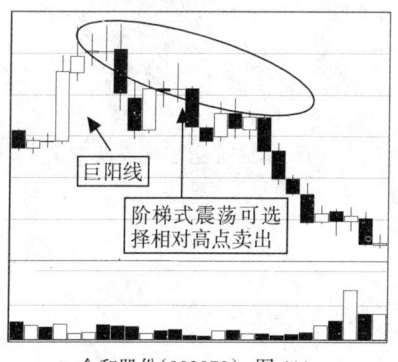

众和股份（002070） 图 411
2006.10~2008.11　月 K 线

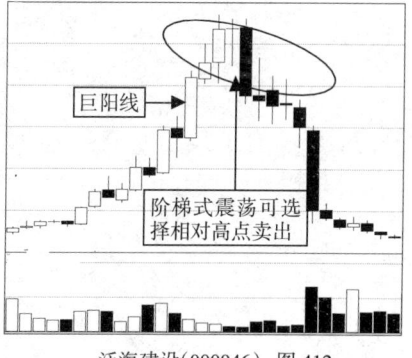

泛海建设（000046） 图 412
2006.6~2008.10　月 K 线

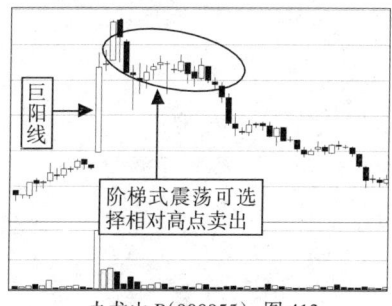

九龙山 B（900955） 图 413
2000.3~2004.9　月 K 线

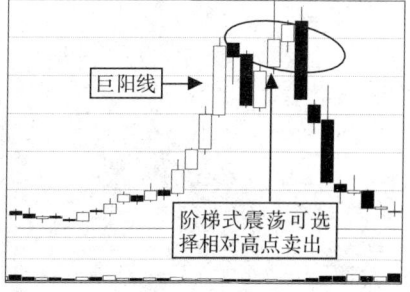

山东黄金（600547） 图 414
2006.6~2008.10　月 K 线

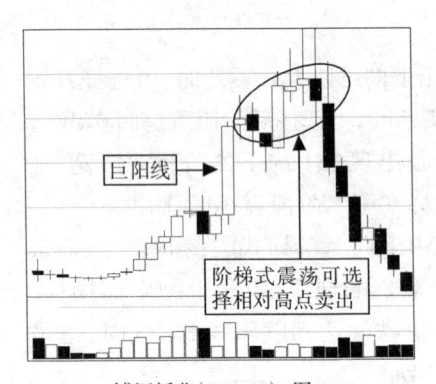

博汇纸业(600966) 图 415
2006.5~2008.10 月 K 线

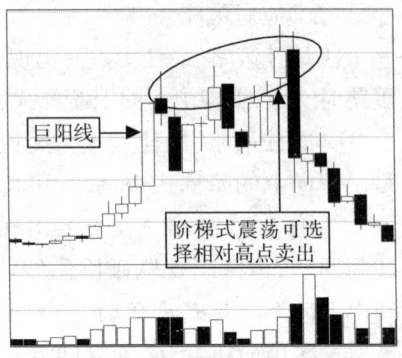

保定天鹅(000687) 图 416
2006.6~2008.10 月 K 线

附录三（答读者问）

问：沪深股市是新兴市场，将来与国际市场接轨了，变成了一个成熟市场，到那个时候，图形识别技巧还有用处吗？

编者按：本书的图形识别技巧深度练习，是根据《股市操练大全》广大读者要求设计的。本书完稿后，向读者征求意见时，绝大多数读者都表示这样的深度练习非常好，有助于他们从实战中练就一身过硬的本领。但也有一些读者担心：沪深股市是新兴市场，将来与国际股市接轨了，变成了一个成熟市场，那么这些图形识别技巧还有没有用武之地呢？如果有用处，用处究竟有多大？

关于这个问题，我们请《股市操练大全》编写组中研究海外股市的冯老师来回答。

答：通过图形识别技巧的深度练习来把握行情趋势，从而踏准股市上涨与下跌的节拍，这在任何时候、任何场合下都不会过时的，即使在成熟市场也能派上大用处。

其实，成熟市场与新兴市场一样，多空双方的博弈、主力的操盘行为、股价未来走势的发展等等，都可以通过盘面上的图形反映出来。如果说两者有什么区别的话，只能说成熟市场的股价波动比新兴市场的股价波动要相对小一些（但这也不是绝对的，有时成熟市场的股价暴涨暴跌也非常厉害）。因此，对成熟市场而言，投资者更加要关注月K线图形走势的变化。

下面我就以香港股市这个成熟市场中的一些个股为例[注]，让大家看看图形识别技巧在它们那里究竟有没有用处，如果有用，到底作用有多大。

首先看K线。大家知道，射击之星、倒T字线、长十字线、螺旋桨、乌云盖顶、穿头破脚等，都是K线图形中的见顶信号。如果在涨势中，

[注] 为什么要选香港股市中的个股为例呢？这是因为，一来香港股市在国际上早已是成熟市场，二来香港股市更贴近沪深股市，双方的图形更具可比性。

特别是股价在有了较大幅度上涨的情况下,出现这些见顶信号,后市就大为不妙了,日后股价下跌概率极大。这种情况在沪深股市中较为普遍,在香港股市中也屡见不鲜。下面我请大家看一些实例[注]。

射击之星K线见顶实例

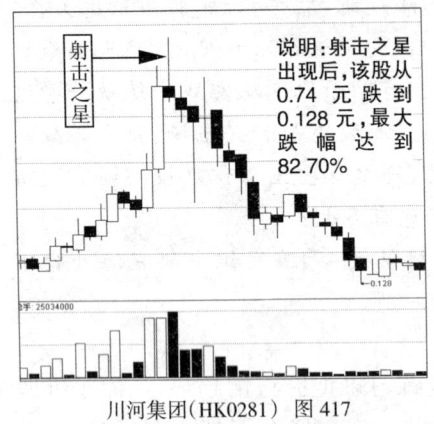

说明:射击之星出现后,该股从0.74元跌到0.128元,最大跌幅达到82.70%

川河集团(HK0281) 图417
2006.6月~2009.3 月K线图

倒T字线K线见顶实例

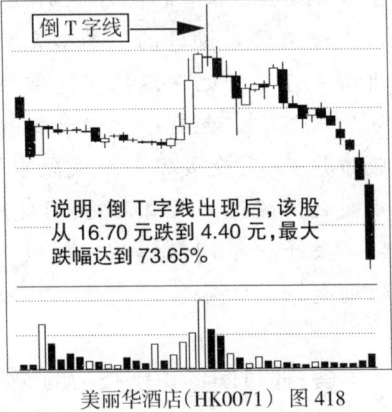

说明:倒T字线出现后,该股从16.70元跌到4.40元,最大跌幅达到73.65%

美丽华酒店(HK0071) 图418
2005.9~2008.10 月K线图

螺旋桨K线见顶实例

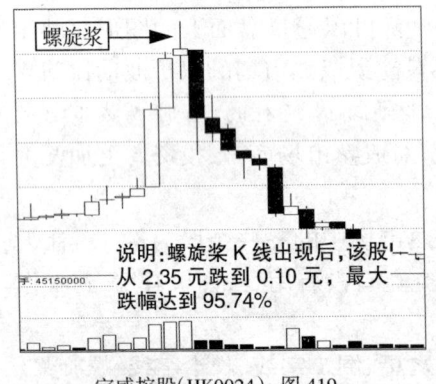

说明:螺旋桨K线出现后,该股从2.35元跌到0.10元,最大跌幅达到95.74%

宝威控股(HK0024) 图419
2006.9~2008.10 月K线图

长十字线K线见顶实例

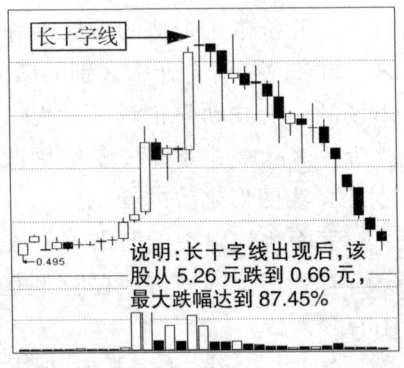

说明:长十字线出现后,该股从5.26元跌到0.66元,最大跌幅达到87.45%

北京发展(HK0154) 图420
2006.2~2008.10 月K线图

[注] 这里选择的都是月K线图,那么,为什么要选月K线图作为实例呢?因为月K线图最能真实地反映股价的中长期发展趋势,主力(庄家)从中做假的可能性很小。

乌云盖顶K线见顶实例　　穿头破脚K线见顶实例

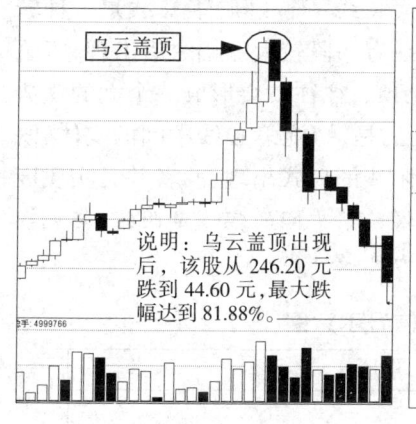

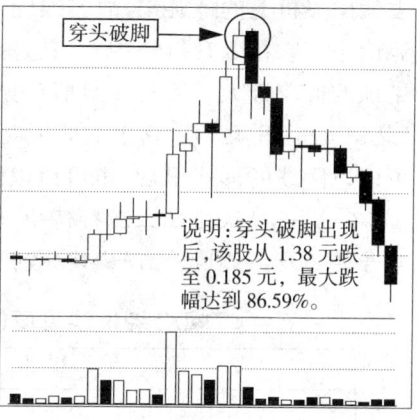

说明：乌云盖顶出现后，该股从246.20元跌到44.60元，最大跌幅达到81.88%。

说明：穿头破脚出现后，该股从1.38元跌至0.185元，最大跌幅达到86.59%。

香港飞机工程（HK0044）　图421　　　深圳国际（HK0152）　图422
2006.3~2008.10　月K线图　　　　　　2006.5~2008.10　月K线图

从以上举的实例中，大家可以清楚地看出，一旦月K线图上出现了射击之星、倒T字线等见顶信号（只要这个见顶信号，被后面的K线验证了），股价的跌幅就非常厉害。其深跌程度一点也不逊色于沪深股市中的个股，甚至有过之而无不及（比如，图419中的个股，见顶后就一路下跌，最大跌幅达到95.74%，这在沪深股市中也很少见到）。

有人提出，某一种K线见顶信号，是不是真正表示见顶，在成熟市场中，找一、二个例子并不难，但是多了就不好找了。言下之意，K线见顶信号，在成熟市场中具有偶然性，而不具有普遍性。其实，这个观点是错误的，只要是K线见顶信号，并且这个见顶信号被后面的K线验证了，那么，之后的股价十有八九都要出现大跌，这在新兴市场、成熟市场中都是一样的，不存在什么偶然性的问题。如果不信，我可以举出很多实例。

首先，我请大家看螺旋桨K线出现后，股价见顶并出现大跌的一组实例。

为了让大家更加充分地了解螺旋桨K线，这里我们不妨先来重温一下螺旋桨K线的特征与技术意义。有人好奇地问道，为什么叫螺旋桨K线呢？因为这种K线,中间的实体很小,上下影线很长,看上去就像飞机上的螺旋桨,故名螺旋桨K线[注]。螺旋桨K线是一种转势信号。它在上升行情中,尤其是在有一段较大涨幅之后出现,股价见顶的概率极大,而且一旦股价见顶,往往就会形成一个大的跌势(见图423、图424)。这里需要说明的是,螺旋桨K线中间的实体,既可以以阴线的形式出现,也可以以阳线的形式出现,两者并无实质区别(不过,一般认为在上涨行情中,螺旋桨中间的实体是阴线,其见顶信号的力度,相对要比阳线实体的力度强一些)。

螺旋桨K线见顶信号示意图(一)

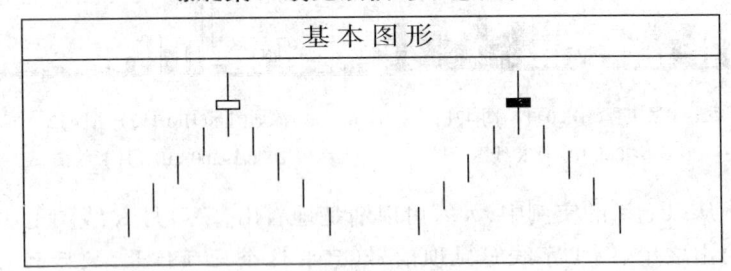

基本图形

图423

螺旋桨K线见顶信号示意图(二)

变化图形(1)	变化图形(2)

图424

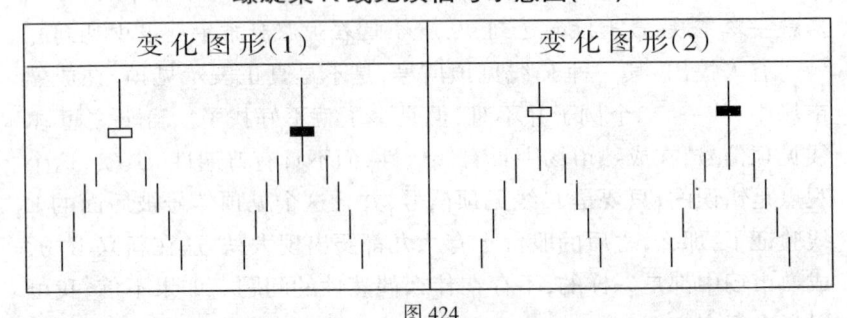

【注】 在涨势中,尤其是股价有了较大涨幅后出现的螺旋桨K线,为见顶信号,但在跌势中,尤其是股价有了较大跌幅后出现的螺旋桨K线,为见底信号。本题关注的是它作为见顶信号,至于它作为见底信号,这里就不讨论了。如果投资者要了解它作为见底信号的有关内容,可查阅《股市操练大全》第一册第48页~第50页。

接下来，我们看香港股市中以螺旋桨K线形式见顶的一些个股案例。

螺旋桨K线见顶实例之一

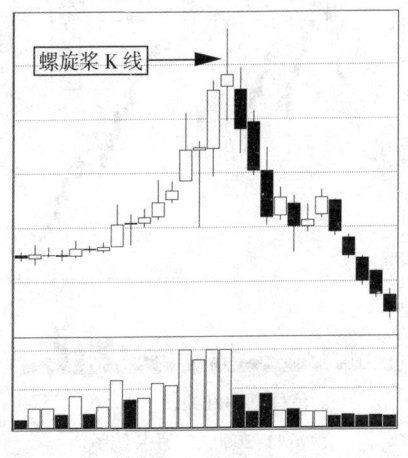

五矿资源(HK1208) 图425
2006.7~2008.10 月K线图

螺旋桨K线见顶实例之二

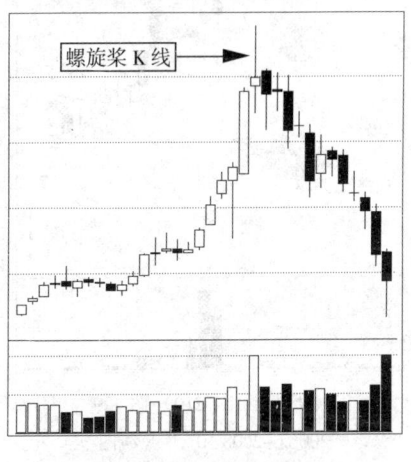

中国神华(HK1088) 图426
2006.1~2008.10 月K线图

螺旋桨K线见顶实例之三

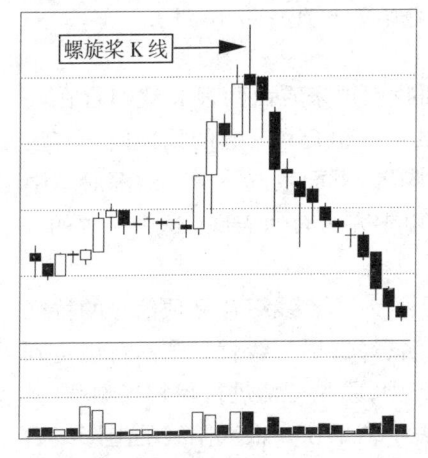

天安(HK0028) 图427
2006.6~2008.11 月K线图

螺旋桨K线见顶实例之四

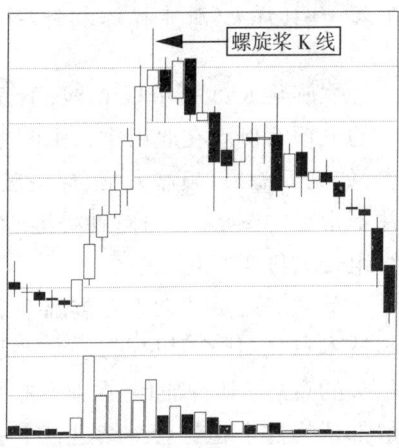

浩伦农科(HK1073) 图428
2006.4~2008.10 月K线图

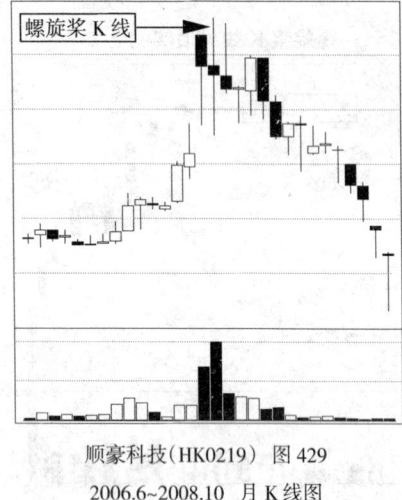

螺旋桨 K 线见顶实例之五　　　　　螺旋桨 K 线见顶实例之六

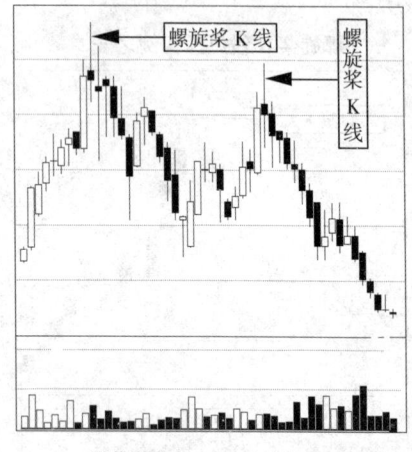

顺豪科技（HK0219）　图 429　　　　海信科龙（HK0921）　图 430
2006.6~2008.10　月 K 线图　　　　　1996.11~2000.12　月 K 线图

说明：上面六幅图中介绍的螺旋桨 K 线,是股市中最常见的一种 K 线图形。更多的实例可参见《股市操练大全》习题集,同时该书对螺旋桨 K 线出现后的每一个具体操作步骤都作了详细讲解,有兴趣者不妨一阅(详见《股市操练大全》习题集第 9 页 ~ 第 16 页)。

螺旋桨 K 线是单根 K 线,下面我们再来看由两根 K 线组合在一起的见顶案例。在股市中,由两根 K 线组合在一起的见顶信号有很多,如乌云盖顶、倾盆大雨、穿头破脚等,下面我选一个在沪深股市中并不常见的图形,看看它在香港股市中究竟有何表现。这个见顶的 K 线组合名称叫"尽头线"。

首先,还是请大家先重温一下尽头线 K 线组合见顶信号的特征与技术意义:什么是尽头线呢？顾名思义,尽头线就是表示行情走到尽头的意思。其特征是:在上升趋势中,原先行情进行得相当顺利,一般都认为这个趋势会继续进行下去,结果在一根大阳线的上影线右方,却出现了一根完全涵盖在上影线范围内的短十字线或小阴(小阳)线,这个 K 线组合就是尽头线。

尽头线是转势信号,它在上涨行情中出现,预示着股价要下跌,此时投资者应该考虑卖出(见图431、图432)。另外,这里要注意的是,在股市中有很多尽头线都是不太标准的(即尽头线的变化图形)。但是即便如此,这种不太标准的尽头线所发出的股价转向信号,对投资者仍然有相当大的参考价值。如图432中表示的几个尽头线,就不是标准的尽头线图形,但它们出现后,股价运行方向却发生了逆转。可见,只要是尽头线,不论形态是否标准,投资者都必须提高警惕,密切关注走势的变化。

总之,投资者在操作时要坚持一个原则:见到涨势中出现的尽头线,要进行减仓操作,并随时做好退场准备,以规避下跌的风险。

尽头线见顶信号示意图(一)

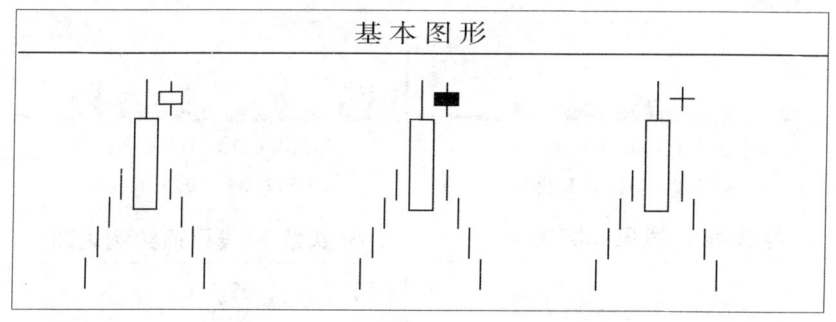

基 本 图 形

图431

尽头线见顶信号示意图(二)

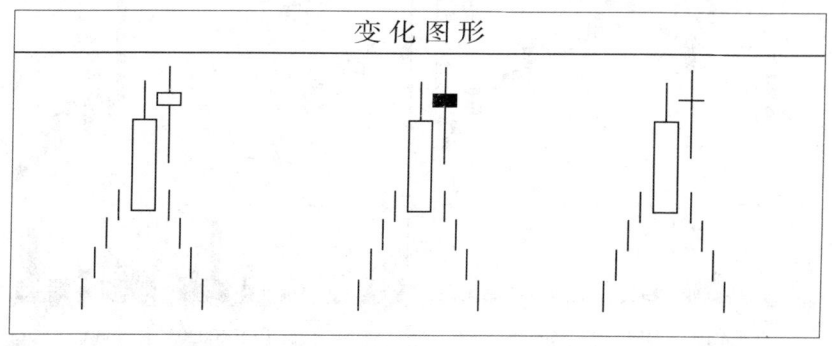

变 化 图 形

图432

接下来,请大家看香港股市中,以尽头线 K 线组合形式见顶的一些个股案例。

尽头线 K 线见顶实例之一

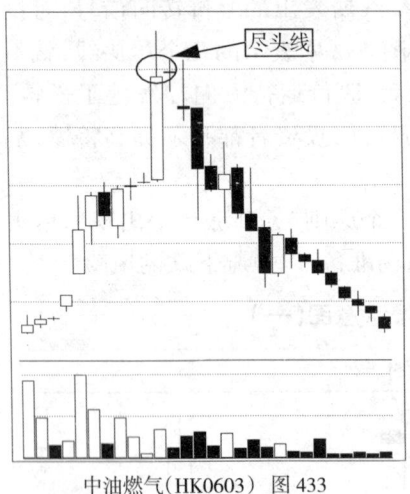

中油燃气(HK0603) 图 433
2006.9~2008.10 月 K 线图

尽头线 K 线见顶实例之二

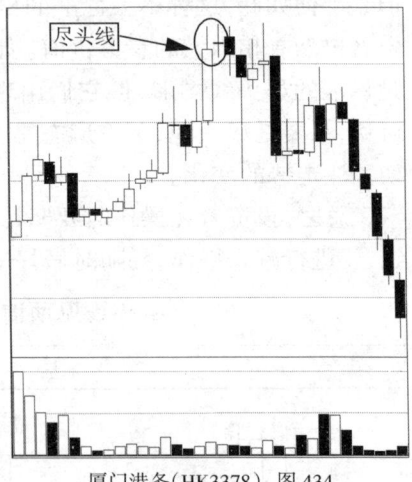

厦门港务(HK3378) 图 434
2005.12~2008.10 月 K 线图

尽头线 K 线见顶实例之三

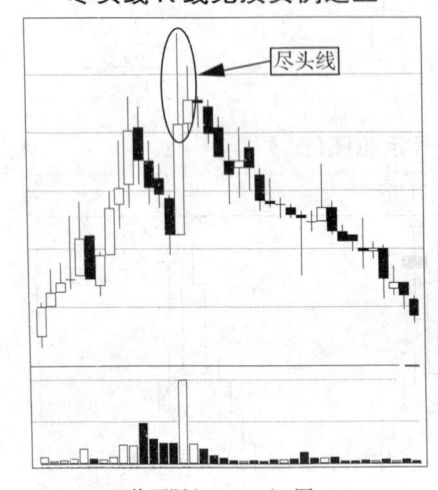

亚伦国际(HK0684) 图 435
2002.10~2005.11月 月 K 线图

尽头线 K 线见顶实例之四

会德丰(HK0020) 图 436
1995.8~1998.7 月 K 线图

尽头线 K 线见顶实例之五

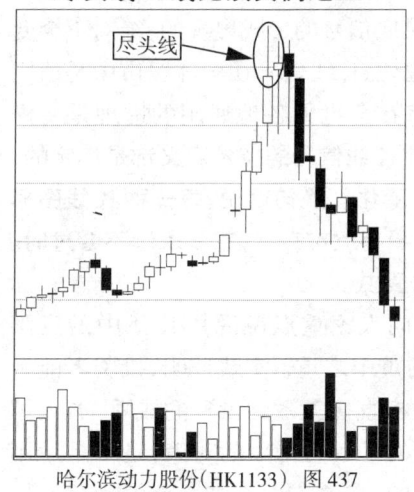

尽头线

哈尔滨动力股份（HK1133）图 437
2005.12~2008.10　月 K 线图

尽头线 K 线见顶实例之六

尽头线

魏桥纺织（HK2698）图 438
2006.7 ~2008.10　月 K 线图

上面我举了螺旋桨、尽头线两种 K 线见顶的实例。每种有 6 个实例，如果有必要，我还可以举很多例子。为什么同样一种见顶 K 线，一下子要举 6 个实例呢？目的就是要说明，在香港股市中，以这些 K 线信号见顶的，绝对不是什么个别现象，而是一种普遍现象。换句话说，这是股市中股价见顶的一种规律性的表现。无论在新兴市场中，还是在成熟市场中；也无论是在股市的过去、现在，还是在将来，这种规律性的表现，都是客观存在的一种事实。作为一个聪明的投资者，首先要承认这种客观存在的事实，然后要想方设法地去弄懂它，掌握它的规律，唯有如此，才能把股票真正地做好。

虽然，我在上面只举了螺旋桨、尽头线两种 K 线的实例。但是，它们代表的不仅仅是这两种 K 线，**而代表了所有 K 线信号的共同特征，揭示的是 K 线运行的一些基本规律。即无论在新兴市场还是在成熟市场，也无论在什么时候，每一种 K 线形态，其表示的技术意义都是固定不变的。**如果这个 K 线形态，在沪深股市里，是作为见顶信号出现的，那么，在香港股市（包括欧美股市），它也一定是以见顶信号的形式出现的，绝对不会变成见底信号，或其他什么信号；反之，如果这个K线形态,在沪深股市里,是作为见底信号出现的,那么,在香港股市(包括欧美股市),它也一定是以见底信号的形式出现的,绝对不会变成见顶信号,或者其他什么信号。总之,K线信号在全球股市中是通用的,这与"1、2、3、4……"阿拉伯数字在全世界各地通用的道理是一样的。**投资者心里一定要清楚,每一种K线信号的技术意义都是固定的,它反映的是投资大众交易时的心理变化。换句话说,每一种K线图形都是多空双方争斗留下的印记。只要有股市存在,它就永远不会过时。因此,投资者一旦学好K线,将终身受益。**

普通K线说完了,接下来我向大家重点说说月K线中的巨阳线。因为巨阳线是本书深度练习的重中之重。实践证明,投资者能否掌握月K线图中的巨阳线的规律,将直接关系到投资的成败。有人担心,我们现在对沪深股市中巨阳线的了解与采取的对策,是不是适用将来的成熟市场,答案应该是肯定的,在这方面香港股市就为我们提供了一个有力的证据。经调查,我们发现香港股市月K线图中巨阳线的运行规律,与沪深股市月K线图中巨阳线的运行规律没有什么两样,几乎就是一对孪生兄弟。下面我就向大家介绍香港股市中巨阳线的一些情况。

第一,沪深股市20年来的历史证明,股价大幅上涨后出现的巨阳线,是对未来股价的严重透支,这种巨阳线的性质为空头型巨阳线。它的出现,必然会引起日后股价的大跌。这个情况在香港股市中同样表现得非常突出。

下面我们来看两个实例:

实例一:电讯盈科(HK0008)。这是港股中一个很有名的科技股,它在1999年曾大大风光了一番。当时它在上涨途中拉出了一根超级巨阳线,股价被严重透支。随后两个月,虽然股价依靠巨阳线的惯性上冲,继续走高,但很快股价就见顶回落,随即出现了狂泻(见图439)。

实例二:敦沛金融(HK0812)。图440显示,该股曾经以重叠方式拉出了两根巨阳线,但这两根巨阳线对股价的严重透支,之后很快就偿还了。这一偿还,让其股价跌得更低、更惨,连它在巨阳线之前构筑了几年的平台也被击破,真是让人不可思议。

超级巨阳线

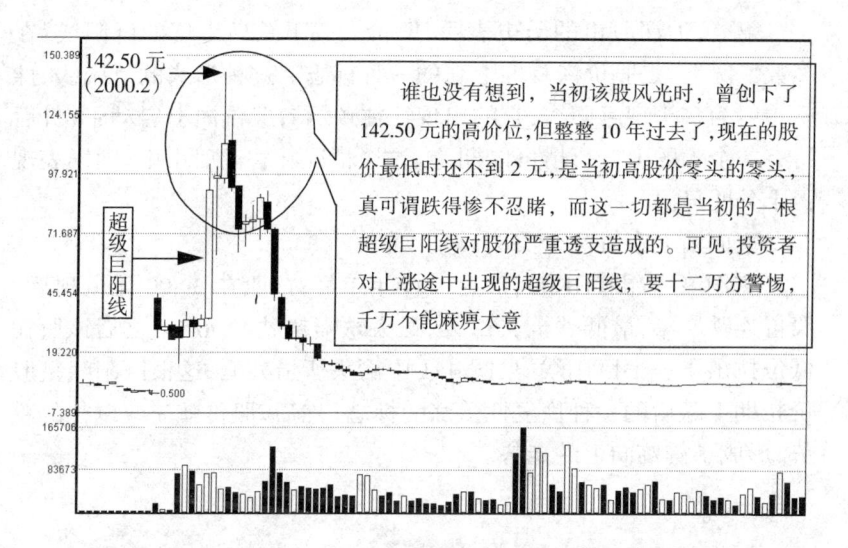

142.50元
(2000.2)

谁也没有想到，当初该股风光时，曾创下了142.50元的高价位，但整整10年过去了，现在的股价最低时还不到2元，是当初高股价零头的零头，真可谓跌得惨不忍睹，而这一切都是当初的一根超级巨阳线对股价严重透支造成的。可见，投资者对上涨途中出现的超级巨阳线，要十二万分警惕，千万不能麻痹大意

电讯盈科（HK0008） 1998年7月~2009年12月的月K线走势图　图439

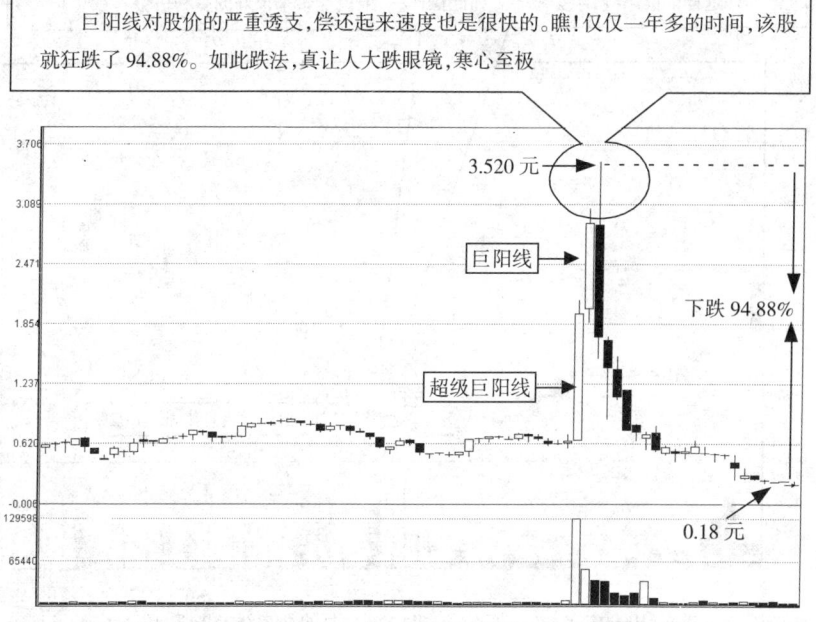

巨阳线对股价的严重透支，偿还起来速度也是很快的。瞧！仅仅一年多的时间，该股就狂跌了94.88%。如此跌法，真让人大跌眼镜，寒心至极

3.520元

巨阳线

超级巨阳线

下跌94.88%

0.18元

敦沛金融（HK0812） 2002年11月~2009年3月的月K线走势图　图440

577

第二,沪深股市的历史表明,股价大幅下跌后出现的巨阳线,在多数情况下,是股价恢复性上涨的一种标志。这种形式的巨阳线,性质一般为多头型巨阳线,它的出现往往预示着股价向上启动了,日后将有一个大的上升行情可以期待。这个情况在香港股市中,同样表现得十分明显。

下面请大家看两个实例:

实例三:鹰君(HK0041)。1994年1月,该股在39.90元见顶后,股价连跌9年,最低跌至3.52元,最大跌幅超过了90%。之后该股在低位拉出了一根巨阳线(见图441中箭头所指处)。这根巨阳线是股价长期下跌后的一种恢复性上涨的标志。然后,股价就一改以往的跌势,形成了震荡向上的走势。

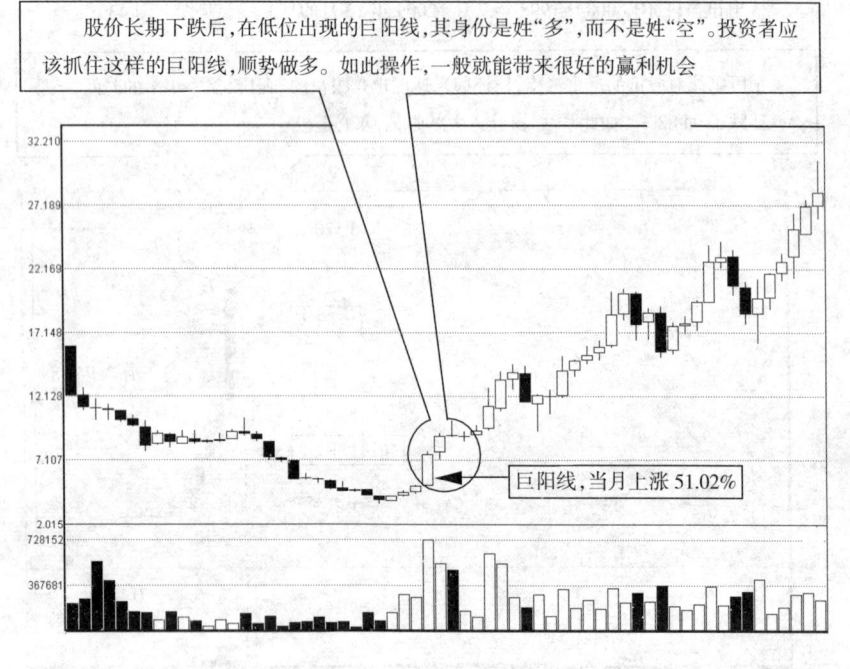

股价长期下跌后,在低位出现的巨阳线,其身份是姓"多",而不是姓"空"。投资者应该抓住这样的巨阳线,顺势做多。如此操作,一般就能带来很好的赢利机会

巨阳线,当月上涨51.02%

鹰君(HK0041)　2001年3月~2006年4月的月K线走势图　图441

实例四：银河娱乐（HK0027）。图442显示，该股股价在1997年9月见顶后，就走了一个"U"形走势。从而形成了两个显著的特点：一是股价跌幅巨大；二是股价在低位出现了长期的横盘。在这种背景下出现的巨阳线，很可能是股价启动的信号。投资者对这种形式的巨阳线，应该积极看多、做多。

> 从图形上看，该股的走势就象一个"平锅底"。在这个平锅底的最右下角处是一根巨阳线。这根巨阳线是有来头的，它一出现，就引起了股价连续的大涨。故而，投资者对股价构筑平锅底时拉出的巨阳线，要格外重视，一旦发现巨阳线后股价继续向上走，就要抢在第一时间跟进，千万不要错过这样好的投资机会

> 说明：这是一根巨阳线。因图形受到压缩，所以看上去很小。其实，它的涨幅很大，当月上涨69.01%

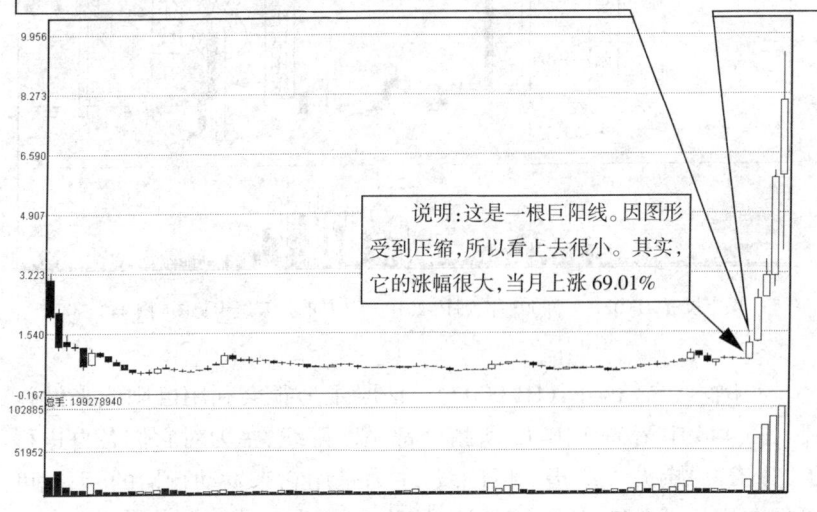

银河娱乐（HK0027） 1997年9月~2005年1月的月K线走势图 图442

第三，在香港股市中，主力做盘时，无论是发动行情，还是拉高出货，也经常会利用巨阳线来达到他们的目的。

下面我们来看两个实例：

实例五：民丰控股（HK0279）。图443显示，该股近五六年来一共出现了3根超级巨阳线。这3根超级巨阳线都被主力用于拉高出货作掩护。每次巨阳线出现后，股价随后都无一例外地出现了大跌。这已经成了该股走势的一个主要特点。

瞧！这3根超级巨阳线就像三把利剑竖在空中，让人不寒而栗。而一些不知其中奥秘，不懂超级巨阳线利害的投资者，次次中招，次次都给主力高位出货"买单"，这钱输得实在是太冤枉了

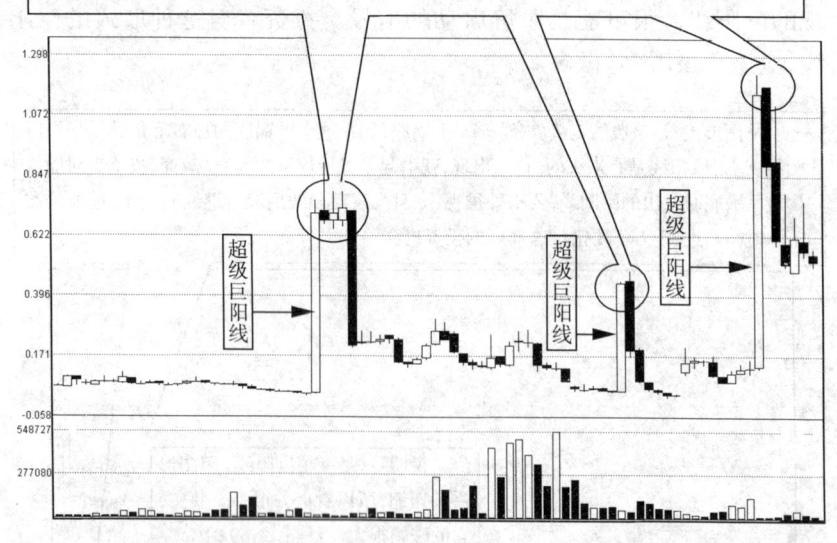

民丰投资（HK0279） 2003年5月~2010年2月的月K线走势图 图443

实例六：高信集团（HK0007）。该股主力很会利用巨阳线来做行情。图444中箭头A、B、C、所指处都是巨阳线，主力对它们各自进行了"分工"。箭头A所指的巨阳线，主力是用它来发动行情的，因此可以把它定性为"多头型巨阳线"；箭头B所指的巨阳线，主力是在股价向上突破时启用它的，其目的是要推高股价，因此可以把它定性为"观望型巨阳线"；箭头C所指的巨阳线，主力是用它来掩护出货的，所以将它定性为"空头型巨阳线"。主力正是依靠这3种不同类型的巨阳线，成功地运作了高信集团这个股票，实现了他们赢利的目标。

从本图看,投资者只要对盘中的几根巨阳线的性质,能够作出正确的判断,并采取相应的对策,就能踏准该股的上涨与下跌的节拍,与主力共舞,成为一个股市赢家

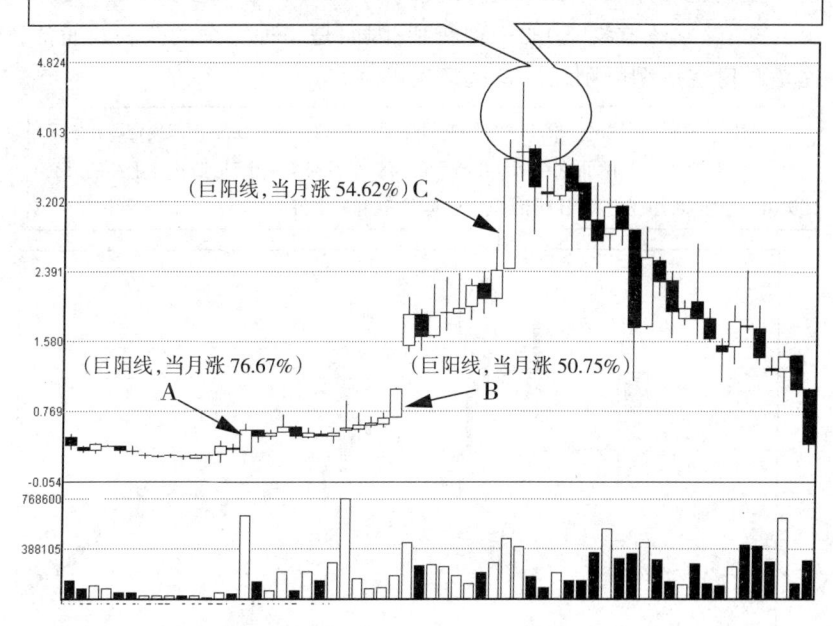

(巨阳线,当月涨54.62%)C

(巨阳线,当月涨76.67%)　(巨阳线,当月涨50.75%)
A　　　　　　　　B

高信集团(HK0007)　2003年11月~2008年10月的月K线走势图　图444

第四,本书第二章深度练习中所介绍的针对巨阳线的策略,用于香港股市中的巨阳线也十分有效。比如:

①空头型巨阳线出现后,在一般情况下,可以采取看空不马上做空的策略[注]。这一条策略同样适用于香港股市。

实例七:新沣集团(HK1223)。图445显示,该股在大涨后拉出了一根月涨幅超过100%的超级巨阳线,对未来股价造成了严重透支。但即便如此,因为考虑到巨阳线后,股价可能有一股继续惯性上冲的力量,所以此时投资者可以对它采取看空不马上做空的策略,即在巨

[注]　关于为什么要采取看空不马上做空的策略,其理由与具体实施方法,可见本书第105页~第108页。

阳线后，仍然持股，暂时继续做多，之后可在股价冲高时卖出。从该股看，按此方式操作，比看到巨阳线后马上卖出，获利要高许多。同时，这种获利是在控制好长期风险的前提下（即知道对空头型巨阳线必须看空、做空的前提下）的一种获利，因而是一种安全的获利。通常，这是对付空头型巨阳线的首选策略。

股价大涨后，再拉出一根超级巨阳线，十有八九股价是涨到头了。但投资者在实际操作时，不必马上卖出，可在巨阳线出现后的第二个月或第三个月，股价往上冲的时候卖出。这样做，往往比看到巨阳线马上就卖出，获利要多得多

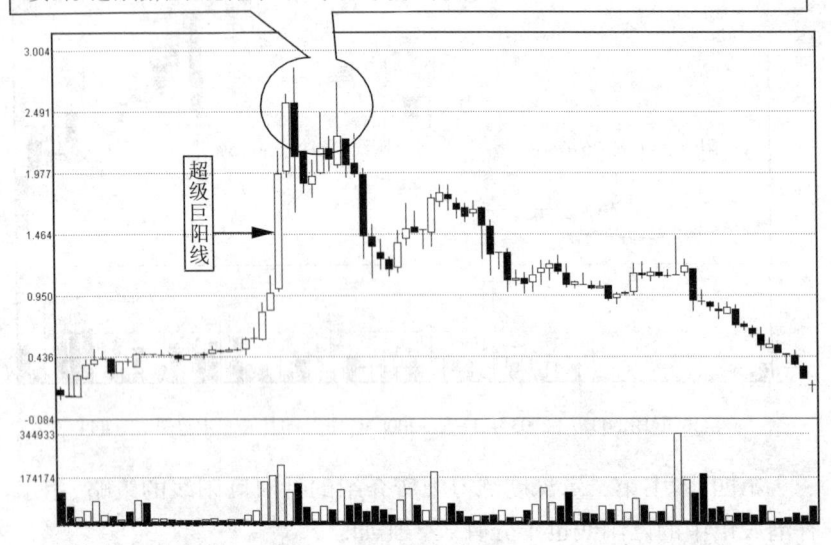

新洋集团（HK1223） 2001年5月~2008年10月的月K线走势图　图445

②空头型巨阳线出现后，在股价冲高回落，跌破巨阳线的收盘价时就不能再看好了，必须马上进行减仓，跌破巨阳线的1/3，必须全部抛空离场。这一条策略对香港股市也非常适用。

实例八：中国电子（HK0085）。从图446中看，该股短期内出现了两根叠加的巨阳线，股价见顶的现象十分明显。巨阳线后，该股往上冲了一下，随即就掉头向下，当月收了一根中阴线。这根中阴线不仅击破了第二根巨阳线的收盘价，还将它的1/3吞吃。投资者见到这种情况，如不马上清仓离场，就将遭遇后面大跌的风险，该股这一轮行

情从最高价 5.00 元跌至最低价 0.25 元,最大跌幅达到了 95%。从这个案例中,我们可以得到以下启示:虽然巨阳线出现后,在一般情况下,股价仍然有一股往上冲的惯性力量,投资者可以首选看空不马上做空的策略,这是对的。但实施这一策略后,有的投资者没有把握好卖出的时机,以致在股价冲高时没有把股票卖出,之后,股价又出现了冲高回落的现象,并将巨阳线的收盘价跌破了。此时,该怎么办呢?看到这种情形,投资者就必须启用第二个策略,即发现股价冲高回落,出现跌破巨阳线收盘价的现象,就应该马上做空,实施逢高减仓的策略(最起码要卖出 1/3 以上的筹码)。如果之后股价再继续下跌,吃掉了巨阳线的 1/3,即应该一股不留,全部卖出。

> 该股出现叠罗汉形式的巨阳线后,虽然第二个月股价出现了惯性上冲,但有的投资者并没有把握好逢高卖出的机会。尔后发现股价跌破了巨阳线的收盘价,此时就应该马上减仓,发现股价跌破了巨阳线的 1/3 就必须抛空离场

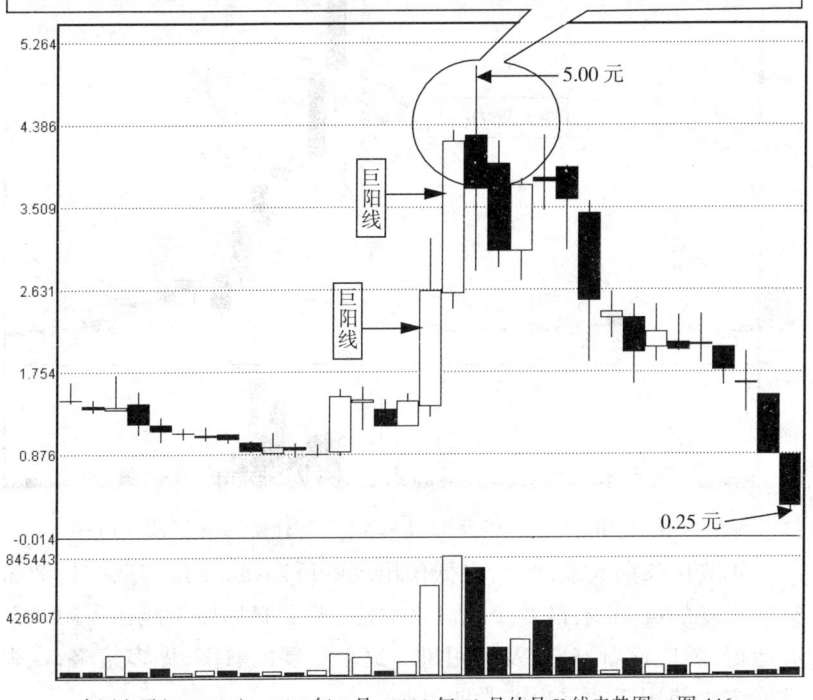

中国电子(HK0085) 2006 年 2 月~2008 年 10 月的月 K 线走势图 图 446

③空头型巨阳线出现后,第二个月股价出现低开低走的现象,投资者应该立即启用看空并立即做空的策略,马上斩仓出局,越拖损失就越大。这一条策略也完全适合香港股市。

实例九:亚洲联网科技(HK0679)。图 447 显示,该股在大涨后拉出了一根超级巨阳线,第二个月股价并没有出现惯性上冲的现象,反而出现了低开低走的现象。此时,投资者就应该意识到,该股继续上涨的力量已经不存在了,必须立即抛空离场。卖出越早,损失越小。

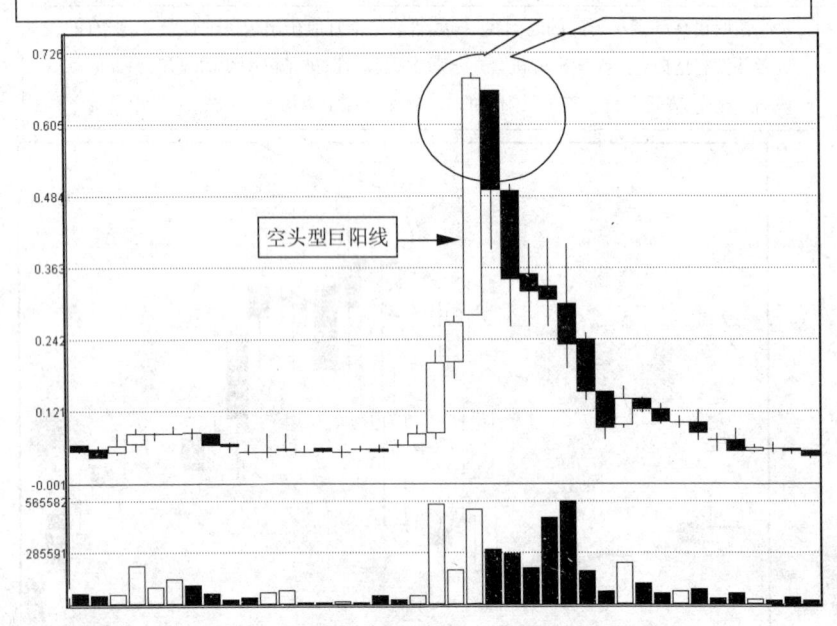

空头型巨阳线出现后,如果第二个月股价出现低开低走的现象,投资者就应该选择在第一时间卖出,拖一分钟都会坏事。此时,看空即马上做空是最佳策略

亚州联网科技(HK0679) 1997 年 12 月 ~2001 年 3 月的月 K 线走势图 图 447

④股价长期大跌之后,在低位出现的巨阳线,或是在低位长期盘整后出现的巨阳线,都要予以高度关注。只要日后股价能在巨阳线上方运行,就应该看好它,及时跟进。这个重要的看多、做多策略,在香港股市中使用后效果也非常明显。

实例十：卡森国际(HK0496)。图448显示,该股长期大跌后,在"深谷"处拉出一根巨阳线,之后,股价就形成了一路往上飚升的走势。可见,在"深谷"处出现的巨阳线,是行情止跌,股价出现恢复性上涨的积极信号。投资者看到这样的信号,就应该马上做好做多的准备。假如第二个月,看到股价在巨阳线收盘价的附近进行小幅震荡,就可适量跟进,一旦发现股价重心向上移动,可继续加仓,然后就持股待涨。

图中箭头所指的这根巨阳线,是在股价跌至低谷时出现的。这意味着行情可能就此启动了。巨阳线后的第二个月,该股收了一根小十字线,股价暂时在这里"歇了歇脚",这是一个非常好的投资机会。此时投资者应马上跟进做多,巨阳线后的第三个月,该股平开高走,股价重心开始向上移动,此时,投资者可继续加仓,积极做多

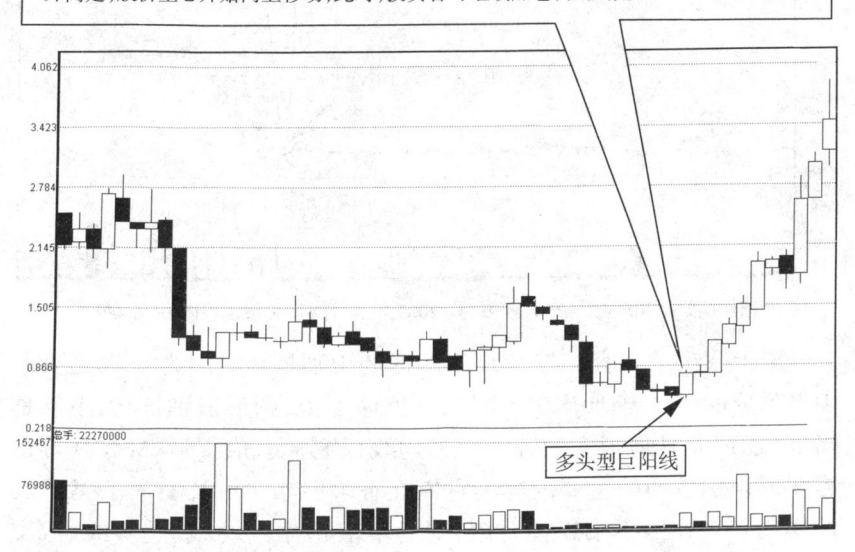

多头型巨阳线

卡森国际(HK0496) 2005年10月~2010年3月的月K线走势图 图448

实例十一：伟仕控股(HK0856)。该股上市后波澜不兴,股价一直在低位长期盘整,这一盘整足足用了三年多的时间,有一个月突然拉出了一根巨阳线(见图449中箭头所指处),之后,股价就形成了一路向上攀升的走势。投资者应该明白,在低位长期盘整后出现的巨阳线,往往蕴

藏着巨大的投资机会。因此,只要巨阳线后,股价能在巨阳线上方行走,就应该积极加入,这样大黑马就不会在自己眼前溜走了。

> 股谚云:股价横过来多长,竖起来就有多高。这条股谚在该股上表现得可谓淋漓尽致。因此,投资者对股价长期横盘后突然出现巨阳线的现象,不能等闲视之,说不定巨大的投资机会到了。这时候应该马上跟进,此为上上策

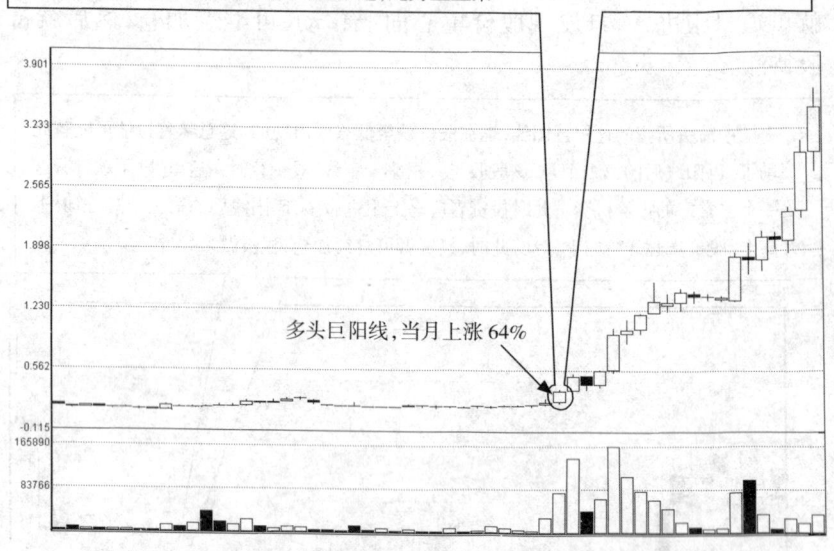

多头巨阳线,当月上涨64%

伟仕控股(HK0856) 2002年9月~2007年5月的月K线走势图 图449

以上我讲的内容,都是K线图形的识别技巧。因为K线是股市中最重要的一种基础语言。当然,从整体上说,图形识别技巧,不仅是指K线,还有其他很多内容。比如均线、趋势线、成交量、MACD等也是图形识别技巧的重要内容。它们在香港股市中同样有着非常重要的作用。现在因本书篇幅有限,对香港股市中的均线、趋势线、成交量、MACD等图形的识别技巧就不再一一举证了。

最后我再回答大家一个问题。因为有很多人向我提出,在成熟市场中,基本分析与技术分析相比,谁更加重要? 如果基本分析与技术分析发生了矛盾,最终应该听谁的?

关于这个问题,我是这样看的:从事物的源头上分析,无论是大盘还是个股,是基本面决定技术面,而不是技术面决定基本面。正因

为如此，世界上一些顶尖高手非常强调股市的基本面。其中最突出的代表就是全球股市第一投资高手巴菲特。巴菲特做股票，从来不看技术图形，他是一个彻头彻尾的价值投资者。在他看来，只要某个股票的价值被严重低估了，而且将来行业发展前景是乐观的，不论当时的技术图形走势如何难看，他都会大胆买进，在他买进后股价有时还会出现大幅下跌，但最后股价都会涨上来，并且上涨的幅度都远远超过了他当初买进的价格。几十年来，巴菲特就是靠他这种价值投资方法在股市里发家致富的。令人不可思议的是，他竟然用这种方法战胜了世界上所有的技术高手，成为全球资本市场上赚钱最多的股市大赢家。

有鉴于此，很多人开始相信基本分析胜于技术分析。当两者发生矛盾时，他们认为最后应该以基本分析为准。那么，这个观点究竟对不对呢？现在我把这个观点放在旁边，暂时不去分析它的对与错，而先请大家看一个实例（通过实例来明辨是非，效果会更好一些）。

实例十二：见图450（编者按：为了留一个悬念，便于大家深入思考，暂时先将该股名称删除，后面再告诉大家）。从图中可以看出，该股大幅下跌后，构筑了几年的一个低位平台已被打破。当时，对这样的图形走势出现了两种截然相反的看法。

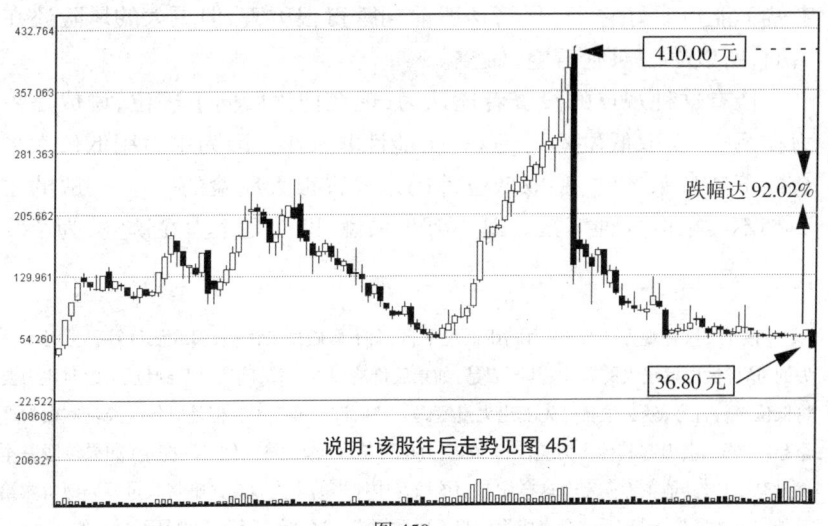

图 450

第一种观点认为,从该股基本面与技术面看,目前股价已属于严重超跌。现在股价向下破位,是主力在刻意诱空,投资者千万不能上当,在低位将筹码卖了,这个时候应该坚持看多、做多。持有这种观点的理由是:该股从410元跌下来,跌到平台这个位置大约是50元左右,股价在50元左右这个平台上已经盘整了两年,而且50元也是上一轮牛市行情的起点。股价从410元跌到50元,已经将上一轮牛市行情的成果全部揩光,这已经充分反映了该股基本面的负面因素。现在平台已被打破,股价向下破位,至图中最后一个月,股价跌到了36.80元,这样该股的跌幅已经超过了90%。一轮行情出现如此深的跌幅,无论从该股的基本面,还是从技术面分析,都应该是跌到位了。可见,该股的严重超跌,肯定是主力有意在诱空。

第二种观点认为,从盘面上看,既然该股苦心经营两年的平台被打破,说明股价整个趋势向下已成定局。此时应该坚决看空、做空,这个月未卖出者,下个月一开盘就应该全部抛空离场。持有这种观点的理由是:一个股票基本面的信息,往往是滞后的,普通投资者根本不可能事先知道。如果一个股票大的技术形态被破坏,选择向下,那就证明该股基本面情况出现了恶化。主力与知情者都出逃了,此时投资者就不能再看好它了。尽管该股前期跌得很厉害,但更大的风险还在后面,所以必须对它看空、做空。

持有这种观点的投资者还认为,现在把该股向下破位,说成是主力在诱空、骗取低位筹码,这种可能性非常小。因为主力用低位大平台向下破位来诱空,骗取低位筹码是要冒很大风险的[注]。一般的主力都不会采取这种下策。退一万步来说,即使是主力在诱空,为了安

[注] 这种观点认为,主力利用低位平台,向下假破位来诱空、骗取低位筹码是得不偿失的,这样做要冒很大的风险。其原因是:如果股价从基本面看,确实是跌到位了,此时主力要将低位平台打穿,就必须自己先卖出大量筹码,否则,谁来砸盘呢? 但是股价脱离基本面的严重超跌,必然会引起其他主力关注,别的主力也可趁虚而入,将低位筹码兜走(如果该股基本面没有变坏,其他主力一定会这样做),而该股盘中原来的主力就会面临将大量筹码廉价卖给其他主力的风险,到最后就会变成为偷鸡不成蚀把米。这样的下策,主力是不会干的。

全起见,低位大平台向下破位,也必须先退出观望,等股价重新再回到这个平台的上方,此时再来看多、做多不迟。

那么,这两种观点,究竟谁的观点对呢?大家先不妨思考一下。然后我再将谜底告诉大家。

> 让我想一想,谁的观点是对的?谁的观点是错的?

大家思考后,我在这里可以把谜底公开了。答案是:第一种观点错了,第二种观点是对的。因为该股后来又出现了大跌。图451显示,该股从图中当时最低价格36.80元,一路下跌,5年后,该股最低跌到了0.046元,其间最大跌幅达到了99.88%。也就是说,该股第一轮下跌,从410元跌到36.80元,跌去91.02%;第二轮下跌,又从36.80元跌到0.046元,股价再一次跌掉99.88%。这正像股市里黑色幽默中形容的一样:"股价走熊,第一轮下跌,从高楼顶上跌进了地窖。原以为到了地窖已跌无可跌,谁知道进了地窖,又出现了第二轮下跌,这次下跌就更加惨了,从地窖一下子又跌进了地狱。"大家可以想一想,如果当初有人相信了第一种观点,在低位平台向下破位时,仍然对该股坚持看多、做多,最后当股价再次跌去99.88%时,基本上就输光了。

有人问:为什么股价大跌后还会出现这样大的跌幅呢?当然,其中的根本原因是该股基本面出现了非常严重的问题,所以股价才会跌得如此凄惨。又有人问,既然一个股票的价格最终是由该股基本面决定的,那么,为什么"基本面分析胜于技术面分析,当基本面分析与技术面分析发生矛盾时,最后应该相信基本面分析"的观点是错呢?

我对这个问题是这样认识的。

第一,从源头上说,基本面决定技术面,股价最终是由基本面决定的,这样的说法永远是正确的。但是话要说回来,源头的东西,普通

（上接图 450）该股低位平台向下破位后，第二个月跳空低开，股价向下狂泻，最后竟跌到 0.046 元。可见，一旦股价出现大的技术形态破位，其下跌的杀伤力有多么厉害

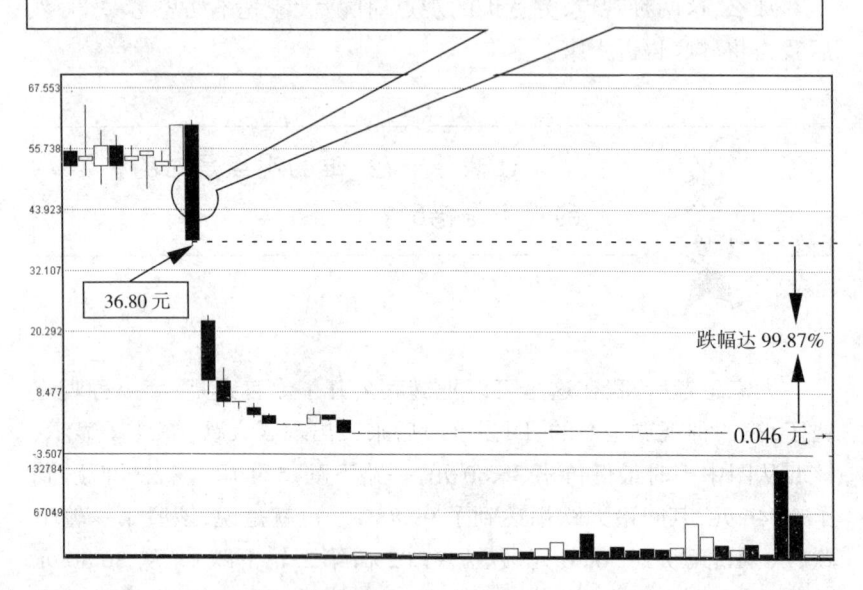

36.80 元

跌幅达 99.87%

0.046 元

中国大冶有色金属（HK0661） 2000 年 5 月~2006 年 1 月的月 K 线走势图　图 451

人是看不到的，能看到源头东西的是主力与一些知情者。普通投资者看不到源头的东西，最后只能靠猜测，但猜测又有多少把握呢？我们这里不妨作一个比方吧。

2009 年、2010 年春节晚会，魔术师刘谦两次在中央电视台表演他的近景魔术，其出色的表演迷倒了一大批观众。很多人都在猜他的魔术是如何变的？网上的答案有几百种，但是，又有谁知道其中哪一种答案是正确的呢？或者都是不正确的呢？从这件事可以看出，源头的东西往往隐藏得很深，局外人靠猜是猜不出来的。

第二，世界上纯粹靠基本面做股票发大财的人是有的，但总的比例不高。相对来说，将基本面与技术面结合起来做股票的投资者，成功的比例比那些只看基本面的价值投资者要高了很多。有人说，巴菲特不是不看技术图形把股票做成功了吗？这个是事实。但是，大家必

须明白,虽然我们应该向巴菲特学习,学习他的投资理念,学习他的投资方法,但同时我们必须承认,普通投资者的水平与巴菲特的水平相比,实在是相差太远了。巴菲特能够做到的事,普通投资者往往做不到,巴菲特凭他的眼光,不看股价运行趋势,不看技术图形,一眼就能看出某个股票的价值是不是被严重低估,日后股价有没有大涨的潜力,但普通投资者就没有这个能耐。事实上,不要说普通投资者没有这个本事,即使在一些投资大师、大基金公司的经理中,又有几个人能与巴菲特的水平相比呢?

第三,虽然股价在低位平台向下破位是真是假,只要及时了解上市公司的基本面就可知道其中的奥秘。但是,这方面的信息要及时得到非常困难,等普通投资者了解了其中的原因,或许股价早已跌得面目全非,再要出逃已经晚了。作为普通投资者应该承认自己在这方面处于一种弱势,是斗不过主力与知情者的。当一个大的低位平台向下破位时,普通投资者就首先要想到上市公司的基本面突然出现了什么问题,致使"先知先觉者"向外大量出逃了,而此时切忌不要想当然。比如,以过去的数据,或者以前的上市公司基本面资料作为判断依据,认为其股价超跌了,或者认为其股价已跌到位,有投资价值了。这样想,肯定要出大错。图450中的个股就是一个典型例子。有鉴于此,当一个股票的基本面分析与技术面分析出现矛盾时,应该让基本面分析服从于技术面分析。换句话说,对普通投资者而言,所有的分析,包括基本面分析、市场面分析、心理面分析,技术分析应该是锁定风险的最后一把安全锁。

投资者应该永远记住:**无论你以什么样的分析方式,以什么样的投资理念在做股票,技术分析,即图形识别技术的分析是必不可少的。普通投资者无论是看多、做多,或者是看空、做空,也无论选择什么样的股票进行投资,原先的想法到底对不对,最终只能通过图形识别技术来锁定风险,把握好投资机会。**因为你不是巴菲特,你没有巴菲特这样的眼光——不看技术走势就能做好股票,这也许是巴菲特这位顶尖国际投资大师的"专利"。否则,每年一度与巴菲特共进午餐的门票,能够卖上几百万美元吗?

《股市操练大全》实战指导之三编写组名单

主　　编	黎　航			
技术总监	王利敏			
执行主编	任惠理应			
业务统筹	马炳荣			
编　　委	张慧炬	郭建华	陈正天	徐建林
	李粉红	杨　昆	朱栋卿	李　峻
	许国春	王　蓓	徐鸿达	朱文沛
	杭　婧	菁　华	沈　敏	陈　帆
	凤　珠	林　涛	徐玉梅	仁　杰
	达　路	潘　瑜	邵丽君	吴建伟
	王　辉	睿　斓	刘慕源	赵　枫
	孙　炜	宋婷婷	傅　泽	殷　轩
	静　娴	叶　瑾	应海红	穆文沁
	陈　浩	沈雪凝	柳　絮	林志强
	杜闻博	周　薇	剑　峰	齐　豫
	孺　牛			

《股市操练大全实战指导》读者信息反馈

（反馈表见下页）

亲爱的读者：

　　您好！《股市操练大全》丛书出版后，我们收到了许多读者的来信。从祖国四面八方寄来的信息反馈表，除了对中国股市操作强化训练系列丛书——《股市操练大全》丛书给予充分肯定外，还对我们写好《股市操练大全实战指导》提出了积极的建议，在此我们表示衷心的感谢！

　　现在，《股市操练大全实战指导》之三与读者见面了。望您在百忙中抽出一些时间，将您阅读本书后的意见反馈给我们。另外，您在学习本书和股市操作中碰到什么困难，也可来信告知，我们将尽力为您服务。

　　让信息反馈表成为沟通作者与读者的桥梁，传递友谊的鸿雁。

　　祝您投资成功！

《股市操练大全》编写组

2010年6月15日

来信请寄：上海市乌鲁木齐南路396弄10号上海三联书店
　　　　　转《股市操练大全》编写组收
邮政编码：200031

《股市操练大全实战指导》读者信息反馈表

姓　　名		性　　别		年　　龄	
入市时间		文化程度		职　　业	
通信地址					
邮　　编		联系电话			

你认为本书内容如何？（欢迎附文）

你希望我们能为你提供哪方面的服务？

沿线撕下

　　为了满足读者的需要，上海三联书店为读者直接办理《股市操练大全》丛书的邮购服务，每册除书价外，另加15%邮寄费（国内），款到即寄。

　　汇款请寄：上海市乌鲁木齐南路396弄10号上海三联书店出版社
　　　　　　　邮购部
　　邮政编码：200031　　查询电话：(021)　64749520 64749525

《股市操练大全》丛书(共8本)价格一览

《股市操练大全》第一册　　　　　　　　　　　　定价：29.80元
《股市操练大全》第二册　　　　　　　　　　　　定价：32.80元
《股市操练大全》第三册　　　　　　　　　　　　定价：28.00元
《股市操练大全》第四册　　　　　　　　　　　　定价：30.00元
《股市操练大全》第五册　　　　　　　　　　　　定价：35.00元
《股市操练大全实战指导》之一（即第六册）　　　定价：35.00元
《股市操练大全实战指导》之二（即第七册）　　　定价：39.00元
《股市操练大全实战指导》之三（即第八册）　　　定价：45.00元
《股市操练大全》习题集　　　　　　　　　　　　定价：15.00元